启真馆 出品

启真·文学家

里尔克传

鸣响的杯子

[英] 唐纳德·普拉特 著

张兴文 译

ZHEJIANG UNIVERSITY PRESS
浙江大学出版社

莱纳·马利亚·里尔克（护照照片，约1922年）

里尔克的父母约瑟夫和菲亚订婚时的照片

3 岁的里尔克

学童时期的里尔克，1883 年

魏斯基兴军事学院时期的里尔克，约 1891 年

里尔克在林茨商业学院，约 1892 年

瓦莱丽 · 冯 · 大卫 – 龙菲尔德，里尔克早年的女友，资助他出版了第一部诗集《生活与歌》

（左起）弗里达 · 冯 · 比洛、里尔克、奥古斯特 · 恩德尔和莎乐美在沃尔夫拉茨豪森，1897 年

里尔克和莎乐美与俄国诗人 S.D. 德罗任合影，1900 年

1897 年的里尔克

露 · 安德烈亚斯 – 莎乐美，照片大约摄于她初识里尔克的时候，1897 年

海因里希·福格勒在“桦树屋”，约1900年

克拉拉·韦斯特霍夫，1902年

葆拉 · 贝克尔和克拉拉 · 韦斯特霍夫

里尔克和克拉拉，1904 年

里尔克在奥斯特河畔的阿迪克（Adiek），1900 年 9 月 18 日

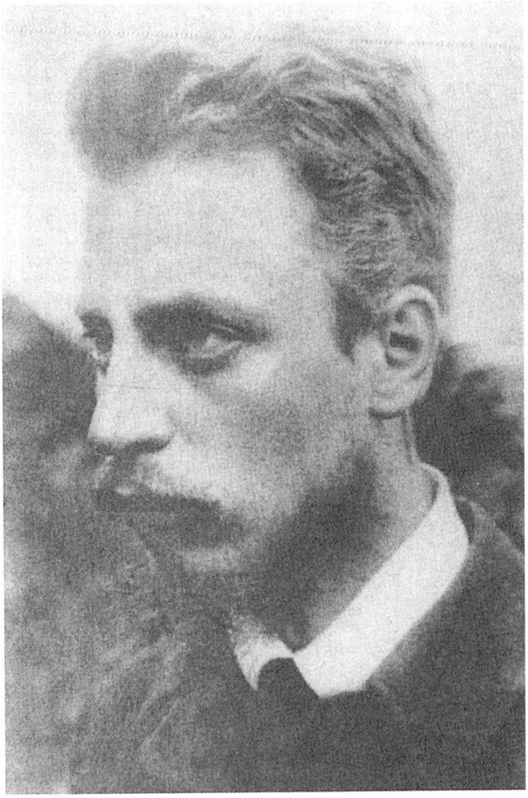

（左起）里尔克、克拉拉、菲亚 · 里尔克和克拉拉的父母，1901 年 10 月

米米·罗马内利

年轻时的玛丽·冯·图尔恩与塔克西斯侯爵夫人

安娜·德·诺瓦耶

玛尔特·埃内贝尔

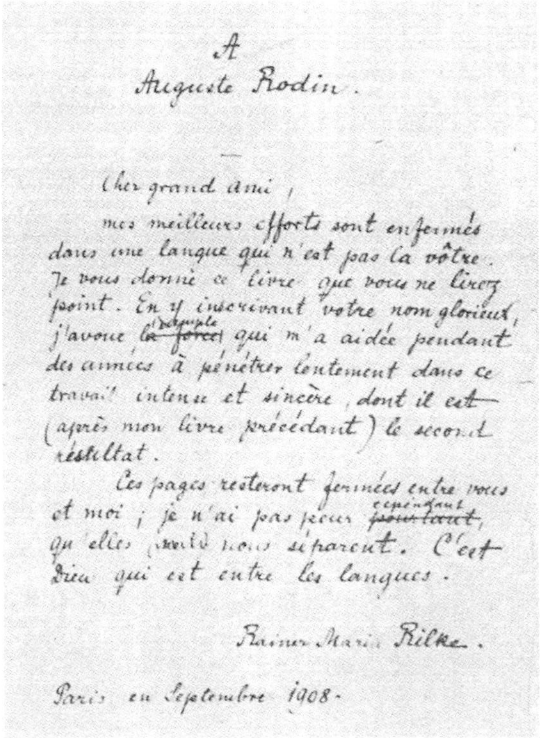

A
Auguste Rodin.

Cher grand ami,

mes meilleurs efforts sont enfermés dans une langue qui n'est pas la vôtre. Je vous donne ce livre que vous ne lirez point. En y inscrivant votre nom glorieux, j'avoue ~~la force~~ l'exemple qui m'a aidée pendant des années à pénétrer lentement dans ce travail intense et sincère, dont il est (après mon livre précédant) le second résultat.

Ces pages resteront fermées entre vous et moi; je n'ai pas peur ~~pourtant~~ cependant, qu'elles [illegible] nous séparent. C'est Dieu qui est entre les langues.

Rainer Maria Rilke.

Paris en Septembre 1908.

里尔克送给罗丹的《新诗集》上的题献词，1908 年

里尔克在巴黎比龙公馆

卡普里岛上的“玫瑰小屋”

杜伊诺城堡

威廉·阿什顿的画作《菲莱岛》

龙达“史诗般的”景观

西多妮 · 纳德赫尔尼

玛丽 · 多布仁斯基

玛格达 · 冯 · 哈廷贝格（“本韦努塔”）

露露 · 阿尔贝 – 拉扎尔

鲁道夫 · 卡斯纳

路德维希 · 冯 · 维特根斯坦，1919 年

在军队服役时的里尔克，1916 年

克莱尔 · 施图德，1921 年

南妮 · 文德尔利 – 福尔卡特，1927 年

伊冯娜 · 冯 · 瓦滕维尔，约 1920 年

1900 年前的穆佐城堡

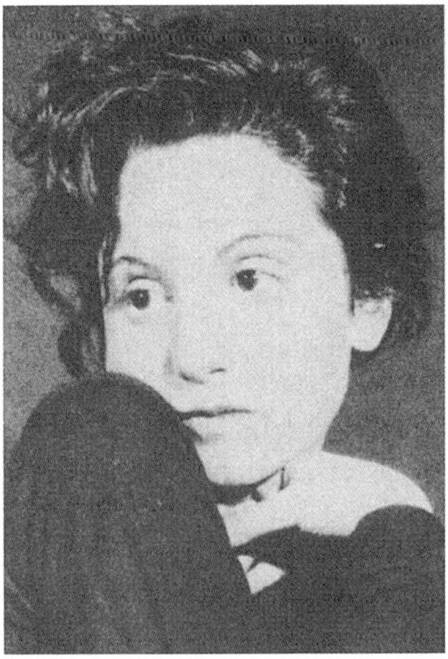

伊丽莎白·伯格纳出演斯特林堡剧作《朱莉小姐》时的剧照

热尼·德·马尔热里

让娜·德·塞皮布斯

尼梅特·埃尔维·贝

里尔克和巴拉迪娜 · 克洛索夫斯卡（“梅琳娜”）在穆佐城堡

里尔克在谢尔，1924 年

里尔克与瓦莱里在托农附近的安塞合影，1926 年 9 月 13 日

领先于一切离别，仿佛它们
在你身后，恰如刚离去的冬天。
…………………………………
在此，在熵之国度的
消逝者中，
做一只鸣响的杯子，在鸣响时破碎。
去存在——与此同时洞悉
非存在的暗示，
以及你内心感应的无限根基，
于是你能圆满完成它们，仅此一次……

（《致俄耳甫斯的十四行诗》，第二部，第 13 首）

献给 Patricia

目　录

前言

ix

这些形象源自

不可思议的变形：感受！并且相信！

我们有此经验：火焰化为灰烬；

然则，在艺术里，火焰自尘灰中升起。

（里尔克，“魔法”[1]）

我们需要了解一个诗人的私生活吗？奥威尔说，一个作家的个人品质与他的文学风格很少有关联，甚至毫无关系，这不是真的吗？莱纳·马利亚·里尔克[2]也许是20世纪最伟大的抒情天才，我们当然可以将他的作品——《杜伊诺哀歌》《致俄耳甫斯的十四行诗》《马尔特·劳里茨·布里格手记》，尤其是《新诗集》，当作无关真实存在的独立艺术作品来阅读和欣赏。并且，有人可能会觉得，进一步去了解这位1875

---

[1] 这首诗英文译名为“Magic”，译自里尔克的诗歌“Magie”，英译文有删节。原诗见《里尔克全集》（6卷本），第2卷，第174页。（*Rainer Maria Rilke, Sämtliche Werke, In sechs Bänden*, Frankfurt am Main: Insel Verlag, 1955—1966, Band 2, p.174.）——译者注。以下脚注如无其他说明，均为译者注。

[2] 里尔克的中间名Maria，文中出现的圣母Maria（英文Mary），以及其他男性的名字Maria，均根据和合本圣经译作“马利亚”。里尔克自幼接受了天主教的洗礼，可能有人认为依照天主教思高本圣经翻译里尔克诗文中出现的基督教人名更为恰当，但里尔克的“信仰”很复杂，于天主教之外，掺入了东正教、伊斯兰教等宗教的诸多观念；而且，有学者考证，其从不离身的圣经是路德版圣经（其文字与汉译圣经相比，也更接近和合本），因此无法将他视为标准的天主教信徒。此外，在圣经汉译本中，和合本流传最广，阅读研究者也最多，译名术语更为通行。因此本书在涉及圣经中的人名或典故时，中译名均参照和合本圣经。

年出生在布拉格，用德语，有时也用法语写作，在欧洲各地漫游，1926年逝世于瑞士的作家纯属多余。

然而，里尔克自己充分地认识到，他的生活与创作之间，有着重要的内在关联。从以下事例中，可以清楚地看到这一点：他小心保留自己的文集，尤其是按照自己的意愿，特地将自己书信的出版授权给那些他曾经向之吐露心曲的人。事实就是这样：作为罕有的诗人的范例，他筹划了一种完全献身于艺术的生活，创造了他生命的艺术作品。所以，如果我们想要充分地赏读这些作品，就必须去了解它们产生的环境——命运的突变，苦难与伟大，存在的危机，所有这些都给作品打上了印记。在里尔克诗作中有如此多的魔力，我们必须知道究竟什么样的人才会成为魔法师。

但这并不是里尔克遗著保管人的观点。直到第二次世界大战前的十年，他们宣称出版里尔克书信选集的目的，仅仅用于揭示那些“与诗歌作品相关的，直接关涉诗歌创作的经验”，并且尽量去除一切涉及诗人私生活的材料。这个选集，加上以其他方式获取书信无疑很困难，只能进一步将诗人的形象塑造成高级祭司和哲人，仿佛其作品都是在真空中孕育的：一个其世俗生活与作品毫无干系的诗人，欧多·马松不无悲哀地评论说，关于里尔克的一切都“助长了夸大其词和传奇的演变”。

x 二战前和二战之后都有一些关于里尔克生活特定时期的研究，尤其是J.R.冯·萨利斯令人钦佩的研究，他依靠个人的回忆和未出版的信件，描述了里尔克在瑞士的最后岁月。但尝试写一部完整的里尔克传记，甚至直到20世纪50年代，仍缺少取得充足依据的手段。只有在最近几年，随着回忆录和一些重要书信的逐渐出版，并且能够从主要的图书馆获得更多未出版的馆藏书信，以及英格博格·施纳克详尽的《里尔克年表》（*Rilke-Chronik*）的问世，加上恩斯特·齐恩《里尔克全集》[1]学术版的出版，我们才有可能写一本更为完备的里尔克传记。

---

[1] 《里尔克全集》（*Complete Works*），也即上文注释中提到的6卷本*Sämtliche Werke*，这个“全集”并不全，几乎没有收录里尔克的书信。

前言

写一本全传就是我目前工作的目标。相对于其他研究采取的“生平与作品”模式——重点在于阐释里尔克的作品，常常使得诗人的生平成为附庸——这是一部严格意义上的“生平”传记。本书为里尔克描绘了一幅肖像，展现出支撑他写作的背景，及其思想得以发展的环境。读者可以在别处看到对《杜伊诺哀歌》等作品的阐释和文学赏析：但我希望读者在了解这些作品如何孕育，以及它们在里尔克生命中扮演何种角色之后，会有更好的储备去阅读这些文学阐释。因此，我对（里尔克）作品的引用有限，并且只是为了展现出某个过程，每一处引用都表明里尔克处在人生的特定阶段。所用的译文是我认为最适合达到这一目的的，即便它们从美学的角度看，可能并不是最完善的，我也不管那些关于里尔克“可译性”的争论。另外，引用的法文诗保留了原文。

相比之下，本书广泛引用了他的书信，不仅因为它们必定是“真相”，也由于相比其他任何诗人，里尔克的书信可能更好地表现了作品背后的情感，以及为取得成就而经历的希望、恐惧和持续奋斗。由于这个原因，也由于篇幅所限，他的许多通信人——西佐女伯爵、古迪·内尔克、伊丽莎白·冯·施密特－保利，以及许多其他人的名字在书中没有出现，因为熟悉诗人生平的人对他们都了如指掌：在这种情况下，展现里尔克写的内容，比详细说明信写给谁重要得多。我尽可能选取了那些迄今未出版的书信，它们通常增加了一些新东西，或者让我们重新看待已知的材料。所有的引文，如无其他说明，均是我自己的翻译。

在材料搜集方面——再加上受惠于口头和书面的其他证据——本书在篇幅允许的范围内，比之前的传记更为完善。但是从目前的情况来看，本书绝不是结论性的。盖恩斯巴赫的里尔克档案馆还有大量未公开的材料：虽然克里斯托夫·西贝尔－里尔克和赫拉·西贝尔－里尔克给了我很多帮助——对此我谨致以最深切的感谢——但实际的困难使得我们不可能看到比这些材料断片更多的东西。尤其是里尔克的笔记本、日记和写给他母亲的众多信件，以后总有一天会出版，但在本书中就只能略去不写了。另一方面，我特别荣幸地读到卡尔·西贝尔 1945 年去世 xi
前刚完成的手稿——《勒内·里尔克》（*René Rilke*）的续集，该书叙述了里尔克的晚年，其中有来自里尔克档案馆的未发表书信的摘录，这使得它无比珍贵，在我的注释中可以明显地看到我受惠于这本著作。

对这些文献的引用都尽可能采取简要的形式，以避免结构繁冗笨重。里尔克的作品，均引自恩斯特 · 齐恩的《里尔克全集》（法兰克福美因河畔，1955—1966）。至于获允引用署有译者姓名（见参考文献第三部分“英文译本”）的英译本，我要感谢牛津圣约翰学院，霍加斯出版社（J. B. 利什曼），波士顿霍顿 · 米夫林公司（A. 小波林），纽约兰登书屋公司（斯蒂芬 · 米切尔），铁砧诗歌出版有限公司，米夏埃尔 · 汉布格尔，大卫 ·H. 基顿（C. 梅森 · 欧多），以及 B. J. 莫尔斯资产的信托人。

我对许多人都充满感激之情，不但要感谢克里斯托夫和赫拉 · 西贝尔－里尔克的善意和支持，以及出版者的大度，还要感谢许多其他的朋友和同事，他们在文献、意见和建议上的学识和慷慨对我的工作有巨大的价值，其中包括马尔巴赫的约阿希姆 · 斯托克博士，哥廷根的恩斯特 · 普法伊费尔博士，马尔堡的英格博格 · 施纳克博士，匹兹堡的克劳斯 ·W. 约纳斯教授，布伦涅格的 J.R. 冯 · 萨利斯，伯尔尼的拉图斯 · 卢克博士，巴特埃姆斯的卡尔 · 克鲁茨。对于个人的回忆以及其他实质性的帮助，我要感谢杜伊诺的雷蒙多 · 德拉托雷与塔索亲王，萨尔茨堡的冯 · 克拉里女伯爵，巴黎的罗兰 · 德马尔热里女士，伦敦的伊丽莎白 · 伯格纳，斯托克松德的 L. 伦奎斯特夫人，以及已故的弗里达 · 鲍姆加特纳夫人和让娜 · 德 · 塞皮布斯夫人，感谢格蕾塔 · 劳特堡夫人，A. 樊尚－德 · 邦斯泰唐夫人，玛格达 · 凯雷尼夫人，莫妮克 · 德萨岑夫人，埃内斯特 · 阿布拉瓦内尔夫人。

我也必须感谢以下存放里尔克资料的机构，感谢他们乐意与我合作：马尔巴赫的德国文学档案馆，伯尔尼的瑞士国家图书馆，维也纳的国家图书馆和市立国家图书馆，慕尼黑的市立图书馆和巴伐利亚国家图书馆，谢尔市政厅（Hôtel de Ville）的里尔克馆藏，斯德哥尔摩的皇家图书馆，隆德大学图书馆，哥德堡国家档案馆和大学图书馆，哈佛大学的霍顿图书馆，魏玛的歌德－席勒档案馆，伦敦的大英图书馆，哥本哈根的皇家图书馆，耶路撒冷的犹太国家和大学图书馆，不来梅大学图书馆，柏林的普鲁士文化财产图书馆，布拉格的国家博物馆档案馆，以及加的夫大学学院。

最后，感谢里尔克学会的朋友，以及所有其他无法逐一提及的人，他们对本书的兴趣和以多种方式给予的帮助，在我写作的漫漫长路上是 xii 一种持续不断的激励。我相信他们以及其他我感激不尽的人，会觉得本书的完稿酬谢了他们的善意。“倘若闪光，就有价值。”

瑞士，然然[1]

[1] 然然（Gingins），瑞士沃州尼翁市的一个镇。

第一章

波希米亚的童年

1875—1896

这个布拉格是一座古老的魔法之城……一片钟灵毓秀之地，在这里发生了众多奇妙的、不可思议的事件——这些事件、传说、人物和变故在别处绝不会看到。这里是魔法和符咒的沃土。

约翰内斯·乌尔齐迪尔，《九个魔鬼》

一

1

一个焦虑的、沉闷的童年。

（致埃伦·凯[1]的信，1904年2月14日）

1875年12月4日，周六，夜半刚过，勒内·卡尔·威廉·约翰·约瑟夫·马利亚·里尔克出生在布拉格海因里希街[2]19号一间他父母租住的公寓里，他才7个月就“匆匆来到这个世界上”1。在里尔克不期而至的前一天，雪积三尺，但他父母一早就起床去看望他的外祖母卡罗琳·恩茨，并在回程的路上买了一个小小的金十字架，作为送给这个期待已久的孩子的第一件礼物。就在前一年，他的姐姐才出生几天就夭折了。12月19日，他们带着他到附近的圣海因里希教堂接受了天主教的洗礼，给他起了上述的一系列教名。

以布拉格为首府的波希米亚隶属于哈布斯堡王朝治下疆域辽阔的奥匈帝国——欧洲第二大国，其领土从南面的克罗地亚和斯洛文尼亚延伸至北面的埃尔茨山脉，西抵福拉尔贝格，东至加利西亚和布科维纳。这种差异巨大的种族、语言和风俗的巨大混合体由一种帝国皇家的体制凝聚在一起，似乎是友好、秩序、宽容和稳定统治的完美结合，对它的许

[1] 埃伦·凯（Ellen Karolina Sofia Key, 1849—1926），瑞典作家，主张男女平等，写了很多关于家庭生活、伦理学以及教育的著作，她是早期儿童中心论教育的提倡者，因其论述教育的书《儿童的世纪》（*Barnets århundrade*）而闻名。她与里尔克有长期的书信往来，其观点对里尔克有很大的影响。

[2] Heinrichsgasse，这是奥匈帝国时期德语文化的人对这一地点的称呼，捷克人相应的称呼为Jindřisskáulice。当时奥匈帝国同一地方往往多种文化并存，并且各种文化之间相对隔离，因此，同一个地名往往有两个不同的称呼。

多公民，或者至少对那些说德语的人而言，这种情况似乎注定要永远忍受下去。各省中民族感情的骚动日渐显著，不乏激进之时，但仍没有显
2 示出转变成革命的迹象；梦寐以求的民族独立，最多被视为在一个共同体内的民族自治，而在帝国皇帝弗朗茨·约瑟夫稳定的，即便有些沉闷的统治下，民族自治是切实可行的。

在奥地利本土外，说德语的人与说其他母语的人之间仍然存在差异，有时很明显，趋向于形成所谓的社会等级。说德语的人占波希米亚人口的三分之一左右，他们构成上流社会——商人、官员、军人以及贵族，避免与捷克人接触。甚至包括不那么富裕的人，如里尔克的父母，情况也是如此。在捷克人占多数的布拉格，只有 7% 的人以德语为母语，有人恰如其分地说，这种结果对德国人来说是“双重隔离”[1]，使德国人处在语言和阶级的双重围墙之后。在这种种族隔离的情况下，德国人和犹太人（最近才从他们真正的隔都中解放出来）上层的中产阶级主要聚居在市立公园（Sady Vrchlickcho）到格拉本（Na Přikopě）之间的区域——城市“较好的部分”。这是里尔克早年生活的背景，其造就的令人窒息的氛围，是诗人 21 岁前从一个他总不愿重临的城市离开的潜在因素。在那儿，他感觉仿佛被“这条巨大而沉默的鱼”吞没，惊骇于“那些充满恐怖的漆黑的街道，我孤独的童年渴望太阳，像一枝苍白、颤抖的花朵”[2]。

他的家族关于他们优越地位的看法长期以来由一个传统支撑，即他们是一支贵族的后裔，由于声称起源于克恩滕，他们的这种“日耳曼性”得到了巩固；在 13—16 世纪的克恩滕，确实有某些姓吕尔科（Rülko）的骑士子孙兴旺。里尔克终其一生都坚持自己有贵族血统这个动听的看法，但无论是他自己还是他叔伯的调查都无法为这种看法提供可靠的证据。现在不可否认的是，可以证实他最早的祖先是 17 世纪早

[1] “双重隔离”（“double ghetto”），gehtto 原指过去某些欧洲城市中隔离出来专门供犹太人聚居的区域，一般译作“隔都”。

期受尊敬的富裕农民，住在波希米亚奥西希的图尔密茨[1]（Termiče）的村庄，离特普利茨不远，靠近萨克森边境。这些更为朴素的起源的证据，并不完全排除家族传统和里尔克自己的直觉也许是正确的可能性。在 14、15 世纪的萨克森，有吕尔科家族或鲁尔克家族（Rylkes）在那居住，有记录表明，1348 年在德累斯顿西南面的一个采矿区弗莱贝格有一位叫约翰的市镇官员，这个家族在 1450 年左右在朗格瑙和林达拥有固定资产。骑士的头衔当然是没有，但约翰家族盾形纹章上的灵猩图案与克恩滕的吕尔科家族的纹章图案相似。一个世纪后，在波希米亚的布吕克斯[2]城堡，离图尔密茨不远的地方，有一位叫弗朗茨 · 鲁利克（Franz Rülike）的执法官。且不考虑地理因素，勤勉的谱系研究者迄今未能在弗朗茨 · 鲁立克与图尔密茨的里尔克家族间，或在萨克森 / 波希米亚谱系中的任何一个与克恩滕谱系之间建立任何联系。但有两个事实可能会给这个口头传统增色几分。一个事实是图尔密茨的约翰 · 约瑟夫，也就是里尔克的祖父，有一枚带有克恩滕式纹章的银质图章：“（纹 3
章中央）垂直分开，有黑色和银白色，两只灵猩后腿直立，前腿伸向对方”，刻有铭词“真理之力量，自由之力量”[3]。另一个事实是 1960 年的发现，在波希米亚姆拉达－沃日茨（Mlada Vožice）的希尔普兰特城堡（Hilprant Castle）图书馆，有一本 1554 年巴塞尔版的小普林尼的著作，书中写于 1585 年的题词表明该书属于克恩滕加梅利茨的克里斯托夫卢斯 · 吕尔克（Christophorus Rülcko）。

我们对图尔密茨的里尔克家族的论述有更坚实的基础。三十年战争[4]期间，他们的财产遭受了损失，因此米夏埃尔 · 里尔克（1653—

[1]　Türmitz bei Aussig，德语。捷克人把 Türmitz 叫作 Termiče，把 Aussig 叫作 Ústí nad Labem（拉贝河畔乌斯季）。

[2]　Brüx，德语。捷克人把 Brüx 叫作 Most（莫斯特）。

[3]　真理之力量，自由之力量（veritate firmitas，firmitate libertas）。

[4]　三十年战争（Thirty Years War，1618—1648 年），这是一场由神圣罗马帝国的内战演变而成的全欧参与的大规模国际战争，是欧洲各国争夺利益、树立霸权以及宗教纠纷加剧的产物，战争以波希米亚人民反抗奥匈帝国哈布斯堡王朝的统治开始，以哈布斯堡王朝战败并签订《威斯特伐利亚和约》而告结束。

1710）转而做了屠夫和农民，他的儿子约翰内斯（1679—1750）是一个裁缝；但是他的孙子约翰·弗兰齐斯库斯（生于1719年）在1774年任图尔密茨的市长。1806年，里尔克的曾祖父约翰·约瑟夫（生于1755年）同样担任这个职位，因此能够在林德附近的卡门尼茨购置一处可观的地产，这是离布拉格东南几百公里处一座雄伟的庄园。但他只在那儿待了几年，就被迫卖掉了自己的庄园，之后在乔肖（Tschochau）的诺斯蒂茨地产做土地经纪人。他的儿子，也就是里尔克的祖父约翰·巴普蒂斯特·约瑟夫（1788—1853）从事相似的职业，为施瓦比茨的哈尔蒂希伯爵做财产经纪人。里尔克的父亲约瑟夫1838年出生在这里。

约瑟夫是四个儿子中的第三个。他的母亲，威廉明妮·赖特尔是波希米亚布丁地区一个小镇的议事委员的女儿。她丈夫死后她一直活到1879年才去世，居住在摩拉维亚中部的克雷姆塞尔（Kremsier），里尔克去这里看望过她。家中的老大雅罗斯拉夫从事法律，三个弟弟都投身行伍：埃米尔是鲁尔地区第12枪骑兵团的中尉，20岁出头就死了，胡戈死于51岁，是一位炮兵上尉，在晋职无望的情况下自杀身亡。加布里埃莱是他们唯一的姐妹，也是最小的孩子，嫁给了布拉格一位名叫文策尔·冯·库切拉的律师。约瑟夫军旅生涯的结局与他的几位兄弟比，更少戏剧性。作为一名士官生，他在炮兵部队服役了10年，行为端正，也不乏出众之处。尤其1859年在意大利的战役[1]中，有一段时间里他拥有独立指挥权，可惜持久不愈的喉疾最终将他梦寐以求的权力拒之门外。他在27岁上不无痛苦地从军队解职，幸好雅罗斯拉夫给他在新建立的图尔瑙－克拉卢普－布拉格铁路公司谋取了一个公务员的职位。尽管适时进职为北波希米亚铁路的检查员和人事主管，但他进入这个不受军队规章制度管辖的混乱无序的世界，不啻离水之鱼，无用武之地。他心系军旅，举止正直、优雅、传统，始终带着卸甲军人的幻想，认为他的儿子应该跟随他的脚步，并且有朝一日成为他没当上的军官。

[1] 指1859年5月爆发的意大利第二次独立战争，意大利的撒丁王国与法国联合对奥地利开战。

1873年5月24日，他娶了22岁的索菲。她的父亲卡尔·约瑟夫·恩
茨是一位布拉格商人和帝国议员，母亲叫卡罗琳，娘家姓金策尔贝格 4
尔。这个定居布拉格的家族的起源少有文献记载，但恩茨家族稍早的先辈据说移居自阿尔萨斯。这是另一个对里尔克有吸引力的传说，可以解释他对法兰西和法国人怀有的强烈的亲密感。卡尔·恩茨是波希米亚储蓄银行的经理，并且岳父经营着生意兴旺的染料和化学制剂企业，因此他的境况相对富裕。他们住在金策尔贝格尔家族地处绅士街（Panská ulice）的**宫殿**里，这是一栋带有浪漫格调的巴洛克式建筑，菲亚——她总是喜欢别人这么称呼自己——出生在这里。这个家族世俗的成功与里尔克家族相对平凡的成就形成了对比。里尔克从母亲和外祖母那儿继承的强烈意志正是这个家族的杰出品质。

菲亚小时候相当任性，梦想着自由和上层社会的生活。嫁给约瑟夫·里尔克之后，她很快发现在这位求爱者简洁优雅的魅力背后是单调的沉闷。与粗枝大叶的军人丈夫待在一起，既不可能满足她对爱的渴求，也无法满足她怀有的社会抱负。这对夫妇气质上很不般配，在失望之余，她像他一样，在装点门面的生活中寻找安慰。为了给人以一种很有社会地位的印象，他们花了不少工夫布置绅士街的公寓；在宴请宾客时，她只好在廉价葡萄酒的瓶子上贴上高品质酒的标签。约瑟夫家庭的社会关系并非毫不起眼：有一位表叔约瑟夫·冯·魏森布格在摩拉维亚有一处地产，并且关于里尔克家族有贵族血统的传说对菲亚颇有吸引力。当她发现，雅罗斯拉夫无法找到文献证明他有祖先曾拥有过他刚受封的世袭贵族头衔，也即排除了她的丈夫约瑟夫·里尔克出身高贵的一切说法之后，她对婚姻的前景更加心灰意冷。

她总是一袭黑衣，影响过一位**贵妇人**的行为举止，还引发了一阵带着忧郁气质的流行风尚。她偏执地醉心于宗教礼仪和天主教堂的仪式，到后来几乎变得狂热起来，因为她不仅在宗教中寻找刻薄命运下的慰藉，还试图寻求童贞马利亚的保护，以对抗来自她深深信仰的精神世界的危险。在智力方面，她感到——事实也确实如此——自己优于她那古板迟钝、不苟言笑的丈夫。她写日记、作诗，把她对人类状况的观

察写成格言体的短文。这些文字在世纪之交出版，是一本书名为《日志》的小册子；书的内容颇为机智，不时苦涩地评论她失败的婚姻，同时也表现出将自己从婚姻中解放出来的决心：“多数婚约不过是战斗前的祈祷”……“有时候，整个矿藏王国的石头都无法砸死一个幸福的女人”……“一个从未爱过的女人，也从未活过”……“不幸能增强我们的意志”。很奇怪，具有如此强烈的个性的女人，竟然会长期屈服于已婚命运的狭隘限制，在寻求自由时表现出包法利夫人式的胆怯。

像里尔克这么早熟的孩子，很快就感觉到父母之间逐渐恶化的关系，并意识到他们在海因里希街生活中的虚情假意。“一个非常黑暗的童年，”他在22岁的时候如是说，几年之后，他说：“我出生之际，我父母的婚姻已经岌岌可危……我母亲极度神经质、纤弱、阴郁，渴望从生命中获得某种神秘之物。并且她一直如此……我只得穿精美的衣服，直到上学我都被当作女孩儿打扮；我觉得，对我母亲来说我只是个玩物，就像一个大玩偶。当人们称她‘小姐’[1]时她总是很乐意。她希望自己看起来年轻、痛苦、不幸福。她确实也不幸福，我敢说。我认为我们全都不幸福。”[3]很自然她会宠坏小勒内，一开始就把他当作失去的那个女孩儿[2]，并且害怕他的早产会让他变得脆弱，因此围绕他的是令人窒息的关爱；同样自然地，这样的关心造成的后果是他终生对母亲怀着根本的敌意。他从未停止过给她写信，尤其在圣诞节时，但这种义务性的信件只写那些他知道她愿意听的话，很少表达自己的真实情感。

每次看到她，他在29岁时写道，他都会再次体验到孩童时期想从她身边逃开时的那种挣扎，并且感到，在年复一年的奔跑之后，他仍然没有走多远——他生活之处仍然有母亲姿态的映象，伴随着对她的回忆的碎片。“她近乎疯狂的敬神，固执的信仰，尤其是她紧抓不放的扭曲的、畸形的信念让我战栗……并且想想我还是她的孩子：我进入这个世界的道路，就是这堵不相干的、褪色的墙上某扇难以辨认的隐蔽的

[1] 原文为“Miss”。

[2] 指里尔克夭折的姐姐。

门。”[4]她的宗教虔诚，以及转而醉心于迷信，对一个处在敏感的青少年期的孩童的影响是不可抗拒的。每次去教堂，他都被要求亲吻十字架上基督的伤口，并且经常听那些关于圣灵显现的故事。

> 可怜的木头圣人
> 我母亲带给它们礼物
> ……
> 对她炽热的殷勤
> 它们当然不会感激
> ……
> 但我母亲带去鲜花，
> 每一朵她摘走的鲜花，
> 都取自我的生命。[5]

这些幼时的经历足以让他在青春期就厌恶人们普遍接受的宗教的外在形式，而且，虽然在超越我们感知的领域有一种深奥的信仰，但宗教声称通过灵媒获得启示的说法让他对宗教持怀疑态度。

他父亲古板的因循守旧没有给爱留下多少空间。回顾一下，在约瑟夫 1906 年去世之后很久，里尔克说：“直到最后他内心对我都有一种不可言传的畏惧，我对他的这种情感几乎无能为力，但这让他付出的代价，一定比在最强烈的爱中付出的更多。”[6]这确实是“忧虑的、沉重的”日子，[7]父母唯一关心的似乎是他应该穿着得体，不用掌握任何东西。“假如有人给我看动物或者花朵，抑或叫我怎么独自与书幸福相处，我会在内心多爱他和祝福他啊。相反，我踽踽独行，停顿不前……**消磨**时间……随后我会发现时间并没过多久。忒修斯在一个地下密室中来到这个世界，不论如何，他像植物的新芽一般长出来：而我在绝对的虚无中成长，朝向虚无……”[8]

二

……那五年我经受的，是与众不同的生活：漫长而艰难的生活。

（致埃伦·凯的信，1903 年 4 月 5 日）

许多人倾向于理想化自己的童年。而正如我们看到的，里尔克不在此列，但即便是他，偶尔也会承认早年生活中有幸福的时光。童年时预备过圣诞节的兴奋成为栩栩如生的记忆，在后来的生活中每年都会忆及，还有与菲亚在乡村度过的暑假，他无疑也很享受，"吃像一匹马，睡得像一段木头"，1 有时去爬树，把自己想象成一个骑兵军官。在家里，偶尔有其他孩子受邀前来做客时，他最喜欢的游戏是过家家和扮厨师；但他也有锡兵——当然是由华伦斯坦[1]指挥——还有叔伯们送给他的一匹摇摆木马、一顶头盔和一把剑；他喜欢让骑士偏离正道，让英雄在战斗中铩羽而归，还喜欢他父亲讲的军功故事。

他 1882 年开始上学，在一所皮亚里斯特修会[2]建立的学校就读。这所学校是为说德语的孩子建立的两所公立学校之一，被人们认为是两所中较好的一所，因此在菲亚眼中也是优先的选择，即便管理这所学校的兄弟无论是为人还是做老师都声名不佳（学生们走在街上时，会听到流行的嘘声："皮亚里斯特教徒——堕落的基督徒！"）。学校离家只有

[1] 指阿尔伯莱希特·华伦斯坦（Albrecht Wallenstein, 1583—1634），他是一名德国化的捷克贵族，在三十年战争中任神圣罗马帝国的军事统帅。

[2] 皮亚里斯特修会（Piaristen Order），最古老的天主教教育修会，由西班牙人 José de Calasanz 创立，致力于青少年儿童的教育，为穷苦儿童提供免费的教育。

一箭之遥，但她还是确保每天护送里尔克往返。不过，他倒不是每天都要穿着板正，也没有被剥夺一个普通男孩生活应有的快乐。虽然同学们与邻近的捷克语学校的学生例行打仗时，里尔克总是置身事外，也不会与同学一起探索布拉格迷宫般的街道，但他有时也会穿过查理大桥[1]到布拉格小城[2]去。“作为一个男孩，我爱这儿的每一个角落，只要有机 7
会，我就沿着那些迷人的小道一路跑过去。”2

不过，这种避开菲亚的密切关注的历险无疑很少，他依旧是相当孤独的娇生惯养的孩子，在别的孩子无忧无虑地游戏时他独自陷入沉思，俨然是个局外人。留下来的照片表明他身体壮实，但他当然也会受到令人不安的发热和其他常见的儿童疾病的侵扰，并且因此长期休学，三年中错过了整整两个学期。缓慢起步之后，尽管他长期缺席，但他三年级时的成绩单除了绘画和音乐只是“良好”，其他的竟然全都是“优秀”。学习的科目包括捷克语，这门语言他打下了良好的基础。菲亚自己教他法语，特意每天都教给他一些单词。她还早早就让他记诵诗歌，在做家务或坐在他病床前时给他背诵席勒的作品。通过抄写喜爱的诗歌，他很快就试着去写诗，对此菲亚留心鼓励他，但他父亲却感到有点失望。里尔克第一次有记录的成就是一首诗，在 1884 年他父母 11 周年的结婚纪念日那天献给父母。讽刺的是，菲亚此时开始要求她的独立，经常不回家，就在同一年的晚些时候，约瑟夫同意永久分居，菲亚搬进了布拉格自己的住所。

是时候决定这孩子下一步的教育了，对此她仍然有责任，但必须与她的丈夫达成一致。家庭的破裂——使得某种形式的寄宿学校成为必要——显然是他们衡量这种可能性的重要因素；与此同时，他们很缺钱，

[1] 查理大桥位于布拉格市内，是一座跨越伏尔塔瓦河的著名的历史桥梁，由查理四世始建于 1357 年，完成于 15 世纪初。

[2] 布拉格小城（Kleinseite，捷克人称作 Malá Strana）是布拉格一个古老的城区。其名称来源于所在的位置是伏尔塔瓦河左岸，紧临布拉格城堡下方的山坡，正对着右岸的大城，两者之间以查理大桥相连。中世纪时，这个城区的德国人占多数，拥有大量贵族宫殿，而右岸的居民以捷克人为主，主要是商业区。

要么送孩子去寄宿学校，要么送孩子去大学预科，按部就班地接受进一步的教育。虽然里尔克的父亲很关心他的健康，但从来没有放弃过一个想法，即他应该像自己一样，投身行伍，所以既然军事学校的体制对一个前军人的儿子来说有免费名额这样的好机会，那送他去军事学校看来是一个理想的选择，并且看上去勒内自己也喜欢那儿。于是事情就这么定了下来。但菲亚同意把娇生惯养的孩子送到这样的环境中，除了自私之外很难找到其他原因。可能是由于对此事感到内疚，她在 1885 年夏天带他去了位于的里雅斯特北面的戈里齐亚的卡纳莱。这是他第一次去意大利，并且正如他后来认为的，“对我的流浪生活而言，是一堂入门课”[3]。他从那儿给父亲写信，说他正在勤勉习诗，倘若他能够坚持下去，回家的时候就配得上“桂冠”了。在皮亚里斯特学校的最后一年，医生宣布他身体健康，身体发育“合乎他的年龄”[4]。1886 年 9 月 1 日，菲亚护送穿着规定制服，留着标准平头的里尔克到下奥地利圣珀尔滕的初级军事学院就读。

8 关于他在那儿的四年，以及接下来在摩拉维亚的魏斯基兴高级军事学院度过的一年，有很多描述，其中大部分是里尔克自己写下的。在他的记忆中，这段经历留下了创伤经验，他回顾往事时总带着恐惧和厌恶：最极端的时候，他用个性化的语言称之为他的“未完成的童年”（Ungeleistete Kindheit）——一个未得到的、不完整的童年——我们或许可以这样理解。这就像整个地潜在水下，整整五年，他曾说：“没有人能在水下待得更久”[5]。由此，这位敏感的诗人后来从仰慕者那里得到很多同情，许多传记作者都很重视他这段时期留下的哀婉动人的文字；因此，“军队时期”作为命运的一次不可忍受的残酷打击，长期以来构成里尔克传奇必不可少的部分。别人则走向相反的极端，轻视他在军事学院时期的戏剧性痛苦，并且摒弃他描绘的带有可怕折磨的画面，认为这即便不是（在某种情况下）“柔弱的自怜”，也只是他喜好“自我塑形”的另一个例子而已。真实情况肯定处在两种说法之间。

圣珀尔滕的官方记录几乎没有证据表明这个孩子处于痛苦之中。他的操行最初是“优良”，在第三、第四年时提升到“优秀”；他的性格，最初的评价是“优柔寡断”，后来的整个学习期间则是“安静而和气”，并且在最后一年被额外评价为“勤勉”；他的“适应度”第一年“需要观察”，但之后他被认为行事“井然有序”。对于纯粹的专业科目，尤其是语言（包括捷克语）和神学，他的成绩表现出稳定的进步。军事科目方面，他的集合操练、射击和军队规范知识课程刚好及格，击剑和体操则不及格，在取得高等军事学院的入学许可之前，他只好参加补考。他第一年的班级排名较低，51 人中排第 35 位，第二年有了显著的提升，在 53 人中排第 7 位，第三年在 48 人中排第 8 位，但在第四年底时下降到 51 人中排第 18 位，这很显然是由于他的体能成绩不尽如人意，而不是因为他不勤奋。仅有的医疗记录表明他身体发育不好而且贫血，但直到他在那儿的最后一年，他才在写给母亲的信中表示自己一直以来经常生病。[6]

然而，没有太多独立的证据去充实这些为数不多的事实。军队中的神父霍拉切克回忆，里尔克是一个安静、严肃、天赋异禀的小伙子，喜欢独处，并且能够忍耐军校的压力。他的一个同时代人在多年之后写道，他看起来仿佛来自另一个世界：谦虚、善良、从不逾矩，外表端正整洁，“像一个穿军装的女孩”。引人注目的是他对自己诗歌天赋的意识，他的这位同学后来回忆说。通常，在德语课开始前，他会从后排的座位安静地站起来，带着几首诗走到讲台，老师通常让他读给全班听。“我们几乎不了解诗歌，于是沉默着，对我们来说沉默是尊重的标志，没有人会嘲笑他。他是个人物。”[7] 根据这种说法，他在身体方面不如一 9
般人，并且在体操、击剑和比赛上糟糕透顶，但他从不抱怨。必须一提的是，教德语的军官也在多年之后——当这个年轻的“人物”成为著名诗人，他自己升为少将时——写给里尔克的一封信中回忆道，当年他在批改里尔克“想象丰富而冗长的文章”时不惜大量的红墨水，而且对这位“书虫”表示理解，同情这个受同学轻蔑的体操笨蛋。[8]

里尔克自己后来在说到或写到这些往事时，把它们当作是他感到痛苦和不断孤立的主要原因，“人群中的孤独的痛苦训练”[9]。毋庸置疑的是，10 岁就从娇生惯养的生活中走出来，进入寄宿学校和军队纪律下粗暴混乱的环境中的里尔克，发现这种生活是一种折磨。“在被过度溺爱纵容之后，孤独无助的心被无理地粗暴对待”，正如他自己经历的，“因此确定无疑的是：一个孩子不是变得冷漠就是不幸福。对我来说是后者。”他在一种夸张的虔诚中寻求安慰，他母亲热心的信仰早已让他有此倾向：有时候，特别是在受到残暴欺凌时，他祈求生病，甚至死亡，主动享受一种“受难的错觉”[10]。“我受苦，并且忍受。”[11] 总而言之，尤其在第三年，他在诗歌中寻找避难所，此时诗歌对他来说变得不仅仅是无聊之余的一种消遣——诗歌偶尔会表达青春期对爱情的渴望，或将他未找到的友谊理想化，但更经常致力于描写战斗和英雄事迹的主题。他还着手写一部三十年战争史，在布拉格的学校时，这个主题已经激发了他的兴趣。他在一幅腐朽荒芜的背景上，设法描绘这段时期的伟大人物：华伦斯坦、古斯塔夫·阿道夫[1]，蒂利[2]，其中夹杂着他的散文和诗歌，赞美他们在战争中领袖群伦的权力。在 1888—1889 年的笔记本上，写有这些诗句，以及这部手稿的开头部分，见证了他诗歌天赋的突然爆发；这是“我从精神的黑夜中醒来时”，在缪斯祭坛前的“首次谦恭的献祭”。[12] 这种愿望的实现显然带有一些“受难的错觉”，也表现了他对抗一切困难的意志。他在圣珀尔滕的第四年，这种意志随着健康状况的持续恶化而产生。离开的时候他的身体状况特征是“神经质”，结果，1890 年夏天，在上魏斯基兴之前，一场折磨人的肺炎把他送到萨尔茨堡去做盐水治疗（salt-water cure）。

由于学校 9 月开学，他迟到了，几乎立刻就给母亲写了封信，抱怨自己的发烧和头疼“比以前更严重”[13]。11 月他在病床上躺了 14 天，在离开学校时依然很不舒服，12 月 6 日，他刚好在学期结束前被遣送
10 回家，因此没有成绩记录。他在新年时返校，之后并不清楚他又在学校待了多久。他谈起他的骑术课，也谈到在病房里度过的漫长时光，“精

[1] 指古斯塔夫二世·阿道夫（Gustav II Adolf，1594—1632），瑞典瓦萨王朝国王，三十年战争期间与神圣罗马帝国相争，连连获胜，在吕岑会战中不幸阵亡。

[2] 指约翰·蒂利（Johann Tilly, 1559—1632），三十年战争时期天主教联盟军的统帅。

神上的苦恼比身体的疾病更甚”，这时，在他关于诗歌的散文中，想法似乎更加清晰和自信，而且，“平常被压抑的寻求慰藉的冲动如今自由地绽放了”。[14] 可以确定的是，现在他渴望尽快离开那里，并且想办法说服了他父亲，说他由于健康的原因应该退学。约瑟夫破天荒地给菲亚写了一封信——这封信被保留了下来——将这次危机归咎于她写给勒内的信带来的令人不安的影响，认为那些信刺激了他，而不是起到安抚作用。无论如何事已至此，他让步了，1891 年 6 月 4 日，他的书面申请让这个孩子获得了自由。

三

我的诗琴之弦未曾锈蚀。

（致塞德拉科维茨的信，1892 年 12 月 30 日）

长期围绕着里尔克学校生涯有这么一种传说：他的痛苦使得其接受的正式教育徒劳无益，作为那种主要靠自我教育的成年人，他后来表现出的才智更加卓尔不群。现在看来，这种说法显然偏离事实甚远。因为，在强迫他父母让他脱离军队系统的掌控，以避免更进一步的“折磨”之后，他能够在没有任何特别辅导的情况下，进入林茨的商业学院学习；他们决定让他秋天入校，并且跳过了预备性的一年级，直接上符合他年龄的二年级。军事学院的课程主要是仿照奥地利的国家教育系统的课程，正如我们所看到的，里尔克在圣珀尔滕的专业成绩很优秀：因此，他在 1891 年 9 月转往与魏斯基兴高等军事学院水平相当的林茨商业学院，在成绩方面没有问题。

他的疾病主要是身心失调，诱发因素是孤独和被遗弃的感觉，而不是对军旅生涯的抗拒，因此他很快就恢复了健康。夏天的多数时候他住在伯父雅罗斯拉夫租来的别墅里，别墅位于布拉格郊区的斯米克夫，他在那儿长时间地散步——依旧穿着军装，因为，正如他在写给菲亚的信中所说，那使他得到更多的尊敬。新发现的自由并没有诱使他真正放弃在军队安身的想法。目前，他对母亲说，他“完全是个文人”，除了别的事务之外，他还忙着写作“三十年战争”的第二部分。但随后，他从林茨写信给她，承认军人是唯一适合他的职业。“我脱下皇帝钦定的军装，只为了在不久之后再次穿上——为了永远穿上：并且确信我应该光荣地穿着它。”[1] 毫无疑问，他会用类似的笔调写信给父亲，在 9 月 25 日献给约瑟夫生日的一首诗中，他承诺努力工作“以信守承诺”。[2] 在军队长官极受尊重的要塞林茨，里尔克的同龄朋友们都听过这些老生常谈。

对他而言，最大的变化并不是平民学生生活带来的相对自由。这个孤独的局外人现在发现自己得到了伙伴们的接纳和尊重，他不寻常的经历和友好的态度给了他迄今为止从未享受过的地位。竞赛方面的笨拙和体能的缺陷与专业成绩相比不再重要，于是他很快被认为是学校里的优秀人物。一个 16 岁的学生必须寄宿在一位有责任感的监护人家中，但与汉斯 · 德鲁奥一家住在一起——德鲁奥是受人尊敬的印刷厂的主管，后来成为这家地处林茨的印刷厂的所有者——展现在他眼前的是前所未闻的愉快的社交生活，有舞会、剧院、狂欢节，有次甚至与德鲁奥一起去狩猎。他脱下军装，取而代之的是一身优雅的黑色西服，打着白领带，外穿天鹅绒衣领的外套，手拿银头的手杖，头戴灰色的礼帽。他有一幅照片穿着这身服装，照片中的他坚定自信地平视前方，显现出这位“人物”多么快就在新环境中成长为一个自信的年轻人，相信自己有能力开辟未来的道路。

他的文学成就的光环无疑为他增添了荣誉。在斯米克夫时，他就成功发表了一首诗，入围了一家维也纳杂志的有奖竞赛（诗歌尽管未获奖，但被判定为最好的作品之一）[3]。他在韵律方面的天赋现在能在更多接受力强的观众——而非军队的教官和新兵——面前得到充分展现。他“诗名鹊起”：现在他有很多愿意请他在签名册上题写诗歌的朋友；同学们请他作诗庆祝他们老师的命名日；他为学院院长举办的节日聚会写的作品受到当地出版社的高度赞扬。另一家维也纳的期刊《波希米亚的德语诗歌和艺术》，也鼓励他投稿，并在 1892 年的复活节发表了一篇他的作品——值得注意的是，这篇作品充满了粗鲁而热情的爱国主义，用以回应贝尔塔 · 冯 · 祖特纳的呼吁和平、反对增加军备的文章。[4]

正如他在写给母亲菲亚的信中所说的，他在那儿很快乐。学院的科目设计，结合了“基于科学的通识教育和多种商业技能的综合学习”。他就读的第一个学期，不太重视第二个目的，不过他的商业数学和贸易理论成绩都“令人满意”；但艺术和科学，尤其是法语、历史、化学、自然史和物理，他都很擅长。而且，即便有相当多的缺席，他还是毫无困难地通过了所有科目，并且在超过50人的班级里位列第二。[5]放学后，他并不是每晚都参加社交活动。他在德鲁奥家“非常雅致的客厅”里阅读托尔斯泰的作品和施洛瑟[1]的《世界史》，[6]还写了很多诗歌，这些诗
12 歌后来收入他出版的第一部诗集。他的校友阿诺尔德·维姆赫尔泽尔邀请他去家里做客，两人之间建立了亲密的友谊。在此他遇到两位有魅力的姑娘，她们是阿诺尔德的表姐妹。由于她们符合他内心的新形象，他在信中以大篇幅的诗歌回应了她们的钦佩，表白了他的爱慕之情，庆幸好运将他带到了林茨。

> 在这儿我会知道何为爱情……它不只是意外？迄今为止我度过多少孤独乏味的日子……春天！春天就在这里，在我内心，在我的灵魂和大自然里……现今我是真的幸福——噢！不要击碎这美丽的幻觉，让我继续相信——你们两个——有一点喜欢我，在你们心中有一块不大的地方属于你们的——勒内。[7]

现在，距离产生魅力，甚至对在圣珀尔滕经历的不幸来说也是如此。在写给圣珀尔滕的一位德语老师的信中，他说当他回顾往事时，觉得过去并非毫无乐趣，虽然有些日子很艰难，但仍然有很多“流光溢彩、朝气蓬勃的光点：并且将来，在尘世悲伤的汹涌之海里，那儿依旧屹立着诺言的岛屿。”[8]

此时，这种悲伤看起来遥不可及。新年刚过，有人就注意到他与奥尔加·布卢毛尔一起“出去”，奥尔加是一位漂亮的金发美人，是一个孩子的保姆，里尔克在早晨上学之前和她会面。另一个小学生的监护人把这件事告诉了德鲁奥夫人，他怕孩子在里尔克的坏影响之下误入歧

---

[1] 指弗里德里希·克里斯托夫·施洛瑟（Friedrich Christoph Schlosser, 1776—1861），德国历史学家。他写作的《世界史》第一卷于1815年发表，在德语世界颇受欢迎。

途，变得和他一样不务正业；因此，当德鲁奥夫人知道里尔克想在 3 月 30 日去剧院看季末演出时，心里感到怀疑。于是，她询问了奥尔加的雇主，得知奥尔加也在当晚去剧院。但当德鲁奥夫人——据精力充沛的格伦迪夫人证实——确实检查过剧院的观众之后，发现里尔克和奥尔加都不在那儿。里尔克 10 点 45 分回去时，德鲁奥夫人将他训斥一通，发电报给他父亲，让对方第二天过来，约瑟夫承诺说他会了却这段“私情”。但里尔克很快就再次“堕落”，结果他父亲在 4 月底又一次被召来，于是里尔克再次庄重发誓忘掉奥尔加。

当他又一次食言时，并没有逃过德鲁奥夫人机警的眼睛，但她还没为这件事的大结局做好准备。5 月 21 号，星期天，他一早就出去了，说是要在那天参观镇上合唱节的会场布置。直到他迟迟未归，并发现奥尔加原来是谎称和她母亲待在维也纳时，德鲁奥夫人方才警醒。她给约瑟夫和菲亚发电报，看勒内是否和他们在一起；同时还通知了学校；两天后报了警。直到 5 月 24 号，才发现这对鸳鸯登记入住在维也纳一家不起眼的旅馆，接着勒内被带了回去，路经林茨回到布拉格。似乎没有人对那个女孩的命运给予更多的关注。他并没有将他的计划告知阿诺尔德·维姆赫尔泽尔，作为他的朋友，后者受到了仔细的询问。在阿尔诺 13
德随后写下的文字记录中——这些文字最近才公之于众，他描绘了一幅有意思的画面：喜欢飞短流长的德鲁奥夫人为一位孩子忘恩负义的行为感到惋惜，她很喜欢这个孩子，待他视若己出。[9]

稍后的 9 月，勒内给他母亲写了一封信，说他现在感到幸福，认识到了自己的错误，并为之感到悔恨。他精心编织了自己的信，用花哨的措辞有预谋地获取她的宽宥：“上天在每个胸膛里点燃的”神性的火花能够变成神圣纯洁的火焰，但也能化为“毁灭性的吞噬一切的烈火，被激情的狂风煽动，将会毁灭之前创造它的一切”——对他来说“愚蠢的打情骂俏”点燃了这场火。“感谢上帝我感到自己从这桩风流韵事的束缚中解放出来了。”[10] 但这场突如其来的分手的真正动机相当明确：军队的梦想幻灭了，假如他在商业学院修完课程，那么“未来将在无聊的会计室度过”[11] 这一噩梦就森然逼近了。他确信自己值得拥有更好的生活，感到必须找条路逃出那儿。学校里朋友们的奉承很受用，但更广阔的维也纳文化界对他诗歌的接受激励着他期盼更伟大之物，远离林茨偏狭的社会生活。携奥尔加私奔到维也纳提供了他想要的机会。无论“愚蠢的打情骂俏”点燃的烈火如何燃烧，可以肯定的是，在首都的时候他保持着冷静的头脑，他抓住机会两次拜访了出版过他诗作的爱德华·卡斯特纳，他们一直保持着联系。他给卡斯特纳留下了一个写有手稿的笔记本，里面是他在林茨期间写的诗作，期待着对方能进一步出版这些作品。[12] 我们无须低估情色在这次历险中的吸引力，就能看到这也是他拒绝沿着既定道路走下去的一次令人瞠目的表现。1892 年 5 月的行动标志着他做了自我决定，无论如何，他将成为一个诗人。

现在，菲亚计划搬到维也纳，里尔克很快就让她帮他在杂志上发表诗歌；但即便是很宽容的约瑟夫，也认为诗歌不过是闲暇之余的消遣。他关心的是如何在某一方面完成这孩子的教育，能让他从事某种“正常”的职业——以及如何支付教育孩子的费用。自从父亲去世后，雅罗斯拉夫觉得自己作为一家之长，对弟弟负有责任，因此起初他对里尔克的胡作非为感到怒不可遏。但在他的两个儿子因病夭折之后，他视侄子为里尔克家族未来仅存的希望。雅罗斯拉夫在 6 月 4 日写信对约瑟夫说，勒内显然受到她母亲不好的影响——危险的遗传加上毫无系统的阅读，让他变得过于兴奋，而如此小的年纪就得到过度的赞扬，则会让他自鸣得意。[13] 不过，他说打算每个月给勒内 200 古尔登的生活费（“假期除外”），用来支付取得入学资格的私人辅导费用，接着让他去大学学
14 习法律，在那之后他会按部就班地去实习，希望他有朝一日接替自己的工作。[14] 除了这个最终的目标，勒内没有别的要求。他会努力工作，但他也会有追求自己目标的自由。

剩下的夏日时光，他被送到波希米亚北部的舍恩菲尔德，与雇来教他学习的家庭教师待在一起。9 月，他回到布拉格，住在姑姑加布里埃莱·冯·库切拉那里，他姑姑也与丈夫分开了，住在瓦塞尔街（Vodičkova 街）。他在这儿安顿下来，决心开始计划严格的学习，想在 3 年里补上普通高级中学六年的课程，包括拉丁语、希腊语，以及迄今

为止他落下的其他科目。每天早晨从 6：30 到中午两位家庭教师交替教他学习；每隔 6 个月他去布拉格新城（Nové Mesto）的德语中学参加考试，每次都获得了优异的成绩。从他写给菲亚的信中可以看出，他享受这种学习，但最让他高兴的是从事写作的自由。他的诗琴之弦，远未锈蚀，弹奏出的音符比以往的更为纯粹，他在另一封给圣珀尔滕的老师的信中写道。[15]

卡斯特纳从维也纳寄回来的写有手稿的笔记本，如今成为一本诗集的手稿，他计划命名为《生活与歌》（*Leben und Lieder*）。到了 1892 年底，他给圣珀尔滕教授诗歌的老师弗朗茨·凯姆寄了一些诗歌，以征求他的意见，先前他因太过羞怯而未接近这位老师。凯姆在信中明显地表示鼓励，同时也公正地激励他进行更多严厉的自我批评。他还收到来自阿尔弗雷德·克拉尔博士表示赞赏的评论，后者是布拉格的一位教师，教授德语文学史，并且是“孔科尔迪亚”文学协会的主席。他因此勇气倍增，在新年时将这本诗集寄给科塔的斯图加特出版社。虽然诗集被拒绝了，但他并不沮丧，泰半是因为他刚从另一桩爱情里找到灵感。对他的艺术抱负而言，这次恋爱的对象更有吸引力。

瓦莱丽·冯·大卫－龙菲尔德，人们通常叫她瓦丽，她们一家人常常去绅士街的恩茨家做客。她比勒内大约长一岁，是他表姐妹的朋友，也是捷克诗人尤利乌斯·泽耶尔的外甥女。她喜欢涂饰瓷器和写短篇小说，培养出精致古怪的波希米亚风格的艺术爱好，喜欢穿一身红色的奥匈帝国风格的装扮，带着一根牧羊女的曲柄牧羊棍。对一个渴望摆脱资产阶级庸俗风气束缚的年轻人，这完全是可理解的迷人形象，他在两人见面的当天，就用诗歌表白了他的爱情。她住在魏恩贝尔格（Vinohrady），布拉格的另一个区，他经常在下午带着他的作品躲到那儿去。这是一种令人期待的自由——从瓦塞尔街孤寂的、面朝着嘈杂院子的房间里解放出来，从“离我如此遥远的亲属周围阴郁、严肃的气氛”[16] 中解放出来。这个令人愉快、不落俗套的人出现在他生活中，每 15
每给予他新的勇气去完成学校的功课，尽管当时他的伯父和资助人雅罗斯拉夫于 12 月时意外死亡，他的未来也随之变得不确定。

她后来声称，幸亏有她，他才能完成死记硬背的功课而不被绝望打垮，而这种绝望，通常被他的家人轻视，他孤独无助，有时甚至谈到自杀。毫无疑问，瓦丽欢迎他光临自己装饰得引以为傲的房间，她赞赏他那些还很幼稚的诗歌，给了他迫切需要的激励。确实，在他最终找到一位出版商愿意出版《生活与歌》时，正是她设法筹集了用于资助出版的经费。在此之前，有一次他在绝望中将手稿扔入一个小池塘，幸亏她及时抢救了出来——她说的大致如此。G. E. 卡滕蒂特在斯特拉斯堡和莱比锡出版一份文学双周刊，还发行一份类似的年鉴，他在学生时代就读过一些里尔克的诗歌，是少数几个打算和这位诗人进行私人通信的人，后来成了里尔克的朋友和出版人。对维也纳、德累斯顿、汉堡和布拉格的编辑来说，勒内·马利亚·里尔克现在是一个日益熟悉的名字：但正是卡滕蒂特，在确定解决印刷的费用之后，于 1894 年 11 月出版了题献给瓦丽的《生活与歌》。

这些诗歌主要是用模仿的方式描写通常的主题，偶尔可瞥见一些原创性，大多数诗歌中都有一种未得到补偿的多愁善感。的确，没过多久他自己就认为《生活与歌》有很多缺陷。“那时我的能耐太小，”他在 1904 年写给埃伦·凯的信中说，“我的感情不成熟，羞于表达，此外，我第一本诗集中选入的诗歌，是我写下的所有诗歌中最差的和最没有个性的，因为我当时还不能自我揭露那些真正贴近我内心之物。”[17] 他强烈地希望这本书被遗忘，事实上也只有少数几本幸存下来。

在这些以及他的其他作品中，我们几乎不能指望他能成为后来的那个里尔克。不像几年前的青年霍夫曼施塔尔，他不是羽翼丰满地出现，一鸣惊人，震动文坛。他尝试着写作一切——抒情诗、散文故事、随笔和戏剧——以顽强的决心争取成功，他表现出惊人的勤勉和写作的强烈欲望。他不像某些天赐灵感的记录者，而像是一门技艺的自觉的学徒。他从“权威的”人物那里寻求建议和帮助，写信时总是称呼别人“大师”，并且不知疲倦地与所谓的行业杂志通信。他还没有达到那种心平气和的自立——几年之后，一个青年诗人反过来向他寻求建议时，他将会这么劝告他。但他问自己这样的问题：“不写作我能生活吗？我**必须**

写作吗？”并且以毫不犹豫、“简洁有力的‘我必须’”作为回答。[18] 其他的一切：日常生活的环境、取得考试的及格、家庭和朋友的要求、爱情的召唤，全都要服从这个命令。

这导致他过度专注于自己，导致他怀着一种愿望，也即半自觉地使他的生活符合他的“工作”：我们现在发现这是终其一生“自我塑形” 16
倾向的第一次表现，这种“自我塑形”让他的朋友和批评者们既着迷，又恼火。别人可能会在日记中吐露，或稍加转换写入自传性文学作品的事情，里尔克的要求却几乎总是直言不讳，同时写入私人的或非个人的信件中。而且，正如他自己在生命的最后时刻承认的，这些东西是他作品的一个必要部分。比如说现在，他在 19 岁生日时写给瓦丽的一封长信中，希望他们能共度余生，作为两个关系和谐的艺术家跨入 20 世纪，“在他们的爱情和创造活动中忘记世界，并且同情或鄙视他们的同胞”——他重新创造了生活，迄今为止，他的生活与这种光明美景形成了阴暗的对照。

> 你知道这黑暗的故事，关于我丢失的童年，你也知道那是谁的错；那些早年的日子，我只有一点，甚至没有快乐可言……只有父亲给我爱和关心，但通常我都是独自一人，而且没有人听我吐露我微小的快乐和悲伤……那时我遭受的痛苦，堪比这个世界上最可怕的折磨，纵使我只是个孩子——毋宁说就因为我是个孩子，所以我那时没有抵抗的力量，或者说并不明白这些不过是孩子气的多愁善感而已。
>
> ……在我幼稚的思想看来，我的忍耐看上去是带我靠近耶稣基督的美德：一天，我被人扇了重重的一耳光，疼得我的膝盖开始战栗，我平静地对打我耳光的人说——至今我仍能听到：“我平静地挨了你的耳光，没有任何抱怨，因为这就是基督承受的，所以当你打我时，我向主祈祷，祂会宽恕你。”……我通常躲在最远的窗户边的角落里，抑制住自己的泪水；到了深夜，男孩们均匀的呼吸声充满整个宿舍时，我的眼泪才夺眶而出。此外还有一天晚上，那

> 是我的生日，我跪在床上，双手合十祈祷死亡。甚至生一场病就会让我认为，这就是上帝听到我祈祷的征兆，但死亡没有到来。那时我写作的欲望却越来越强，我幼稚的作品已经给了我些许安慰……因此，在那些阴暗的日子里，常被压抑的寻求慰藉的冲动如今自由地绽放了……因为我从没有遇到过哪怕是友好的亲近，更不用说爱了，然而这是我所渴求和需要的……在遇到你之前，瓦丽，我的心空无一物……接下来的情况你都知道了，你的宽仁之心埋葬了我心中苦涩的失望和妄想……我已经要放弃我的学习生涯了，无休无止的、失败的工作与我想要的生活毫无关联，既然你——我挚爱的、最亲爱的瓦丽——找到我，让我变坚强，治愈我，安慰我并且给我生活、存在、希望和未来……[19]

这些话充满了自怜：但我们不应该让此遮蔽这一事实，亦即他决心要克服那些他认为非常可怕的障碍。关于他童年的这种说法，对他来说成了“真实”，并且加强了他的信念——认为艺术家必须坚守孤独，对抗同胞的不理解，即便困难重重，也决心要如愿以偿。

17 信件对他来说是一种自我分析的方式，在一长串接收他信件的“医治者和安慰者”中，瓦丽是第一个。不过，虽然后来他经常提及军事学校的痛苦，但他似乎渴望去压抑那些回忆。在一则写于 1894 年，名叫“皮埃尔 · 杜蒙”的短篇故事中，他生动传神地描述了一位母亲的告别，她是一个军官的遗孀，在军事学院秋季开学时与她年轻的儿子告别；但这个故事从未发表。他有篇短篇小说叫作“体操课”（“Die Turnstunde”），最初是 1899 年 11 月写的一则日记，小说竟然在 3 年之后发表了。这篇小说更直接地反映了他对军队环境的厌恶，描述了一个虚弱的男孩在绝望地试图证明自己时死去。除了这些之外，长期盘桓在他脑海中的“军队小说”从来没有付诸笔端。

其时，他惬意地享受着自由，并且他的生活费足够离开布拉格去度完暑假。在 1894 年 6 月以优异的成绩通过期末考试后，他在波希米亚北部的迪特尔斯巴赫待了一段时间，并且去了米斯德罗伊的波罗的海海岸，在那儿他第一次看到海，“像紫罗兰的蓝色，巨大的绸缎”。[20] 就在此时，更大的自由摆在他面前，他将进入大学。而他和瓦丽的关系，就在八个月前还热情洋溢，如今却开始疏远了。他感觉到新的力量，要做自己命运的主人，这在他一首诗末尾的签名上表现出来，这首落款为“勒内·马利亚·**恺撒**·里尔克”的诗，写给他在米斯德罗伊邂逅的一位布拉格医生的女儿。秋天返回布拉格后，他和瓦丽解除了尚不正式的婚约，随后写了一封令人气闷的陈词滥调的信给她，“为了自由的礼物”而感谢她：

> 即便在这个考验的时刻，您仍表现出超过我的伟大和高贵。我的祝福栖息在您的头顶。您曾是黑暗的生活中一颗明亮的流星！再见。无论何时，如果您需要一个朋友，就召唤我吧。您的勒内是您最后的朋友。[21]

无法确定的是，她对他的感情是否并不像她所表现出来的那么简单，当她放弃父母提议的更适合的配偶，而选择这位前途暗淡的学生时，父母的反对让这份爱情多了几分吸引力。两人分道扬镳时，她承受了很重的打击，事实上她终生未嫁；当她看着他不断进步时，关于那段插曲的回忆变得苦不堪言。从某种角度来说，这段关系是他与生命中的所有女人相处的模式：一开始就相互吸引，通常年龄比他稍长并且是艺术家，在一起过“正常”生活的诱惑，接着是生活与工作之间的冲突，迟早——绝大多数时候是早早地——做出的不可避免的坚定不移的决定，那就是他的工作必须放在首位，而且他会认识到他所拥有的只是孤独。就他显而易见的温柔天性而言，这种冷酷无情令人震惊。更让人吃惊的是——据说多半由于他的魅力——所有和他有过情感纠葛的女人（最终每个人都写下了她们的感情和回忆）中，只有瓦丽长期忍受着他的敌意。

18

四

没有人像我，从来没有。

（《埃瓦尔德 · 特拉吉》）

培养勒内 · 里尔克继承他伯伯事业的计划实施之后，雅罗斯拉夫的死亡并没有很快影响到这个计划。他伯伯的女儿葆拉和伊雷妮同意继续每月提供生活费，因此下一步的路没有障碍。1895 年冬季学期，里尔克被录取到卡尔－费迪南德大学就读，但就在此时他第一次对为他安排好的计划公开表示异议，尽管还不是公开反抗。雅罗斯拉夫生前坚持让他学法律，但他却选择去学习艺术史、文学史和哲学。大约 20 岁的里尔克比同学年龄稍长，但并没有更成熟。在大学生活的自由环境中，他发现自己不仅有机会亲自参加文学活动——迄今为止他已从无名小辈变得小有名声，而且，在德语文化中熏陶长大的他，还可以去探索德语文化圈外的城市生活。

他计划中的下一卷诗集的主题同时反映了这两个世界。《宅神祭品》(*Larenopfer*) 在 12 月出版，这本诗集再次得到瓦丽的帮助；这次设计的封面，有着“波希米亚的强健根基”，正如他自己在为该书写的一篇短文中这么评价道[1]。波希米亚的过去和现在都既有德语文化又有捷克语文化，对 1848 年的爱国者[1]

---

[1] 指 1848 年革命中布拉格的“青年捷克党”及其支持者。1848 年欧洲各地均爆发了反对君权独裁的革命，平民与自由主义的学者联合起来，发动武装革命反对君主独裁。革命首先在意大利的西西里岛爆发，逐渐波及几乎整个欧洲，最后均以反抗者的失败收场，但革命无疑沉重打击了当时的君权独裁体制，迫使当权者做出了不同程度的让步。在革命发生之后，波希米亚发生了重大的变化，奥地利政府便做出退让，允许捷克人组成波希米亚议会，捷克语取得与德语同等的地位，捷克人有自己的大学及中学，可以在政府中担任公职，波希米亚逐渐成为一个多种文化混合的共同体。

来说，它是独一无二的祖国，不是任何一个党派的地盘。《宅神祭品》是奇怪的混合体：像是一本旅行指南，指导读者回顾布拉格漫长的历史，同时也是对布拉格基调的新浪漫主义的招魂；其中的诗歌情意深长、自然写实地描绘布拉格人的生活画面，描绘他们贫穷而悲惨的生活；此外还有一些赞美之辞，献给当时深受尊崇的捷克诗人，如雅罗斯拉夫·弗尔赫利茨基和尤利乌斯·泽耶尔。泽耶尔是瓦丽的舅舅，里尔克 10 月给这位“大师”寄了一本《生活与歌》，题词满是溢美之言。此时的里尔克看起来仍然是个初学者——打开心胸接受这个时期各种文学观点的影响，亦步亦趋、模仿效法——但他也是真实生活的敏锐观察者。一些评论者注意到，他开始蜕变，脱离《生活与歌》的不成熟和非现实。一个捷克作家对他称赞有加，他在 1 月写了回信，信中他认为自己的诗歌是“战斗厮杀中一缕温柔的和平之音”，表达了“对你们的人民和他们的艺术尝试的同情”，以及“我认识到有一个超越于种族制度国家之上的超级帝国，在这个帝国里艺术的太阳永不西沉”。[2]

目前，还没有迹象表明他对布拉格产生了反感，那种反感经常会扭曲他后来的回忆。相反，大学的第一年，他看起来热切地去寻找并且非常喜欢新的文学艺术交往，现在这类交往的机会总是自己出现在他面前。他成为主要社团的活跃分子，出现在咖啡厅文学圈里，极力表现自 19
己：去找寻“现代派”，丰富自己的思想，并且安排了满满的计划。第一个学期，他就已经自费出版了一本免费的诗歌小册子期刊，并且向卡滕蒂特提议，说应该让他接手一本新杂志的编辑工作；这本新杂志叫《青年德意志与青年奥地利》，是一本与出版商的《青年德意志与阿尔赛夏》一起印行的双周刊，里尔克仍在给后者投稿。这些文化期刊都很短命，但他热情不减。他越来越有自信，坚持不懈地写作，眼看着很多自己的作品出版，作品体裁多样，风格多变，有时甚至很难相信它们出自同一手笔。现在，这位唯美主义者，这个浪漫主义的忧郁诗人，偶尔有人看见他身着黑衣，手拿一支单柄长茎的鸢尾属花，走在格拉本熙熙攘攘的人群中；现在，这位戏剧独白（“心理剧”）的作者、粗暴的自然写实故事和戏剧性插曲的作者，以沉闷的主题描写受压迫的穷人，以及他们对社会直言不讳的批评，在这方面甚至超过了霍普特曼；现在，这位自封的“宫廷诗人”是韦莱斯拉文城堡的拉斯卡·范厄斯特伦的座上客，后者是低阶贵族家庭出身，本身也是位作家。但向来是那些自我宣传者（self-advertiser），才会一直渴望得到一个作家应有的关注和认同。1896年1月，他为一本收录19世纪德语诗人和散文作家的词典草拟的条目写道：“勒内·马利亚·恺撒·里尔克……目前是《青年德意志与青年奥地利》的编辑。我的格言：有苦才有获（patior ut potiar）。现在，我朝着光明奋斗不息；至于将来，一边是希望，一边是恐惧。希望：创造的内在平静和喜悦。恐惧（我因遗传的神经过敏而担忧）：疯狂！我在戏剧（《自由与平等》、《白霜》）、中短篇小说和随笔（散见于20多种杂志，很快就结集出版）、抒情诗、心理剧、文学批评等领域都很活跃。”[3]正如有人恰如其分所说的，布拉格的这一年在他生命中可能是独一无二的，在这一年，他能够看到一项成功的传统意义上的事业展现在他眼前。[4]

他打算出版属于自己的期刊，内容是“作为礼物献给人民的歌”，这个想法似乎是受卡尔·亨克尔的期刊《向日葵》（*Sonnenblumen*）的启发，《向日葵》在苏黎世刊行，有许多杰出的诗人为之撰稿，在1895年12月，勒内曾在一家布拉格报纸上评论过这份期刊。亨克尔是一位流亡的社会主义者，来自俾斯麦统治下的德国，他将自己的期刊看作是教育工人的工具。勒内打算办一份更好的期刊。他的期刊命名为《菊苣》（*Wegwarten*）——菊苣是道旁的野草——期刊将被免费分发给工人和穷人，不管他们是谁。同一个月，就在《宅神祭品》刚出版后，《菊苣》第一期面世了，登载了他的20首诗和一篇前言，诗歌选自这3年来积攒的丰富储备，在前言中，他宣称免费满足穷人的艺术需要。“便宜的版本还不够：倘若是在书和面包间做选择的话，甚至花两个十字币买书
20 都嫌太贵了。假如你们想给所有人，那就给吧！据帕拉塞尔苏斯说，菊苣每个世纪重生一次：而这个传说在这些诗歌中很可能应验了——也许它们将在人的灵魂中唤起更高的生命。我自己很穷，但这个希望让我变得富有。‘菊苣’一年将会出现一两次。采摘它们，它们也许会让你快

乐。”[5]他怀疑自己的捐献物是否真的能送到人们手里，于是他将期刊寄给各种各样的手工业行会和工人协会、医院以及书商，或将期刊放在公共场所。他几乎不会在一个地方提供足够的数量，以达到市场需求的饱和，但“几百本书就这样消失得无影无踪”。他希望在各个地方，机遇都会将一本书带到“一间孤独的屋子里，在那儿，这些简单的诗歌会唤起一些快乐和光明。”[6]

在这种真诚的理想主义背后可能有一个更加实际的，或许是下意识的目的。他给许多写在地址簿上的“大师”和其他可能并不认识他的人，如特奥多尔 · 冯塔纳和阿图尔 · 施尼茨勒，寄了期刊；这种介绍自己的方式更引人注目，不落俗套。值得注意的是，这份期刊是勒内 · 里尔克的独家专号，并不像亨克尔的那样是同时代人的文集；并且，1896 年 4 月的第二期放弃了刊登“献给人民的歌”这个想法，而是刊载了他极端自然主义的戏剧《现在和我们弥留之际……》（*Jetzt und in der Stunde unseres Absterbens*……），这是一个阴森的故事，内容包括折磨人的地主，乱伦，以及死于贫困——很难给一个孤独的工人屋子带去快乐和光明。与此同时，他以同样的热情，迫使卡滕蒂特从新年起，让他做《青年德意志和青年奥地利》的编辑；这本期刊前途看好，有许多潜在的订户，他自信能够将读者“提升到卖得很好的姐妹期刊（指《青年德意志与阿尔赛夏》）的水平”[7]——而且顺便也能为该期刊精力旺盛的编辑提高声誉。但没几周，他就已经开始抱怨，说自己无力改变这个“文艺半吊子们的庇护所”[8]，并责备卡滕蒂特创办了这个期刊。他原先期望的订户洪流结果变成了涓涓细流：事实上证明了一本单独发行的期刊没有读者群。到 3 月他就撂担子了，放弃的速度和他当初接受这个工作时一样快，有记录表明他损失了超过 19 个古尔登（gulden）——就他的境况而言损失惨重。

在与卡滕蒂特的通信中，他依旧和对方保持着最好的关系，尽管他肯定会让这位编辑感到恼怒——他高人一等地看待其他野心勃勃的年轻诗人所做的自我宣传，自信在这方面已经占据了制高点。不可否认，他发表了很多作品，已经成为布拉格的知名人物。他很少会错过严肃的文学协会“孔科尔迪亚”的讨论会，这个协会由他的支持者克拉尔管理，在那儿，他可以在高贵的访客，比如说卡尔－埃米尔·弗兰佐斯面前，展示自己即兴创作诗歌的非凡天赋。他也很少错过每周四晚上艺术协会“安静而温和的反孔科尔迪亚派”[9]的会议，那儿会有活力更充沛、
21 更意气相投的同伴，比如说戏剧家鲁道夫·克里斯托夫·詹尼和艺术家埃米尔·奥尔利克。在这儿，他可以听艺术家们谈论他们的作品和技巧，或者听詹尼朗读他的戏剧；他自己的中短篇小说找到了知音，在为这些反正统的（anti-Establishment）更年轻一代创作的诗歌中，他称他们为“勇敢的分离派”。但这一切还不够：他必须自己组织一个社团——一个“真正现代人的联盟”，并不是作为两个已有组织的补充，而是与它们相竞争；社团应该有自己的期刊（《菊苣》已经准备充当这个角色），以及一个为戏剧行家准备的“私密的剧院”，可以在这个剧院创作普通舞台拒斥的戏剧。他梦想着一个全新的机构，“一座自由的艺术家联合会的宏伟屋宇，高耸入云，一座金色塔楼上飘动着热情旗帜的宫殿。”[10]

这个想法事实上来自他德累斯顿的朋友哈里·路易斯·冯·迪金森，哈里用博多·维尔德贝格的笔名，像他一样写诗歌和散文（当然也是用自己的经费出版）。两人很快就一拍即合，认为应该精心挑选（当然，由他们来挑选）组成社团的“志同道合的心灵”，并且选择的范围不限于布拉格，而是通过书信往来扩展到奥地利和德国——维也纳、柏林和哥廷根。5月，在大学的夏季学期，当勒内尊重家人的意愿，最终转到法律系时，他们争取到了充分的支持，计划将《菊苣》作为社团的官方出版物，所有成员都应为之撰稿，艺术家们则为每一期刊物设计新的封面。另外，更重要的是，每个成员应该捐献100本刊物的印刷费用。随着每个成员都联系自己圈子的朋友，勒内对这份期刊“巨大的循环”感到乐观，虽然期刊依然靠免费分发，但现在读者已经变成精英阶层，而不是孤独的工人。[11]这本期刊是在“亲密的、充满想象力的氛围”的魔力下，进行“现代性创作”的一个媒介。[12]作为一个小团体的成果，它会更加有效率，目标集中并且免除了任何稍大的团体都不可避免的争吵。

他已经尽力争取在布拉格创办一个“自由的剧院”，并且他指望新团体能够完成这个想法。他脑海中有个布置完备的舞台，詹尼做一个杰出的制作人，至于演员，“专业演员和聪明的业余演员”都能很快找到。然而，奇怪的是，对这样一个自然主义的狂热支持者来说，他的目标是上演梅特林克的戏剧：“戏剧中最雄辩的言辞是沉默，戏剧的悲剧结局是‘让哭喊变得静默’。赫尔曼 · 巴尔在给我的信中说（梅特林克的）《盲人》适合这样去表演。”[13] 过于偏离他自己最近的作品《白霜》和《现在和我们弥留之际……》的任何事都是难以想象的。他的“自由的剧院”从未实现，在第三期也即最后一期《菊苣》出版后，关于现代人的联盟的宏伟构想也逐渐消失。但他在自然主义与象征主义二者间相矛盾的牵引力下犹豫了很长一段时间，这也许可以解释他最终为何放弃将戏剧作为一种表达方式。整个插曲很短暂，正如他后来意识到的，那仅 22
仅从一个侧面表现出他“迫不及待向充满敌意的环境证明，我有权利从事这样的活动……那是我生命中唯一一次没有为作品本身而努力，而是为了争取认同，不惜呈现作品不足的开端”。[14] 然而，关于他与“志同道合的心灵”会面的想法，我们可以看到构成他性格基本要素的一个特质。与他们来往，他会感到不用再对着房间了无生气的墙壁写忏悔录，而是悄声说出一个秘密，说给一个“极为敏感的人，他清澈的灵魂反映我自己存在的形象”。[15] 这需要与朋友交流，向朋友详细描述自己的作品，或者与陌生的通信人交流，在他们那儿他感觉到一种亲和力，这很快就变得更有吸引力，远胜过看着作品出版的渴望。

目前，出版和寻求认同仍然是最主要的活动。他狂热地在一切可能的地方活动：出售自己的作品，并且迫切地想引起注意；帮别人编选一本译自捷克语的选集；修订并计划出版自己的散文故事和随笔集；在布拉格的德国人民剧场安排演出《现在和我们弥留之际……》；以及进行大量的通信。实际上，现代人的联盟仅仅是一个互相吹捧的社团，仅有的几个成员互相评估对方的作品。汉斯 · 本茨曼得到里尔克对他诗集（里尔克鼓励读者**购买**该诗集）热情洋溢的赞扬，相应地，他注意到《菊苣》值得赞赏；詹尼的戏剧《铤而走险》是一部“人民的戏剧”，有着“发展脉络清晰的情节”和“霍加斯式现实主义”的人物角色，[16]在勒内的帮助下，这部戏剧5月在布拉格上演了一场，得到了有益的前期宣传。据推测，他没有完全缺席大学的课程，但在信中一次也没有提到过这无聊乏味的学习，信中难以抑制地谈论最近文学和戏剧圈的流言蜚语。

圣灵降临节时，他陪詹尼一起去维也纳，接着旅行到布达佩斯，去看千禧年节庆和展览。那儿的远亲邀请了他，因此他要待到6月中旬。他发现他们虽然比那些家里的亲戚“好上几公里”，但兴趣狭小琐碎，视野受本教区教堂的束缚，长时间由这些人陪伴的前景没有吸引力。不管怎样，在比计划的早几天时，他就找个借口礼貌地告辞了。[17]

对他来说，布拉格本身变得太狭窄了。在布拉格，他给编辑（除了卡滕蒂特）的早期书信和投稿，其出版与发行曾经被限制在奥地利的范围内，现在它们远播到柏林、不来梅和慕尼黑。他计划出一册新的诗集，并且他将不在布拉格寻找出版商，而将目光投向威斯巴登，甚至苏黎世——“决不在奥地利！”[18]在这个夏天期间，另一个他尊敬的“大师”——里夏德·祖茨曼，对这本新手稿的水准印象深刻，帮助他将手
23 稿放到莱比锡的弗里森哈恩出版社出版，并慷慨解囊，自己支付了一半出版费用。他在偏狭的地方生活的限制下，变得日益桀骜不驯：他的父亲和亲戚对他的努力漠不关心，甚至带着敌意，文学组织本身也存在局限，不过他拥有克拉尔和奥古斯特·绍尔的善意对待，这两人都曾经是他的文学史老师。他竭力越过波希米亚的德国人的“隔离”墙，学着去尊重捷克人的愿望。但是他在短暂的一年独立中无比清楚地看到，如果他要作为一个诗人在德语文化中扬名立万，就必须放弃这个偏远的哨站。

许多在他之前和之后的人，在德国文化和语言的边缘地带成长，都被来自中心的强大引力所牵引，而且，当有一次，奥匈帝国内非德语文化的人民开始更激烈地强调他们民族自治的主张时，德语文化对里尔克同时代人的影响变得尤其强劲有力。弗朗茨·韦费尔前往汉堡和莱比锡，卡夫卡去柏林；埃米尔·奥尔利克来自布拉格，阿图尔·霍利切尔从布

达佩斯前往慕尼黑。慕尼黑亦是勒内·里尔克的选择。他在诗歌投稿的时候，已经通过新期刊 *Simplizissimus* 的编辑与霍利切尔通信；这个城市聚集了众多他钦慕的大师，包括剧作家马克斯·哈尔伯，剧作家和诗人路德维希·冈霍费尔；在这儿他当然会发现一个真正的“现代人的联盟”。鉴于布拉格的氛围，他在一个“艺术之城”中的确会呼吸到新鲜空气，在那儿，他能“净化和澄清自己的品味和判断力”。[19]7 月，夏季学期差不多结束了，他已经考虑移居到慕尼黑，并且这个打算很快就变得坚定不移了。他的大学生涯可以在慕尼黑继续，为了保证这一点，他努力劝说他的父亲——不仅同意他去慕尼黑，而且还要提供一笔适当的生活费，生活费要超过他堂兄妹多半是违背自己意愿继续提供给他的那一份。

8 月 6 日，他写信给祖茨曼和柏林的路德维希·雅各博维斯基，将自己刚上演的剧本[1]描述为“巨大的成功”，剧本华丽地登台演出，舞台效果与阅读的感受相比，不那么恐怖和残忍。[20]事实上，评价相当好。一家布拉格报纸，将它“层出不穷的悲惨”描述为一首“笼罩日常生活的叙事诗，但是没有戏剧性事件”，然而却赞赏在“观众期待和场景接续的压缩，充满力量的色彩冲击和对比的大胆运用”方面表现出来的戏剧天赋。[21]维也纳的戏剧出版商艾里奇将它列入出版清单，勒内希望《白霜》也能够上演。迄今为止，他打算出版一本中短篇小说和随笔选集的计划尚未实现——他一有单独的小说出版就宣称要出选集，但他 24
的选集总是在编选修订中。他打算赶在圣诞节前出版一本“时髦的，比《菊苣》中的诗歌更优秀的”诗歌集，这倒取得了较大的进展。[22]他听取祖茨曼的建议，缩减数量并限制主题，将诗集标题从《新诗集》改为《梦中加冕》(*Traumgekrönt*)，写有献给他保护人的礼貌的题词。他还忙于准备印行第三期《菊苣》。

在这些勤勉的工作期间，也从不缺少社交活动。他与“令人敬佩的同道”拉斯卡·范厄斯特伦通信，长篇大论地向她倾诉他的期望和计划，

---

[1] 指前面提到的戏剧《现在和我们弥留之际……》。

其中还有大量即兴写就的诗句；通信几个月后，他最终被成功邀请到邻近布拉格的韦莱斯拉文城堡做客，当时这一家人正在那儿度暑假。8 月的最初几天，范厄斯特伦男爵夫人为拉斯卡和她其他的女儿在城堡举办一场盛大的舞会，邀请里尔克出席；在男爵夫人派去接他的马车里，勒内发现另一位客人，是一个穿着骑兵中尉制服的年轻人，叫西格弗里德·特雷比奇，他暂时在布拉格服第二期兵役。这位同道的诗人和作家，是一位志同道合的伙伴，也是乔治·萧伯纳的德语译者。与勒内一样，他也力图为自己选择职业的倾向辩护，反对继父让他继承在维也纳的生意的意愿。他们在城堡的花园里长时间交谈，远离人群，勒内向他吐露了自己的决定："我会要么成为一个众人聆听的诗人，要么离开这个尘世，消失在黑暗之中。"在回家的马车中，特雷比奇背诵了一些自己的诗歌，并且深受勒内的诗句的激励："你有义务抛弃一切消遣，并且将自己全部的力量投入到命运交派给你的使命中。像你我这样的人，我们别无选择。"[23] 没过多久，勒内送了他一本《菊苣》，扉页题写了一首诗歌，题献词写道："致神秘的、敏锐的诗人，纪念从韦莱斯拉文乘车回家"。[24] 由于有里尔克的毅然决然的例子，他也成功摆脱了父母的控制，并且终生对那个夜晚充满感激。

勒内似乎感觉到背井离乡去慕尼黑会无可挽回地断绝与故乡的联系，在他的戏剧演出结束后，他很快起身到坐落在波希米亚北部群山中，处于易北河上游地区的奥博格鲁德游览了十天。这个地方离他父亲的出生地不远，他重临"古老而熟悉的地方，那儿的神庙的魔力从精神中驱逐了烦恼和不满"，他倾听穿过峡谷的溪流，爬到山峰之巅欣赏落日。[25] 这是他迫切需要的休息，虽然他的健康相对还不错，但也遭受了相当多的精神压力和偶尔发作的偏头痛。在那儿，他花了一两天去德累斯顿附近的城市，随后几年中，他会经常再去光顾那个城市的艺术馆。花两天回到布拉格后，他随后再次于 8 月离开，这次是去萨尔茨卡默古特访问一位表亲，但是看上去，主要是为了追随来自布拉格德国人民剧院的一位女演员珍妮·卡尔森，她要作为特邀嘉宾在格蒙登亮相。他的"亲爱的、在晚上红肤金发碧眼的朋友"几乎没有时间陪他，然而，也许这样也好：在巴特伊舍附近戈伊瑟恩的日子宁静安逸，“不用去想任何事”，“对紧绷的神经而言是一股青春之泉”。[26]

9 月初再次回到布拉格，月底时他开始准备跃入未知的世界。他向 25
特雷比奇表达过的自信，在这次对未来的期望中很可能有所减弱。从他少见的真正自传性的作品之一，也即大约一年后写就的小说《埃瓦尔德·特拉吉》中，可以看得很清楚：渴望离开，远离家庭的缺乏理解和压抑氛围，去证明自己；与此同时有对父亲的爱，以及折磨人的自我怀疑。小说中的埃瓦尔德比勒内小两岁，除此之外任何细节似乎都很逼真——如此逼真，的确，尤其在描写父亲、缺席的母亲，以及众多的阿姨和表兄弟姐妹时，因此他没有发表这篇小说并不奇怪。

埃瓦尔德启程去慕尼黑之前的最后一个星期天，“我仍然不知道你究竟要什么，”他父亲——“优雅而受人尊敬”的巡视员说，对话发生在去姑姑家吃午饭的路上，他们每周在一起聚餐一次：

> “人不会无故就那样离开，消失无影。告诉我，你要在慕尼黑做什么？”埃瓦尔德脱口而出：“工作。”“因此——就像你不能在这儿工作似的！……你有自己的房间、食物，每个人都期望你好。并且，毕竟我们了解这儿，假如你恰当地对待人们，最好的房子也对你敞开——”“噢，人们！总是人们……你似乎只认可两件事：人们和金钱。跪在人们面前，肚皮贴地爬向金钱，那就是目标，不是吗？”……“没有钱，人就变成一文不名的无赖，给他体面高贵的姓氏带来羞辱。毕竟我们不是腰缠万贯的新贵。”“这就是了！你过时了，暮气沉沉，陈旧落伍，枯燥乏味，老朽不堪——”

然后，巡视员穿过马路到街道的另一边去了，他们之间的距离好像越来越远。代沟似乎不可逾越。

参加这次午宴的，有 3 位阿姨，4 位表（堂）兄弟姐妹，小埃贡以及他的法国女家庭教师。对午宴的描述带有精致巧妙的讽刺：不可言喻的沉闷，就席前琐屑的交谈，沉默“就像褪色的毛线衫上长长的、长长的针线”；他们对着鹦鹉发出各种动物的噪音，鹦鹉却以“犹太音乐教师的风度”向他们鞠躬致意；过量的饮食，对每道菜的差可预见的评论，以及埃瓦尔德的受挫的希望，当众人举起酒杯干杯时，他以为**有人**肯定会记起这是他**最后的**星期天。当他们在客厅打盹时，他悄悄地对女家庭教师吐露心曲，她独自一人，对他为何在不必非要离开时想要离开很感兴趣。“你是一位诗人吗？”她问。

> “这就是问题所在，我不知道。而且一个人应该真正知道，不管以什么方法。在这里我弄不清楚：一个人不能置身事外看自己，我需要安静、空间和洞察力……”“但你父亲肯定会很乐意，而你的——”“母亲，你意思是。好吧，是的，一堆人都那么说。你知道，我妈妈生病了。你很可能会听说过，尽管在这里他们避免提及她的名字。她离开我父亲了。她去旅行。她只随身携带旅行必需之物，甚至对爱来说也是如此——我很久没听到她的消息了，因为到现在我们一年没通信了。但我肯定，在火车车厢里，车行走在两个
> 26 站台之间时，她会告诉每个人：‘我儿子是一个诗人’……是的，接着谈谈我父亲。他是个很好的人。我爱他。他是那么的杰出，有一颗金子般的心。但人们问他：‘你儿子是干什么的？’他就会感到羞愧，并且变得尴尬。他能说什么呢？只是个诗人？那简直是荒谬可笑。即使过去它是可能的，它也不是任何一种工作。它没有地位，没有等级，没有养老金领取权，简而言之——没有与生活的联系。……你必须了解，我从没向我父亲，或这儿的任何人吐露任何事：因为他们不去判断我的作品，他们从一开始就厌恶它们，并且厌恶我投身其中。而且我对自己有太多的怀疑。事实上，我有时醒着躺一整晚，双手交叠，用这个问题折磨自己：‘我有价值吗？’”[27]

第二章

慕尼黑、俄国与沃普斯韦德

1896—1902

曾经渴望一个现实，一个家，人类……日常生活——那是个怎样的错误啊！

（致露·安德烈亚斯－莎乐美的信，1903 年 8 月 8 日）

一

我感觉时代在我的灵魂中成熟，
这是我们尚不理解的新时代。

（《梦中加冕》题词）

布拉格，虽然他尊重它的传统和历史，但在他的记忆中总是残留着黑暗、潮湿的街道；慕尼黑[1]这座“崭新的、光明的城市”与之相对比，就加强了他的决心，他要在这个全新的起点上获得成功。他住宿在布林纳街，房间在第一层，但窗户朝向后面，是一间“安静的梦幻家的房间”。[2]在大学登记入学时，他放弃法律选择了哲学，但他的兴趣广泛——文艺复兴艺术、美学、达尔文的学说。按照他已有的联系，一个更广泛的圈子建立起来了，他开始了一种活跃的社交生活，与他想要在艺术家和作家，以及他曾在远处钦慕的“现代人”中间过的生活一样活跃。米夏埃尔·格奥尔格·康拉德，他的慕尼黑杂志《社会》(*Die Gesellschaft*) 是早期自然主义的传播媒介，他被尊为在社会、文学、艺术以及科学领域的“现代创新精神”的雄辩的倡导者，“冲破旧形式的束缚，摆脱加于自由心灵之上的所有限制，对蒙昧宣战”。[3]勒内在老一辈的其他人中间发现这个变革的趋势：路德维希·冈霍费尔，马克斯·哈尔伯，诙谐的记者和小说家恩斯特·冯·沃尔措根，艺术家海因里希·冯·雷德尔，女作家和画家埃尔米奥娜·冯·普罗伊申。在卢伊特波尔德咖啡馆，他与那些和他年龄相当的人打成一片：带着他的第一本小说挣扎在贫困中的雅各布·瓦塞尔曼，曾经是官员的诗人威廉·冯·肖尔茨，他的布拉格的朋友埃米尔·奥尔利克，以及同样来自波希米亚的年轻的作曲家奥斯卡·弗里德，还有拉斯卡·范厄斯特伦的兄弟维尔纳。然而，孤独通常是他“最亲爱的朋友：当她凉爽的黑夜之手轻抚我因渴望而发热的额头时，我感觉非常惬意。”[4]

28 在这新环境中，《菊苣》的出版看起来会有一个全新的生命，并且他用信头上印有《菊苣》标题的信纸写信。到10月末，《菊苣》的第三期已经准备好，副标题是“现代德语诗歌（版面高度参差不齐）”，他自己和博多·维尔德贝格作为编辑署名，一个德累斯顿的艺术家绘制了封面。[5]他们召集了更大范围的投稿人，包括一些颇有声名的诗人，如吕贝克的古斯塔夫·法尔克；也有初学者，如勒内的朋友女演员珍妮·卡尔森，以及年轻的克里斯蒂安·莫根施特恩。不再提“为穷人创作的诗歌”：他写信给里夏德·德默尔，为下一期《菊苣》约一篇稿子，说那是一本选集，辑录“亲密的圈子内的敏感的、真诚的抒情诗；这些诗歌可能会在缺乏理解和漠不关心的池子里，逐渐激起更大范围的涟漪”。[6]

《菊苣》第四期从未面世，但那些他着手准备这本期刊时留下来的记录本身，却清楚地表明他自己的方向具有持久的不确定性。老一辈人的“现代性”有多种形式：柏林的诗人和剧作家尤利乌斯·哈特与他兄弟，自19世纪70年代以来一直是自然主义的先驱；德默尔革命性的抒情诗不仅受到哈特兄弟，而且也受到尼采的强烈影响；埃米尔·冯·舍奈克-卡罗拉特亲王，他的诗歌前后没有“相互关联”的痕迹，不拘泥于成规；古斯塔夫·法尔克，是一位遵循浪漫主义传统，创作朴素民谣的诗人；德特勒夫·冯·利林克龙以前是一位军官，当他因债务累累，被迫从军队解职后，开始从事写作；在他创作的民谣和抒情诗中，强有力的语言和对习俗成规的漠视——也许还有他的军队背景——对勒内·里尔克有巨大的吸引力。这些人全都是北面的德国人。那些更亲近的是他的同时代人和朋友，比如说维也纳的威廉·冯·肖尔茨，伊曼纽尔·冯·博德曼，迪金森-维尔德贝格，或者里夏德·冯·绍卡尔，他们都是新浪漫主义风格的抒情诗人。

他似乎对德默尔和利林克龙最有热情。他认为，德默尔的诗集《女人与世界》和德特勒夫“大师”继承《恰尔德·哈罗尔德游记》传统写就的史诗《波格弗雷德》，注定要流芳百世，“它们都诞生于辉煌的1896年”。[7]他仍然（徒劳地）希望《白霜》和《现在和我们弥留之际……》在慕尼黑、维也纳和柏林上演；但在他现在的戏剧作品中，他开始远离那些早期作品中过分简单化的自然主义。此外，他渴望看到它们上演，并不是认为这些作品有任何巨大的优点。“我要向亲属们证明，我没有放弃追求世俗成功的希望，当然，世俗的成功对我来说不是主要目的，”他在11月份写信给鲁道夫·詹尼说，请他在维也纳的雷蒙德剧院替他的作品说句好话。[8]12月8日，他给母亲写信，信中夹带了《现在和我们弥留之际……》和另一本他最近的作品，他感到他已经抛弃自己**狂飙突进时期**不健康的、毁灭性的一面。就在离开布拉格之前，他根据维尔纳·范厄斯特伦拟定的大纲写作了《守夜》，在这篇小说中，至 29
少可以看到故事的背景发生了变化，尽管内容仍让人毛骨悚然：一个学生，半夜带着他的朋友和他们的女人回家狂欢，最后到家点亮灯盏时，却在扶手椅里发现他母亲冰冷的尸体。他在那个冬天写完的短剧《小妈咪》（*Mütterchen*），显然是一组三幕剧的一部分，剧本的其他两部分没保留下来；这部剧对资产阶级的家庭生活有更敏锐的观察，没有早期剧作中粗糙生硬的情节。

他在“辉煌的1896年”完成的作品《梦中加冕》中，营造的氛围相比德默尔或利林克龙的作品，有一种更安静的抒情诗的气质。它完成于12月初期，像往常一样，他将仔细写上题词的副本赠送给朋友、同道，以及“大师们”。送给父母的两本也许是最重要的，毕竟，在21岁生日时，他能够自信地指望一本新出版的书，去衡量和证明他选择了一条正当的路。对于他的父亲，他希望此书会带去快乐和“一个新证据，证明我艺术努力的诚实”；[9]他在扉页上题写了一首长诗，把自己的生活描述为一段充满欢乐的骑行，穿过春天的山谷，到遥远的群山里去，策马向前，每天都是一次青春的历险，并且在他的梦想和诗歌中与世界和解——“你是我最好的朋友，对我关怀备至，而你会看到我如愿以偿：我将向群星借来白银，太阳给我送来黄金——不是送给**教授**或**鉴赏家**，而是送给你满怀感激的、忠诚的儿子，这个诗人！”在送给他“亲爱的好妈妈”的副本中，他的文字更高深莫测一些，书上写有一首简短的诗，回顾过往的奋斗和摸索，“黑翅的荒唐愚蠢绕着憧憬的白色花朵振翼飞动，就像一只飞蛾绕着紫丁香”；“但我战胜了它，并且在我内心深处看到平静和成就，在我四周，一阵铃声响起，仿佛我在一个周日的早晨走过……”[10]

他给德特勒夫大师寄去反对非利士人的战斗呐喊：“进攻吧！勇往直前反对憎恨和嘲弄，我们团结在**你的**旗下，利林克龙！”[11] 他听说这位诗人处境窘迫，于是与冯·肖尔茨讨论，看诗人年轻的仰慕者[1]能做些什么，后者出了个主意，让他在圣诞节返回布拉格的时候做一次演讲，期间朗读利林克龙的作品。他将在那儿为他赢取新的公众，演讲的收益可以在一定程度上缓解他的贫困。他也不反对像这样在本乡本土抛头露脸，这将证明衣锦还乡的浪子值得尊重。仿佛是为了强调自己的独立，他没有与瓦塞尔街的姑姑住在一起；并且，同样值得注意的是，他将捷克文人归入那些他争取的、对这次活动感兴趣的观众。[12] 演出于1897年1月13日在格拉本的德意志文学业余爱好者协会举行，他不管第二天相当冷淡的评论，对自己的成功喜出望外，他写信给冯·肖尔茨说：“我今天给我们挚爱的德特勒夫寄去300马克和热情的新信徒的信任！利林克龙万岁！”[13]

他没有夸张，因为在接下来的5月，利林克龙受邀去了布拉格。自从他在1866年作为一个骑兵中尉，与入侵的普鲁士军队一起来过波希米亚的首府之后，他是第一次来到这里，并且迎接他的，几乎是排山倒海的热情。很久以后，里尔克回忆这位疏远了的大师时，认为他向他——“一个城市的孩子，在他通往荣耀的道路上仍洒满泪水”——展示了通往真正生活的“开阔原野”的道路。[14] 他在生命行将结束之际写道，他决不会忘记“德特勒夫·冯·利林克龙正是最初鼓励我的人之一……当我读着他写给‘我杰出的勒内·里尔克’的信时，对我来说这

[1] 指里尔克自己。

些话似乎（我努力将这种信任传递给我的家庭）是通往险峻未来的可靠路标”。[15]

2 月，他搬到布吕滕街（Blütenstrasse），在慕尼黑的“左岸”施瓦本北面不远的地方。如今他在社交活动中少有踌躇，是“在家”午后聚会的勤奋的参与者，这种聚会是由作家、艺术家、音乐家以及城市里戏剧界知名人物依次在自己家中举行，几乎每天都有。他的信件中没有迹象表明孤独和安静的创作是他的梦想，相反，他对新近文学界闲言碎语的转述，对狂欢节——对一位来自波希米亚的年轻人来说，确实是全新的体验——期间一连串疯狂逸事的栩栩如生的描述，以及对当前剧院上演剧目的批评都表明，他很少错过社会文化领域的事件。在这些多少会让人精疲力竭的一连串事情，以及无论如何要参加的一些大学讲座之外，他还增加了“沉重的苦工”，编辑下一期《菊苣》[16] 和另一册准备出版的诗集手稿。

但他仍能找到时间探寻自己的道路。不像他的另一个自我埃瓦尔德·特拉吉，他没有在慕尼黑的某天早晨醒来，就发现自己有了一个人生观：有几个月，他深入思考“最后之事”[1]，并且，他在此期间形成的宗教观念将伴随他的余生。虽然他轻视母亲天真地轻信超自然现象，但超感官知觉对他却有着很大的吸引力——就他这样一个在表达内心本质和幻象世界方面拥有天赋的人而言，这并不难理解。他热切地钻研杜普雷尔男爵的唯灵论著作，在写给作者的信中，他期望“语词和纸笔能够允许我成为新信仰的一名成员，这种新信仰高耸入云，高过教堂尖顶上的十字架”。他说他有种感觉，随着他的《基督幻象》（*Christusvisionen*）的完成，他将会靠近那个团体。[17]

他最初考虑付梓，但随后决定不出版的这一组长诗，对理解他的宗

---

[1]　“last things”，天主教概念，指死亡、审判、天堂和地狱。在西方历史上有很多关于这个主题的艺术作品和书籍，如荷兰画家希罗尼穆斯·博斯（Hieronymus Bosch，1450—1516）的名作《七宗罪与四件最后之事》（*The Seven Deadly Sins and the Four Last Things*），德国神父和传教士科赫姆的马丁（Martin of Cochem，1630—1712）的著作《四件最后之事》（*The Four Last Things*）。

教思想来说至关重要。埃瓦尔德·特拉吉在离开布拉格之前，已经“失去了上帝”：勒内·里尔克失去的，不是上帝，而是基督。在1893年写
31 就但未发表的诗歌“信仰自白”中，他已然宣布了自己对“基督教陷阱”的强烈反感，在另一个世界获取回报的福音与这个世界毫无关系。“我对这**一个**世界感到满意……我遵循的信条是爱，爱就是我的宗教。”在差不多同一时期的作品“十字架上的基督”中，他写道：“他是一个人，像我一样——但太相信他自己的力量了。他很伟大，有高贵的目标。但有一件事使他渺小——他过于傲慢，否认自己是一个平常人……他宁愿忍受羞辱、蔑视、嘲笑，宁愿受苦并死在十字架上——作为一个神。如今我知道为什么我不能爱他……或向他祈祷：一个人，他本能够像神一样伟大；但是作为神，他看起来和人一样渺小！”[18] 现在，在严酷的、有时甚至恐怖的幻象中，他让基督面对现代生活。在这里，基督是一个悲哀的人物，为他错误的教诲，为他专横地干预人与神之间的关系，而处于永恒的悔恨之中。像被风吹动的枯叶，他被迫穿过这个世界，他是一位“每天死去，每天又重生”的亚哈随鲁[1]，是一个“永恒的错觉”，是“这个世界上世代相传的诅咒”，他告诫人们，尤其是孩子，防备他自己。他与一个妓女躺在一起，低声说：“他们曾经审判我……‘你是上帝之子？’……我冲他们喊道：‘是的，我是。我的王座在我天父的右边！’——你为什么笑呢？好吧，唾我的脸，这是我应受的惩罚。而且我多么懊悔。不，我不是祂，我不是上帝！”[19]

接下来几年内补充完成的《基督幻象》，直到他去世后二十多年才出版。直到那时，随着他书信的逐步出版，他内心深处认为基督是人与上帝之间多余的中介人的观点才浮现出来——那些人感到很沮丧，他们一心想着在他已面世的作品中，看到一个信奉基要主义基督教信仰的诗人－教士的启示。1912年在西班牙时，他在一封信中描述了自己“几

---

[1] 亚哈随鲁（Ahasverus）据信是波斯帝国的国王，其名字经常出现在《圣经》及一些次经和伪经里。有人根据《圣经·以斯帖记》的描述，认为他就是古波斯国王薛西斯一世（前485年—前465年在位）。

乎是偏激的反基督教信仰”，他赞同穆罕默德的与神直接接触，“抛弃‘基督’这部电话机，那儿经常会打电话:喂，是谁？无人应答”。[20]然而，抛开《基督幻象》中表达的信仰不论，其最显著的特点是诗意表达的力量。讽刺的是，他渴望证明自己，但却不认为这些第一次真正表现出他才能的诗歌能够出版。

瓦塞尔曼，“这个忧郁矮小的男人，有着宽阔的肩膀，穿一件破旧的外套”[21]，他几乎每天都是里尔克公寓[1]里午餐桌上的座上客。勒内有理由感激这位小说家教给他的文学创作的常识技巧，而不是感谢那些虚无缥缈的美学理论著作，同时也感激他纠正自己作品中模糊含混的倾向。现在，他还要感激瓦塞尔曼向他介绍屠格涅夫的作品，尤其是介绍达内·廷斯·彼得·雅各布森[2]，这位“孤独的诗人”的作品。雅各布森很多年来都是“精神上的伴侣和永驻内心的人：他竟然已经去世了，有时，这在我看来是一种难以忍受的缺失”。[22]在他“高贵而神秘的抒情诗般的敏感中”，斯特凡·茨威格写道，雅各布森对世纪之交前后的德国的一整代人来说，是“诗人们的诗人”，他的令人伤怀的爱情故事《尼尔·律内》就是他们的《少年维特的烦恼》。[23]里尔克后来的生活和工作中的许多主题都源于雅各布森的小说：灵魂的无人倾听的音乐，旧 32
时风物的吸引力，所有神祇都是人类的创造物的观念，律内对知识的渴求，以及认为每个人都应该有属于他自己的死亡（《玛丽·格鲁贝》）。“我不能说我在这些书中认识到了什么，但我决定与它们一起生活，”他在 1907 年写道，“我乐意不加选择地观察和下定决心去赞美，这主要归功于它们，并且它们增强了我的内心……内在的必然性，即便是我们身上最难以察觉、最不可理解的特质，在自然中都有物质的对等物，必须

[1] “公寓”原文为“pension”，这是欧洲的一种供膳式旅馆，提供一日三餐，甚至茶水。文中视情况翻译成“公寓”或“膳宿旅馆”。

[2] 达内·廷斯·彼得·雅各布森（Dane Jens Peter Jacobsen，1847—1885），丹麦诗人、小说家、自然科学家，其文学作品在 19 世纪晚期的德国有重要影响。里尔克非常喜欢他的作品，《马尔特手记》的创作受到其作品的影响。代表作有《尼尔·律内》（*Niels Lyhn*），《玛丽·格鲁贝》（*Marie Grubbe*）等。

让它们自己现身。”[24]

在慕尼黑的众多新朋友中，玛蒂尔德·诺拉·古德斯蒂克和她的姐妹索菲经营着一家叫“埃尔韦拉”的摄影工作室。勒内第一次去那儿，就与他的一位年轻的美国同学拿单·苏茨贝格一起照了一张相。这对独立的年轻姐妹确实是真正的“现代人”，诺拉对他有很大的吸引力。春季假期时，他母亲邀请他与她一起待在南蒂罗尔（当时仍然在奥匈帝国的边境内，位于加尔达湖的源头）的阿尔科。他很缺钱，满意地接受她支付旅行费用的提议；并且他有一个额外的动机，那就是期待能在那儿见到诺拉·古德斯蒂克，哪怕是一时半刻。他在 4 月 16 日抵达阿尔科，发现苏茨贝格也到南方来了，并且待在邻近里瓦的地方。他朋友慷慨提议带他去意大利旅行三周，这对他来说是巨大的诱惑，但勒内觉得他的自尊只能允许他答应在威尼斯逗留几天。然而，这个进行旅行体验的承诺就让他兴奋不已了，因为这是他第一次访问威尼斯，他阅读了手头上所有关于这个城市的资料，包括歌德在《意大利游记》中对威尼斯“非常不现代”的描述。[25]

他把他为期三周的假期比作是“神圣财富的宫殿”，而在威尼斯的四天，则是宫殿上至高无上的“金色穹顶”。“我盯着看，目不转睛地盯着看，像一个孩子。”[26] 这个“石头的童话之城”超越了他童年的所有想象，[27] 他与苏茨贝格热切地探索这座城市的迷宫，这是除巴黎之外，整个欧洲他最爱的城市。他来来回回地穿过桥梁，出乎意料地走入死胡同，接着一群嬉笑着的孩子将他围起来，索要赎金后才让他离开。他分享歌德对帕拉第奥[1]杰作的赞赏，尤其喜爱马利亚·德拉卡里塔修道院。他进入古老的犹太区，那儿的房子高高耸立，“仿佛在绝望无助中，将它们瘦弱的胳膊伸向阴郁的天空”；“没有玻璃的窗户，惊恐的窄小的房门通往寒冷、昏暗、肮脏的过道”；单独隔开的犹太区让他想起布拉格的隔离聚居区。午夜的钟声听起来像是“来自无限的回声，用沉重

---

[1] 安德烈亚·帕拉第奥（Andrea Palladio，1508—1580），意大利著名建筑师，其建筑风格影响深远，受到后人的广泛模仿和借鉴。

的翅膀拍击着，徘徊在环礁湖上空”，这使得他夜不能寐，端坐在枕头间，隐约感到他将会邂逅某种新的事物，将会让他变得“更好，或者更不幸——但可以肯定的是变得与以往不同”。在那些日子里他“诗如泉涌”，在写给诺拉·古德斯蒂克的长信中谈及自己的观感时，他夹带抄录了一些写就的诗歌；另一些则在这一年底选入他的下一本诗集《降临节》，他能够从“这个历史上最独一无二的定居点”捕捉到一些艺术魅 33
力。但这种“新鲜事物的超乎寻常的丰富”对他而言具有的象征意味，只有在他后来的作品中才得到表现。[28]

4月1日返回奥地利之后，他在次日从博尔扎诺写信给苏茨贝格，由衷地感谢他让这次经历成为可能。他陪伴在梅拉诺的母亲，发现意大利和奥地利的差别很显著。在威尼斯，一个人感觉自己像“一个小总督”，而在奥地利，每个人都只是当局的一个统计数值，“由一个绝对命令”提醒，在每一座桥缴纳通行税——“到那儿9个十字币，返回9个十字币。假如威尼斯在奥地利，我会觉得那是难以置信的不公平。帝国皇家的统治在最有魅力的诗歌周围编织了灰白的秩序。”同样，他在威尼斯的“大理石房子”中间，找到一个更舒适、更适合人类居住的环境：城堡像小巧玲珑的老人在阳光里沉思冥想，感谢全新的每一天；朴素、善良而真诚的人们，带着与他完全不同的对基督的想象，他们在自己的想象中塑造祂的样子，“穿着齐膝的长袜，手拿尖顶帽，像来自伊萨克塔尔（Eisacktal）的农民”，一个来自远方的疲惫的漫游者。在南蒂罗尔温暖的阳光和明亮的山谷中，他有与在威尼斯同样的感觉，某件新的事情将要发生，这次旅行是为他尚不清楚的某件事作一个“重要的准备”。[29]

当他在一个星期之后返回慕尼黑时，他看上去心意已决。无论如何，他要设法从家庭中独立出来，放弃学业，诚恳而坚定地去做一个诗人和作家。离开大学容易，但找到独立于家庭之外的收入来源，却是另一码事。在早些时候的3月份，他参加了冯·肖尔茨的婚礼，现在，肖尔茨邀请他去康斯坦茨拜访自己的父母，一起过复活节。在动身前，他给路德维希·冈霍费尔写了一封措辞小心的长信，陈述自己的问题，并且提醒对方先前承诺过尽自己所能帮助他。除了马克斯·哈尔伯，勒内倾慕的对象少有回应，冈霍费尔是功成名就的老一辈作家中，唯一他能够与之建立个人关系的人；在他写信给冈霍费尔，热情洋溢地谈论自己的诗剧《磷光》（*Meerleuchten*）之后，他的作品得到其他人表示认可的鼓励。他确信，冈霍费尔的地位和影响力将会为他创造机会——他争取在一位出版社或一份期刊工作，过一种朴实的生活。

这封信是他多年以来写的许多类似信件中的第一封，阐明了他一心一意献身于目标的决心，这使得这封信成为同类信件中的经典之作。信比两年前写给瓦丽的更真实可信，在信中，他向他“敬重的大师”详述了自己“黑暗的童年”的故事、军事学院、林茨的插曲，以及在伯父慷慨支持下的自学。“他很可能怀着百无聊赖的感觉离开这个世界。他遗嘱中唯一的规定就是让他的女儿们，也即我的堂姐们，给予我完成学业所需的金钱资助，而且他大概还想让我上大学。”

34 因此，在我两年的大学生活中，我有种相当强烈的感觉，那就是对这两位女士来说，我代表着一个沉重的责任。对我来说，还有更令人苦恼的无助感，在其他人已经能够赡养父母的年纪，我却奴隶般地依赖别人。于是，这是一条我走在上面完全没有目标的道路。因为所有我做的，就是花费越来越多的钱，甚至在拿到一个博士学位后，假如我要在做助教时不被饿死，就需要更多的钱，让我去获得一个教授职位——一个对我来说绝无吸引力的前景。

过去的每一天都让我看得更清楚，我从一开始就全力抗拒我的亲属们热衷的口头禅是多么正确，他们说艺术不过是从办公室或什么地方回家之后，闲暇时间做的娱乐。我发现那是一个可怕的说法。对我来说，它事关信仰，谁不怀着他全部的热望和内心的一切献身于艺术，谁就永远不会到达最高的目标。他就不是一个艺术家。然而，假如我坦承自己是一个艺术家，这并不是过分的骄傲，也许我在力量和勇气方面虚弱无力并且迟疑不决，但仍然有一个明确的目标，意识到所有艺术创作的严肃、卓越和真实。我不是将艺术看作

> 一次受难，而是看作一次战斗；在其中，被选中的人必须与自己，与他周围的那些人斗争，以争取内心的纯粹，迈向伟大的目标，迈向那个伟大的节日，并且将全部的技艺传递给后来者，达到平静的和解。但那需要全身心投入！而不仅仅是无聊之余的少许空闲……
>
> 您很可能对这种青年的狂暴的愤怒投以明智的微笑，但我希望您还能宽恕这种行为。现在我已经挣脱了大学的枷锁。是时候了。您曾经答应，在我有需要的时候帮助我。好吧，现在我来找您了。我需要的是通过与某个出版商或一家报纸达成协议，能够赚取足够的钱，好靠我自己的努力去生活。我应当体谅我堂姐们需要仁慈和善行，并且让这种仁慈施与我身体状况不是太好的父亲，让他好好照顾自己，我会充满感激地宣布放弃我的每月生活费。这些事情了结，我才能静下心来工作。对我自己而言，我所需不多。

接着，他列举自己已完成的作品：《基督幻象》，其中的 5 篇米夏埃尔·康拉德打算放到《社会》上发表；但是其他的，比如说戏剧《白霜》、三个独幕剧，以及一本有大量诗歌的诗集，至今仍没有出版者；还有一卷小说，舒斯特－勒夫勒出版社的柏林出版公司正在考虑中。“而且我只有在生活有保障并且安静的情况下，才能创作更多作品！……我带着最深的信任向您做完整的告白，并且直言不讳地请求您：给我建议，帮助我。”当他复活节后返回时，可能就会有一次面议工作的机会了。“请确信，我永远不会滥用您的任何一个推荐。”他的真诚无懈可击，谁都只能佩服他，因为他还以别人的名义增加了一个请求，他说有一个“亲爱的同僚”，弗兰齐斯卡·雷文特洛女伯爵，“她给《菲舍尔评论》投稿，在圈子里小有名气，但她现在的处境相当艰难。”他相信这位大师不会厌恶一个自己处于危难之中还试图去帮助别人的人。[30]

弗兰齐斯卡是一位德国北方贵族的女儿，大约比勒内大 4 岁，她确 35
实处境艰难。在胡苏姆和吕贝克度过童年和青少年时期之后，任性的她与因循守旧的父母产生了冲突，她取得了教师资格，在学生时代就加入到青春反叛的潮流中，他们的守护神是易卜生和尼采，口号是自由恋爱。她的梦想一直是绘画，然而，她在 1894 年嫁给了一位汉堡的年轻律师。一年后，她说服他让自己去慕尼黑学艺术。在那儿，风流韵事一桩紧接一桩，让她近乎崩溃，而且，1897 年 1 月，她得知自己怀孕了。她丈夫（她从未隐瞒过他）与她离了婚。抑郁和孤独夹杂着将要做母亲的喜悦，她怀着巨大的勇气全心全意地为做一个母亲而奉献自己。而自始至终陪伴在她旁边的，都是里尔克。“每天早晨我邮箱里都有一首诗，我喜欢这样。”[31] 她极度缺钱，但依靠翻译、写小说、向杂志投稿，她刚好能够努力维持生活。勒内是那些帮助她的朋友之一，并且她与他一起去康斯坦茨度过了复活节的周末（这可能是里尔克“囊中羞涩”的原因，后来他在一封写给母亲的信中提到这点，但没有抱怨）。[32] 几年之后，他在写给弗兰齐斯卡的信中写道，这次旅行的回忆对他来说很珍贵：“我觉得我对您有好处，而且您需要我，虽然我真的并没有为你做什么……一个木头的守护天使，但至少是一个守护天使……”[33] 他返回之后写作了另一部独幕剧《高山空气》（*Hohenluft*），毫无疑问，灵感来自她的处境。在这幕剧中，女主角是一位未婚母亲，显示出同样的对习俗的蔑视和独立寻找自己通往幸福道路的决心。

但他将这个剧本题献给了诺拉·古德斯蒂克，他在康斯坦茨时就给她写信，并且回来之后经常会见到她。他现在似乎感到放松了，因为他的未来搁在能干的双手中。当他在 1897 年 4 月底见到冈霍费尔时，至少部分证明他的自信是合乎情理的。那是一次非常热烈的面谈，他对诺拉说：“他鼓励我从舒斯特－勒夫勒出版社撤回那些中短篇小说并寄给他看看，因为他很乐意将这些小说拿给他自己的出版商出版——如果他在读过之后觉得它们值得他推荐的话。”他立马照做了，给冈霍费尔寄了一本含 12 篇小说的选集。“他的出版商有报酬优渥的名声……这个希望……加上回归到美妙的孤独中，温柔地想起你，让我更心满意足和幸福。”[34]

在他身上没有什么真正得到改变，他依旧是那个依赖别人的学生，连浪子都算不上。然而，“创作所需的生活有保障和安静”看来已近在眼前，他为新的工作制定了计划，并且“在目光越过未来几天，看向即将到来的更宽广的世界”时，不再感到焦虑。他的“神圣的孤独”与

"一个觉醒的花园一样丰富、纯粹和宽广"，[35] 他会一直工作到黄昏时分，然后散步到维也纳咖啡馆去阅读报纸（只看文艺副刊，"我像躲避瘟疫一样躲避政治"），或走到英式花园里去。这种"隐士的生活"偶尔会被打断，有时他去剧院看戏，有些晚上和诺拉待在一起，给她读自己的诗 36
歌抑或仅仅是在兄弟般的友谊中，沉默地坐着。[36]

在我内心，一千个任性的问题升起。
高声呼叫，它们带给我的，只有回声，
没有回答。然而，在我生命的日子里，
它们像堡垒上的塔楼一般挺立，
我看见它们塔尖的渴望飞起，
扎入头顶的群星，
有时钟声在它们之间醒来，
响彻一个欢乐日子的黎明。

但我寻找的她，那敲响它们的人
也许紧紧抓着隐藏的绳子：
我在远离人群之处寻找，
在陌生的路上踌躇不定，
然而，一旦我找到她，将会闪出一个欢乐的日子，
我会自天堂将它夺下
带到地上，在那儿我的快乐
将会唤起千百个回声。[37]

他在威尼斯时，预感到会遇到某件新鲜的事物，会让他"更好，或者更不幸——但可以肯定的是变得与以往不同"，当他带着这种模糊的渴望寻找的她进入他的生活时，他的预感很快就应验了。

二

也许，迄今为止只有在生活中才预示有上帝的存在。

（赫伯特·乔治·威尔斯，《不灭的火》）

1897 年 5 月 12 日晚上，雅各布·瓦塞尔曼将里尔克介绍给“两位杰出的女人”，正如他后来在写给母亲的信中说的，“著名女作家露·安德烈亚斯－莎乐美和非洲探险家弗里达·冯·比洛”。[1] 她们刚抵达慕尼黑，在这儿待几个月，住在谢林大街附近的一处公寓。毫无疑问，勒内急着要给他母亲留下印象：也许用“声名狼藉”一词来描述当时的莎乐美最恰当。15 年前，尼采对她追求未果的风流韵事众所周知，并且在那短暂的几个月里，世人认为她与尼采和保罗·雷组成了一个三角家庭，这造成的轰动远甚于她关于尼采、易卜生的著作和三本小说。1861 年，路易丝·冯·莎乐美出生在圣彼得堡，是一个胡格诺派的俄国将军的女儿，其母亲是德国人，她从小就显示出非凡的理解力和对知识的强烈渴求。父亲死后，她与母亲一起游历欧洲，成为最早的女子大学的学生之一，她在苏黎世读了神学和哲学，并且在文化圈里给人留下了深刻的印
37 象，尤其在罗马与玛尔维达·冯·麦森布格（Malwida von Meysenbug）在一起的时候。她长得美丽绝伦，尽管思想“开放”，蔑视传统，但除去种种表象之后，可以看到她过着一种没有异性恋的生活。她是有众多男孩子的家庭中唯一的女儿，对她而言，“无论何时，我在生命中遇到的每个男人，似乎都是一个隐藏着的兄弟。”[2] 雷曾经是，并且将依然是友谊的象征，而且永远不会是一个恋人；她坚决拒绝了尼采的求婚，即

便他们之间有强大的思想上的吸引力。1887 年，她在柏林东方语言研究中心的教授弗里德里希·卡尔·安德烈亚斯企图自杀的胁迫下，最终同意嫁给他，对他来说，实质性的占有也被证明是徒劳的。她冷酷地怀着这样的观点，真正的婚姻比那些仅仅是肉体上的爱情——“跪着在一起”，她曾经这样表述——肯定高一个层次；并且，在差不多 5 年之后，她说服他相信，这的确是平静幸福地生活在一起的基础，配偶中的每一个依旧可以自由地过一种独立的生活。世人不可避免地会认为这样的一种结合对她来说，仅仅是一场基于利害关系的婚姻；但她不在乎别人的看法，并且她的余生将会证明，她能够维护自己的理想。与此同时，在那尼采曾经怨恨地称之为她的“动物般的利己主义”[3]中，她充分利用自己的自由，随心所欲地去旅行，从事她自己的研究和写作。在慕尼黑，她立马成为一个人物，来自柏林的朋友，如马克斯·哈尔伯和弗兰克·维德金德都已知道她的到来；而且，她结交了新的朋友，其中有瓦塞尔曼、爱德华·凯泽林伯爵、米夏埃尔·格奥尔格·康拉德，以及年轻的建筑师奥古斯特·恩德尔。

勒内·里尔克，像在他之前之后的许多人一样，马上被她的魔力征服了。看起来他已经远远地对她倾慕已久，因为照她后来的回忆，她收到一些匿名的附有诗歌的信件，笔迹显然与他在他们初次见面后就写给她的那封信的笔迹相同。那些与她在一起的“薄暮时光”，他写道，对他来说并不是第一次。在冬天的时候，当他还在写作他的《基督幻象》时，康拉德给他寄了她的文章“犹太人耶稣”，这篇文章带给他的体验犹如一次启示：他高兴地发现，他在《基督幻象》中想要表达的，已经用如此的力量和技巧写出来了。“那就是我昨天回想起来的独一无二的薄暮时光，……您的文章对我的诗歌来说，就像是梦想化为现实，就像渴望得以实现。”当他在那段时光中与她独处过之后，他就一直渴望有面对面相见的机会。他的感激之情在旁人在场时难以表达，但他希望能够在其他场合为她朗诵一些诗歌。[4]事实上，虽然她的文章也把耶稣看作一个凡人，一个宗教上的天才，而不是一个神，但却更深刻地探究了十字架上死去的耶稣如何转化成新宗教的象征，一种“简洁而有益的信仰”，依靠“从历史观点来看不可接受的”复活的花招。[5] 因此，勒内的信读起来肯定像是他经历了一场晴天霹雳，而信中毕恭毕敬的奉承，则是由于他难以遏制地想让自己引起她的兴趣。

38 这种情况对莎乐美来说绝不陌生，但在接下来的几周，她发现自己无法拒绝他不屈不挠的追求。第二天晚上在剧院，他千方百计加入她的小圈子，这个小圈子里还有恩德尔和古德斯蒂克姐妹；接下来他们在轻松的气氛中去施莱希旅馆共进晚餐，一直待到凌晨一点半，然后他与恩德尔送她回家。三天之后，他单独见她，给她读了一些《基督幻象》里的诗歌，然后带她和弗里达再次去剧院。她收到一本写有题献诗歌的《梦中加冕》；他们经常一起在公寓里共进晚餐，他还给她看自己的那些独幕剧。他见不到她的时候，感到郁郁不乐：“我在小镇里徘徊，拿着几枝玫瑰走进英式花园，希望能遇到您。是的，我不是把它们放在有金色锁钥的门前，而是带着它们四处闲逛，决心要在某处遇见您，并因此而全身发抖”——很像一个人将一封信扔进大海，希望它会飘到朋友的海岸，并且，像这一封信一样，他的玫瑰也沉没了。[6] 但是“渴望”为他歌唱：

我知道，你来自孤独的海岸
动身去寻找极乐之福……[7]

6 月初，他返回波希米亚，参加入役初步审查。在离开之前，他伸出“双手，抓紧您赐给我的每一秒”。他没有在朋友们面前表现出任何人们预想中的，对重新接触军队机器而产生的厌恶，他一心想的是能尽快返回她身边；并且，他答应发电报告诉她结果。他的“渴望之歌”仍会出现在信中，他写道，但它们现在将会有所不同，“因为渴望已然近在眼前，我盯着她的双眼，而且她用表示肯定的手挽着我”。他确实坚信他的爱得到了回报，在他乘火车去布拉格的前一两天，他们一起去慕尼黑北面的沃尔夫拉茨豪森的村庄度假，在靠近群山的地方找了一处安静的寓所，在那儿他们可能会按照恰当的礼仪待在一起（虽然露是独立的，但她在考虑到丈夫的情况下，并未逾越传统的合理界限）。尚有一些不确定的事，军队的事情会耽搁他多久还不得而知，但在6月4日，他就在电报里说自己“自由而且很快也会高兴起来”，两天后，他再次回到慕尼黑待在她身边。[8]

依照莎乐美在多年之后的回顾，里尔克对她来说是生命中“第一个真正的实在”，“身体与灵魂不可分割地合二为一……我会逐字对你说出那些你在向我表白爱情时说的话：‘唯有你是真实的’。因此我们甚至在成为朋友之前，就成了夫妇……”[9]她比他大这么多，并且在许多方面都更成熟，但她事实上是第一次有这样的体验。对她来说从一开始就很清楚，这种关系不能，实际上是不应该持续。她最关心的是，不要侵扰她与安德烈亚斯之间不寻常的，但在日常事务和感情方面都很令人满意的关系。她是里尔克天赋的公正裁判，而且就她以理智的方法去对待艺术家而言，无疑对里尔克多了一些母亲般的激励，帮助他充分发展自己 39
的力量。虽然如此，这次经历是唯一让她无力抗拒的。他的理智和感觉的结合，他单纯的男子气概，以及对一切生活赐予之物的愉快接受，都让她钦佩不已，并且对她有巨大的吸引力。

对勒内来说，他感到心醉神迷。“你从那美好的一切来到我身边，我的春风，我的夏雨，我的有一千条路的六月夜晚，在我之前无人有福走过这些路：我在你之中！”在把自己的作品读给她听时，他感到那都是明日黄花，不再是他的一部分，而是遗留在一个古老花园里的东西。他与她一起度过的时光“像鲜花包围的群岛”，与世隔离，仿佛生活在“另一个更高的存在”中。她是一股“口渴的旅客的清澈山泉”，他属于她“就像权杖属于女王”，“就像最后一颗微暗的星星属于夜晚”。他感觉到“一个新时期的第一缕微光”，想要与一切过往和那些占据过他早年生活的人断绝关系。“倘若他们值得我回忆，我会在经过他们坟墓的时候，留下一丝褪色的回忆，因为我太幸福而不无感恩之情。但他们的言语对我而言，仅仅是墓碑上的语词，我能触摸到的，只有冰冷、僵硬的字母。我要在幸福中赞美这些已逝之物，因为，虽然它们让我沮丧，误解并且虐待我，但它们引领我——到您身边，穿过受苦的漫漫长路。”[10]

6月14日，他们从慕尼黑搬出来，露和弗里达住进沃尔夫拉茨豪森的一个小屋子，勒内在加入他们之前，搬到多尔芬附近村庄的一个房间住了几天。几天后，他们发现一个更适合的避风港，是一处他们称为卢弗里德的乡村小别墅；弗里达离开那里去荷兰之前，奥古斯特·恩德尔经常加入这个小团体，为屋子画了一面写有名字的旗子，并且利用他艺术家的直觉去安排室内摆设。这个夏季田园诗般的生活在各种意义上都标志着勒内的一个“新时期”。露对自然的感情，在拂晓时分观察动物以及赤脚走过露水地的习惯，这些第一次将他从城市诗人的虚无缥缈的浪漫中拉回现实。他们一起研究意大利文艺复兴时期的艺术。在她强有力的影响下，他开始抛弃早期作品中的过度抒情和牵强附会的混合，这些作品尽管有它的音乐魅力，但她认为不值得可惜。他努力尝试一种更朴实、更纯粹的风格：“我离开了花园，在那里我疲倦地走了很久。”[11]她拒绝用**勒内**这个矫揉造作而且听起来女人气的名字叫他，而代之以**莱纳**，一个“朴实的、纯粹的、德国人的”[12]名字，他随即采用了。这种翻天覆地的变化的外在标志是他在那个夏天的书写风格的转变，从一种在形式上漫不经心的，通常几乎是难以辨认的书写，转变成清晰的意大利风格的德语手写体；无论是在他的诗歌誊抄本中，还是在他的书信中，这种清晰的手写体风格本身就成为他艺术的一种表达。

他们就像一个不可分割的整体的两个部分，她后来这么认为，“像来自原始时代的姐弟，那时乱伦还不是一种亵渎”。[13]

40 正如她所说的，在她感情爆发的时刻，无疑会产生与莱纳相同的想法——他在某天留在她房间里的诗歌中流露的想法：

挖出我的双眼，我仍然能够看见你，
堵塞我的双耳，我依旧能够听见你，
没有双脚我仍然能够行走，
没有口舌，我依旧向你恳求。
折断我的双臂，我还是抓住你

用我的心 -如用我的手，
掏出我的心脏，我的大脑将会跳动，
假如你在我的大脑中点一把火，
我仍用我的血液将你承载。[14]

但他的大多数情感爆发的作品都未幸免于他们的自我审查，因为，虽然露对丈夫总是开诚布公，但她不希望他由于读到这类倾诉情感之作，而受到无端的冒犯。事实上，安德烈亚斯在 7 月的最后一个周来到卢弗里德，待了一个月，丝毫未打扰这儿平静的幸福，而且当她自愿向他讲述实际情况如何时，他并不想听。莱纳出于谨慎有时会离开那儿前往慕尼黑，8 月份时在慕尼黑待了几天，去见他顺便来访的父亲。

露并未因自己首次被一个男人的热情所征服而感到不知所措，以至于她心甘情愿为莱纳放弃一切。原来打算 7 月访问库夫施泰因的计划并未落空，9 月份时，她果断撇下他一个人，决定前往哈莱因与弗里德里希 · 皮内莱斯一家“约会”，皮内莱斯是她 1895 年在维也纳时就认识的一位医生，稍后他将被证明是一个远比莱纳令人不安的、狂风暴雨般的求爱者。她像以往一样坚定不移，在理智上保持着明确的区分，在她与安德烈亚斯结合之后仅仅 18 个月，她就在日记中对此有所吐露，在友谊、肉体之爱和婚姻之间，她写道：婚姻应该“不是一个束缚，而是一种存在的结合”，“某种位于友谊的一切利益之上的东西，更深沉，更崇高”，是一种配偶双方努力到达的极点，“承认配偶中的每一个都彼此属于并且不仅仅附属于对方，几乎是在一种宗教的或至少是理想的意义上”。“我向来不能理解，为什么在身体上彼此热爱的人们会结婚。”[15]

她的这种情感，莱纳只能逐步地去理解。他自己之前从来没有体会过身体的吸引力加上思想和艺术的力量，给他带来的这种耗尽一切的感觉，而且此时他丝毫不怀疑自己在露身上找到了理想的女人，一个灵魂和身体两方面的配偶。她远离他待在哈莱因时，他读到一位艺术家的生平和书信，这位艺术家愁苦的爱情以不幸告终，他写信给她：“两个人互相了解对方是远远不够的，倘若他们要结合在一起，对抗生活风暴，那对他们来说更为重要的是在适当的时候认识彼此，并且一起庆祝神秘安详的节日，在其中他们能够在其热望中一起成长……两个人在一起可
41 能会不快乐，在此之前，他们必定先被赐予一种共同的幸福，有一种共同的神圣的记忆，这给他们的嘴唇带来一抹会心的微笑，给他们的灵魂带去一份共同的向往。”[16] 如今他独自一人在秋日的迷雾中住在卢弗里德回味过去，他们共同享有的卢弗里德的“安详的节日”和爱情的“神圣的记忆”，让他确信和露在一起，他就能直面生活带来的一切。她计划从哈莱因返回慕尼黑，待一段时间之后，在10月份回柏林的家，于是他也决定搬到柏林。

有她在自己身边，并且经过沃尔夫拉茨豪森“勤勤恳恳的夏天”之后，莱纳受这种新找到的安全感的鼓励，相信改变一下环境会更好。[17] 冈霍费尔的出版商，斯图加特的阿道夫·邦茨在6月时就同意以优渥的条件出版那12篇“随笔”——莱纳这么称呼它们。但自从那时起，这本书在形式上进行了相当大的改动，在严肃和轻松两个风格方面都有所改变，并且多了若干新写就的故事。《白霜》终于在布拉格演出了，而且恰如其分地被人注意到。9月，他的新名字第一次出现在费尔南德·格雷格翻译的一首诗下面。他父亲8月的造访多半是由于听说莱纳决定离开大学，并因此而担心他的未来；他对此躲躲闪闪，而且只在稍后宣布他不会返回布拉格，而这显然是约瑟夫所希望的。要做到经济独立，他还有很长的路要走，但随着柏林的生活舞台在他面前开启，这看起来不再是一个不可能的梦想。

露和她丈夫生活简朴，住在柏林市郊的施马尔根多夫，邻近森林和旷野，但到波茨坦站只需坐15分钟的火车。莱纳在离此不远的威尔默斯多夫找到了舒适的房间。他对冈霍费尔说，这次搬迁是基于健康的原因，声称他发现慕尼黑早秋的潮湿气候对他的身体不好，并且他认为勃兰登堡粗犷而干燥的冬天会更适合他，尤其在威尔默斯多夫的平静和孤独中。向他母亲转述这次搬迁时，他也同时告诉她改名的事。“勒内在公共场合听起来不自然和矫揉造作……没有比我怀疑自己试图显得标新立异更让我厌恶的了。”（毫无疑问，相比莱纳的父亲，她听到这个搬迁

的决定时不会那么烦恼，因为柏林的文学界相比慕尼黑的来说，必定会给他更多的机会。至于他改名为莱纳的事，虽然她并没有感到不高兴，但她在想起他，或给他写信时，从来都认为他是她的勒内，从无例外。）他保留着他在慕尼黑的联系人——马克斯·哈尔伯、康拉德、冯·沃尔措根，当然还有冈霍费尔。但对那些编辑和其他能够帮助他的人来说，他在柏林已经是个小有名气的人物了，尤其在剧院可给他帮助的人不少，因为他正忙于写作一个新的两幕剧。这是“一个创作的冬季”，他告诉冈霍费尔说，现在他有把握得到出版商的“强力支持”。[18]

事实证明，邦茨的确是最能鼓舞人心的。现在，那个中短篇小说集已经最后定型，收入了 11 篇故事，莱纳给它定名为《生活之流》（*Am Leben hin*），它将在春天面世。关于他的下一本散文作品，他答应给出版商“一本更大的书”，他希望该书能在接下来的夏天完成。然而，邦 42
茨建议他在获得更广泛的声誉之前，不要进一步出版诗集。这断然不是莱纳的看法：自从《梦中加冕》出版后，他说，他已经将自己“急于表达”的东西写满了七个笔记本，这些东西“要么现在写，要么永远不写”。现在，开始写作的第八本时，他似乎进入了一个全新的阶段，而且他认为自己情感发展的每一个时期，都必须用一本书记录下来。他承认这些诗集挣不了钱，但它们曾是他的联系，是他对外部世界的“妥协”。[19] 就这样才有那本《降临节》，“莱纳·马利亚·里尔克于 1896—1897 年在慕尼黑写的诗歌”，题献给他的父亲，在圣诞节时由出版过《梦中加冕》的出版社弗里森哈恩出版。

这个选集中只有几首诗歌是在布拉格写下的，然而写作时间正好是在他决定离开之后，因此被认为完全能够代表现在已告结束的“慕尼黑时期”。这些诗歌的风格在很大程度上依旧属于“前沃尔夫拉茨豪森”（事实上只有 5 首诗歌写于那儿），并且带着同样的竭力追求韵律和谐音效果的痕迹：但是他一直寻找的更为质朴的风格开始有所显露。这些诗歌分为“馈赠”、“游历”和“收获”三组。在这本首版诗集中，颇值得玩味的是，他将这些“赠诗”献给各种各样的人，不仅有他艺术上的前辈偶像，如雅各布森、梅特林克、胡戈·冯·霍夫曼施塔尔；也有给予他帮助的人，如冈霍费尔、康拉德；还有一些朋友如埃米尔·奥尔利克。这样看来，这些诗歌是真正的里尔克式的，因为终其一生，他都将自己的作品——比如说他的书信，看作是某种“馈赠”之物。他以在印刷书页上正式题词的方式，或者以更加个人化的形式将自己的作品用于“馈赠”，但通常仅仅是题献给一个朋友或某个他倾慕的人；他的手稿像是描绘出来的，无可挑剔，写作时没想过要出版。他将这些诗歌写下来，或作为一个奉献物献给某人，就感到心满意足，作为奉献物，它们适用于任何场合。但它们依旧是他的作品，随着构思产生的日期一起，被煞费苦心地保存在他的笔记本里。从这个角度来说，他的作品很可能是迄今所知的拥有最完整记录的诗歌**全集**，而且，最先出现在书信中或作为偶然“奉献物”的诗歌，不管是否经过修订，通常都得到了出版。因此，“游历”中收入的关于威尼斯的诗歌，他都曾经附在写给诺拉·古德斯蒂克的信中。这些诗歌中最重要的，也许是“馈赠”的第一首，在2月份时写于慕尼黑，在其中，他向这个世界发出自己的挑战：

> 这是我的战斗：
> 在渴望之光里
> 穿过每一个日子。
> 以雄浑之力
> 我的千条根须
> 扎入生命的无底深渊——
> 历经苦难的磨练
> 超越生命的广远，
> 脱离时间的视限！[20]

43 其中的情感不像韵律那样不自然，并且表达了一种情操：即便历尽人世沧桑，也依旧保留着自己的准则。

至于他承诺的“更大的书”，邦茨希望是一本长篇小说。但是相反，莱纳坚持进一步写中短篇故事，更注重形式，计划写一本包含两个“布拉格故事”的书，其中的第一个故事完稿于 11 月，叫作《博胡施王》(*Konig Bohusch*)。第二年写完的自传性质的《埃瓦尔德·特拉吉》，正如我们已经看到的，由于显而易见的原因没有出版。它们代表着他以自己的方式理解布拉格的终极尝试。里尔克征服了邦茨的不情愿，后者终于在 1899 年出版了他的《布拉格故事两则》(*Zwei Prager Geschichten*)，他为此书写了篇导读，其中说故事的“背景是故乡和童年，二者都早已遥不可及”。“如今我决不会再去写它们，的确，根本不可能。然而，它们对我来说是必要的。这本书使得我珍惜那些半被遗忘的往事，而且它丰富了我：因为，只有从往昔之中，我们才能真正占有我们珍爱之物。”21 两个故事的主题（第二个故事，《兄弟姊妹》[*Die Geschwister*] 在几个月之内完成）都是关于青年捷克民族主义运动“奥姆拉蒂纳”[1]。1893 年，随着“奥姆拉蒂纳”的首领被捕，以及随后警察的卧底人被谋杀（政府认为该组织负有责任），这个半地下性质的组织才逐渐浮出水面。里尔克作品中矮小驼背的博胡施，现实生活中的原型就是告密者和警察的卧底人姆尔瓦。两个故事中都出现的学生雷策克是这次谋杀事件的执行者，通过他，里尔克生动描绘了这场运动的理想主义精神。他的同情是显而易见的，不过他通过雷策克表现出来的顺从和忍耐，暴露出一种感伤的、略带优越感的观点（以他受的教育来看不足为奇），认为捷克人作为一个民族还处在婴儿期，试图在严肃、成熟的德国人中间成长，必然会遭受挫败。但是，就像之前在《宅神祭品》中的看法一样，他没有对两个民族的和解丧失信心，并且在这献给家神们的最后的祭品中，预示着他将在 1918 年捷克共和国成立时，对成熟的捷克民族表示真诚的欢迎。

---

[1]　奥姆拉蒂纳（Omladina）是一个激进的捷克青年组织，暗中从事反对奥匈帝国统治的活动。这个组织出现在 19 世纪 70 年代后期的捷克，最初是一个地下组织，利用一些激进的期刊和报纸进行宣传。1893 年，一个警察卧底被谋杀，政府认为奥姆拉蒂纳组织应为此事负责，出动警察逮捕了 76 名奥姆拉蒂纳组织成员，并且指控其中两名来自工人家庭的青年谋杀。1894 年，举行了针对这一事件的审判，历史上称为“奥姆拉蒂纳审判”(Omladina Trial)。尽管最后政府的证据不足，但大多数被指控的成员都被判了刑。后来，整个 20 世纪 90 年代有激进思想的捷克青年运动都被称为“奥姆拉蒂纳”。

在这个“创作的冬季”里，很难判断他与莎乐美走得有多近。他是施马尔根多夫的常客，但在那儿他们显然不会享受到在沃尔夫拉茨豪森的自由。然而，进入柏林的文学界对他来说确实价值非凡。与她一起，他就可以参加一些很好的社交圈子，出席了一场斯特凡·格奥尔格隆重的诗歌朗诵会，他们还一起被邀请去出版商萨穆埃尔·菲舍尔家中参加宴会，在那儿，格哈特·霍普特曼的兄弟卡尔读了他新写的戏剧。莱纳给菲舍尔的妻子黑德维希留下了深刻的印象：他们发现彼此对彼得·阿尔滕贝格和格哈特·霍普特曼的钦佩中有很多共同点。他与菲舍尔一家的友谊持续了许多年，萨穆埃尔只出版过区区几首里尔克的诗，但是在后者急需帮助时，却提供了强有力的支持。露似乎也安排人首次翻译了里尔克的一部作品，那是《生活之流》中的一篇中短篇故事，译文于
44 10 月刊登在一家她经常投稿的俄国期刊上。他第一次会见尤利乌斯·哈特，以及令人尊敬的“大师”里夏德·德默尔。并且，他与露一起继续发展他在意大利文艺复兴方面的兴趣。新年期间，他沉浸在 15 世纪的艺术和文学之中，亲自尝试翻译但丁的《新生》，并且决定在春季再次去阿尔科看望母亲之后，去佛罗伦萨旅行。

由于这次旅行，他需要更多的资金。邦茨在收到第一篇“布拉格故事”之后，立即在 2 月回信，答应莱纳的预付该书酬金的请求，并且为此书拟定了一份合同给他。毫无疑问，这是受到莱纳的全新承诺的鼓舞，后者承诺给他一篇“书那么长的小说”。为了写这篇小说，莱纳说自己需要寻找医生建议的温暖气候。[22] 这一年的晚些时候，召集他到军队服役的可能性再次逼近，因此，在去阿尔科见菲亚之前，去捷克利帕（Bohmisch-Leipa）的队伍走一遭势在必行。这样的话，他可以同时在布拉格的德意志文学业余爱好者协会发表一场演讲，这个协会邀请他继续进行大获成功的关于利林克龙的演讲（但这一次是为他自己的囊中利益）。

他的演讲是对“现代抒情诗”的广泛评论，拥有一些极为专注的观众。他向德默尔描述说，后者的《女人与世界》中的诗歌在他的演讲主题中扮演了重要角色。在利帕，几天之后传来鼓舞人心的消息——他一劳永逸地摆脱了一切兵役。里尔克首先将这消息告诉邦茨：“因此，只

要我身体健康，所有未来的岁月都属于我和我的工作！你应该会对我感到满意。”[23]1898 年 3 月 11 日离开布拉格之前，他给邦茨寄去第二个“布拉格故事”。

在阿尔科，他遇到一个多雨的春天，不管在屋内还是户外都很冷。他写了许多诗歌，一两篇评论，以及一篇关于“现代抒情诗”的散文，但只要他一想到写小说，就毫无头绪。这个月末，《生活之流》的样书寄给他时，他给利林克龙寄了一本，附上一首很长的打油诗作为献词。然而，他害怕这些献词并不是他本来想传达的春日问候，因为他围着火炉缩成一团，写作时手指冻得僵硬；但他仍抱着一个希望，希望“他的德特勒夫”将会从这本“讲述往昔故事的书”中找到乐趣，这些故事仅仅是袅袅钟声最后的垂死音符，抑或是开到荼靡的花园。[24] 毫无疑问，他最好尽快到南方的托斯卡纳去；但是他还需要考虑到自己的资金。他给尤利乌斯 · 哈特寄了一本《生活之流》，并且答应自己的散文出版时也寄给他一本，他小心翼翼地询问哈特，看后者在佛罗伦萨的出版商是否能“建议”他如何克服这个小困难。哈特的回复没有记录下来，但他在 4 月 4 日出发了，对这个城市“因充满期望而颤抖”，那儿是“名副其实的四季如春”。[25] 行程中他只能坐在自己的行李上，但当他在傍晚时分走过佛罗伦萨的街道时，疲倦一扫而空。他信步走入领主广场 [1]，旧宫 [2]“悬崖峭壁般的、堡垒一样的力量”和瞭望塔“刺入暮光昏影中的坚实有力的颈部”让他倒吸一口凉气。在佣兵凉廊里，暮色苍茫中依 45
稀可见本韦努托 · 切利尼 [3] 的青铜雕像“珀尔修斯和美杜莎的首级”，和

[1] 领主广场（Piazza della Signoria）是意大利佛罗伦萨旧宫前的“L”形广场，得名于旧宫（领主宫）。14 世纪的雄伟建筑旧宫及其带有雉堞的塔楼仍然统治着整个广场。广场上还有佣兵凉廊、乌菲兹美术馆、商人法庭（现在为农业局）和乌古其奥尼宫（始建于 16 世纪，外观设计可能出自拉斐尔的手笔）。广场上还有许多引人注目的雕像。

[2] 旧宫（Palazzo Vecchio）最初称为领主宫（Palazzo della Signoria），得名于佛罗伦萨共和国的统治者。在历史上还曾被称为 Palazzo del Popolo、Palazzo dei Priori 和 Palazzo Ducale，现为意大利佛罗伦萨的市政厅。

[3] 本韦努托 · 切利尼（Benvenuto Cellini, 1500—1571）是意大利文艺复兴时期的金匠、画家、雕塑家和音乐家。

詹波隆那[1]的“强掳萨宾妇女”。他能感觉到建筑的创建者安德里亚·奥尔卡尼亚[2]的在场，“这第一个文艺复兴人引领我走进他时代的秘密”。进入朝向亚诺河的乌菲兹美术馆后，他似乎看到了文艺复兴时期的巨人们——陷入沉思的奥尔卡尼亚和乔托[3]，米开朗琪罗、列奥纳多、薄伽丘、彼特拉克、但丁，他从这些沉静的巨人身上汲取力量，这些巨人超越了那些巨大的宫殿，“进入不可言喻的辉煌显赫的永恒之乡”。26

他住在伦加诺·谢里斯托里（Lungarno Serristori）的一个公寓房间里，这个房间建在最顶层，有一个非常宽阔的阳台，从阳台上俯瞰，整个佛罗伦萨铺展在他面前，“它双膝跪地，就像牧羊人的敬拜”。“我第一次走出门去阳台时，情不自禁地想，‘这儿应该有玫瑰’（这是雅各布森一篇小说的题目）——我一转过身，就看见我房间的外墙掩映在温柔的花朵中。”27 石头花盆里的三色堇友好地注视着他的一举一动，他希望它们会在他之中找到某种与它们有关联的本质，“这种本质忠实于温暖明媚的春天，并且更进一步，忠实于沉甸甸的、美丽的果实”。但是，差不多过了两周，他才能将这些付诸笔端。这个城市给人的印象是如此强烈，对一个如此敏感的作家来说，这是一次珍贵的经验。4 月 15 日，他开始以日记的方式写下自己的思想并送给莎乐美，该日记用白色的皮革包裹，上面印着佛罗伦萨的百合花图案。扉页题词以爱默生的“每个人都爱一个爱人”开头，第一篇日记是追忆往事的短小诗节：“阳光明媚的街道”氛围；艺术长廊里的圣母像；亚诺河谷的夜晚，他为自己“用金色描绘的一幅神像”；文艺复兴时期，那时人们“在画像间祈祷，为祷告者建造屋宇”。他是否“足够平静，并且准备好”去开始写他想送

[1] 詹波隆那（Giambologna，1529—1608），通常还被人称作 Giovannida Bologna 和 Giovanni Bologna，是文艺复兴后期的雕塑家，以风格突出的大理石雕刻和青铜雕刻闻名于世。

[2] 安德里亚·奥尔卡尼亚（Andrea di Cione di Arcangelo，1308—1368），通常被人们称作 Orcagna，他是意大利文艺复兴早期的画家、雕塑家，也是活跃于佛罗伦萨的建筑师。

[3] 乔托·迪·邦多纳（Giottodi Bondone，约1267—1337），意大利著名画家与建筑师，被认为是意大利文艺复兴时期艺术的开创者之一，被誉为“欧洲绘画之父”。

给她的书，他不知道；但是，倘若他丝毫不尝试着将自己的快乐记录下来送给她，那它将依然是遥不可及的事物。并且，这是一个幸福的征兆：自从他带着类似的渴望，迈向尚不得而知的、在她身上达成的完善，时间才过去一年。

他告诉她，在起初几天，来自德国的同道旅客占用了他大量的时间；除此之外，铺展在眼前的城市给他带来的混乱印象，让他不可能进行连贯的描述；只有到现在，他才能歇口气，并且试着去表达那些他捕获的事物。佛罗伦萨不像威尼斯那样乐意地向游人呈现自身，它的宫殿“几乎是带着敌意正面显示自己的沉默”；然而，一旦某人获取了它们的信任，它们会乐意地叙述“它们存在的传奇，用它们宫廷优美而有节奏的语言”。在修道院与世隔绝的花园里，意大利文艺复兴的早期文化深深吸引着他：铁制的窗饰围绕着深井，铺着白色砾石的小路旁开满野玫瑰，路尽头是一棵倚着墙的柏树。“大师们创作他们温柔的圣母像时，一定有和我同样的感觉。”[28]

他眼看、耳听，撷英采华；但除去为莎乐美而写的“日记”中有几页简要记述之外，他所收获之物都在诗歌中得到了表达。在这些诗歌中，许多文字都表达对她的爱慕，以及他在漫游时，对这个“远方的女 46
人”的朝思暮想；他的漫游“没有目标……直到恐惧从我身上消失，我如同一把温柔的诗琴，躺在你的手中”。[29] 他笔记中的这些加上稍早的作品，已经足以构成一册诗集，他称之为《为你庆祝》(*Dir zur Feier*)。但为谨慎起见，这本诗集没有出版，并且在与莎乐美共同商量后，一致同意销毁了其中的许多诗歌。剩余的诗歌，主要是一系列“致圣母马利亚的少女祈祷”，将圣母像作为吟咏的主题。在佛罗伦萨的这个月，文艺复兴时期的圣母[1]画像或许给他留下了最深的印象，是艺术家们“通往光明的陡峭、黑暗的道路”上的里程碑。[30]

---

[1]　在这个时期，他显而易见地关注母性的神秘，加上他写给莎乐美的可能已销毁的信件，导致有人猜测她怀孕了（孩子甚至很有可能是里尔克的），或者猜测至少里尔克希望她怀孕了。这种猜想的证据是极其薄弱的，大可以不予考虑。——原注

有两次偶遇对他后来的成长意义重大。一天，他在波波里花园[1]散步时，遇到斯特凡·格奥尔格，并且很久之后都将记得他们的谈话。格奥尔格谴责年轻诗人迫不及待地过早出版自己的作品，与这种做法相反，他强调年轻诗人需要在自己的领域中耐心耕耘，而不考虑外部世界。这番教导出自一位备受尊敬的长者，当时并不完全为里尔克所接受，但最终他还是牢记于心。还有一次，他与几个朋友在深夜一起待在公寓里，并邀请他们去屋顶上的阳台。其中有一位来自不来梅的年轻画家，叫海因里希·福格勒，他在听别人说话时默不作声，睁大的眼睛里满怀敬慕，这一全神贯注的景象深深打动了里尔克。他们在佛罗伦萨彼此没有再见面，但有书信往来，于秋季在柏林见了一面，这位艺术家邀请里尔克去不来梅和他的家人一起过圣诞节，然后去他位于沃普斯韦德房子巴肯霍夫[2]，里尔克高兴地接受了邀请。福格勒在表述自己关于艺术在生活中的位置的观点时，带有一种英国的世纪末的唯美主义，他的行为和穿着一丝不苟，带有明确的风格却又不过分招摇，与当时的其他人很相像，他们为期几年的友谊标志着莱纳生命中的一个转折点。

最后，他发现佛罗伦萨对他而言太过于丰富。5 月 11 日，他逃离了那些“奇特的街道之网”，去维亚雷焦的利古里亚海滨寻找安静，这儿靠近比萨，在经历人类成就的各式各样的美之后，“在独一无二的、伟大的、取之不尽的自然宝库深处，仍有浑然天成的艺术作品等着我们去发现”。在这儿，他可以沉思眼前之物，对 15 世纪（quattrocento）辉煌的春天来说，现代艺术可能是夏天和秋日的果实。在他为露写的“日记”中，穿插着对她的渴慕，他提炼出自己关于艺术家的理论，认为艺术家是一个必须为自己而不是为别人创作的人。“因此要知道，对个体和隐士而言，艺术是通往自我实现的道路”；“艺术从孤独者中来，到孤独者中去，位于高居人类之上的巨大穹顶”；“那些对你来说变成欢笑和

[1] 波波里花园（Boboli Gardens）是意大利享誉世界的古代罗马园艺花园，在 14 世纪初时，这儿是佛罗伦萨最显赫的贵族美第奇家族的私家庭院。

[2] 巴肯霍夫（Barkenhoff），这是福格勒在沃普斯韦德建的小屋，周围种了一圈桦树，因此给小屋取名 Birkenhof（德语意为“桦树屋”），Barkenhoff 之名即由此演化而来。

眼泪的艺术品，艺术家必须用他拼搏的双手去塑造，并且高举于他自身之上……他所用的材料来自这个世界，因此他必须将他的作品树立在这 47
个世界上。但是它们不是为你而造。敬畏地站在一旁，不要触摸它们。”一种贵族的态度，确实与他以前的关于“为人民而艺术”的观点大相径庭——在《菊苣》中，他曾认为应将诗歌作为免费的礼物献给人民。[31]

这种态度自有它的意义，因为在未来的作品中，里尔克将越来越为自己而创作，探索语言可表达的边界，无论作品是否能够出版。用出版作品来“记录他成长的每一个时期”的强迫症减弱了，他将花费更多的时间去创作一本书，去精确表达那些通过灵感或辛勤工作获得的馈赠，作为一种为艺术而艺术的创造行为，他创作的确实是艺术作品，这些作品跃居于普通人群之上的巨大穹顶。但在维亚雷焦时，他并没有把所有时间都用于精心雕琢那些庄严的格言警句。在那他经常和自己餐桌上的伙伴海伦妮·沃罗宁一起沿着海岸散步，她来自圣彼得堡，与她的父亲和姐妹一起在这里度假，在大自然中，里尔克用自己的快乐驱散了她的忧郁。他写在皮革封面本子里的日记，通常是他每天早晨在阳光明媚的阳台上完成的任务，日记的内容涉及方方面面：诗歌“叩响他心灵”的那些幸福时光；歌颂少女时代及其憧憬的诗歌；安静地拜访一个穿着黑色长袍、裹着头巾的修士的花园，为了搜集他的诗歌素材，他站在花丛中，就像等待牺牲品的死神本尊的形象；以及与此形成对照的他对生死一体的平静无畏的认识。“这是必要的：视一切事物**内在于**生命本身，尤其是那些神秘之物，尤其是死亡。”[32] 这个插曲是他灵感的萌芽，激发他在那年的稍晚些时候创作了抒情戏剧《白衣侯爵夫人》（*Die weisse Fürstin*），并且让他形成这样的设想，即死亡仅仅是生命的不可见的一部分，就像是月亮的暗面，这种设想将会成为他观点的一个基本要素。

经过所有这些，他想象着得意扬扬地回到露身边，受到这些经历的净化之后，这次回归是一次朝圣，“深入她的成为一座神庙的灵魂”。[33] 她计划在这个月底去但泽拜访朋友的消息最初让里尔克垂头丧气，但他很快重整旗鼓，去索波特与她会合，在南部的美丽风景中流连月余之后，他并不害怕更寒冷的波罗的海海岸：他将给她带去足够多的珍宝，多得足以让他们忽视周围的人。莎乐美显然没有什么热情，并且觉得这么快就见到他颇感不便。去索波特的旅行不得不推迟进行，他本想经由因斯布鲁克和慕尼黑去索波特，但实际上他的旅行途经维也纳、布拉格和柏林。“这一次我的领航员很糟糕，”他写信给弗兰齐斯卡·雷文特洛，为他身不由己错过了去看望她深感遗憾，那时她与她的孩子罗尔夫在一起，“容光焕发、充满勇敢无畏的幸福”；他从“初夏时孤独隐居的幸福海岸”出发，乘车急匆匆地穿过了她住的地方。[34]

他终于与莎乐美重聚的时候，已经是 6 月中旬了；对殷切的恋人抱有的希望而言，这次重聚无疑是一记重拳。她知道得很清楚，一向都很
48 清楚他们的关系很可能没有未来，而且在这样一个毫无私人空间的环境中会面，完全没有在沃尔夫拉茨豪森或者甚至在施马尔根多夫时的亲密；毫无疑问，这样的关系在她看来，最好的办法是看着它温柔地走向终结。起初，他感到愤怒和羞耻。“**我**希望这次自己是丰富的那一个，是赠予者、主人、大师，你会走过来，被我的关怀和爱情所引导，沉湎于我对你的接纳。但我再一次变成十足的乞讨者，你的生命由如此粗大、坚固的柱子支撑着，我站在你生命的最外面的门槛处。”他“满怀着未来”来到她身边，却发现在这寒冷海边的单调日子里只有他们往昔不快的回忆，甚至不能再体验曾经的快乐。他献上写给她的日记，并不能看到她因此而高兴，看到的却是一种惹人恼火的彬彬有礼，一种令人愤怒的企图，企图给予他鼓励。他甚至憎恨她，就像她对他来说，完全是一种“过大”之物。他不想要她的安慰，并且他是那么痛苦，以至于觉得自己必须逃离这个令人蒙羞的仁慈之网。[35]

但是，当他在日记的最后一条中以一种直率的、分析得极度清晰的方式将这种想法写下来时，他找到了新的勇气。因为，他们也许会在思想方面保持亲密状态，然而不能有任何的身体结合，把这些都解释清楚之后，她抛给他这个“无情的问题：‘你想要做什么？’”他开始意识到，她仍然是他的奋斗目标，不是一个而是多个目标，他要向着多个顶峰奋斗。“无论我走了多远，你总是在我前面……这本书的最终价值就是对一种艺术的认识，这种艺术仅仅是通往丰富存在中的终极完善的一条道路。”[36]

在实践方面，他实际上将会做什么呢？露为他深感担忧，并且明智地将他拉入一个她已经考虑了一段时间的计划。她已经多年不见自己的祖国了，因此她在考虑和安德烈亚斯进行一次俄国之旅：为什么莱纳不该加入他们呢？下一年秋季返回柏林时，他将会有时间在她的指导下学习俄语。打这样一种主意的勇气，以及在她冷静的操纵下提出这样的建议，这些都是她的行事风格：再也找不到更有效的方式，让莱纳处于与她丈夫同等的位置——事实上，对她来说，他们是她的两个兄弟，不是情人。这样的前景立刻吸引了他，并且还在 6 月底时，他就写信给他母亲谈及此事。

他们在索波特待到 7 月底，在新找到的平静生活中，他再次想起自己的作品。邦茨已经给他寄了一两篇《生活之流》的短评，他回信给邦茨说，他现在也许能完成《基督幻象》并最终让它们准备出版："我的抒情风格的另一面，迄今为止在我的书中看起来多少有点单调的迟疑。"[37] 此外，他开始写作关于 15 世纪和一般艺术的文章——"我在佛罗伦萨体验到的启示"——以及一本新的日记。对菲亚，他则热衷于谈论东普鲁士的风光，甚至赞美但泽"古老的魔力"，这与他已经看到的一切并不一致[38]（不过他写给母亲的信极少有不热情的）。在他的日记
中，他的思想再一次变得伟大，对每一个男子汉来说是新的起点，在这 49
些男子汉看来世界没有历史："他的父辈和祖先……都是他精神的同时代人，并且他们的影响就在他之中，而不是在过去。"[39]

他们返回柏林后，他在施马尔根多夫的瓦尔德弗里登郊区住宅（Villa Waldfrieden）找了一个房间，这次更靠近安德烈亚斯的家，有一个靠近松树林的安静的小花园。莎乐美让他完全分享他们简朴的日常生活，并且现在能够以适合她的方式培养他。这变成一种思想上的友谊，只不过是在厨房而不是在客厅，因为安德烈亚斯为了做研究和教学备课，占据了唯一的起居室。莱纳帮助她处理家庭琐事：烹饪、洗涤和劈柴，他们光脚穿过树林漫步，林中友善的小鹿用鼻子嗅他们的口袋，寻找食物，他们还安静地待在厨房里，在他们的书上坐一整晚。沃尔夫拉茨豪森的田园牧歌般的生活再现了，但是没有卧室的参与。他开始摆脱

自己被宠坏的挑剔讲究，这在以往会让他抱怨缺钱，让他对最低程度的限制也心怀厌恶。他在这种更简朴的生活中找到了满足：主要吃蔬菜、不饮酒——他终生保持的一条准则，只要他能够，他都保持这样的生活，即便他没有处在这种相对简朴的生活环境中。

施马尔根多夫的与世隔绝让他觉得颇为惬意。对他慕尼黑的朋友来说，他在柏林；但那些在柏林的朋友则认为他仍然待在慕尼黑；假如二者凑巧遇到，他们会一致认为他必定是外出去意大利了——这是一种极好的情况，“因为不在任何地方就等于无处不在”。40 他开始认真地学习俄语；同时也写文章，并且完成了《埃瓦尔德·特拉吉》；还另外写了两篇中篇小说，计划好出一本新书；将近秋天的时候写了《白衣侯爵夫人》。这是一部诗剧，他随后做了修改并题献给埃莉诺·杜塞，用几乎是神秘主义的观点看待爱与死的问题：在 16 世纪的意大利，突然爆发了一场瘟疫，让侯爵夫人深感恐惧，当时她正在等她的情人，为了他，她在多年不幸的婚姻中维护着自己精神上的高洁；这时，两位戴黑面罩的修士走近了，为死去的人主持临终圣礼，这吸引了她的注意力，由于没有收到她的信号，她情人的船驶了过去，消失在海面上。这部作品在形式和主题上，与里尔克早期的、更朴实的、自然主义的作品形成了鲜明的对比。

“一个努力工作的重要时期，”他写信给母亲说。41 但他绝不是一个隐士，而是不时去市镇里，尤其是那儿有现代艺术和室内装饰展览的时候，参展的人多为印象派和新艺术派的艺术家，有德加[1]、利伯曼[2]、范·德费尔德[3]、施托文[4]等。新艺术派尤其能打动他的心弦，从他为一

---

[1] 埃德加·德加（Edgar Degas，1834—1917），法国著名画家、雕塑家，19 世纪晚期现代艺术的大师之一，通常被划归为印象派，但他的作品风格多样，有些作品更接近古典、现实主义或者浪漫主义画派的风格。

[2] 马克斯·利伯曼（Max Liebermann，1847—1935），德国画家，德国印象派的主要先驱之一。

[3] 亨利·范·德费尔德（Henry van de Velde，1863—1957），比利时画家、建筑师与室内设计师，比利时新艺术派（Art Nouveau）的代表人物之一。

[4] 库尔特·卡尔·古斯塔夫·施托文（Curt Karl Gustav Stoeving，1863—1939），德国画家、雕刻家和建筑师。

家维也纳期刊写的关于“柏林的新艺术”的报道中，可以清楚地看出这一点。海因里希·福格勒的作品受到威廉·莫里斯[1]和奥伯利·比亚兹莱[2]的强烈影响，在他看来，艺术是设计生活，而不仅仅是装饰；福格勒 11 月来柏林的时候，里尔克确实在他身上找到了“一个志同道合、
梦寐以求的同伴”。42 因此，他这个时期的作品（《白衣侯爵夫人》，以 50
及为艺术家路德维希·冯·霍夫曼[3]写的戏剧《游戏》）完全带着新艺术派的精神，甚至连诗歌匀称的排印设置都是如此。

在与福格勒一起过圣诞节之前，他去汉堡游览了几天，在那儿他第一次遇到“大师们”中的两位，古斯塔夫·法尔克和利林克龙，他早些时候和他们通过信。他与福格勒一家人在不来梅待了几天，在他们优雅高贵的房子里，他找到一种“无以名状的美”。43 圣诞节那天，他们动身前往沃普斯韦德的巴肯霍夫，这是福格勒用他继承的财产购买的一处乡村地产，他一直用自己的艺术设计来扩充与装饰它。这个村庄是艺术家们聚居区的中心，在外界已经颇有声誉，住着弗里茨·马肯森，奥托·莫德松，弗里茨·奥弗贝克，汉斯·安·恩德等人。但里尔克对这儿的第一印象却一点也不愉快，当时他与朋友一起走出去，在夜晚地狱般的硫黄火光里走到泥炭沼泽[4]的边缘地带时，看见一片蓝紫色的云，像一只伸向他们的张牙舞爪的手。“你们这些人找了一个多么阴森的地方

---

[1] 威廉·莫里斯（William Morris, 1834—1896），英国画家、布纹设计师、家具设计师和作家，也是英国社会主义运动的早起发起者之一。

[2] 奥伯利·比亚兹莱（Aubrey Beardsley，1872—1898），19 世纪末英国最伟大的插画艺术家之一，其画风受印象派、古典主义、巴洛克、日本浮世绘等风格的影响，而又别具一格，作品具有唯美而怪诞、华丽而颓废的气氛，简洁流畅的线条与强烈对比的黑白色块，具有强烈的个人风格，给当时的新艺术运动带来巨大的影响。他在 20 世纪二三十年代的中国很有影响力，鲁迅、梁实秋、徐志摩、闻一多、郁达夫等人都为他的作品而倾倒。

[3] 路德维希·冯·霍夫曼（Ludwig von Hofmann, 1861—1945），德国画家，其绘画带有明显的印象主义风格。

[4] 沃普斯韦德是德国下萨克森州的一个市镇，靠近不来梅，位于魔鬼沼泽（Teufelsmoor）中，这个沼泽原名为 doofes Moor，doofes 意为“不肥沃的”或“无生命的”，并没有“魔鬼”之意；魔鬼沼泽的称呼当为后来的谬传，沼泽大部分由泥炭构成，因此比较贫瘠。

居住啊，”他大声惊叫。[44] 回去之后，他因在巴肯霍夫有所感触，寄给福格勒一组格言，“为了纪念新年伊始和作为去年的一个附录”，这组格言现在仍可以看到，福格勒将它刻在门楣上：

闪闪发光是它的命运。
倘若大师是它屋宇中的
心和手，就像菩提树长在大地上
屋宇也将变得绿树成荫、崇高盛大。[45]

他写信给圣彼得堡的海伦妮·沃罗宁，谈及他去俄国旅行的计划，他说他感到这一年的结束也是他工作的一个阶段的结束，在这段工作中，从他待在意大利起怀有的许多希望都实现了：“对我来说那是一个极好的开端。”[46] 这个阶段成果是在 1899 年底出版了一册诗集《为我庆祝》（*Mir zur Feier*），这是他写给露的那一本 [1] 的对应版本，出版时经过相当仔细的挑选，那一本他则自己保留着未出版。“缓慢地聚集在一起”，正如他对格奥尔格说的，“仿佛没有其他东西留在我后面，一本最初的、严肃的、郑重其事的书。”[47] 福格勒设计了封面和内文版式，事实上，在未来几年中，这是第一本他愿意承认有点价值的书。

1899 年新年，他开始考虑继续上大学——在莎乐美的鼓动下，但无疑还有他家人的坚决主张。里尔克与一位叫格奥尔格·齐美尔的哲学教授——就像与布拉格的奥古斯特·绍尔教授一样，在很多年内都保持着友好的关系;他似乎是在听取齐美尔教授的建议之后，在弗里德里希－威廉大学注册，参与夏季学期的课程，选择了艺术史、现代历史和经典抒情诗的课程。他告诉弗里达·冯·比洛，说他喜欢听布雷斯劳的艺术教授里夏德·穆特的课程，但不愿意离开在瓦尔德弗里登（Waldfrieden）的家，那儿给了他如此多美好的时光，以进行他自己的工作——“因为

[1] 指前面提到的写给莎乐美的诗集《为你庆祝》（*Dir zu Feier*），当时因内容过于私密而未出版。

那是最重要的，日常事务必须为一小时的灵感微光让道”。48 他当然不 51
情愿远离莎乐美。但他的目标，正如他在写给弗里达的信中所说，是取得最低限度的像样的大学成绩，别无其他。

他是否在这上面花了时间是值得怀疑的。他们去俄国的计划占用了越来越多的时间。他曾告诉母亲这是一次重大的春日旅行，但整个 3 月份他几乎都离开在外，头两周和母亲一起待在阿尔科，接下来的几天在维也纳和布拉格，并且直到月底都没有返回柏林，出发去莫斯科的时候，这个月只剩下一两周了。他去阿尔科和布拉格是出于责任的探访，为了在启程旅行之前，看望父母和祖母。然而，在 3 月 18 日，维也纳有两桩吸引他的事，他决意不能错过：分离派[1]艺术展览开幕，展出古斯塔夫 · 克里姆特[2]等人的作品；首次公演霍夫曼施塔尔的诗剧《祖贝达的婚姻》(*The Marriage of Zobeida*）和《冒险家与歌手》(*The Adventur er and the Singer*)。自慕尼黑时期以来，他一直钦佩“懒猴”[3]的诗歌，因此他在布拉格关于“现代抒情诗”的演讲中，对这些杰作称赞有加，但除了格奥尔格的杂志《艺术之叶》(*Blätter für die Kunst*）和弗莱施伦的期刊《潘神》(*Pan*）的特有读者之外，很少有人知道这些诗歌。在他与阿图尔 · 施尼茨勒一起参加了霍夫曼施塔尔作品的首次公演之后，他终于能够当面会见这位诗人。第二天，他为这次难忘的经历从布拉格寄信给霍夫曼施塔尔，表达他深沉的谢意，这次经历带来的巨大的鼓舞萦绕在他内心，“像是一个共享的秘密”。“以前我常常把您当作一位向导，在庄重的场景前吟诵神秘的词句，您路过的那些树木和鲜花，您都赋予它们更深刻的意义，昨天您对我来说变成了大师，您存在的意志将会是我的道路。”49 也许是受霍夫曼施塔尔魔力的影响，这一

[1]　分离派（Sezession）是19世纪后期至20世纪前期新艺术派在奥地利的支流，该流派反对当时相对保守的维也纳学院派，并与之决裂。分离派作者的艺术倾向、个人风格多种多样，而且没有明确的纲领，因此狭义上指维也纳分离派组织，广义上讲是指思想、类型相近的一类艺术。

[2]　古斯塔夫 · 克里姆特（Gustav Klimt，1862—1918），奥地利著名象征主义画家，他创办了维也纳分离派，是 20 世纪初期维也纳文化圈的代表人物之一。

[3]　“懒猴”（“Loris”）是霍夫曼施塔尔的笔名。

次他发现维也纳更有吸引力，而且，正如他在写给菲亚的信中所说，他很高兴地体会到作为一个奥地利人，有一种“发自内心的爱国精神”，“上天保佑我”。[50]

他请邦茨寄给他一本《布拉格故事》，在他父亲命名日的时候送给他。这恰好能够向约瑟夫表明，在不忽视学业的情况下，他作为一个作家获得了一些声誉。里尔克看到这本书——现在终于出版了——着实很高兴。他从布拉格给邦茨寄去一张很长的建议清单，写着需要寄送赠阅本的人，将他的网撒向维也纳的特奥多尔 · 赫茨尔，卡尔 · 克劳斯和施尼茨勒，以及柏林的鲁道夫 · 施泰纳和路德维希 · 雅各博维斯基。随后，他从柏林要了两本样书，用于亲自赠送，一本送给捷克诗人雅罗斯拉夫 · 弗尔赫利茨基，另一本他希望在俄国见到托尔斯泰的时候送给他。

就邦茨本人而言，似乎对他的作者很满意，因为他很乐意寄给里尔克一笔下一本书的预付款，即使里尔克仍然说下本书是一本中短篇小说集，而不是邦茨期望的长篇小说。此时此刻金钱是很受青睐的，但里尔克宁愿将它看作是一笔贷款，并且事实上在夏天期间偿还了这笔钱。[51]

4 月份的那几周都用于准备这次重大的旅行:认真阅读《旅行指南》，
52 收集介绍信和所有必需的文件，包括护照。他告诉菲亚说，不允许犹太人穿过边境，并且需要难以置信的大量文件证明自己是一个基督徒。[52]申报缺席课程时，齐美尔的建议很有助益。他写信给冯 · 肖尔茨，描述他的旅行计划，说他认为复活节的声音对他来说太微弱了，微弱得几乎听不到:“我想再次听到更深沉的钟声，让我虔诚地在克里姆林教堂群的钟声中获得最高的快乐吧。”[53]

三

我生活的一部分是依靠这次俄国的经历。

（致菲亚·里尔克的信，1899年12月5日）

1899年4月27日，穿过华沙的长途列车将他们带到莫斯科时，恰好在俄国复活节前。怀揣德国的朋友写的介绍信，里尔克第一个访问的大概是年轻的艺术家列昂尼德·帕斯捷尔纳克[1]，他是艺术学院（Art Institute）的教授，里尔克一度与他建立了密切的关系。帕斯捷尔纳克此时正在为托尔斯泰的《复活》画插图，于次日安排他们去访问这位伯爵[2]。莱纳对托尔斯泰的“亲切和博爱”印象深刻，但他似乎是太害怕了，以至于没说太多话，乃至没将打算赠送给托尔斯泰的书给他。据莎乐美的日记，交谈基本上变成谈论安德烈亚斯对古波斯泛神论（Bahá'i）教派的研究，托尔斯泰对这很感兴趣；以及谈论她的论点，她认为俄国人民的前途在于西方理智和俄国“灵魂”的综合。托尔斯泰激烈地反对这种观点，他谴责俄国农民的虔诚，认为那是纯粹的迷信。**俄国农民**（*mouzhik*）需要的是启蒙和实践教育，而不是鼓励他们处在愚昧之中——凭借一种神秘的对“灵魂”的全神贯注；并且他叮嘱他们不要因参加复活节的庆典而赞同这种迷信。1 但这就是他们来这儿想要经历的体验。“漫长、奇特、激动人心的”复活节夜晚，他们与庞大的人群一起待在教堂里，这对莱

[1] 列昂尼德·帕斯捷尔纳克（Leonid Pasternak, 1862—1945）是俄国后印象主义画家，是著名诗人、小说家鲍里斯·帕斯捷尔纳克的父亲。

[2] 指托尔斯泰。

纳来说是一件难忘的事。“基督复活”的呼喊和成千上万个喉咙热烈地回应“祂必将复活”，以及克里姆林伊凡大帝钟楼上频繁敲击传来的洪亮的钟声，这些共同构成了他的复活节，经历一次，就足以铭记终生。[2]

他们在莫斯科只待了几天，因为露急于去圣彼得堡与母亲和家人团聚。但还是有时间去见雕刻家帕维尔·特洛别茨科伊亲王[1]——同样是通过帕斯捷尔纳克的引介。他们5月3日到达圣彼得堡时，那儿到处插满彩旗，庆祝普希金的百年诞辰，处处是西方的景象，与莫斯科形成鲜明对比，他觉得圣彼得堡“更加具有世界性和非俄国的特征”，反之莫斯科似乎是真正的俄国，“美这个单词的全新阐释”。“谦卑思想的风琴上弹奏
53 出来的东方旋律，那就是莫斯科，那就是俄国。”[3]他对语言掌握尚未熟练，使得他待在圣彼得堡的“带家具出租的精致小屋”时，必须求助于手势去交流——他承认，对声带来说，这有时是一种受欢迎的放松方式，但他仍然认为，身处这些“满怀着敬畏和虔诚”的人中间是一种“奇特的经历”。[4]他立刻去访问海伦妮·沃罗宁，并且在圣彼得堡逗留期间经常去看她，给她写了许多诗歌，还将那本原本打算送给托尔斯泰的《布拉格故事》题献给她。他有时与她一起，有时独自一人，去埃尔米塔日博物馆[2]或私人收藏家那里，参观那些伟大的艺术收藏品。在杰出的自然主义学派画家伊利亚·列宾的作品中，他发现了另一些“真正的俄国人”，这些俄国人“在黄昏时与人谈起其他人在白天拒绝相信的事情”[3]。[5]

---

[1] 帕维尔·特洛别茨科伊亲王（Prince Pavel Troubetskoy，通常写作 Prince Paolo or Paul Troubetzkoy, 1866—1938），俄国著名雕塑家，其作品在当时的欧洲有很大的影响力，他还是一个有名的素食主义者。

[2] 埃尔米塔日博物馆（the Hermitage），又称隐士庐博物馆，位于圣彼得堡的涅瓦河边，收集了近300万件从石器时代至当代的世界文化艺术珍品。

[3] “在黄昏时与人谈起其他人在白天拒绝相信的事情”，英文作：tell one in the dusk what others deny in daylight。这段话引自里尔克1899年5月18日写给海伦妮·沃罗宁的信，为了清楚起见，译者附上德语原文及语境，里尔克在信中写道：“Sehen Sie das ist wieder ein Russe dieser Repin. Und diese wahren Russen sind alle wie Menschen, die einem in der Dämmerung sagen, was die Anderen im Lichte leugnen...”译者认为，这段话体现出在里尔克的心目中有两类俄国人，双方的观念分歧明显，一部分土生土长的俄国人性格虔诚、谦卑，对上帝满怀敬畏，并且有神秘主义的倾向，与另一类接受了西欧启蒙观念的、有科学精神的俄国人截然不同。

在 5 月末，他返回莫斯科住了几天，这样他能够会见帕斯捷尔纳克圈子里的其他艺术家。

返回圣彼得堡之后，他沉浸在俄国的宗教艺术中，钻研各种各样的圣像风格，怀着热情阅读艺术史，他向海伦妮·沃罗宁保证这种热情绝不会转瞬即逝。“我应该远离一切分心的事情，返回——我甚至会说，返回家——去学习这些俄国的艺术……它们是上帝的最内在、最秘密的房间，在那里，他存放着那些最美丽的珍宝——不是闲置着躺在尘灰中，而是自太初起，就交付给那些深切的虔诚，从这种虔诚中产生作品和奇迹……我觉得，对我的情感和忏悔来说，它们是最好的形象和象征，并且与它们在一起……我将能表达出那些在我的艺术中力求发出声音和变得清晰的一切事物。”[6]

俄国春天的突然迸发，“完全不像我们的春天那样犹豫不决、让人失望”，就像一个启示：一夜之间，“在清晨三四点，无限的赦免降临这片土地，”他返回圣彼得堡之后在写给菲亚的信中说，“桦树突然之间冒出了千万个细嫩的绿芽，它们在迟疑的春风中努力向外伸展。”[7] 确实，在他的整个印象中，俄国是一个崭新的国家，一个刚处于生命开端、整个未来尚在前方的国家，仿佛它的宫殿和教堂尚未完全形成，然而这个国家才是他真正的祖国。“我很难说清楚俄国过去和现在对我意味着什么，”他在后来写道，“不知不觉地，我带着某种倾向，这种倾向使得我在这儿的第一刻起，就完完全全地将俄国看作我的故乡。”[8] 意大利已经像“梦幻中的一个国度，而俄国则充满了深沉的、出乎意料的真实”。[9] 佛罗伦萨如今看起来是为莫斯科做的某种准备，在这儿他被引至“更伟大的质朴的更深处”。[10] 对他来说，这些单纯的人们在他们的圣母像前下跪和祈祷——即便托尔斯泰对这种行为很轻视——并不是沉湎于迷信：他们在如此不可思议的环境中的崇拜是一种创造过程的表现，他在艺术中看到同样的过程，在其中上帝自身仍然在形成之中。“从人们的每一个姿态中流溢出祂成长的活力，就像一种无限的赐福。”[11]

没有直接证据表明莱纳和露第一次访问俄国期间情感处于何种状
态。很自然她和安德烈亚斯应该与她的家人待在圣彼得堡，与此同时莱 54

纳在别处寄宿。他们在6月中旬一起回程旅行到但泽，但露在几天之后，继续往前去柏林，莱纳独自在挨近但泽的奥利瓦待到月底，尽管阴雨绵绵，但他心满意足地待在那儿，在孤独中消化他的经验。在俄国之旅前，夏天的计划就已经拟定了：弗里达·冯·比洛邀请他们两人去她的别墅共度夏日，别墅位于迈宁根附近的比伯斯堡，在图宁根森林边上；毫无疑问，露对此感到放松，因为，在莱纳铺天盖地的热情中，如今这会是一个工作的假期，可以专心研究俄国——语言、文学、艺术以及历史。他第一次在大学里露面，而且直到这个学期结束都不能去那儿上课；然而，当他还住在施马尔根多夫时，就已经继续热心地学习语言，早已尝试阅读普希金和莱蒙托夫，在身边放着他的语法书，无论何时，只要他轻松看懂一两行句子，就会庆祝一个“小小的、私人的节日”。在7月底写给海伦妮·沃罗宁的一封长信中，他坦承自己有一种日益增加的、对所有德国事物的反感：“一旦学会并且掌握这门语言，我将会觉得自己完全就是一个俄国人。并且我会在兹纳缅斯卡亚教堂[1]（我爱它超过爱所有其他事物）前俯首跪拜，带着适当的敬畏跪拜三次”，这种敬畏不像对骄傲和谦卑（只有在俄国才能体验到）本质特征的认识那么虔诚。“倘若我生来就是一个先知，我将会终生布道，宣扬俄国是上帝选定之地，上帝巨大的雕刻家之手悬在这片土地上空，仿佛在深谋远虑地缓慢挥动：所需的**一切**都将来到这片土地上，但它命运的实现将更迟缓、更清楚。”[12]

在迈宁根的6个星期里，他投入大量的精力与她一起进行工作。事实上，弗里达有点迷惑地发现她的两个同伴几乎完全没有时间陪她，他们整日埋首于书本中，“仿佛在准备某项可怕的考试”，他们去吃饭的时候已经非常疲惫，不可能再进行热烈的交谈。[13]“那些日子对我们来说太短了”，莎乐美写道。[14]莱纳抽空写了一封措辞恭敬的信给托尔斯泰，回顾他们的拜访，并且送给他一本安德烈亚斯论述古波斯泛神论教派的短小著作，露最近的中短篇故事集，以及他自己的《布拉格故事》，这

[1] 兹纳缅斯卡亚教堂，原文为 Znamenskaya Chapel，不知作者具体所指何处。

些故事“源自许多忧郁的情感，这种情感将我束缚在我斯拉夫故乡的土地上”。9 月 12 号，他们分道扬镳；他和露收到安德烈亚斯的消息，说她钟爱的小狗生病了，于是他们突然决定返回柏林。弗里达担负着寄送他们沉重的行李和书籍的任务，也许听到这个消息并不十分难过，她一直觉得自己是那么的受排斥。然而莱纳过去很少感到如此满足。他已经找到一种“全新的健康的生活方式，并且凭借明确的学习计划获得了新的勇气”，他写信给弗里达，感谢她所做的一切，并且带着他惯有的谨小慎微，随信附上他的一点心意，用于支付他 9 月在别墅的费用。[15]

他现在俨然是俄国人，焦急地阅读所有他能读懂的东西，并且请露 55
借他一些书，任何书都行，莱蒙托夫或一些散文作品，直到他的其他书籍从迈宁根寄回来。他期望看到他之前请海伦妮 · 沃罗宁给他寄的维克多 · 米哈伊洛维奇 · 瓦斯涅佐夫[1]的绘画《三个骑士》的复制品。他告诉她，他将会把它放在一个简单的画框里，挂在一个他从莫斯科带回来的小箱子上方，“有了箱子、十字架和绘画，我将会在我的书房中，逐渐地创造一个虔诚的俄国角落”。[16] 他恢复在施马尔根多夫的简朴生活，帮助露烹制罗宋汤，或者做他特别喜爱的俄国小麦饭，他现在穿着一件蓝色的俄国风格的农民罩衫。他曾经在某处读到，真正的艺术家应该在他故乡方圆 4 里格[2]的范围内就能找到足以运用终生的素材：但对他来说，祖国不必是一个人的出生地，并且对真正祖国的寻找，确实可能成为艺术中一切伟大之物的源头——在艺术中去发现真正的祖国“开放、充满节日气氛，仿佛等待着我们的回归！”[17] 不可否认地，他在俄国体验到的归家之感，激发了现在这个充满紧张创作活动的春天。在不到两个月的时间里，他写成了《祈祷书》(*Die Gebete*)，这后来构成《时

[1]　维克多 · 米哈伊洛维奇 · 瓦斯涅佐夫（Viktor Mikhailovich Vasnetsov，1848—1926），俄国艺术家，尤其擅长宗教题材的绘画，是俄国宗教复兴运动的重要人物之一。

[2]　译者按:此处疑作者有误。英文为“four leagues”，但依 Ingeborg Schnack 的《里尔克生平与作品年表》（简称《里尔克年表》，*Rainer Maria Rilke Chronik seines Lebens und seines Werks*, Insel Verlag Frankfurt am Main, 1990）第 88 页，里尔克相应的原话为“4 Meilen”，意为“4 英里”，而 1 里格约等于 3 英里。

辰祈祷书》（*Das Stunden-Buch*）的第一部分；《旗手》，后来被叫作《旗手克里斯托夫·里尔克的爱与死之歌》（*Die Weise von Liebe und Tod des Cornets Christoph Rilke*）；以及《亲爱的上帝的故事及其他》（*Das Buch vom lieben Gott und Anderes*）——这部作品及时地带给他迄今为止最广阔的认识，并且对许多人来说，这本书总能代表必读的里尔克作品。

《祈祷书》是《修士生活》（*Vom monchischen Leben*）的初稿，是一个长长的系列诗集，通过一个俄国修士之口，表述关于上帝的观念，这种观念由里尔克在意大利和俄国的旅行经验演化而来。这个修士，在他的小修道室里以谦卑的虔诚绘制他的圣像，祈求作为一个神秘存在的上帝，祂的本质隐藏在那些传统的画像中，而不是在那些 15 世纪艺术家妄自尊大的作品中透露出来：一个拜占庭绘画中黑暗的上帝，而不是意大利文艺复兴绘画中光明的上帝。修士将他的工作——艺术家、诗人，甚至整个人类的任务——看作是**构造**上帝的工作，就像耐心地建造一个大教堂，这显然是一件永无止境的工程：

> 我们建造你，用颤抖的双手，
> 我们一粒一粒地堆砌。
> 可是，谁能建成你，
> 你这大教堂？[18]

他不仅将上帝看作是终极的创造者，也看作是一个正在形成中的受造物。这个不可能的反题在成千次祈祷中重复："上帝邻居" 存在于一切事物中，方才是一只受惊的小鸟，现在是一个带胡须的农民，还像一棵离成熟遥遥无期的树，仍然在 "成熟中"，仍然被艺术家所创造，实际上只真正地存在于他自身之中：

> 56 你该怎么办，上帝，如果我死去？
> 我是你的水罐（假如我毁坏？）
> 我是你的饮水（假如我枯竭？）

我是你的长袍，你的职业，
当我不复存在，你也失去你的意义。
当我离去，你就没有家……
你如何是好，上帝！我忧心忡忡。[19]

这是一种如此奇怪的组合：独一无二的上帝内在于一切事物，迄今为止尚未形成，是艺术家和诗人的某种精神的承袭者，艺术家和诗人必须在他之前到来，帮助形成他，除了他们创造性的思想之外，没有任何意义；这种思想在任何正统的宗教中都无立足之地。正如 E.M. 巴特勒的评论，“里尔克笔下看起来似乎很虔诚的修士，在艺术的圣殿中朝拜，并且寻找一个从未存在过的上帝”。然而，这些无数的形象立马变得神秘而具体，在这些形象中他以诗歌表达了这种悖论，这种诗歌充满高昂的旋律并且体现出对诗性的精妙掌握；迄今为止在他作品中，对诗性的掌握无出其右者，甚至在《基督幻象》中也是如此，这些诗歌的含混形成了这样一种神圣的回响——无数的读者和评论者，其中不乏神学家，几乎毫无困难地将他的观念同化到正统的神学观点中。修士的许多祈祷都能很好地被解读为向基督教的上帝祈祷：但即便是在了解里尔克拒斥基督教的情况下，读者也能发现，在各式各样对上帝形象的描绘中，可以找寻出几乎任何形式的自然神论或一神论的证据。事实上，里尔克的信仰不是上帝，而是他自身创造上帝的力量。“假如他不再存在，或者尚未存在，那有什么关系呢？”他在晚些时候写道。“将会是我的祈祷创造他……假如自我生成的上帝没有存在下去，反而更好：他将会被再创造一次，并且他将不会在永恒中死去。”[20]这个观念他在意大利的时候就已经开始形成了，并且这解释了他的感觉，即佛罗伦萨是为莫斯科做的一个准备。因此，尽管《祈祷书》带有俄国的外在特点，但他在这个国家的简短经历和对它历史与文学的学习，与其说是他诗歌灵感的来源，不如说是起到了催化作用。在 9 月末、10 月初的粗犷秋日的日日夜夜，创作《祈祷书》的灵感突如其来地来到他脑中，露是第一个听到这些“祈祷”的人。

在一个不寻常的夜晚，一阵疾风过后，月亮在急速移动的云层中忽隐忽现地闪着微光，突然，一个相当独特的主题攫住了他，一本古代编年史中的引文（也许还想起了利林克龙在几年前发表的一个故事）激发了他的灵感。这本编年史是雅罗斯拉夫研究宗谱时发掘的众多文件之一，正如他当时所回忆的，编年史中有一条简短的笔记，记录了1664年18岁的奥托·里尔克的死亡，他是奥地利军团的掌旗官，在匈牙利对抗土耳其人。这个里尔克，事实上叫作克里斯托夫而不是奥托，是萨克森地区朗格瑙的领主三个儿子中最小的，莱纳和他的伯伯枉费心机地
57 想证明这个家族是他们的先祖。在那“一个夜晚”（正如他总在后来声称的），“在一字未易”[21]的情况下，他用行云流水般的散文诗写下了这位年轻旗手的传奇故事，他骑行前进，体验他的第一次也是最后一次爱情与战争的经历——在他驻扎在城堡的军营中的爱情之夜（“没有昨日，没有明天，因为时间已然坍塌，他们从它的废墟中绽放”[22]），以及黎明时分的英勇死亡，带着他燃烧的军旗阵亡。“那时我多么年轻！”里尔克在1924年回忆道。[23]当时，这本经过细微修改的最终版《旗手》，有一条更详细的来自那本编年史的引文作为开场白，长期以来被证明是一本受欢迎的成功之作，成功的程度远甚于他曾经梦想过的，或确实一度渴望过的成功。[1]对那些以里尔克最伟大的作品来评判他的人而言，《旗手》近乎是粗劣之作：但这作为他感情充沛的青春的最后表达，至少报偿了他一贯放纵感情的嗜好。

11月伊始，他再次开始写他的日记，仍然以献给莎乐美的形式，但现在日记反映出他们的关系发生了变化。他继续与她对话，有时他们的谈话确实激发了他进行思考，但在佛罗伦萨和维亚雷焦时日记中的热情已经消退，让位于一种忧郁的顺从。“在我所有更幸福的时光中，你的微笑在我看来就是一个城市，一个闪耀着生命微光的遥远之城；你的

[1] 自从这本书在1912年7月作为岛屿袖珍书系列的第一册面世（“你给他的是怎样的一次骑行啊！”当这本书在3周之内售出8000册后，里尔克写信给基彭贝格说，“谁想到会这样呢”），1926年他去世前销售数达到了30万册，并在1962年时突破了100万大关。——原注

一句话对我来说就是一座岛屿……有着安静、庄严的树木；你目光所及，就是一个春天……我清楚所有这些都**存在**：城市触手可及，岛屿时常可见，春天最孤寂的时刻于我并不陌生；但倘使你发问，将会看到我迟疑不定：我不确定，我们穿过的树林是否不只是我自己情感的一种投射……”。从日记中，很明显地可以看到露怎样通情达理地对待处于沮丧中的他，可谓是相反相成，他产生了一种新的决心，试图在他的作品中寻求自我实现。“我必须学会去探索，甚至在我的厌倦和**合情合理的**疲惫中去探索……每个日子都必须而且应该有它的意义——它们确实应该有意义，不是靠运气，而是靠我自己的努力！”他的反省越来越少地集中于他对她的感情，诗歌不再是她的“节庆”。“如果有一条上帝赐予的法则，那就是：时常保持孤独。因为祂只能降临到单独的人，或一对祂不再能区分的夫妻身边。”[24] 这些日记条目越来越具有试图写成作品或已经写成作品的日志的特征，事实上，许多散文作品可以在这儿找到它们的原始记录。

尤其在一点上，他大概要归功于莎乐美的鼓励。他长期以来有写一部小说的打算，以他在军事学院的经历为背景；他们经常谈论这部小说，无人比她更清楚它的价值——它能够治愈他难以忘怀的创伤。这很可能
就是那部小说设想的主题，即早些时候他答应邦茨创作的长篇小说。11 58
月 5 号夜晚，他感到一阵突然的冲动，想至少先写一个开头。在白天越来越冷的阳光中，当他顺便考虑到其他作品的创作计划时，这部长篇小说的创作就不那么迫在眉睫了；而且，他不确定自己是否能够真正地表达出处于群体中的男孩那些怪异的特征。“个体，甚至是那些最堕落的个体，毕竟仍然是一个孩子，但那些作为一个整体的孩子组成的团体，主要会给人呈现出这样的印象：一个恐怖的集体，其所作所为像一个可怕的、有它自己生命的有机体。”但他还是在日记中写下一个生动的场景，毫无疑问，这个场景是基于圣珀尔滕的一个真实事件，这一事件在他记忆中打下了难以磨灭的印记：班级体操课上排名最靠后的孩子在进行奇怪的绝望努力，“脸色苍白、神经有点错乱的”卡尔·格鲁伯，自愿地沿着杆几乎爬到天花板，他惊愕异常的伙伴们大声喝彩，然后，他

突然一下滑落下来，莫名其妙地坐在一旁，最后一声不吭地晕倒了；给同学的印象是他突然变得不省人事，军队的医生来了；一阵可怕的紧张不安，直到中尉将他们集合在一起，简略地宣布了格鲁伯的死亡；他们解散时，带着解脱和畏惧相混合的情感。[25] 有时，里尔克仍会回想起他向往着军队荣誉的青春梦想，这在《旗手》中得到体现：但在漫漫长夜中，他难以忘怀的，通常是军事训练中噩梦般的一面。

与这种素描式的现实主义和《旗手》的奔放情感相比，他不久之后写就的《亲爱的上帝的故事及其他》是一本情感更温和也更轻松的作品；但他们的背景都有一种自传式的特点（俄国、威尼斯和佛罗伦萨、慕尼黑），从中可以窥见一些他的经历（童年的阴暗时期；一个未婚的母亲，再次让人想起弗兰齐斯卡·雷文特洛）。“写给孩子的讲给成人听的故事”，在 1900 年圣诞节出版时，该书加上了这么个副标题，里尔克坦白承认，将这些故事自己讲给孩子们听会有点尴尬，这是他一贯的特征。“就其本身而言它并不严肃，但孩子们可能会认为我糊涂了，因为我没有说真话，而我非常注重故事包含的真实……”[26] 这儿出场的上帝是“仍在形成中的存在”的另一个版本，有时颇为离奇有趣，这是里尔克在俄国认识到的“未完成的上帝”：一位尽管可能无所不知，然而事实上并非全知全能的上帝；祂把创造人类的任务委托给祂的双手，然而祂又不能看到结果；当祂发现自己处在米开朗琪罗的大理石块中时，不禁大吃一惊，但祂得知自己也是雕刻家中的一员时，就恢复了快乐；原来，他们每个人都致力于进行相互创造的过程。虽然他深深地被创作的激情所吸引，但还是抽空写信给新搬到施瓦本住处的弗兰齐斯卡·雷文特洛，信中充满鼓励，而且还请求恩斯特·冯·沃尔措根帮助她，找一个出版商出版她的翻译作品。“我整个冬天都将待在这儿，”他告诉她说，“与我那些受俄国之旅启发写就的作品待在一起。我已经能相当顺
59 畅地阅读俄语了，而且我对每天带来的进步感到满意。”[27] 一旦《上帝的故事》完成之后，他进一步加强了对俄语的学习，并且他很快就能利用陀思妥耶夫斯基的《穷人》来进行学习了。他已经制定了计划，与露一起进行另一次更长时间的俄国旅行，而且他在大学的俄语系登记入

学，决心定期去上课。“将我宽泛的兴趣最终集中在某一点上，对我来说是必要的，”他在 24 岁生日后的那天写信给菲亚说，“而现在我已经选择了俄国，我必须坚持下去，难道你不这么认为吗？”[28] 他每天花两三个小时在屠格涅夫的原著上，花三四个小时学习关于俄国的法语著作，包括德沃居埃[1] 论述俄国小说的著作，这是一本“优秀的书”，他在上面写了大量注释。

这些让人专注的事没有阻止他参与关于出版的更现实的事务，因为出版书的额外收入对他来说仍然是最重要的。拖欠邦茨的长篇小说仍然要写，里尔克在 7 月给他寄了一个中短篇小说的选集，并且作了解释。通过绍尔博士的斡旋，他收到一笔来自布拉格基金会的资助，他将把自己的下一本诗集放在别的地方出版，并写信给邦茨说：“你去年告诉我说你没有出版诗集的计划，但我有诗集要出版，其中的每一页都附有 H. 福格勒的插画，它可能不符合你的风格。”[29] 因此，《为我庆祝》——那本“最初的、严肃的、郑重其事的书”，正如他这么向格奥尔格描述的——于 1899 年圣诞节在 G.H. 迈耶尔柏林的公司出版。邦茨的反应没有记录下来，但他不愿意出版另一本短篇故事集，最后，里尔克保证，任何未来的、长一些的作品都将优先考虑给他，邦茨感到满意；但在后来，这个承诺给诗人带来了不少麻烦。

他像从前一样与维也纳、慕尼黑、柏林和布拉格的各种期刊保持联系，它们有时也刊载诗歌和故事，缓解了他窘迫的经济状况。另一方面，一个新的冒险事业吸引了他的注意力。《岛屿》（*The Insel*）是一本针对爱书人的月刊，第一期在 10 月发行，由富裕的唯美主义者阿尔弗雷德·瓦尔特·海默尔资助，编辑则由海默尔与诗人鲁道夫·亚历山大·施罗德和作家奥托·尤利乌斯·比尔鲍姆一起担任；这份月刊看起来是里尔克一度梦寐以求的、想自己创办的传播媒介：因为它的目标是创造

[1] 欧仁·玛丽·梅尔吉奥尔·维孔特·德沃居埃（Eugène Marie Melchior Vicomte de Vogüé，1848—1910），法国外交家、东方学者、作家和考古学家，写有评论俄国文学的著作。

“一个汇合点，为那些在艺术上最有价值的现代德语作品和外国文学作品”以及“参与新的应用性艺术运动”服务——通过提供内文装饰、装帧设计以及印刷用纸；只有最优秀的作品才配得上的一个机构。[30]海默尔和施罗德是表兄弟，比里尔克小几岁，而且就像年轻人一样，从不来梅被吸引到慕尼黑，在慕尼黑，他们已经像里尔克一样梦想着这样一个计划；比尔鲍姆比他们大13岁，给这个冒险事业带来了他的报纸杂志经验；并且为了它的外观，施罗德招募了福格勒，这位艺术家的风格与他们的观念完美契合。在12月份，比尔鲍姆对里尔克送来的第一首诗
60 歌很热心，这就是《三个国王》：“对我们来说是一件相当特别的乐事，一首令人愉快的诗。我们希望福格勒为它画点什么。”[31]事实上，1900年1月到3月期间，这位艺术家为第二季度的3期月刊提供了内文装饰，《三个国王》出现在3月份的月刊上。

三人共同编辑的局面没有持续多久，在期刊关门大吉之前，施罗德和海默尔离开了、留下比尔鲍姆独自一人负责第三年的工作。但与此同时，他们在追求一个更有雄心的构想：以“岛屿”帆船作为商标，建立他们自己的出版社。这个想法形成的时候，已经是1899年夏天了，他们一开始得到了这本月刊的出版商——柏林和莱比锡的舒斯特－勒夫勒出版社的支持；但到1901年时，他们成为一个建基于莱比锡的独立出版机构。它最初的出版物之一是福格勒的诗集《为你》（*Dir*）的一个版本，这本诗集是福格勒手迹的拓本，并且加上了他自己做的装饰；他给其中的一本手工上色后，送给他的朋友里尔克。我们已经提到，在这些新艺术运动的岁月里，福格勒绘画表现出的“无限的浪漫主义”——“隐藏现实的一块美丽幕布”，正如他自己承认的[32]——对当时的里尔克有巨大的吸引力。新兴的岛屿出版社有着出版艺术作品的崇高目标，在这里，里尔克立马辨识出一种气质，相比更商业化的邦茨或迈耶尔，这儿的气质更符合他自己的作品。当比尔鲍姆和海默尔对《亲爱的上帝的故事及其他》表示接纳时，里尔克喜出望外；并且，这部作品于1900年12月在岛屿出版，这对他的创作生涯来说是一个至关重要的事件。

1899 年，在布拉格过完圣诞节后，他途经布雷斯劳返回，以便去拜访长期以来仰慕的艺术史教授里夏德·穆特，并且开始着手为维也纳的期刊《时代》写一篇关于俄国艺术的文章，穆特是这家期刊的美术编辑。新年时，他重新开始在施马尔根多夫安静的日常工作，并且越来越集中精力去准备即将到来的第二次俄国之旅。2 月份，他写信给列昂尼德·帕斯捷尔纳克，寄给他一本自己的诗集，说这个国家对他来说远不是一段转瞬即逝的经历：从上一年的 8 月份起，他就几乎是一心一意地致力于学习它的历史、艺术、文化，尤其是那“美丽的、无与伦比的语言”。“用原文诵读莱蒙托夫的诗歌或托尔斯泰的散文是怎样的一种快乐啊！”他对莫斯科充满无限的渴望，如果一切顺利，有望在 4 月时抵达那儿，这一次将“作为一个新成员”进入帕斯捷尔纳克的圈子，停留更长时间。一旦他对素材有更深的理解，就打算写更多关于俄国的东西。他希望他的旅行中包括克里米亚和基辅。“在这种展望前，我感觉自己就像一个期待过圣诞的孩子。”[33] 新年伊始，通过莎乐美他在柏林认识了一个俄国作家，索菲娅·尼古拉耶芙娜·席尔，她在返回故乡时送给他许多书籍，其中有一本农民诗人斯皮里东·季米特里耶维奇·德罗任的诗集，这本书里尔克尤其感兴趣，并在他身上唤醒了一种热情，对此莎乐美感到惊奇。他马上翻译了若干首这些“充满音乐和舞蹈”的诗歌，[34] 在 4 月的布拉格期刊上发表了两首，并且恳求索菲亚在他们待在俄国期间，安排他和露去拜访德罗任。他渴望自己能用俄语写诗，他告诉她。与此同时，他索要契诃夫的《海鸥》和《万尼亚舅舅》，转交给 61
慕尼黑的一个出版商，因为他希望他们出版它的德语译本；到 3 月底，他自己翻译完了《海鸥》（没有幸存下来）。

毫无疑问，这一年他也例行去阿尔科看望了他的母亲。她听说里尔克如何“像苦工一样工作”，在两天内写了 170 页纸，甚至放弃了去看易卜生的戏剧《当我们死者醒来》的“戏剧性收场”的首演。[35] 他“忙得头下脚上”地准备俄国之旅，并且写信给弗兰齐斯卡·雷文特洛说，他唯一感到遗憾的是，这是 4 年来他第一次没在春天去加尔达湖旅行——她也刚好在那时与小罗尔夫待在那儿。里尔克希望自己的努力会结出果实：他正在研究俄国画家的作品，写了一批关于他们的专题文章，“我认为这些研究对整个艺术的创造力而言意义重大，因为去写俄国艺术家就是去谈论异常深刻的（然而单纯的）人们”。[36]他答应为穆特写的“俄国艺术”的文章，根据他第一次旅行的整体印象写成，但相当详细地探讨了瓦斯涅佐夫的作品，而且他渴望了解更多东西。就像俄国人“未完成的”上帝一样，他们的艺术也仍然在形成之中，而且他认为，这两者的成长相辅相成，处于一种永恒的联系中。

他和露于 1900 年 5 月 9 日到达莫斯科时，俄国复活节令人兴奋的活动已经结束了。从他们住的房间远眺克里姆林宫，宫殿的其中一扇窗户反射落日的光芒，“像一盏神圣的明灯”；他们在城市里的“祈祷和庆祝中”感受到一种气氛，城市的色彩融进“天国幸福的画卷”中。[37]“可爱的席尔”是一个现成的向导，第二天带领他们去历史博物馆，随后再次参观特列季亚科夫画廊，这是里尔克由来已久的渴望。他们是多么引人注目的一对啊，她回忆道，他们探寻了这个城市的大街小巷，手拉着手像两个热切的孩子，完全不在意别人好奇的打量和微笑：露有着“高挑的、有点结实的体型，穿着自己做的颜色古怪、宽大松垂的裙子”，莱纳“面色苍白，像一个姑娘”，但留着一缕非常合适的、微红的山羊胡子，“身材苗条，中等身高，穿着他有许多口袋的短外套，戴着一顶蒂罗尔帽”。他们经常停下来，去司机和搬运工经常出入的小饭馆喝茶，听他们谈话并加入进去；无论他们去哪儿，都能遇到坦率的朋友，莱纳对此印象深刻。索菲亚为他们写了介绍信，介绍他们去拜访她认识的作家，但在她看来，他们要寻找的是“俄国的真实面孔”，离文学和欧洲越远越好。[38]

他们充分利用每一个日子，返回自己房间时就只为了睡觉。莱纳能够很好地理解周围人的语言，因此感觉自己有种“难以名状的归家感”。对帕斯捷尔纳克来说，里尔克看起来完全是个年轻的俄国知识分子，他给后者画了两幅素描；这位诗人去世后，他根据这两幅素描完成了油画《里尔克在莫斯科》。在帕斯捷尔纳克的鼓动下，著名作家和艺术收藏
62 家帕维尔 · 达维多维奇 · 埃廷格——他与绝大多数顶尖的俄国艺术家都

有私交——在5月15日拜访了里尔克，并且很长时间都保留着他对里尔克的印象："苍白而略长的脸，有着丰满、肉感的嘴唇"，"浓密的淡褐色头发"以及"水汪汪的蓝眼睛"。在他待在莫斯科的3周时间里，埃廷格和帕斯捷尔纳克都认为他应该尽可能多地会见当时的艺术家，埃廷格在后来对他的帮助尤其大，送给他许多工作所需的书籍和复制品。[39]

"感谢我现在拥有的杰出的朋友，每个圈子都对我开放，"他写信给母亲说。[40] 有几个夜晚，他们参加了索菲亚·席尔授课的工人们的教育课程，课后可以与来听课的织布工和印刷工一起喝茶；沙霍夫斯科伊亲王邀请他们一起参观克里姆林的兵工厂和宝库；与一个牧师一起，他们参观了楚多夫修道院（Tchudov Monastery）。他们还去莫斯科附近的阿布拉姆采沃地区游览，这儿现在是俄国艺术生活的一个中心，他向菲亚描述说，这是"某个俄国的沃普斯韦德"；[41] 在扎戈斯克[1]，他们参观了谢尔盖·特罗伊茨基（Sergei Troitsky）非凡的"修道院之城"，那儿城墙高耸，俨然是一个堡垒，众多小屋点缀着20来个礼拜堂和大教堂，像是参加一个露天博览会，这是一个神圣与世俗奇怪地混合在一起的城市。[42]

月末，他们进行了最重要的游览：一次行程长达2500英里的旅行，穿过欧陆俄国的南部和东部，先去乌克兰，在那儿停留了14天，在"神圣之城"基辅度过了圣灵降临节，然后从那里沿着第聂伯河下行到克列缅丘格，横穿哈尔科夫和沃罗涅日，到达流经萨拉托夫的伏尔加河，在那儿他们乘船沿河上行，远达雅罗斯拉夫尔，再乘火车返回莫斯科。对露和莱纳而言，这都会是一次发现之旅，进入到她迄今不了解的俄国心脏地带。他们这一次待在莫斯科时，与托尔斯泰只有一次短暂的会晤，于是他们想也许可以在旅行途中顺道拜访他，因为他们会经过托

---

[1] 扎戈斯克（Zagorsk）是俄罗斯莫斯科州东北部的一个城市，原名叫"谢尔吉耶夫镇"（Sergiyev Posad），是著名的金环古城之一。苏联时代改名为"谢尔吉耶夫"（Sergiyev），1930年，为了纪念一位革命者Vladimir Zagorsky，改名为"扎戈斯克"，1991年后，仍用原名"谢尔吉耶夫镇"。

尔斯泰在亚斯纳亚－博利尔纳的庄园附近;但直到5月31日他们出发前，都不确定托尔斯泰是否已经返回他的庄园。列昂尼德·帕斯捷尔纳克凑巧也乘坐同一辆列车，与他的家人一起去敖德萨（10岁的鲍里斯，后来回顾与这位他如此钦佩的诗人唯一的一次会面时，发现他主要的印象就是，一个带着陌生德语口音的男人，随行的是一个高挑的女人，“可能是他的母亲或姐姐”）。[43] 托尔斯泰家的一个朋友也在旅行，帕斯捷尔纳克介绍里尔克和他认识，他们希望伯爵这时候确实待在亚斯纳亚－博利尔纳；于是，在图拉度过夜晚之后，他们先乘坐当地的货物列车，再乘坐一辆租用的四轮马车去托尔斯泰的庄园。

他们的造访显然不怎么受欢迎，因为，托尔斯泰刚从他在莫斯科的冬季住所搬过来，并且在此期间，伯爵与他妻子的冲突正日益加剧。这个老人在里尔克看来“更矮小，背驼得更厉害，脸色更苍白”，尽管仍有一双敏锐而和善的眼睛，但心不在焉，说他稍后会接见他们；他们去楼上挂有他家祖辈肖像的大餐厅喝咖啡，然后与托尔斯泰的长子一
63 起去公园散步，穿过桦树林荫大道，回来之后发现伯爵夫人的态度不太友好，她不耐烦地整理书籍，并且说她丈夫身体不舒服。隔壁房间响起摔门的响声、争吵声和哭泣声，其中夹杂着托尔斯泰拉高的、表示和解的说话声；他踱进他们的房间，接着再次离开，但到最后，他提议在家人吃午饭的时候，再次去公园漫步；在这种情况下，他们很难指望这一餐会让人感到愉悦，而且托尔斯泰显然很乐意错过这顿饭。这一次，他们能够全神贯注地倾听他们的东道主，专心听他谈话——托尔斯泰迎着风大步行走，偶尔弯腰抓起一大把铺成片的勿忘草，动作像一把挥动的镰刀，仿佛在捕捉一只蝴蝶，并且将它们紧贴在脸上，接着又让它们滑落下来。他们在房间里向他告别，“带着一种孩子般的感激之情”，正如莱纳在第二天写给索菲亚·席尔的信中所说的，“而且他的人格就是一个礼物，让我变得富足”。他们走回到最近的车站，在夜色中返回图拉。[44]

露后来觉得这次会见在第二次俄国之旅中，就像通往这个国家及其人民的大门。对莱纳来说，会见托尔斯泰的经历充满矛盾。看见托尔斯

泰处在这种波澜不惊的乡村生活环境中，这与里尔克的先人之见一致，即认为托尔斯泰是真正的“永恒的俄国人”，但与此同时，年龄的差距使得他们之间不会有任何真正的理解（在以后的几年，托尔斯泰甚至不记得他们的会面）。里尔克吞吞吐吐地表明自己是一个诗人，这招致托尔斯泰发表了一场几乎是狂风骤雨般的长篇大论，激烈地反对所有的艺术。但这位长者强大的人格并未妨碍他意识到托尔斯泰在艺术和生活之间的冲突——他屈服于诱惑，想放弃自己的艺术，而这正是他最适合做的“内心工作”；他钟情于现实生活的“手头工作”，但在这方面他是个笨拙的外行；在里尔克看来，这种矛盾给托尔斯泰带来了幻灭感和一种巨大的孤独。[45]

经过一场酷热而不舒服的旅行之后，他们在 6 月 3 日下午到达基辅，对这个城市的第一印象颇感失望。从阅读中，他们期望看到一个真正的俄国城市，圣奥丽加和圣弗拉基米尔在这个古老的帝都最先建立了基督教的规范，但如今这个城市的外观完全是现代化的，波兰和西方几个世纪的影响给它留下了国际化的外表。“我尽可能少地观看这一切，”莱纳在写给母亲的信中说，“而将我的全部注意力转向有着古老绘画和贵重圣物的古代大教堂和礼拜堂。”[46] 在弗拉基米尔大教堂、维杜别茨基修道院（Vidubetsky monastery）和圣索菲亚教堂，他重新发现了第一次游览时瞥见的俄国本质。他们带着点燃的蜡烛漫游在佩切尔斯卡亚（Pecherskaya）陵寝低矮狭窄的过道里，路过千年前的圣洁修士们的小修道室，这些死去的修士穿着昂贵的锦缎，躺在敞开的防腐银制棺材中。就像莫斯科的复活节时一样，圣灵降临节的朝圣者人群从俄国各地来到基辅，他们的极度虔诚再次让里尔克深受震撼。莎乐美则更现实一 64
些：现代修士们的贪婪和无知令人厌恶，而且整个牧师的政治体系以权力为导向，他们坚持维护他们在知识上的垄断，这些都让莎乐美感到相当震惊，并且在她看来，让人们从无知的束缚中解脱出来可能会很危险，但继续保持现状甚至会更危险。[47]

他们在一个令人愉悦的小旅馆安顿下来，房间里有一个阳台，可以俯瞰沿着第聂伯河建造的花园。天气闷热，偶尔有暴风雨，去河里游泳的机会令人向往。游览教堂和修道院期间，他们在波多尔市场（Podol market）闲逛，还经常步入附近的花园。圣灵降临节后的周日，最后一次去市场游览之后，他们登上“莫古奇”号（*Moguchy*）轮船，沿河下行到克列缅丘格和克雷塞，期间莎乐美发现克列缅丘格的景色看起来荒无人烟。他们从克雷塞再次乘火车上行到波尔塔瓦，在那儿度过两天，其间去附近的科尔伯诺夫卡（Korbonovka）游览了一回，拜访一个农民居住的带有小俄罗斯典型风格的小屋。[48]

6 月 21 日起，他们开始了穿过萨拉托夫的长途火车旅行，坐三等车厢穿过哈尔科夫去沃罗涅日，然而在第二天就换到了舒适的包厢里。他们在萨拉托夫等了两天，为了等待亚历山大 · 内夫斯基号轮船的到来，以便将他们载到伏尔加河上游。等待期间，他们游览了市镇和东面山丘上的哥萨克聚居区；到现在露有点疲惫了，第二天待在住处休息，里尔克去参观了国立博物馆。这艘轮船，在俄国特有的延迟之后，终于在 6 月 25 日凌晨 1 点起航，在 36 个小时的颠簸中，他们很少睡觉；轮船穿过有着德国移民区的叶卡捷琳娜城（Yekaterinenstadt）、赫拉林斯克（Khralynsk）和塞茨兰到萨马拉；晴空万里，他们穿过这条巨大的河流，在宽阔的水面上前进，真是令人激动的绝妙之旅。一个吸引人的美丽乡村，没有忧郁的气息，莎乐美随笔写道，与莱茵河畔的别致画面完全相反，众多教堂稳固地扎根于一个真正的故乡。[49] 对莱纳来说，这是一次再教育，在新的尺度上去观看大地、流水和天空，去观看天父上帝天平上的全部创造物。在萨马拉作长久停留时，他们去购物，并且非常喜欢从鞑靼人小贩那儿买来的有蔓越莓的乳酒。现在，最美丽的风光伸展在他们眼前，轮船在河流大幅度弯曲的流域迂回前进，到达斯塔夫罗波尔，尽管阴云密布，他们还是一直在甲板上待到午夜。在 6 月 27 日，他们提前抵达辛比尔斯克（乌里扬诺夫斯克的旧称）时，开始下雨，但他们继续前行去喀山的途中，天气持续转晴。从那儿起，有一艘更快的轮船叫“奥尔加 · 尼古拉耶夫娜大公夫人”（*Grand Duchess Olga*

Nikolaevna)，于 6 月 30 日将他们带到下诺夫哥罗德[1]，接下来的一段伏尔加河河面比较狭窄，他们改乘轮船“米凯尔 · 特韦尔斯科伊亲王”号（*Prince Mikail Tverskoy*）去雅罗斯拉夫尔，于 7 月 2 日到达。

返回莫斯科前，他们决定设法去接近普通人的生活。他们在克雷斯塔－博格罗茨科耶（Kresta–Bogorodskoye）附近的村庄找到一个“伊兹巴”（*izba*），这是一种俄国农民的小房子，是一对新婚夫妇新建造的，他们为了有所收益，只得将小屋租赁出去，因此，找到临时房客让他们很开心。木屋里有一条固定的长凳和一个茶炉，还有一个草荐，装满新割下来的稻草（对两个人来说足够宽大了，他们的邻居说——但主人又 65
为莱纳在隔壁的马厩里准备了另一个）。在这几天，他们可以分享这种朴素的生活，并且和友好的村民一起进餐；他们在鲜花遍地的草地上四处闲逛，在曙光中倚着木屋的门喝茶—— 一种朴实的田园诗般的生活，实际上远离了它更艰苦的现实。对露来说，这个简短的插曲象征着再次看见祖国的快乐；而对莱纳来说，她觉得他在这里找到了俄国人民的虔诚中包含的最本质之物，处在一种赤贫的，甚至悲惨的生活中，他们依旧相信所谓的“上帝”的庇佑。在波尔塔瓦和萨拉托夫，或者在喀山附近的伏尔加河上时，这段经历的回响出现在里尔克的诗歌断片中，他从俄国返回之后开始写作的《祈祷书》是这些断片的延续。

7 月 5 日，他们在雅罗斯拉夫尔度过，随后乘火车返回莫斯科。他们去游览了沙霍夫斯科伊亲王的家族教堂，在那儿，亲王的三位祖先安息在珠宝点缀的棺材里，被当地的人民当作圣人崇拜。在他们的新朋友中，沙霍夫斯科伊是少数几位没有离开莫斯科去度暑假的人之一，因此在他们待在莫斯科的两周里，他经常带领他们去博物馆。沿着乌拉尔铁路远行到车里雅宾斯克的另一次长途旅行计划，由于缺少费用只好放弃；但索菲亚 · 席尔可以满足他们想更多地了解乡村生活的渴望，在她

[1]　下诺夫哥罗德（Nizhni-Novgorod）是俄罗斯的大城市，位于伏尔加河畔，是下诺夫哥罗德州的首府。1932 年到 1990 年期间，为了纪念苏联作家马克西姆 · 高尔基，这个城市的名称改为高尔基（Gorky）。

的安排下，他们去德罗任在尼索夫卡（Nisovka）的家里拜访，这个地方位于伏尔加河上游地区。这个农民诗人现在50出头，已经有了一定的名声，早年在圣彼得堡时被认为是罗伯特·彭斯风格的诗人；他很久以前就返回他的村庄，如今在村里是备受尊敬的长者，他夏天在田里劳作，冬天在屋里写作。索菲亚向德罗任描述了他的杰出的德国崇拜者、他作品的翻译者和“著名女作家”，德罗任对此印象深刻，因此急于确保他们得到恰当的接待——他已经在自己房间的隔壁为他们布置好了一个合适的小屋，这个小屋刚完工，本来是他的书房。他们一到茶水就上来了；“莱纳·奥西波维奇”送给他的主人一本他的译作；他和“路易斯·古斯塔沃维奇”接下来被引导着穿过田地走到伏尔加河边，回去吃过晚餐后，他们听斯皮里东·季米特里耶维奇（即德罗任）选读他的诗歌。

第二天早晨，他惊奇地发现他们在他还没有醒来的拂晓时分就起床了，并且赤脚沿着河岸满是露水的草地散步——“对身体健康，他们后来告诉我”，但他对此颇感怀疑，在第二天日出时分与他们一起散步时，还是穿上了他的靴子。[50]这个纯朴的诗人与土地依旧有着如此紧密的联系，这是俄国和俄国人民的缩影，就像里尔克对他们的设想一样：“那些日子带着我们前进了一大步，更接近俄国的心脏，”他在写给索菲亚·席尔的信中写道，这颗心脏的“跳动标志着我们生活的恰当节奏”。[51]一位附近的地主尼古拉·阿列克谢耶维奇·托尔斯泰，用他的四轮马车载着他们，去他在诺文基的庄园待了一天；当他们第二次拜访时，被说
66 服留在那儿过夜——可以瞥见乡村绅士的生活，他们住在一户就像农民一样虔诚的家庭里，在这儿，露发现了一些出乎意料而又有吸引力的事物，补足了他们旅行中的印象。但正是他们到处遇到的乡村生活最能给她感悟：“这些人沉默寡言，他们做很多祈祷，这儿的日常生活不是持续不断的喧嚣和躁动……这是这些人们深沉的一个原因，而且他们看起来不需要教育。”[52]“我希望能永远待在这儿，”她在德罗任的留言簿上写道，在此之前，莱纳已经用俄语在上面写了一段简要的自我介绍，并且表达了他对他们主人诗歌的深刻理解和热爱，现在他已经了解是何种

地方激发了这些诗歌的灵感。[53]

他们在 7 月 24 日离开，在大诺夫哥罗德古老的汉萨同盟城市里停留了两天，之后继续返回圣彼得堡。这实际上是他们一起旅行的终点，因为露要继续去芬兰的龙加，与她的哥哥和家人会合，在他们返回柏林之前，差不多有一个月的时间留下莱纳一个人。他立刻投入到学习中，长时间待在国家图书馆里，在那儿，他一头扎进古代莫斯科的历史中，并且再次致力于学习艺术史。但他很快发现自己在系统性的工作方面缺乏天赋，面对着无数书籍，而没有一个向导，他徒劳地等待一个启示的时刻，在启示中他就能“吸收和体会它们共同的精神，这种精神到处充满自相矛盾和晦涩难懂的智慧”。[54] 在写给德罗任的感谢信中，他充满热情地叙述他发现的一鳞半爪，但这种对书本学习得不透彻的感觉经常会重复。现在，这种感觉增加了莎乐美不在身边带来的孤独感。她离开他，一周多杳无音讯，他对这种突如其来的缺失感到“难以表达的焦虑”——失去了令人愉快的、他已经适应的同伴，移走了他生活的这个必要支柱。前一年，他们一起在这个城市愉快地度过一段时光，如今，这儿却呈现出一种压抑感，“几乎是敌意的”一面，他写信给她，他在信中的语气让她想起“前沃尔夫拉茨豪森”的日子。里尔克对这种突如其来的苦恼满怀悔恨，这是莎乐美始料未及的，他很快就收到她的回信，信中仔细描述了她在芬兰桦树林中与侄子侄女们待在一起的快乐夏天；但这让里尔克更加急不可耐地盼望她的返回。在这个热闹城市的每一个转角，他在观看一切事物时都想着：“当你回来……”从涅瓦河畔他钟情的位置隔河眺望圣以撒大教堂时，他找到了新的安慰，确信那个时刻将会很快到来。[55]

现在，他有一个新朋友叫亚历山大·伯努瓦，是艺术家、艺术批评家和舞台设计师，莱纳在他的乡村房屋度过了一个愉快的夜晚，他漫步穿过彼得宫城的大公园，那儿树立着彼得大帝的“小型荷兰城堡群”，它们的“通往平静海面的林荫大道上有水花四溅的喷泉”。[56] 伯努瓦正在以现代视角写一部 19 世纪的俄国艺术史——如同穆特为德国人写的那一部，莱纳开始计划出一个翻译本。他结识了伯努瓦投稿的《艺术世

67 界》（*Mir iskusstva*）的编辑谢尔盖·季阿吉列夫，与他讨论在柏林办一个俄国艺术展览的打算。他写信给母亲说，他越来越觉得自己“像一个出生在圣彼得堡的人”，他甚至认真地考虑伯努瓦的建议，搬到那儿定居，在一家俄国艺术期刊做记者。[57]

他生活中这种“俄国化”的观念并没有持续下去，但在他写给身处芬兰的莎乐美的信中，这是另一个让她吃惊和困扰的看法——在她看来，这些症状表明他又回复到“前沃尔夫拉茨豪森”的那种过激状态，关于这点，她曾经认为他们的关系已经治愈了他。这更加困扰着她，因为重新发现她的故乡给了她全新的力量和热情，朝着她选定的人生道路勇往直前；然而他却在有过同样的经历之后，看起来“从最深处发生了动摇”。“我永远不清楚，从怎样的原始深渊中，你才能够成熟起来。”她确信他们只能分道扬镳，他应该立马去寻找“自由和空间”，到社会中去，去人们中间；与此同时，她不得不离开他，离开“那个你最初给予的现实，那时候我们就像一个人”。“对于我们关系中充满温情的热诚，”她稍后写道，“我不偏不倚地看待，不会受男女之情的束缚。”[58]

他们在雅罗斯拉夫尔时，她事实上已经预备了这条道路，鼓励他接受海因里希·福格勒的邀请，再次去沃普斯韦德，并长期在那儿居住；现在，莱纳已经确定，莎乐美期望他在他们返回德国后，就立即去沃普斯韦德，更重要的是，去处理《亲爱的上帝的故事及其他》岛屿版的初校样。8 月 22 日，他们动身去但泽，4 天后回到柏林，莱纳从那儿直接去沃普斯韦德。这一年的最后一天，露在日记里写道：“接下来的一年里我想要的，而且必须有的，真的只有安静——更孤独，就像在 4 年前那样。它将会到来，它必须再次来到我身边。”[59]

四

我的生活，如此远离日常世界……它的发展需要一间我自己的屋子，祥和宁静，建在孤独这片辽阔的天空下。

（致古斯塔夫·保利的信，

1902 年 1 月 8 日）

“一个外表古怪的家伙，我必须说！”福格勒的管家大声说，“他穿的衬衫罩在长裤外面！”[1] 1900 年 8 月 27 日，里尔克到达村庄里时，他的俄国装扮引起了一阵骚动，尽管沃普斯韦德人已经习惯了艺术家们的各种怪癖。在巴肯霍夫白色的三角墙下面，他的朋友为他准备了一个安静的房间，提供的环境“充满一种创造性精神的气息”，[2] 有一种他以前很少体验过的舒适的优雅。屋内的装饰都出自福格勒自己的设计，他 68
的人物画像和绘画装饰着墙壁，而且这个艺术家，莱纳想，给自己画了一幅画像，像某个遥远的祖先，身材修长，穿着高领、宽领沿的衬衣，扎得紧紧的领带饰有一个浮雕工艺品，衬衫外面套着一件天鹅绒马甲。这个乡村不再呈现出他首次来访时那种阴森可怖的外观。“这是一片不可思议的美丽草地，”他写信给菲亚说，“千变万化”；“地面平坦，有着桦树林荫道、古老的农舍、花楸，在香气四溢的石南属植物和奇特的高沼地之间，水渠纵横，将这片土地划分为许多块。”他现在能领会到它对画家的吸引力了——“气候的各种变化和奇妙的云彩效果既明晰又丰富多彩”。[3]

在这些周围的事物中，最让他满意的无疑是一种找到家的安慰感。

在对露的激情冲动中，他放弃了慕尼黑更稳定的生活状态，去过一种流浪的生活——当然会获得丰富的印象，而且常常很多产，但作品的基准点都是露一个人。甚至从佛罗伦萨返回之后，他依旧希望这种情况能够持续下去；在令人兴奋的俄国经验中，她牵引着他，猜测他自己也乐意如此，就像牵引一颗卫星，运行在围绕着她的轨道上，更遥远但依旧被她的引力所控制。突然移除这个万有引力之后，他获得了无牵挂的自由，但却迷失了。在沃普斯韦德的最初几天，他认为在俄国时未能恪尽天职——将经验转化为诗歌形式。“一切真正看见的事物必须变成一首诗！”在莫斯科时他大声对露说，但在漫长的旅行中，他只创作了很少的诗歌。“无数的诗歌我都未能倾听。我扼杀了一个春天：难怪现在没有真正的夏日。一切到来之物发现我门户紧锁。现在我打开它们，前方的道路漫长而又空旷……”4 但现在，沃普斯韦德团体接纳了他，这儿的人与他志趣相投、年龄相当，作为客人，他住的屋子变成了一个社交中心，吸引了艺术家、作家、诗人和戏剧家，这些很快将他从意气消沉中解救出来。在柏林时，当他从施马尔根多夫的孤独中走出来，通常都是去跟随那位“著名女作家”，同时也处在她的阴影中，而在这儿，他凭自身的魅力得到同行们的接纳，他们想听他诵读自己的作品，听他谈论俄国、俄国艺术家、托尔斯泰、圣像画家、克拉姆斯柯依和德罗任。

在福格勒烛光摇曳、音乐缭绕的房间里，经常会有聚会，“白色的，房屋白色的门上画着花瓶，还有玫瑰花环温柔地环绕在门的两旁”，5 墙上有古老的版画和优雅的肖像画，家具则是帝国风格[1]的式样。前来沃普斯韦德访问画家奥托·莫德松的卡尔·霍普特曼，朗读了他的诗歌和散文，并且就艺术哲学口若悬河地发表自己的观点，其他客人弹奏和演唱舒伯特、理查德·施特劳斯、韩德尔，里尔克用他的“温柔动听、活力充沛的声音”朗读他的《白衣侯爵夫人》，并选读了《亲爱的上帝的故事及其他》。莫德松回忆道：“这位诗人给我们小圈子的生活带来了一

[1] 帝国风格（Empire-style）是19世纪早期在建筑、家具、装饰艺术和视觉艺术方面都有较大影响的一种艺术设计风格。

种丰富隆重的氛围”。[6] 这个村庄的收获节，给人们带来更多的快乐，艺
术家们全都参加了舞会，留下里尔克独自一人沉默着，不安地待在烟雾 69
缭绕、酒气冲天的氛围中。他的快乐在于：在乐声悠扬的白色房间里进行交谈，在共鸣中沉默不语；与福格勒一起长时间地散步，彼此互诉衷曲，穿过石南丛生的荒地，以及刚收割的麦田，红一片、黄一片的，看上去“像昂贵的丝绸”，每一刻，树木、房屋和缓慢转动的风车都将影子定格在上面，形成一幅清晰的图像。[7] 而且这个地方还有一处特别的吸引力，在这群居住在沃普斯韦德及其附近的艺术家中间，有两个少女，她们初来乍到，移居到这儿是为了向马肯森和莫德松学习：金发碧眼的葆拉 · 贝克尔，她和里尔克的年龄差不多，还有身材高挑、一头黑发的克拉拉·韦斯特霍夫，比里尔克小将近三岁。当里尔克在那些夜晚、于乐声悠扬的房间里朗读自己的诗歌时，她们专心致志而又感同身受地倾听着（“细腻敏感而又充满洞见，”葆拉认为，“亲切和蔼，脸色苍白”），[8] 要不就去她们的工作室，谈论艺术、生活和死亡。与莎乐美冷酷的评价相比，她们对里尔克的看法简直就是一种奉承。

迄今为止，葆拉 · 贝克尔的生活轨迹与他自己的相差无几。她是不来梅一个收入拮据的铁道部门官员的女儿，对于她在素描和油画方面早早就显示出来的才能，有艺术倾向的母亲加以鼓励。家境优渥的亲属的帮助让她能够去英国和德国柏林进行正规学习，她 21 岁时在沃普斯韦德度过了一个月。他的父亲在公司改组中被迫提前退休，但他仍激励她把绘画作为事业，并以此谋生，对她选定的道路，他依然采取宽容的态度；当亲戚们再次承诺给她一笔生活费，足以让她在未来三年内追求自己的目标时，没有人反对她搬到沃普斯韦德，此时正值 1898 年的秋天，在这儿，马肯森已经同意指导她的工作。优美的环境、接纳感以及无拘无束地待在艺术家群体中，她发现这些很有激励作用。在马肯森的目光中，她刻苦地工作；但马肯森的目光并不完全是赞许，即便他赏识她的天赋，因为与沃普斯韦德人的一贯偏离自然相比，她所看、所画之物有时更加远离自然。就像在布拉格的年轻里尔克，她本能地感觉到，为了自己的成长，她需要一个更广阔的世界；1899 年 12 月，她在不来

梅艺术馆展出了完成的作品和习作，这些作品遭到一位重要的反现代主义批评家毫不留情的责难，在此之后，她乐于逃到巴黎去，在那儿工作和学习了几个月。像里尔克一样，她也曾经将绘画献给某位比她年长的人，将这位年长者当作一位艺术家加以崇拜，当作一位理想化的人物。奥托·莫德松比她大 10 岁，已经结婚并有了孩子，她从巴黎给他写信，这些信对他表示了确定无疑的崇拜爱慕，并且，她还在信中写道，1900 年巴黎万国博览会时，他与福格勒和奥弗贝克一起去那儿游览，他的到访给她带来了莫大的快乐。他的妻子在 6 月份时早早离世，这解除了对他们的威胁，使得他们的感情不至于变成一种高度微妙的关系。葆拉返回沃普斯韦德之后不久，身体状况欠佳，他频繁地去看望她，在巴肯霍夫的那些夜晚，当她身体好转时，他让她确信，她的爱情得到了回报，但为慎重起见，他们暂时都不让朋友们知道这件事。里尔克听她说起她
70 在巴黎时，对石南丛生的荒野满怀思乡之情，但这并没有向他暗示，沃普斯韦德吸引她的不仅仅是自然风光；同样未向里尔克暗示的是，虽然她对他“高雅的抒情天赋，温柔和敏感”[9]深感敬佩，但她却已经将自己的心交给了莫德松。

克拉拉·韦斯特霍夫与葆拉差不多同时来到沃普斯韦德，也是马肯森的学生，葆拉在她那儿找到了一种“姐妹般的情感”。克拉拉的父亲弗里德里希·韦斯特霍夫是不来梅一个富有的进口商，他和他的第二任妻子约翰娜同样都有艺术方面的天赋。在生活中，韦斯特霍夫致力于赚钱，并且在生意上取得了成功，但他本来想选择在另一种环境中去做一个艺术家的，而且他在闲暇之余显示出做画家的某种天赋；他妻子的生活方式则远离传统，她喜欢户外活动，而且热衷于自行车运动；相比贝克尔夫妇，他们有一个更好的经济基础，去支持他们女儿的学习。17 岁时，克拉拉曾经在慕尼黑和达豪的艺术学校度过了三年时光，并且在 1895 年去参观了慕尼黑的分离派艺术展览，以及标志着沃普斯韦德群体首次大获成功的国际展览。当她去跟随既是画家又是雕刻家的马肯森学习时，他立刻认识到她的天赋所在，于是教她学习雕塑的基本要素。她在雕刻一个老年妇女的半身像时，葆拉对她感到钦佩：“我想要

她做我的朋友，”她在自己 1898 年 12 月的日记中写道，“不管是作为一个人还是作为一个艺术家，她都既高大又优雅。”[10] 她们经常共用一个模特，一起度过大多数的闲暇时光。第二年，克拉拉去了莱比锡，在马克斯·克林格尔门下进行为期几周的学习，葆拉去那儿拜访了她；新年前后，当克拉拉决定寻求机会进朱利安学院（Académie Julian）学习解剖学时，葆拉也跟着她去了巴黎，当时这所学院还不接收德国的女性。在克林格尔的介绍下，克拉拉有机会去罗丹的位于大学街（rue de L'Université）的工作室访问他，并且短期进入他的学校学习，在学校里，这位大师本人间或会纠正她的工作。那个夏天，她们从巴黎带回来的观感，尤其是她们对塞尚的发现，使得她们返回沃普斯韦德后，给这儿增添了一种快乐和谐的氛围。（不那么和谐的是她们心血来潮的冲动，一天晚上，她们散步到很晚，去敲响了锡安教堂 [Zion church] 的大钟：这个虚假的火灾预警在艺术家们和村民中间，都同样引发了巨大的恐慌，作为一种惩罚，克拉拉献给教堂一个天使头部塑像的 8 个副本，她一直工作了很久才完成，这些塑像现在仍然可以在沃普斯韦德看到。）

在里尔克看来，这对姐妹就像一个单独的个体存在的两面，是一种有魅力的组合，结合了羞怯和天真的玩世不恭，与他在莎乐美身上看到的自我肯定的独立全然不同。她们的外貌和气质截然不同，但看起来同样有吸引力：葆拉机灵活泼，有时甚至有点鲁莽；克拉拉更爱沉思默想，也更矜持。她们生活的每个细节都让他着迷——投身于艺术的故事，与他自己一样的献身精神，但却是以一种温和的方式，她们的存在本身对这个诗人来说就是一种激励：

> 少女们——诗人是那些向你们学习的人， 71
> 用言语说出你们用生活表达之物。[11]

午夜时分，巴肯霍夫的同伴们忙着去喝酒和跳舞时，他躲到自己的房间里，当两位穿着白裙的少女跟着他，在月光中静静地倚靠在他敞开的窗户边上时，他就恢复了好心情，“半是有才识的画家，半是无知的少女……我为她们的美而深怀感激，她们在我的大窗户中镶嵌了天真和纯洁。”从他依然是写给露的日记中，很难看出他更钟情于两位少女中的哪一位：克拉拉一袭洁白的帝国风格长裙，仿佛整个巴肯霍夫都在赞美她并因她的存在而熠熠生辉，当她心无旁骛地听他朗读时，她看起来“加倍的美”；葆拉“纯洁无邪的外表，温柔而苗条，她的头发有着佛罗伦萨画派笔下的金黄色”，她的声音“像丝绸一样有着起伏的波纹”。“我从观看她们两位中学到多少东西啊，尤其是那位金发碧眼的画家，她有那样一双褐色的、敏锐的眼睛！现在我感觉自己离一切不可理解的、奇妙的事物多么近，就像我写出‘少女之歌’的那些日子一样……我的整个生命充满了这些形象，在其中我可以与她们交谈……”[12]

为什么这两个迷人的精灵中的一个（或另一个）不可以成为他需要的伴侣呢？婚姻生活近在眼前：福格勒告诉他说，在春天时，他打算娶年轻的玛尔塔·施罗德为妻，这是个非常美丽的少女，她还是个孩子的时候，他就对她爱慕不已，并且他将她从困难的家庭生活中解救出来，安排她受教育，将她安顿在他家位于不来梅附近的庄园，与他的哥哥们住在一起。对里尔克来说，沃普斯韦德似乎越来越像是他未来工作的理想之地，这儿遥远偏僻，无边无际的荒野有着自然之美，“高远而变幻不定的苍穹下面，有那么多的姿态和形象……处在运动之中”。[13]无论如何，他对放弃这里感到犹豫不决：9月期间，在他还没有住太久，以至于失去福格勒的欢迎之前，他从巴肯霍夫搬到附近的一处他自己的住所。对他来说，克拉拉和葆拉的个性仍然古怪地混合在一起。一个星期六，他坐在一辆去不来梅的四轮马车中，葆拉坐在他对面，戴着一顶绝美的宽沿巴黎帽，底色深黑，绣着深红的玫瑰，她生动的褐色双眼反映出她对乡村景色的感受；克拉拉骑自行车赶上了他们，她去她家在上诺伊兰的避暑庄园看望父母，当她轻快地骑着自行车遥遥领先之后，他久久地对着她的背影挥手。在他们的马车中有一顶巨大的石南花冠，这本来是她为卡尔·霍普特曼编织的，但她说里尔克理应当之无愧地得到它，因为她要感谢他在前一天晚上为她朗读戏剧。在花冠编织在一起的枝条中间，他似乎感受到“她雕刻家之手中蕴含的纯朴而虔诚的力量”，[14]整个旅程安静地过去了，他用双手感受着克拉拉的力量，用双眼感受到了葆拉的温柔。

整个队伍在汉堡会合，以便去看霍普特曼的新戏剧首演，其中有福格勒和他的兄弟弗朗茨、马肯森、葆拉的姐姐莫莉、莫德松等，这个城 72
市给人的第一印象吓坏了这些“石南丛生的荒野来的孩子们”，但有葆拉和克拉拉陪伴的里尔克例外，他热切地观看和吸收一切事物。与她们一起，他第一次真正地看到了艺术作品，并且从她们身上学到了如何去欣赏艺术作品的细节。“在那些日子里，我感到不可思议地困惑，如今已变得清晰了，”他在稍后的日记中写道。“我发现了一个国度，和一个民族，发现他们似乎在等着我。”他开始写作，不仅仅是新的一页，而是一本新书，他的“沃普斯韦德日记”。他们坐着邮车返回时，克拉拉将她家在上诺伊兰的屋子指给他们看，在那儿她第一次学会在乡村的一年四季中发现美——在落叶凋零之际，也在万物生长之时。他们到达沃普斯韦德时，正是“一个美丽、寂静、繁星闪烁的夜晚，在这时候返家是如此美好。在那一刻，我决定留下来。我业已感到，孤独如何在过去的每一天中缓慢生长，这个遍布色彩和阴影的国度如何变得比以往任何时候都更大、更宽广，越来越成为一幅背景，映衬着暴风雨中摇晃的树木。我想留在那暴风雨中，感受每一次震颤……经历秋天，然后在冬天里将自己掩埋……为了春天的到来，让大雪覆盖，以便在我体内萌芽的果实，不至于在田畦中过快地成熟。”他自己的艺术再也找不到比这儿更肥沃的土壤——身处艺术家中间。他再次感到在俄国曾经错失了许多东西，“用我不成熟的双眼，无法接受也无法保留，然而也无法让它就这样消失，眼睛充满了纷乱的形象，从美身边擦肩而过”：在这里，他可以向人们学习，他们“像那些风景一样影响我”。福格勒给他看了一本自己早期的素描册，里尔克从中看到了福格勒前进的足迹，沃普斯韦德时期似乎是这位艺术家真正崭露头角之时：对这个乡村所有的观感，都融入那些优美温柔的线条，他用这种线条，画出了他的让人着迷的公主、黄昏时分池塘中的天鹅、奇异的野兽和飞龙、沉思冥想的水中仙女、光彩炫目的天使以及他们给牧羊人带来的喜讯。看完这些之后，里尔克直接去找葆拉，听她深有感触地谈到克拉拉专心致志地研究某一事物（如一朵花）的天赋，他深受触动：“我是你的学生”，他告诉她，“而且当我告诉你，你善良而又圣洁时，我同时还变成了你的老师。”[15]

9 月的最后一个周日，他与朋友们在巴肯霍夫后面的小山上闲逛，“石南丛生的荒原阴暗萧条，薄薄的一层草柔软得像是日本丝绸，收割完的荞麦地带着金属的红色，耕地灰暗而厚重”——他落在后面，对少女们衣裙颜色的对照感到好奇，克拉拉修长、轻盈的“绿芦苇一样的体型”是如此“难以言说地纯净和优美”，他们两个两个地走到他前面去，男人们的衣服融入灰白的光线，沿着一条在山坡上蜿蜒盘旋的小路走着，就像是虔诚的宗教画的背景。巴肯霍夫的这个夜晚是最美好的夜晚之一，人们带着一种近乎神圣的集体感。紧接而来的日子，他去她们的工作室拜访了她们——克拉拉的工作室在几英里之外的韦斯特韦德——这使得他与她们两个更亲近，倾听她们的经历，并且向她们说起自己的观念：上帝仍在形成之中，艺术家的人物是去继续建造祂，以及基督是
73 “上帝的掩蔽者[1]”。他在日记中写下那些“赠礼丰富的日子”，在憧憬友谊相伴的未来生活时，洋溢着欣喜之情。[16]

然而，在周末，即 10 月 5 日的黎明，里尔克突然乘坐邮车离开，坐火车去了柏林。这次去柏林是为了讨论他的一个剧本在 11 月上演的可能性，无论如何，最后似乎已经安排妥当，但他并没有返回沃普斯韦德。他简要地说了几句话，说将他写有诗歌的笔记本留给葆拉，并没有向她暗示他将不仅仅是暂时性的离开。什么促使他改变了主意，我们只能猜测，因为日记本中这个位置上的两页被撕掉了。也许他的选择指向的是葆拉——毕竟，写有诗歌的笔记本是送给了她而不是她的朋友；或者仅仅是由于他需要离开一段时间，下定决心在她们两人之间做出选择，以及仔细考虑在他这种依然不稳定的境况下，婚姻究竟如何成为可

[1] 掩蔽者（concealer），里尔克认为基督作为人与上帝、人性与神性之间的中介，阻碍了人与上帝的直接关系，使得个体无法直接面对自己的上帝，也即掩蔽了上帝的存在。

能。而且，他在柏林再一次与莎乐美联系，这肯定不会没有这件事的影响。但她几乎不可能鼓励里尔克去想恢复他们之间旧有关系的可能性，当他说起自己躲在沃普斯韦德的荒野中，中断了对俄国的研究和持续体验时，她早先对他生活稳定的关心也许变得有所不同了，因为她认为俄国对他来说至关重要。她当然没有感觉到他已经准备结婚了。

无论如何，当两个星期后他回复葆拉和克拉拉写来的信时，俄国和俄国事物是他辩解的理由。“你知道，我是在我为自己写作最个人化的作品之际开始那些学习的，”他告诉葆拉，“俄国对我的意义，变得就像沃普斯韦德乡村对你的意义，意味着故乡和天堂”，一个遥远的故乡，决不因自己献身他邦而丧失的故乡。[17] 给克拉拉回复的信中，他说她作品中的启发让他确信，他必须投入自己的工作：整个冬天期间他将会勤勉用功，也许在新年时再去俄国一次。但他对两个人都没有道别；而且他感到并不那么孤独，当他想起他们一起在乐声悠扬的白色房间里度过的星期天，当“贝多芬说”——

> 要知道，为你歌唱的夜晚
> 歇息、围绕在我的双肩，像一条锦缎长袍，
> 而我感觉，我的双手仿佛环绕着戒指。[18]

在他暂时从“俄国事物”中退出之后，他告诉弗里达·冯·比洛，现在重新开始安静的日常工作也很好，就像在迈宁根的那些日子里一样，远离沃普斯韦德的多姿多彩和艺术家们“太过强大的”影响。[19]

寻找新的住所——仍然在施马尔根多夫，但是，也许值得注意的是，他的住所不再像以前那样靠近安德烈亚斯的家——他怀着一贯细心的态度，费力去布置工作的环境：“俄国角”有一个顺手的俄国式茶壶，一幅鲁本斯画作的复制品；靠背长椅上有一条土耳其织毯；宽敞的书房；一个小小的厨房，在那儿他可以做他的麦片粥。他经常写信给葆拉和克拉拉，有时在同一天写信给两人，很难区分他对她们两人的感情有任何区别。他满心希望有她们的陪伴，半是希望她们会来他的新家拜访他， 74

写给她们两人的信体现出那种独特的共鸣，带着他独有的书信风格，这些书信是一种雅致的、精心创作成一种艺术作品的散文，而且有时候已经在日记中写好了草稿。写给“亲爱的克拉拉·韦斯特霍夫”的信中，带有一种更严肃的语调；写给“亲爱的朋友”葆拉的信，则更直率和温暖，同时他还给她寄诗歌或者雅克布森的小说。11 月 5 日，他真诚地感谢她归还他写有诗歌的笔记本之后，开始了一番令人压抑的议论，说起他在万灵节时去公墓祭拜的偏好；与此同时，在写给克拉拉的信中，他几乎变成了一个洛金伐尔[1]，梦想着抛弃他的书籍，孑然一身四处漫游，“直到桦树林荫大道在我面前展开，那些小屋铺展在我眼前，然后我转身沿着幽暗的小路走下去，在广阔混沌的天空下，只能依稀辨认出你屋子的轮廓”。[20] 但在他们的周日夜晚，他和她们两人待在一起，“与你们，如同我灵魂的姐妹一般的你们在一起”，“我的孤独的支柱”带着它们的“白色背景衬托着的那些时光”的回忆。[21]

一个星期后，葆拉公布了她对莫德松的爱，以及对方对她的爱：“时间得回溯到很久以前，甚至在汉堡之前。我一直没告诉你。我以为你知道。你一直都知道，这一切是那么美好。但今天我必须诉诸言语，让它接受严峻的洗礼，将它虔诚地交到你手里，因为你就是它的教父。”[22] 里尔克之前是否知道或猜到不得而知，但他立即写信，用优美的诗歌送上了祝福，这让葆拉非常高兴。通过频繁往来的信件，他继续关注两位精神上的姐妹，她们在他那儿既是普通人又是艺术家；然而，可以理解的是，写给克拉拉的信变得更热忱，篇幅也更长。克拉拉 11 月份生日时，收到了一本《为我庆祝》，随后还有更多他早年的作品，包括《旗手》；他索要她作品的照片，并且写了长篇大论的赞赏之词；他巨细靡遗地回忆了克拉拉的早年生活，这是她曾经告诉过他的；谈起他曾经在柏林见过的罗丹，以及“一个叫作塞尚的了不起的法国人”的照片。“某天，我们应该一起写一篇关于 [罗丹] 的文章！是的，去巴

[1] 洛金伐尔（Lochinvar）是沃尔特·司各特的长诗《马米恩》（*Marmion*）中与情人私奔的传奇人物。

黎吧，过一阵子——我觉得那会很不错。”[23]

但直到新年迫近，他仍不时感到抑郁不振，觉得他的生活一片混乱。他兜了个圈又回到原地，回到他准备出发进行第二次俄国之旅的那个点上——他已经重新开始的学习，以及进一步游览俄国的计划，看起来都不再能给他指明正确的方向。因为，现在他缺少以前在莎乐美身上找到的强有力的支持。表面上，他们已经重修旧好，恢复了以前的关系。她引荐他去见格哈特·霍普特曼，并且他们特别荣幸地得以一起参加这位剧作家的《米夏埃尔·克拉默》的带妆彩排，剧本的主题是处在社会中的艺术家，这对里尔克来说是一次难以忘怀的经历。他们偶尔仍一起在施马尔根多夫的树林里散步；他给她写了一些蹩脚的诗，然而照她的看法，这些诗歌表现了“奇妙而诗意的”俄国。但他非常清楚，莎乐美已经不再以他需要的方式属于他，事实上，莎乐美想要他离开，因为她认为这是为他着想。他的日记——随着这一年的过去而告终止，而 75
且再也没有持续下去——变得越来越片断化；并且除了对霍普特曼表示赞赏的长篇文章之外，他不时陷入绝望和病态的反省中去。回忆快乐的沃普斯韦德时光的诗歌消失了，取而代之的是一首关于克拉拉早逝朋友的安魂曲，描述了一个以死亡为主题的意象——克拉拉编织的常春藤花冠垫在棺材中，直到“花冠长长的卷须慢慢爬上白色的寿衣，与叠放在一起的双手和从未得到爱情触摸的柔软头发一起生长……”[24]12 月初，他短期拜访了福格勒，这让他的精神好转了一阵；但接下来的日子，他感到无法给沃普斯韦德的朋友们写信。12 月 11 日，他恳求克拉拉，通过一封短小的信——“实际上仅仅是一封信的胚芽，位于我记忆的黑暗土壤中”——不要停止给他写信，把她的希望和进步告诉他。[25]这就是那些他觉得自己仿佛被埋葬了的日子，“在潮湿和腐烂中度过的日子”，处在某种中间地带，处在一个炼狱中，这炼狱就像那个收留精神病人的贝德兰姆[1]：“一个人付出的努力有何益处呢，越来越懒怠地，越来越艰

[1] 贝德兰姆（Bedlam）是伦敦的一家精神病院，这是欧洲最早的收留精神病患的医院，始建于 1247 年。

难地……被厌恶所压倒？意志在那里，但它就像刀剑击打着石头……上帝高居于生命和死亡。但　在这片中间地带的土地上没有管辖权，这片土地的存在无视　的大能和　的在场，并且没有空间，没有时间，也没有永恒。”这是他在日记中吐露的一种“无限的屈辱”，但这必须被写下来，“作为一段我自己的足迹。愿上帝拯救我。”[26]

倘若莎乐美看到他日记中像这样的篇章，读到“安魂曲”，只会让她证实，对他精神稳定性的担忧并非没有理由。果不其然，新年刚过，她就越发确信，为双方的利益起见，他应该寻找新的环境。她需要自己的孤独，以继续从事自己的工作；她清楚地看到他徘徊于这种挫败感中所面临的危险。“想办法让莱纳走，”她在1月17日的日记中写道，“立刻走，我将会做到真正的残酷无情。（他必须走！）”[27]她充分了解待在沃普斯韦德的吸引力。“我知道他不惜一切代价去寻找支持，以及唯一一个献身其中的事业，”她对弗里达·冯·比洛倾诉，“假如不在我身边，那就在别处：对他来说，去倚靠着哪怕是最不适合的对象，也胜过没有任何对象。这样的话，他很快就会找到自己需要之物。”[28]

对莱纳来说，他的游移不定当然并非全都是阴暗和意气消沉。岛屿出版了《亲爱的上帝的故事及其他》，这是一个雅致的版本，它的及时出版刚好可以作为寄送的圣诞礼物：给克拉拉，连同《布拉格故事》一起，为了让她了解他童年生活的氛围；给葆拉和莫德松，希望他们一起阅读它；给他的母亲，“带着我一部分深刻的虔诚，以及一种对我未来的预示”；[29]给胡戈·萨卢斯，他非常敬重的布拉格诗人，相信他会在其中找到“一些以后将会长成参天大树的种子”。[30]12月份福格勒生日时，里尔克送给他“在沃普斯韦德及之后”的诗歌手稿，包括许多受艺术家作品启示写下的诗歌。他仍然考虑去俄国进一步游览，并且继续写
76 信给俄国的朋友——沙霍夫斯科伊，德罗任，帕维尔·埃廷格。葆拉在新年时去了柏林，准备参加一个厨艺课程，因为她将很快承担起主妇的义务。他们几乎每个周日都见面，在她亲戚家里或在施马尔根多夫，她徘徊在他房间里，仪态“优美动人”，她将自己的早期日记留给他阅读，

这些日记是对沃普斯韦德的栩栩如生的回忆，他感受到，“你在充满快乐的感激中，毫无疑问地对生活充满热爱”。[31]她带给他如此珍贵的回忆，他写信给莫德松说，他觉得自己再次充满感激地对老圈子里的朋友们感到亲近。

1901 年 2 月初，克拉拉的返回促成他们做出了一个决定。克拉拉去了柏林，加入里尔克和葆拉，她给他身处的城市带去了“一片沃普斯韦德”。[32]2 月 11 日，当她去到他在施马尔根多夫的家时，他几乎是绝望地请求她拥抱他，莎乐美曾经拒绝给予他这种安慰。看起来这是一段全新生活的开端。2 月 15 日，她离开柏林的时候，他随后给她写了一封信，信中满是一种平静的自信，而不管那些可能面临的诸多实际困难。“在这一切之后，我很平静……今天是那么严肃，而且不知何故，我以前的一切渴望都得到了慰藉……给予我力量，为现在必须完成的一切……第一个带给我快乐的人！你是第一个！你是永恒的！”[33]他仿佛是确定要与莎乐美彻底划清界线，克拉拉刚离开，第二天他就搬到柏林的旅馆去了。

在他离开施马尔根多夫之前，他们进行了最后一次谈话，露获悉他已经决定娶克拉拉之后，感到非常震惊。她曾经希望他离开，不惜一切代价，去寻找他需要的支持，即便是从“最不适合的对象”那里；但她在他身上发现如此多反常和病态的情绪，如此具有戏剧性的一步，看起来应该是他最不可能考虑的事。他们将会一直分开，他们共享的所有思想都会终止，他们甚至将不再书信往来：但她仍能允诺为他提供最后的避难所，她过于激动，以至于无法进行口头表达，只好将自己想说的话涂写在一张碎纸片上：“如果在很久以后的某一天，你内心感到情绪低落，这儿总会有一个为你准备的避难所，可以与我们一起度过那些最糟糕的时光。”[34]在这次离别中，他自己的情感在三首诗歌中得到表达，他没有将这几首诗给她看：“站在黑暗中，仿佛瞎了一样，因为我的目光再也找不到你”，他将她比作皮格马利翁，梦想着完成一个塑像，并且塑像依恋着他，“恰似塑造之手依恋着黏土”——

然而她累了，松开了她的怀抱，
任我坠落，于是我支离破碎。

对他来说，她是“女性中最像母亲的人”，“我遇到的最温柔的生命”，然而也是

我与之搏斗的最坚硬之物。
你是给予我祝福的峰顶——
转而变为吞没我的深渊。[35]

看上去，他几乎不会有心情开始新生活。但第二天，他已经准备
77 好给克拉拉写信，对生活充满最热烈的期望。“迄今为止，我的生活是某种不确定之物，但如今一切都变得真实，围绕着我……一切事物都变得简单明了……我想脚踏实地，在大地上建立起我们的家。”[36] 他已经计划好去拜访她的父母，似乎是为了抢先一步打消他们对他前途的怀疑——他再次四处寻找某种固定的新闻报刊工作。他极度缺钱的现实仍然摆在眼前；当克拉拉让他先去韦斯特韦德找她，而不要直接去不来梅见她父母时，他只得在旅行之前向他的书商借了 50 马克。“但我不会回头，”他热切地写信给她：“我奔向你，就像一头小马驹奔向夜晚凉爽的草地，鬃毛飘动的脖子向前探出……”[37] 他出发前，葆拉收到了一则消息，“生命是庄严的，但充满了善意。如此多的事物摆在我面前，你很快就会听到关于它们的一切！”[38] 而他的母亲则收到一张含义模糊的便条，大意是“意想不到的情况”妨碍了另一次俄国之旅。[39] 他在韦斯特韦德逗留了一周，然后他们开始制定计划。他们订婚的消息震惊了沃普斯韦德圈子，在他最终拜访韦斯特霍夫一家之后，这个消息也同样令他们感到很惊讶。他的父亲具体什么时候得到这个消息，以及他的反应如何，都不得而知；菲亚依然和往常一样在阿尔科度过春季，他打算在 3 月初去和她一起待几天，到时候将当面告诉她这个消息。

与此同时，对莎乐美来说这几乎是一个戏剧性的转折点。她去了维也纳，并且在那里再次见到皮内莱斯（“泽默克”）。她是否更多地怀着这样的希望：作为一个医生，他也许能够缓解她对莱纳的忧虑，而不仅仅是期望与一个男人有一段新的性关系，迄今为止她一直拒绝这个男人的求爱；这不可能说得清楚。毫无疑问的是，当她返回之后，在两方面都找到了安慰：对她来说，这是一次相当新鲜的性经验；与此同时，对“里尔克病例”的诊断结论也许是拯救他的一种方式——倘若她能够将诊断结论告诉莱纳的话。2 月 26 日，大约就在他从韦斯特韦德返回柏林的同时，她动笔给他写了一封长信，相当严肃地在信封上写着“最后的问候”；信里还附有新找到的快乐良方[1]，而且该信在某种程度上扭曲了她对他们关系的看法。

> 现在，只有阳光和静谧围绕着我，生命的果实业已成熟，芳香甜蜜；从回忆中闪现出对你的最终责任，当然这回忆对我们两个来说都是珍贵的，我像一个母亲一样，在沃尔夫拉茨豪森来到你身边。因此我在与泽默克长谈之后，请让我像一个母亲一样，用言辞表达我这几年以来肩负的责任。如果你在四处漫游，那你只用对自己负责；但如果你要缔结一段新关系，那你就必须知道（原因）为什么我试着不断地向你指明某条通往健康的道路——

原因就是皮内莱斯诊断里尔克具有一种可能会导致自杀的性情。通过露的描述，他在莱纳身上看到一种令人忧虑的症状，常见于那些最终会导致精神崩溃或者心理失常的病例：有时会出现一个不同的人格，露和莱纳把他叫作“另一个人”[2]，这个人的情绪“在抑郁和兴奋之间，在恐惧的深渊和狂喜的顶峰之间来回波动”。 78

[1] 快乐良方（euphoria），指莎乐美从皮内莱斯那里得来的、用于缓解里尔克抑郁症的方法，也许是某种暗示性的心理疗法。

[2] “另一个人”（the Other），也可译作“他者”，这个描述里尔克心理状况的词后文还会出现多次，均统一译作“另一个人”。

“但这绝不会发生！”她写道。他一般来说都相当正常，然而她屡次看到他倒退进一种波动不定的情绪中。当她越来越多地拒绝他时，由于皮内莱斯的警告，她总会将自己拉回到他身边。“如果你坚定不移的话，我觉得你就会痊愈。但有些别的东西，大约是某种不幸的负疚感袭击着你：情况是这样的，尽管我们的年龄有差距，但在沃尔夫拉茨豪森之后，我自己仍然必须发展和成长——越来越需要，直到……听起来也许很奇怪：我成长到**进入我自己的青春**！因为只有现在我才变得年轻，才能像其他人 18 岁时的样子——完全就是我自己。”不知不觉地，她已经“顺从了生活的伟大计划”，并且谦恭地接受了适合她的“超越一切理解和期望的礼物”。现在她冲他喊道：“沿着同样的路回到你黑暗的上帝那里去吧！祂能为你做我再也做不了的事……赐予你阳光和成熟。我从很远，很远的地方给你寄出这个呼喊，皮内莱斯说，我能做的无非就是让你免受‘最糟糕的时光’的折磨。这就是我为什么那么激动，在我们分离时将最后的话写在一张碎纸片上——我无法说出它们。我的意思是所有那些话。”[40]

这样一封信给他心理状态带来的影响如何，我们只能猜测。事实上他并未因此改变自己的意图。3 月 5 日，他按计划去了阿尔科，在那儿他请人去布拉格索取了他受洗的官方记录，这是一个通告，表明他已经脱离了天主教会——这是与一个新教徒结婚前必要的准备措施，这当然是他母亲不愿同意的事情之一。他给克拉拉寄了一封附有诗歌的信，虽然这些诗歌没有早先写给莎乐美的诗歌中那种几近狂喜的情感，但也清楚地显示出他充满十足的信心，相信他们将来会在一起。他不再只是另一个人手里的黏土，现在他可以成为自己的主人了，与克拉拉一起，他的

美丽的黑色诗琴，使我得以
考验自己的技艺：
在你身上，我将演奏生活！[41]

3 月中旬他从阿尔科返回之后，立马去拜访了她的父母，接着再次去韦斯特韦德找她。然后，结婚的计划进行得有些匆忙，4 月 6 日，结婚预告张贴在沃普斯韦德，并且于 4 月 28 号，在不来梅举办了婚礼。看上去克拉拉很可能怀孕了，因此来自父母和社会的压力对里尔克来说都很大，难以忽视。就这方面而言，尽管她对他有明显的吸引力，但他确实就像露所认为的，被迫做出了一个深感后悔的决定。也许不会让人感觉奇怪的是，他生病发烧了，约翰娜 · 韦斯特霍夫将他带到他们家里 79
去照顾；但毫无疑问，婚礼没有推迟。婚期邻近时，他勉强恢复了健康，他们在韦斯特霍夫家的餐厅举行了一场简单的婚礼，而原本是打算在附近的圣于尔根教堂举行的。里尔克一家没有人出席婚礼。

从任何实际的立场来看，正如里尔克稍后所承认的，这次婚姻是一场轻率的冒险。事实上他没有任何金钱储备，他的收入来自布拉格的生活费，他的堂姐妹们和约瑟夫仍然继续给予他资助，但这份生活费根本不够充足，他迫不得已，只得去索要已出版诗集尚未付清的酬金。他们打算在韦斯特韦德租住的住宅，是一个纯朴农民的屋舍的一部分，有一个毗邻的小屋可以充当克拉拉的工作室，这个住宅确实很朴实。但即使是租住这样一个屋子，恐怕也只有得到他们父母的帮助才有可能，尤其是他还坚持按照他和福格勒的设计，在当地找人制作了家中绝大部分的家具。他很快就能够把这段“新关系”说成是必需之物：“我的生活，如此远离日常世界，在一个单身汉的房间里，暴露在四面八方的狂风暴雨中，毫无庇护；它的发展需要一间我自己的屋子，祥和宁静，建在孤独这片辽阔的天空下。”[42] 多年以来，他活在追求莎乐美的动荡日子里，并且她最终还是拒绝了他；因此，这当然是合情合理的：寻求这样一种稳定的生活，由一个生活使命与自己相似的人陪伴，而且他认为自己能够帮助这个人走向完善。但他已经开始将婚姻想象成一种联合，在其中配偶双方彼此都是对方指定的“守护者，守护另一个人的孤独”。“两个人真正在一起是不可能的事，而且一旦他们显得如此，那就变成了一个限制，一个双方协定，其中的一个人或双方都会被这个协定剥夺他们的自由和成长，”只在几个月之后他就这么写道。[43] 无论克拉拉在他们结婚之前是否有相似的见解，但在他的影响下，她很快就接受了这个观点。“每一个人都在另一个人中感觉到一种生命，”她随后写道，“需要不受打扰的孤独，为了坚决地去完成一个漫长而严肃的生命之艺术品。我们的共同生活应该创造这种宁静的孤独。”[44] 这将被证明是一种不可企及的理想。

五

目前，各种各样的琐事和令人厌恶的烦恼横在我们通往未来的道路上。

（致阿图尔·霍利切尔的信，1901年8月26日）

在等待韦斯特韦德的住宅完工之前，夫妇俩起先与克拉拉的父母住在一起。他还远没有恢复健康，而且他日后的回忆几乎都觉得那儿笼罩着一种斯特林堡式的氛围——父亲是"可怕的"，母亲则"内心完全垮掉了"。[1] 因此，当约翰娜·韦斯特霍夫暗示他们还没有度蜜月，应该动身去德累斯顿市郊的、一位叫拉曼的医生开的魏瑟尔－希尔施疗养院时，这真是一个解脱。约翰娜早些时候是拉曼的一个病人，热心于他提 80
倡的素食和自然疗法结合的"现代"方法。1901年5月的大部分时间，莱纳都与克拉拉一起在那儿度过，经历了彻底的身体检查和严格的"治疗"。除了高烧后带来的全身虚弱，医生宣布他身体健康。当他们终于在月底搬入新家时，他看起来是充满热情地处理家居装饰和布置工作，甚至去耕作那小小的花园。屋舍的前面爬满常春藤，在厨房门外面，还有一个藤蔓覆盖的凉亭，通往花园和克拉拉的工作室。他们的房间不大但足够使用：在底层有两个房间和一个厨房，由一堵刷有白石灰的墙与牛棚隔开，墙上挂着一幅来自里尔克家祖传的圣则济利亚画像，有一个莱纳自己设计的高高的餐具柜，上面放着一些农民的陶器，一个可当作敞口水壶的银碗，这是他父亲送给新娘的礼物。一道狭窄的楼梯通往阁楼的房间，这里有一个宽敞的书房属于莱纳，书房的两旁有两个小房间，作为备用卧室。“在最近一段时间，我们不会很活跃，”他在4月10日写信给威廉·冯·肖尔茨，“我们在能够旅行之前，需要住在屋子里让它变得有生气，并且有许多东西需要整理、摆放和修建。”[2]制作家具是一个漫长的过程，整个夏天他和克拉拉都没有找到工作所需的时间和孤独。在6月底，他们才能够去布拉格旅行，去见他的父亲，以及他的朋友如埃米尔·奥尔利克；随后约瑟夫和菲亚——似乎是分别地，去韦斯特韦德看望了他们。

装修屋子的计划对里尔克来说是一个有趣而愉快的任务。他带着惯有的、对细节一丝不苟的精神准备工作，再次在楼上的工作室里建造了他的“俄国角”，并且订购了信纸，福格勒为他在信纸上设计了新艺术派风格的装饰图案作为信头，其喷泉图案是非常受人喜爱的标志。现实生活的琐屑烦恼并不少，正如他在8月写给霍利切尔的信中所言；[3]但他们暂时忽视了那种微小却持续不断的恐惧，因为他们的收入可能最终不足以供养自己。他在7月底给艺术家奥斯卡·茨温策尔寄了一张克拉拉的照片，和一本用于介绍自己的《亲爱的上帝的故事及其他》，邀请他来为克拉拉画像。他们“非常穷”，“在可预见的未来”几乎难以承担任何费用；但是，他来自“一个古老的克恩滕的贵族家庭”，却没有祖上流传下来的画像，他感到自己有责任为子孙后代保存一张他妻子的画像，这是她的“第一次美丽，在作为母亲的第二次美丽之前”。[4]（在这个事件中，茨温策尔直到下一年的3月份才来，当时他待在巴肯霍夫，并且为福格勒画了一张出色的画像。在他为克拉拉画的像中，克拉拉坐着，两手交叠，虽然是半身像，但直视着这位艺术家，画像抓住了动人的“作为母亲的第二次美丽”。他也给里尔克画了像，描绘了头部和肩膀，利用暗色的背景突出了前额和深邃的双眼，这是一幅忠实而有表现
81 力的肖像，如实地表现了这位诗人当时的形象，虽然里尔克在后来的日子里回顾这幅画像时，认为它是一幅失败的作品。[5]）

他们的幸福快乐一直持续到秋天，与此同时克拉拉致力于为她的丈夫塑一个半身像。如今乡村对他来说变得更熟悉了，他写信给母亲，在深暗而简单的和谐色调中和高远的秋日天空下；让人印象深刻的是站在

屋子外面，看着狂风暴雨的肆虐，风将小橡树连根拔起，将苹果吹得满地都是。6

认识到未来一片朦胧，他再次开始寻找某种固定工作，正如他给霍利切尔说的，固定工作会给予他的生活“一个稍微更稳固的基础”。7 他不去向来拒斥的“前景黯淡的账房”中做一个书记员——正像他父亲一直力劝他的，也许就去做艺术记者，要么去黑森的伯爵领主的宫院里做“驻院文员”。他仍然希望翻译俄语著作能够提供一个收入丰富的副业，事实上在夏天时他就开始继续翻译亚历山大·伯努瓦的艺术史。但他仍然坚定不移地反对一切形式的妥协，坚守业已为自己指定的使命。他只会写那些他感觉发自内心的作品，假如这能够出版并且挣一些钱，那当然更好；但约稿对他来说没有吸引力（先前，在 5 月底时，他拒绝了菲舍尔出版社的提议，他本来可以去编辑瓦尔特·冯·德尔·福格威德[1] 的诗歌，但他却借口应该优先从事“来自俄国的重要翻译”工作）。

秋天总是一个多产的时节，他也再次收获了自己的果实，写了另一个中篇故事，以及一系列诗歌，这些诗歌将构成《时辰祈祷书》的第二部分——《朝圣者之书》（*Das Buch von der Pilgerschaft*），这是他从俄国经验中提取出来的精华，鉴于在他面前展开的新生活，主题的重点有了一些微妙的变化：

我就是那同一个，跪在你面前
身着修士长袍的人
……
我不就是一切吗？
当我哭泣时，唯有你在倾听
……
除了我的哭泣声，

[1] 瓦尔特·冯·德尔·福格威德（Walther von der Vogelweide，1170—1230）是著名的中古高地德语抒情诗人，名字的意思是“来自福格威德的瓦尔特”。

那儿可有任何别的声音？
那儿有风暴吗？我也是一场风暴，
我的森林向你致意。[8]

经过细心的编织，他可能会写出在沃尔夫拉茨豪森时写给莎乐美的诗歌——“挖出我的双眼，我仍然能够看见你”——但也许里尔克仍没有意识到，这组朝圣者之诗预示着他真正的生活即将到来：不是过稳定的家庭生活，而是踏上艰难的朝圣之路。

82 最后一座屋子站立在这个村庄里
孤独得如同世上的最后一座。
小小的村庄难以留住的道路
慢慢地伸向远方，遁入黑夜。
小村庄无非是两片广袤空间中
一个临时的站点，在其预感中恐惧不安，
一条通向远方的临屋大道，取代了小路。
那些告别村庄长期漂泊的人，
也许很多都在旅途中死去。
……
在深夜我挖掘着你，你这珍宝，
我双目所及的一切富有
都只是贫困，只是可怜的替代品，
替代你尚未显现的美丽。
但走向你的道路漫长得令人恐惧，
往往因人迹罕至而消失无踪……[9]

他现在与两位出版商有联系：岛屿，它出版的《亲爱的上帝的故事及其他》让他很高兴；还有就是柏林的阿克塞尔·容克出版社。阿克塞尔·容克出版社逐渐从贩卖书籍转而做出版，而且它的书单将会包括现代作家如埃尔莎·拉斯克－许勒尔和马克西米利安·道滕代的书，里尔克在柏林的时候，容克已经成为他的朋友——确实非常友好，里尔克2月“紧急”旅行去不来梅时，容克给他预支了50马克的稿费。里尔克转而向容克借阅他想要的书籍和杂志（在这方面，像往常一样，里尔克在需要书的时候，节省了一些费用），尤其是借阅斯堪的纳维亚文学，容克的丹麦血统使他们在这方面有共同的热情。到9月底，他同意出版包含三个故事的小说集，这三个故事在这一年的早些时候分别在期刊上发表过；小说集出版时采用了第三个故事的标题——《最后一个》（*Die Letzten*）。这本书以令人满意的速度于11月底出版，题献给埃米尔·冯·舍奈克－卡罗拉特亲王，5年前在慕尼黑，他是最后一期胎死腹中的《菊苣》的潜在投稿人之一；9月底，莱纳和克拉拉去他在霍尔斯泰因的庄园作短暂停留时，受到他的欢迎。这本书深受欢迎，里尔克更愿意考虑让容克，而不是岛屿出版一本新的诗集，亦即《影像之书》（*Das Buch der Bilder*）；他从容克那里得到鼓励的话语，找到一个愿意听他关于版式和印刷意见的人，他迄今为止难得遇到这样的出版商。

1901年12月12日，韦斯特韦德屋舍的周围铺满厚厚的大雪，他们的女儿出生了。“一个非常大而又健壮的孩子，”他向菲亚描述说，“身体很结实，壮实的头上有一个高高的、严肃的额头，深色的金发或实际上是颜色更暗的头发，双手的形状非常漂亮。”他们用“圣经中美丽的名字路得[1]”称呼她，没再起第二个名字。[10]她的到来自然带来了烦恼和混乱：但对他来说，这个独自与自己孩子在一起度过的圣诞节像是 83
他的第一个圣诞节——“生活突然变得相当新奇，因一个崭新的未来而更丰富！”他写信给弗兰齐斯卡·雷文特洛说。[11]接下来的几周里，他全心全意地照顾孩子，几年之后，当他回顾这一切时，再次感受到那种他当时认为自己已经找到的平静：“就像一棵幼苗注定会变成参天大树，

[1]　里尔克的女儿名字叫作“Ruth”，源自《圣经》，但下文会按目前的惯例将他女儿的名字译作“露特”。

我当时被从小罐子中小心地拿出来，泥土抖落下来，阳光照到我的根须上，我被种到适合我的位置，我待在那儿变得完全成熟，扎入伟大的、真实的整个大地。”[12] 经过这样的移植之后，他觉得没有什么能够妨碍他持续不断地生长。在送给克拉拉的那本《最后一个》中，他呼唤他们的家将会带来的幸福：获得幸福是他们的权利，而不是命运的施舍；并且乞求再没有悲伤。[13] 在写给格哈特·霍普特曼的一封信中，他随信寄去了《最后一个》，并且满怀感激地回忆起去年冬天他与莎乐美一起观看《米夏埃尔·克拉默》这场戏剧令人难忘的演出，他期待他和克拉拉尽快回到各自的工作中，并且还询问他是否可以将春天时出版的《影像之书》题献给他。圣诞前夜，霍普特曼表示接受的信寄到了，“像是一个温柔的祝福”：里尔克在他朴素的乡村环境中，感觉自己终于体验到了俄国农民生活的秘密，他们的悲伤和快乐“以某种方式与上帝联系在一起，那就是，怀着他们生活的最崇高的需求和发展……艺术家们有可能被某种隐藏的冲动引导着，在诸个现实中进行明智的选择，并因此找到他们自己的生活，从世界的混乱无序中解脱出来。”[14]

但世界很快就打碎了这个前景，让他的希望化为泡影。1902 年 1 月 6 日，他充满惊愕地听说他的堂姐妹们已经决定终止向他提供固定的生活费，这并不是毫无理由的，他们认为雅罗斯拉夫伯伯的初衷几乎没有得到实现，因为莱纳结婚了，并且也不再是一个学生。这笔款项——加上韦斯特霍夫一家提供的一小笔生活费，足够保证他们生活的最低限度的需求——在夏天时终止了。他寻求一份收入的努力，迄今为止多少有点不紧不慢，现在马上变得迫在眉睫。在首次深刻感受到生活的黑暗时，他甚至认为，除非找到某种固定的职业，否则他曾经认为是“建立在花岗岩上”的家将会被遗弃。他以书信的洪流向每个朋友、编辑、熟人以及甚至是他能想起来的陌生人绝望地寻求帮助，公开他的困境并且通常（必须这么说）夸大他的困难。“我像害怕一个敌人那样害怕即将到来的日子……未来像满潮一样在我周围上涨，威胁着要淹没我们……这儿刮起一阵让我难以忍受的狂风。”[15] 但他仍然不会放弃他为自己设定的伟大目标，这很难向别人解释，甚至向他的父亲：他不能离开他从年轻时就踏上的道路，也不能“抛弃建造生活的石头，在上面有我凿刻的痕迹……至于用工厂制造的砖块漠不关心地建造某个屋子，则是为了获得一个普通劳动者的日付工资。”[16] 因此，他的想法集中于去找一个职位，做一个记者、书评作者或一个期刊的艺术评论家（例如在维也 84
纳、汉堡或者达姆施塔特）；汉堡艺术博物馆的一个职位，或者在不来梅的类似职位，或者找机会就现代诗歌或梅特林克的戏剧进行一系列的公共演讲；翻译俄语著作。倘若能在俄国找到一个新闻记者的职位，那他甚至认真地考虑移居到那里，他向巴维尔·埃廷格表示他感到“与德国几乎没有关联”，在德国他看不到安身立命之道。[17] 他对自己的困难和不过分的需求直言不讳，这获得了很多满怀同情的回复，但几乎没有实质性的建议。

他的希望自然集中在不来梅或汉堡。假如他们能够设法待在那个地区，对克拉拉来说将会更容易找到工作，可以对外授课，也许甚至开一所学校。古斯塔夫·保利是不来梅艺术馆的主管，在 2 月份，里尔克曾与他一起计划为博物馆新展厅的正式开放演出梅特林克的《贝娅特丽克丝姐妹》，在保利那儿，里尔克找到了一双同情的耳朵：保利是他恳求的所有其他人中，唯一一个至少能够暂时缓解他困境的人。无可否认，这是按照别人的要求工作：这是一个任务，去写一本论述沃普斯韦德艺术家们的专著，作为维尔哈根－克拉辛出版社出版的系列图书中的一本。最初是保利自己从事这项工作，但他遭到艺术家们的反对。他与出版商们商榷之后，现在让里尔克来做这项工作，与沃普斯韦德关系紧密的里尔克无疑会有更多机会获得成功。

这个主意吸引了他，并且他认为自己必须接受这个任务，虽然他仍迟疑不决，不仅由于他抵触自认为是苦工的工作，也由于结构上的困难：沃普斯韦德人很久以来就在不同的方向上成长，并且不再像 7 年前首次举办展览时那群志同道合的人那样好对付。他将它看作 5 篇独立论文构成的一系列作品（或者是 6 篇——卡尔·芬嫩一直拒绝任何形式的讨论，但如果他能够说服芬嫩，就会多一篇作品），他追寻着每个艺术家个人发展的足迹，因为他自己能够近距离地观察他们，并且通过沃普斯韦德的乡村和氛围将他们联系在一起，他打算将这些作为背景写在一篇导言中。没有终极的评判，因为他们仍在成长：他选择雅各布森《尼尔·律内》中的话作为他的题词："倘若公正地加以评判，最好的我们将位于何处呢？不，想想他吧，如同他处在你对他的爱最深沉的时日里。"[18] 福格勒的作品他当然了解得最清楚，并且事实上眼下就着手为达姆施塔特的一家期刊写一篇论述他朋友的长文章；他告诉保利说，莫德松、马肯森和奥弗贝克的作品向他"开启了许多有趣的视角"；而且他有很好的条件去了解更多关于汉斯·安·恩德和芬嫩的作品。[19] 到 1 月底，除了芬嫩，所有人都答应了他的要求，他开始起草他的导言。他勤奋地投入工作——"一半是享受，然而一半是苦差"[20]，在 5 月底时完成了手稿。除了论述福格勒的文章之外，他的几篇文章仅仅显示出普通的才能，这不是他的错，并且很难因为他没有论述葆拉·莫德松－贝
85 克尔而去谴责他（不过他受到了谴责），她总有一天会被认为是来自沃普斯韦德的唯一有持久价值的艺术家。

毋庸置疑，酬金给他带来巨大的帮助，并且他此时也收到了来自布拉格"孔科尔迪亚"协会的一笔可观的拨款，这是对他之前直接申请的回应。1902 年的起初几个月，他确实不缺少其他赚钱的机会。不来梅、汉堡和柏林的报纸请他写评论，在其中他表现出自己作为一个有洞察力的批评家的才能，尤其是认识到托马斯·曼小说处女作《布登勃洛克一家》中显示出来的天赋，以及埃伦·凯《儿童的世纪》（*Century of the Child*）的重要性。2 月他论述梅特林克的讲座参与人数众多，并且还上演了《贝娅特丽克丝姐妹》，他亲自导演了这出戏剧，并且为之写了一部配对的**节日戏剧**，花费了很多时间，但除了一批优秀观众彬彬有礼的尊重，以及一份重印的演讲稿之外，没有带来回报。但令人鼓舞的是，容克热情地接受了《影像之书》，并且，虽然没有满足里尔克的请求——给他提供做审稿编辑的固定工作，但这个出版人至少提供了赚钱的希望，让他为他们的书目写推荐。他也同意出版年轻的慕尼黑批评家威廉·米歇尔的一本文集，在其中作者将里尔克描绘成一个重要人物。平心静气地去看的话，事实上，在夏天布拉格的补贴终止之后，里尔克

的文学活动表明他完全能够供养自己和他的家庭，甚至在没有固定工作的情况下，例如，另一个来自保利的建议是让他去《不来梅日报》做副刊编辑。当然，在多数处在他这种环境中的人会认为纯属浪费的那些方面，他看起来很少努力去节省。例如，请茨温策尔画肖像的计划在 3 月如期进行，尽管这项工作没有费用，但里尔克大概也不无开销，而且他早些时候充满绝望的信中描画的贫困的威胁，也没有阻止他雇用一个女佣人。

事实上，家庭的幸福生活和为了谋生而仅仅去做一个写作的记者，他从中找不到自己寻求的道路。他希望得到一个对他有足够信心的出版商的赞助，给他提供经费以进行“一年的安静工作”，“给予我可能去取得我现在确信自己能够取得的进展”。[21] 但即使出现这样一个乐善好施的人，有多余的财力并且准备将它们押在一个非常成问题的回报上，里尔克显然也绝不会找到自我，假如他仍然以一种“平常的”关系和克拉拉绑在一起的话。可以很好地认为他们的婚姻是彼此孤独之守护者。但在他第一次绝望地请求援助时——当时金融风暴在 1 月席卷而来，他已经预见到他们需要解散家庭，彼此分开，让每个人都去寻找他们自己的孤独，这样他们都能完成自己的使命。他认为，倘若两个人在一起，随着他们周围的潮水上涨，他们定会被淹没，现在他发现，他们能分别走上海岸——这个结论定会让他那些忙于寻找救生圈的朋友（如保利）感到烦恼。他知道，他的作品是独居者的艺术。他的“文学”努力化为泡影，他深深地感到自己远离一切团体或运动：“我就是我自己的圈子， 86
是一种内部的运动”。[22] 因此，家庭的解散——与他通信的人多半会认为这是一种夸大其词的恐惧——事实上是一种愿望的下意识表现，他本能地认识到这样做——对普通人来说是难以想象的一步，对他来说是恰当的解决方案。婚姻曾经看起来是“一个必需之物”，但很快就暴露出一个将会伴随他一生的问题，亦即他与女人和外部世界的全部关系：在“伟大作品”和普通生活之间有着不可调和的冲突。

我们不知道克拉拉对此有何感受，但她受里尔克观念的影响如此之深，以至于她完全没有异议（“难道这就是爱需要的吗，”葆拉曾写信给这位如今看起来不再属于她的朋友，“你应该变成与你的恋人一样？”[23]）；早在4月，他仍然致力于写作沃普斯韦德专著的时候，他们就做出了决定。他将会接受另一个来自舍奈克－卡罗拉特一家的邀请，在6月期间暂住他们位于哈塞尔多夫的庄园，为《沃普斯韦德》做收尾工作，修改《影像之书》的校样，此时克拉拉带着孩子去拜访阿姆斯特丹的朋友们；夏天其余的日子将会用于在韦斯特韦德处理他们的事情，秋天他们将移居到独自的“工作生活”中——去巴黎，可能将露特留给她的祖父母。

在从哈塞尔多夫寄出的一封信中，他告诉保利他们想重新开始之前的“单身”生活，如有可能就在同样的地方，这样的话，“每个人都能根据其工作和工作需要去过自己的生活……那将会使事情变得更简单，并且两人都能获得进步，反之，这种精疲力竭、焦虑不安的共同生活是一种危险而无望的停顿。我全心全意地相信克拉拉·韦斯特霍夫作为一个艺术家，能够达到最伟大的高度，正是怀着这种信念我和她走到了一起，我不是要妨碍她并且让她变成一个‘家庭主妇’，而是相反，去帮助她平静地、安全地沿着她怀着莫大勇气选择的道路走下去。”[24]毫无疑问，这是一个足够真诚的目标；但是人们很难摆脱这种感觉，那就是，与他自己渴望孤独之路的至高无上的利己主义相比，这个目标只是第二位的。因为，在同一封信里，他承认自己不知道“克拉拉·韦斯特霍夫这个冬天的计划”是什么。此外，保利对克拉拉有很多的帮助，为了装点自己的博物馆，买了她的福格勒半身像，并且给她提供了建学校的地基；很有必要强调一下他对她未来的关心，当他说明为什么办学校的计划不可行之后，又去寻找进一步的援助，以帮助她获得某种形式的赞助基金。

无论如何，巴黎是他将要去的地方，不管对克拉拉来说事情的结果如何。一开始，他可以去那儿做什么的想法和他的生活展望一样不明确。“我期待对我的俄国工作和一切别的事物有很多帮助，”他在5月份时曾写信给霍利切尔，“在这儿我总是缺少必要的帮助，比如说图书
87 馆……在那儿我将找到充足的我需要的一切，此外还有孤独。”[25]但就

在他还在哈塞尔多夫时，就形成了一个更具体的计划。布雷斯劳的教授里夏德·穆特在上一年的秋天，去不来梅做完讲座之后，曾去他在韦斯特韦德的家里做客，他正在编辑一系列关于艺术的专著，在其中有一本是关于罗丹的。接近这位法国大师的机会是他们决定前往巴黎的一个重要因素，并且克拉拉已经写信给罗丹，附有她作品的照片，去征求他关于她前途的意见。现在是 6 月份了，穆特正式委托里尔克从事这项研究，虽然很可能不会立刻给他带来经济上的缓解，但这是一个他需要的基础，在上面建造仍然前途未卜的未来。他立马写信给罗丹，强调接受这项任务是巨大的荣幸，完成它是“我最迫切的渴望之一”，请求这位“德高望重的大师”就书籍阅读和在何处获取他作品的复制品给出建议，并且告知罗丹他打算在秋天前往巴黎拜访他，埋头学习他的作品，尤其是绘画。他没有忘记提到克拉拉也希望得到建议。很快，他就万分高兴地收到一封亲切友好的回信，信中鼓励他们两个人前往巴黎。[26]

1902 年 7 月，《影像之书》出版，在与容克的通信中，他们讨论了该书的大量细节如纸张的选择、装订、字体等。倘若不是他坚持整本书用大写体[1]排印，本来能更早出版，他的要求给印刷工带来了巨大的困难：每一个单词都有它的意义和重要性，他告诉出版商，甚至是最不起眼的单词都必须竖立着，“像一座纪念碑”。[27]在书的外观方面，他也坚持做到最大程度的简洁，唯一的装饰就是福格勒设计的喷泉图案。他反对容克提前订购的建议，因为他认为这会让一本题献给霍普特曼的书显得缺乏品位；但是他同意这个版本的印量应该限制在 500 本以内，并不打算面向范围更广的公众。这本诗集的制作过程极为细致，选录了过去 3 年在迈宁根、施马尔根多夫和沃普斯韦德写下的诗歌：“俄国事物”（一系列关于沙皇的诗）；献给少女的诗歌；为克拉拉朋友写的以死亡为主题的安魂曲；以及写给葆拉的一首诗。即便充满各种各样的影像，

---

[1] 大写体（upper case），也称作“上层字盘体”，因为西方在活字印刷时期，凡大写字体都会放在检字抽屉的上层，故也有此别称。整本书都用大写体印刷的情况并不多见，所以会给排版和印刷带来困难。

但这本诗集给人最深刻的印象唯有忧郁，而不像《为我庆祝》那样充满欢乐的气息——童年的忧郁，“家族中最后一个人”[1]的忧郁，在上一年年底困扰着他的极度的抑郁——并且在结尾部分有那些经常被引用的描写**死亡**的诗行：

死亡很大。
我们是他
发出笑声的嘴巴。
当我们以为自己在生命中时，
他敢于在我们中间
哭泣。[28]

88 事实上，这是与他如今业已结束的一段生活告别，尽管他并不那么认为，并且事实上他将会把在巴黎和瑞典写就的诗歌，补充进这本他怀着深厚情感的诗集，以便在后来出版另一个版本。

这个夏天余下的日子过得很快，他的心情转变了——由于热切地期待在巴黎等待着他的、向一个伟大艺术家学习的机会，并且他“完全沉浸在罗丹的艺术中，我越了解他的作品，就越是深受他的影响”。[29]他竭尽全力帮助克拉拉去获取她需要的赞助金，但他们的努力还是失败了，因此她是否能来巴黎很成问题；然而他不改初衷。罗丹将在10月份离开巴黎，因此他决定，无论如何，在他离开之前去拜访他。更多的评论和文章有助于提供维持最低生活的资金。“我知道，我手中的笔强健有力，足以负载着我：但我决不为时过早地滥用它，必须给它成长的时间。”[30]这是一种非凡的自信，唯有在历经坎坷之后，这种自信才合乎情理。他出发了，孤身一人去巴黎，时值1902年8月26日。

[1] “家族中最后一个人”（“last of a line”），暗指里尔克的小说《最后一个》中叙述的故事。

第三章

巴黎、罗马与瑞典

1902—1905

“我们必须一直工作”……我能够做到吗?

（致克拉拉的信，1902 年 9 月 18 日）

一

> 巴黎是一座沉重而又沉重的城市，一座焦虑之城……对整个城市来说，罗丹屹立着，如同一个巨大、平静而有力的对手。
>
> （致奥托·莫德松的信，1902 年 1 月 1 日）

“我只是在等待：将会发生什么呢？”他一到就马上写信给克拉拉，说他找到一个朴素的房间，住着礼貌友好的人们——“三个，或四个，我一去就避开了，我没敢去数”——在图利耶大街上的一个小旅馆，靠近索邦神学院，在那儿他可以把晚上的时间用于阅读和写日记。“思考、休息、孤独，我渴望的一切。”[1]他搜寻着自己长久以来想去参观的地方：卢浮宫、巴黎圣母院、卢森堡博物馆，所有这些都是第一次见，然而却有一种似曾相识的感觉。但这座“陌生而又陌生的城市”给人的压倒一切的印象是充满了疾病和死亡，这个地方似乎到处都是医院。“我现在明白，为什么魏尔伦、波德莱尔和马拉美经常描绘它们……你突然感觉到，在这座巨大的城市里盘踞着由病人和垂死者组成的大军，以及大批的死者。”[2]巴黎应该比其他任何城市都更有活力，但活力未必意味着生命本身，它不过是一团漫无目标的激情。他认为罗丹将会是关键，是位于中心的圆，一切都绕之旋转；去拜访罗丹的想法在接下来的几天里战胜了他的焦虑。

他立刻感觉到，这是一个他与克拉拉能够工作的地方。她犹豫着是否去跟随他，对此他坚定而乐观。“你必须来……你需要的无非是一个安静的工作室而已，外加在邻近工作室的、也不用太舒服的某个地方睡觉……我们必须结束虚弱无力的状态，再次开始我们的生活。”他们努力布置住所，按照习惯去安置家具，这让他们奔忙不停，累得筋疲力尽，当他们终于坐在打理好的房间里时，却感觉茫然若失。“现在，让我们别做什么准备了，直接开始工作吧。”他们不为一起度过的年月感到后悔，那是生活必要的一部分，“并且我们看到了生活给予的最高之美”；但他们依旧怀着崇高的目标，“将一切给予了艺术，而未给生活
90 留下任何东西，这总让我们感到悲哀和沮丧”。艺术能够从一切事物中，甚至从巴黎给她带来的焦虑中被创造出来。[3]

罗丹最初在他位于大学街的工作室接见了里尔克，他暂时中断自己的工作，怀着坦率的善意与里尔克交谈；尽管里尔克的法语尚不算流利，但他似乎对罗丹一见如故。他立刻喜欢上了罗丹：让人印象深刻的诸多外貌特征本身就像一座雕塑，他的话语让人觉得他很年轻，笑得“像一个得到礼物的孩子，一半是难为情，一半是高兴”，尤其是他的双手，带着手势，仿佛他永远在进行加工和塑造。这儿放着的作品，即便是最小的作品，看起来也“伸展出工作室，进入了永恒”。当他第二天去到默东别墅时，罗丹的伟大作品给他留下的印象是多么强烈啊。克拉拉曾在万国博览会见过的罗丹的展出馆，如今竖立在花园里，几乎填满了整个花园，“所有那些耀目的白色雕像从高高的玻璃门里往外看，就像水族馆里的众多生物”。大理石、石膏模型，以及几个箱子，里面装有“地狱之门”华丽的残片，真是由众多作品组成的一支军队；一排接一排的习作，满是胳膊、腿和躯干，几乎没有一个完成的雕塑，然而“每一个都如此非凡地构成一个整体，以至于你忘记了他们仅仅是身体的一部分……这些财富，这一无限的、连绵不断的创造……这种纯粹而热烈的艺术表达，这种无穷无尽，这种青春……在人类历史上无与伦比。”[4] 罗丹在周围漫步的时候，不时找他交谈，但里尔克发现仍然很难去克服语言障碍。接下来的户外午餐对里尔克来说是一件奇特的事情。罗丹没有介绍他与罗丹夫人认识，她看起来很疲倦，并且**心不在焉**，也没有介绍他认识露面的其他客人；他的东道主之间有一种明显的紧张气氛，这让他想起托尔斯泰家的情景，但不管在这儿还是托尔斯泰那儿，他几乎

都不清楚这种情形背后的原因。然而，午饭后罗丹夫人的态度彬彬有礼，并且说无论他何时来默东，都欢迎他前来用餐。这是他决心要做的，因为可以看到如此多的艺术品，即便他发现这些绚烂的白色雕像给人带来眼花缭乱的印象，让人精疲力竭。

因此，整个 9 月期间，他经常去那儿，漫步于那些艺术品间，从罗丹业已收集的文件中寻找信息并做笔记，准备写他的专著。这位大师通常花一两个小时与他谈话，而且正是那些交谈给他留下了最深刻的印象。罗丹痴迷于自己的艺术，他坚持不懈地观察，并积累了许多微小的细节，从这中间产生了伟大的作品，这些确证了里尔克本能地认识到的、必须成为自己目标的东西。“当人们学着去轻视那些做现实工作的人之时，整个的工作观念就丢失了，”罗丹告诉他。“艺术家们尤其不再是本来意义上的工人：在整个巴黎，可能只有五六个人在真正工作，其余的人仅仅是在自娱自乐……而且没有一个人有任何耐心。但那就是一切：耐心和工作。对此我奉献了自己的青春，对此我奉献了生命中的每一个日子。”[5] 在孤独中才能完成这些工作，尽管他承认娶一个妻子可能是必要的。托尔斯泰家庭生活不光彩的一面，与罗丹在默东遭受的显而 91
易见的苦恼，让里尔克确定他已经得出的结论：你不可能同时拥有家庭幸福和艺术，这必定是非此即彼——并且，倘若你选择了艺术，那就在其中寻找你的幸福吧。

他在几乎每天都写的长信中，将所有这些告诉克拉拉，描述他如何度过自己的时光，力图加强她沿着同一条道路走下去的决心。他告诉克拉拉，环绕着我们的美只是一种氛围，而不是一种力量：对我们必须用艺术创造出来的美而言，它是一个敌手，“美带着渴望，等待着我们的双手，就像深井中等待水桶的井水，水桶将把它带上来，带到阳光底下，将它从一种惰性物质转变为天空、阳光和空气的一面明镜。”[6] 当然，让她做出这样一种改变并不容易，不仅因为缺钱，也因为他们孩子的问题，她不愿意将孩子托付给祖父母。她打算向埃伦 · 凯寻求建议和帮助，寄希望于《儿童的世纪》的作者也许认识某位接受了她进步思想的人，那人也打算来巴黎并且能够在那儿接管露特。莱纳有自己的疑虑：

让孩子生活在巴黎不健康的环境中是否明智，在巴黎，婴儿车中的孩子们在他看来，似乎是随处可见的病人和垂死者大军中的一部分；然而他在第一封写给那位瑞典教育家[1]的信中，对克拉拉的主意表示采纳，他解释了他们的境况，并且随信附上一份他针对她作品的评论。[7]这唤起了埃伦·凯的同情，因为她强烈地感到，一个婴儿不该与自己的父母分开；在她的建议下有一位毛遂自荐的瑞典女孩，但他们难以支付请这位女孩看护孩子的费用。他也再次写信给保利，要求对方尽快决定是否支付克拉拉向不来梅理事会申请的资金，以及索要她理应得到的出售福格勒半身像的余款。此时此刻，克拉拉不管各种困难，执意要出售韦斯特韦德的住所，对此，福格勒的帮助让她感到很高兴，尤其是他心甘情愿地为他们保留那些贵重的物品，避免它们遭受被拍卖的命运。最后，依靠一些有限的“私人赞助”（这些赞助来自保利和一撮不来梅的艺术爱好者，以及她的父亲——无论他对莱纳显而易见的无能做何感想，他都坚持帮助她，并且现在还同意看护露特），她才能够在 10 月初抵达巴黎。那时，莱纳已经找到了适合的住所，位于圣米歇尔大道和圣雅克路之间的莱佩神父街（rue de l’Abbé de l’Epée），为她准备的住处带有一个工作室。两人的住所是独立的，对此他们之前已经达成了一致，在这儿他们计划“像以前从没有工作过那样去工作”，以至于除了周末，他们平时几乎不见面。[8]10 月 10 日，他们一起去默东拜访，当时罗丹不在那儿。

完全不清楚这位大师如何看待他杰出的门徒。罗丹不会德语，因此从里尔克赠送给他的《影像之书》中，他并不能获得任何关于里尔克能
92 力的看法；里尔克结结巴巴的法语几乎不能帮助他理解。罗丹现在 62 岁了，是对方两倍的年纪，并且他一如既往，冷酷无情地确保自己的工作不会被打扰。然而，他显得宽容而且对里尔克颇有好感，提供给里尔克需要的材料，并且向他介绍了欧仁·卡里埃[2]。他将会很惊奇地发现自

---

[1] 指埃伦·凯。

[2] 欧仁·卡里埃（Eugène Carrière, 1849—1906）是法国象征主义艺术家，他是罗丹的密友，其作品影响了毕加索。

己针对艺术的直截了当的方法——“**必须一直工作，唯有工作**”——在他看来大概只是显而易见的事情，却给对方造成了如此深刻的影响。里尔克无法用口语恰当地表达自己的想法，绝望之余，他在9月11日给罗丹写了一封长信，信中带着“感激和快乐”，感谢罗丹向他揭示艺术家生活的秘密：“工作，就是活着而不会死亡”。在此之前，他热爱的工作只是一个稀有的节日，等待着灵感降临的创作时刻：现在他认识到持之以恒的勤勉能够唤起灵感，并且这的确是保持灵感的唯一方式。“你让我的生活和希望得以重生。”他将设法继续留在巴黎，一心只考虑达成这个目标，既为自己也为他的妻子，对她来说这也将同样被奉为圭臬。[9]

但是，他究竟能做到吗？他写信给克拉拉：他能找到像那样去工作的方法吗？雕刻家可以坚持不懈地工作，耐心地塑造黏土，或者雕刻大理石，直到它符合自己构想的形象：诗人如何才能以同样的方式开始工作呢？勤奋是一个指定的任务所必需的，这是一回事，为了准备写作关于罗丹的专著，他花了很长的时间待在卢浮宫和法国国家图书馆。但在诗歌创作方面去**工作**？去强求、去驾驭灵感？尤其是在这样一种他觉得严酷而冷漠的环境中，这与他的期望相左。巴黎——他一度梦想在这儿“像以前从没有工作过那样去工作”——仍然“无限陌生和满怀敌意”，是一座迷失之城，“如同一颗脱离了轨道的星星，冲向某种可怕的碰撞”。[10] 且不说他需要增加自己的收入，这种需要始终存在并且迫在眉睫。因为，穿过一条困难重重的道路，他仍能够保持追随罗丹身上表现出来的理想——作为一个诗人，目标是将经验转化为客观表现出来的“物”，它能够脱颖而出成为艺术作品，像一座雕塑一样独立在空间中——再次折射出几近于偏执狂般的专注，这是他从早年起就具有的典型特征。那个秋天写下的大多数诗歌仍然带有“情绪-映象”：城市的街道与他离开的遥远荒野相比，像是一个“比海底还深”的深渊；树叶仿佛是从“远在天堂的凋零花园”中坠落；夏天结束时，如果“谁没有房屋，将永远不必再造，/谁此时孤独，将长久孤独下去”。[11] 他将这些诗歌放在它们本该属于的地方，收入《影像之书》稍后的一个增订版。

但在 11 月，他新的抱负结出了第一颗果实——首部精心雕刻的作品，他恰如其分地称之为《新诗集》：黑豹在巴黎植物园的笼子中踱步，铁栅在它疲惫的眼前滑过，直到它感觉面前有一千条铁栅，在铁栅之外，再没有世界。

93 有弹力的柔软爪步，
在极小的空间不停转动，
仿佛力之舞围绕着一个中心，
在中心一个强大的意志变得迟钝。

但眼帘不时无声地
抬起——于是有一幅图像进入，
穿过四肢沉默的张力
抵达内心——化为乌有。[12]

这首诗是对观察的绝妙呈现，理所当然地被认为是一首最出色的“物诗”(Dinggedichte)，这种物诗源自他从罗丹那里得来的、诗人是“手工艺人”的观念。

12 月初期，他完成研究这位大师的作品，作品于下一年的春天出版，题献给克拉拉；在作品中，他认为罗丹再次实现了人类心灵对艺术由来已久的渴望，他的艺术“比言语和图画、譬喻和现象所能给予的更丰富：用物单纯地呈现出人类心灵的渴望和恐惧”，[13] 就像在古代、中世纪以及文艺复兴的雕塑中表现出来的一样。他展现了罗丹的前进步伐，从受委派去做建筑装饰——在布鲁塞尔的交易所，或去罗斯的公园里装饰一座纪念碑，就像他的前辈们致力于装饰哥特式大教堂——到完成一个自成一体的雕塑，完整而引人注目，竖立在三维空间里；他抛弃了传统的雕塑观念（姿态美，组合，“布局”），一心致力于再现他作品极其多变的形式的表面浮凸——“模塑”（“le modelé”），里尔克觉得这已经成为他艺术的最本质之物。这样的一生充满耐心、坚韧的勤奋，

“像一个唯一的工作日那样度过”[14]，这是里尔克追求的理想，这些构成了《罗丹论》最基本的主题，而且，这本专著也表现出里尔克对视觉艺术敏锐的感受力。但《罗丹论》仍然是一个诗人理想化的作品，对罗丹所经历的奋斗以及他作品引发的争议，该书缺乏一种真正深刻的评价。

入不敷出仍旧是个让他不得安宁的问题。这本专著将给他带来少得可笑的 150 马克，即便他餐餐素食，且不饮酒，这些钱也只够一个月左右的伙食费。他继续为不来梅和柏林的报纸写评论，维也纳的《时代》在 11 月刊登了他的另一篇关于俄国现代艺术动态的文章。年底时，容克给他提供了工作，校对一个译自丹麦语的译本，以及其他诸如此类的任务，包括在新年时听从这个出版商的建议，去做编辑工作。1903 年 1 月，他强烈地抗议一本在斯图加特出版的选集未经授权就收入他的十首诗歌，其中一些还被任意添加了标题，他没有忘记要求对方支付最低限度的酬金：一行诗歌 50 芬尼[1]。[15] 如此微小的进账，使得他恰好能勉强维持生计；虽然长期住在巴黎看起来不太可能，未来也尚 94
不确定，但他告诉容克，他打算留下来，至少住到春天。他与克拉拉没有如预料的那样去上诺伊兰与露特一起过圣诞，这很可能是由于他非常反感去重新过家庭生活（尤其是与他的岳父母一起），同时也非常缺钱——因为他们在 1 月设法一起去布列塔尼消磨了几天时间。并且，像往常一样，他以慷慨的姿态寄送自己的作品，不考虑节约费用。在他的要求下，容克给埃伦·凯推荐给他们的瑞典女孩寄了一本《影像之书》，这个女孩如今离开巴黎去了美国（“我想要我的诗歌陪伴着你”[16]）。同样，在埃伦·凯给他写信，热情地谈论《亲爱的上帝的故事及其他》之后，他也给她寄了一本《影像之书》，外加一本《最后一个》。在此，他可能有更多的物质上的考虑，因为埃伦·凯对他作品的关注也许承诺了更多的物质援助。

虽然他决心像罗丹那样工作，但却难以强迫着自己去写作。“在我

[1]　芬尼（pfennig）是德国的辅币单位，100 芬尼等于 1 马克。

的写作和日常需要之间有一种关联，仅仅是这种感觉就足以让我不可能去工作。我必须安静地等待灵感的召唤，而且我知道如果我迫不及待去写作，灵感将永远不会到来。”[17] 克拉拉至少有他所缺少的工具，而且一步一个脚印地工作着，即使只是偶尔有任务可做；但她的快乐也因他的抑郁而蒙上了阴影，他在 2 月感染了严重的流感，心情更为抑郁，巴黎对他来说越来越难以忍受。葆拉 · 莫德松为有机会重访巴黎而处在天真的快乐中，她难以理解他们身处这样的环境还“郁郁不乐”。一年前，她没有向他们掩饰自己对莱纳的失望，因为他习惯于将自己的个性强加给克拉拉，她认为克拉拉放下了她原有的自我，“像一件斗篷，任她的国王随意使用”。因此而导致的疏远曾经对他们来说都很痛苦，在里尔克写了一封长信作了申辩，扫除了障碍之后，他们对她抵达巴黎感到高兴，因为他们的友谊能够和好如初。但她清楚地看到，这座城市给他们两人带来了沉重的焦虑。他们看起来注定永远都不快乐，她写信给她的丈夫说。[18]

依旧在等待着完成
生活交给我的使命

引用了莱纳当时写的一句诗；此外还有

哦，我想将自己的声音
从它混乱地消失在其间的世界中抬起：
我的生活紧贴着的事物，早已遗失，
我知道，我的时间正在流逝。

从可疑之物中奋起
我感到最终的裁判在逼近：
唉，我的手被从我的身体
撕离，因为它活着，却一事无成。[19]

经历这样的抑郁消沉，他还是牢牢地坚持自己的理想。维也纳新城 95
军事学院（Wiener Neustadt Academy）一位年轻的士官生弗朗茨·卡普斯写信给里尔克，就自己的诗歌征求意见，里尔克给他回复一封充满关切的长信，在信中他强调，对真正的诗人来说，内心的召唤和孤独的献身精神必不可少："走进你的内心，探察你生命源头的深处——在那儿你会找到问题的答案，你是否**必须**创造。接受生命之源给出的答案，不要试着去解释。也许你受召为一个艺术家。那就接受加之于你的这个命运，承担起命运的重负与伟大，永远不要问可能会有什么报酬来自外界。因为创造者自身必须是一个世界，并在他自身中找到一切……"[20]

关于罗丹的研究结束之后，他感觉自己必须逃离巴黎的压力，至少暂时地离开，去某处更暖和的南方气候里恢复健康。他想去西班牙，甚至写信给艺术家伊格纳西奥·苏洛阿加寻求建议，里尔克在不来梅和巴黎时曾经很欣赏他的作品；但最后他选择了去更便宜也更熟悉的意大利。留下克拉拉一个人，她还在做一项委托制作塑像的任务。他先去了热那亚，然后去圣马尔盖里塔利古雷，徒劳地试图避开德国游客的洪流，并最终抵达维亚雷焦，这个地方在5年前曾给予他那么宁静的孤独。他担忧维亚雷焦是否可能已经发生了改变，但这种疑虑很快就在周日清晨明媚的阳光中烟消云散：同样的少女们手挽着手在散步，渔夫在**客栈**（*osteria*）前面唱着歌，大海喃喃低语，为言语和沉默安排了舒适的背景。他之前住的佛罗伦萨旅馆确实已经搬走了，但马尔法蒂夫人认出了他，在一家更靠近大海的旅馆款待他。起初他仍然被一些冒失的话匣子烦扰，这次是英国人，他可以逃到自己在林荫道尽头租来的海滩小屋里，终于可以享受不受打扰的宁静，这是他来这儿的目的，他在平整干净的沙滩上伸展赤裸的双足，甚至在无人经过的时候裸泳。

逃离城市的压抑气氛就足以立马让他得到康复。他原本打算逗留两三个星期，后来延长到远超过四个星期，不管越来越多变的气候，偶尔还有暴风雨天气，并且他毫不内疚地请求他父亲资助他度过这段困难时期。他频繁写给克拉拉的信件中显示出一种更轻松的心情，有时还带有一种很久没有的幽默。他尚不清楚他下一步的工作会是什么，也许是研究卡里埃的作品，或者去西班牙访问一次之后，写一篇关于苏洛阿加的研究，但他感觉只有继续待在巴黎的孤独中才能够找到目标，尽管巴黎有许多缺点。在城市中感受到的孤独与他在这儿找到的孤独一样完美，但首先孤独要“再次变得坚固和牢靠，像一片杳无人迹的树林，从不担心会有脚步声”。[21]

在出发去南方之前，他返还给容克一些稿件，这是容克之前请他审阅的。在维亚雷焦的最初几天，他一丝不苟地完成了这个任务，一旦卸下了责任，他再次找到自己工作的灵感。在4月的一周时间里，他写下了更多的“祈祷诗”，亦即《贫穷与死亡之书》（*Das Buch von der Armut*
96 *und vom Tode*），构成《时辰祈祷书》的第三部分。他感觉自己被深深地埋在群山粉碎性的重量下（坐火车穿过热那亚的隧道时产生的幽闭恐惧感激发了这个意象），呼喊道

难道我正身处玄武岩中
仿佛一块尚未被发掘的矿石？
怀着敬畏，我感受你岩石的皱褶，
你的坚硬无处不在。

或者这是吞没我的恐惧？
深沉的恐惧，来自太过巨大的城市，
你将我抛入其中，淹没至下颌？

祈祷者等待着从城市里被拯救出来，在城市里一切都是舛误，人们反常的生命带给他们一种反常的死亡：

主啊，赐予每个人他自己的死亡，
那出自他生命的死亡，
其中一度有他的爱、价值和苦难。

因为我们不过是树叶和表皮。
而那伟大的死亡，每个人体内的，
那就是果实，一切都围绕它旋转。

接着往下就是赞美贫穷的颂歌，“一种伟大的内在的光辉”，赞美“如同一个祭祀神殿的穷人的屋子”以及阿西西的圣方济各，“穷人伟大的黑夜之星”。[22]

就像第一部“祈祷诗”，这些主题对许多读者来说展示出与基督教的亲密关系，的确，在对贫穷的赞颂中，里尔克尽可能地靠近他以前拒绝的正统信仰；1905 年，当《时辰祈祷书》最终完整出版时，这三个系列的诗歌似乎形成了一个有机的整体。然而，尽管诗歌充满召唤的力量，但传达的信息仍然很模糊。1904 年，埃伦·凯请他就灵魂不灭发表自己的看法，正如他在回信中所说，他没有准备好坦白自己：“在一切诸如此类的确定的观点中，有某种决定性的东西，但我觉得自己根本不是终极的和确定的，相反，我完全处在转化之中。我希望有一天找到属于自己的方式去表达所有这些事物。”[23] 他后来的作品有很大一部分是这个主题的变奏。正如莎乐美所认为的，“每个人自己的死亡”这个观念很可能来自雅克布森（像往常一样，他的小说在维亚雷焦伴随着里尔克），代表着“一种恐惧死亡的反应”，并且也是“一种褪色的灵魂不灭的希望”。但他从未放弃追寻生命和死亡的意义，一直相信生与死本质上是一体的，是同一个硬币的两面；即使在生命的尽头——再次依照莎乐美的话——他可能会“无望地”死去。[24]

《修士生活》与《朝圣者之书》在俄国和沃普斯韦德、韦斯特韦德 97
经历的激励下一挥而就，同样，如今在经历巴黎的苦涩，目睹它贫困的惨状以及“垂死者组成的大军”之后，他匆忙写成了《贫穷与死亡之书》。从这方面来说，这是一种旧病复发：远非以罗丹为榜样创作的“艺术之物”，而是用言语重现了观察到的生活，在此，他依然是灵感的工具，这种灵感源自他内心的观感，以一种风格呈现出来，正如他后来所说的，灵感致命的随意性会让他永远以这种依靠灵感的方式工作下去。

但理想仍然在前方；他将会返回巴黎，现在对他来说巴黎不那么令人恐惧了，但他已经开始再次考虑秋天和冬天的时候去意大利，也许甚至去罗马。他除了阅读雅各布森和圣经，如今又增加了佩特[1]的《想象中的画像》，以及一本论述达·芬奇的著作：并且，正如在他的专著出版时，他写信给罗丹所说的，大师的作品始终占据着他——这本书曾经是“一扇窄小的门，通过这扇门，大师的作品进入我的生活，从那一刻起就存在于每一个工作、每一本书中，也许它赐予我走向完善的可能。”[25]

埃伦·凯的信跟着他到了维亚雷焦。自从里尔克第一次求助于她起，她就对他的生活和作品产生了强烈的兴趣，而正如他说的，他像一个儿子一样，越来越频繁地求助于她，他觉得她的影响力能够以某种形式给他带来帮助。她索要他的作品，并且询问他生活背景和人生抱负的所有细节；早在4月，他就将《罗丹论》给她寄了过去，并且额外寄了一本，请他转交给哥本哈根的格奥尔·勃兰兑斯。随书寄过去的是一封极长的信，与差不多十年前写给瓦丽的那封信大同小异（当初写给冈霍费尔的也大致如此）：同样的一个故事，讲述黑暗的童年，在军事学院的牢笼中度过的五年，以及他追求自己选择的道路的决心，尽管他过着朝不保夕的生活——似乎命中注定如此。他究竟能够从埃伦·凯那里得到什么实质性的帮助并不清楚，但他书信中的自我分析，无疑对治疗他因城市引起的精神衰竭有所帮助，而且当他于月底途经阿维尼翁和第戎返回巴黎之后，他感觉自己重新找到了安宁。

但巴黎不会那么容易就被征服。有几天，压抑的感觉卷土重来，他觉得自己身处一个“喧嚣刺耳的巨大监狱”。即使春天似乎也立刻变成了一个“反常而丑陋的秋天”。[26]对他来说，1903年的美术展览仅仅因为有苏洛阿加的作品才免于平庸，这位现身巴黎的西班牙画家成了他忧郁生活中唯一的光明。6月，他与克拉拉决定，等她手上的任务一完

---

[1] 沃尔特·佩特（Walter Horatio Pater，1839—1894），英国散文作家、艺术和文学批评家、小说家、其代表作有《文艺复兴》（*The Renaissance*）、《想象中的画像》（*Imaginary Portraits*）等。

成，就立马搬回德国，但尚未决定搬到哪儿——他在写给格哈特·霍普特曼的信中说，家庭关系并不能激发他返回上诺伊兰和露特身边，他们认为德累斯顿的魏瑟尔－希尔施疗养院也许能再次帮助他恢复状态。不来梅的理事会即将再次给她一份补贴，有这份补贴他们也许有可能在秋天的时候，去罗马待一段时间；因此，他一再要求罗丹来参观克拉拉的工作室，并提供一份表示支持的推荐书。6 月底，他们选定了沃普斯韦德——在那儿，福格勒带着他一贯的好脾气，准备款待他们——打算将 98
这儿当作暂时的避难所，度过夏天。

巴黎带来的神经衰弱症究竟有多严重，也许可以通过下述事实来衡量：在两年多的沉默之后，他情不自禁地再次写信给莎乐美，回顾她“最后的问候”中的承诺，而且明显地感觉到自己靠近了皮内莱斯预见到的危机。“几个星期以来，我都想写下这些话，但却不敢，害怕还有点为时过早：但谁知道我是否会在最艰难的时刻求助于你？”当他们返回德国的时候，他能够去看望他们吗？如果不能，她能告诉他皮内莱斯的地址吗？她回信了，简短然而令人欣慰：任何时候都欢迎他，无论在失意之际，还是在快乐之时，但她建议他们应该首先通过写信交往。“像我们这样的两个相互熟络的小文人，不用虚伪矫饰，你想向我倾诉任何事情，都可以直接来找我，就像曾经那样——露。”6 月 30 日，离开巴黎的前夜，他向她倾吐自己深重的烦恼，他感到她是唯一能理解他的人，在信中，他解释了这些烦恼意味着什么，请她告诉他，他应该怎么做。需要说的太多，他的生活似乎历经沧桑，而不仅仅是只过了两年——“然而我没有更成熟，没有在处理日常生活的时候变得更出色，也没有更勤奋：在生活中，我仍然是一个起步者，而且我生活得很艰难。”[27]

这封信，以及那些在夏天从沃普斯韦德写来的信，属于他曾经写过的信中最出色的那一部分。写给非常了解他的莎乐美的信，不需要有意地风格化，在给其他人，如给埃伦·凯写信的时候，这种风格化掩盖了他的“告解”。她愿意倾听，这让里尔克颇感宽慰，他将一份自己的记录着异常病症的详细病历寄送给她，试图描述心理焦虑和身体紧张的相互作用，这将他带到了那个无法越过的关隘。“我写了一本关于罗丹的书，一本不错的书。然后我带着平静而坚定的努力，继续做我的工作，当我觉得自己的努力未能成功时，就变得非常沮丧。这座城市站在我生活的对立面与我对抗，就像一场我没有通过的考试。”他描述那“无止尽的夜晚，发着高烧，内心充满巨大的焦虑”，去维亚雷焦休养之后，慢慢恢复过来，紧接着是一些奇怪的症状，最初他认为仅仅是自己想象出来的，那是一些身体上的异常现象，他通过意志的力量暂时克服了这些症状。“然而，某种极为恐怖的东西袭来，一次又一次，从来没有真正离开过我”：就像在他童年时期生病时，那些发烧的夜晚中巨大而不可名状的恐惧，只不过，现在它们在他感觉尚好的白昼袭来，“抓住我的心，将它抛到虚空中……一切都变了，从我的意识中消失了，我感觉自己被逐出了这个世界……去到另一个不确定的、充满无名恐惧的环境……我仿佛不认识任何进入这个世界的人，仿佛所有人也都不认识我，我就像一个死在异国他乡的人，孤独而多余，像来自另一种关联的碎片。”而且，他害怕她曾经说过的“最糟糕的时光”可能会在那个另外的世界里到来，这样的话他就永远无法从那个世界返回。”[28]

不用害怕，莎乐美回信说，很可能是流感导致他陷入这种极度抑郁
99 的状态。但她鼓励他继续写作，写作本身会有一些帮助，尤其是写信给某个“家庭洋溢着欢乐”的人，“因为我从来没有任何力量，莱纳，所有的力量都来自快乐”。他试图听取她的劝告，告诉她说，在沃普斯韦德度过最初的两周之后，他克服了自己的恐惧：但身体的症状比之前更糟糕：偏头痛、严重的牙痛、眼痛，最后还有咽喉痛和狂躁。他认为，身体和精神的异常状况的背后，可能隐藏着某种循环系统的紊乱。尽管一个为他准备的安静的小屋终于给他带来一丝抚慰，但巴肯霍夫不再是从前那个宁静的天堂，福格勒的妻子怀着第二个孩子，即将临盆，他们的第一个孩子与露特差不多大，在花园里“咿呀学语”。他身体刚见好转，他们就计划去上诺伊兰与韦斯特霍夫一家一起住一个星期，尽管他们渴望借此机会稍微了解一下他们的露特，但他害怕不可避免的家庭分歧给他带来打扰。“我不想再次不会面就离开，尽管会面无非是另一次

告别。我需要一种快乐，我将会紧紧抓住并且保存这种快乐，在别处我怎能找到这样一种真正属于我的快乐。”29

与此同时，他告诉露，他将努力工作，也许继续做他已经开始的工作，翻译俄国的《伊戈尔远征记》。但就在几天后的下一封书信中，他吐露了自己感到烦恼的真正原因：巴黎生活势不可挡的恐惧，他所掌握的巴黎生活的每一个细节，以及他没有能力跟上罗丹的脚步，“将憧憬和恐惧呈现为物”30，并且也无力将观察到的事物转化为客观的艺术作品——“从恐惧中创造出物”。他在写给露的信中，生动细微地回忆起这座巨大城市“令人绝望的、丑陋的环境”，人们在这种环境中遭受磨难，仿佛是“坍塌的女像柱的残骸”，“在痛苦的整个巨大庙宇下，人们像乌龟一样不紧不慢地过着一种迟钝的生活”：大批大批的病人和垂死者，年老的妇人拿着沉重的篓筐或可怜的废品出售，她们的眼睛“干涸了，像两个水洼”，匆匆走过的人们精神恍惚，“也许从疯癫走向痊愈，也许走向精神错乱”，在他们中间，他感觉到彻底地孤立无助，车辆仿佛直冲着他驶过来，从他身上碾过，带着轻蔑，“就像碾过一个满是污水的坑洼”……“唉，露，我饱受煎熬，日复一日。因为我理解所有那些人……我被从我自身中撕扯出去，进入到他们的生活中，彻底地体验他们所有人的生活。”一个深受舞蹈病[1]折磨的男人沿着大街往前走，其强迫性的动作让里尔克感到震惊，他难以抗拒地跟随着那个男人，觉得精疲力竭，“仿佛另一个人的**焦虑**压在我身上，耗尽了我”。“要是我能够将自己确实经历过的恐惧**创造**出来，能够从恐惧中创造出一些作品，那该多好……但这些恐惧，每天都降临到我身上，激起千百种其他的恐惧。”31

莎乐美立刻认识到，正是**写作**的行动将他推向了拯救之路，向他人吐露这些印象本身就是将它们转化为他想要的“物”，无异于创作一首诗歌。诗人，她写道，从人们的诸多恐惧开始创作。他寻找的现实已 100

[1] 舞蹈病（St.Vitus’s Dance，医学上一般称作chorea）也叫圣维杜斯舞蹈病，患者多为儿童和青少年，临床特征主要为强迫性的舞蹈动作。

经在他之中："你已经变得像是大地上的一小块土地，一切事物都注入它——无论是破碎的、受挫的、令人厌恶的，或仅仅是废弃的事物，必定会结合在一起，共同滋养播下的种子。如果起初他们看起来仿佛是覆盖着心灵的垃圾堆，这不要紧，它们全部会变成腐殖土，变成你。你从来没有像现在这样，离健康那么近！"[32]他是否也不知不觉地拥有这种感觉，因为他对巴黎带着强烈印象的长信，几乎逐字逐句地转化成他最终用来描述这种震惊经验的"作品"——《马尔特·劳里茨·布里格手记》。但在他能够以此最终克服危机之前，这种状态将会持续很长的时间。

此时，在他看来，"我经受的一切都深深地坠落进我内心，年复一年地坠落、坠落，到最后我没有力量将它们从我自身之中托举起来，于是我带着我负载过重、从未抵达的深渊，不安地四处漫游。"[33]正如他预见到的，7月末的上诺伊兰之行对他毫无帮助，他岳父暴躁易怒的脾气毁了他们与露特重聚的快乐。福格勒第二个孩子即将出世，促使他们在8月初就返回了巴肯霍夫。要想实现去罗马过冬的计划，他们就必须节省钱；曾经宽广而令人心动的沃普斯韦德乡村，如今不管怎样都显得很狭小；当时福格勒沉浸在家庭生活中，他的作品逐渐失去锐气，巴肯霍夫的日常生活变得更加安于现状。现在，莱纳告诉露说，他认识到将自己与亲属和家绑在一起是怎样的一个错误："我的家除了是一个我必须为之工作的异乡事物之外，还是什么呢？我的亲属不就是那些拒绝离开的访客吗？……我对谁来说会有一点意义呢，如果我对他们没有使命也没有权利？"罗丹时期之后，他知道不会再有为他准备的现实，除了自己的工作——那就是他的家，"在那儿，诸多人物真正地与我亲近，有我需要的女人以及将会长大并且长久生活下去的孩子"。但他如何找到通往它的道路呢？如何将他的溪流聚集起来注入单一的巨河，而不是分散开来，消失在千百条不同的水渠里呢？[34]

不管怎样，他必须学会如何工作，像罗丹那样找到属于自己的工具，"我自己的锤子，能让我成为大师"。在读过他的《罗丹论》之后，露正确地看到他与罗丹的相遇，加上巴黎本身，成为他烦恼的主要原因：他的艺术不可能采取同样坚固的形式，这引发了身体和精神两方面的紊乱。“但我必须跟随他，不是通过将我的创造力转化为雕塑，而是学着从内在去整合艺术创造过程”，学习观察的耐性，以及一种持续的、稳定的、日复一日的勤奋，最终将观察转化为艺术。[35]意大利也许指明了道路——去游览罗马的历史古迹，然后，留下克拉拉一人在那儿过冬，他自己前往某处更安静的庇护所，找到某种“容器，在其中我能够让自己聚精会神”。[36]

他所寻求的仍然不可企及，生活的实际问题依旧没有得到解决，但莎乐美直截了当的明智分析消除了他的恐惧，他本来已经对自己的病况 101
感到绝望。现在，他与韦斯特霍夫一家的交往越来越让他感到烦恼，受这种烦恼的驱使，他决定提前动身，走一条更迂回的路线去意大利。他的父母像往常一样，正在波希米亚西部的温泉疗养地分开度假：在看望他们之后，他与克拉拉将会在慕尼黑和威尼斯暂作停留，在威尼斯可以去参观苏洛阿加的绘画展，然后继续前行，途经佛罗伦萨去罗马。在他们 8 月 21 日离开之前，莱纳给露寄去“祈祷诗”的第三部分，与她已有的其他两部分手稿放置一处：“我的心思停留在旅行结束之时，在返回之际，我也许会去见你，选读这些早就属于你的‘祈祷诗’”。[37]远不清楚他们如何筹资去旅行，以及他们打算在罗马靠什么生活；克拉拉在不来梅的朋友和她的父亲仍然继续资助她，因此至少她留在意大利过冬是有所保障的。约瑟夫·里尔克颇感忧虑地从玛丽亚温泉市[1]写信给他，让他们抵达的时候不要穿任何奇装异服，并且拿出一些制作衣服的钱给莱纳，告诉他有需要的话在布拉格找一个裁缝另做一身衣服，约瑟夫也可能因此再次帮助了他。1903 年 9 月 10 日，他们抵达罗马。

[1]　玛利亚温泉市（Marienbad，也译作“马伦巴”）现为捷克卡罗维发利州的一个镇，以温泉著名。

二

就我必须成为之存在而言，我仍完全是一个起步者。

（致埃伦·凯，1904 年 2 月 14 日）

在罗马的前几周并不令人鼓舞，就他希望在这个新环境中“通过工作获得拯救”而言。他们的房间本来在卡比托利欧大街[1]，俯瞰着古罗马广场[2]，但他沮丧地发现，古罗马的辉煌往昔显然只残留在支离破碎的断片中，在“一个沉闷的博物馆死寂的环境中”，1 而不顾他周围现存的城市的美丽：喷泉、花园和壮丽的游廊，以及建造得像瀑布一样的台阶。在长时间的寻找之后，克拉拉搬到人民门[3]外施特罗尔－费恩别墅（Villa Strohl–Fern）的一处临时寓所。这儿曾是鲍格才园林[4]的一部分，是一个荒草丛生的巨大公园，一个富裕的艺术业余爱好者，来自阿尔萨斯的阿尔弗雷德·施特罗尔－费恩建造了许多独立的工作室，以合情合理的价格租给艺术家。莱纳打算租下这些工作室中的另一个，这是一个建在一座桥上的孤立的避暑屋：屋子有一个房间，带有高高的窗户，以及一个屋顶平台，可以俯瞰周围广阔的乡村景色。他在 12 月 1 日租下

---

[1] 卡比托利欧大街（Via del Campidoglio）位于卡比托利欧广场（Piazza del Campidoglio）的一边。

[2] 古罗马广场（the Forum）位于意大利罗马帕拉蒂尼山与卡比托利欧山（Collis Capitolinus）之间，它是古罗马时代的城市中心，包括一些罗马最古老与最重要的建筑。

[3] 人民门（Porta del Popolo）是人民广场（Piazza del Popolo）的一个门，这个门原名为弗拉米尼亚门（Porta Flaminia），曾是古罗马城墙的北门。

[4] 鲍格才园林（Borghese Gardens）是罗马一处大型景观园林，位于罗马市东北。

这所屋子之前，经历了“糟糕的日子”，正如他在写给埃伦·凯的信中所说。同样的情况：不是疾病，而是一种抑制作用，“精神上的受挫”，让他不能投入到稳定的工作中。[2]他希望，当他躲到自己在那儿的隐居所，自己准备简单的饭食，“并且完全孤独地与我的双手待在一起”之后，情况将会好转。[3]带着安静的耐心，切断与外界的联系之后，他将 102
试图“营造一个冬天”，孤独的冬天，按照施马尔根多夫时期的模式重新创造他的生活，那种“美好的、充满期待而又快乐的时光”，如今他在写给露的信中回忆起那些时光。[4]

其间，从容克那儿传来令人振奋的消息，他现在已经把出版社建立在斯图加特。这个出版商之前已经汇报说《影像之书》销量看好，他期望此书能获得“缓慢但稳妥的成功”，[5]而且由于埃伦·凯和格奥尔·勃兰兑斯的引介，在斯堪的纳维亚逐渐兴起一股阅读里尔克作品的热忱。现在，容克请他继续做审稿工作，一月付给他 50 马克，让他有一个稳定的经济基础，并且马上开始给他寄更多的手稿，请他作评价。这是一个莱纳乐于接受的提议，他带着特有的刻苦精神完成他的任务。在接下来的几个月，这个任务扮演了重要的角色，指引他走上一条他寻求的更稳定的生活道路，他审阅完翻译手稿的同时，也加深了他对斯堪的纳维亚文学的兴趣。他听说仍然有未翻译的雅各布森的诗歌，这激发了他学习丹麦语的想法。

另一个来自其他出版商的消息也令他感到鼓舞。现在，岛屿正式在莱比锡重组为岛屿出版社，新任的主管人冯·伯尔尼茨在新年时写信给他，说他们计划以新的版式出版《亲爱的上帝的故事及其他》的第二版。他回信说，这个消息来得正是时候，因为在他的所有作品中，埃伦·凯最喜欢这本书，她打算出版一个瑞典语译本，并且在她论述他的作品中重点描述此书。[6]他对这个新版本充满热情，为此给出版商寄去许多详细的建议并对书作了一些修订，此外，他还向埃伦·凯保证，将她文章的一部分作为前言：但后来，在看到埃伦·凯的文章之后，他对她过度地透露他书信中的个人情况感到不安，尤其是她对他早期作品的赞扬让他感到羞愧，因为他认为自己现在仍然是“一个起步者，就我必须成为之存在而言”。[7]《亲爱的上帝的故事及其他》第二版出版于1904年6月，通过委婉的托词，没有收入埃伦·凯的文章，而是加了一条虚情假意的献词作为弥补。

终于，新年带来了一些新的进展。古罗马的历史古迹，尽管它们也许是“沉闷的博物馆”，但他还是在创作工作中成功地写成了三首接近他理想的诗歌，它们像雕像一样独一无二——“俄耳甫斯·欧律狄克·赫尔墨斯”，“维纳斯的诞生”以及“交际花之墓”，这几首诗歌后来收入《新诗集》。[8]而且，他开始写一部散文作品。最初设想为“差不多是《亲爱的上帝的故事及其他》的第二部分”，实际上写出来的作品与之前的设想却完全不一样，并且与它的前驱者相比，这部作品将经过更长时间的酝酿才得以完成，也即《马尔特·劳里茨·布里格手记》。在完成他翻译的《伊戈尔远征记》之后，他从2月份起开始写这部“更大的作品”，没有清晰的想法，正如他写给露的信中所说，“不知道什么时候开始写，也不知道是否会继续下去，往哪个方向继续写下去”，[9]并且发现他写作的方式不再像以前一样，那时他可以在十天之内迅速写完一本书。诗歌和“始终如一、持续不断的散文”创作暂时给予他一种感觉，[10]那就是
103 他已经跨出了走向理想的第一步：但缺乏力量持续奋斗下去的恐惧仍然困扰着他。

尽管他的小屋与世隔绝，但仍然有许多干扰。一方面，尽管施特罗尔－费恩非常友善，但一种无法满足的好奇心折磨着他——他想知道住客的工作，而且里尔克很难避开他。4月，罗马的春天——他早在2月份时就从窗口迎接春天最初的征兆——突然迅速变成了盛夏，游客开始涌入这个城市，某些游客甚至深入到他所在的园林，他们的说话声迫使他退避三舍：“罗马开始膨胀，从头到尾变得臃肿、德国化和兴奋”。躲避那些带着介绍信闯进来的游客对他来说很困难。他母亲抵达罗马最让他烦躁不安，她的到来意味着他工作的结束。“我仅仅是偶尔去看她，”他写信给露说，“但是，你知道得很清楚，每次见面都让我旧病复发。”[11]结果是，几乎还没有开始工作，他就发现自己陷入过去的倦怠中了。他在巴黎觉察到的症状再次出现，带有严重的偏头痛和强烈得令人痛苦的

牙痛，同样的循环系统的紊乱，似乎是将血液聚集到患处，日日夜夜折磨着他。他认识到，疾病复发的一个原因是他在新作品中将巴黎可怕的印象付诸笔端的艰难尝试，以及记忆带来的不可避免的压力。

这座小屋最初看起来很理想，而且事实上他已经租下了它，租期大约为 1 年，一直到 10 月，但越来越显而易见的是他不可能在这种压抑的氛围下住那么久。这不是托斯卡纳的意大利，在那儿“波提切利[1]、德拉罗比亚家族[2]、白色的大理石和蔚蓝的天空、园林、别墅、玫瑰、钟声和陌生的少女们”曾经径直向他说话，但他现在认为，即使是那个意大利也不再有影响力，能够给他带来进步。它曾经召唤过他，但现在不过是“一段业已结束的插曲”。莎乐美，像以前一样，仍然是他感到疑虑和恐惧时的红颜知己，也是他 5 月份时转而寻求建议的对象——他想知道自己接下来应该去哪儿居住。他告诉莎乐美，克拉拉将会返回不来梅地区，在那儿她最有希望找到任务和学生：就他自己而言，尽管很缺钱，但他比以往更确信，“总有一天，我的工作一定会给我带来面包……做那样的工作并且靠它生活肯定是可能的（或变得可能），只要把工作做好”。[12]

如此多的计划压在他头脑里：“祈祷诗”，他想继续写下去；刚开始写的新书，他认为是往前走的必要一步，以准备写作那些总有一天会写的“一切别的事物”（也许甚至是关于他学校时光的“军队小说”）；一部戏剧；论述雅各布森和苏洛阿加的专著，为此，他在未来的某个时间将必须去丹麦和西班牙旅行。确实，哥本哈根很可能是他的下一

[1]　波提切利（Sandro Botticelli，1445—1510）原名为亚历山德罗·菲力佩皮（Alessandro Filipepi），15 世纪末佛罗伦萨的著名画家，以画圣母子像著名，还是意大利肖像画的先驱者。代表作有《维纳斯的诞生》《圣母领报》《圣母像》等。

[2]　德拉罗比亚家族（Della Robbias）指意大利文艺复兴时期几位姓德拉罗比亚的艺术家：卢卡·德拉罗比亚（Luca della Robbia，1400—1481），著名的雕刻家，代表作有《吹小号的人们》《访问圣母》等；安德烈亚·德拉罗比亚（Andrea della Robbia，1435—1525），雕刻家，陶瓷艺术家，卢卡的侄子；乔瓦尼·德拉罗比亚（Giovanni della Robbia，1469—1529），陶瓷艺术家，安德烈亚·德拉罗比亚的儿子；吉罗拉莫·德拉罗比亚（Girolamo della Robbia，1488—1566），陶瓷艺术家，安德烈亚·德拉罗比亚的小儿子。

"站"：他已经开始学习丹麦语，以及学习埃伦·凯在瑞典演讲之后在哥本哈根所做的关于他的讲座，这个讲座似乎激起了巨大的兴趣。然而，
104 有一种感觉困扰着他，那就是在他的语言和关于物质世界的必要知识方面，他都需要一个更坚实的基础：对所观察之物他缺少一种真正的理解和表达它的方式——不能只用天赋的素朴音调，而应该用全范围的语言去表达。繁星，鲜花，动物的世界，"生命如何兴起，它采取的形式如何存在于最微小的生物里，它如何开枝散叶向外扩展，它如何开花育果——所有这些我都迫切地想知道……去生活，不仅怀着感情，也要带着知识"。他想不再做"一个生活的局外人；某个无法深入阅读他所处时代的报纸的人"：不是去学习科学、历史或艺术史，诸如此类，而是以某种方法去获得"一些伟大而质朴的真理"，让他的问题像一个孩子那样得到解答。[13] 他能够独立将语言的工具磨得锋利，事实上他继续保持着一个他在巴黎就养成的习惯——浏览格林词典。但是，如果他要加深自己的真知灼见的话，则需要引导和帮助，也许一个较小的德国大学或苏黎世会是当下的解决办法。

他用长篇累牍的信件向莎乐美倾诉所有这些事情，在感情上信赖她通情达理的、实用的智慧。她现在住在哥廷根一处新的叫露弗里德（Loufried）的屋子里，她丈夫在大学里取得了一席位置，他认为她和安德烈亚斯肯定能够为他的问题提出一个解决办法。他寄信的时候凑巧收到她寄来的明信片——从威尼斯，她正在那儿与皮内莱斯一起短期度假。"如此近！"他马上又写了一封信。"我始终有一种感觉，你将会来意大利，而当我看见你的笔迹和意大利邮票时——片刻之间我的希望增加了，太多……"[14] 但他暂时有了她的消息，这让他不再考虑之前提及的所有事情。埃伦·凯的演讲引发的兴趣给了他受邀去斯堪的纳维亚的机会，他立马接受了一个邀请，去瑞典南部的斯科讷，在那儿有一个安静的乡间别墅屋子等着他。他预期于 6 月 20 日到达斯科讷，暂作停留，无人打扰的生活让他觉得很快乐，他希望能够让自己认真开始工作。露在返回的时候同时收到两封信，但对此无疑并不觉得有什么遗憾，这减轻了她的压力，让她不必绞尽脑汁为他提供详细的建议，因为她很快就

要再次出发去俄国。这样最好，她写道，等着看看这次计划的改变和对瑞典的新印象将会带来什么。

这是一次非常幸运的转折，许多在他生活中将会到来的转折的一个，出乎意料但恰到时候。确信他有天才的埃伦·凯付出巨大的努力去帮助他，不仅通过她的讲座，而且还试着在丹麦和瑞典为他和克拉拉两人寻找一个适合的庇护所。尽管这对夫妇坚持“各自独立发展”给孩子造成的影响明显让她不是很高兴，但她对他们艺术的关心胜过了对孩子的顾虑。她给出了许多建议，假定问题的关键不是他们能否得到直接的援助，而是能否找到适合施展才能的地方。莱纳微妙地暗示他收入微薄，随后在 5 月 10 日，克拉拉直接开口求助：她担心他逐渐变坏的健康状况，直率地询问在斯堪的纳维亚是否有某个人，也许就是埃伦·凯本身，可以为他提供一个“安静的角落”，让他能够在那儿重新开始他被打断的工作。[15] 在一周之内，埃伦·凯就已将这些安排妥当。瑞典诗 105
人安德斯·厄斯特林是艺术家和作家恩斯特·诺林德亲密的朋友，她联系了诺林德的未婚妻汉娜·拉松，后者在马尔默北部的博尔格比庄园有一所大型乡村别墅，拉松立刻说欢迎里尔克去那儿居住。诺林德也居住在博尔格比，正打算于 7 月 1 日出发去俄国游览，因此里尔克应该可以在他出发前很久就到达博尔格比，如果那儿对他有吸引力，他就会一直住到 7 月份。拉松和诺林德两人都给他写了一些表示同情的信——分别用法语和德语，免去他辨认瑞典语的麻烦。他非常高兴地告诉埃伦·凯，说他感觉自己来到了那些理解他的人中间，对眼下的所有恐惧和担忧都消失了：“我感觉这对我来说肯定是一个转折点”，尤其在有她的保证之后，他更确信在不远的将来有更多的人邀请他去做客。“我们知道这个世界上没有其他人为我们做这些。但我们就像孩子，不会感恩，唯一的允诺就是他们会成长和发展，变得优秀而坚强。”[16]

带着轻松的心情，他很快就处理好临行前的事务。他返寄给容克一些审阅完的稿件，仔细地写上自己的评价，并且巧妙地避免提及他的目的地是瑞典而非丹麦；6 月 14 日，他从维亚雷焦寄出剩余的稿件，在那儿他有一两天中断了酷热而累人的旅行。在米兰，他有机会去看达芬奇的《最后的晚餐》，“无比精彩，像远古时代的壁画，无与伦比”。[17] 他从维亚雷焦写信，预先告诉诺林德说他作为一个访客，可能会是一个有些讨厌的人——素食，需要一间不在底楼的屋子，嗜好赤脚在屋里走；当他抵达杜塞尔多夫时，一封来自诺林德的信扫除了他的担忧，让他如释重负。[18] 他们在那儿度过了 4 天——在秩序井然的环境中，罗丹的作品像是“一个野外的采石场”，苏洛阿加的作品则像“一个巨大的花园”[19]——并且一起继续旅行，直到抵达不来梅，在那儿他离开了克拉拉。在基尔，他首次踏上航海轮船，于 6 月 23 日抵达哥本哈根，他探索这座“奇怪得难以形之言语的城市”——像它的语言一样“在微妙之处”才能得到解释，并且感觉自己周围都是雅各布森笔下的人物。[20] 一整个下午都花在新嘉士伯博物馆（Ny–Carlsberg Glyptotek），这儿收藏了罗丹的《加莱义民》群像，在此之后他于 1904 年 6 月 25 日渡过厄勒海峡前往马尔默，诺林德在那儿迎接他。

三

我感觉这肯定是一个转折点，是很多美好事物的一个新开端。

（致埃伦·凯，1904年3月30日）

轮船穿过海峡的时候，风急雨骤，但他整段旅程都待在甲板上，抵达的时候浑身湿透，诺林德只得领他去一家旅馆换了衣服，之后他们搭乘下午的火车，从马尔默前往隆德西部的弗拉迪。在那儿他们坐上一 106
辆在车站等待着他们的老式四轮马车，前行几公里去博尔格比——仍然“大雨瓢泼，我既看不见马，也看不见马车夫，但感觉我们的马车行走得很平稳。”[1]马车穿过平坦的牧场，肥硕的奶牛在吃草，农场星罗棋布；博尔格比庄园的大树映入眼帘，他们驶过庄园前面的农用建筑，从这座历史悠久的城堡正中间的、上方有一座高塔的大门进入庄园。诺林德将为他腾出来的房间指给他看，这个房间立马吸引了他——有宽敞的窗户，可以远眺公园和果园。房间与主屋隔开，唯一的声响来自农场里的小鸡和树上的小鸟。在这儿工作肯定是可能的，他想；当他看见备选的、诺林德自己暂时搬过去居住的半地下室房间时，很庆幸他已经向东道主解释清楚他需要什么。食物也完全符合他的口味，有来自农场的充足牛奶；来自菜园和果园的蔬菜和水果，包括夏天的美味如芦笋和草莓；以及家里烘烤的面包。这儿如此富足，他坚持自己偏爱的生活方式毫无困难。

庄园拥有大量的房屋和地产。汉娜·拉松来自一个农业家庭，比她的未婚夫和里尔克大几岁，刚好在最近获得了这个庄园，她绝大部分的精力放在农场上，为此她雇用了一个管理人员和几个劳力。这座房屋本身只有一个仆人。因此，里尔克发现自己多半时间都自行活动，除了在他需要的时候与诺林德长谈：生活平静，亲近大自然，自从韦斯特韦德之后他一直怀念的生活再次重现。他可以再次赤脚在清晨穿过草地漫步，对兴旺的牛群感到惊奇，牛群有两百来头，公牛被关在自己的牛栏里——“一座内部发出雷鸣的山峰”[2]——还有许多马匹。在长途旅行之后，他暂作休憩，写信给埃伦·凯，答复她表示欢迎的信件，“在这座你为我开启的安静美丽的房屋里……你的故乡对我多么慷慨啊……乡村风光、蓝天，以及意味深长的语言，仿佛来自黄钟大吕不绝于耳的回响”。[3] 他写信给埃伦·博伊尔，一位挪威小说家的妻子，在巴黎时埃伦·凯曾介绍他们认识，信中带有同样的热情：“我渴望到达这片北欧人的土地，如今有一千种感受和理由证明我的渴望完全合情合理。”[4]

克拉拉收到的是一些更加客观的描述，巨细无遗地记录了他的新生活。“我一直在想你会怎么看待这里，关于这里你会说些什么，我很想知道……但我们现在必须各自去开辟道路，我们知道那才是首要的事情。”[5] 他在诺林德身上立马发现了一种亲和力，他告诉她。他们首次会面时，对方给里尔克的印象多少带有点苦行僧的气质，但是，他生气勃勃的谈话很快就消除了这种印象——他曾在慕尼黑和达豪学习，因此熟练掌握了德语；从这位有着广泛文学和哲学兴趣的画家口中，里尔克了解了更多关于斯堪的纳维亚的文化掌故，远比迄今
107 为止他从容克交给他的稿件中获知的多得多，同时，这位画家的风格和活泼的行为让他想起他的沃普斯韦德的朋友们。对诺林德来说，他发现他的客人“令人愉快”，尽管他们一见面，他就意识到他必须放低声调，以适合这位写作了《影像之书》的诗人。在他看来，里尔克对鲜花和大自然的热爱几乎有点孩子气——但让他困惑不解的是这位诗人应对动物，如马或狗的方式，当这些动物靠近的时候，他感觉到里尔克是多么的惊慌失措。他经常独自出门一整天，走到比耶勒海岸或者进入到乡村深处，在傍晚时分才返回，“清风拂面，阳光普照，满是那种只赐予伟大心灵的单纯快乐”，诺林德写道：“他解释说他需要

这种‘吉祥的日子’，在其中他的肉体才能得到完全的休息。他几乎不吃也不喝什么，将时间花在沉思中……整天整天地斋戒和祈祷。在他的整个生活方式中，有某些中世纪天主教的特征。”看着他独自徒步穿过公园，也不戴帽子，神思恍惚，诺林德心想他看起来像一个来自中世纪的身材修长的年轻侍从，只有在停下来的时候他才抬起眼睛，仿佛他跟随着一支无形的队伍，队伍的前方是一幅圣母马利亚的画像。[6]

“我们有同样的观点，”诺林德告诉埃伦·凯，“我们立刻发现彼此像是兄弟。”[7]从另一种意义上来说也是如此，因为像里尔克一样，他也遭遇过一段时间的极度消沉——如此消沉，以至于汉娜·拉松一度怀疑这两个人是否能和睦相处。很可能由于这个原因，所以尽管她非常欢迎里尔克，但最初她并没有明确表示让里尔克住多长时间。

里尔克发现与她交流更困难一些，因为他们唯一的共同语是法语。她个头矮小，精力充沛，然而有点羞怯，“单纯，像是个女管家”，[8]而且，房屋里仍然相当稀少的陈设表现出她不明确的审美观，她的客人失望地发现，一个如此豪华的古宅并没有更为适合的装饰物件。

然而，他对她有效率地处理庄园事务印象深刻，他知道的庄园几乎总是由女性经营，遗产通常由母系继承；与她和诺林德这种生性敦厚的人在一起，他感觉很自在，“两人都有一种世代相传的农夫所具有的稳固根基”。[9]

7月8日，经过长期的计划，诺林德出发去俄国旅行，此后更是进一步宣告了里尔克的孤独，但这对他来说决不令人不快。确实，随着时间的流逝，事实证明，里尔克可以随心所欲地延长他的居住时间，他为自己找了些借口不去吃晚餐，无论如何，晚餐对他来说是“多余的”，而且在晚餐时，他不可避免地需要努力进行礼貌性的交谈，这常常驱散他在白天时获得的印象。独自一人时，他能够完全吸收和消化它们，享受穿过公园的散步，甚至在一个非常炎热的日子里，去流经公园的一条相当浑浊的小河里洗了个澡，当时，遥远的河岸有几头正在吃草的牛犊，它们目不转睛地看着他。他偶然去隆德游览了一次，“恭敬地坐落

108 在四周，中间是它们的骄傲——隆德大学”。他远非无所事事，他告诉克拉拉：“虽然他的活动无非是写写信，或为容克阅读并核对一本克尔凯郭尔著作的译本，但他认为自己正在‘打基础’，‘为总有一天会高耸入云的建筑准备地基’”。[10] 这是一个恢复时期，是一个出发点，“一个我正在经历的我自己的考试”。夏天从来不是他的“高产季节”，他带着快乐和期望向秋天致意，8 月的狂风暴雨预示着它的到来。“现在，我正在避开……我夏天的所有道路，因为我渴望秋天！……那唯一创造性的时光……它带着更新万物的意志到来，摧毁夏天自我满足的、几乎是安于现状的景象……”[11]

如此休养生息一段时间之后，他发现并没有诗如泉涌，虽然早在 8 月时他为“祈祷诗”的续集起了一个模糊的开头，以及在那个月的稍后些日子，完成了《旗手》的修订版，为了发表在布拉格一个文学社团的期刊上，这个社团给了他一份补贴。在写给克拉拉的那些长信中，他得以用诗歌表达出他生活的环境。这些信布满精致的小插画，有时令人想起他在慕尼黑看到的葛饰北斋的写生：他在一个清晨发现的刚出生的马驹，与它母亲一起躺在田地里；在茅草屋顶努力练习展翅的小鹳鸟；公园里的一条小径，在草木疯长之后的秋日变得野草蓬生。

在这种重新恢复的希望中，曾在巴黎困扰着他，并且如影随形跟随到沃普斯韦德和罗马的**焦虑**开始消散。8 月 12 日，他给苦恼的卡普斯写回信，信中充满了他从自己的亲身经历中找寻到的安慰人心的话语，正如里尔克所说，这种经历来自“带有许多艰辛和悲伤”的生活：“我们没有理由对我们的世界心怀疑虑，因为世界并不会与我们对抗。如果世界有恐惧，那就是**我们的**恐惧；有深渊，那是属于我们的深渊；有危险，我们也必须试着去爱这些危险。”[12] “依照您这个伟大榜样去生活和工作”，在同一天[1] 他给罗丹的信中如此写道，语句之中表明他一直坚

---

[1] 此处疑作者有误，正确的写信日期应该是 8 月 11 日。具体请参见 *Rilke, Rainer Maria: Briefe an Auguste Rodin.* – Leipzig: Insel 1928, pp.21-23. 和 *Rilke, Rainer Maria: Briefe aus den Jahren 1902 bis 1906.* –Leipzig: Insel 1929, 88.

持自己的目标。[13] 并且，斯堪的纳维亚的生活经验似乎也正在引导他更接近这个目标。

一天，来自隆德的动物学系的一个年轻学生托尔斯滕·霍尔姆斯特伦来访，这带给他特殊的快乐。这个小伙子非常关注大自然的运动——一只野天鹅或一群野鸭的飞翔，一头猛禽从树上向猎物俯冲——并且对这些运动的细节了若指掌，却又能领会书籍和绘画的乐趣，以至于他看起来是那些对里尔克有特别吸引力的北欧人民的缩影。他过来一天，只是为了猎杀野鸭，但他非常轻的背包里却有一本书——雅各布森的《尼尔·律内》，恰好是里尔克知道的同一个丹麦语版本。稍后，里尔克结识了他的姐姐托拉，这是一个有天分的艺术家，同样有广泛的兴趣爱好，她也扮演了说服里尔克的角色，让他相信自己不久的将来必定与斯堪的纳维亚相联系。

他写信给露说，他没有放弃去德国的大学学习的想法，但感觉到他想先在哥本哈根尝试一个冬天：“我想在下一个计划实施之前，先取得一些成果”。[14] 早在 7 月的时候，他就听说布拉格对他授予了奖励，这主要感谢埃伦·凯的文章，他满怀感激地向她致谢：有这一千奥地利克 109
朗，他的经济生活现在看起来稍微宽裕，因此暂住在哥本哈根变得可能。这至少会给他机会去为一直念念不忘的雅各布森研究做准备。克拉拉在上诺伊兰和她的父母一起只住了很短的一段时间，随后便再次去沃普斯韦德居住，她也将自己的目光转向丹麦，在那儿为一家瓷器制造商做设计工作，也许比做教学工作更好，教学一直是她工作佣金之外的补足性收入。里尔克听说容克将在 8 月份访问哥本哈根，于是告诉后者他将去那儿见他，当作是一次实地考察，并且有机会认识对他来说很重要的人，如勃兰兑斯、小说家赫尔曼·邦和米卡林·夏埃利斯——既然他不一定参加任何更大的集会，他强调说，这类集会对一个习惯了孤独和节俭生活的人来说，往往是一种起抑制作用的经历。巧合的是，容克提议在 8 月 20 日会见的信，几乎与莎乐美寄自哥本哈根的注明日期为 8 月 17 日的卡片同时到达，这让里尔克大吃一惊，这张卡片告知了她的旅馆，但是没有其他信息（也许未必是她在这个节点上希望有的一次会面）。他坐上了最近一班火车，但在19日到达时却大失所望，因为她已经离开了——稍后才得知她去了挪威和瑞典，从那里回她的祖国，很可能与皮内莱斯一起，他闷闷不乐地猜测。

他次日晚上返回博尔格比之后，发现有埃伦·凯的一封信，信中通知了她期待已久的访问，她将于8月26日抵达瑞典。与此同时，克拉拉也被邀请到那儿。他让善良的埃伦·凯确信，这对他们两人来说都将是一次令人高兴的机会，埃伦·凯带着她一贯的乐于助人，已经开始积极在丹麦为他们寻找合适的住所，他们在博尔格比短暂停留之后，接下来的目标将是丹麦。埃伦·凯像一阵旋风般到来，拥抱每一个人，包括狗，快速穿过所有的房间，审视墙上的图画，接着很快地换了衣服去小河里游泳，一头扎入水中，“像一个年轻的少女，并且弄得周围水花四溅，像勃克林[1]笔下的一个海怪”，其他人（以及几头小牛犊）在岸上旁观。诺林德现在也从俄国返回了，他和里尔克都感到她暂住的这一周有点让人精疲力竭，因为他们要去听漫长的关于“生命、爱、罪与死亡、婚姻、经济学以及歌德”的讲座。“不喜欢她都不可能，但你在听她连续讲几个小时之后，会变得心神不宁，”诺林德后来写道，“里尔克眼下如此需要内心的平静，并不是她关怀的恰当对象……几乎她所说的一切都很明智，通常切中肯綮，然而你不会相信它。她没有真的体验过它。”里尔克将诺林德叫到一边，向他吐露他担忧的想法，他害怕她可能会写更多关于他的文章：“她非常善良，但是……”[15]

诺林德发现，克拉拉与埃伦·凯对比鲜明。“她也许是我见过的最美丽的人——雅利安人的长相，鼻子挺拔，极有表现力的黑眼睛……安
110 静、谨慎、在每个方面都很自然，她立马赢得了我们所有人的好感。”她甚至成功地让埃伦安静下来，当她严肃地倾听埃伦·凯所说的一切时，后者的喋喋不休似乎就有所收敛。[16]

---

[1] 阿诺德·勃克林（Arnold Böcklin，1827—1901）是瑞士著名象征主义画家。早年就学于德国杜塞尔多夫美术学院，后在罗马和佛罗伦萨钻研古典艺术，米开朗琪罗与巴洛克画风对他影响很大。其绘画多取材于神话故事和奥维德的《变形记》等文学作品，代表作有《拉琴的死神》《潘神与排箫女神》《维纳斯的诞生》等。

埃伦离开的时候，她带上里尔克夫妇前往哥德堡郊外的约恩斯雷德与朋友一起住几天，这两个朋友是詹姆斯·吉布森（吉米）和他的妻子莉齐。吉布森是一个土木工程师，在约恩斯雷德有一个纺织厂，他是个有广泛文化兴趣的人，热情地欢迎诗人及其妻子前来做客：里尔克有种感觉，那就是如果说他在埃伦身上找到一位难免有些缺点的母亲的话，吉米和莉齐就是兄弟和姐妹，并且他们的家，弗鲁堡，是一个安全的港湾。像埃伦一样，他们也向他介绍了哥本哈根，并且当他和克拉拉在 9 月 12 日抵达那儿的时候，他们的信也随后就到了。

然而，哥本哈根没有带给他们任何希望。埃伦推荐的联系人没有一个联系上；瓷器工厂的主管人也不在哥本哈根，克拉拉本来打算为这家工厂做设计工作；他们寻找过冬的合适住所，结果纯属徒劳。“这座城市和所有的骚动，以及我们对未来的担忧……让我们疲累不堪，”他在 9 月 23 日写信给莉齐说；对弗鲁堡的平静生活和他们“亲爱的朋友们”的怀念，使得他们非常渴望再次去享受“你们的爱和理解的保护”。他单刀直入地问他们是否可以返回弗鲁堡，仅仅停留一个星期或十来天。“我知道你会诚恳地告诉我们，你是否能够接纳我们，并且，倘若我较为安静和伤感，你是否会介意：在弗鲁堡我们无疑会再次振作起来，重获我们与你在一起时内心的快乐，为了开始我们的工作，我们需要这种快乐。”[17] 吉布森一家立马回应了他们的请求，于是他们在月底返回弗鲁堡。

当然，在哥本哈根也有几天好日子，尤其是与卡琳·米夏埃利斯及其丈夫索弗斯在一起的时光，并且他们还能去见格奥尔·勃兰兑斯（尽管里尔克认为他“老了，更多地是一个娱乐场所，而不是一个人”[18]）。但返回哥本哈根的瓷器制造商却不怎么喜欢克拉拉的画作：持续不断的经济困难导致他们变得越来越抑郁，很明显她必须返回上诺伊兰，而他继续在哥本哈根探寻。因此，在弗鲁堡受欢迎的短暂休息之后，他陪同她返回哥本哈根，在 10 月 6 日送她离开，他没有多少信心能在丹麦找到他想寻找之物。他热切期盼的秋天，通常是他“工作的最好时日”，如今却转瞬即逝。幸运的是，吉布森一家再次缓解了他们窘迫的境况：

“这对我来说是无量的安慰，亲爱的朋友，我将返回到你们身边，认真思考并且集中精力。认识你们大概是我所取得的最大进步：未来的一切似乎都离我更近了。”[19]

真正让他游移不定的，更多的是得知露近在身边却不能见面，而不
111 是无法在哥本哈根找到任何希望。她从奥斯陆和卑尔根给他寄了更多的明信片，也曾去斯德哥尔摩游览，他发现她最后寄出的更为详尽的信来自圣彼得堡。她没有为他的冬日计划给出建议：哥廷根本身对她来说仍不熟悉，而且他不能与他们一起住在露弗里德，“因为我很可能（倘若泽默克[皮内莱斯]得逞）必须在床上待两个月”。她借口说自己对哥本哈根“一无所知”。但她在信中对他的窘况表现得漠不关心，倘不是知道这是她冷酷性格的典型特点，里尔克将会对此感到震惊。他平常的谈话中，经常提到某个可供他学习的安静的大学城，毫无疑问，她知道这事实上指的是哥廷根；尽管起先曾说过他能够“在任何时候”去找她，但她并没有准备好忍受他住在附近带来的打扰。10 月 17 日，当他终于在弗鲁堡提笔给她写信时，他承认几周以来他唯一的想法就是靠近她：自从那第一次从巴黎绝望地求助以来，他所有的问题都依靠与她**谈话**得以解决，但现在这变得不再可能，至少眼下如此。[20]

他告诉她，秋天时他在弗鲁堡附近树林里赤脚散步，散步所走的小路与那些施马尔根多夫的一样，“甚至一片树叶坠落时发出的声响都一模一样”。“我在这儿有一个不错的房间，有一扇大窗户，可以远眺那些光彩夺目、色彩鲜明的乔木和松树。但我没有足够的时间独处，吃不到自然的食物，并且那儿的作息规律不允许我有自己的夜晚：我们 7 点吃饭并且饭后待在一起。”他发现自己没有勇气再次继续创作在罗马已经开始写的书。“我努力再次沉浸在工作中。但除非是在瓦尔德弗里登我自己的房间里，有美好而漫长的夜晚，除非我能够再次拥有这样的时光……我仍然在考虑去某个地方学习……我想，因为我无法找到从我内心开始工作的方法，所以我只能从外部开始。”他再次寻求她的建议——哥廷根，还是苏黎世？——在她重读过他从罗马写的长信之后。“对更广阔的天地（我经常渴望去伏尔加河的世界）而言，我很可能还

不够强壮……但是我的生活仍然必须创作出某种东西。亲爱的露：为此帮帮我吧！”[21]

然而，两天之后的一封信中，他就不那么哀伤了。他认识到，过去几年生活中出现的问题在于他缺乏坚定的信念，以及力不从心的身体状况：“我接触的一切事物都只能漂浮着全力前进一会儿，然后就刮着底部搁浅了”。他不足的体力必须等待一次治疗：但至少他能为自己的信念做点什么，信念的缺乏源于他无法学会如何去工作，无法找到一些简单的方式去处理经验和生活带来之物，而且当其他人信任他的时候，情况会变得更坏。最后，他制定了一个计划。首先，殷勤好客的主人将在几个星期内给他便利；然后有几周返回哥本哈根；在上诺伊兰的“家”陪伴露特度过圣诞节，一个“漫长的圣诞节”；接下来就是在 2 月和 3 112
月去做一次治疗，在斯科格斯堡或再次去德累斯顿，因为那个时候流感通常会缠上他；去见莎乐美，不管那时她在哪儿；最后在夏季学期去上一所大学，为了学习历史和自然科学——“生理学、生物学、实验心理学以及一些解剖学，等等。”此时，他需要找一位老师，能够对他个人给予关照，因为他毫无经验并且孤立无援，——例如柏林的格奥尔格·齐美尔，也许，或者至少是某个能够给他建议的人，例如苏黎世的里卡达·胡赫。确实，正如他之前已经思考过的，苏黎世看起来是最佳选择，在那儿可以过乡村生活，素食，最重要的是有一所非德语的大学，而且他将在不仅仅只是学生的人们（包括俄国人）中间找到他自己。[22]

“倘若我没有弄错，”他在同一天写信给埃伦·凯，“我在这儿的快乐时光中，将迈出巨大的一步……走向一种迄今为止更勤奋也更目标明确的生活，并且从这里离开时我将变一个人……我感到许多美好的影响正在我身上起作用。这些人确实友善而且非常乐于助人，他们快活的灵魂单纯而充满力量；秋天庄严、忧郁而又令人感到极大的幸福——所有这些都正作用于我，并且正在改变我。我是一块即将烧得炽热的马蹄铁。接下来锤子将一下一下地锤炼着我。”[23] 他给父亲随信寄去一篇她的散文，这篇散文后来发表在一本瑞典期刊上，他父亲一直以来都很担心他，但也被他信中显而易见的快乐感染了。

在弗鲁堡时，虽然主人的殷勤好客让他分心，但也带给他许多激励。在那些无法单独工作的夜晚，里尔克通常参加主人们组织的朗读会——比约恩森的一部新戏剧，或者韦尔纳·冯·海登斯坦的小说《卡洛里内那》（*Karolinerna*），里尔克立马向容克推荐在德国翻译和出版这本小说。当克拉拉还在弗鲁堡时，他尤其热衷于访问哥德堡的一所新学校——萨姆斯科拉（Samskola），吉米·吉布森在这所学校的理事会任职。作为最好的“综合性学校”之一，这个学校的经营完全采用自由发展的现代化方法，孩子、老师和父母愉快地合作，没有他记忆中学校生活的压抑气氛。这种放眼于未来的实验教学具有一种“鼓励的力量”，[24]这让里尔克非常着迷，因此他开始写一篇关于萨姆斯科拉的文章，有一天，吉米顺便拜访他的时候，很高兴地注意到这篇文章躺在他的书桌上。当他向吉米和莉齐朗读它时，他们坚持认为它值得拥有更广泛的受众，让他惊讶的是，在弗鲁堡的一个夜晚，他们召集了四十多个听众——老师、家长以及学校的赞助人——听他谈话，他紧接着朗诵了“豹”和《影像之书》中的一两首诗歌。在哥德堡当地，人们也极力邀请他选读自己的作品。为此他建议将这所学校作为集结点，听众是两个高级班的学生和一些受邀的客人。夜晚的讲座在 11 月 17 日举行，对他来说是一场激动人心的经历。这是一场有一百五十多位听众的聚会，
113 听众们带着明显的赞赏听他诵读了《亲爱的上帝的故事及其他》的其中一篇，“俄耳甫斯·欧律狄克·赫尔墨斯”，“豹”，他在巴黎时写的诗歌“秋日”，一些出自《影像之书》和《为我庆祝》的诗歌，以及一首刚写完的“斯科讷之夜”。第二天的报纸上有许多正面的评价，有人将这位“新神秘主义的大祭司”，正如埃伦·凯曾经如此称呼的，与挪威诗人西比约恩·奥布斯特费尔德尔进行比较，[25]他确实在西比约恩身上感受到一种亲和力，他自己刚评论过西比约恩的“朝圣诗”。

埃伦·凯早先建议他应该做这样一种朗诵时，从她自己的经验就知道这会有良好的回应，但他犹豫不决。他仍然认为，像他这样的作家尚未形成自己的风格，尚在探索自己的道路，因此，就像他反对在此时出版作品一样，他认为公开为个人宣传是不成熟的行为，几乎是冒昧之

举。一个公开的朗诵会，即便像那次在哥德堡安排的一样只有有限的听众，但或许也是一种差强人意的对书面语言的延伸；但他仍然强烈反对附带她文章的德语译本，这些文章包括所有与他切身相关的资料：照片、手稿的复印本、早期福格勒的插画，等等。“我发现所有那些都让人感到痛苦，并且比以往更不恰当，因为我没有任何新的、好的东西可奉献……我很高兴地期待它的德语版本，我也知道它对我将意味着什么……但我认为，如果去除所有这些醒目而不无炫耀的装饰，那它看起来会更合适。”[26] 他请埃伦·凯退回他从罗马写给她的那些长信：他已经再次着眼于《马尔特手记》的开头，并且想起了那些信，在当时如此“匆忙地一挥而就”，将非常有助于他系统地阐述巴黎的经验。他没有告诉她的是，尽管他非常感激她的关注，但他认为她太过于随意地使用信中透露的信息了。

他仍然没有得到自己期待的真正的“作品”，但在这个月期间，他手上的工作却占据了大部分的时间：“日常工作——或好或坏，但我尽最大努力去做”。此外，容克急盼着重新以书的形式出版已校订完的新版《旗手》；他修订了《白衣侯爵夫人》，给了它“一个新形式，范围变得更广阔，有更多的修改……某种带有**模塑**之物”。[27] 他写了许多评论，完成了关于萨姆斯科拉的文章用于发表，给萨穆埃尔·菲舍尔寄了三首在罗马写成的诗歌，准备发表在《新评论》上，并且为容克继续做他的工作，完成了克尔凯郭尔译本的修订，以及为出版社书单上的新增书目写短评。如此，生活在平静的日常工作中悄然度过。他很少错过赤脚在树林里散步的机会，正如吉布森家的长子约翰尼回忆道，有时他甚至赤身裸体去散步。他在弗鲁堡的“金屋”有着适宜的环境，看起来“越来越像一个果壳，我是其中的果实”，他在给克拉拉的信中写道。[28] 在他制定眼下的计划方面，莎乐美最终也给了他不少鼓励。“因此我跨在我新的意志力之战马上，”他告诉她，“紧紧抓住它的鬃毛，抱紧它的脖子，这很可能不是一个旗手的理想姿势，但最重要的是我们能够一 114
起前进。如果我再次落马（噢，我骑术课的记忆），那只要我一息尚存，我就决心紧追着它。”稍后，他就会决定春天的时候待在哥廷根还是苏黎世。他渴望再次见到她，这也将会实现。“我自信我会很平静，只是待在哥廷根郊区的另一个人，除了知道‘露弗里德’有许多苹果树，以及一条好奇而又非常聪明的白狗之外，他不会要求了解更多关于那儿的情况。”[29]

埃伦·凯的家在乌比（Oby），位于阿尔沃斯塔（Alvesta）南部的斯莫兰省（Småland），里尔克很久以前就计划去拜访，1904年11月的最后一个周末，第一场雪之后，他终于能够进行这次长途旅行。她居住在她兄弟的乡间住宅的其中一个厢房里，住宅的主屋，里尔克知道，在很多年以前就焚毁了。但当雪橇载着他走在大雪覆盖的道路上时，他有种神秘的感觉，那就是中间的主屋仍然竖立着，在诸多台阶和通往房屋的露台后面，“露台后面的空间尚未融合成一个整体，仍然划分为走廊、房间，在中间仍然有一个大厅，一个高而空旷、业已荒废的、昏暗的大厅”。在她老式的房间里，“（埃伦）坐在一个她祖母留下来的红沙发上，正在写她的《生命线》（‘Lines of Life’）的第二部分，以及回复数不清的书信，这些书信来自许多少女和青年男女，他们想从她这儿得知生活从何处开始”。[30] 他返回之后写信说，他在那儿度过的周日“像一本书，装订在两段雪白的旅程中间，它的书页装满图画和言词，其中充满朴素、迷人重要而又广博的事物……就像某人从一个柔软的白盒子中拿起一件古老家族的美丽首饰，然后又温柔地将它放回盒中的天鹅绒上，因此这个漫长而丰富的周日被从白雪中提升出来，然后又小心翼翼地放了回去。但在此期间，一个人可以把首饰拿在手里，观摩欣赏它的纯净和昂贵的工艺，思量其内部如何负载了如此多情感和喜庆，以及——比如说一根浸润着眼泪的胸针，如何将充满爱的往事与佩戴着它的未来时光联系在一起。”[31] 没有多少女主人能收到如此优美的感谢信，而且事实上他延迟了信的寄送，以便吉布森一家可以欣赏这件艺术品。但他这次拜访最清晰的记忆是抵达之际，那是周六的黄昏，雪橇驶向一所不再存在但仍能感觉到的房屋，这个诡异的印象将出现在《马尔特手记》中。至于埃伦，她发现自己坚定了里尔克的信心，并且稍后就写信给阿克塞尔·容克说：“我们的朋友里尔克将带给你快乐：在德国的上空，他的明星正在缓慢而坚定地升起！在瑞典，他已经有许多朋友。”[32]

不久以后，他就离开了弗鲁堡的避风港。他先在哥本哈根外的夏洛滕隆投宿，并且安静地在海边的山毛榉木林中度过了他的 30 岁生日。他考虑去寻找存有雅各布森研究资料的地方，并且会见了画家哈默沙伊，他考虑写一些关于这位画家的文章；此外还有些埃伦·凯的朋友需要拜访。但他太过于犹疑不定，并且也非常思念弗鲁堡，他 115
告诉吉布森一家；而且这次短暂逗留几乎没带给他什么收获。他继续旅行前往汉堡，于 12 月 11 日抵达上诺伊兰，与克拉拉和露特一起过圣诞节。

四

在我内心中有一阵遥远的低语，一阵波动，仿佛即将到来的洪水。

（致格特鲁德·艾佐尔特，1905 年 7 月[1]）

克拉拉返回之后不久，就找到了独立的住所，寄宿在她一位好朋友的房屋里，离她父母的家不远，这所房屋大得足以给她和莱纳两人提供独立的工作室，而且在里尔克抵达一周之后，她的这位朋友为了给他们提供便利，动身去了埃及。对小露特来说，这个戴着帽子、穿着外套、带着包走下火车的旅客是一个陌生人，但当她随后被从外祖父母那儿带去见他时，她重新记起了她回忆中的父亲。他发现重聚很艰难："她看起来已经是一个复杂的、有自己个性的小孩子了，我必须小心翼翼地走很长的一段路，才能找到她……我不能说这很快乐（这太艰难了）——但这就是生活，用她微弱而有着奇妙旋律的声音对我说话，而且像往常一样，我仍然是一个耐心的学习者。她和我孩童时长得一模一样。这一切都是不寻常的经历。"[1]

转而回到德国之后，他发现周围的环境让他不适应，甚至"令人痛苦"，[2] 他很快对"他的意志力之战马"失去了控制。他刚好在圣诞节前感染了预料之中的流感，金钱再次变得很紧张。容克继续按月支付他的工作酬劳，一直到 12 月份，但他说今后将无法继续履行这个约定。里尔克毫不迟疑地转而求助于他的"兄弟"吉米，后者显然承诺过会在他

[1] 此封信只注明了月份，没有具体日期，在收入此信的里尔克书信集中亦是如此。

有需要的时候给予帮助。他承认自己在旅途中“相当轻率”：在哥本哈根，莉齐委托他为克拉拉买一些饰有仿古花边的衣领时，他禁不住也给她买了一件带花边的外套，并且给露特买了几双鞋，接着在汉堡买了一个布娃娃，以及一个能发出哞哞声的毛毡制作的牛。“而现在，恰在我非常需要钱的时候，我失去了微薄的 50 马克的按月补贴。我本应该从我在隆德的账户里取出 200 克朗”（大概是他从布拉格的补贴中节省下来的一笔钱），“但如果不必去动这笔钱，我将会更开心：知道它们在那儿给了我一种如此良好的安全感……倘若你现在能借我一些钱，我会怀着感激接受，并且不再想着我的烦恼。”[3] 吉布森没有让他失望，在几天之内给他的银行账户汇入了 200 马克。吉布森一家的确是他的好朋友，在圣诞节时也会给他寄礼物；他们则收到了克拉拉的一幅绘画和里尔克的长信，信中充满恰如其分的抒情诗调，当他听说他们较小的、患有残疾的儿子伯蒂尔患了重病时，还在信中表示了深切的同情。

他在写给吉布森夫妇和埃伦·凯的信中坦言自己逐渐变坏的健康状况，而且，在 1905 年 1 月 6 日的信中，他强调，目前在上诺伊兰困扰着他们照料孩子的琐屑事务，与弗鲁堡的宁静形成了鲜明的对比，目前的生活导致“克拉拉和我都没有片刻的安宁去工作”。“所有这一切都消耗着我的力量，我为日常生活的杂务零零碎碎地付出了许多精力，离我自己、我的工作以及我力所能及的事情越来越远，越来越远，我悲哀而无助地与那些凌驾于我的事务做斗争。”当他的文章“萨姆斯科拉”在新年发表时，他给他们寄去了复本，并且给吉布森一家转录了一些来自读者的鼓励信，这些读者像在德国看到一个类似的进步体系。[4] 然而，他的苦恼本质上并不仅仅是经济上的窘迫——但他不能将这告诉他们——而是家庭生活本身，是与那些只不过是长期逗留以至于不受欢迎的访客重聚，正如他早先曾苦涩地向莎乐美说的。他可以带着明显的愉悦描写露特单纯的快乐，描写计划请人为克拉拉绘制一张新的肖像：但他知道，只有远离他们，才能找到自己的救赎。值得注意的是，当他检查埃伦·凯文章的德语译本时，他坚持删除与他婚姻以及与巴黎和罗马时期相关的所有引文。[5]

116

像以往一样，获悉真相的是莎乐美。“圣诞节过去了，新的一年已经开始，”他给她写信说：“我几乎没有注意到这点，简直没有任何节庆的感觉，也缺少休憩。我发现周围的环境是不确定的、暂时性的……很难去爱，很难拥有所有那些注意力、力量和善意，以及爱构成的奉献。无助，这就是我的状态；在一切外界的喧嚣中，无能力去成为某个人，成为一个我要成为的人……这又是同一个故事：生活的一种现实刚触碰到我……它就要求我，我很不安。在其他人感到受欢迎和受照顾的地方，我却像是被过早地从某个隐藏所硬拽了出来……”他绝望地想要见她，向他讲述关于萨姆斯科拉的事情，以及《白衣侯爵夫人》的新版本，并且给她朗读整个系列的“祈祷诗”——“并且在你身边，有不可胜数的事情等着我去做。多年以来我一直有这种感觉：我所有的进步都掌握在你的手里……你必须写信告诉我，我最好是现在还是稍后去见你……这一次，我**一定**不能错过你：再次见你是通往我未来的唯一桥梁”。[6]

尽管莎乐美的回信没有保存下来，但看起来她显然再次劝阻了他的访问；而且，事实上他放弃了独自出发去某处的计划，很可能仅仅是由于缺钱。1月的稍晚些时候，他再次写信给吉米·吉布森，询问如何才能逃离这个困境。“我不无羞愧地忏悔，因为绝望的贫困到了一定程度……就会激励别人去行动，然而却彻底让我变得麻木，似乎从我双手中夺走了一切。我的思维无助地在几个价格之间徘徊，买一本书，还是买一双鞋，我必须做出决定，这让我心烦意乱。”他感到他和克拉拉都
117 处在一个转折点上，只要他们确保能够，比如说，有一年时间不受打扰地生活和工作，他们就能证明自己。但这有不少障碍，他已经与容克失去了联络，他的书无法带来收入，“并且一想到我绝不富裕的父亲给予的慷慨帮助，我就越来越消沉，他推迟了自己的退休年龄，仅仅是为了能够向我伸出援手。”除非克拉拉能够在萨姆斯科拉教绘画，要不她就必须返回沃普斯韦德，而他则必须进一所大学，完成他之前未完成的高等教育：但这些怎么能够得到保证呢？他会准备好借债，但根本不知道怎么去做。可能会有其他办法吗？一些富裕的支持者也许会准备买《白

衣侯爵夫人》和以后其他作品的手稿。甚至这他也会加以考虑——可以做任何事情以确保一年的安静工作。“我的中心必定是工作……但金钱如何来到这个世界，以及它有何用，这超出了我的理解力，我无力与之斗争。”7

吉布森尽管不能给他介绍一位合适的梅塞纳斯[1]，然而却再次成为中流砥柱，在 2 月份时给他寄去 300 马克，足以解燃眉之急。他和克拉拉一直计划在离开上诺伊兰之后，去魏瑟尔－希尔施的疗养院疗养，但这看上去超出了他们的经济能力，然而，拿到这笔新到的钱之后，他们首先就去了疗养院；而且这笔钱让他有机会再次去见埃伦·凯，在她于 2 月末在德累斯顿做完讲座之后。其间，他再三考虑了上大学的问题，又一次想到柏林的哲学教授格奥尔格·齐美尔。当他写信解释了他的打算之后，齐美尔态度明确地回复了他；于是他决定在柏林的夏季学期里，完全由齐美尔来指导自己。3 月 1 日，里尔克一家再次打点行装，克拉拉去沃普斯韦德，再次组建她的工作室，而里尔克则先她一步去了德累斯顿，为了在他们 3 月 6 日疗养开始之前去见埃伦·凯。

埃伦带着热情去帮助他们，在德累斯顿和布拉格为他安排了几次讲座；目的在于让德国的公众对他的作品感兴趣，早在此前，她就在斯堪的纳维亚发表过他的文章和演讲。他不出意料地发现她遭遇了德累斯顿观众冷淡的，甚至带有敌意的反应，与更开放的斯堪的纳维亚人形成了鲜明对比：可是，即便他非常感激她的努力，但他还是像以前一样感到非常不安，因为他仍然觉得这是过早地宣传一个几乎还未起步的人。3 月 1 日晚上，从离她的旅馆几步之遥的房间里，他给她寄去一封长信，信中表现出自己的担忧。不仅仅是因为他尚未准备好——种子在黑暗的泥土里发芽之前需要经历漫长的时间，而且他也感觉到自己的艺术无法得到大众的接受，他注定为少数人写作，这些人必定会亲自找到他。将

---

[1]　盖乌斯·梅塞纳斯（Gaius Maecenas，公元前70—前8），罗马帝国皇帝奥古斯都的谋臣，著名的外交家，同时也是诗人和艺术家的保护人。维吉尔和贺拉斯都曾蒙他资助。他的名字后来成为文学艺术赞助者的代名词。

他的艺术展现给大众肯定会导致误解。“让自己在一定范围内默默无闻，几乎比每日的粮食更重要……我仍然离真正的艺术作品太远，仍然必须学会去工作……当然，有一个起点，而且人们能够看到……但它不应该
118 强加于人：它对那些并不渴望它的人毫无意义。”他告诉她，在布拉格她可以随意谈论她的“孩子”，但应该提防“其他人”，只向他们展示确实已经取得的成就即可。这种谦逊显然超出了善良的埃伦的理解力，但至少她去布拉格得到了他的祝福，他看着她“像一个慷慨的天使”一样前往布拉格，给他长期受苦的父亲带去音信，他唯一的儿子终于得到了认可。[8]

他父亲不能去参加她的讲座，但她特地拜访了他，从他的信中，里尔克可以看到她的到访给他带去的快乐。“我无望地努力去做的事——说服我父亲，我选择的道路是必要的——你却带着对我的巨大信任完成了。”[9] 保障住宿的疗养院井井有条的生活带来的轻松感，以及想着眼下有足够的钱带来的安慰，二者共同让他感到一种久违的幸福。一位埃伦·凯的崇拜者，埃娃·索尔米茨，给他写了一封信，“像乌鸫的啼声在清晨将我唤醒，”他告诉埃娃说，“其中有一个遥远的期望，夜以继日都充满光明和转化。”他将埃伦经过维也纳和德国的行程描述为“一阵风，带着陌生的遥远地域的气味，声声鸣响唤起千百首生命之歌的起始旋律……”[10] 她慷慨地将布拉格讲座的报酬汇给他，这对他的幸福生活而言，当然是一个更实际的捐助，而他则恰如其分地表达了感激。

与此同时，他转而考虑出版他已完成作品的可能性，比如说“祈祷诗”。它们还“搁置”在露的手中，露乐意为了这个目的归还它们；于是在 4 月 13 日，他写信给岛屿出版社，回忆一年前他承诺过交给他们一部新作品。他尚未完成《亲爱的上帝的故事及其他》的散文续集，但他提到的其他作品已经写完：“一系列已完成的诗歌，数量众多、范围广阔，包含着我取得的所有进步，以及自从两年多前我的最后一本诗集出版之后，我写下的最好的那些诗歌。”他打算将它命名为《时辰祈祷书》，“第一、第二和第三部祈祷书”。[11] 岛屿出版社的前主管冯·伯尔尼茨最近刚去世，于是卡尔·珀舍尔接受了这个提议，珀舍尔与安东·基

彭贝格一起担任主管，里尔克承诺在 5 月份动身去柏林之后准备好出版的手稿。

总而言之，他的前途看上去更光明。此时埃伦·凯在维也纳，考虑事情永远很实际的她，打算与教育部长联系，为了保证给里尔克一份定期补贴。她建议他应该将自己草拟的申请寄给玛丽·赫茨菲尔德——雅各布森以及其他斯堪的纳维亚作家的译者，她可以告诉他如何正确地写申请。他在疗养院的最后几天都忙于做这件事情，4 月 19 日，他前往柏林之前寄出了这份申请。这种为他有计划的学习提供保障的机会不可 119
错过。他之前布拉格的老师奥古斯特·绍尔也在给他的信中给予了鼓励。至于未来，还有一个令人鼓舞的消息，有人提议他在秋天的时候去德累斯顿和布拉格做讲座，他立马接受了这个提议。这些讲座当然是关于罗丹的。凑巧的是，齐美尔告诉里尔克，他打算近期去拜访罗丹，早前他曾就罗丹的作品写了一篇文章；于是里尔克抓住这个机会，在写信给大师通知齐美尔将前往拜访的同时，告知了他自己的计划。

他和克拉拉努力地投入治疗，在疗养院很少有让他们分心的事。而且，与他们一起进行疗养的病人中，也有一些能与之共度平静时光的人：安娜·舍维茨－黑尔曼，一位来自里加的艺术家，她给里尔克画了一幅引人注目的炭笔肖像；安娜的朋友阿莉塞·季米特里耶娃；以及一位年长一些的女士，路易丝·冯·什未林伯爵夫人，娘家姓诺德克·楚·拉贝瑙，她在魏瑟尔－希尔施疗养院的短短一周里，对这对年轻的夫妇产生了巨大的兴趣。暗示里尔克发现她是另一个可能的保护人未免显得胸襟狭隘，但她的贵族背景确实吸引了他，而且他对古老家族的历史始终怀着热切的兴趣，带着这种兴趣他查明了关于她的一切。“她了解我们，并且对我们充满善意，”他告诉埃伦·凯。他没有忘记给这位伯爵夫人寄去一封信，带着“感谢和爱——不，只有爱”等待她返回弗里德豪森的家，这是她的家族城堡，邻近吉森。[12]

就在他们离开之前——克拉拉去沃普斯韦德，他去柏林——他惊讶地收到来自露和埃伦的一张明信片，此时埃伦正在哥廷根拜访露。他从车站给露写了一封信，希望她能够“矫正”埃伦对他的“不加鉴别的友好”。无论好坏，如今他已踏上路途，尽管齐美尔暂时不能从巴黎返回；他请她立刻将“祈祷诗”的手稿寄回在柏林的他，以便他能够准备好打字稿。[13]

虽然有这些计划之外的令人兴奋的事情，但是，倘若他能够坚持自己的决定，投入到城市的生活和学术的日常生活中去——甚至有返回之后的齐美尔待在那儿监督他——这也会让人惊讶不已。他发现自己在积极的治疗之后，极度疲倦，竟然会在大白天睡着，而且事实上他“在这座巨大城市破败不堪的边界上”只坚持了几天。[14] 他心血来潮，就在复活节前决定再次离开，去沃普斯韦德找克拉拉，这位“不速之客”，仍然想着在感觉稍好的时候返回柏林。

事实上，他再次见到露之后，未来的道路才变得清晰。自从他离开她的世界起，四年多过去了，她“最后的问候”带来的警告让他心神不宁，差不多有两年的时间，他徒劳地祈求着她的帮助。如今在他沃普斯韦德“灰暗的房间”里，他再次拿起题有第一首“祈祷诗”的黑色旧相簿，再次体验了他们在一起的时光，混合着“快乐、认同感、憧憬与感
120 激、谦卑与安慰”——预先感受相会的感觉，现在他比以往任何时候都更需要有“能真正与之交谈的唯一的人”。在那到来之前，他无力重获自信。他为将要出版的书作准备，在沃普斯韦德的第一个星期都致力于此，这仿佛是一个充满期待的典礼，因为属于她的诗歌“像某种遥远的遗产”。[15]

5 月 19 日，他将抄录本寄送给岛屿出版社，附有关于书籍版式的详细意见，之后他把手稿归还给她：而且他在信中再次详述了自己的绝望。“去寻找一种更自然的生活……一种更健康的生活方式的所有那些努力，唯一的目的不过是让生活更轻松，也更勤勉，多年以来，上帝才知道它们自身如何变成了一项工作、一种责任、对力量和时间的消耗，以及一种职业……这就像在一场戏剧中，幕布拉起，演员们已经登台时，还在不停地化妆和准备。不是只剩下一件事情等着去做吗？按演员们本来的面目去表演。”他确信，自己“混乱而愚蠢的信”几乎永远不可能让她想叫他去她身边。当莎乐美寄来一张便条，问他为什么不在圣

灵降临节周去她那儿时，他几乎不敢相信自己会有这样的好运。毕竟，这将是充满祝福的一年，“满怀善意，现在它确实带来了这**一个**好运”。其他的一切都被忽视了。柏林，现在被他“束之高阁”，他一心只想着哥廷根和露弗里德。他也许听了一些讲座，当作是为秋天作准备，届时他将开始认真学习；但与她在一起的两三天将会澄清他的想法，带来正确的决定。[16] 在哥廷根的暂住“将捋清思路，坚定我各个方面的计划。我的朋友们必须对我非常耐心，不是吗？但我希望有进步。”[17]

无论克拉拉对他急不可耐地要见莎乐美作何感想，她仍然和他一样，认为对艺术家来说最重要的是“作品”——她的信看上去就像他已经写出了那些作品——因此，她认为彼此分离的生活毫不奇怪。在沃普斯韦德时，他在别处找了个房间写作，此外还合用她租住的屋子；然而，正如他在写给露的信中所说，他没有“家”，而且既然她呼唤他，那就没有任何事物能够留住他了。[18] 在暂住期间，他去看望了露特两次，都很短暂；尽管他后来让露特回想起他们曾一起幸福地搜寻复活节彩蛋，但做父亲的快乐对他而言并不那么重要。他很体贴，在力所能及的范围内随时准备帮助克拉拉：但他还是没有耽搁，于 6 月 13 日出发去了哥廷根。

路易丝 · 冯 · 什未林自从返回弗里德豪森之后，经常与里尔克通信，她亲切的来信通常给克拉拉捎上一本书，或一本关于罗丹的刊物，他开始觉得自己已经是她家庭圈子里的一员。什未林的家庭包括：她的女儿谷德伦，是生物学家雅各布 · 冯 · 于克斯屈尔的妻子；她的继母朱莉 · 冯 · 诺德克；以及她的姐妹阿莉塞 · 芬德里希，阿莉塞在卡普里有一座别墅，伯爵夫人将在那儿度过夏天的一段日子。她对他的所有计划都感兴趣，而且表示欢迎他稍后去弗里德豪森做客，如果一切顺利的话。他承诺与哥廷根“一位阅历丰富的亲密朋友”商量之后，就会告诉她结 121
果。他仍然不确定是否去柏林，而且从她告诉他的一切中，可以看到于克斯屈尔可能会是他需要的顾问和帮手，要是他们能够在夏天期间见面的话。[19]

与露的重聚带给他一切预期的力量和鼓励。她远没有康复，不能长时间外出，于是他独自在房屋后面的树林里散步，房屋建在海因山（Hainberg）上，俯瞰整座小镇。环境的改变和她在身边带来的激励改变了他。“我们常常盼望你跟我们在一起，”他写信给克拉拉，“当我们坐在花园里阅读，或谈论所有那些我经常用来折磨你的问题时，而且这些问题现在似乎变得那么轻松，至少更容易承受它们带来的负担……多么好啊……我来到这儿。这比我能想象的美妙得多，因为我比我所认为的更需要这些。”[20] 他离开的时候，所有的忧愁和离开德累斯顿以来困扰着他的厌倦都一扫而空。并不清楚露实际上的建议是什么：但无论如何他现在出发去了首都，终于去见了齐美尔，大概在一起讨论他的计划和他们对罗丹的印象，以及在学期仅剩的最后三周中听一些齐美尔的讲座。他感觉到，接下来将是一个学习的冬天。假期中他已经计划好再次去见露，当时她正在哈尔茨山区的特雷塞堡拜访一位朋友；他期待在8月份去弗里德豪森与她见面。他似乎在随波逐流，仿佛在等待一个信号，也许一双陌生的手将会带来某种恩赐，为他设定未来的方向。

7月19日，他在特雷塞堡出乎意料地收到一封信，这让事情发生了转机，此时他正在想，露离开之后，他怎么能在人潮汹涌的旅游季节继续待在那里。格特鲁德·艾佐尔特，一位他熟识的女演员，在拜访罗丹时顺便转达了里尔克的问候：于是大师写信给他“亲爱的朋友”，表达了他的钦佩，作为一位作家，里尔克“通过他的作品和天赋在世界各地产生了如此大的影响。我认为我必须将这些表示友好和鼓励的话语，送给你那作为一个工作者的心灵。”莱纳和克拉拉是他倍加珍惜的回忆。“勤奋、勇敢、聪明、温和，希望这些优点不会因为过度劳累而失去……你衷心的朋友……”[21] 在里尔克的头脑中，罗丹变得更重要了，不仅因为他在哥本哈根和柏林再次见到许多罗丹的作品，也因为他作品的技巧仍然是他孜孜以求的理想：在这样的时刻，可以想象这种鼓励的信息会带来什么样的效果。他决心在9月时短期前往巴黎，之后再投入认真的学习：“分隔有日，我将再次见您，呼吸您作品的群峰间送来的纯净空气和创造之风。”[22]

余下的夏天在对这次拜访的期盼中很快过去了。7月末，在去弗里德豪森的途中，他在卡塞尔短暂停留，在那里除了美术馆中的伦勃朗绘画之外，几乎没有找到能吸引他的事物，在马尔堡，他探索了壮丽的哥特式城堡和伊丽莎白教堂（Elisabethkirche）。8 月上半月，克拉拉与他 122
在弗里德豪森会合，直到她父亲突然去世，将她唤回不来梅。他们在城堡受到热烈的欢迎，置身于他一直非常享受的贵族气息浓厚的氛围中：继他与露的会见之后，这次旅居仿佛圆满完成了他曾徒劳无益地在沃普斯韦德寻找的治疗。“我的生活，我的一切，”他带着感激写信给路易丝·冯·什未林，“像一条丰沛的河流穿过弗里德豪森，流经温暖而阳光明媚的乡村，浩浩汤汤地铺展开来，在阳光的照耀下波光粼粼。”[23] 暂住在那儿期间，他与岛屿出版社通信，信中详尽无遗地指明《时辰祈祷书》的版式和装帧，最终决定用作封面的图案来自一幅古老的威尼斯版画：有三个喷口的喷泉，代表这个系列诗集的三个部分。在离开之前他就已经改完了校样。

在一段时间里，留宿的宾客中有一位叫作卡尔·冯·德尔·海特，他是一位银行家、作家和艺术爱好者，他的妻子伊丽莎白邀请里尔克在去巴黎的途中暂留在巴特戈德斯堡与他们一起住几天。里尔克向罗丹提议了一个拜访的日期，罗丹发电报说将很高兴在 9 月 7 日会见他，紧随电报而来的是罗丹秘书写来的一封信，说明罗丹那时应该是待在默东：“罗丹先生希望您住在他的家里，以便能够与您谈话。”[24] 这是他万万不敢期望的，因此他迅速接受了邀请，打算至少在那儿待一阵子。“他用意如此，这就是他想要的，这将会不错，”他写信给克拉拉说。“我说仅仅在那儿待几天，害怕过多打扰罗丹夫人：但我们很容易看到我能在那儿待多久……一想到可以密切靠近他的日常生活，想到布里扬小别墅和视野开阔的花园，我就感到非常快乐。”[25] 冯·德尔·海特夫妇请他为他们挑一件罗丹的作品，充实他们业已很丰富的收藏，里尔克与他们一起待了几天，之后于 1905 年 9 月 12 日抵达巴黎。

第四章

法国、意大利与北非

1905—1911

谁曾有过这些令人不安的思想，谁就必须开始去做一些被忽视的事情……必须坐在他的房间里……写作，夜以继日。

（《马尔特·劳里茨·布里格手记》）

一

也许在这里我将学会我所缺乏的一切。

（致露·安德烈亚斯-莎乐美，

1905 年 11 月 14 日）

里尔克先投宿在一家旅馆，让自己适应巴黎的环境，之后才通知罗丹他将于 1905 年 9 月 15 日前往默东。这座城市过去的三年时光恍若一日：一切依旧，“确实和它过去一模一样”[1]——但他有了新的自信，巴黎对他来说不再像以前那么恐怖。他重临他的素食餐厅，再次坐在卢森堡公园里，从他房间的阳台上观看夜幕逐渐笼罩在河流上，此时他仿佛回到他初来巴黎的时光，但这次他更热切的期盼着罗丹给他带来更大的收获。他没有失望。“当我说他热烈地接待我时，这并不算什么，”他在到达默东的第一天晚上写信给克拉拉：“毋宁说这就像走过草木葱茏的小道，返回一个心爱的地方时得到的迎接，当我离开时，一弯泉水曾日日夜夜在此歌唱、生活、倒映天光。”罗丹最近看了一部里尔克作品的译作，“给予我最大程度的称赞：他把它放置在他自己的作品中间”。[2]

从一开始里尔克就对罗丹深感敬佩，自那时起，他写给这位大师的信就充满大量的赞美，但是，任何一种赞美都比不上现在写给克拉拉、埃伦·凯、谷德伦·于克斯屈尔、路易丝·冯·什未林以及冯·德尔·海特的信中，从他笔端汹涌直下的狂热颂歌。“他像一颗星辰那样运动，他无可度量……他树立的榜样无与伦比，他的伟大就像一座近在眼前的高塔耸立在人们面前，然而他的善意……就像一只盘旋在人们周围的白鸟，光芒四射地飞翔，直到它充满信任地落在人们肩头[3]……人们通常会感觉到，仅仅是为了他，上帝让太阳朝升暮落……他是上帝知道的唯一一人，因为他与众不同，他接纳一切，热爱万物，将自己交付给谦卑，这种谦卑自然会转变为伟大、高贵和庄严——也即，转变为和谐……”[4]

124 在默东有一些变化。罗丹在博物馆下方建造了一些较小的房屋，里尔克发现其中的一间完全提供给他居住——三个房间，每个角落都很舒适，从窗口可以看到塞夫尔山谷间壮丽的景色。“物”群比以前更密集了：在罗丹自己的作品旁边的房屋、走廊、工作室，以及花园里，随处可见古代的奇迹，它们相互问候，像是一个家庭中的成员。这位老人长时间地与他交谈，谈论他早年在布鲁塞尔的时光，他如何在野外写生时学会观察自然，并与周围的景色融为一体。罗丹带他去凡尔赛，还有一次在城里与卡里埃和作家夏尔·莫里斯共进午餐。在这最初的几天里，里尔克完全着迷了，“总是与他或他的作品待在一起”。傍晚，罗丹从大学街回来之后，他们会坐在花园里，看池塘里的天鹅，“像朋友一样谈论严肃而必要的事物……如此安静而深刻的傍晚时分（其间天鹅优雅地在水面滑翔，就像一块美丽石头上的纹路），以至于我时常有一种身在彼岸、脱胎换骨的感觉……”当他从窗口观看繁星闪烁的夜空时，看到窗前有一条砾石小径，通往一座小山，在山上，有一尊佛像树立在“肃穆的寂静中”：“它就是世界的中心，”他对罗丹说。[5]

罗丹显然非常重视他的意见和评判，有一天带他去博物馆，置身于自己的作品中时，就一个又一个的作品询问他的印象，并且在雕塑的底部写上里尔克使他想到的名字。他也倾诉了自己的孤独，以及他多么渴望有一个既能减轻他写信负担，又能真正帮助他完成自己作品的秘书。很自然他会在里尔克身上看到他需要的那个人，到 9 月底时，他提议里尔克应该留下来做他的私人秘书——食宿像以前一样，但是每个月有一笔 200 法郎的固定薪金。写信只占用一天中的几个小时，剩下的时间他有空去做自己的工作。这是一个慷慨的姿态；里尔克再三踌躇之后（因为他能够预见到起草书信事实上将会占用他多少时间），非常高兴地接受了。这一下子让他从日复一日的操心中解脱出来，毕竟，对他来说不可能还有更好的机会去“学会如何去工作”。其间，他演讲的计划有所进展：他预计在 10 月 23 日在德累斯顿，10 月 25 日在布拉格演讲，罗丹并不反对他暂时离开。在这种新环境下准备演讲显然很理想；而且他已经开始感觉到，对他自己的工作而言，罗丹的在场多么有助益。

当他动身去德累斯顿时，他对自己演讲的草稿很满意，他感觉这份演讲稿比他的《罗丹论》更为成熟。并且，他有充足的理由为他在那儿演讲的成功感到满意，超过 600 名安静的观众聚精会神地聆听了他的演讲——只可惜他们大部分都是老年人，而不是年轻人，他认为年轻人更需要罗丹传达的信息：耐心和坚持不懈的努力。[6] 在布拉格，出席的观众更少一些——多数是老妇人，有的在打瞌睡，正如他向罗丹描述的，有的出于好奇，勉强睁着眼睛；还有一些小职员，“被消化不良主宰的 125
冗长日子让他们疲惫不堪”。但他认为自己演讲得很好，而且在结束的时候，有两三个年轻人走过去紧紧地握住他的手，一言不发。“我感觉自己做得很好，总有一天我会找到……需要听我演说的公众：因为我越发明白，所有生活着的人需要您，您存在的好消息就是福音，有了它，我们的生活触及永恒。”[7] 当然，在布拉格的几天里，他的大部分时间与他的父亲一起度过。病后依然虚弱的约瑟夫无法出席演讲，但显然他对儿子实质性的进步和新找到的独立感到高兴。这确实有几分凯旋而归的意味。他短期访问了莱比锡，为了与岛屿出版社讨论《时辰祈祷书》，之后他在 11 月初返回默东。

此时，罗丹的善意也让克拉拉受惠。早些时候，她曾给他寄过一些自己的作品，他印象十分深刻，发电报表示祝贺，同时叫她来默东。“很少有雕塑家能够取得像这样的成果，”他对里尔克说。[8] 她总共在默东待了大约一个月，并且能够在罗丹的其中一间工作室里工作。对她和莱纳而言，两人的命运如今颠倒了过来：他已经找到了一种安全的措施，而她在父亲死后，失去了本来稳定的经济支持，即使不总是那么慷慨，但却给予并满足她的基本需求。莱纳很挂念她，尽管还没有到为她的收入贡献力量的程度：“我必须先让自己的生活井井有条，”他告诉埃伦·凯，“我迫切需要购置一些东西，而且也感到我终究需要有一点储备”。[9]吉布森夫妇曾写信给他，希望他能再次去与他们一起生活，在写给埃伦和他们的信中，他解释了自己的新处境，以及从中看到的希望。他必须与大师住在一起，“对我来说，他的友谊与您的一样重要，”他写信给莉齐说。但是，如果克拉拉可以住进他在弗鲁堡的“金屋”，那将会给她带来一段安静的时光，她可以安心工作，节省下一笔钱，可以为接下来在沃普斯韦德的夏天作准备——也许甚至还能赚点钱，要是吉米和莉齐能够为她找一些工作的话。给埃伦·凯画一幅像肯定会找到资助。他们将与露特一起过圣诞节：也许随后他会陪伴克拉拉返回约恩斯雷德，正如他所希望的，假如他们能够为他在哥德堡安排一次关于罗丹的讲座，同时选读他自己的作品。但一切当然都取决于罗丹对他的需要。[10]（结果，为了帮助克拉拉的这些想法全都没有实现：尽管吉布森一家购买了她在弗里德豪森时塑造的里尔克阅读中的半身像，但他们出于多方面的理由，无法让她待在弗鲁堡，而他知道，埃伦·凯不会愿意坐着让她塑像。）

岁末将至，在巡回演讲和新职位得到保障之后，他获得了巨大的自信，不再羞于进行自我宣传，尽管就在不久前他刚对埃伦·凯说过，他认为自我宣传是不智之举。11月，他的三首在罗马完成的诗歌发表在
126 菲舍尔的《新评论》上，霍夫曼施塔尔、瓦塞尔曼以及其他人给了他热烈的赞扬，他一向珍视这些人的观点。尽管在斯堪的纳维亚的演讲和朗诵会没有得到实现，但赫尔瓦特·瓦尔登已经邀请他在3月初去柏林朗读自己的作品；哈里·格拉夫·凯斯勒关于罗丹的短评曾经给他带来许多新的洞见，如今格拉夫·凯斯勒希望他去魏玛演讲；他希望扩展自己巡回演讲的范围，去埃尔伯费尔德、汉堡、不来梅，也许还有维也纳。这首先是为了进一步传播罗丹的福音，而且那在柏林也将是可能的。曾经困扰着他的问心有愧的感觉终于逐渐消失了，而且他坚定了自己信奉的使命：事实证明仅仅做一个诗人是可行的，这样也能够生活下去。从罗丹“神圣的成熟”中，散发出“幸福、伟大，以及工作能力，这种能力提升每一个日子，使得每一个时刻都让人感到安慰”。[11]“在那种严格的、唯一真实的意义上，只有艺术家才是真正伟大的人——对他们来

说，艺术变成了一种生活方式。”[12]

在他身上发生的这次转变具有多深远的意义，可以从他在 11 月份写给露的信件中看出来——自从夏天之后，这是他第一次写信给她。令人痛苦的自我心理分析，对身体健康状况的担忧，试图抓住救命稻草的绝望以及不可能实现的多重计划，如今都已成往事，取而代之的是一种事实性的、几乎是冷静的总结——关于 8 月份以来出人意料的事件以及他在默东和巴黎的生活，这些生活给他带来许多令人振奋的交往活动，特别是与比利时诗人埃米尔·维尔哈伦和西班牙艺术家伊格纳西奥·苏洛阿加的交往。“也许在这里我将学会我所缺乏的一切……这是欢呼的时刻：但在很长一段时间内，我会把它分配成许多微小的片段，以使它变得只是一次偶然的呼吸。然后，倘若我能够的话，它将转化成真实可见之物，而不仅仅只是无意义的表达。”[13]

在罗丹的启发下，他终于有望实现理想：去工作，持续而不无耐心，把经历转变成有自身存在的物，并且不再仅仅去表达主观的感情或变幻莫测的灵感带来的模糊憧憬。正如他预见到的，为罗丹起草信件（所用的法语，在某个地方肯定有一个专为它而设的炼狱，他告诉露）占用了他一天中大量的时间，而不是大师曾经暗示的不用几个小时。然而，在那些冬天的月份里，他开始顺利完成他的目标，写成了若干“新诗”，“豹”是这些诗歌中的第一首。其中有引经据典的主题：但是，也许他门前的佛像为新的起航提供了最形象的说明：

佛

祂仿佛在倾听。寂静，远方……
我们停下，它们不再抵达我们的耳。
祂是星辰。而其他有着巨大特征的
我们看不见的星星，排列在祂的四周。

噢，祂就是一切。我们真的在等待， 127
等待祂看见我们吗？祂会有此需求？

我们在祂面前弯腰，跪拜，
祂依旧沉默，漠视我们的命运。

因为，那将我们掷到祂脚下的，
千百年来就在祂体内运转。
祂遗忘了我们所了解的，
也了解那让我们只得自认失败的地方。[14]

他在巴黎和慕尼黑急切地，甚至厚着颜面追逐的声名如今开始到来。作为罗丹的秘书，他接触到的圈子不再限于纯粹的文学界——例如，当需要写封信给埃莉诺·杜塞时，大师鼓励他附上一封自己的信，告知她一些关于他自己以及自己作品的信息。他取得了更广泛的文学上的认同，这种认同来自各个方面：比如说霍夫曼施塔尔的来信对他表示赞赏，在德国和奥地利，人们也开始认真研究他的作品，另外还有一些尚未认识的人对他表示钦佩。在斯特凡·茨威格看来，他是一位**出类拔萃**的诗人，依靠他存在的本质“与永恒相连”，“他远离人群，然而却是我们时代的伟大人物如罗丹、托尔斯泰等人的继承人……一个令人羡慕的形象。”[15]

与他打交道的出版商们也给了他新的保证。埃伦·凯长期以来就鼓励他设法签订一些适当的契约，确保从她坚信他将获得的成就中得到恰如其分的报酬；但是现在他要就此事费尽心机地提醒容克和岛屿出版社。他开诚布公地告诉容克，他与其他出版社签订了合约，出版《亲爱的上帝的故事及其他》的新版本以及《时辰祈祷书》。他写信给珀舍尔，说他决定将自己未来的所有作品交给同一家出版社：“但是肯定会交给能够为我提供……一份合理报酬的出版社，很不幸，我目前的境况不能没有钱。”[16] 显然，他希望岛屿会是印行他作品的出版社——他紧接着就给容克写了信——因为在容克这方面，他只关注那些“旧”作：《最后一个》的新版本，单行本的《旗手》，以及《影像之书》的增订本。但他坚持要容克签订合同。正如他对两个出版商所说的，他对商业所知甚少，完全处在他们的掌控中。但他提出了自己的看法，并且两家出版社都满足了他的愿望。

正如他在写给容克的信中所言[17]，依靠自己的书生活，说实话，从来不是他的目标。他只想为自己的艺术而活：而且为了达到这个目的，他认为总得给他提供创造艺术的条件——适当的环境，以及一份不多，但也不算太少的收入。“一个人无法创造美，”他在关于罗丹的讲座中说，“一个人只能为美创造适宜的环境。”[18]但他可能创造的那些书曾经以他认为的适当形式展现出来，他从来没有将文章当作商品，依靠它生 128
活；而且他越来越不想阅读推销书的评论：“它们在我看来……像是寄给另一个人的信，其内容并不是写给我的”。[19]相反，他的书变成他自己的一部分，奉献给那些能够欣赏它们的人，就像他《降临节》中的那些诗歌一样，可以免费赠给朋友和同道中人。（相比其他有可比性的作家，里尔克的现存作品有更多的签赠本。）当《时辰祈祷书》在12月份出版时，他立马从首印的500本中定购了30本左右，分赠给他的朋友们，随后又定购了更多本，所花的钱从他的账户中扣除，而之前他们达成的协议是出版商将净利润的一半支付给他作为稿酬，这一做法肯定减少了此书给他带来的收入。

迄今为止，与罗丹的约定是他生活中最幸运的事情，但随之而来的是一种义务，必须为另一个人服务，从事日常的苦差事，尽管他很钦佩这个人。他知道自己需要一份不太苛求的赞助，让自己能够安心创作，而并不一定要得到报酬。无论这来自一位私人赞助者、国家，还是某个出版商，都无关紧要。结果，在不同时期，他成功地得到过上述三者的赞助——尽管是迫于持续不断的压力——他有时直接求助，但更多的时候则是通过出色的交际手段获得帮助，这些赞助对一个不会精打细算的人而言显然很有用。

现在，在1905年冬天和1906年春天期间——虽然他在与罗丹的日常接触中得到了激励，但他的秘书工作也逐渐给他增加了压力——他的触角伸向四面八方，寻找可以指望的适当帮助。早先向维也纳教育部申请资助的要求被拒绝了，但在埃伦·凯和玛丽·赫淡菲尔德的鼓励下，他在 2 月份时又尝试了一次，列出了他所有的书，附上了一篇埃伦的批评文章，并且仔细地起草了一封信，他希望这封信让他看起来“一贫如洗，值得同情”。[20] 在回复容克的信中，他表示愿意继续为他审阅稿件，条件一如从前，如果这位出版商觉得这有用的话。他也与卡尔·冯·德尔·海特定期通信，海特曾经在他的安排下购买了罗丹的作品“姐弟”(“Brother and Sister”)，而且海特还写了一篇关于《时辰祈祷书》的敏锐的评论，将里尔克置于“德语抒情诗的顶峰”，[21] 他写给海特的信措辞巧妙，信中表达了自己对艺术和生活的看法，以及对二者的需要：在 4 月底时，海特给他提供了一处可供选择的庇护所。他也没有忘记路易丝·冯·什未林：她对《旗手》的赞赏部分导致他计划以书的形式再版这首长诗——而且是以限量版的形式，完全不考虑它的商业潜力，此外这本书还用里尔克家族的盾徽加以装饰，对此里尔克引以为傲——并且他知道她的在场就“代表着一种保护，一处避风港，以及未来几年的帮助”，他在她于 1 月意外去世之后写道。[22] 但只要他愿意，他与她家庭的
129 友谊就能确保弗里德豪森始终为他敞开。他与斯堪的纳维亚保持着联系，吉布森一家和埃伦·凯会定期收到他的信件，信中有他的希望和计划，因此在有需要的时候，弗鲁堡也是一条后路；此外，埃伦接受了他的建议，将她在一家布拉格期刊上发表文章得到的稿费转交给了克拉拉。

如今，克拉拉终于和露特一起待在沃普斯韦德了，里尔克前来度圣诞和新年的时候，她正在做一尊孩童头像，露特是她的模特。停留时间肯定很短，因为罗丹不可能给他太多时间，但这对他来说大概没有什么困难之处。“独自一人没有哀伤可言，”他从那儿写信给母亲，“倘若通往所爱之人的道路依旧敞开的话。”[23] 他发现沃普斯韦德一如既往，“同样的遥远之地”，“邮车慢悠悠的”，与默东的乡村形成鲜明的对比。他此行印象最深刻的是葆拉·莫德松的作品：她描画的“事物非常沃普斯韦德化，迄今为止无人见过或画过”，他认为这些画作不可思议地接近凡·高的风格。[24] 一旦他回到罗丹的艺术中间，它们的形象就消退了；但当他听说葆拉将再次来巴黎时，他在离开巴黎前去巡游演讲之前，特地去她位于卡塞特街（rue Cassette）的房间探望，此时葆拉打算离开莫

德松生活，里尔克“为随她一起”步入新生活而高兴万分[25]（另一个夫妇两人分开发展的事例，对此他显然完全赞同）。

此时，在默东有更多的工作等着他。稍感安慰的是，暂时有人帮他处理一堆必须寄送的新年贺卡；但是，给那些达官显贵写信的重任压在他身上，此外他还要不辞辛劳地起草和改写罗丹的演讲稿，以及一封信件，内容与即将在伦敦举办展览会有关。剩下的时光，他专注于自己的书信往来，也为自己的巡游演讲做了大量的准备。“一天一百封信，”他对克拉拉说，“我很想这样说——早晨是大师的信，下午是我自己的；倘若在晚上之前还有一些时间，我就再聆听一遍那些想进入《影像之书》的诗歌”——那些前罗丹时期的诗歌，这些诗没有袭用“豹”的新风格。他发现将它们嵌入如今已浑然天成的《影像之书》并不容易，这本诗集“充满了内在的情感”。“只有少数诗能通过考验……一些将转变形式，一些只留下断片，也许某天可往上面增砖添瓦。”而已包括在其中的一些更早的诗歌，则需要仔细的修改，才能更清晰地说出他七年前未表达清楚的含义。至于《旗手》，只有很少的修订，主要的改动是引言，他打算只引用原始档案中那几句干巴巴的话，还有一处修订就是主人公的名字。“遗憾的是，人们熟知的那个奥托·里尔克……他活到晚年才默默无闻地死去。但我认为真相必须占上风，我们必须用正确的名字称呼旗手。”[26]

“我的时间处处受限，”他在2月初写信给胡戈·萨卢斯说，“而我 130
的健康不允许我夜以继日地工作。”[27]罗丹——文牍主义的怪物，之前的一个秘书这么称呼他——是一个苛刻的工头，高踞在累积如山的文件上：虽然如此，与他做伴时倒也有轻松愉快的日子。这个老人会把他从桌子旁叫起来，去花园“看看风景”，或者带他前往凡尔赛或沙特尔。人们无心修葺的大教堂让他黯然神伤，但他在记忆中保留了第一印象，大教堂耸立在眼前，“仿佛置身于一件巨大的斗篷”；最初的细节他还记得，“一尊身材修长、已经风化的天使，握着一个日晷……天使愉快顺从的面容上流露出深沉的微笑，仿佛天堂的荣光”；教堂的大部分暴露在朔风中，它们在风中站立着，“仿佛受了诅咒”，而天使“如此幸福地握着他的日晷，朝向他永远能够看见的太阳”。他也去拜访了特洛别茨科伊亲王，后者现在居住在塞纳河畔的布洛涅，自圣彼得堡一别之后他们从未见面；此外还去位于布洛涅森林的游乐场公园，公园里有猴子和火烈鸟，还有珍贵的中国雉鸡——“似乎是用瓷釉制成的”，在这些精心塑造的动物中间，看见一个显然未完工的灰不溜秋的头，不由得让人感到惊奇万分。[28]

1906 年 2 月 20 日，罗丹去了伦敦，因此里尔克在开始巡游演讲之前，只有几天属于自己的时间。在做完《影像之书》的工作后，他觉得自己终于接近了一个新起点：他渴望彻底的孤独——他在罗马曾体验过，而默东的花园不时让他回想起那种孤独。“那些早晨和午后，圣经摆在我的桌子上，然后是漫漫长夜，夜晚仿佛从人的心底升起——所有这些都属于我。”“我应该随信给你带去食粮，”他写信给克拉拉说，“但我的田地尚未耕种……我只能抄录你所有的长信，它们询问生活对我们来说有何目的，而它们将一字不差地属于我自己……现实问题……一切都需要解决和处理，在处理完所有这些现实问题之余，我的内心渴望一片海，夜以继日地歌唱。”[29] 但显而易见的是，此类担忧与他先前在巴黎遭遇的**焦虑**根本不可同日而语：前一天他写信给莎乐美，告知自己的旅行路线，期望在柏林哪怕是短暂地见她一面，信中的语气非常平静，不带感情。

他打算在部分旅程中让克拉拉与他待在一起，尤其是在首都的那几天。实际上，他在埃尔伯费尔德首次做完罗丹讲座之后，前往柏林的前一天，克拉拉就到了柏林，并且和莎乐美住在同一家膳宿旅馆，首次见面时，莎乐美友好地对她表示欢迎。他计划在柏林做两场演讲：第一场在 3 月 2 日，为“艺术协会”选读他自己的作品，第二场在一周后，内容关于罗丹，其间他在汉堡和不来梅做演讲。至于维也纳，由于无望邀请到“分离派”艺术家出席，所以放弃了，斯特凡 · 茨威格努力安排一
131 个替代方案，也告失败。由于多种原因，计划的后面部分有所延期，并且在魏玛的演讲最后取消了，因此在汉堡演讲之后他与克拉拉一起在沃普斯韦德休息了几天。从那儿他向罗丹报告目前为止他看到的成功的结

果，尤其提到年轻人对他的作品兴趣强烈；并且请罗丹稍作宽限，他会比预想中迟归几日——不仅由于演讲延期，也由于他住在布拉格的父亲病情严重。

就在他写完这封信的第二天，也即 3 月 14 日，他父亲去世了。他把第二次在柏林的演讲推延到 3 月 20 日，即刻与克拉拉前往布拉格为父亲置办丧事，处理善后事宜；父亲一直以来“对我而言就是仁慈本身，是最忠诚的帮助者和最感人的朋友，随着岁月的流逝，他对我的挚爱之情使我们更加亲密”。[30] 菲亚正在阿尔科进行一年一度的春日旅行，竟然不愿意去布拉格陪伴他。值得注意的是，他不仅发电报将这个消息告知了罗丹，也告知了他的代理母亲埃伦 · 凯。对他这样一个在处理现实事务时通常无能为力的人，却以惊人的高效率处理完必须做的事情：没几天里尔克就把父亲的房间打扫得干干净净，粗略浏览了他遗留的文件，并且将他安葬在奥尔萨尼的家族墓地，安葬时，紫罗兰摆放在他的头旁边，还有一个来自露特的欧石南花环。在这些“悲伤至极的劳累”之后，他在 3 月 20 日从柏林写信给菲亚说：“没有克拉拉忠诚的、自我牺牲的帮助，我不知道我怎么能处理完这一切……对你而言……多年以前他曾是一位朋友，一位生活节制的朋友，后来迫于你的人际关系而离开了你，这让你痛苦不已，深感绝望：但生活不应该逃避或是熬过这一切——生活必须超越其上……”[31]

3 月 31 日，当他度过“那些繁忙而残酷的日子，一身疲惫、神志恍惚地”再次抵达默东时，罗丹就是仁慈的化身；[32] 在他再次投身于工作之前，有一段休息时间。但他比以前更强烈地感到他已准备好去做属于自己的工作，并且他开始渴望能自由自在地去写作。“每天我都必须运用理智阻止自己登上开往维亚雷焦的火车，”他写信对卡尔 · 冯 · 德尔 · 海特说，“由于工作让我不断保持警惕，我转移了自己的注意力，然而这工作无法让我获得内在的孤独”。于是海特有些担忧地问他能帮他做些什么，他告诉海特自己的需要：有一两年的时间，待在一个像当初的罗马那样的环境里，在那儿——十分孤独，但与克拉拉比邻而居，一起工作，这样的话他们可以相互帮助——他才能够开始写《马尔特手记》，“我的心思尚未回到这本书上”。待在瑞典和弗里德豪森，以及现在以另一种方式待在默东时，尽管有朋友们的善意帮助，但却不可能有同样“无限的孤独，在那儿每天都仿佛是整整一生……空间无穷无尽，身处其中的人被无限所包围”。[33] 但他的良知不允许他此时离开罗丹。他的时刻将会到来，与此同时他需要耐心，至少要放松自己，向一双同情的耳朵倾诉自己的渴望。春去夏来之际，他在给克拉拉的信中回忆了
132 他们在罗马的时光，嘱咐她保持心情舒畅：“这类事不会有第二次，但也许往日的生活还会再现，让我们再次在彼此的身边工作……” [34]

4 月份期间，他就这样耐心地控制自己的心灵，在默东的生活有很多吸引他的地方。罗丹正努力为萧伯纳做一尊半身像，首次塑像时特许里尔克在一旁观看，在快速将粗糙的黏土捏成各个角度的侧面像时，他不同寻常地“将小时压缩成了分钟”。[35] 萧伯纳，这位尽职的模特一动不动，仿佛将他的整个人集中在脸上，“以便一个接一个的特征跃入雕像之中，速度之快就像一连串的放电”。[36] 里尔克曾读过特雷比奇翻译的《人的命运》，发现这位戏剧家“颇让人喜欢”，[37] 于是写信给萧伯纳在德国的出版人菲舍尔，索要其他的作品，因为他可能会考虑写一些关于萧伯纳的文章，并且他还可以在看过之后给罗丹讲讲这些作品的内容，当时找不到法语译本。一天，威廉 · 罗森斯坦前来拜访，他们就格哈特 · 霍普特曼谈论了很多，因为罗森斯坦非常敬佩霍普特曼，这驱使里尔克写信给霍普特曼——他刚从莎乐美那儿得知霍普特曼的消息，力劝他也前来请罗丹塑像。4 月 21 日，他参加了在先贤祠举行的《思想者》的揭幕式，与萧伯纳夫人、马约尔，以及葆拉 · 莫德松一起坐在人群中——“罗丹的这件作品在他的家乡终于有了一处容身之地”。[38]

在他必须要写的众多信件中，有一封写给阿马莉 · 纳德赫尔尼 · 冯 · 博鲁廷女男爵，为了安排她与她的女儿西多妮前来默东拜访。这个家族的乡间宅邸位于离布拉格不远的雅诺维茨，1806 年，约翰 · 约瑟夫 · 里尔克[1] 间接地从阿马莉祖父手里买下了卡门尼茨的庄园。如今，

[1] 即里尔克的曾祖父，参见第一章。

他的曾孙很乐意扮演导游的角色，带领这两位女士参观罗丹的收藏品，这次拜访之后，里尔克开始与西多妮通信，他们之间的通信持续了一生。

到了这个月底，布里扬别墅开始变得有点让人不安。罗丹再次感到不太舒服，房间里似乎突然挤满了访客、记者和艺术商人，都等着见罗丹，里尔克发现自己陷入一片混乱中。此时，冯·德尔·海特写来一封信，在自己的庄园为他安排了一个住处：但这一两年安静生活的机会对他来说似乎是一个不可能的梦想，于是他只能恋恋不舍地拒绝了这个慷慨之举。“假如有一天我真能住在那儿，我将和克拉拉一起分享，小露特也会时常住在那儿。（对他们来说这多美妙啊！）但我只是在做梦而已……”[39]

然而，没过几天，他就受挫于严酷的现实。他回复的两封信事先未与罗丹商量，罗丹对这种行事方式很有意见：并且在一次激烈的情绪爆发之后，他告诉诗人大可马上离开。里尔克认为他的行为相当中规中矩——其中一封回信已经照罗丹的意思拟就，他只不过在回复同一个通 133
信人随后的信件时加了一段附注，因为他认为这不值得去麻烦大师；第二封是他自己回复罗森斯坦的信，这封信原本是写给作为罗丹朋友而不是秘书的里尔克本人的。但他马上毫无异议地屈从于罗丹的判决，尽管他像“一个手脚不干净的仆人”那样被解雇了。[40]情况令人不快，但事情的结果其实是他一直渴望并且需要的。“我整理好东西，搬出了我的小屋，”他在5月10日写信给克拉拉说，“走入往昔的自由，带着它所有的担忧和一切的可能性……我满怀期望，心情喜悦。无须过多的言辞去描述事情是怎么发生的，并且我也不想把它写下来。我想，要发生的事情自然而然地发生了。”他打算在卡塞特街的小旅馆找一个房间，葆拉曾在那儿住过——“无须合约，按星期付钱即可”。在那儿他可以考虑自己的未来，“暂时与我内心之物独处”，整理完《旗手》和新的《影像之书》。“不要忧虑未来，总有路可走，我们一定能找到……”[41]

二

我在工作中就像果核在果实之中。

（致玛农·楚·佐尔姆斯-劳巴克伯爵夫人的信，

1907 年 8 月 3 日）

返回巴黎几乎是一种解脱。他的房间离卢森堡公园只有几步之遥，有点小，“但不是太小，通风不太好，但并不窒闷”，家具很破旧，然而“回想起来并不让人讨厌”；在他窗户对面的墙那边，以及四面八方，“就是巴黎，阳光明媚、丝绸般的……五月的巴黎……我想到马尔特·劳里茨·布里格，倘若他在充满巨大恐惧的时期坚持下来，他就会像我一样喜欢这一切”。[1] 他的第一件事是写信给罗丹：解释但不辩解，表达这次解雇给他带来的深切伤害，但是他理解，大师生活的“智慧机体”有更高的律法，使得它排斥任何可能会造成损害之物。“我确信在我的同龄人中，在法国或别处都没有人像我一样理解您——凭借性情和工作，也无人理解您的作品，并诚心诚意地仰慕它。”他唯一的遗憾是克拉拉，她没有任何过错，却要分担他的耻辱。“我将不再见您，但如同独自黯然离开的使徒们，对我而言生活才刚开始，我的生活将会赞美您树立的崇高的榜样，在您身上找到它的安慰、它的正义和它的力量。我们有同样的想法，那就是在生活中有一种内在的正义，它缓慢但坚定地得到实现。我对这种正义寄予了全部的希望：总有一天，它将纠正您对一个人犯下的错误，这个人不再有机会或权利向您表明心迹。”[2]

第一个星期，他完全在虚度时日，什么都没写，甚至忘记了写信，
134 仅仅满足于四处游览，享受“不再随时待命，孤独一人”的轻松感。他

就像穿着坚信礼白裙的女孩们，感到自己处在人生的转折点上，生活就在眼前。[3] 维也纳传来了好消息：他将会收到一笔 600 克朗的资助，“不是很多，但总算有一些，而且就目前的情况而言我已经非常满意了，”他写信给玛丽·赫茨菲尔德，感谢她的帮助。“您知道，我离开了罗丹，完全投入到自己的工作中去……我可能要撑一段时间，但我别无选择，只好相信一切都会好起来。”[4]

埃伦·凯很快就要来巴黎，里尔克曾经告诉她，他渴望介绍她与罗丹认识，带她观赏罗丹的作品并让她看看自己的小屋。“如今情况变了。但并不能说我失去了一直以来对他的仰慕和爱，我与他内在的联系依然未变，但目前我无法就这件事公开表明我的态度。”[5] 也许，维尔哈伦可以带她去见罗丹——现在，当他穿过卢森堡公园时，维尔哈伦的诗歌陪伴着他，正如他在给这位比利时诗人的信中说，他的《伦勃朗》“拥有绝妙的力量和理解力”，他刚读完这首诗。[6]

虽然里尔克很重视埃伦的拜访，但结果还是令人失望。一辈子拮据的生活使得她的节俭到了吝啬的程度；在她待在巴黎的三周时间里，里尔克投入了大部分的时间去陪她，发现自己沦落到“莫名其妙的贫困”中，因为她认定这一次里尔克应该自食其力。他勉为其难地带她去游览卢浮宫，或者坐不熟悉的公共汽车外出，去拜访住在巴蒂尼奥勒的维尔哈伦；几乎是偷偷摸摸地在廉价的连锁餐饮店吃饭，玩九柱戏时，她的目光跟随着花出去的每一个法郎，焦虑不安地盯着玩家手里的球，“恨不得每个投出去的法郎能赚回九个”。他钦佩她从抑郁不乐的人生开端走出来，给自己创造了幸福的生活，但他无法忽视她在艺术鉴赏方面的女教师气的局限性，而且过度严肃地对待生活让她变成一位有点可笑的普世大妈，给所有人散发糖果，却无法满足任何人的饥渴。莉齐·吉布森的表妹斯蒂娜·弗里赛尔恰好也在巴黎，里尔克曾经在哥德堡见过她，她质朴的魅力和忠诚与埃伦形成了鲜明的对比，如今埃伦在他看来“被那些紧紧依附她的老鼠般的鬼魂侵蚀殆尽”。给某人以真正的帮助是罕有的事，不可能成为一种职业，他写信告诉克拉拉他改变了对埃伦的看法：只有像她这种无法正视人类境况的人，才会带着这种信念陷入谬误。

他与她之间，莫名其妙地变得生疏，说出的话，尽管很真诚，但似乎尚未抵达彼此的双耳，就已改变了方向，消失无踪。况且她说话漫不经心，只是在自言自语，任何加入谈话的尝试都只会变成干扰。[7]6月17日，当他在枫丹白露为她送行时，他们在各自的站台上等待着列车，将他们带往相反的方向，这场面看起来颇具象征意味。如此评价这位给予他很多帮助的“老姑娘”，无疑极为冷漠，况且此后在那些“依附她的”人中，他带来的麻烦绝不算少。[8]

135 他的客观冷静实际上表明，他在得到自由之后，也获得了平静。因为，即便埃伦占用了许多时间，他毕竟还是能够努力工作，对《旗手》做最后的润色工作，并且完成了新版的《影像之书》，在其中加入许多额外写就的诗歌。在他转向新的道路、致力于写作《马尔特手记》和《新诗集》时，必须将这些工作处理完毕。6月12日，将两份手稿寄给容克之后，他期待着“一个工作的冬天”——如果他手头宽裕的话。[9]他在5月份告诉克拉拉，他“离马尔特仍然有一段漫长的路”：[10]但几乎就在同时，一股“新诗”[1]的洪流奔涌而来——罗丹时期的经验最终结出了果实。他也抽空见了葆拉·莫德松，后者陪他和埃伦游览了尚蒂伊，并且开始为他画肖像：但在6月份的时候他中止了画像。

如今，巴黎对他来说不再恐怖，充满了欢乐。与罗丹在一起时，他与艺术界的精英经常往来：他自由地会见那些更年轻的、努力闯荡的艺术家——他早年在柏林就知道的画家玛蒂尔德·福尔默勒；奥古斯图斯·约翰的妹妹格温，她经常给罗丹做模特；另一个画家伊丽莎白·陶布曼；英国出生的雕刻家朵拉·赫克斯海默——一直忠实于罗丹，给他们带来大师的消息。6月12日，朵拉·赫克斯海默举办了一个小型的作品展，他在展会上为大家朗读了他的《罗丹论》：他写信给她，说对他而言这是一件乐事，“一个自己找不到快乐的人，是无法给别人快乐的，生活对此非常公正”。[11]他告诉克拉拉他会暂时住下，因为尽管身处日渐升温的夏日，但他的房间非常合意，一日三餐正好符合他的需要——

---

[1] “New Poems”，暗指即将问世的诗集《新诗集》(*New Poems*)。

中午吃一顿素食，早晨和晚上吃水果，夜间喝两杯牛奶，保持着良好的规律，“像树液滋养着树一样，这些东西显然能轻松地滋养着我”。稍后的夏天，他们两人，也许还有露特，会受邀去埃尔伯费尔德和戈德斯堡做客，与冯·德尔·海特一家待在一起，但目前，正如他对葆拉说的，他“爱上了井井有条的日子”。[12] 整个 7 月，“新诗”源源不断地涌来。他日复一日地吸收新的观感——在美术馆、卢浮宫，或是在克鲁尼博物馆观赏壁毯上的“贵妇人与独角兽”；在巴黎植物园仔细端详动物，后来他因此获得一张“艺术家许可证”，可在非公共开放时间入园——而且他还学会不再一味地等待，直到“事物自身的力量聚合为一个整体，而是抢先去领会它们”。[13] 朵拉·赫克斯海默回忆，在一天晚上，他愉快地向她朗读白天的诗作，全神贯注于语词，像一个闭着双眼祈祷的人。“祈祷和工作对他来说是一回事。”[14]

鉴于克拉拉施予的温和压力，他打算 8 月份在靠近海边的某处去见她——也许在布列塔尼，玛蒂尔德·福尔默勒已经去了那里，或者在维尔哈伦曾多次向他说起的比利时。卡尔·冯·德尔·海特很慷慨，不仅邀请他们两人去戈德斯堡度过 8 月的最后两周，还为他提供了旅行初期的资金。他最终在比利时住下来，并且打算适时抵达弗尔内，去看 7 月 136
最后一个星期日的苦修忏悔者传统的年度游行，以及随后举行的狂欢节(*kermesse*)。在弗尔内等待克拉拉时，他写信给朵拉·赫克斯海默，说那儿并不是他预想中安静的小镇：更确切地说，他仿佛被拽入了佛兰德斯画家特尼斯的一幅画中。“我现在知道它们听起来像什么了！”，钟鸣持续不断，市集喧嚣不堪，巨大的城镇街区“到处是噪音、小货摊、纵横交错的迂回弯道，以及热浪中接踵摩肩的人群，笼罩在啤酒、蜂蜜蛋糕和尘土的味道中，一直到深夜”。[15]

克拉拉一直期待着这次休假。虽然她坚定地保持着与丈夫一样的人生观，而且她的工作也需要孤独，丝毫不亚于他的——但她实际上却渴望再次与他待在一起。这是她内心的期待，正如临行前她在写给格奥尔·勃兰兑斯的信中所说，不管怎样，这些夏季的假日过后，总会有个地方可供他们待在一起。“沃普斯韦德不利于拓展思想，无法做一个永久的工作地点，而且倘若考虑到模特，我就彻底放弃了这种可能性。”[16] 对莱纳来说，与家人重聚多半出于责任而非愿望。克拉拉和露特 7 月 1 日与他在弗尔内会合，在此之前，他探查了周围的度假村，发现其中最安静的似乎是奥斯特敦刻尔克，他们在那儿度过了十天。身边有个孩子，他有些束手束脚，难以静下心来，而且这种生活看上去像是“以后的生活，在持续不断的消耗中几乎否定了我们当下的生活”。一个拥挤的海滨度假地的整体气氛令人讨厌，那里的人们无所事事、虚度时日，“没有真实生活与存在的痕迹，仿佛置身于一个不可能的世界”。[17]

当他们动身去布鲁日和根特，取道前往戈德斯堡去见冯·德尔·海特时，无疑感到松了一口气。布鲁日游客拥挤，但他认为那儿的教堂和博物馆“美得无与伦比”。[18] 露特一路跟随他们，在教堂里要了一个祈祷用的小跪凳，安静地跪在上面祈祷，动作相当自然，或者趁他们观看图画时，在博物馆的地方上玩她的贝壳。在那儿有一次意外的邂逅：当他们走出大教堂的中殿时，莱纳低声说，“罗丹在那儿”。大师显然很乐意看见他们，拉着露特走到他跟前，亲吻她的额头。“你拥有能想象到的最美的模特，”他对克拉拉说，“一个天使的模特。”[19] 这是一次简短的会面，但带来了和解的希望。

不确定的未来笼罩着剩余的夏日。9 月份，在阿莉塞·芬德里希的邀请下，弗里德豪森将再次为他们敞开大门，但除此之外，他们没有长远的打算。弗里德豪森的主人慷慨大度；8 月期间，戈德斯堡贵族式的房屋很舒适；在比利时和黑森他还获得了不少新的观感，但不久里尔克
137 就觉得他接受了不利的建议，使得自己远离了在巴黎开始顺利进行的日常工作。况且，由于他没有任何经济观念，他们的旅行费用并不算节俭。他非常渴望返回巴黎，但目前从经济上来看不可能。只有两件事他能确定。他需要孤独，以便再次回到工作中；再有就是，重新找到某处他与克拉拉曾在罗马体验过的环境，任何地方都行，但必须是在德国。克拉拉没有选择，只能同意这个想法，他们在弗里德豪森时考虑过若干种不同的可能性。与往常一样，他踌躇良久——朋友们对他实在是相当耐心——但不再是内心的不确定使得他犹豫不决：在巴黎时期之后，现

在他知道，一旦他能够找到恰当的环境，灵感就会到来。

他们逗留在弗里德豪森，在拉恩享受了一次划船旅行，去马尔堡游览了一次，在马尔堡，伊丽莎白教堂里一张 15 世纪的挂毯给里尔克的印象尤其深刻，上面绣着浪子回头的寓言图，“表现得如此令人信服”。[20] 露特在一堆玩具中玩得不亦乐乎，她非常喜欢阿莉塞 · 芬德里希送给她的穿着黑森地区民族服装的玩偶。在月中的时候，至少对克拉拉而言，他们做了一个决定：她将试着去柏林碰碰运气，把那儿当工作地点，而他则考虑去希腊，他告诉冯 · 德尔 · 海特。实际上这不仅仅是一闪而过的念头，因为他写信给剧作家恩斯特 · 哈尔特，询问气候和开销的细节，[21] 据玛蒂尔德 · 福尔默勒说，哈尔特对希腊很了解，并且打算在雅典过冬。解决方案自己到来了，阿莉塞 · 芬德里希建议他与她一起在卡普里的乡间别墅度过冬天。她能够在花园尽头为他提供一座单独的小屋，在那儿他可以找到自己需要的宁静。他仍然在想去卡普里之前，是否要先去希腊，他认为在希腊也许可以基于自己的演讲，起草《罗丹论》的第二卷——不过，现在至少有一个已确定的冬日的避风港。

10 月 3 日，他们离开弗里德豪森。克拉拉先带露特返回她外祖母所在的上诺伊兰，接着去了柏林，他则去威斯巴登，短暂拜访玛德莱娜 · 德布罗意公爵夫人，这是一位来自巴黎的仰慕者，住在附近，里尔克与他保持定期的通信。10 月 5 日，他在柏林与克拉拉会合，在此他们得到了许多朋友，尤其是埃伦 · 凯的朋友的帮助，克拉拉很快在哈伦湖（Halensee）临时建立了自己的工作室，总算有望接一些任务和教授学生。他一直待到 11 月底，期间与一些旧识重新联系，如菲舍尔一家，也结交了一些新朋友，如瑞典小说家古斯塔夫 · 阿夫 · 耶耶尔斯坦，还有埃伦 · 凯年轻的朋友埃娃 · 索尔米茨；而且他还有时间晚上去剧院看易卜生的戏剧，会见《罗斯莫庄》和《群鬼》的演员杜塞与莫伊西。他打算私人赠送一本《白衣侯爵夫人》给杜塞，但由于没有人引见而作罢，这部戏剧就是题献给她的。

萨穆埃尔 · 菲舍尔向他要一些照片作为埃伦 · 凯文章（“可惜并不是 138
她的力作”）的插图，计划做一本她的德语版文集，这时他才再次警觉地想起那些文章。[22]这促使他——自从他们在枫丹白露告别之后，他可耻地忽视了她——最终写信给她，再次请求她别将关于他的文章放在“这种极为突出和暴露的位置上”。“因为它很大程度上基于我所写的信，而这些信迄今为止并没有经过整理出现在我的书中，这些文章超过了我的预期，这么说吧，当你就我在某个时期形成的宗教观念做出结论时，它们在某些方面已经发生了改变。”他请求她推迟出版，至少等到他写出一些能自圆其说的作品。[23]（他成功了，菲舍尔并没有出版这些以“寻求上帝的人”为副标题的散文集，直到 1911 年它才出版。）他的请求很可能让埃伦·凯感到生气，幸好阿莉塞·芬德里希给她寄去一封热情的邀请函，邀请她去卡普里拜访他们，这缓和了她的怒气。

他在柏林也见到了阿克塞尔·容克。在他们整个夏天稀少的通信中，讨论了即将出版的修订版诗集，他对最终的字体选择极为挑剔，认为字号太大，并且过于分散，让页面看起来像是视力检查表。《旗手》与《影像之书》都缓慢地编辑着，容克不顾里尔克施加的压力，直到后者在卡普里过圣诞节时，才给他寄送样书。但此时传来鼓舞人心的消息，岛屿出版社对他未来的作品越来越感兴趣。《时辰祈祷书》卖得不错，这很大程度上归功于珀舍尔；但安东·基彭贝格现在是这家公司唯一的负责人，他开始与诗人进行私人的交往，正如他所正确估计的，这位诗人将是一笔宝贵的财富。基彭贝格以为容克将出版诗人的某本新作品，里尔克纠正了他的误解，表明他坚决将自己的每一本新作交付给岛屿出版社。“目前我有大量正在构思和写作的书，但最早在明年初我才有望完成一部完整的作品交付出版。”为了避免任何进一步的误解，他补充说，与此同时交给其他出版社的作品很可能只有《罗丹论》的第二卷。[24]基彭贝格立马写信表达他的满意，说他们未来的合作没有任何阻碍。在 1907 年 11 月发行的《岛屿年鉴》上，特地刊载了大段选自《时辰祈祷书》的内容，并且复制了瓦尔特·蒂曼的封面设计——有三个喷口的喷泉图案。

1906 年 11 月 28 日，里尔克向南旅行到那不勒斯，在渡海前往卡普里之前，在那儿度过了几天。在哈斯勒旅馆——虽然缺钱，但他对膳宿的要求从来不低——的平台花园中，他发现景色独特，令人耳目一新，“如此奇异美妙……甚至在小园中，脚下的橡子碎裂时发出的声音也是如此”。柏林“混乱而讨厌”，相比那种令人厌烦的熟悉，他喜爱这种货真价实的异国风光。[25] 相反，隔着一段距离，他可以勾勒出卡普里 139
的轮廓。他乘船去索伦托，卡普里岛离得更近了，它的轮廓“像我经常看到的一个签名”：[26] 最后，他在生日前一天从那不勒斯渡海——他对克拉拉坦言，他多少有些不情愿地将一种孤独感抛在了身后，这是巴黎时期之后，他第一次感受到的孤独。对他来说，殷勤好客尽管是好意，对这种孤独却常常是一种威胁，因为这无法避免最低限度的社会接触，他仍旧渴望置身于卡塞特街的无名小屋。

但他不需要担心。阿莉塞·芬德里希非常善解人意，在她的迪斯科波利别墅花园的尽头为他安排了一间小小的玫瑰小屋。他发现它与自己在罗马的小屋不无相似之处：一间面向西南的房间，白色的墙泛着微黄，有一个拱形的屋顶，一些简单的深棕色的小橱柜，几把蓝灰色的椅子，一把长沙发椅，以及一张完全满足他需要的写字台。主人很快就按他的身高命人做了一张他向来喜欢的立式书桌。一边的墙上开了一个单独的小门，有一条路向上通往狭窄的花园长廊，沿着长廊走三十来步就是别墅。在此，他能够完全属于自己，想独处多久都行，当他愿意时，可以在晚上与其他人待在一起。此时他是唯一的客人，但就在圣诞节前，“阿拉夫人”（指阿莉塞·芬德里希）会邀请她的继母朱莉·冯·诺德克（“诺娜夫人”）和年轻的玛农·楚·佐尔姆斯-劳巴克伯爵夫人加入他们。

他仍然怀念巴黎，他写信给母亲说——“它对我来说就像一所学校，我在那儿取得了明显的进步，不能去巴黎让我感到压抑”。[27] 他对这座岛的第一印象远说不上喜欢：它是“一个丑陋的怪物”，“从德国崇拜的误解中，它被创造出来”，一个有组织的“风景展览”，一个“美的舞台表演，一切都是规划项目，需要进行排练、设计、挑选”。[28] 对其他自我流放到卡普里的人，他的评论就稍有毁谤之嫌了。德国画家迪芬巴赫“偶尔能见到，灰中叠灰，一种朽木篱笆的风化的灰色”，“每个人都对他的怪想习以为常，就如他们习惯了自认为是无政府主义者的高尔基，而现在，让人颇觉愉快的是，他在人群中撒的是钞票而不是炸弹”。[29] 但随着时间的推移，他越来越感激周围的一切给他带来的好运；后来他才认识到，这些人在未来的好多年内，给了他巨大的力量。

在那不勒斯的那些日子里，彻底的孤独和完全的与世隔绝曾被他视为“随身携带的珍宝”，如今似乎又再次属于他了，“像一种精神的石膏绷带，裹在其中能够得到痊愈……世上也许没有一种职业像我的工作那样让人羡慕；我的生活并非完全隐居的僧侣生活，但我仍然必须努力成为一个修士，身处高墙之内，心怀上帝和圣徒，有美丽的画像和配备，
140 柱子环绕的四方院子，有果树林和葡萄园，以及深不可测的井。”[30] 他似乎觉得自己应该效仿古代的葛饰北斋，取一个新名字，以便与新的工作相称，以它开始一种“新的生活，没有朋友，除这项工作外别无其他的生活，这才是我的世界、我的家，在此之外一切都被遗忘”。[31]

他对此所做的准备如今成了他的新习惯，他与大量的人通信，清理书桌上长期未回复的信件，通过彻底的倾诉澄清自己的思想和意愿，倾诉的对象不仅有克拉拉和诸如冯 · 德尔 · 海特或朵拉 · 赫克斯海默这样的朋友，还有那些很少收到他来信的人——列昂尼德 · 帕斯捷尔纳克、黑德维希 · 菲舍尔、西多妮 · 纳德赫尔尼——或新认识的熟人如玛丽 · 格奈泽瑙伯爵夫人、古斯塔夫 · 阿夫 · 耶耶尔斯坦。这绝不是浪费时间，对他来说，这是以散文或抒情诗的形式浓缩经验的必要前奏。当然，有些信有更实际的作用。随着圣诞节的迫近，他催促容克加紧给他寄送新版《旗手》和《影像之书》的样书，从基彭贝格那里预订了更多的《时辰祈祷书》，而且他没有忘记——虽然晚了一点——感谢哈尔特 · 恩斯特关于去希腊过冬的详尽建议，解释风向如何发生了改变，将他带到了别处。他写信的对象没有落下进入他生活圈子的任何人，这源于他内心最迫切的需要，他希望证明他们对他的信任是恰当的，以及实现自己的期望。他似乎没有忘记任何一个人，甚至包括他在布拉格的堂（表）兄弟姐妹，他也没有忘记吉布森一家，他们已经有差不多一年没有收到他的信了。正如他自己所说，他本性中的一部分生产力贮藏在他的书信中：在他感觉自己濒临创造力迸发、需要清理干净的甲板供他行动之时，

它们总是像现在那样如洪水般席卷而来。

写给莎乐美的信情况比较特别，在他们的通信联系中有一段比较长的空白需要填补。他简要地向她说明了当前的情况，语气依然冷静，与他早期极度痛苦的求助形成鲜明的对比。他告诉她，现在打算“坚持下去，保持工作……（尽管我尚未达到这个目标）直到下一个波浪将我带回巴黎，那儿对我来说肯定是再次施展抱负的地方”。[32] 他以为她在哥廷根，因此从克拉拉那里得知她在柏林并且去拜访过克拉拉时感到很惊讶。他听到她们的谈话可能会感到更惊讶：不是别人，偏偏是莎乐美认为他自私地忽视了妻子和孩子，对此感到十分不满。克拉拉向他转述莎乐美的这些责备时，他告诉克拉拉，他也曾多次这样责备自己。他想要回应生活的所有召唤，无一例外：

> 但与此同时我坚决不会放弃我的岗位，事实上它缺少保障、毫不可靠，我坚决不会用它去换取一种更合理的、屈从的职位，面对终极的选择，有个不容置疑的声音对我这样说……假如我过早地默然顺从于我的“责任”，让它打倒我并让我变得能适应生活，我也许能很好地从生活中排除种种的不可靠，避免给人以不断逃避的印象：但是，倘若我这样做，我觉得我也会将伟大而神奇的力量的帮助拒之门外，这种力量几乎是以韵律般的绵延控制着我。
>
> ……露说人没有权利在各种责任之间进行选择，也没有权利回 141
> 避那些最迫切的、天生的责任：但我现在所拥有的，从童年时起就一直是我最迫切的、天生的责任——

一种他从来没有推卸过的更高的责任，为此他选择了更艰难的孤独之路。尽管他与克拉拉不再形影不离，旅行中相伴一段时间后又再次分开，努力去实现他们内心的要求，但事实上，难道他们的周围不是有一间真实的、外在世界却看不见的屋子吗？“正如我所坚持的生活，在那里我度过了绝大部分成熟的岁月，难道我不是背负着真实而艰难的‘责任’吗？”[33]

他没有忘记他们第一个共同度过的圣诞节，两天后再次写信给她，温柔地回忆他们在韦斯特韦德的家，客厅“高大宽敞，光线朦胧，树立着高大的闪闪发光的圣诞树”，看到她再次如此接近它，带着一个充满可能性的小女孩，“小小的脑袋依偎着你可爱的脸，光线照在你们脸上，但你们都看不到，因为你们两人全都沉浸在自己以及彼此的生命中”。[34] 但他坚决地将这种情感抛在身后。“我的家庭不是一个家，也不会成为一个家，”正如他稍后在写给耶耶尔斯坦的信中所说：“甚至露特也已经有一个自己的世界，一个孤独的小世界。”对他而言没有通常意义上的“家”：“这是命定的，是我命运的一部分，而我必须从中创造出一些好的东西。”[35] 他写给克拉拉的长信是一份清楚的信仰自白，他的整个生活都处在这种信仰中，而且他原本期望露——“第一个帮助我投入工作的人”[36]——毫无困难地理解他的信仰。他后来才认识到，看起来全心全意持有同样高尚观点的克拉拉，事实上并没有能力承受这种无情献身于艺术的行为。

然而在目前，她当然持与他相同的观点。甚至在丈夫缺席的情况下，她在前往柏林时再次将露特交给她外祖父母的行为，照传统的观点，仍不免受人指责。而且，她怀着与他一样的信念，认为自己的艺术有至高无上的重要性，她同样准备好接受——作为应得的权利——朋友或保护人的帮助和款待。因此，现在她计划在 1 月份去埃及旅行，她的密友梅·克诺普邀请她去那儿，梅与她的丈夫开了一家叫阿勒哈亚特的旅馆，有 200 个房间，而且旅馆在阿勒旺有冬日疗养院。她的船将在那不勒斯起航，莱纳在送她离开之前，安排她去卡普里暂住几天。

像以往常做的那样，他会给朋友们寄送他的书，为他们“营造一个圣诞节”，这是一种特殊的快乐。12 月 23 日，他收到容克寄来的包裹，发现在他们的努力下，两本书的出版都令人满意。尤其是《影像之书》，与首版相比有很大的改进，“内容有一种新的、高度个性化的一致，可以说是一本真正的新作，不无骄傲地说，这是一本物有所值的书”。[37] 在冬天的日子里，随着书信的减少，他开始写一些诗歌，其中一些诗作为赠书的题词，送给卡普里的朋友：

谁能置身于孤独 142
而不惊奇于天使不时的造访
并让他分享
别人无法企及之物……[38]

他创作了一些稍后他称之为“卡普里冬天的即兴之作”的诗歌，感觉到“像是开始写一本新的《影像之书》”：[39]

每天你在我的心面前，站得笔直，
群峰，巨石，
荒野，无路：上帝啊，我在那里独自
攀爬，坠落，迷失路途……我日复一日
在我昨天走过的道路里
循环不已。[40]

但它们没有收入“新诗集”，一直没有发表。

在新年前夜，他在广场上听着午夜钟声敲响之后，满月刚过，仍高悬在天空，形成“一个月光皎洁、月影婆娑的世界”，他返回他的小屋，站在屋顶上，“在自己身上寻找一个良好的开端”：信赖“赠予我们的漫长的一年，崭新，尚未触及，充满未曾到来之物以及从未做过的工作”。[41]“我必须阻止自己继续写信，”他告诉柏林的埃娃·索尔米茨：“从现在起，我的任务是将那些原本写进书信寄给朋友们的东西编织成更持久的文本，以便某天我以另一种形式将它送给他们，现在尚难辨认之物届时会变得更清晰。”[42] 于是整个1月和2月期间，他开始工作了：写了更多的“即兴之作”，其中一些是在克拉拉来访之后，以散文的形式描写那不勒斯的博物馆和鱼市，卡普里的切尔托萨以及穿过葡萄园通往皮科拉码头的道路；然而，最重要的是，那些在巴黎就已经开始写作的诗歌继续在他的笔端流淌——“玫瑰花碗”、“阿尔刻提斯”、“海之歌”，以及在1月24日，路易丝·冯·什未林伯爵夫人逝世的周年纪念日那天，他写了一首题为“死亡经验”的诗歌，誊抄送给她的妹妹。[43] 基彭贝格寄来的信给他带来好消息：《时辰祈祷书》的首版已经售罄，只花了一年多一点的时间，给他带来大约 300 马克，而且已经准备重印，这次的印量是 1100 册。这是他之前的任何一本书都没有过的成功，尤其让人高兴的是，基彭贝格立马支付了应该给他的钱，这高度激励他未来与岛屿出版社合作。基彭贝格的确已经开始期待他的下一部作品，他同意努力在夏天期间准备好下一本诗歌集，虽然他的散文（《马尔特手记》）进展相当缓慢。

他试着勾勒尼罗河的样子，以跟随克拉拉在远方的脚步。地图上尼罗河的流域向上攀援，“像一尊罗丹雕塑的轮廓，富于变化”，它的偏转
143 和扭曲在他看来像是人类头颅的骨缝线。他第一次感受到一条河流的真实性，它的本质，“处在人格化的边缘”，“仿佛它有一个命运，有黑暗的起源和伟大而漫无边际的死亡，在这二者之间是它的一生，漫长、非凡而又高贵的一生……”然后是与之形成对比的沙漠，“无边无际”，狮身人面像的头“犹如宇宙的面孔，而且这面孔将影像投射向天外，一直抵达最遥远的群星，在此之前尚未有影像到达过那里……告诉我……是不是就像我说的那样？我觉得必定是这样的，无限的空间，一直扩展到群星之外的空间，肯定是围绕着这尊雕像生长。”她看见这些时，想必他的眼睛与她的合二为一了。[44]

他急切地盼望她详尽的来信，与他的“三位女士”共同分享。但他叮嘱她，首要的是专注于那些吸引人的印象，即便这印象转瞬即逝、表面上看来毫不重要。“观看是一件如此不可思议的事情，关于它我们所知甚少；当我们观看时，我们全然处于自身之外，然而，即便我们处在我们的最外面时，事件似乎还是发生在我们的内部，它们热切地期望不被注意，在此期间，它们自己，保持完整而且不可思议地无以名之，在没有我们的情况下完成自身——在客观的外在世界中产生它们的意义，拥有一个更有说服力，也更有力的名字，它们唯一可能的名字，通过这个名字，我们快乐而虔诚地认识到，事件发生在我们内部……”对他来说，通过观察得来的这种经验是一切艺术的根源——对画家和雕刻家来

说情况如此，而且对诗人而言也是这样，因此他曾努力地向罗丹学习。克拉拉必须“观察，观察，再观察，”记录和描写那些一闪而过的印象，而不是在她的信中将它们作为深思熟虑的叙述写下来，并以这种方式积累尽可能多的材料，以便在她返回时，他们能够“将它全部抖落出来”。[45] 他通过克拉拉得来的第二手关于埃及的经验，为他稍后亲自前往埃及奠定了可靠的基础。

事实证明，他决心减少书信的做法难以坚持下去。卡普里成了为朋友们准备的重点和集结地，他们自然而然地寻求他的建议和帮助：耶耶尔斯坦，寻找一个比瑞典更温暖的工作地点；西格弗里德·特雷比奇，在途经那不勒斯去都灵的旅途中，盼望即便不占用他太长时间，至少也要再见他一面；埃伦凯，当然会接受阿莉塞·芬德里希的邀请，打算从西西里岛的旅行返程之后，前往卡普里。其他更遥远的朋友们也不可忽视。谷德伦·于克斯屈尔曾给他写过一封信，感谢他将《旗手》题献给她，他不仅回了一封长信，还在《亲爱的上帝的故事及其他》上补充了一段可爱的附言，送给她年幼的女儿达玛扬蒂；他给斯特凡·茨威格寄去一封措辞优美的信，对他的诗集《早年的花环》表示赞赏，将它的参差不齐与他自己初出茅庐时的诗集内容进行比较，并感谢茨威格邀请他参加稍后安排在维也纳举办的朗读晚会。莉齐·吉布森收到里尔克的一封介绍信，介绍他在德累斯顿魏瑟尔-希尔施疗养院的医生，她打算带年轻的伯蒂尔去那儿就医。所有这些只会让他从他希望的工作中分心。虽然他圆滑地强调卡普里生活的缺点，成功地让耶耶尔斯坦返回罗马， 144
也与特雷比奇见了面并共进晚餐；埃伦·凯 3 月时来访了几天，尽管她没有住在迪斯科波利别墅，但对里尔克来说仍然是一种考验（他告诉克拉拉，他的三位女士不无惊讶地发现，她们为之欢呼的新年突然闯入了一位如此形状的老姑娘[46]）。

孤独的人多么幸运，他在一封寄给正在锡拉库扎的埃伦的信中感叹道。[47] 因为在玫瑰小屋的生活本身并不完全是他梦寐以求的。他站在自己的门前，感受夜幕降临时的宁静，一种“由细微声响构成的，始于鸟语之诗的”宁静，让他回想起罗马的施特罗尔-费恩别墅，而且自那时起，他感觉到自己进步了、成熟了。也有一些他不会忘怀的经验：与迷人的玛农·楚·佐尔姆斯长时间散步，去安纳卡普里（Anacapri）探险，攀爬蒙特－索拉罗山（Monte Solaro），游览米列拉（Migliera）和圣马利亚－阿切特雷拉（Santa Mariaa Cetrella）的小教堂，那儿展现出一派希腊式的乡村风光——“没有希腊世界的艺术品，但浑似它们之前的那个时代”。[48] 在晚上，女士们往往充当有鉴赏力的听众，她们坐在自己的刺绣品上，给他削一个苹果，准备听他朗读白天的作品，和他一起大声朗诵易卜生、黑塞或耶耶尔斯坦的作品，要不就与他分享克拉拉从埃及寄来的信。“我们的小圈子是可想象得到的最令人愉快的圈子，”他告诉埃伦，“但对我而言，将真正的工作与社会交际结合起来非常之难，尽管有人陪伴是多么地愉快……但与人们在一起……我就会情不自禁地说话，倾诉各种各样的情感，然后我在工作时就无话可写了。”他完成了一定数量的诗歌，“其中一些不错”，他写信对冯·德尔·海特说。“但我再次充满了渴望，渴望彻底的孤独，巴黎时期的彻底的孤独。”[49]3 月时他已经计划着返回巴黎，并请葆拉·莫德松和朵拉·赫克斯海默为他寻找适合的住所——这次是一间带家具的工作室，“它应该是一处真正的家，对所有那些将要……在我渴望的巨大孤独中完成的作品而言”。[50] 只有在那儿，他向基彭贝格承诺在圣诞节出版的诗集才有可能完稿，也只有在那儿，他关于《马尔特手记》的想法才会具体化：就在这座对艺术家抱有如此巨大的要求，本身就是一件作品的城市里，他迄今为止最好的作品都归功于这座城市。

在卡普里期间，两部作品都有所进展，甚至连社交活动的消遣有时也不无裨益。在阿莉塞·芬德里希（她的母亲是英国人）的帮助下，他继续尝试在巴黎时就与朵拉·赫克斯海默一起开始翻译的伊丽莎白·巴雷特·勃朗宁的《葡萄牙十四行诗集》，[51] 并在三四月份译完了整个系列。他承认，作为翻译，他的译本远非完美，但如果把它们看作自成一体的诗歌，那这些“非常个人化的翻译”就和他自己的作品一样，有一席之地，[52] 而且他发现基彭贝格已经同意出版它们。这段时间他也多次思考一个主题，这个主题将会渗透进《马尔特手记》，并像一根线一样贯穿

后来的作品——男女之间爱的本质；一些卓越的女人，她们能够超越卑 145
微的存在和爱人的背叛；“非占有之爱”的典范。他自从一两年前读了岛屿出版社出版的玛丽安娜·阿尔科福拉多书信集之后，这位 17 世纪的修女就占据着他的内心，她在被恋人沙米伊伯爵抛弃后，进了修道院。这位修女在历史上确实存在，但她激情澎湃的书信却无疑是幻想之作：然而里尔克拒绝相信事实，因为对他来说，它们代表了一种完美的爱之典范，这种爱仅仅通过自我克制而得到真正的实现。他为这本书写了一篇短评寄给基彭贝格，作为一篇投稿发表在即将出版的 1908 年的岛屿年鉴上，同时也寄给他三首前段时间写就的“新诗”——“旋转木马”、“亚比煞”[1]、“豹”。

克拉拉的船预计在 4 月 19 日抵达那不勒斯，他打算带她去卡普里盘桓一阵，随后在 5 月份旅行去北面，分别出发前往柏林和巴黎。在她到达前的这几个周，随着迪斯科波利宴会的增多，他也越来越多地投入到社交活动当中。里尔克去拜访了高尔基，后者的人格魅力以及他对维尔哈伦和霍夫曼施塔尔的赞赏给里尔克留下了深刻的印象，但高尔基的革命精神与作为俄国人和艺术家的身份极为不相称：对两者来说，“没有什么像耐心一样重要，但也没有什么对二者而言都显得自然而然”。[53] 当他随后在圣米凯莱（San Michele）拜访时，阿克塞尔·蒙特使他获益良多，里尔克发现他有非凡的生活智慧，有一种“奇怪地充满同情的善意”，他身边到处是美丽的艺术品，但他把它们安排成一个家，而不是一个博物馆。[54]

尽管他坚定了想法，决心沿着他在巴黎的孤独之路走下去，但他还是挂念着克拉拉的未来。在写给耶耶尔斯坦的信中，他提出是否有可能夏天的时候让克拉拉带着露特来找他们——当然，他强调说，前提是她能在那儿找到工作。这个提议使得耶耶尔斯坦寄来一封热情的邀请信，

[1]　“Abisag”，出自《圣经》(列王记上 1:4)：“大卫王年纪老迈，虽用被遮盖，仍不觉暖。所以臣仆对他说：‘不如为我主我王寻找一个处女，使她伺候王，奉养王，睡在王的怀中，好叫我主我王得暖。’于是，在以色列全境寻找美貌的童女，寻得书念的一个童女亚比煞，就带到王那里。这童女极其美貌，她奉养王，伺候王，王却没有与她亲近。”

他说他很高兴让克拉拉住在他们夏季的家里并为他塑像：但这结果证明是不可能的。[55] 在阿勒旺的日光中过分曝晒之后，克拉拉筋疲力尽地在那不勒斯登岸。在阿勒旺时，她完成了一件描绘一群非洲瞪羚的作品，这是克洛普一家在伦敦的朋友委派给她的任务，这件作品在那不勒斯交给一位不胜任的工匠加工处理时损毁了，这真是一件令人痛苦的沮丧事。她需要在柏林重做这件作品，其他的工作还等着她去那儿完成。她与莱纳一起待在卡普里休整，一直到 5 月 16 日，接着他们去那不勒斯度过了十天，在那儿阿莉塞·芬德里希和玛农·楚·佐尔姆斯曾与他们短暂会合。5 月底，她返回柏林，而莱纳去巴黎。

最初几天他住在一家旅馆。朵拉·赫克斯海默为他寻找的所谓“带家具的”工作室并没有吸引力，但如果他真的想按自己的想法装配家具，就会需要一大笔费用。虽然这样的房间给人带来“明显的无家可
146 归”的感觉，让人深感压抑，但他看起来无法选择再次回到卡塞特街。[56] 经过讨价还价降低房租之后，他在 1907 年 6 月 6 日搬进二楼的一间屋子，顶上的房间就是葆拉刚搬出去的那一间。他的立式书桌送来了，他不在巴黎期间朵拉帮着照料的绣球花含苞待放：他再次得到渴望已久的孤独。朋友们都在那儿，倘若他需要见他们的话——托拉·霍尔姆斯特伦，玛德莱娜·德布罗意，玛蒂尔德·福尔默勒，朵拉——但最好还是在宁静中独处。在素食餐馆进餐，或在乳品店取晚餐牛奶时，他感觉自己好像从来没有离开过。

最初的几天他恪守自己先前给托拉·霍尔姆斯特伦的忠告，当时她第一次来巴黎：这座城市“像一间浴室，无须自己做出太多的努力，去感受它，让它顺其自然”。[57] 但适应环境不容易。“巴黎让我惊奇万分，我知道我必须像一个人通过学校的考试那样经历它……正当你开始感受到它的伟大，它的近乎无穷时，它决定在这一刻展示出它无情的一面，彻底让你变得一无所有，你只得开始尝试着重新去生活。”巴黎曾灌注到他内心的恐惧依旧存在，他写信给克拉拉说，它仍然“是那个吞噬了马尔特·劳里茨的巴黎”。夜晚，在他的房间里可以听到隔壁传来持续不断的噪音，仿佛反复将锡制的盖子扔到地上，在地板上滚动时发出的

声音：这种噪音折磨着他，虽然他并不了解事情的缘由，但他可以本能地感受到隐藏在这种无意识动作下的痛苦与绝望，这是处在疯狂中的韵律。住在隔壁的是一个学生，他准备了很久的考试日益迫近，但他却苦于无法睁开困倦的眼皮，需要采取措施让自己睁开眼睛，处于极度焦虑的状态中。

“当他的状态糟糕透顶时，他母亲来了，”莱纳写信给克拉拉说。“刚听到她在外面的脚步声，啊，她全然不知这步子给我带来了多大的帮助……你能够听到它：一位母亲有个生病的儿子——听一听，就像你看见一个用十块浮雕描绘的画面那么清楚……”在《马尔特手记》中，马尔特·劳里茨·布里格遭受的这种折磨将被加到其他人身上。阿图尔·霍利切尔批评《旗手》带有“受诗歌感染的”散文风格，里尔克在写给他的信中回忆说这种风格要追溯到 1898 年：“我现在所做的工作与之大为不同。”[58]

目前，最重要的是要完成给基彭贝格的诗集手稿。6 月底，他汇报说诗集差不多准备完毕，但需要在手中再留一段时间，在 7 月的时候做一些补充。他偏好仅仅将书名定为“诗歌集”，越来越不赞同为他的诗集起一些别出心裁的名字。在克拉拉看过手稿之后（因为他看重她的观点），出版商在 8 月初拿到诗集手稿。基彭贝格最后建议将书名定为“新诗集”，里尔克感到满意，因为它传达了这本书所代表的变化，也即他从罗丹那里得来的经验。他们商定采用比《时辰祈祷书》更大的开本，用完全的素封面，但诗歌的标题用绿色印刷。他告诉基彭贝格，他已经开始期待第二卷了，因为接下来的几个月他会再次真正地“投入工作”。

相比《时辰祈祷书》和《影像之书》，这些诗歌确实是“新”诗， 147
在罗丹精神的影响下创作出来，它们不再直接表达内在的情绪，而是反映观察到的“物”，先前他就是用这种方法敦促在埃及的克拉拉，“物”变成了一种象征，拥有一个“更有说服力，也更有力的名字”，因为“事件”就在诗人的心灵之中。除了“豹”之外，最广为人知的大概就是“旋转木马”（“Das Karussell”），这首诗的灵感来自他经常在卢森堡公园里看到的小孩玩耍的旋转木马——不可思议地再现了孩童带有伪装的天真世界，很快就以性意识的萌芽而告终：

在顶篷及其阴影里，
旋转木马一阵绕旋，
携着其雄伟马队的华丽马群，它们来自荒芜前
踌躇良久的土地。
虽然有些给套进马车里，
但勇气满布它们的脸上；
旁边是一头凶恶的红狮，
时不时过来一头白象。

甚至有一头牡鹿，恍若在森林里，
然而背负着鞍座，一位穿蓝衣的女孩
在鹿背上将束带牢系。

一个白衣男孩驾驭着雄狮
湿热的小手勒紧了绳缰
这时狮子呲露出它的舌头和牙齿。

时不时过来一头白象。

她们骑在马背上依次转现，
一位女孩，明亮照人，几乎可赶上
群马的跳跃；在上下起落的转动间
抬头四处张望。

时不时过来一头白象。

向前飞奔，为了结束匆匆忙忙，
而又转啊转，没有终点，
红、绿、灰，依次在眼前晃荡，
然后是一张几乎不可见的侧脸——

有时，旋转中有一个微笑荡漾，
幸福的微笑，令人目眩，
浪费在这种屏息而又盲目的游戏上……[59]

还有很多其他诗歌是这种观察的产物——在巴黎植物园看到的瞪羚和火烈鸟，巴黎的公园，一个乞丐，印象中北海的岛屿；当然也有许多并非直接的观察，比如说——想象中在客西马尼花园的基督，就像在早期诗集《基督幻象》中一样，充满了被遗弃的绝望；浪子的离家，让里 148
尔克回想起自己离开布拉格时的情感；用新的眼光去看待经典的以及圣经的其他主题。但所有这些作品都具有追随罗丹的特点，形成了一种相比其原型更清晰的“艺术化的物”，里尔克把它们提升到“时间之上”，将它们放置在空间中，以使它们“能够永恒”。[60]在写给克拉拉的一封信中，他如何看待自己的这一努力得到了很好的表述，这封信写于他对第一卷诗集作最后的润色时：

艺术作品向来是处境危险、追求极端体验的结果，在此之外，没有人能更进一步。在这条路上走得越远，越个人化，这种经验就会越独特，到了尽头艺术作品就很可能是这种独特性所必需的、不可抑制的、终极的表达……这就是艺术作品给予那个必须创造它的人以巨大帮助的秘密——它是他的一切，是他的生命祈祷时所用的念珠，是他的个体性与真实存在获得的永恒复返的证据……[61]

尽管刚返回巴黎的前几天很艰难，但他为自己毫不动摇的决心感到欣慰。7 月初，他告诉克拉拉自己拒绝了梅 · 克诺普约他前往英国的邀请，他说尽管在巴黎总感到有些压抑，看到的每一辆路过的马车都会搅动他的情绪，然而他坚信，在“闲谈了一整个冬天”之后，这种孤独对他而言是绝对必要的。[62] 7月到8月以来的几周，他与别人几乎没说过一句话，一个工作日接一个工作日，“生活千篇一律”。他坚持自己的本行，“时不时在我的立式书桌前默默地取得一小点进步，我整个星期都没有离开这张桌子”，处在一种“稳定的工作规律”中。[63] 7月14日，当《新诗集》和《罗丹论》以图书形式整理好时，他写信对朵拉·赫克斯海默说，“站着一天天写下去，我感觉这对我来说多好啊！”“毕竟，写作是我的手艺，但一个人不仅要爱工作本身，也即伟大的脑力劳动成果，而且也要爱与之相随的手工劳动，尽管它们并不显眼，没有报酬，而且艰难费力。”[64] 甚至，卡尔·冯·德尔·海特邀请他前往兰斯，随后重游戈德斯堡的建议也被他拒绝了——在他“连续不断的日子”里，哪怕是“最小的间断”也会“使得余下的日子变成碎片（而这就是我的危险和困难）”。[65] 但是，当他的朋友冯·德尔·海特路过巴黎时，他很乐于去见他，并决定将《新诗集》题献给他。

斯特凡·茨威格早先曾怂恿他去维也纳参加夜晚朗诵会，而且霍夫曼施塔尔也鼓励他前往，并向他保证那儿不乏有鉴赏力的观众，于是他计划在11月份外出旅游，主要是为了朗读他自己的作品。然而，接下来的事情仍然不确定：他不想离开巴黎，但他没有勇气在那儿过
149 冬，害怕他之前的抑郁再次发作，于是当他听闻阿莉塞·芬德里希和朱莉·冯·诺德克期待他前往卡普里时，他开始漫不经心地考虑（且不管他曾说过的话）返回卡普里。像往常一样，他暂时让未来顺其自然。

此时，他的创造力的确旺盛。随着他初次抵达巴黎图利耶大街5周年纪念日的迫近，所有关于这座城市的医院、腐败和贫困的记忆都涌上心头，单在8月份，他就写了不少于40多首“新诗”，大大超过第二卷诗歌总数的三分之一，而且在《马尔特手记》上也有所进展。尽管在夏天颇有所获，但曾经的绝望感又再次困扰着他，而且这并不像罗丹或凡·高的绝望，能够带来创作的灵感，他仍然离“一直工作”的理想相隔甚远。他忽然发现，他之所以对秋日沙龙中展出的塞尚作品“另眼相

看”，是由于如今他知道在这些作品背后有一种偏执狂般的投入，一个有狂热献身精神的人，即便为了他母亲的葬礼，也没有“理由”放弃他的日常工作，他从酒瓶和苹果中“制造出他的‘神圣之物’”，“并催促它们，迫使它们变得美丽，以表现整个世界”。[66]他被这个沙龙迷住了，反复前往观看，并写了一系列长信给克拉拉，信中的内容虽然未定型，却也构成了一部可与《罗丹论》相提并论的关于塞尚的专著。

正是克拉拉将他一开始没有认识到，只是本能地意识到的事实形诸言语，那就是他在绘画方面到达了（至少是接近了）与他自己的作品《新诗集》相平行的一个转折点。鉴于此，他告诉克拉拉，他必须抵抗住诱惑，不去写作关于塞尚的东西——从这样一种“私人的立场”去欣赏绘画的人，没有权利去论述它们——但他知道，“这次不期而遇”已经成为他生命的一部分。[67]

三

我比以往任何时候都更深入地投身于工作。

1907 年 10 月末，当他旅游的时间到来时，他仍然不确定接下来去哪儿。克拉拉此时已经返回上诺伊兰与她母亲和露特待在一起，她接到的为数不多的委托制作任务不足以维持柏林的工作室。夏季期间她仍期望能够去瑞典，因此他曾请吉布森一家为她在萨姆斯科拉寻找一个当绘画老师的职位，这能给她带来一定程度的保障，有可能让她母亲去与她一起生活，并让露特上这所他们钦慕万分的学校。即便面对埃伦·凯有理有据的反对——她认为，哥德堡冬天的气候并不适合居住，而且萨姆斯科拉已今非昔比——他还是不遗余力地推进这个计划。然而，吉米向学校负责人的申请并没有成功，对克拉拉而言，有一个她自己的坚实基础的想法暂时只是一个梦想。因此，莱纳不可避免地要在某个时候，也
150 许在圣诞节过后，去上诺伊兰看望他们。在这之后，他倾向于接受去卡普里的建议：这将意味着失去孤独，对此他并不抱有任何幻想，他告诉克拉拉，但他决心在卷入迪斯科波利别墅“漫长的谈话”之前，在玫瑰小屋完成一些工作。[1] 并且这一次他会提早返回巴黎，开始另一个夏天的工作。

他的旅行计划是先去布拉格，然后是布雷斯劳，最后抵达维也纳。即便在巴黎过着最简朴的生活，他实际上也没剩下多少钱；有一份因摘录《罗丹论》而付给他的稿酬，为此他曾计算过，但结果得到的稿酬只有他期望的一半。在布拉格之后，旅行费用就基本可以确定了，而且在

结束布拉格的旅行之后，他还可能会重游威尼斯。“我从未如此清楚地感受到，做长远之计是多么违背我们的天性，”他在 10 月份写道。[2] 他要依赖在充足的时间内出现的某些机会，而他当然不缺更多的邀请——他在布拉格时，西蒂·纳德赫尔尼就已经表示欢迎他前往雅诺维茨城堡。他在卡塞特街的行李已经打包并存放起来，玛蒂尔德·福尔默勒照看他的桌子和书籍；出发前他将改正的《新诗集》校样寄给了基彭贝格，在对诗歌的选择上做了一些最终的修订。

11 月 1 日，他抵达布拉格，他度过童年的这座“顽固的古城”，景象让人深感压抑。曾经的那些体积巨大建筑让他无法理解，高得令人难以忍受，如今他们的高度看起来降低了，变得正常，但仍然足以使他感到压抑。“我从来没有像这次游览时那么强烈地感到厌恶（很可能是因为我观看时有强烈的倾向，并将一切都与我的工作联系起来）。”[3] 与母亲在一起，他体验到一种与以前一样的因对她不公而产生的内疚感，但他觉得她关于自己的看法完全是错误的，因而他绝不会向她吐露真实的自己，哪怕只是极小的一部分。她看起来活像一个玩偶之家，颜色斑斓的大门和窗户绝不可能打开，允许人进入。万灵节那天，他计划抛开她去祭拜父亲的坟墓，墓碑的铭文如今风化模糊了，“它仿佛已经在一个古老的园地里原封不动地屹立了一个世纪”。他的母亲和所有的老熟人都过分关心他，“所有人都想抓着我，就像我是某种吃的东西——但当他们得到我时，我发现他们并不饿，仿佛正在节食”。[4]

但他 11 月 3 日在孔科尔迪亚协会露面之前，也有一些愉快的事：拜访雅诺维茨城堡，与西蒂·纳德赫尔尼以及她的兄弟们一起饮茶，而且，最令人高兴的是他收到了罗丹的来信。这封罗丹口述给新秘书的信，远不只是礼貌地询问胡戈·黑勒是否值得信任，黑勒在维也纳的书店计划展出一些罗丹的画作，而里尔克在那儿也有一个简短的朗读会；信中罗丹还提到他已经请人将刚出版的里尔克的罗丹讲座选段翻译成了法文。他很高兴罗丹以这种方式打破了他们之间的坚冰，于是同样以就事论事的态度给罗丹回了一封信，但信中也表达了他获允恢复联系的快乐，以及对在维也纳举办的这次展览的热情，他向罗丹证实，没有比黑 151

勒的书店更好的展览举办地点。

朗读会的观众对他充满敬慕，然而回应寥寥：同样的一些老妇人，同样的一小撮自鸣得意的文人。他给他们朗读了一些《影像之书》中的诗歌，《马尔特手记》手稿里的选段以及几首《新诗集》里的诗歌，然而，他的声音像石头一样生硬，只有在朗读“旋转木马”时例外。他感到这是一个不祥的开端。但随后奥古斯特 · 绍尔和他的妻子，以及罗莎 · 肖布洛赫给了他鼓励，罗莎是一位实业家的妻子，她显然以更实际的形式表达了她的倾慕。“我的道路很漫长，直通向远方，”他从布雷斯劳写信感谢她：“我懂得如何去感激每一个能够给予我的帮助。很多人认为相比一些常规的职业，成为一个诗人是次要的事情；但我走得越远，越发现这门艺术需要巨大的努力，甚至于一种只朝向这个目标的专一而集中的力量，通常都会显得力所不逮……”[5] 在布雷斯劳的演讲结果比他预期的要好，有大量的听众出席，弥补了布拉格的演讲收入，但他似乎感觉到这些听众希望他们的钱花得值当。“他们安静地坐着，在演讲的短暂间隔咳嗽一两声，表现得好像他们中间不乏有学识的人。”[6]

他 11 月 7 日抵达维也纳，这次巡游演讲在那儿取得了真正的成功。他安排了两个晚上的演讲，一次在 11 月 8 日，在黑勒的书店朗读他自己的作品，另一次安排在几天之后，在另一个地方发表关于罗丹的演讲。恰如霍夫曼施塔尔所保证的，他在维也纳发现了他需要的听众，在一间精心布置的暗房中，绿色灯罩下的讲台灯光线朦胧，他以优美动听的声音朗读《新诗集》和《马尔特手记》的片段，让在座的听众如痴如醉。比他年轻十岁的维也纳诗人费利克斯 · 布劳恩非常喜欢《时辰祈祷书》，一直能回想起当时的情景：这位纤瘦、长相年轻、着装优雅的人从一侧的门走出来，略作停顿，然后向后仰起他的头，从他的口中突然迸发出一阵名副其实的诗歌声。[7] 这种场合第一次让他感觉到，他与那些他为之写作的人之间有了真正的联系，尤其是那些年轻的一代人，如费利克斯 · 布劳恩、赫伯特 · 施泰纳等，施泰纳还只是一个学生，听完演讲后快步穿过人群来与他握手。那天晚上，他住的旅馆房间里堆满了鲜花。接下来的几天他有幸交了几个新朋友——文化哲学家鲁道夫 · 卡斯纳，《新自由报》的专栏编辑弗朗茨·瑟韦斯，以及女演员莉娅·罗森——而且还见到了许多他感到亲近的人，特别是他仰慕已久的抒情诗人和散文作家里夏德·贝尔－霍夫曼，还有霍夫曼施塔尔，里尔克与他一起在他位于罗道恩的屋子里吃了午餐。他们发自内心、自然而然的欢迎本身就是一种经验。“我感到仿佛我过去几年都在为他们而工作，他们看起来多么需要我带给他们的东西。”[8]

最好的是他收到另一封来自罗丹的信，信写得仿佛他们之间从没有 152
任何不愉快。信中谈论他的工作和想法，称赞了他看过的里尔克的演讲选段，并在信尾让里尔克确信他们之间已和好如初：“你在巴黎时过来看看我吧……我们两人都需要真理和诗歌，需要友谊。”[9]这封信给了他在 11 月 13 号的演讲以新的力量。尽管参加人数众多，掌声热烈，但他怀疑自己是否成功地让所有观众感染他对这位大师的热情。然而，在他看来这封信是一个来自命运的信号，他的演讲竟然与他一直渴望的和解同时到来，与此同时他的讲稿作为《罗丹论》的第二卷刚在柏林出版，还赶上了黑勒准备展出罗丹的画作，关于这次画展他还给出了建议——总而言之，他经常想着在自己未经筹划的生活中看清这类幸运的天意安排。“我极为需要您和您的友谊，”他回复罗丹，“而且我感到自豪，因为我在工作中取得了充分的进步，能够分享您追求真理的光荣而单纯的渴望。”[10]

对这个习惯了孤独的人来说，在维也纳被奉为名流的生活让他感到身心疲累。他决定，在前往上诺伊兰与克拉拉会合之前，尚能去威尼斯短暂休整，先前有人向他推荐了那儿的一家膳宿旅馆，这个安静的旅馆由巴黎的艺术商人彼得罗·罗马内利姐妹经营。他在那儿享受了十天的宁静，一种“震颤的宁静”，仿佛置身于一间玻璃小屋中，秋日清冷的苍白覆盖着这座城市，这种“苍白色像是由于极度的兴奋”，“壮丽而沉重”：这不是初来乍到者的威尼斯，需要重新去了解它。[11]在一个曾属于总督的私人宫殿里，午后的光线照在佛兰德斯挂毯和无数的镜子上，让他感到惊奇万分，长长的画廊挂满了高大的画像，上面画着“身穿紫罗兰色长袍的红衣主教，紫衣裹身的行政官，以及刚强挺拔的将军，跨着一匹趾高气扬的健壮白马”。[12] 他告诉克拉拉他看到的贝利尼[1]和卡尔帕乔[2]的绘画，以及提香不得不假他人之手完成的最后画作《基督下十字架》：“伟大、难忘、令人悲痛……仿佛他在绝境中感到有某种东西即将到来——紧抓着那尚能够抓住的东西——这就是动作和色彩……”[13]

他到达的时候罗马内利姐妹对他一无所知——她们甚至以为她们的客人是一个女人。阿德尔米娜（通常被称为米米）是一个美丽而又有天赋的钢琴家，独身，当他从贡多拉里走下来时，她被这位陌生人的双眼迷住了，他看起来仿佛天生具有魔力。第一天晚上，晚饭过后他坐在她旁边，低声说：“你肯定有很多话要对我说，而且我确定总有一天你会全都告诉我。”他向她要一张照片，说他一进他的房间，就跪倒在挂在墙上的圣母像前并大声说：“这就是她，这就是我总有一天会遇见的米米。”[14] 她不加掩饰地爱上他并不奇怪，他逗留的三个星期对她来说像是一场梦；她很难理解他谈论和写到爱情时的语言，那是一种难以捉摸
153 的风格，用法语表达得恰如其分，他的观念完全是柏拉图式的。“美丽而令人仰慕的米米，”还在威尼斯时他写信给她，“我爱您完全是自然而然的事情……这些话……我要说出来：我远远地爱您，因为我要承担自己所有的孤独；我亲近地爱您，因为我爱的每一个人都能无限地帮助我去忍耐孤独。”[15] 她知道他已经结婚了，在他离开的时候还将送给克拉拉和露特的礼物交给他；然而，尽管她后来坚持认为他们的关系是一种纯粹的精神恋爱，但显然当时她希望在他的生活中有她的一席之地，无论他如何强调他的工作必须放在第一位。

他险些屈服于诱惑，这体现在他稍后写给西蒂·纳德赫尔尼的信中，

---

[1] 乔瓦尼·贝利尼（Giovanni Bellini，1427—1516），意大利文艺复兴时期的画家，通常认为他革新了威尼斯画派的画风，主要作品有《基督受难》（*Crucifixion*）、《施洗约翰的头颅》（*Head of St. John the Baptist*）、《耶稣显荣》（*Transfiguration of Christ*）等。

[2] 维托雷·卡尔帕乔（Vittore Carpaccio, 1465—1525/1526），威尼斯画派叙事体画家，师从真蒂莱·贝利尼（Gentile Bellini，也即乔瓦尼·贝利尼的弟弟），以一系列的叙事画闻名于世，代表作有《圣乌尔苏拉传奇》（*Legend of Saint Ursula*）、《圣斯蒂芬布道》（*The Sermon of St. Stephen*）、《一位骑士的画像》（*Portrait of a Knight*）等。

在信中他谈到在威尼斯的“不可预料的转变”，让他感到幸福，但也给他带来了一种“奇异的真实痛苦”。他写道，整个存在的统一在这些日子里展现出来，“也许会持续下去，但作为一个人，这种统一注定被生死所限制和阻隔，当我回顾往事时，它看起来就像米开朗琪罗绘画中的动作，以一种混乱有力的透视缩短法表现出来”。[16] 然而，他难以抗拒地将米米纳入到通信人名单中，一直以来，他向这些名单上的人倾诉他的希望和恐惧、困难和快乐。12 月初，刚再次回到克拉拉身边，他就向他“亲爱的，无限亲爱的”米米表达他在这个压抑的国家中的绝望之情，“这一切异样的生活并不属于我”，它艰难而令人恐惧，“因为并不是我的工作将我留在这儿”。[17] 紧接着是更多的信：说在消沉中，他是多么幸福，因为只有他有幸了解她拥有的美；他向她仔细讲述他的观点——死亡是生命不可分割的一部分，是集中安排在生命中的至高无上的杰作；他还告诉她去维尔哈伦的作品和圣经中寻找慰藉。这种倾诉不过是无用的安慰。她需要的不仅仅是花言巧语，因此毫不奇怪的是，第二年过后她就近乎崩溃了。她的兄弟向里尔克寻求某种帮助，然而徒劳无功：“您高估了我……我爱莫能助，我很抱歉地说，”他在 1909 年 1 月写信给他，“我只是一个声音。而且我必须始终将这个声音投入到我的工作中。”[18] 米米 · 罗马内利不会是最后一个遭受折磨的人——因为他无法在内心中做到彻底的冷酷无情，无法在自己身上找到他在罗丹和塞尚身上看到的彻底的献身精神。他一而再、再而三地急切寻求一种新的关系，结果却发现它永远不可能与他的工作和谐一致，因此他必然会一直孤独下去。

家庭当然是更有力的一种纽带，虽然随着义不容辞的圣诞节准备工作的开始，他对处在家庭的束缚下感到厌烦。他再次读了写给克拉拉的谈论塞尚的信，甚至开始觉得离开巴黎去巡游演讲是一个错误的决定，并且对去维也纳和威尼斯的旅游感到后悔，这干扰了他的工作。“这是我的老毛病：我只有一股唯一的精力，不能分散开来。”[19] 然而他却考虑进一步接受演讲的邀请，在回巴黎之前，去奥尔登堡和汉诺威演讲，抑或在稍后的冬天前往卡普里。12 月期间，基彭贝格那边传来的消息

154 足以让他感到振奋：《新诗集》在12月出版，印量甚至比计划中的更多，首印2000册，这本诗集与先前的书如今给他带来了可观的稿酬，在年底前会迅速支付给他。像往常一样，能够给朋友和同行寄送签名的作品是他在圣诞和新年期间最大的快乐，寄送的对象包括霍夫曼施塔尔、莉娅·罗森、里夏德·贝尔－霍夫曼、玛农·楚·佐尔姆斯和在布拉格的绍尔，以及在哥廷根的很久未联系的莎乐美。西蒂·纳德赫尔尼给他寄了一棵小圣诞树，还有一个露特很喜欢的玩偶：他高兴地给她写了一封信，表达收到她礼物的快乐之情，然而他坦言，随着时光的流逝，他发现去庆祝这些“外在的节日”越来越困难，“我如此渴望庆祝来自内心的节日”。[20]

罗丹当然也收到了一本《新诗集》。“我希望人们会在它们中看到您的作品和榜样如何促使我取得决定性的进步——倘若有一天人们认为我是那些恰如其分遵循自然的人之一，那将是因为我全心全意地做您忠诚而坚定的学徒。”[21] 他也给埃米尔·维尔哈伦寄了一本样书，为了表达他的“友谊和仰慕”，并请维尔哈伦亲手写几句话，以便转交给这位比利时诗人同样热情的仰慕者霍夫曼施塔尔。他告诉维尔哈伦，远离巴黎之后，他感觉好像被从对他而言如此珍贵的孤独中放逐了。[22]

尽管他渴望返回巴黎，但回忆起先前在巴黎经历的严寒而潮湿的冬季，就足以使他最终决定再次前往卡普里。此时，《葡萄牙十四行诗集》翻译的校样已经寄出，而出版这个译本的合同也已签订。1908年2月19日，他总算开始踏上旅行的第一步——前往柏林。萨穆埃尔和黑德维希·菲舍尔就《新诗集》写来热情的信，而且这位出版商建议里尔克再次给他的《新评论》投稿（他本人对抒情诗没有特别的鉴赏力，但他的商业直觉与基彭贝格的一样敏锐，此外，他真诚地感觉到自己有责任帮助那些正在奋斗中的有才能的作家）。对此，里尔克没有给他提供任何近期的展望，辩解说他创作缓慢，并且需要先完成《新诗集》的第二卷；但这个主意有很大的吸引力，因为它不会与他对基彭贝格的承诺相抵触，而且他很乐意有机会与菲舍尔私下详尽地讨论这件事。

他在柏林的那几天里，受到了热忱的欢迎。尤其是黑德维希·菲舍尔，她逐渐学会了欣赏这位谦逊的诗人的天才，十年前，露·安德烈亚斯－莎乐美第一次将里尔克带到她家里。而且，他发现萨穆埃尔完全地理解他的处境，以及他将作品托付给岛屿出版的做法：他不仅满足于接受任何单独的诗歌或散文片段——只要里尔克觉得可以发表在他杂志上，而且他甚至准备考虑——作为一家相当独立的期刊——给里尔克提供一些经济上的帮助。2 月 29 日，里尔克一到卡普里，就给他写了一封充满感激和希望的信，说这将会让他有可能“在巴黎安静地工作一年”。[23] 他的境况依然是捉襟见肘，当他还在上诺伊兰时，这已经让 155 他越来越感到担心，尤其是因为他有责任为克拉拉和露特提供生活必需品，而且，现在露特已经满 6 岁了，对她漂泊不定的父母而言，她的教育正变成一个迫切的问题。菲舍尔提供资助的行为非常慷慨，但最多也不过是一个权宜之计。他需要的，即便不是长期的保障，至少要确保在未来的几年内投入到已准备好的工作中，而不是依靠朋友们断断续续的殷勤好客。在迪斯科波利别墅，他再次置身于玫瑰小屋中，但他决心比以往逗留更短的时间，将大部分时间投入到通信中，并且多数书信的目的都将是为他的问题寻找一个解决方案。

他的旅行路线横穿德国，选择这个方向事实上是他有意而为之的，然而，除了顺利与菲舍尔会面之外，情况对他很不利。埃娃·索尔米茨在柏林做教师，然而暂时离开了，他无法按计划就露特的教育咨询她的意见，而且也没有恰当的时间与基彭贝格见面。他现在给这两人写的信，不禁让人回想起六年前他在韦斯特韦德发出的求救信。埃娃立马表明自己准备去上诺伊兰陪伴克拉拉，亲自负责露特的教育：尽管这种无私的姿态在当时看来不太实际，但在未来几年中，她不啻是出谋划策帮助里尔克一家的中流砥柱。对基彭贝格，他单刀直入地问岛屿出版社能否在他的几本书等待出版期间，按照它的方式给他一份固定的酬金，他有几本书在岛屿出版：《新诗集》的第二卷；那本散文作品，标题将会是《马尔特·劳里茨·布里格手记》；也许还有本关于塞尚的研究专著；以及《白衣侯爵夫人》的最终修订版。他解释这可能会使他与他之前的出版商产生纠纷，并在信中附上了他先前签订的合同，特地在令人悔恨的承诺条款下划线标注——他曾答应邦茨，将自己未来任何一部长篇散文作品的第一选择权交给他，而他同意将他早期诗作的再版权利交给容克也已成定局。当他等待基彭贝格的反应，越来越担心他是否太过冒昧时，他收到来自菲舍尔的鼓舞人心的消息。这位柏林的出版商写到，他早就希望帮助他，现在他有一个具体的建议：这一年他将 3000 马克交给后者支配，后者可以凭自己的意愿随时取用。“如果我这样能够让你的处境轻松一点，这将会给我带来巨大的快乐。”[24]

这种情况很微妙，因为尽管菲舍尔这次慷慨的资助没有任何附加条件，但看上去他很可能要找更多的机会去回报，而不仅仅是向《新评论》投为数不多的几篇稿件。里尔克非常感激菲舍尔的帮助，他觉得自己有责任坦诚地解释清楚他与岛屿出版社的合作关系，因为这将不可避免地限制他能够承诺交给菲舍尔的稿件。幸好如此，因为不久之后基彭
156 贝格就寄来了他的提议：对即将出版的书预付款，按季度结算报酬，并做了一个承诺，不仅尽力去取得属于容克的早期诗歌集的版权，而且如果可能，就买断邦茨对散文作品的优先出版权，确保《马尔特手记》在岛屿出版。这份协议将会根据出版进度每年续约。这是他想要的保证，他十分高兴地接受了。他对菲舍尔非常清楚地解释了他的所作所为，相信他会理解，并说毫无疑问他愿意重新考虑岛屿给他的提议——尽管岛屿出版社与他签订的协议每年都会续约，这种状况不太可能允许他有朝一日将书交给菲舍尔出版。菲舍尔承认，他希望里尔克和霍夫曼施塔尔一样，与他有类似的约定，霍夫曼施塔尔的书既给他也给岛屿出版，不过他回复说，他听说里尔克有这样一种坚实的经济基础作为保障会更加高兴，并确认他的资助依然有效。[25]

“生活正在成形”，莱纳写信对克拉拉说，在此之前他先给基彭贝格寄了一封信。[26] 现在他可谓兴高采烈：巴黎近在咫尺，只要他需要，就可以在那儿完成计划中的工作——“唯一不抑制春天的城市，而是将春天拾起，在明亮的镜子中映射出一千个形象”；[27] 巴黎对他而言是唯一可能创作的环境。卡普里不过是一段短暂的插曲，一次必要的休息。“我早早就熄了灯，需要漫长的睡眠，事实上在多数时间里我都必须闭

上双眼。”他拒绝所有外来的邀请，而当他迫不得已与迪斯科波利的朋友交谈时，他设法牢记自己说过的话，“以便谈话不完全变成疗养公园的管弦乐——为精神的闲逛而准备的背景音乐”。[28]

4 月初他开始寻找在巴黎的住所。罗丹诚恳地邀请他去默东从头开始，他希望在这个月中去那儿，但有必要寻找某个更独立、更长久的住所。幸运的是，玛蒂尔德·福尔默勒打算离开巴黎去意大利度夏，他建议里尔克在 8 月底之前暂时照管她位于康帕涅－普勒米埃街（rue Campagne-Première）的工作室，当然，他的书桌和书籍都在那儿等待着他。欣然接受这一建议之后，他打算 4 月 15 日启程回巴黎。在西西里的莉齐·吉布森，刚从病中痊愈，想去卡普里见他，在把所有这一切确定下来之前，他巧妙地拖延着他们见面的时间：4 月 14 日，当莉齐和她的妹妹弗洛伦斯·韦恩——一位技艺高超的钢琴家——顺道来见他时，迪斯科波利庄园与他有关的聚会（实在有点太多了，他对克拉拉坦言）刚结束，这是他留在卡普里的最后一天。[29] 他急不可耐地回到巴黎，甚至没有理会罗丹的邀请。“我必须闭门不出，独自一人工作，”他在回到康帕涅－普勒米埃街的住处之后写信给罗丹说。[30]

早在离开卡普里之前，他就收到了基彭贝格的第一笔钱，作为 4 月到 6 月这一季度的预付款，他找到新的保障之后，没有忘记他的家庭责任。现在有可能让克拉拉也来巴黎，将露特留在上诺伊兰，由一个合适的女孩负责她最初的教育。5 月底，经过画家伊迪丝·冯·博宁（卡尔·冯·德尔·海特的异母姐妹）的斡旋，里尔克为她在比龙公馆（Hôtel 157
Biron）找到一间理想的工作室。比龙公馆曾经是曼恩公爵夫人[1]的住宅，接着路易十四麾下的比龙元帅居住在这里，直到最近变成一所女修道院，如今日渐破落，于是就以单独的公寓形式分租出去，成了一堆艺

[1]　曼恩公爵夫人（Duchesse de Maine），即 Louise Bénédicte de Bourbon（1676—1753），法国波旁王朝的皇族，嫁给路易十四的儿子曼恩公爵，她热衷于政治和艺术，在自己的住所比龙公馆（也叫 Hôtel du Maine）举办沙龙。

术家和作家（包括后来的伊莎多拉·邓肯[1]和让·科克托[2]）的临时住所，那里的房间有着高高的天花板，窗户朝向一座平台和一个荒弃的花园。克拉拉的房间位于瓦雷纳路（rue de Varenne）和荣军院大道（Boulevard des Invalides）的交界处，离罗丹在大学街的工作室不远，当她想去那儿工作时，大师表示欢迎——但（就像在罗马一样）距离莱纳的住处足够远，因为他想保持他渴望的孤独。几天后，他提取了一半菲舍尔给他的资助，将1500马克中的300马克留给克拉拉。与此同时，他花很多时间安排她的弟弟赫尔穆特在弗鲁堡与吉布森一家一起度过夏天。

伴随着这些事情，这个"工作的夏天"不紧不慢地逐步前进。像往常一样，他必须在开始工作之前清理桌子上的信件，从而理清他自己的思路，让"丰富的内在经验"奔涌而出，就像一条河流"冲进那一道河床"。31 以这样那样的形式，他所有的朋友都听说他现在计划如何开始工作——"在同样的地点，像一棵树那样工作，不可移动但却能往深处扎根，进入到黑暗的最黑暗处"。325月，《葡萄牙十四行诗集》出版，这让他感到高兴，但为时不久，阿莉塞·芬德里希突然在卡普里去世的消息给他喜悦的心情蒙上了一层阴影，本来是题献给她的书现在变成了"悼念"。

他习惯于向其他人强调他内心的召唤压在他身上的"沉重负担"——因此，现在他在写给母亲的信中，描述他处在多么"彻底的孤独"中，强迫自己拒绝任何出于好意的帮助：这就是他生活和职业的一部分，"而且一个人无法避免或否认它"。33 然而，当他准备好完成指定的工作时，巴黎的初夏让他感到纯粹的快乐。巴黎的微风"让人心旷神怡"，他写信对西蒂·纳德赫尔尼说，信中对巴黎的描写带有某种18世

[1] 伊莎多拉·邓肯（Isadora Duncan，1878—1927），美国女舞蹈家，现代舞的创始人。因在古希腊艺术的基础上创作了一种自由舞蹈而闻名于世。

[2] 让·科克托（Jean Cocteau，1889—1963，又译作"让·谷克多"），法国艺术家、法兰西学院文学院士、电影导演，他多才多艺，在多个艺术领域都有所建树，对后来的现代艺术产生了很大的影响。

纪的、华托[1]式的风格，仿佛是画框中的景色。[34] 菲舍尔和基彭贝格为他提供了他想要的书，于是他现在有富余的钱去买更多属于自己的奢侈之物。曾经让他动心的一部 170 卷的百科全书寄来了，他和门房费力地轮班往楼上搬运这个庞然大物，“就像埃及人在建造神庙。事后我不得不洗了个澡——然而所有的工作都多么美妙啊。你笨拙地开始，但每走一步你都获得经验，最后当事情全做完时，你会很有成就感。[35]

7 月初，他准备开始致力于做自己的工作。整个 7 月，他灵感泉涌，甚至比以前的夏天更多产，他写完了向基彭贝格承诺的第二卷“新诗集”的剩余部分：一周接一周的工作，“仿佛置身水底……全身心地投入，以至于几乎无法区分内心和外在世界”。[36] 他为所有诗歌排定了顺 158
序，做了校正，使得这本诗集比第一卷的篇幅更长，8 月 17 日，他将手稿寄给出版商，感觉自己创作了一本相称的续集——在他看来，更有深度。倘若某天会有第三卷，他写道，“在真实把握现实——一切事物更深层的含义和更清晰的真实都包含在这种现实中——方面，将再次有类似的进步。也许，我能将我从那些诗歌中学到的东西运用到我的散文里：这正是那种必须有其作用的进步。”[37] 很幸运，7 月的日子凉爽而多雨，带着对抗最后期限之感，他一直在工作——8 月底，他将搬出玛蒂尔德 · 福尔默勒的工作室。在任何别的地方，他都不会感到这么舒适，这么与环境融洽无间，他写信告诉她。他取得的成果显示出他多么好地领会了罗丹教给他的持之以恒的专注精神。随着“新诗集”在近期的完成，他最终接受了大师再次提出的诚恳的邀请，请他前去默东做客，他回信的语气依然对罗丹充满敬意，然而现如今的称呼已变成“亲爱的朋友”。

当他寻找新的住所时，钱已经不再是问题了。他不仅有基彭贝格如期支付的下一季度的预付款，还在 7 月底收到了容克给他寄来的《旗手》的结算稿酬，而且还在 8 月份取出了另一半菲舍尔给他的资助。

---

[1] 华托（Jean-Antoine Watteau，1684—1721），法国 18 世纪的画家，洛可可风格的代表人物。

“你想象不到这对我而言意味着什么，我接下来拥有一个不受侵扰的秋天和冬天，”他写信给菲舍尔表示感谢，“实在是太多了，一整年的安静。我确实需要它，不会虚度时日的。”[38] 克拉拉在比龙公馆的居住环境深深地吸引了他。巧合的是，她在 8 月底计划去汉诺威，完成一项之前在那儿开始做的任务，于是他打算占用她的房间，希望在她 9 月份返回之前有另一间屋子空出来供他租用。在这座路易十四时期的府邸里，昔日的气氛让他感到愉快，尽管曾经的辉煌已经褪色：不必返回卡塞特街甚至康帕涅－普勒米埃街的工作室环境会是一种安慰。8 月 31 日，他一安顿下来，就给罗丹写了一封热情洋溢的信，告诉他这座建筑的美丽，以及从克拉拉的三扇大窗户看到的杂草丛生的花园景色，“那儿不时有天真的兔子跳跃着穿过篱笆，仿佛一幅古老挂毯中的画面”。[39]

两天之后罗丹来访，他对能够在这儿、在自己的住处接待这位老人感到满意。先前的裂痕如今完全被遗忘了，他们能够进行几乎是地位平等的交谈；除此之外，他对这个地方有和里尔克一样的热情。他如此喜欢这个地方，以至于看到这些高雅的房间将会为他的雕刻提供一处理想之家时，在一天之内就马上决定租下一层的大多数房间，他曾试图在默东创造这种环境，但徒劳无功；他可以将这儿作为一处可不时前来居
159 住的休息寓所，远离布里扬别墅的喧嚷。（事实上，瓦雷纳路 77 号后来变成了罗丹美术馆。）听到这个消息，里尔克非常高兴，冲出门去给罗丹买了一个他之前看到的 16 世纪的一个小木雕，雕刻的是圣克里斯托弗[1] 背着一个手里抓着地球的孩子——这是一个吉兆，他说，因为这就是罗丹本人背负着他的作品，甚至更沉重，只是抓住世界的是作品。

既然有望拥有这样一位邻居，他就毫不犹豫地为自己要了一间价格不菲的房间，比起初想租住的房间要贵，也在一层，是一间拐角处的圆

[1] 圣克里斯托弗（Saint Christopher），基督教传说中的圣人，关于他的传说起源于 11 世纪。据传说，有一天，他背负一个手里拿着一个球的孩子过河，发现这个孩子重得异乎寻常，抵达岸边时，他对孩子说：“你让我陷入险境。我觉得整个世界都没有我肩膀上的你那么重。”孩子回答说：“你肩膀上不止有整个世界，还有创造世界的上帝，我就是基督，你们的主。”Christopher 意即“背负基督者”。

形的房间，直接通向平台——就他的境况而言太贵了，他告诉克拉拉，然而他终究还是决定住下来，工作一整个冬天，应该有办法可以填补这笔额外的费用。

他与罗丹的和解非常重要。对他来说，他的孤独之路险些迷失在混乱中，然而现在却已经走上正轨，围绕自身形成了一个完整的圆形——他知道大师需要他，尽管这种需要只有他对罗丹的需要的千分之一。自从在默东的那些日子以来，他对罗丹的看法都带有一定的距离，因此他不可能看不到这位神灵的致命弱点：对罗丹而言，女人仅仅是性对象，她们只要求得到满足，女人是男人的养料，“就像一种不时流过他的饮料，比如说：酒”。[40] 关于此，他们的观点有巨大的分歧。然而，正如里尔克在写给他的信中所言，在自己所处的位置上，每个人都可能是正确的，只要他在那个位置上拥有像罗丹一样的“光芒”。“您生来就是个征服者，因为您有一千零一种力量。我只有一种，我必须将它与我自己关在一起（就像果核在果实之中）。”[41]《新诗集》第二卷将题献给“我伟大的朋友奥古斯特·罗丹”。

克拉拉还需要在汉诺威住几个星期才回来，因此他有足够的时间准备他的新房间，他与罗丹的搬家事务引起了比龙公馆负责人的关注，毕竟这是一座年久失修的住宅。现在，里尔克一直以来想要的生活保障就在眼前，他第一次得到它，这让他欣喜若狂。“我很高兴能在这儿安顿下来，”他写信对黑德维希·菲舍尔说，“感觉我能够平静一段时间，并且有时间在前方获得巨大的进展！”[42] 他的需求是适度的——都是必需品，因为独自租住一间屋子会比以往更多地花费他的财力。没有很多钱可用来购置额外的家具，于是他高兴地接受了罗丹借给他的一张桌子。但这种限制符合他专注于工作的要求，他有某种从来没有丢掉的流浪的观点。朵拉·赫克斯海默从罗马给他寄来一封信，谈及她取得的进步，并送给他一个她做的雕塑，他回信说他觉得自己居无定所，没有财产：“每次搬家我都告诉自己，在我的整个一生中，除了那张你知道的立式书桌外，我没有权利拥有更多。即便是那些书我总有一天也会放弃，或将它们放在某个能惠及更多人的地方，给那些能比我更好地使用它们的人……”[43]

160 菲舍尔的资助金可以支付他的房租，但他维持生活的收入来自岛屿出版社，为此他现在必须完成一项重要的任务——他在罗马就开始孕育，长期以来一直在构思的那本散文作品《马尔特手记》，这本书不仅以童年和青春期的经验和记忆为基础，而且也包含了成年之后的生活体验，反映了他已然形成的关于生与死、人类状况以及爱的观点。在他阅读的斯堪的纳维亚作品的影响下，他虚构了一位年轻的丹麦诗人马尔特·劳里茨·布里格，一个贵族家庭的末代子孙，居住在巴黎，正如他所经历的那样，生活在恶劣的环境中，被这座城市难以忍受的恐怖毁灭了（虽然他没有被毁灭）。但他开始构思这本书时，并不符合传统小说的风格，没有连贯的叙事，而是把它当作马尔特日记里看似随机的一系列简短笔记，这些文字只能隐约展现他的外在生活，然而却深刻洞察了他的心灵。当他在 1904 年 11 月与吉布森一家待在约恩斯雷德时，他评论过挪威诗人西比约恩·奥布斯特费尔德尔死后出版的遗作。在奥布斯特费尔德尔漂泊不定的生活中，他也曾在巴黎暂住，并且在这本死后留下来的完整的手稿（《一位牧师的日记》）中，里尔克辨认出许多他自己以及马尔特在那座城市中的经历。然而最让他印象深刻的是，这本手稿剩余的部分事实上只是一堆没有日期、混乱无序、一再修改和重写的材料，仅仅是简短的笔记，“不是书，而是书的开头……一切都在形成的过程中……本质上是一片混乱的活动，一个情绪与声音的世界，这声音颤抖着，紧紧围绕着那位死者留下的奇异的沉默”。编辑不得不，可以说是，迫使这一系列的活动停止下来，“仿佛某个人走进一间舞厅，命令跳舞者停下来……但我们必须相信那就是舞蹈的结束，这就是一场舞蹈……它必须在此刻停止。因为我们无法听它频繁地说：每一场生活都是一场完整的生活”。[44] 也许是从这儿得到启发，当里尔克整理他在罗马开篇的这部作品时，用这种断片式的、不定型的风格，给了他的马尔特一场完整的生活。从一种艺术的观点来看，他后来说，依照传统的观念，该书的结果也许缺乏一致性，“然而从人类的角度而言它是可能的，至少，从它的背后明显可以看到一种存在的轮廓，以及一种有多股力量相互作用的阴暗模糊的模式”。[45]

这种观念适合他工作的方式。他曾经为莎乐美写的日记，在施马尔
根多夫最后的那些日子里，几乎变成了胡思乱想的媒介：自那以后，他
甚至放弃了这种半正式的记录。作为替代，他习惯于总是随身携带一本
袖珍笔记本，散步时在其中以诗歌或散文的形式记下各种想法；在家中
的书桌旁时，他记录下来的感想来源于阅读，街道和乡村的见闻、博物
馆或艺术馆，以及他关于人类状况的想法。因此他的书只是这样一团乱
麻，就像奥布斯特费尔德尔的一样，只不过更仔细地记录下来而已，而
且通常都有日期。从这个意义上来说，里尔克就是马尔特，而且许多出
现在《马尔特手记》中的段落此时已经存在于他的笔记、草稿、书信副 161
本或他的脑海中——那是他对自己童年的恐惧与希望的回忆。还有一
些，他事实上已经在朗读会上公之于众。

自从在罗马写了个开头之后，他又曾在瑞典继续这项工作，独自一人再次回到巴黎后他做了更多的努力，这使得虚构的人物在他脑海中变得越来越真实。朋友们经常从他的书信中听他说起马尔特，尤其是对克拉拉谈起时，他曾将自己的感情和经历与这位年轻的丹麦人联系在一起。他曾在瑞典暂住，阅读雅各布森、克尔凯郭尔以及更多现代斯堪的纳维亚的作家，游览哥本哈根，所有这些结合在一起，逐渐创造了一个布里格的背景。[1] 如今，在四年之后，里尔克感到是时候将马尔特写出来了，在做完这项工作之前，他无法有进一步的发展。“只有经过他这一关我才能前进，他挡着我的道路。”在马尔特一败涂地的地方，他幸存下来了；但是，在他将他们深沉的存在危机描绘出来之前，他的幸存无法得到保证。“我真的应该去年就把它写出来，”他告诉克拉拉，“就在写完那些关于塞尚的书信之后，那些信如此直接而有力地触及马尔特：因为塞尚无非是马尔特未能取得的最为原始而乏味的胜利。布里格的死亡，就是塞尚的生活，他最后三十年的生活……帮我得到一段安静

[1] 在《马尔特手记》中，主人公是丹麦人，姓布里格，因此作者说里尔克在瑞典和丹麦的经历帮助他“创造了一个布里格的背景”（create a Brigge background）。

的时光，去构思我的马尔特……我不会往外跑，我会扎下根来，在这个冬天做那些拖延日久的工作，一直到春天；我觉得我必须保持健康，以便战胜它、完成它，更重要的是，闯过它这一关……”46

1908 年 8 月底，就在搬进比龙公馆前，里尔克写信给米米 · 罗马内利：“你知道，我脑海里长期以来有一本书，其中有一些女性的人物形象，她们在经历过不幸的恋爱之后，得到了完善，完成了她们内心的使命，通过将自己交给上帝，她们超越了无法抗拒的最初的激情——不顾一切去完善它，比任何世俗的恋人所能给予的更为辉煌”——就像玛丽安娜 · 阿尔科福拉多这样的女子，还有那些在艺术中达到这种巅峰成就的人:萨福、埃莉诺 · 杜塞、安娜 · 德 · 诺瓦耶[1]，以及 16 世纪的女诗人加斯帕拉 · 斯坦帕。在此，里尔克异常地缺乏鉴别力，但也许他这是希望米米会将这些闪亮的榜样牢记于心，他还暗示也许有一天他们能一起研究加斯帕拉 · 斯坦帕的作品。47 他认为，这些女人是真正“伟大的爱者”[2]，因为他们超越了需要回报的爱情。他现在开始准备写作《马尔特手记》，在此书中，这种无须回报的爱即便不是首要的主题，也的确显得非常重要，他业已发现另一位可添加到他作品中的人[3]。阅读年轻的贝蒂娜 · 冯 · 阿尔尼姆与年长的歌德之间的信件时，里尔克认为在她身上看到了那种不可言喻的“来自灵魂的肉欲，从萨福起这就成为最重要的转化剂之一，凭借它，世界缓慢地变得更加真实。”48 对她的爱，歌德报以笨拙而老套的回应，里尔克对此感到惊愕：然而，他觉得贝蒂娜本人却像女人中其他那些“伟大的爱者”一样，不知不觉地超越了需要
162 回报的爱，而且像她们一样传达了“孤独之爱，充满痛苦和幸福，这是唯一名副其实的爱”。他写信对西蒂 · 纳德赫尔尼说，书信不足以表达

[1] 安娜 · 德 · 诺瓦耶（Anna de Noailles, 1876—1933），罗马尼亚籍法语作家，出生于贵族家庭，她与当时的文学家和艺术家包括普鲁斯特、纪德、瓦雷里等人都有密切的交往，在当时的文学社交圈子中颇有影响力。

[2] 爱者（lovers，德语 Die Liebenden）是与被爱者（beloved，德语 Die Geliebten）相对的一个概念，一个主动付出，一个被动接受。

[3] 指米米 · 罗马内利。

这一切，“它必须变成一项工作，有清晰的、最内在的真实性。（给我良好的祝愿，那样的话我也许能够实现它。）”当他着魔似的想到贝蒂娜、爱洛伊丝、葡萄牙修女，以及加斯帕拉·斯坦帕时，他日益感受到真正的“爱、真诚以及独立之爱的无限光辉”。[49]

“被爱者过着糟糕而遍布危险的生活，”他最终借马尔特之手写道：“啊，他们应该战胜自己，变成爱者。”他在这本想象中的日记的页边空白处写道：“被爱意味着燃烧殆尽，爱却意味着用永不枯竭的灯油散发光亮。被爱是消逝，爱则是不朽。”对马尔特而言，浪子决心“永不去爱，为了不将任何人置于被爱的糟糕地位”，放弃他所占有的一切，以避免自己拥有同样的经历，“用粗野的报复去伤害女人，日复一日地担惊受怕，唯恐她们试图回应他的爱”。当他返回家之后，发现他的家人并不理解他，对他一无所知，而且没有认识到他现在已经变得“极难去爱”，这让他感到一种难以名状的安慰。[50]

这种奇怪的人生观从一个角度反映了里尔克的性格，可以合理地解释他为何经常从传统的男女关系中抽身而退，在这种关系中，两个人结为了夫妻。实际上，他自己抛弃了妻子和孩子，选择了他的孤独和艺术。这几乎无法与那些女人中“伟大的爱人者”不幸福的经历相提并论，但他仍然认为他的孤独之路朝向与她们相同的方向，通往一种超越的境界，也许可称之为上帝。两个人不该结为夫妻，充其量只是“彼此孤独之守护者”。当他思考这一点时，他想到了葆拉·莫德松令人悲伤的命运。她也沿着这条道路前进，离开了她的丈夫，一如里尔克离开克拉拉，在巴黎孤独地献身于艺术。但在他看来，她变得软弱了，“从伟大艺术成就的开端退回到家庭生活中，随后陷入无情的死亡命运中，这是她始料未及的——1907 年 11 月，他与莫德松一起返回沃普斯韦德之后，她年仅 31 岁就告别人世，留下一个女儿。令人悲伤的周年纪念日临近了，里尔克在一种“出乎意料而又强有力的灵感之流”[51] 中，写下了一首长长的“献给一位朋友的安魂曲”，甚至比《马尔特手记》中的情感更为强烈，他觉得最不可原谅的，是“正常”生活的压力阻碍了个体的全面发展，是“虚伪之爱带来的混乱的痛苦”：

倘若有什么罪行，这就是罪行，
用一个人拥有的全部自由
无法增加一份爱的自由。
在爱的领域，我们能做的一切无非是：
松开彼此；因为彼此占有
对我们而言太过容易，无须学习。[52]

163 “我有我的死者，”他写给葆拉的这首安魂曲这么开头，而且在灵感的奔涌中他又想到另一个新近去世的人，沃尔夫·冯·卡尔克罗伊特，一位前途无量的诗人，在艺术的重负下崩溃了，年仅19就结束了自己的生命。里尔克从未亲自见过他，但因这种不合时宜而又出人意料的死亡深受触动。在写完给葆拉的安魂曲之后才几天，他又写了一首安魂曲献给卡尔克罗伊特，哀悼他决定永远关上那扇也许一直为他打开的大门，不去等待

自己的死亡
它如此需要我们，因为我们依靠它生活。
……………………………
啊，诗人们古老的诅咒！
他们沉浸于悲伤，而不去诉说，
总是审判他们的情感，而不是去塑造它……
……不是将自我坚决地转化为语词
就像大教堂的工匠
坚定地将他们自己转化为永恒的石头。
这就是拯救……

然而他并没有责备他。

那些时代的豪言壮语，

不是为了我们，
虽然往事至今依然可见。
谁在谈论胜利呢？忍耐就是一切。[53]

他后来告诉卡尔克罗伊特的母亲，这首诗是想记录那曾经赐予他内在生命的“最伟大最丰富的死亡经验”。[54]

1908 年最后几个月，他确实“沉浸在工作中”，不受外在世界的打扰，在其他的时间或环境中，他可能会因外在世界的活动而分散精力。10 月，克拉拉返回自己的屋子，此时他已经安顿下来，并且相比之下对自己的房间更满意；伊迪丝·冯·博宁也住在比龙公馆里，她前来做客，他们谈到鲁道夫·卡斯纳，在里尔克看来，卡斯纳是“一个天赋异禀的作家和亲爱的朋友”；[55] 米米·罗马内利前来巴黎与她兄弟一起过冬，她成了里尔克住处的常客，但两人保持着恰当的距离。他没有错过秋天的沙龙，其中展出的埃尔·格列柯的《托莱多》（*Toledo*）给他留下了深刻的印象；他还与杰西·莱蒙特通信，这是一位准备举办罗丹讲座的美国作家，而且后来还将里尔克的作品翻译成英文。在比龙公馆时，罗丹经常来看他，他们的关系轻松而令人满意：他们间或一起吃午饭，“给彼此安静，同时又享受彼此的陪伴”。[56] 基彭贝格经常有他的消息，对继续出版绝版很久的诗集《为我庆祝》特别感兴趣，里尔克在他的纸堆 164
中整理 1899 年的一些诗歌手稿时，想到了再版这本诗集。修订再版那些早期诗歌的想法吸引了这位出版商，而且他还立马响应里尔克的建议——将两首安魂曲放在一起出版一个单行本。

当他全力以赴写作《马尔特手记》时，收到一封埃伦·凯寄来的信，她正在拜访莎乐美，信中对《新诗集》的态度相当挑剔，这有点让他恼火。她说，她们两人都觉得这些诗歌带有太多练习的味道，不完全是“强烈的经验”的产物：她们本该主动地赞扬他，但却没有。“你的批评家朋友们……说的话千篇一律！……我们希望你拥有某种伟大的爱（宁愿不幸福！）以及另外一千种美妙之物！”[57] 他立刻回复说，他的下一本书（《新诗集》第二卷之后的《马尔特手记》）肯定是一本足以让她们

安心的作品。他的内心很清楚：对他而言《新诗集》是一段训练，

> 我必须知道我能把握整个世界，无论它以什么形式呈现……让我自己能够连续不断地工作，也就是说，将我所遭遇的一切看作是一次挑战、一项任务、一个通往艺术转化的要求。……那就是我现在努力做的事情，倘若我能够应付好，你会发现这不会徒劳无功的。……就爱而言，幸福与不幸都同样不会缺少……

他严肃地看待她们的批评，他说，然而只在他回信时，以及决心完成《马尔特手记》时严肃以对，这本书将会“证明这种成长发展肯定是正确的，除非我整个生命中的一切都陷入了错误”。[58] 这不是他收到的关于那些诗歌的唯一的指摘，他对西蒂 · 纳德赫尔尼坦白说，“但是我无法告诉你，当我处在……真正属于我的艰难的工作中时，我感觉那是怎样的安慰。”[59]

他比以往任何时候都更深地投入工作中，直到他“仿佛身处海底”，承受“天空和海水的全部压力”，但“闪着磷光的思想”片段时常会让他从压力下快乐地解脱出来。[60] 这需要他从罗丹那里学来的所有耐心：因为，正如他对罗丹所说的，诗歌源于外在事物的韵律，源于自然的抒情节奏，然而散文需要找到它内在的韵律，“复杂而难以名之的生命流动的韵律”；这就像建造一座大教堂，在工作时需要独自站在脚手架上。“想想看，我现在知道如何在这篇散文中塑造男人和女人，儿童和老人。尤其是女人，我通过周围的一切事物勾勒出她们的轮廓，留下一片空白区，空空如也，然而是为了画出她们柔和而精细的轮廓，在这种空白中画像变得生气勃勃、清晰可触，就像您的大理石雕像。”[61] 年底，克拉拉返回上诺伊兰，与露特一起过圣诞节，留下他独自一人。他母亲听说他甚至在圣诞前夜也还打算工作时，感到很悲伤：但他很快就向她保证说，工作越来越成为他“唯一无条件的节日”，因此这个平安夜在安静和严肃的专注中度过再好不过了。[62]

165 在年终写给基彭贝格的信中，他描述了自己成功而实在的进步，他

目前还不能确定《马尔特手记》何时完成，但很可能夏天结束时就能写完。1 月中旬他将寄出《为我庆祝》的修订稿，他建议将此书题名为《早期诗集》(*Early Poems*)，以便在以后重新出版更早期的诗歌集时，可以命名为《最初的诗》(*First Poems*)。他在专心致志的工作中，疏忽了自己的账户，他沮丧地发现自己在布置比龙公馆的屋子时超支了大约 1000 法郎，接下来还有更多的花销。于是他再次向基彭贝格请求援助，他们的协议应该在新年时续签，此时看上去几乎不可能增加他的预支稿酬，但也许岛屿可以为他提供一些额外的工作，比如说请他校对一篇译文。他不愿意放弃目前发现的理想环境，在这种环境中，他的工作进展得很好。在新年的另一封信中——甚至前一封信还没有得到回复——他再次强调，对他来说经济保障有多么重要，有此保障他才能完成这项工作，完成这本他正在努力写作的“拖延日久的长篇散文”，完成他正在取得的“完满”，它看起来如此接近终点，以至于他不时会感觉到，工作完成时他就会死去。[63] 事实上，不需要进一步催促基彭贝格，他的信已经在途中，内有一张支票，为里尔克偿还上千法郎的赤字，并且确定协议将会延续到下一年，按季度支付了这一次的 500 马克。

里尔克有充分的理由感激这种合作关系给予他的“无法形容的及时援助”，他无法想象生活中没有这种关系。[64] 在基彭贝格这里，里尔克找到了他一直在寻找的经济保障，而且随着他声誉日隆，有越来越多的人提议翻译他的作品，或在出版的文集中选入他的诗歌，他可以就这些事务咨询这位生意人的意见；此外，他还找到了一位朋友和告解神父，时间将会表明，基彭贝格可以给他提供可靠的建议，并且超越利益给予他支持。这位慷慨的出版商当然希望从自己的投资上得到回报，迄今为止《时辰祈祷书》和《新诗集》的销量展现出令人鼓舞的前景。但值得赞扬的是，他总是愿意帮助里尔克，而不是从纯粹的商业角度去考虑利益。假如为里尔克一生中的这个时期列一张全面的资产负债表，就可以看出岛屿出版社不太可能拥有太多的净利润，尽管此后的结果是有利可图的。

1909 年期间，他不懈地寻求里尔克早期作品的版权，以最终出版一套选集为目标。当容克也想到再版《降临节》和《梦中加冕》时，他买下了所有的存书，但是在1月底这两本诗集的版权已经确定下来，转让给了岛屿出版社，他无法与岛屿进行竞争。散文故事《最后一个》的
166 版权同样不受约束。《旗手》刚售完，容克提议出一个新版本，但根据合同条款，只能出一版，因此里尔克可以拒绝，于是这部作品也能移交到岛屿。2月底，基彭贝格从邦茨那里购买了《布拉格故事两则》和《生活之流》的版权，同时让邦茨放弃了《马尔特手记》的优先出版权。另一方面，容克非常不愿意放弃《影像之书》的版权，这本书是他书单上最畅销的作品之一，而且他已计划好在这一年的晚些时候出版第三版，于是基彭贝格只得暂时放弃，等待更好的机会去买下版权。他在自己制定的目标上取得了实质性的进展，在等待《马尔特手记》完稿期间，他为了让公众对里尔克保持关注，出版了《早期诗集》（现在，里尔克将他1904年在瑞典完成的《白衣侯爵夫人》的修订版纳入其中）和那本《安魂曲》，这两本书都在5月出版。在柏林，基彭贝格安排了著名演员约瑟夫·凯因茨选读里尔克的诗歌，这有望刺激工作的需求，此外他还计划出版《时辰祈祷书》的第三版。

然而，矛盾的是，基彭贝格为他的诗人承诺的保障并未带来他想要的结果。早在1月份时，里尔克就发现他的工作比他期望的进展更慢，而且2月份时他再次遭遇了流感，在北欧气候的冬季那几个月中，他总是很容易患上流感。到目前为止，他能够允许自己的工作中有一些分心的事务，但这次显然让他有点难以忍受。克拉拉回来了，他们的关系变得似乎有点紧张。玛蒂尔德·福尔默勒也返回了巴黎，而且这个春天带来了更多的访客——想要拜见罗丹的卡尔·冯·德尔·海特；从远东旅行归来的斯特凡·茨威格；格奥尔·勃兰兑斯；菲舍尔一家，他们与奥地利作家费力克斯·扎尔滕一起前来；最后，露和埃伦·凯在5月的时候也会来巴黎。还有消息说，比龙公馆即将出售。很显然，不如说是他自己内心的不安给他带来这“可谓是糟糕透顶的几个月”：[65] 与往常一样，这种身体上的不适与其说是起因，不如说是结果。莎乐美回忆，当他们一起坐在比龙公馆中时，他谈起“创造的沉醉”给他施加了魔力，

以至于他与马尔特有了身份上的认同，在他生活中的这段时期，虚构与现实混合在一起，纠缠不清；接着他有谈到这给他带来的难以忍受的压力，让他觉得他走上了错误的道路，用一本虚构之作取代了本该是真实自传的作品。[66]

事实上，从 1 月份起，他在《马尔特手记》的写作上就停滞不前。5 月，他在沮丧中告诉基彭贝格，他无法预见他何时能够再次开始写作这本书：在他原本期望的 8 月肯定无法完成。他必须先恢复健康；他可能需要再次搬迁；无论如何，他大概需要在诗歌的训练中度过一段时间，让对自然的观察恢复“产生这本书的内在的世界”。[67] 在写给米米 · 罗马内利的信中，他将自己的状况比作一根折断的小树枝，仍然挂在树身上的一小块树皮上，然而已无法再从内部回馈欢快地流经所有其他树枝的树液。[68] 他知道他必须独自依靠自己，依靠他自己而不是医生的努 167
力，去“克服这种身体不适和精神抑郁的复杂的交互影响”，因为他明白“它们的起因及其紊乱背后的规律”：他必须以明希豪森为榜样 [1]，抓住自己的辫子把自己从沼泽中拉出来。[69]

5 月底，他在南方度过了一个周，这是一个好的开端——他在桑泰斯 - 马里耶德拉 - 梅参加了朝圣，在小教堂通宵达旦地守夜，那儿到处是“朝圣者、狗和吉普赛人”；[70] 然后他又去了阿尔勒和普罗旺斯地区的艾克斯。他只不过是旅行，没有真正的“观看”，正如他从艾克斯写给克拉拉的信中所言；但至少这是返回他自身之路的开端。6 月初，克拉拉返回德国，在她的工作上取得了重要的进步，有望接到更多的任务。比龙公馆的出售并非迫在眼前，因此他可以住在那儿，度过夏天的几个月，然而正如他所预见的，他只能坐在桌子前，在不写信或给选中

[1] “以明希豪森为榜样”（follow the example of Münchhausen），这儿的 Münchhausen 可能指明希豪森男爵（Baron Münchhausen，1720—1797），他是德国乃至欧洲家喻户晓的人物，以擅长讲述荒诞不经的故事而闻名，是在中国影响甚大的儿童读物《吹牛大王历险记》中的主角。里尔克之所以说以他为榜样云云，源于他讲过的一则故事：有一次，明希豪森陷入沼泽，四周无人，也没有可以攀援之处，他只好使劲抓住自己的辫子，把自己从沼泽中拉了出来。

的朋友寄《安魂曲》样书时，才能偶尔写一两首诗。他还没有准备好重新开始写《马尔特手记》。8月，从维也纳传来消息，他因抒情诗的成就获得了鲍恩费尔德奖（Bauernfeld Prize）。这个荣誉本身对一个向来声称对公众的接受漠不关心的人而言，没有太大的吸引力，然而现在却来得正是时候，因为他听从了医生的建议（他最终还是不相信自己在没有帮助的情况下有能力恢复健康），这个奖项带来的额外金钱使得他能够接受医生推荐的治疗。他没有再耽搁时间，9月1日旅行到斯特拉斯堡，接着前往黑森林的巴特里波尔曹温泉疗养地。

生活在巴黎就像置身于一场旷日持久的围攻，他写信给玛蒂尔德·福尔默勒，在那儿，“我的精神最终只剩下嗷嗷待哺的群鼠。这是怎样的一场惨败。我感到羞惭：但也许我已坚持日久，足以赢得带着所有武器光荣撤退的权利。”[71] 他写信给在瑞典的托拉·霍尔姆斯特伦，信中说他时不时会有一个疯狂的想法，不如前往诺尔兰，在它的瀑布中寻找安慰，也许还可以看到一头真正的熊，“而不是我内心那头我无法击败的熊，它虎视眈眈地站在那儿，我没有足够强壮的身体去抵抗，只能躺在地上装死。”[72]

他希望在里波尔曹的两周足以让他恢复健康。他发现，一旦求助于医生，即便如此短暂的治疗付出的费用也超出他的预计。他请求基彭贝格给他预付款，帮他渡过难关，与此同时，这位考虑周全的出版商听说他的状况之后，马上提议给他预付稿酬，基彭贝格意识到，要想里尔克完成《马尔特手记》，就必须帮助他克服经济上的困难。对这种额外的帮助，里尔克感激万分，他立马开始计划下一次旅行：前往阿维尼翁。他很快就发现，阿维尼翁并非久居之地，也不是工作的地方，但
168 他后来写信给莎乐美说，这次去阿维尼翁是他记忆最深刻的旅行之一。在那儿停留的两周期间，他几乎每天都去游览“密不透风的宫殿”，教会“感到自身濒临衰败，考虑着保存自身……然而，往往人们一看见这座死气沉沉的、依靠在危岩上的房子，就会发现只有越过已然逝去的难以置信的一切，才能进入其中”。[73] 这座城堡“前所未见的神秘”连同它“出色的壁画”一起，给里尔克留下了深刻印象，而且可以肯定，总

有一天在这些数不清的荒废破败的房间中，会找到“曾经被描画过的最不可能存在的独角兽”。74 他游览了奥朗日，那儿有罗马式的凯旋门和圆形露天竞技场，接下来还去了卡庞特拉和博凯尔。所有这些经历都为马尔特的思考提供了背景。然而，他在莱博度过的时光也许才是最不同寻常的。“如果你来自圣雷米——那儿普罗旺斯的土壤养育了漫山遍野的鲜花——你会发现一切突然变成了冷冰冰的岩石。在崎岖坎坷的山路后面，一道贫瘠不堪的山谷敞开，然后又闭合，三座山峰梯状叠起，就像在三块跳水板上有三个由于受到惊吓而高高跃起的天使。在对面，远远地可以看见孤零零的小村落，边缘嵌入到天空里，就像石头嵌在石头里，通往村落的道路经过如此巨大的废墟（不知道是山峰还是城堡坍塌的残迹），以至于你感觉自己也必须飞起来，携着灵魂飞上天空。”他了解莱博家族的历史，传说这个家族源自巴尔塔扎博士[1]，并且，他在给露的信中颇有点兴奋地说，1621 年从莱博被放逐的新教徒中，有一个家族也姓莎乐美。他没有与导游待在一起，而是和一位沉默寡言的牧羊人一起到处游逛:“我们站在彼此身旁，凝视着这片地方。羊群远远地散开，四处寻找稀稀拉拉的牧草。然而，它们找到一些牧草时，时不时就会传来百里香的香味，在我们身边萦绕一阵方才散去。”75 后来，正是在普罗旺斯，他将《马尔特手记》中的浪子描绘成一个牧羊人的形象——他目睹“石化的时代湮没了高贵的莱博家族”，或依靠在奥朗日的凯旋门上，或置身于“阿里斯冈[2] 鬼魂出没的阴影里”。76

虽然他尚未完全走出绝望的深渊，但普罗旺斯的经历比治疗更好地让他找回了所需的勇气。10 月 8 日，他返回巴黎后，写信告诉基彭贝格他放弃了进一步往南旅行的计划，现在他决定尽量去适应环境。无论如何，他将在 1910 年 1 月 1 日前离开瓦雷纳路的比龙公馆，然后就该

---

[1] 巴尔塔扎博士（Magus Balthasar），传说是耶稣出生时前来朝圣的东方三博士之一，但载有此事的马太福音（2:12）并没有提及他们的名字。Magus 一词源自波斯语，原意为“法师”。

[2] 阿里斯冈（Aliscamps，或 Alyscamps）是一座巨大的古罗马墓地，古代遗留下来的最著名的墓地之一，位于法国城市阿尔勒古城墙外。

是时候制定一个新计划了。他只好承认《马尔特手记》的手稿才完成一半，而且形式粗糙，他没有力量去做进一步的抄录。不久，基彭贝格建议，如果诗人能在 1 月份带着手稿前往莱比锡，他就可以请一位速记员听他口述，不管怎样这给了他一定的激励，于是他决心在着手寻找新家之前，先进行这趟旅行。设定的最后期限似乎起到了促进作用，这就
169 像一年前的情况一样，那时他不得不在限定的时间内搬出玛蒂尔德·福尔默勒的工作室；12 月初，他写信说他再次“架在火炉上，因工作而沸腾”。[77] 不仅如此，他甚至还开始安排自己去埃尔伯费尔德和耶拿做演讲，为旅行筹集资金。

他的通信再次增加，由于他又一次投入到工作中，所以信中的语气也变得欢快了。他总是会抽空回复给他写信的仰慕者，而且他的通信人扩展到柏林慈善医院的一个年轻护士，他鼓励她写下生活中的感想，并希望某天在她的帮助下重新开始写作一个主题，这个主题讲述的是一个夜班护士的生活和经历，他曾就此做过一些笔记。他的脑海中已经开始构思一些形象：“地下室里吱吱嘎嘎作响的篮子形状的床；醒着躺在那儿的人，受失眠的困扰，痛苦不堪，仰头看着天花板上的灯……”[78] 这个计划从来没有实现，但他们之间的通信持续了多年。

让里尔克感到高兴的是，黑德维希·菲舍尔给他寄来一张她小女儿布丽吉特（图蒂）的半身像的照片，这个半身像是克拉拉刚完成的，而且他还了解到，格哈特·霍普特曼十分欣赏这个作品，以至于他委托她为他自己做一个塑像，免得去请罗丹做这项工作。（“罗丹现在只为那些美国的有钱人塑像，”里尔克在写给克拉拉的信中说，“这些没用的凡夫俗子甚至不能尽力修剪一下他们的胡子，以至于他们看起来全都像尼采。”[79]）他是不会忘记别人生日的：克拉拉收到了一则有趣的关于巴黎的描述，这正是她回忆中的巴黎，露特则收到一本图画书，里尔克认为她现在已经能够看这本书了。他给一本为了庆祝埃伦·凯 60 岁生日的纪念文集投了稿，这本文集预计于 12 月出版，不仅赞美“她的善良和乐于助人，也赞美她的真诚的力量；不仅赞美她取得的成就，也赞美她

看不见的．内在的英雄品质。这将会是埃伦·凯永恒的美。”[80]

这是艰难的一年，他在年终迫近时寻思道，“就像是一场持续不断的考验”，像是一场不间断的斗争——与他的健康、《马尔特手记》之间的斗争，反抗那些可见的和无形的对手。“我周围从来没遇到过如此大的阻力。它要是一条龙就好了，然而它只不过是幻影而已，只是一群蝗虫。”[81] 莉齐·吉布森给他写信，说只要他愿意，他在弗鲁堡的“金屋”会一直等着他入住，他解释说他只有在巴黎才有可能拥有工作所需要的彻底的孤独。[82] 他向西蒂·纳德赫尔尼承认《马尔特手记》给了他“奇异的洞察力”：“一方面它似乎彻底认可了我的孤独，然而另一方面，没有安静的陪伴，没有某个亲近的人带来的温暖和保护，我简直无法知道我该怎样才能完成余下的部分。”[83]

12 月，最后的期限迫近了，在孤独的日常工作中，他高兴地收到了玛丽·冯·图尔恩与塔克西斯－霍恩洛厄侯爵夫人[1]的邀请，这让他暂时得到休息；侯爵夫人正在巴黎游览，邀请他 12 月 13 日去她的旅馆拜访：她渴望结识里尔克，她说，因为她长期仰慕他的诗歌，而且经常听鲁道夫·卡斯纳说起他。马蒂厄·德·诺瓦耶伯爵夫人也会在那儿等 170
着见他。不论卡斯纳是否曾预先告诉他侯爵夫人对他的关注，也不管他的工作多么紧迫，这类消遣放松都是他无法抗拒的，因此他立马接受了邀请。他早已熟悉安娜·德·诺瓦耶的诗歌，而且在他第二次待在卡普里期间，他给她寄过自己的《新诗集》和《罗丹论》，与之相随的是一封过度恭维的赞美信：在他看来，她诗歌中表露出来的放任不羁的激情使得她有资格跻身“伟大的女性爱者”的行列，在卡普里时，他致力于写作一篇叫“爱者之书”的文章，用以评论她的作品。后来，在巴黎他们开始通信，但他没有冒昧去接近她。因此，这个邀请具有双倍的

[1]　玛丽·冯·图尔恩与塔克西斯－霍恩洛厄侯爵夫人（Fürstin Marie von Thurn und Taxis-Hohenlohe，1855—1934），英译者将 Fürstin（女侯爵，侯爵夫人）译为 Princess（公主，但也有女侯爵、侯爵夫人之意），可能是由于欧洲大陆的贵族称号与英语中的贵族称号并不对等。这位侯爵夫人也出身于贵族家庭，Thurn und Taxis 是夫姓，娘家姓 Hohenlohe，未出嫁前名为 Marie zu Hohenlohe-Waldenburg Schillingsfürst。

吸引力。

从出生背景和所受的教育来看，玛丽侯爵夫人是战前中欧典型的跨国界的贵族，在品味和审美方面，她都是那个业已消失的社会阶层中最优秀的代表人物。她几乎刚好比里尔克大 20 岁，出生在威尼斯，她的父亲埃贡 · 霍恩洛厄－瓦尔登堡－席林斯菲尔斯特侯爵是德国一个统治家族的后裔，在奥地利军队服役；她的母亲，特蕾泽 · 图尔恩－霍费尔－瓦拉西纳女伯爵，来自托里亚尼一个古老的意大利家族。玛丽在威尼斯度过许多童年的时光，住在以苔丝德蒙娜之屋而著称的孔塔里尼－法桑宫[1]，她才 9 岁的时候父亲就在那儿去世了，之后她长期住在萨格拉多巨大的乡村别墅以及杜伊诺城堡里，这座城堡属于她的母亲，靠近的里雅斯特。1875 年，她嫁给一位远房表兄，亚历山大 · 冯 · 图尔恩与塔克西斯侯爵，他也来自一个起源于意大利的家族——神圣罗马帝国的侯爵，18 世纪时帝国的第一位邮政大臣，同时也是波希米亚劳钦城堡的领主。她有过三个儿子，但次子因感染肺炎于 1903 年去世；长子埃里克与里尔克年龄相仿，最小的儿子亚历山大，通常被称作“帕夏”，比里尔克年纪稍小。她的德语、法语和意大利语都很流利，酷爱阅读，也写小说和诗歌，在音乐和绘画方面颇有天赋，她过着一种积极而充实的生活，长期在劳钦和杜伊诺的城堡里举行宴会，在维也纳维克托街图尔恩与塔克西斯家的住所里也有很多娱乐活动，而且她还经常在德国、法国、英国以及意大利进行排场豪华的旅游。但严格说来，她只是一个业余爱好者。她对艺术的热爱并非是社交圈里女主人的表面热情，聚集在她身边的作家、诗人、女演员以及音乐家，都会发现她并不只是巴结名流，而是对他们有一种真挚的欣赏之情。尽管有她的邀请，里尔克最初可能还是觉得，即使是与一位侯爵夫人一起喝茶，也比不上会见安娜 · 德 · 诺瓦耶，但他很快就发现，这位走进他生活的侯爵夫人有着广泛的文化修

---

[1] 孔塔里尼－法桑宫（Palazzo Contarini-Fasan），这是意大利威尼斯 15 世纪的一座哥特式建筑，在当地被称为“苔丝德蒙娜之屋”（house of Desdemona），据说这是莎士比亚的悲剧《奥瑟罗》中女主人公苔丝德蒙娜的住处。

养和健全的常识，对他而言更为重要。

他一贯准时，第一个到达见面地点。侯爵夫人惊讶地发现这位《新 171
诗集》的作者比她料想的更年轻，看起来几乎像一个孩子："非常丑，然而非常讨人喜欢，极其腼腆，但举止优雅，具有非凡的鉴赏力"。他们的关系进展迅速，谈话时就好像是老朋友。他一心想着他的《马尔特手记》，谈起它时仿佛它是一个真实的人而不是一本书，并且沮丧地对她说，他感觉自己把一切都说出来了，没有什么东西留下来[1]——这席话让她多少有点迷惑，因为她还不能理解他的工作对他而言意味着什么。[84]

在这种安静的场面中，安娜·德·诺瓦耶的出场——她迟到了，为了给人深刻的印象——足以让腼腆的诗人目瞪口呆。"那时候，"侯爵夫人在她的回忆录中写道，"女人们戴着巨大的帽子，穿的是修长而紧身的衣裙。伯爵夫人饰有羽毛的巨大的黑帽子刚好能够通过门的宽度，她从头到脚裹在紧身的连衣裙里，看起来浑似一尊埃及的雕像。但我肯定，这位诗人只看见她大大的、高傲的黑眼睛。她走近一步，停下来大声说：'里尔克先生，您怎么看待爱情？您对死亡有何看法？'我强忍住没笑出来：里尔克窘迫不安，完全说不出话来。"[85]然而，他们喝了杯茶放松下来，围着火炉坐下之后，伯爵夫人放弃了这种矫揉造作的语气；而玛丽侯爵夫人则兴致盎然地倾听这两位诗人的谈话。

毫无疑问，伯爵夫人高贵威严的风度迷住了里尔克；但他表现出一种本能的明智，以避免有进一步的纠缠。他解释说还有几星期的工作摆在他面前，而且即便是在第二天写给她的信中，他也请她允许自己工作完成之后再去拜访她，事实上接下来并没有进一步的会面。他的"伟大的爱者"从远处看上去才是最理想的，最好隔着几个世纪的距离。在德·诺瓦耶沙龙的罗网中，那头"食肉兽"——科克托这么称呼她，只会将他吞下去。相比之下，在玛丽侯爵夫人那儿，他找到了慈母般的

[1]　参见第四章第二节，里尔克写给埃伦凯的信中有这样的一段话："与人们在一起……我就会情不自禁地说话，倾诉各种各样的情感，然后我在工作时就无话可写了"。

支持，这似乎是他一直以来需要的。1910 年 1 月 8 日，当他准备出发去德国旅行时，他写信给她，信中说他感觉他们的见面是“不可避免的事，他后来意识到这件事肯定会发生”。她邀请他春天去杜伊诺，而他已经可以想象他们在“临海的城堡”里谈话，他会告诉她这个城堡有一种多么不可思议的传承。“我越来越理解，那天晚上我感受到的是多么奇妙的精神守护……我焦虑的孤苦无依感突然——我无法领会这是怎么回事——再次变成我自孩提时就珍爱的孤独，它战胜了我，然而从来都不是我的敌人。”[86] 从此时开始的与玛丽侯爵夫人的通信和交往将会贯穿他的余生。

四

172

现在一切都能真正开始了。

（致安东·基彭贝格的信，

1910 年 3 月 25 日）

新年时，他一踏上离开巴黎的路，就不免开始重新考虑这次离开是否明智。他旅行的第一站是埃尔伯费尔德，1910 年 1 月 9 日，他在这儿举行了一场成功的朗诵会，并写信给玛蒂尔德·福尔默勒，信中说他尽量推迟了自己的行程，为了不错过一场塞尚的展览，他从这次展览中看到了许多新东西。罗丹看上去为他的离开感到由衷的难过，将自己极为珍爱的一幅画作送给了他，画的是柬埔寨的舞女。“离开巴黎，这是多么愚蠢的一件事啊……一旦莱比锡的事情处理完毕，我觉得我就应该直接返回巴黎。”[1]

当然，到时候无论如何他都会这么做的。他将行李储存在比龙公馆，这座宅子的未来尚未确定下来。之前给房客下通知，部分是由于其中一部分人的行为不太得体（尤其是科克托和演员德马克斯，后者在花园里的夜间聚会偶尔会打扰里尔克），但主要还是为重新开发这个场所扫除障碍。这招致自然资源保护论者们强烈的反对，罗丹自己就拒绝搬走。他继续开展活动，坚决反对管理机构，管理者最后只能妥协，与他签订了一个协定：他终生可以居住在府邸里，作为回报，他的所有作品将遗赠给政府。里尔克从埃尔伯费尔德写信给罗丹，问是否可以将借的桌子暂时留下做家具，倘若大师自己不需要的话：它对他来说有一种鼓舞，“我在任何地方工作都不会有这样的毅力和信心。”[2]

1月11日，他在莱比锡的一家旅馆住下，为了不打扰基彭贝格，先前并没有告知他具体什么时候会到达莱比锡。然而，这位出版商立即联系了他，其热切程度仿佛是首次见他的作者，期盼《马尔特手记》在长久酝酿之后，已经写作完毕。他在里希特大街（Richterstrasse）的房屋的一侧有一个角楼，在那儿他已经为里尔克准备好一间屋子。他与他的妻子卡塔琳娜的年龄都与里尔克相仿，里尔克与生俱来的谦逊与圆滑使得他不失为一个理想的访客。卡特琳娜·基彭贝格早就对诗歌着迷，而现在，她就像玛丽·塔克西斯一样，对这位诗人产生了一种持久的感情，这将在未来的几年里给予他许多力量。她的婚姻很幸福，有一个4岁的女儿；很幸运的是，她的仰慕——虽然仅仅是一种盲目崇拜——无非是要求得到他的友谊，这种友谊有效地补充了她丈夫给予里尔克的坚定支持。

角楼的房间环境对口述而言很理想，他马上开始口述并且在逗留的
173 两周内完成了工作，其间只中断了一次，这是由于他要第二次前往耶拿演讲。从任何角度而言，演讲的结果都很出色。与《新诗集》的对比不能更显著了，许多仰慕他的人都感到既惊奇又困惑。在《新诗集》中，他努力创造的艺术作品就像雕塑或绘画一样，而且与《时辰祈祷书》相比，甚至《新诗集》也被认为丢失了一些诗意的效果。至于《马尔特·劳里茨·布里格手记》，他选择了一种混杂的、支离破碎的笔记体叙述方式，他走到了另一个极端，晦涩难懂的作品充满隐喻，与乔伊斯的作品一样让读者难以理解——这是一部超越了时代的反小说。

《马尔特手记》中有许多自传的成分：马尔特第一条日记的开头写的就是里尔克1902年在巴黎的住址，图利耶大街，他的年龄与当时的里尔克一样；他描述的巴黎街头日常生活中的恐怖：病人、垂死的人群、穷人等，也是里尔克的描述，经常以同样的措辞出现在当时里尔克的信中；对临屋动静的过度敏感，紧紧抓着他的不可名状的绝对恐惧，对童年时期忧虑的回忆，小时候被母亲当作女孩对待，这些全都是里尔克的经历。甚至有些想象的情节也出于里尔克的愿望：马尔特是一个贵族家庭的最后一个后裔，他的母亲对他充满爱和理解，而里尔克自己的情况

并非如此。马尔特阅读和思考的书籍，以及那些来自法国和俄国历史的事件，都是里尔克所关注的。一个主题接一个主题——关于生命、死亡、贫穷、非占有之爱，以及关于浪子的故事，“他不想被爱”，他返家的姿态并非悔改，而是恳求他的家人“不要再爱他”[3]——马尔特是在表达里尔克的感情。然而，高度个人化地描述他自己度过的危机——马尔特“部分是出自我所经历的危险”，因此这对里尔克而言不是自传，而是一种自我治疗：马尔特必须死去，因为里尔克还要继续生活。他必须“理解他的恐惧，把它们形诸文字”，以便最终克服它们，继续前进：后来他惊奇地发现，他所写下的文字可能会被认为是一部虚无主义的、关于绝望的福音书。他总是坚持认为，《马尔特手记》肯定会被解读为“反潮流之作”。

对他来说至关重要的是写这部作品带来的净化作用，他坚信，任何进一步的发展都将依赖这次净化。不论他的创造物是一件艺术作品，抑或是一本畅销书，他都毫不关心，幸运的是，他的背后有一位出版商准备着为他的未来投资。关于《马尔特手记》的审美价值，有截然不同的多种观点。“并非伟大的艺术”，一位评论家说，作品的风格充满“不自然的反讽，矫揉造作的文字和华而不实的断片”，无法“说服读者相信马尔特的独特的现实”；[4]另一位评论家认为“对马尔特实施的可怕的活体解剖展现出精神的有机体”具有如此“令人惊异而又感动的美”，“语词表达的强度照耀着那些最令人厌恶的对象，使得整个作品散发出一种隐秘的、充满悖论的喜悦”。[5]然而，现在的许多读者，第一次翻开这些
书页时，都会像前人一样感到退缩——由于认同马尔特所经受的苦难而 174
产生了一种不安的感觉，感觉到“这就是我的问题”。

最终完成《马尔特手记》对里尔克而言是一种巨大的安慰。菲舍尔的慷慨使得他“工作之年”成为可能，而他延续到第二年的工作在基彭贝格的帮助下得以完成：随着手稿的杀青，“一本新书完成了，从我身上分离出去”[6]，校对工作预计需要一个月左右——他可以放松了。他不再迫不及待地要回巴黎。他会先去柏林，与克拉拉一起度过一段时间，她与露特在一起，已经开始制作霍普特曼的半身像；接着他要去见

菲舍尔一家；然后去参加霍夫曼施塔尔的新喜剧《克里斯蒂娜还乡》的首演，其间去莱比锡的基彭贝格家暂住一段时间。之后，再次南下去罗马，“置身孤独和阳光中”，[7]然后在返回巴黎之前去杜伊诺，玛丽·塔克西斯希望能在4月份见他。他能够负担，或至少认为自己能够负担旅途的费用（结果，基彭贝格只得经常解救他）；像过去一样，他发现柏林是一个“暴力的、咄咄逼人的城市”[8]，让他承受着持续不断的社会压力，但基彭贝格的好客以及大功告成所带来的平静和安全感，使得他能够享受在柏林逗留的时光。

柏林与巴黎依然对比鲜明，在巴黎他可以在安静的环境中选择和安排他的社交活动，而柏林是这样一处地方，在那儿“你想见的人无法与你见面，而那些你不想见的人却总是尾随在后”。[9]比如说，霍夫曼施塔尔在2月11日戏剧首演之前，无法与他见面；再有，尽管他的同僚送给他和克拉拉剧场的门票——基彭贝格一家也因为这场戏剧演出来到柏林，他们第一次见到克拉拉，但随后在罗马酒店（Hotel de Rome）举办的宴会上，里尔克一家却没有露面。两天后，菲舍尔一家邀请他们参加一场晚会，他们也第一时间拒绝了：在一场大型的宴会上，他毫无用武之地，他写信给黑德维希说，而且无论他还是克拉拉都没有晚礼服。但还是有人说服了他们，在晚饭后他们出现在高大的格鲁内瓦尔德别墅靠后的屋子里，远离舞厅，沉浸在他们自己的思考中。多年以后，赫塔·柯尼希——她的祖父是一位富有的德国人，在乌克兰有种植甜菜的庄园，她本身也是一位颇有天赋的作家和诗人——回想起黑德维希·菲舍尔带她去见他们时那间屋子里安静的氛围：他们进屋时，里尔克慢慢地抬起他的目光，在他后面是身材修长的克拉拉，她深邃的黑眼睛“就像一匹马棱角分明的脸上的眼睛”。[10]他也无法忘记赫塔·柯尼希，尽管他们再次见面已是三年之后。

他们自己也找到了一些其他的新朋友。在耶拿做完演讲后，他收到海伦妮·冯·诺斯蒂茨寄来的一封感谢信，她特地从魏玛赶过来听这场演讲。海伦妮是一位漂亮的女人，有部分俄国血统，她是罗丹忠实的仰慕者，而里尔克业已从凯斯勒和霍夫曼施塔尔的赞扬中对她的艺术天赋

有所了解。由于她四岁的女儿夭折，她无法如愿前往柏林参加霍夫曼施
塔尔戏剧的首演，但她恳求里尔克再次前往莱比锡的时候去魏玛拜访她 175
和她的丈夫，他从她那里听说霍夫曼施塔尔将在莱比锡朗诵他的《玫瑰骑士》（*Rosenkavalier*）的初稿。

他第一次在柏林逗留期间的花费已经大大超支，但基彭贝格以“绝妙的严谨态度”，几乎是在他开口之前，就准备好额外的钱帮他渡过难关，并且爽快地同意他保留《沃普斯韦德》第三版的版税权。《马尔特手记》打算以两卷本的形式出版，第一卷已经到了校对阶段，在他返回柏林度过 3 月的前两周时就交给他修正，剩余的部分他将带到罗马去校对。他向玛丽 · 塔克西斯确认他将在 4 月 20 日左右前往杜伊诺城堡，他说自己打算在罗马校对书稿，希望 5 月份能将书送到她手中：“我对它有一种感情，我感觉自己在很长一段时间里不会再读别的东西。”[11]

他在罗马度过的那个月比在柏林时更安静，与巴黎的孤独更接近，当他感觉并不“厌恶与人交往”时，他能够找到合适的同伴。他住在位于人民广场（Piazza del Popolo）上的俄罗斯旅馆（Hotel de Russie）里，有三周的时间他的同伴是菲舍尔夫妇及其小女儿，他偶尔与他们一起去博物馆或在阳台上闲聊，也不用非要与他们一起晚餐，他晚饭时通常独自待在自己的房间里，只喝一点牛奶。令人失望的是，他盼望见到的西蒂 · 纳德赫尔尼由于一只胳膊骨折，已经返回维也纳，但她随后又回到罗马住了几天，当时他尚未离开。埃娃 · 索尔米茨在上一年的 10 月份与库尔特 · 卡西尔结婚了，她住在罗马，他们能够经常见面。他与利奥波德 · 冯 · 施勒策——作家和梅特林克的译者，也曾是迪斯科波利别墅的客人——拜访了年长的出生于沙霍夫斯科伊家族的娜杰日达 · 黑尔比希，她是罗马的“名流”之一，这可能是他唯一真正参与社交活动的夜晚。他的大部分时间都用于校对《马尔特手记》。他感觉在长条校样上做通读总有些令人沮丧，但在页面校样上，他顺利完成了通读，这本书再次让他感到快乐。“现在我感觉将会有更多的灵感到来，”他写信给基彭贝格说，“这些笔记就像一个基础，在此基础上，一切伸向天空之物，周围都会有更广阔的空间……如今一切都能够真正开始了……在［《马

尔特手记》］之后，任何诗歌几乎都是可能的。”然而，开端尚未到来，他的笔记本里只写下一些诗歌的片段。他感到巴黎是他唯一能够生活和工作的地方，要不就是某个真正遥远的城市或乡村，周围完全是异国的事物，不再受缚于老生常谈，而是直面“持续不断的任务和有力的刺激”，设法用迥异之物去表达自己。[12]

他觉得自己集中力量完成《马尔特手记》之后，开始发生转变：“就像拉斯科尔尼科夫犯下罪行后发生的转变，我不知道接下来会发生什么”。[13] 现在，他在孤独中再次迫切地希望与人交往。虽然他曾大谈孤独之爱的妙处，“唯一名副其实的爱”，[14] 他并不否认自己有更多的需
176 求，需要更接近传统的一种关系。他在妻子和家庭那里没有找到这种关系，他不会将自己的看法强加给克拉拉，因为害怕这会抑制他坚信克拉拉所拥有的艺术天分。然而，再没有人接近他所寻求的理想。倾心于他或稍作鼓励便会投怀送抱的女人已经够多了，而他写给她们的信中谈论的内容，若不是现实生活，就全是人生哲学和爱情，很难相信那么多收到书信的人不会感觉到其中有某种鼓励。这其中有赫塔·柯尼希，艺术家玛蒂尔德·福尔默勒、朵拉·赫克斯海默，以及伊迪丝·冯·博宁；还有西蒂·纳德赫尔尼，美丽并且尚未订婚，他定期的信件已经使她成为他亲密的女友；而海伦妮·冯·诺斯蒂茨，虽然已经结婚了，但很快成为他的另一个知心女友；离杜伊诺城堡不远的地方，还有米米·罗马内利，当他继续写信给她时，她依然为他而感到伤心欲绝。他表现出卓越不凡的能力，除了米米之外，所有人都成为他无私的朋友，就像卡塔琳娜·基彭贝格和莉齐·吉布森那样，随时准备着在他有需要时给予帮助：但他依然充满焦灼不安的渴望，“渴望着某个等待我的人”，渴望“与某个人一起庇护我的孤独，保卫我的孤独”。[15]

在这种心情下，他发现前往杜伊诺多少有点令人怯步，他需要面对玛丽侯爵夫人“大量的家庭成员”，包括她的“兄弟姐妹、儿子、儿媳（她们中有一个很难相处的伯爵夫人，来自德·利涅家族）、孙子等等，还有仆从和众多来宾”。他只能指望玛丽·塔克西斯本人——“她对人关切，随着年岁的增长，生活中充满欢乐”——本能地感觉到她的

友谊和庇护对他而言很重要；但在此时，这并不是他寻找的“庇护”。[16] 结果正如他所害怕的那样，于是他只住了一个星期。当然，他获得了人们的欢迎，但玛丽侯爵夫人显然无法为他投入更多的时间，而且在这种规模的家庭聚会中，他完全不知所措。卡斯纳只在他刚到杜伊诺的时候待了几天，里尔克发现他有点令人生畏，“就像一场考试，而对我来说，现在还不是通过考试的时候”。然而，在他身上仍然有某种“可靠而真实的”东西，某种“根本上非常严肃”的品质，因此他很高兴地得知他们将会在巴黎再见面。[17]

当他抵达的时候，他背负着这样一种奇怪的压力，他写信感谢侯爵夫人时说，“我不知道您是怎样设法容忍我的。但我希望您能感受到，您是怎样慢慢地让我变得不那么无用……如果我要成为真实的自己，那我就必须以工作为重，继续投入其中：过去这段时间我的工作断断续续，杂乱无章。”[18] 他的信寄自威尼斯。离开杜伊诺之后，他去那里待了一小段时间，为了去图书馆查找 14 世纪威尼斯海军将领卡洛 · 泽诺的故事。他对威尼斯的历史很着迷，内心有个模糊的念头，想写这位共和国救星的生平，他在反对热那亚人的基奥贾之战中拯救了威尼斯。玛丽 · 塔克西斯的介绍为他大开方便之门：但就像在早些年那样，他很快就不得不承认自己失败了，因为他完全没有能力从书本的学习中获取素材。“他们像对待一个学者一样对我，把一切都展现在我面前，但我可能就像一只猫那样蹲伏在书页上，里面的东西依然隐而不显，我充其量 177
从这种新奇的环境中获得了一点乐趣而已。而且，当底下的湖水一下一下地拍击着古老的大理石地基时，我的注意力完全转移到发出的声响上，仿佛相比古老的书籍，从那儿能学到更多的知识。”[19] 写作泽诺的故事不仅仅是转眼即逝的想法，他后来去威尼斯游览时再次开始这项工作，但在目前他毫无进展。

这一次，尽管他住在一家旅馆（基彭贝格再次资助了他），而不是住进罗马内利的膳宿旅馆，但他忍不住去见了米米。从他离开的那天，也即 5 月 11 日写给她的信来看，这次见面显然是令人悲伤的：

> 第一次，我想到您时就只剩下痛苦……您仰仗我的软弱，而不是得益于我的力量，通过伤害我，您自己毁灭了那我原本能够给予您的。我们能够对彼此犯下的唯一致命错误，就是将我们两人联系在一起，只用一瞬间就足以犯下这个错误……如果您愿意庇护我的孤独——我是如此地需要保护——那最后这几天我的生活会变得多么不同啊！我离去时心烦意乱、疲惫不堪。请永远不要忘记，孤独是我的命运，我决不能需要任何人，因为我一切的力量都来自离别……我恳求那些爱我的人也去爱我的孤独……

“烧掉这些字句吧，”他在附言里恳求她：“一旦保存下来，它们就会变得越来越不真实。”[20] 当然，她并没有这样做，尽管这些话肯定让她感到费解——因为她真正爱他的话，又怎么能丢下他一个人呢？她不是加斯帕拉·斯坦帕，也不是玛丽安娜·阿尔科福拉多。

他负担得起旅途的费用，但整个旅程的“经历乏善可陈”，他从威尼斯写信给克拉拉说，把这当作他比往常更少写信的理由。但他期望一回到巴黎，就会发现有些诗歌已经不知不觉地在他的内心中逐渐成形。[21] 抵达巴黎后的首要问题就是寻找一个新的家，差不多两周过去了，他才发现回到瓦雷纳路终究是合理的选择。5 月 24 日，他在那儿租下一套有三个房间的公寓，房间很简陋，看起来有利于工作，房租是他之前住所的一半。公寓位于三楼，挨着比龙公馆庭院的一侧，工作室有巨大的窗户，窗外就是花园中欧椴树的树梢。他告诉基彭贝格，任何看见这间屋子的人都会认为，倘若他在那儿没有写出好作品，就肯定是他自己的过错：在不尽如人意的旅行之后，他下定决心认真开始工作，“好不容易才回到孤独中，开始脚踏实地的工作”。[22]

表面看来，未来充满希望。经济上的担忧已成往事：已经确定可以从岛屿出版社获得固定的收入，此外他刚收到的维也纳传来的消息，文化教育部将会给他一笔 600 克朗的特殊津贴，“奖励他杰出的诗歌成就”，这是他在布拉格的好友奥古斯特·绍尔为他申请的结果。[23]《马尔
178 特手记》将会在月底出版，印刷不少于五次，每次 1100 本，最初三次

印刷的版税会立刻支付到他的账上。基彭贝格如此相信这本书会大获成功，以至于他没有要求里尔克偿还意大利之行的额外预付款。他们两人都对这本书的出版感到骄傲，里尔克写道，他听说有 50 本书将会特地使用皮质装帧时，感到尤其高兴。总而言之，他的处境再令人满意不过了。但是他仍无法克服这种转变的感觉，他寻求的新起点困扰着他。7 月初，他变得极为焦躁，却也不是真正生病，他的身体状况变得非常糟糕，导致他觉得自己必须离开，并没有明确的下一步打算。“我放弃了这个夏天带给我的一切，”他稍后写信给基彭贝格，“巴黎排斥我。”[24] 他越来越清楚地认识到，《马尔特手记》是多么重要的一条分界线：在这之后，他简直无法继续写作，他需要一个新起点——也许，就像他对玛丽 · 塔克西斯说的，他甚至应该完全放弃写作，开始一种新的生活，去做一个医生或别的任何职业。

足以让人感到惊讶的是，他最先出发去了上诺伊兰，整整陪了克拉拉和露特一个月。在写给正在劳钦度暑假的玛丽 · 塔克西斯的一封信中，他承认在巴黎度过的无意义的几周时间里，他打算认真工作的如意算盘落空了，为此他感到很惭愧。他现在渴望去某个乡村，暂时不能接受她前往劳钦的邀请。他向汉堡的一个医生进行了咨询，结果显示并没有什么问题，这再次坚定了他的信念：他必须成为自己的医生。他最终下定了决心，在莱比锡与基彭贝格短暂会晤之后，他出发了，于 8 月 11 日抵达波希米亚，与他母亲一起在小型的温泉疗养地弗朗茨巴特待了两天，紧接着他去了劳钦。他只能在那儿住一周，因为他的主人们打算在 8 月 20 日动身前往慕尼黑和杜伊诺；但很幸运的是，西蒂 · 纳德赫尔尼，在回复他对她的母亲之死表示同情的信中，邀请他前往雅诺维茨，加入她和她兄弟们的行列。“劳钦周围的森林对我有很大的帮助，”他从布拉格写信给卡塔琳娜 · 基彭贝格说，他在那里度过了其中的几天。“如果我现在要去的乡村有一半的美丽就好了……波希米亚的城堡将会证明自身，超过其他一切。”“我读到你的信时，我立马感觉我一见到你就应该能够工作了，”他告诉西蒂。[25]

事实上，从离开罗马以来，他的笔记本里第一次出现一两首诗歌的草稿，当时他在雅诺维茨周围温柔得近乎多情的乡间休息，在“人迹罕至的小路”上散步，“学着再次变得拥有人性”：

> 嗡嗡的虫豸，它们持续不断的静寂
> 对你的存在毫不在意。
> 你曾经恐惧不已的挑战如今何在？
> 你的心聚集在未知的领域
> 而歌唱留在了未来。[26]

179 这座城堡仍然处在哀悼中，比劳钦更安静，然而两处的景色同样壮丽：在给母亲的信中，他描述了“货真价实的银器和漂亮的瓷器”，它们使得在大厅举行的晚宴增色不少。他尤其喜欢西蒂的哥哥（西蒂和她弟弟是双胞胎），“游历广泛，博览群书”；[27] 再次见到西蒂无疑对他有很大的吸引力。他在小礼拜堂里给他选读了《时辰祈祷书》，她弹钢琴伴奏，他们开车出去游览，在庭园里长时间散步，要不就一起阅读克莱斯特或雅各布森。她爱他吗？她在日记中问自己——但必须承认的是，尽管她尊重他，但并不爱他。

他在那里住了三个星期。波希米亚乡下居民的友谊单纯而质朴，他们看上去真诚善良，“就像驯顺的动物”。[28] 但他没有进一步前行，他接下来去了里瓦，再次陪着母亲度假，这一事实也许可以看出他的优柔寡断。在途中，他从因斯布鲁克写信给西蒂，为他在雅诺维茨度过的“美丽、丰富而又快乐的日子”感谢她。“如今，我靠近了你们三位的生活——我自己的生活似乎总是很遥远，难以捉摸。”[29]9 月底，他漫游到慕尼黑，一个即将展出东方人手稿和伊斯兰艺术的通知吸引了他。

按照他的看法，德国所有的城市中，慕尼黑与巴黎最接近，他打算在那儿暂住一段时间。霍夫曼施塔尔凑巧与他住在同一家旅馆，送给他一张票，邀请他观看自己改编的索福克勒斯剧作《俄狄浦斯王》，这部戏剧于 9 月 29 日首演；他见到了《哈姆雷特》的演员莫伊西；而且他很高兴再次见到早年的一些朋友，如埃尔莎 · 布鲁克曼，她的丈夫是艺术杂志的出版人，现在正在筹备另一期关于罗丹的专号，为此对方还征求了里尔克的意见。毫无疑问，他暂留在慕尼黑的主要原因是为了观看伊斯兰艺术展览，尤其是展出的织物和地毯，他认为这些东西“无与伦比”。它们是“真正的奇迹”，他写信给罗丹说：但几周的漫游生活行将结束，他将很快返回巴黎。[30]

他仍然漂泊不定，而且随时有沉没的危险，除非他找到自己所需要的新起点，他现在抓住了一根似乎可以带来希望的稻草。在慕尼黑，他偶遇一位富有的皮毛商人的妻子，燕妮·奥尔特斯多夫，她受到丈夫的冷落，于是计划了一次旅行，与朋友一起前往北非过冬。忧郁的诗人引起了她的兴趣，她建议他加入她们的行列——很显然，其中不无期待，也许他们之间可以建立起一种更亲密的关系。他从展览中预先了解的东方世界给这个提议增添了魅力，以至于让他回想起克拉拉去埃及的旅行，并想象着在如此带有异域风情的环境中，新的观感会给予他怎样的灵感：于是他立马开始寻思他怎样才能达成这个愿望。他的新朋友显然已经准备好把他当作客人，但他不急着欠这样的人情，他感觉最好自己负担旅费。在返回巴黎的路上，他在科隆停留了几天，从那儿他再次写信给基彭贝格，询问岛屿出版社在下一年是否可能给他一笔特殊的预付 180
款。如果他不想错过这次机会，就需要迅速做出决定。他打算放弃在瓦雷纳路的房间，竭尽所能地筹集资金，但这也不足以负担可能长达几个月的旅行。他认识到这是一个大问题，但前景看起来出奇地适合他目前的状况，他感觉自己务必“把这个问题交付给命运”。即便是基彭贝格的慷慨，也有一个限度。他回信说，他所能做的，最多就是现在将 1 月份之前的按季度支付的酬金付给他。破天荒的第一次，他不得不为里尔克的失望而深表歉意，相信这次充满希望的旅行即便没有他的帮助，也能够顺利成行。[31]

里尔克并不真的期望比这更好的结果，他继续实施自己的计划，相信自己至少能够应付部分旅程。还在科隆的时候，他就写信给安德烈·纪德——很久以前他就钦佩纪德的《窄门》，而且他们早些时候曾在巴黎见过面——咨询他关于去阿尔及利亚和突尼斯旅行的建议。他感觉自己处在一个真正全新的出发点上，与一位有魅力的新同伴一起旅行的想法加强了历险的感觉。收到基彭贝格的付款之后，他说他感觉没有能力完成这位出版商早些时候建议他做的工作，也即修订雅各布森作品的译本，这是一个有征兆的事件，要在从前，他会非常乐意从事这项工作，而且这还会在经济上给予他一定的帮助。他已经度过了某种危机，他写信给玛丽·塔克西斯说：现在，他所处的环境已经展现出一条进入世界的道路，他希望，在她的庇护下，他能够有所成就，以作为回报。[32]

燕妮·奥尔特斯多夫 11 月份与他在巴黎会合。他们计划在 19 日从马赛坐船前往阿尔及尔，在阿尔及利亚和突尼斯旅行六个星期，然后在年底返回那不勒斯。在此之后，也许去埃及，但这目前尚未确定下来。卡斯纳现在暂时待在巴黎，里尔克这次与他在一起时觉得放松多了，他曾经去过比斯克拉，从他和纪德那里，里尔克收集到一些针对欧洲人去北非旅行的有用信息。他出发的前一天，写信给克拉拉，告诉她自己正在履行的计划，但信中并未提及燕妮，他承认自己发现离开巴黎并不容易：“然而我清楚地感觉到，我必须再次上路，去我所能去的最远的地方旅行”。[33]

他终究决定不放弃他的屋子，在他回来时，有几间准备好的屋子可以落脚，他想想就是一种安慰。之前的一天，他带燕妮去拜访罗丹，从他那里了解到一些事情，给他愉快的旅行预期蒙上了一层阴影：托尔斯泰去世的报道——这是一则预测性的消息，但后来很快就变成了事实。“寻找灵魂活动的外在表达变得益发艰难了：易卜生在他的艺术中顽强不屈地取得了成功；托尔斯泰，他雄心勃勃地对抗现实和无名的孤独，
181 一再地迫使生活符合他灵魂状况的标准。在巨大的压力下，最后的一幕上演了，他行动的标准远远超越了道德的尺度，直到不可理解——现在，作为一个诗人，他实现了自己……”[34]

关于这次旅行的进展，留下来的证据并不多，至少尚未显示出过多的证据，在俄国之行后，这是他进行的范围最广的一次旅行。对一位强迫性的书信写作者而言，这段时间他写的信似乎可算是相当少了，只有

克拉拉和他母亲是极少的例外。一群人在阿尔及尔住了一个星期左右，随后去往内陆的比斯克拉。他发现那儿天高气爽，太阳突然在阿特拉斯山上“平稳地升起，仿佛原来就在那里”，令人惊讶不已，这是一种非同寻常的体验。当地的景象活像《一千零一夜》中的场景，“乞丐和脚夫四处走动，仿佛是命中注定一般，真主是伟大的，在天上唯独祂有权能”。[35] 从他在比斯克拉房间的阳台上，可以看见旅客们围在一起过夜的场地。“村庄很小，坐落在乡村大片的棕榈林和群山之中……有一个市场，几个咖啡馆，玩多米诺骨牌的人盘坐在垫子上，两条满是跳舞者的街道，时不时会传来芦笛的声音……”[36] 他们去埃尔坎塔拉的峡谷远足，那儿是通往沙漠的门户[1]，令人印象深刻。

12 月中旬，他们到达突尼斯，那儿的露天市场经常给人一种像是过圣诞节的印象，到处是鲜艳的布料和挂饰，还有闪闪发光的黄金，在晚上灯笼的光线中，无数的夜晚变成了“一个人所能期望和盼望得到的一切”。即便在白天，他也对那儿阳光的闪耀感到惊异，光线穿过屋顶的缝隙，照在五光十色的物品上。“在香料市场，我们很快就认识了一个朋友……我询问天竺葵精油（经常像玫瑰油那样卖）的价格，他很高兴我要的是这个，而不是玫瑰油，他给我初步介绍了这种香料，于是我们成了朋友。”[37] 在平安夜，他们打算参加一个在以前是清真寺的地方举行的盛大集会。那些清真寺本身，他写信给母亲说，是“神殿，代表着另一种信仰，但却是同一位神，你能感受到，在宗教的热情中，人们团结一致地生活在一起。这片土地上有着伟大而热情的信仰，你肯定会想到，正是在这里，早期的基督教深深地扎下根来，迦太基[2]或其周边地区是圣奥古斯丁的故土”。[38] 他们游览了凯鲁万城，“这座在麦加之后伊斯兰最重要的朝圣地”，里尔克逐渐意识到“这种宗教的朴素和生

---

[1]　埃尔坎塔拉（El Kantara）是阿尔及利亚比斯克拉省的一个小镇，一直以来都是阿尔及利亚最重要的旅客休息站点之一，那儿的峡谷横穿整个地区，被当地人称为“沙漠之口”。

[2]　迦太基遗址在今突尼斯境内，位于非洲北海岸，与罗马隔海相望；而圣奥古斯丁出生地在塔加斯特（Thagaste），位于今阿尔及利亚境内。

命活力，先知就像在昨天一样，他所拥有的城市像是一个帝国”——或“如同一个幻象……只有一望无际的平原和坟墓包围着它，仿佛被自己的死亡所围困”。他第一次看见古代遗留下来的圆柱，孤零零的，因被弃置而保存下来，“安静地屹立在遥远的地平线前方”。[39]12 月 29 日，他们乘船去那不勒斯，其间短暂游览了特拉帕尼和巴勒莫，在那不勒斯他将决定是否继续前往埃及。

从更现代的标准来看，这是一次足够悠闲的旅行，但在很长一段时
182 间之后，他才能将新获得的印象付诸文字，他从阿尔及尔写信给克拉拉说。他用初来乍到者的眼光，而不是用艺术家的眼光去观赏事物，“犹豫不决，笨拙不堪地尝试着去接触那些充满智慧的、卓越不凡的存在物”。[40] 很久之后，他意识到自己所得到的远比当时认为的多得多：“尽管带有‘外国人的特性’，但是除了俄国人之外，阿拉伯人的个性让我感觉最为亲近”。[41] 他甚至开始学习阿拉伯语，并且，在那不勒斯，他决定与大家一起继续前往埃及。然而，他多少还是有些犹豫，主要是由于经济上的原因，毕竟这趟旅途的花费到目前为止远不算便宜，因为他们都住在阿尔及尔和突尼斯最好的旅馆；在那不勒斯他再次住进哈斯勒旅馆，在开罗住的则是谢泼德旅馆（Shepheards）。他已经说服基彭贝格预先给他支付了另一个季度的酬金。

从他在里希特大街的角楼里完成工作到现在，已经差不多一年过去了，里尔克在同一天写给卡塔琳娜的信中说。自那时候起，他完全失去了写作的能力；在《马尔特手记》之后，他遭遇了一种危机，过去的习惯已经死去，而新的习惯还没有形成；他的生命“变成了蝶蛹”，天知道遵循的是什么奇怪的规律。即便是这趟长途旅行也没有带给他新的看法，仅仅形成了一层更厚的茧，包裹着这个蝶蛹，但他决心朝着前方新的地平线前进：东方世界已对他敞开怀抱，他的期望并没有落空。[42]

1911 年 1 月 8 日，他们抵达亚历山大港，立刻出发前往开罗，1 月 10 日，他们乘坐轮船“拉美西斯二世”，开始沿尼罗河而上的旅行。第一个停靠点是在阿勒旺的对岸，他们上岸前往靠近古代孟斐斯的萨

卡拉，去到拉美西斯二世巨像所在的棕榈林，“仿佛是唯一的世界，孤独自处，躺卧在浩瀚的苍穹下”。第二天他们继续航行，路过贝尼苏韦夫清真寺的尖塔、棕榈树下的村庄、科普特人的小修道院，以及采石场：“我们仿佛能够看到两岸繁衍过的一切生命，从鸟群到亘古不变的村庄走向，它们单调的褐色一直延伸到神圣的河畔，在河边，有匆匆而过的成群的牧人、商人和送葬队伍，女人们打水时从容不迫的身影……”当乌云密布的时候，颜色发生了改变，棕色“看上去会神秘地变为蔷薇色……你越来越能够品味诸多形象中的黑色和蓝色，将其中罕见的红色斑点看作是一颗宝石”。[43] 他们继续前行，到达卢克索，途中偶尔会靠岸，骑着骆驼深入沙漠，去看那些“葬在岩石之间的巨大的陵墓，在那里，有遗留的绘画和圆柱”——有时候他也会厌倦成群结队的旅行方式，留在甲板上看他的阿拉伯语法和词典，欣赏美妙的夜色，“在那样的夜晚，广阔的空间轻抚着你，像一片玫瑰花瓣”。他写信对母亲说，在某种程度上，他想起了沿伏尔加河溯流而上的美妙之旅。[44]

他为数不多的信件简短记录了转瞬即逝的印象，正如克拉拉在埃 183
及时他鼓励她做的那样，将事物按照原来的模样记录下来，以后再进行分类和吸收。他们只在卢克索和卡纳克游览了三天，但这却成为他们最难忘、最深刻的经历。“到达的第一个晚上我们游览了卡纳克不可思议的神庙所在地，昨天又再次去了，在逐渐变得暗淡的月光下，我观看——观看——观看——上帝啊！人们聚集在一起，用充满信仰的双眼观看着——它在人群上方出现了，弥漫在人们的头顶，向前延伸（只有一位神能够控制这样一种景象）——那里还树立着一根孤零零地幸存下来的圆柱，上面刻有含苞待放的莲花，在漫长的时光中它屹立不倒，超出了人们的理解，超越了人的生命……”他们横渡尼罗河，骑着骆驼穿过埋葬法老们的巨大峡谷，“每位法老都在一整座山的重量下安眠，在这群山之上，仿佛太阳本身也没有力量约束这些法老”。[45] 他们继续溯流而上，直到阿斯旺，在那儿他们游览了菲莱岛和大坝的设施。

月底，他们返回开罗；他对这座城市，尤其是城市中的博物馆抱有巨大的期望，尚在船上时他写信给克拉拉说。[46] 结果，在这个由巨大的都市、丰富的生活，以及不朽的文物构成的“三重世界”里，他发现自己完全不知所措。十天后他从开罗给基彭贝格写信，说他无法理解一个人如何能应对这一切。他也暗示旅途中不乏意外的情况——“但幸运的是，我预料到大部分情况，进行了冷静的处理”。[47] 不论他想通过这种模糊的暗示表达什么，我们只知道一个事实，那就是 2 月份在开罗时，他声称自己生病了，决定与自己的同伴们分开，2 月 24 日，他去阿勒旺寻找休养地点，前往克拉拉之前的东道主克诺普一家开的哈亚特旅馆。燕妮 · 奥尔特斯多夫是少数几个在他的生活中出现，却从没有记录他们之间发生过什么事情的女人，来自第三方的闲言碎语很少有可信的消息。燕妮的生日是 5 月份，他们分开之后，里尔克为礼物的事颇费踌躇，他向基彭贝格要了一本经过特殊包装的陀思妥耶夫斯基的《白痴》，封面上印有她姓名的首字母；[48] 但是，在多年以后，他只有一次提及燕妮，他称她为“谜一般的朋友”，当时他恰好翻到了她的信——“即便是现在，依然充满火焰般的热情”[49]——这些信，他显然特别谨慎地毁掉了。

但一切都表明，结果是她强迫他建立一种更亲密的关系，而他拒绝了。也许他对金钱上的问题漠不关心，但他几乎不可能负担一次如此昂贵的旅行，更不用说还继续去埃及，除了仅仅是为了改变环境之外，难道没有一种更强的吸引力吗？当事态可能会危及到他，对他提出要求时，他退缩了，终止了这段关系。燕妮当然不适合“守护他的孤独”。他唯一公之于众的信支持这样的解释。1911 年夏天，她从卢塞恩写来
184 一封信，明确地宣布她的生活将会出现彻底的转变——她很可能打算离开她的丈夫。此时，他再次在劳钦做客，在回信中，他聊到了自己正在做的事情，他的旅行，还将波希米亚与环绕它的群山进行了比较：“它们很接近，险峻异常，这肯定会让你产生一种你现在需要的飞鸟一般的自由感。亲爱的，我并不惊讶，你的打算值得尊重，事关你内心巨大的勇气，你的心已经与群鸟一起飞到了太阳城（Heliopolis），不，不是

与它们‘一起’，它完全依靠自己，扶摇直上，在广阔的天空勾勒出它的弧线，那儿的空间无边无际。”[50]毫无疑问，他会很高兴地保持通信，以这样一种既热忱而又冷漠的方式，就像他与米米·罗马内利一样；但他们的联系显然早就终止了，因为在下一年 9 月份时，他表示自己甚至都不知道她是否还活在人世。[51]

在阿勒旺，克诺普一家的款待无疑是一件幸事，因为他的资金很快就告罄了。更糟糕的是，尽管他刚好能够应付返程回巴黎的旅费，但他可以看到自己几乎已一无所有，回到巴黎后甚至无法过最简朴的生活。因此，警报信号发布给所有可能帮助他的人，不管是现在还是以后——基彭贝格、侯爵夫人和她丈夫、布拉格的绍尔，可能还有其他人。旅行中遇到的“意外情况”如今变成了“各种各样的不幸”：[52]他强调了自己的病（但似乎只是比较严重的黏膜炎，以及旅行之后合乎情理的疲劳）；他看不到未来，除非他能够回到自己“闲置的写字桌”前。当然，基彭贝格是他主要的希望。他不应该牢骚满腹，他在 2 月底写道，因为他已经得到他想要的，在“昨天与今天”之间获得了决定性的突破。事实上他走到山穷水尽的地步，很大程度上是由于他自己的无能。他的书销量不错，但他不清楚这究竟能给他带来多大的经济收益。无论如何，除非他的朋友不仅能够继续给他定期付款，而且额外给他一笔钱，否则他在巴黎恐怕再也无法回到真正属于自己的独立生活中，回到他“必须渴望和征服”的世界，只能求助于朋友们的殷勤好客，而这说到底，虽然朋友们是出于好意，但最终只会让他感到灰心丧气。玛丽·塔克西斯和伯爵正在维也纳，应该在 3 月底会去杜伊诺，在写给他们的信中，他措辞微妙地暗示，在他回巴黎的旅途中，杜伊诺将是一个受欢迎的中转站。不管怎样，他告诉基彭贝格，他要从容地返回，以便治好他的黏膜炎，并在温暖的季节回到巴黎。但如果这不可能——他总是假设基彭贝格多少能保障他在巴黎的未来生活——他就会直接返回：“毕竟，只有一件事对我来说是重要的——回到巴黎。”[53]

在这个问题孩童的恳求下，基彭贝格不无忧虑地再次屈服了。3 月 4 日，他发电报同意在 3 月和 4 月每个月额外为他提供 500 马克。“我

相信，”他在随后的信中写道，“这在一定程度上将足以解决你的麻
185 烦。”[54] 里尔克立马放松了，他请求对方将钱直接汇到巴黎。3 月 29 日，
到达威尼斯之后，他发现玛丽侯爵夫人正在那儿短期度假，并不在杜伊
诺：因此不可避免地要住旅馆，于是他只得催促长期忍受他的基彭贝格
给他另一笔汇款（这次算是借款），帮他度过困难。1911 年 4 月 6 日，
他终于回到瓦雷纳路——完全是兜了一个圈子回到原地，因为他并没有
更接近自己的新起点。

第五章

杜伊诺与西班牙

1911—1913

186

一个人自己的观察，对于何者有益、何者有害于自己的发现，乃是保持健康的灵药。

（弗朗西斯·培根）

一

我仍然没有获得我的生活必须拥有的转变。

（致鲁道夫·卡斯纳的信，1911年6月16日）

“无论如何，我本质上是一个北方人，”在从威尼斯写给克拉拉的信中，里尔克曾如是说：“当我站在船上前进时，我期望看到一条穿越欧洲的航道，让我径直航行到挪威。”[1] 他到达的时候，巴黎正在下雪，情况近乎完美；他盼望着春天的到来，着手处理过去的事务，仍然期待有一个全新的起点。他险些一点一点地浪费了回到巴黎的机会，多亏有基彭贝格的帮助，结果一切良好。他重新开始自己被忽视的通信时，他的朋友们知道了他长时间不联系的原因，北非之旅如今变成了一次历险，他几乎是被违背意志地拖入其中，没有人想到他原本多么渴望进行这次旅行。“我跟随正要出发的熟人，让他们捎我一程——实际上，唯一的目的是为了立刻结束一段充满敌意的、令人沮丧的时期，同时设法从外在世界带来我所需要的改变——既然改变不会来自内心。”[2] 实际上，他希望一段令人振奋的新关系会在某种程度上帮他越过障碍，在一段刺激的经历之后，他能够精神焕发地回到自己的孤独中，准备投入一个新的开端。在卡纳克的月光中，这似乎仍然是可能的，然而一旦它威胁到他的孤独，他就会立刻放弃。因为他必须保持做“遵循自己理论”的隐士。[3] 现在，他回顾整个事件时，发现那不过是“一种逃避”：穿过《马尔特手记》的“分水岭”，他发现在另一边只有土地贫瘠的国度，如同干涸的河床，水流可能回来，也可能永不再来。哪一种做法更为傲慢，他问道："是放弃工作，离开岗位，仿佛已经取得了某种成就——还是在整个干旱期间固守原地，因为已经完成的，无非是一个人认为应该力求完成的无尽任务的开端？"[4]

187 他立场坚定，因为他已经没有选择。在巴黎生活是一个艰难的任务——"在这儿起步永远是一场审判"；[5]但是，当紫丁香和栗树花开始绽放时，春季的展览也开始了，返回巴黎感觉真好，即便他仍然在休整。"巴黎比以往更有滋养力，"他在一位艺术商人的橱窗里看到一幅格列柯的精彩画作之后，写信给克拉拉说。然而不知怎么回事，比龙公馆熟悉的氛围似乎无法帮助他适应环境。他感觉自己的房间不是一个真正的家，"住在瓦雷纳路77号的这位里尔克先生，对我来说太明确太具体了"。[6]旅行的回忆"成捆地放在心里"，但他不是设法将他们理顺，而是发现自己渴望去卢森堡公园，"就像一条感情丰富的狗对它的第一个主人念念不忘"，[7]时常回想起那些万紫千红的灿烂花朵，它们或许已经探出了篱笆。

为了努力让自己再次习惯于工作，他开始做一些翻译：浪漫主义诗人莫里斯·德·介朗[1]的散文作品"半人马"，在他去世后1840年出版；一本出自无名氏的布道文"抹大拉的马利亚之爱"，这篇布道最近才在圣彼得堡面世。他还发现了16世纪里昂女诗人，"美丽的织绳女"路易丝·拉贝[2]的十四行诗，并且5月时寄了一首译诗给维也纳的年鉴。他在《马尔特手记》中痴迷不已的"非占有之爱"在这里以及"抹大拉的马利亚之爱"中找到了它的回声。这一切是某种起点，他对玛丽侯爵夫人说，并将那篇布道的原文和抄录的"半人马"译文寄给她，但"长期的干旱"差不多真的让他濒临饿死："我仿佛完全没有能力去创造有益于自己的环境。"不管怎样，他需要到达一个转折点，但他现在仍然在徒劳地寻找。难道我应该虚构一个荒诞的角色，他问她说，只是为了写出这个句子：

---

[1] 莫里斯·德·介朗（Maurice de Guérin, 1810—1839），英年早逝的法国诗人，但评论家通常认为其散文更有原创性，也更引人关注。

[2] 路易丝·拉贝（Louise Labé, 1520或1522—1566），文艺复兴时期法国的女诗人，是一位富有的制绳商的女儿，因此被称为"美丽的织绳女"（La Belle Cordière）。

“他花了最后六七年的时间扣上一粒顽固地拒绝就位的大衣扣子”？[8]

在这种心情下，他发现自己并不讨厌巴黎带来的诸多娱乐，也不讨厌春季必然会有的大批访客。格哈特·霍普特曼的儿子伊沃，一位正在成长中的画家，与稍后成为他妻子的埃丽卡·冯·谢尔一起返回了巴黎，他们的工作室安排在比龙公馆，因此里尔克经常会见到这对年轻的夫妇，直到他们 5 月时去了南方。他几乎每天都去拜访埃丽卡，一起喝茶，与她分享自己热衷的事物，也把书籍借给她，他们还与雕刻家汉斯·阿尔普一起去参观在马尔利－勒－鲁瓦举行的阿里斯蒂德·马约尔的艺术展。基彭贝格一家预计会在 5 月中旬来巴黎，这是他们第一次前来，住了三周。其间，里尔克不辞辛劳地为他们寻找合适的旅馆，建议并带领他们游览这座城市，在此之前他们仅仅是通过《马尔特手记》的描述对巴黎有粗略的了解。在他的房间里，他们听他朗读了“半人马”的译文，在卡特琳娜 6 月 1 日的生日那天，他送了她一个蛋糕，与他们一起庆祝，并朗读了他刚翻译完的《抹大拉的马利亚之爱》。（对这位出版商来说，这些至少是有产出能力的标志，他返回时直接带走了“半人马”的译稿。这本书于 7 月出版，题献给梅·克诺普。）卡特琳娜发现 188
里尔克是理想的导游：“他会留给你很长一段时间，让你独自欣赏一件艺术作品，然后，刚等你开始觉得需要谈谈你的看法时，他就会告诉你他自己对这件艺术作品的深刻体会。”[9] 他也带他们去见了马约尔，得到这位雕刻家热情的接待，他们离开的时候感觉自己触到了一股不断自我更新的创造力，这种创造力就像一眼喷泉中的活水。“他工作时，充满了纯粹的快乐。”[10]

他几乎没有错过各种艺术展览，与哈里·格拉夫·凯斯勒一起观赏了俄国芭蕾舞剧季最后一晚的演出，由尼因斯基演出的《天方夜谭》和令人着迷的有着全新舞台布置的《玫瑰之灵》[1]，“舞蹈深入他的每一根

---

[1]《天方夜谭》（*Sheherazade*）和《玫瑰之灵》（*Spectre of the Rose*）都是俄国著名舞蹈编剧家、舞蹈家福基涅（Mikhail Fokine，1880—1942）的芭蕾舞作品。尼因斯基（Vaslav Nijinsky，1889—1950）是波兰血统的俄国芭蕾舞演员，20 世纪初期最著名的男舞蹈家之一。

经脉”。[11] 卡斯纳的新书《人性伟大的元素》(*The Elements of Human Greatness*)，在6月初刚准备好出版，基彭贝格就预先给了他一本样书，他急不可耐地通宵读完了，然后去卢森堡公园又从容地读了一遍，这个公园“依旧是那个让我专心致志的地方”：“一本出色、有力而又不无助益的书……很独特，远远超越了苦恼的人生，而我们活在这种苦恼中，并从下一个或下下个转折点送回生活的启示”。[12] “在我们这些所有写作和表达的人中间，难道这个人不是最重要的吗？”[13] 他给在俄国的卡斯纳寄去他的赞美，说他从没有到达自己的转折点：但他在埃及时，凭回忆写了一条别人的格言——“牺牲是从内心通往伟大的必经之路”。他后来说，这句话在某种程度上既是为自己辩护，同时也是反对自己。[14]

基彭贝格尚未离开巴黎时，里尔克写信给纪德，提议说倘若他愿意的话，去会会这位出版商。“而我自己，虽然经历了漫长而丰富的旅行，但我内心深处仍然神志冷漠，与我离开时你在我身上看到的别无二致”。纪德是罕有的精通德语的法国作家之一，他对《马尔特手记》有深刻的印象，并在里尔克不知道的情况下翻译了其中的两个片段，其中有一段有力地描述了一堵光秃秃的墙，那属于一座废弃的房屋，仍然带有其“顽固的生命”的痕迹。7月，里尔克在《新法兰西评论》上读到这些翻译时，写信给纪德说他被对方的译文打动了，这样一种“灵感四溢的转化，可以说，将我书中两个重要的片段变得比我的构思更明确……我从未想过译文能够如此接近我那多少有些晦涩的散文”。[15]

纵使他仍犹豫不决，内心也没有确定的想法，但还是有很多事情让他忙碌起来——对一个尚不能静下心来工作的人而言，总是有诸如此类的事情。他的通信很频繁，给各种各样的人写信，成堆的来信有时候让他一时无法完全回复。积累信件的逐步减少通常会为即将到来的工作铺平道路，但现在几乎还没有这样的迹象。《抹大拉的马利亚之爱》翻译完了，他写信给玛蒂尔德·福尔默勒：“我希望善良的上帝很快会有更多
189 让我做的工作，否则我将在某个街角搭一个小摊，开始做一个补鞋匠，这似乎是一种非常稳固的职业，而且还充满了持续不断的动力”。他经

常对真正的孤独感充满根深蒂固的渴望，他告诉埃丽卡·冯·谢尔，她建议他也许可以去圣特罗佩加入她们；他必须抛弃任何再次旅行的想法，而且他感觉到有一种“不可名状的需要”，需要坚持在书桌前工作。[16] 不幸的是，直到 6 月底，他房间正上方的天花板发出令人担忧的破裂声，“像一场风暴”那样威胁着他，在修补天花板时，灰尘弥漫，他只好换地方。这种突发情况的影响明显削弱了他好不容易才坚定的决心，他打算去圣米歇尔山躲避几天。更多的旅行摆在面前，因为玛丽侯爵夫人再次邀请他在 7 月时去劳钦——现在他对此充满期待，因为这不是干扰，而是一根救命的稻草。

他并不是完全没有想法和动力。他对尼因斯基充满热情，以至于他觉得自己必须为他“制作点什么”，他告诉侯爵夫人，“可以这么说，一首诗歌能够被完全吸收，然后在舞蹈中表达出来”[17]——但这首诗从来都只是一个片段，“一个芭蕾舞者的雕像”，一直没有发表。他严肃地考虑过翻译彼特拉克，以及圣奥古斯丁的《忏悔录》。他突然有一阵要去了解莎士比亚的冲动，于是卡特琳娜·基彭贝格送给他岛屿刚出版的施莱格尔－蒂克的新版本，并高兴地给出自己具体的建议——关于在这片巨大海洋上他该从何处起航。然而，他所做的一切从某种意义上来说都只是随波逐流。他既不能继续持之以恒地投入到他曾从罗丹那里深获教益的工作中，也无法找到一个新的方向。就外在的环境而言，他已经一无所缺，而是内在的需要仍然无法得到满足，他需要完美的伴侣，以便能够补足他的孤独。

> 如同一道门不会永远紧闭，
> 我一再沉入睡梦之际
> 拥抱松开了。哦，一夜夜的烦恼……[18]

三年前，在一封写给西蒂·纳德赫尔尼的信中，他不无沉思地说，受制于自己孤独的职业，他对女儿的了解少之又少，他多么希望有一天露特会理解他一直努力去做的工作，他想象着她长大后，也许会去帮助他。“也许她才是我在工作中需要的人，这种想法越来越迫切……她是我的另一只手，另一双眼睛和另一颗心，如同依靠一个喇叭，依靠这颗心我可以听见血液中我未觉察到的轻声呢喃……”[19] 在巴黎，现在他发现了一个人，看起来也许能给他的生活带来这样的“另一颗心”。一天，他在街头偶遇一个年轻的女孩，脸色苍白，神情倦怠，显然已经到了忍耐的极限，他觉得自己必须为她做点什么。这个刚满 18 岁的女孩名叫玛尔特 · 埃内贝尔，家里非常贫穷，她 8 岁起就开始挣钱养活自己，现
190 在丢了工作，饥肠辘辘。在交谈中他了解了她的情况：一个美丽无辜的生命，穷困使得她外在变得坚强，他越发认为她必须“得到拯救”。6 月期间，他经常见到她，越来越吃惊于她敏捷的头脑和学习的热情，而不管她本性中的阴暗和无法驾驭的一面。他写诗送给她，送给“出现在我身边的灵魂”：他认为自己扇旺了她潜伏的生命之火，甚至把自己看作是一个天使，引导她通往未知天堂的大门：

> 一枝玫瑰放在你面前，这一枝，就在那里，
> 离我们过于遥远，已经满满地绽放，
> 另一百枝，虽已凋谢，却在你
> 重新觉醒的精神中含苞待放。[20]

他自己在多大程度上能够直接给予她帮助并不清楚；但后来他说服一位他认识的艺术家——与做雕刻家的丈夫约翰 · 耶尼兴一起在巴黎生活的黑德维希 · 韦尔曼，庇护这个女孩并开始让她接受教育。他也请西蒂 · 纳德赫尔尼给予经济上的帮助，给这个孩子“片刻的喘息，给她寻找朋友并……将她的生活提高到她的本性应得的水平，让她学一些令她满意的东西，使她在其中能够找到自我并发挥自己的天赋”。他梦想着，他后来说，玛尔特会成长为他生命中需要的补充和保护力量。[21] 当然，这个梦想将证明是无法实现的；而且，很难理解他怎么——站在半是情人半是父亲的角度去关心她——能幻想这样一个人去适应在他庇护下的生活。但他年复一年地尽力帮助她，其间经历了诸多变迁和失望。

毫无疑问，他目前关注的事情会占用他的时间和金钱。“此时，生活中的事务真可谓是蜂拥而来，”他在6月底写信给基彭贝格，解释了自己为何迟迟未寄送答应为德·介朗译本写作的序言：在经济上，他可以相当顺利地度过夏天，但在接下来的秋冬，他很可能需要一些额外的帮助。这种帮助唯一可能的来源，他写道，似乎只有上帝，或席勒基金会（他想起自己曾在那儿申请过一笔基金）——指望上帝的帮助似乎更有价值，也更富有，虽然也更难实现。[22] 基彭贝格能够打消他的忧虑：“你忘记了在你求助的二者之间，还有第三方，也就是你的朋友们。”[23] 而且事实上他所说的朋友指的并不只是他自己。当里尔克从开罗寄出那些感到绝望的信件，觉得巴黎可能不再属于他时，很多收到信的人都知道了他的处境。3月底，霍夫曼施塔尔也从卡斯纳口中得知了他的困境——也许，《马尔特手记》有助于形成一幅画面：这位诗人在一间小阁楼里忍饥挨饿——于是写信给海伦妮·冯·诺斯蒂茨：“某些事件使得他处于非常尴尬的境地，以至于他从阿尔及尔［原文如此］返回时，他不知道自己在夏季和秋季靠什么去生活……我们现在打算向一些朋友求 191
助，比如说你，再如玛丽·塔克西斯和哈里·凯斯勒，那些真正很同情他的人，一点点的帮助肯定就会给他带来亲切温暖的感觉。当然，并不是每个人要出一大笔钱，那是我们最不愿意看到的情况，我们考虑筹集的总金额最多也就是两三千法郎。”[24] 毫无疑问，海伦妮·冯·诺斯蒂茨和其他人都非常乐意贡献一份力量。如此这般募集的钱大概由基彭贝格匿名给了里尔克，因为他似乎从来不知道这些朋友的慷慨之举。

无论如何，他收到忠诚的出版商的信后，感到如释重负：他不需要依赖一位靠不住的上帝，也不用对席勒基金会卑躬屈节。“真是及时，”他写道：“看看我的银行账户，似乎在8月底一切出口都会被堵死。如果我们集中所有的办法，只能打开一道可以让我的心通过的缺口——如果屋漏偏逢连夜雨，糟糕事一件紧接一件，但只要我还活着，我就会直接把它抛过墙，任其掉落到另一边……”[25] 他可谓“专业的拖沓者”[26]，对夏天的计划长时间都举棋不定。劳钦的玛丽侯爵夫人在召唤他，基彭贝格想在莱比锡再见他一面，而海伦妮·冯·诺斯蒂茨在萨克森福格特兰的奥尔巴赫，她丈夫最近刚搬到那儿；而且他必须抽空去慕尼黑，克拉拉打算在那儿为露特寻找合适的学校教育。

7月19日，终于，他动身前往布拉格，在途中短暂造访基彭贝格一家。出乎意料的是，他的母亲在布拉格，而不是在弗朗茨巴特，他获悉他的堂姐伊雷妮·冯·库切拉刚去世。7月22日，他抵达劳钦。他告诉侯爵夫人，他已准备好成为“撒拉弗博士”（“Doctor Seraphicus”）——她已经决定这么称呼他，“或者成为任何真正有用之人”。（她想要寻找一个特别的、她自己私底下叫的名字来称呼他，“莱纳·马利亚·里尔克”太长，“里尔克”太短，“莱纳·马利亚”又不够尊重；他很喜欢她的主意。“也许这是我真正的名字，只属于我的秘密名字。”[27]“撒拉弗博士”是她灵光一闪想出来的称呼：无论她是否知道圣波拿文都拉（St. Bonaventure），这位13世纪方济各会的改革者、人类和神圣真理的勇敢卫士曾获得这个雅号；在她眼中，这个暗示着崇高智慧的称呼对《时辰祈祷书》的诗人——后来她认为的《哀歌》的诗人——而言很理想。

他只见过玛丽侯爵夫人三次，但与她的通信给他们的关系增添了一种亲近的理解，以至于他前往劳钦就像回家一般，回到“熟悉而亲近的关系”中。[28]乡间别墅的聚会比杜伊诺的更让人觉得轻松适意，他能够过一种安静的乡村生活，在庭院或树林里漫步，或寻找藏身之所，倘若天气太热，他就待在城堡书籍林立的房间里。在客人中有位意大利作家，叫卡洛·普拉奇，看上去比他本人苍老许多，他是少数几个让里尔
192 克感觉轻松的人。“日子漫长而缓慢”，天气炎热非凡，对农民而言几乎是一场灾害，但带给他的却是一种舒适感，终于有一个真正的夏天了，“昆虫嗡嗡，蝴蝶翩翩”[29]（从燕妮·奥尔特斯多夫的回信来看，他的这种情感不太可能引起她的兴趣）。

可惜，他的平静时光很短暂。8月伊始，玛丽侯爵夫人4岁的孙子雷蒙德开始发高烧，温度高得令人担忧，医生认为可能是猩红热或白喉的征兆，于是客人们迅速分散，害怕受到传染。里尔克回到“难以忍受的”布拉格等待结果，盼望着回到劳钦——他自己也不舒服，需要护理身上不停折磨着他的疥疮，甚至无法“阅读《约伯书》”。[30]很幸运，结

果表明雷蒙德的病情没那么严重；他短暂拜访了雅诺维茨，与西蒂·纳德赫尔尼的兄弟待在一起，随后在布拉格见到了从英国回来的她，在此之后他去劳钦又住了几天。莱比锡和基彭贝格一家仍然是他的下一个停靠港，但玛丽侯爵夫人提出了一个诱人的建议：与她一起在莱比锡乘汽车游览，在动身去见基彭贝格一家之前去魏玛旅游。

他们 8 月 20 日出发，他非常喜欢这第一次乘汽车长途旅行的经历，“整天把地图拿在手里，就像一个总参谋部的军官，在行军战斗中风餐露宿”[31]（实际上，他们在莱比锡和魏玛都住着舒适的旅馆）。“你仿佛一根快乐的食指，就在地图上旅行，经过的众多村庄不再像突然脑海中闪现的念头那样前后不连贯，而是一个接一个地出现，你轻而易举就能把它们全都合并为一个整体，你从未停止生活，只不过在火车里，总有很多毫无变化的时间段，只能徒劳地等待。”[32] 侯爵在莱比锡与他们见了面，因此侯爵夫人拥有了她自己的诗人，当他们在萨克森森林的橡树下暂作休息时，他高声朗诵了自己的诗句，而且不断地用他对新印象的感受力和幽默感来让她开心。在魏玛，他们只能一起待一天，因为塔克西斯一家要旅行去伦敦，但他们离去后，里尔克还会继续住一段时间。

早些年他对歌德曾有一种强烈的反感，以至于拒绝阅读他的作品——也许，这是针对一个并不鄙弃世俗功名的诗人的本能反应，当他了解到歌德对贝蒂娜·冯·阿尔尼姆的态度时，他的反感进一步加强了，在他看来，歌德的态度几近于荒谬。然而，基彭贝格是一位热忱的歌德崇拜者，收集了大量歌德的作品，这些作品给他带来更开明的思想，甚至也给他带来了热情；他现在已经为魏玛之行做好了充分的准备。在歌德故居，这位往昔的伟人遗留下来的各类物件深深吸引了他，一连几个小时他都沉迷于其中，“这些小物件不经意间做了见证者”[33]，而总是让他着迷的，是歌德的手稿和画像。里尔克在 8 月 23 日到达莱比锡，与基彭贝格一家待在一起，在此期间，他开始第一次领悟到歌德诗歌的奇迹，而且还在基彭贝格这位收藏家专业的指导下，再次去魏玛游览，去 193
参观歌德档案馆。“我第一次用赞同的目光去看待歌德，”他在稍后写给黑达·绍尔的信中说，“您知道在我的圣殿中没有他的祭坛，但读了他写给古斯琴·施托尔贝格的信之后，我突然感到他很亲近，我渴望了解他，但遇到了一些困难——于是就来到了魏玛，这算是一个通告，一个启示。”[34]

基彭贝格还考虑着一件更实际的事情。他还没有放弃从阿克塞尔·容克手里获取《影像之书》版权这一目标，他和里尔克商量后达成一致，里尔克前往柏林，用几天时间试图为这件事铺平道路。然而，里尔克没有见到容克，不得不在9月12日两手空空地离开柏林，前往慕尼黑，克拉拉正在那儿等着他。

她已经在慕尼黑住了一段时间，工作成果斐然，完成了一尊德默尔的半身像，一件参赛作品，参加的竞赛有丰厚的奖金。她计划留下来，并把露特从上诺伊兰带过来和自己住在一起，现在已经快十岁的露特应该开始更稳定的学校生活：这意味着租一间公寓，钱是决定性的因素，为此克拉拉只得向她丈夫求助。新的学年刚刚开始，因此需要尽快做出决定。里尔克刚幸运地得知，他将会有一笔意外的收入，这会减轻他的经济压力，也能帮助他应付那些迫在眉睫的需要。他的堂姐伊雷妮·冯·库切拉在她的遗嘱中给他留下了一大笔钱，但在几个月内还无法取用，但凭借这一点他可以向她的妹妹葆拉借款，用以支付露特的迁居以及第一笔学费。律师约瑟夫·施塔克继承了他的伯伯雅罗斯拉夫在布拉格的业务，里尔克与他通信之后，他终于能够为他们做担保，让他们得到伊雷妮遗产中的那笔预付款，多亏伊雷妮的儿子奥斯瓦尔德的同意，克拉拉在10月和1月直接收到了这笔遗赠。

值得怀疑的是，没有克拉拉施加的压力，里尔克在履行家庭责任时是否还会如此尽力，即便他意识到自己有这种责任。他的心思在别处：他渴望孤独，返回巴黎，再次“深入到工作的底部”，虽然他仍不清楚在一种看似“没有缪斯眷顾”的生活中如何去工作，他还在犹豫不决。[35]玛丽侯爵夫人在魏玛与他分别时就清楚地知道这一点，如何帮助他是一件令她担忧的事情。在伦敦，她突然想起杜伊诺城堡通常在秋天举办完宴会之后，会空闲很长一段时间，城堡中只有她的英国女管家格里纳姆小姐和年老的男管家卡洛，也许这正是里尔克需要的环境。心血来潮的她立刻写信给里尔克，建议他们在巴黎见面，一起开车途径普罗旺斯和意大利北部前往杜伊诺。他急忙抓住了这个机会，不过他担心自己情绪不佳，在旅途中不会是一个好旅伴："我无法恰当地告诉您我对孤独的需要是如何与日俱增……您想把我藏进杜伊诺城堡，这对我来说是怎样的一种恩赐啊，我会像一个避难者那样待在杜伊诺，隐姓埋名，只有您知道那就是我。"只要一有可能，他就会返回巴黎，一直等到 10 月初，那时他们就可以驾车出发了。也许，她在杜伊诺时，他们可以一起 194
着手翻译但丁的《新生》——他知道，从童年时起，她差不多就将《神曲》熟记于心。

其间，她收到里尔克的来信，听说了他在慕尼黑如何再次见到霍夫曼施塔尔，也了解到玛尔特给他写的信。"她本性中的火焰，如今意识到了自由，将会不可遏制地燃烧：一个莎士比亚式的世界。"他眼见黑德维希 · 韦尔曼扮演了魔法师的学徒[1]这一角色，女孩被给予了自由，兴高采烈地自行其是，而再次控制她的咒语将会难以找到："可怜的'撒拉弗博士'，他居然是大师……"[36] 他可以向玛丽侯爵夫人吐露他对玛尔特的关心，却没有提及一件显然更重要的刚发生的事情：通过离婚，正式与克拉拉分开生活。

按照他自己的解释，当他稍后从巴黎写信给施塔克，推动离婚的法律程序时，克拉拉已经先主动去做了这件事。尽管不情愿，但她必须承认事实，她再也不抱有任何幻想，指望里尔克竟会试图一起重建他们的生活，即便是做"彼此孤独之守护者"。从春季起，她就一直在接受心理治疗，这很可能让她下定了决心。带着露特定居在慕尼黑是重新开始的机会，独自生活是她总有一天要去面对的事情，现在——她 33 岁——总比以后做决定更好。他自己则早就清楚，他们最好还是分开。

[1]　魔法师的学徒（the sorcerer's apprentice），典出歌德的同名叙事诗，诗歌的内容是魔法师的学徒趁师傅外出时，念动咒语操纵师傅的魔法扫帚，却不知道如何让扫帚停下来，险些酿成大错。

他在稍后写给西蒂·纳德赫尔尼的信中说，无论克拉拉做一位艺术家，还是过一种家庭主妇的生活，他的存在都不合时宜：“我离开她的生活越远、越彻底，对她肯定就越好；我完全理解她会提出离婚。”但他意识到，相比自己而言，这对她来说更艰难得多。“每个人最终都会发现，某些时候艺术工作与生活需求互不相容，必须在两者之中做出选择——但对一个女人来说，这无疑是一种绝无仅有的痛苦和离别。”[37]他自己尚未解决这个问题，实际上他仍在寻找一种生活方式，以期能够帮助他调和各种矛盾的需求，而在目前生活漂泊不定的情况下，他大概颇为向往离婚带来的自由。

因此，从双方的观点来看，这是一个合乎情理的解决方案，但是说起来容易做起来难。他曾在布拉格做过正式脱离天主教会的登记，但却莫名其妙地忘记在结婚证书上注明。此外，据克拉拉不来梅的律师说，在德国办理离婚手续的话，他的奥地利国籍是一个阻碍，必须先宣布放弃这个国籍——他感觉不知怎的不愿意跨出这一步，尽管他对奥地利充满批评。对两个这样的流浪者而言，向各个官僚机构出示所需的完整文件也很困难。里尔克从未让这件事妨碍他的旅行计划，然而，他与律师
195 们的通信一直延续到接下来的两年，这让他日益感到厌烦。没有任何障碍是不可逾越的，但他和克拉拉都开始改变了主意，尤其是考虑到这个举动会给他们的母亲带来痛苦（菲亚·里尔克将会受到沉重的打击，她认为他仍然是一个天主教徒）。结果，虽然在后来的日子中他们有时会再次提到这个想法，但从来没有跨出最后的一步。

现在，尽管缪斯女神们可能暂时抛弃了里尔克，但他像以往一样，专心致志地寻找合适的环境，等待女神们返回；无论他和克拉拉之间的事最终采取何种解决方案，他都决心确保这个方案绝对优先考虑他的工作。他在写给自己律师的信中坦言，“我的职业属于这一类：没有巨大的危险就无法创造价值，就像每一种艺术活动，它有独特的要求，要求无条件的关心和彻底的专注……所以从一开始，我就只能带着一种实际上并非我本性的冷酷无情，靠完全忽视别的一切来获取进步。”[38]当然，对克拉拉而言，不论离婚是否成功，至关重要的是了解他究竟能在多大

程度上提供支持，即便不是为了她，也是为了露特的教育。过去的一年，他每个月给露特一小笔钱，这是他母亲同意从她的年金中抽取的，但除此之外，他的帮助断断续续，仅够糊口。情况基本上一直这样持续下去。像伊雷妮的遗赠这种意外之财，他愿意分出一些，事实上这笔钱多半都给了克拉拉，直到在接下来的一年中用完为止：但他从岛屿出版社获得的收入，他绝不会定期分出一份金额供养家庭。甚至在他 9 月底返回巴黎，得知这份收入今后将提高到每月 500 马克时，他也能够对他的律师保证说，他“完全肯定”自己每个月只有 200 法郎[1]的收入，因此除现有的之外，他目前无法给予露特更多的帮助。（如此这般的贫穷使得他不可能供养妻子和孩子，本身就是离婚的理由，他告诉施塔克。39）

当时，他没有意识到是其他朋友们的担保使得基彭贝格重新给予他“忠诚而有力的支持”40：卡斯纳、冯·德尔·海特，以及哈里·格拉夫·凯斯勒承诺与基彭贝格合作，在未来三年内将岛屿出版社的收入提高到了新的水平，在此之后，这位出版商坚信他的作者带来销售额将会令人满意。但即便他知道，他很可能也会认为，他们的慷慨无非是为了帮他达成“使命”。对他而言可能显得有点残酷的只有一个问题，那就是他需要完全优先保障工作的环境，以让他即便在目前这种文思枯竭的情况下也能够完成任务，他必须不惜一切代价去创造这种工作环境。他非常期望在杜伊诺能够获得他的孤独，但他也梦想着西班牙和托莱多，尤其是在慕尼黑看到埃尔·格列柯的《拉奥孔》之后——谁会告知哪儿能够找到灵感？——但是他清楚地知道有效利用他的资源是多么困难。返回巴 196
黎之后，更复杂的情况等待着他，这让他变得更为谨慎。比龙公馆的所有房客，包括罗丹，都接到在年底搬出去的通知，这意味着从杜伊诺离开之后，他必须再次寻找一个住所。他曾有返回慕尼黑的模糊打算，也许可以去大学里听一些关于埃及学和医学的讲座，这至少可以让他在回到“工作”中之前，稍微规划一下自己的生活。然而，目前期待着去杜

[1]　当时的法郎和马克大致等值。——原注

伊诺就让他心满意足了，让未来顺其自然。

10 月 10 日，伯爵夫人从英国返回后，发现自己在去杜伊诺之前，无论如何要去维也纳一趟。里尔克旅行期望的落空并不让她感到焦急，因此她把轿车和司机皮耶罗留给他，让他自己方便时前往杜伊诺。他在两天后出发，从容不迫地前进，途径阿瓦隆和里昂前往阿维尼翁，在那儿他住进欧洲旅馆（Hôtel d'Europe），“休息”了一天，接着前往朱安雷宾（Juan–les–Pins）的海岸，沿海岸继续向前，穿过文蒂米利亚到达皮亚琴察和博洛尼亚，最后于 10 月 21 日抵达杜伊诺。“这并不那么容易，”他写信给基彭贝格说，“奔波一天之后，在晚上歇息时我又再次找回了自我。汽车处于支配地位，你不过是它的配件，晚上你躺在床上，就像所谓的备件，你的那些梦和想法就像螺帽和螺栓。不过，这仍然不失为一次经历——成堆的印象，那么多别样的风景擦脸而过，到现在整张脸都还感到刺痛。……我会在未来几天内决定是否留在这里。”[41]

二

现在我再次独自一人，我期待已久了。我别无所需，对我来说那就是根本的要素。

（致卡特琳娜·基彭贝格的信，1912 年 1 月 13 日）

躁动不安的两年过去之后，他希望在杜伊诺找到平静——“也就是说，外在的平静和内心的活动”。这座巨大的城堡“高耸在海边，仿佛人类生活的山麓小丘，许多窗户（包括我的）都面朝浩瀚无际的大海，整座城堡仿佛径直融入了宇宙”，他几乎无法再要求更称心的环境了。[1] 玛丽侯爵夫人想让他完全随意而为，邀请的其他客人比往常更少。他到达时，她的长子埃里克及其家人在城堡里；11 月 5 日，卡斯纳从俄国长途旅行之后，直接来住了一个星期；稍后苏格兰的地主霍拉肖·布朗加入了他们的队伍，布朗是约翰·阿丁顿·西蒙茨的朋友和遗作保管人，也是威尼斯历史的权威，他曾在威尼斯居住过多年。当然，这样活跃的女主人无殷勤好客可言——她到阿奎莱亚旅行去了，狩猎野鸽，出席的里雅斯特四重奏演出小组在平台上举行的音乐会——永远能够给予 197
客人完全的孤独，而这正是里尔克一直需要的。但他并没有真正准备好工作，他知道在年底其他人离去时他会继续留在这里，于是当他们还在时，他看起来能够充分享受他们的陪伴。

“尤其让里尔克高兴的是卡斯纳也在那儿，”玛丽侯爵夫人在她的回忆录中写道，“清晨他们会在一起长时间散步……我在阳台上看着他们回来，沉浸在谈话中：卡斯纳目光威严，闪闪发光，打着激烈的手势，语声洪亮，他旁边是温和的博士，身子略微前倾，转向他并认真地倾听，偶尔露出微笑，随后又用惊恐的眼神盯着他的眼睛，仿佛对方诅咒了整个世界并且应验了。”[2] 卡斯纳在俄国住了 8 个月，旅游广阔，远至第比利斯、塔什干，以及布哈拉，他生动的描绘让里尔克深切感受到，如今他对这片广袤土地的回忆是多么的遥远。“我很快就会像那个小男孩，手里拉着的只有一根缰绳，而缰绳拴着的马早就脱离了束缚，正躺卧在后面的某个地方。”[3]

与玛丽侯爵夫人最初一闪而过的念头相反，里尔克相当认真地建议他们一起翻译但丁的诗作。很多年前，尚在他首次游览佛罗伦萨之前，他曾深入研究 15 世纪的文学，在他看来，写作了《新生》的但丁是第一个真实表达自我的诗人——“还有任何东西比这种不知疲倦的、冷酷无情的自我反省更‘现代’吗？”——他尝试着亲手翻译其中的一首十四行诗，那首关于贝雅特丽齐之死的诗歌。[4] 再次捡起《新生》可能会让他迈出关键的一步，找回他已失去的创造力，而这个主意也吸引了业余爱好者玛丽侯爵夫人。11 月期间，他们在晚上开始规律的日常工作。他傍晚 6 点准时来到她天花板低矮的狭小居室（听起来，与那位布赖兹赫德的马奇梅因夫人[1] 不无相似之处），带着他自己的油灯以弥补屋内光线的不足，进屋后他就坐进一把舒适的扶手椅。他们人手一本作品，侯爵夫人大声朗读一首十四行诗及其评注，然后他们进行讨论，接下来里尔克逐字逐句地将诗歌翻译成简单的德语散文。这个过程轮流进行，在细节上进行讨论，最后他尝试用诗歌的形式翻译出来，他技巧精湛，通常会让她感到惊讶，尽管他坚持认为，他的翻译不过是初步的草稿。很遗憾，这些翻译的诗歌没有一首幸存下来。

这也是一种工作，在某种程度上可以让他的双手再次开始练习。他仍然谈起先前的计划，写一本关于海军将领泽诺的书，也详细地向玛丽侯爵夫人阐述了他最喜欢的主题——过去那些伟大的“不幸福的爱

[1] 马奇梅因夫人（Lady Marchmain）是英国作家伊夫林·沃（Evelyn Waugh，1903—1966）的小说《旧地重游》（*Brideshead Revisited*，1945）中的人物。

者”，他说总有一天必须充分地探讨这个主题。一天，她在翻开一个抽
屉时，找到一本日记，写在一本小小的本子上，这是她母亲的密友特雷
西娜·雷松留下来的文字。特雷西娜曾是这个家庭的一员，深受悲剧的
爱情之累，而她从未向孩子们透露这段感情。他非常感动地发现，她 198
是“伟大的爱者”当中一位谦逊隐忍的姐妹。他对这种命运感到痴迷，
而他相信被抛弃的、无回报的爱情会带来积极的力量，这种观念在他后
来的诗歌中有很多反映，但从未写成他对玛丽侯爵夫人说过的哲理散
文。但是，他仿佛被这种观念所驱使，不断在自己的生活中证明其正确
性，而他自己则扮演抛弃者的角色。因此，当他在 11 月底与玛丽和埃
里克·塔克西斯一起在威尼斯游览几天之后，他很乐意借着玛丽侯爵夫
人向彼得罗·罗马内利购买一些绘画的机会，再次去看望米米·罗马内
利——唤醒她的爱情仅仅是为了再次离开她，然后通过给她寄送自己翻
译的布道文《抹大拉的马利亚之爱》，将她应该扮演的角色告诉她：“一
篇我嫉妒的作品，因为我本可以自己写下这篇作品，事实上也应该写下
它……但我却只能够翻译它。”[5]

他们从威尼斯返回之后，埃里克和他的家人离开了，侯爵夫人也打算在 12 月中旬离开。完全的孤独等待着里尔克，他犹豫着是否要将自己托付给它：但他在瓦雷纳路的房间预计在新年就会提前封闭，这实际上使得他别无选择。他已经临时让巴黎的一家搬运公司收集并储存他的家具、书籍以及文件，现在他写信给留有他钥匙的埃丽卡·冯·谢尔，请她监督这项工作。她在他们打包之前，给他寄了两本《影像之书》，当然她想要的书也都拿走或借走了——“书籍不喜欢待在箱子里”。他也请她将他立式书桌的尺寸告诉他：“我想在这边制作一个，倘若真的需要那么久才能收到它的话。”如果在他的屋子里遇见玛尔特，她并不会感到惊讶，尽管这个女孩不太可能经常在那儿，因为黑德维希·韦尔曼给她安排的烹饪课程需要很多时间。(她进去时，确实看见了玛尔特，她的打扰似乎让对方不太高兴，她声称里尔克曾答应把他的镜子送给她。埃丽卡告诉里尔克这件事时，他向埃丽卡确认：“玛尔特可以拿走任何东西，而我不会夺走她哪怕是最小的物件，因为在她的生活中，获

取这些东西非常艰难，而这些对我来说几乎是与生俱来的权利。”[6])

最终决定留下来之后，他提议进一步让自己处于孤独中，把自己的房间安排在荒弃的亭阁里，这让侯爵夫人和她的格里纳姆小姐感到震惊——那个亭阁并不在城堡之中，离城堡有一段较远的距离，在所谓的“提尔花园”的树林里，那的确是一片神圣的小树林，然而没有水也没有食物，尽管他声称这些都不是问题。他甚至开始在城堡中翻找可能用上的零散家具。然而最后他不得不放弃这个打算，于是侯爵夫人松了一口气，在 12 月 12 日离开的时候，安排他住进更适合的埃里克在拐角处
199 的房间里，房间两面临海，东面可以远眺的里雅斯特，西南面朝向格拉多。“我会试着在这儿翻越这一年的峰顶……在这些古老的高墙内；外面就是大海，周围是喀斯特地形，下雨了，明天也许有暴风雨：现在我们要看看，内在的自我会奉献出什么，去匹配如此奇妙的自然力量。因此，除非有意料之外的变化，否则我将会留在这里，坚持下去，保持不动，专注于自我……心灵就像药瓶，写有‘服用之前摇匀’的字样，而在过去几年中我的心灵被不断地摇动，却从未服用，因此，我现在最好安安静静地去追求内心的澄澈和创造力……这座古老的城堡披着一层坚实的外衣，内部却果实丰盛，生活在其中非常滋润，虽然也难免有麻烦和需要适应之处。”[7]

最初，他的孤独似乎毫无意义，他写信给维也纳的玛丽·塔克西斯。“但我逐渐会喜欢上它……现在对我来说，世上没有更为必需之物了。”他定做了新的立式书桌，这是他下定决心的具体标志；天气允许的话他就在提尔花园中散步；但更多的时间是在房间里度过，格里纳姆小姐使得他不用做家务，在她的关照下，他感到很轻松。卡洛同意在邻屋为他供应饮食，“伴随着一条年老的大狗的无限善意，他允许狗崽们吃光他碗里的食物。第一天，面对我素食主义的要求，厨师不知所措，但我们互相做了一些妥协，她恢复了她的厨艺，今天她真的很别出心裁……7 点，我吃了一顿孩子吃的晚餐，我准备 9 点一过就睡觉，愿天主保护我的淳朴。”[8] 躲在那些古老的高墙中就像戴着一个铁面具，他先前曾经对西蒂·纳德赫尔尼说，只有极少人知道谁藏在里面。[9] 事实上，外面

的人清楚地知道他在哪里，从他到达起，接连不断的事务信函就很少给他喘息的时间。基彭贝格在事关自己的利益时，一如既往的主动，他计划着出版《新诗集》的修订版，还给里尔克寄了一份签约《旗手》的合同。他费尽功夫，最终成功地从容克那里取得了这本诗集的版权，不过《影像之书》的版权仍未解决。《抹大拉的马利亚之爱》最终的校样已经交给里尔克，他 12 月将校样寄回，力劝基彭贝格尽可能低地定价："多少女人需要这本书，它会给多少人以支持和安慰……在其中女人的苦难转化成了伟大……让我们保证这本手册到达许许多多的手中（女人们和女孩们的手中，它与男人**这种动物**无关……）"。[10] 基彭贝格还写信给他，建议翻译一本维尔哈伦论述伦勃朗的专著，他盼望着出版这本书。里尔克乐于再次看看这本"热情构思的证明"，但他觉得无法找到合适的风格将它翻译成德语，除此之外他对伦勃朗的作品也不够熟悉。他颇有洞察力地在信中写道，斯特凡 · 茨威格与维尔哈伦的风格更接近，将会是翻译这本书的更理想人选。[11]

出版商明智地认识到，随着名望的增长，里尔克的通信负担必然会增加，他越能减轻诗人通信的压力，他就能越快走上重新创作的道路：200
现在，里尔克已经习惯于把他当作自己的经纪人，不但把信件转送给他处理，还向他询问自己遇到的各种各样的问题——不管是为塔克西斯家的藏书找一个管理员，考虑出版侯爵夫人祖父的回忆录，还是寻找二手书籍。

当然，关于他离婚手续的事务，他的朋友也爱莫能助。律师们暂时也不再用过多的问题来烦扰他。但克拉拉的提议，无论对他的处境实际上的影响有多小，显然还是让他内心感到苦恼。当他还在为灵感枯竭而忧虑时，它紧随而来，加强了他绝望的走投无路的感觉，使得他的感情生活也陷入他在工作中遇到的死胡同。因为，即便他与克拉拉成功离婚，他也找不到合适的伴侣代替她的位置，找不到以他需要的方式对他的孤独予以支持的人。

还在慕尼黑时，就在他接受侯爵夫人的提议，打算把杜伊诺当作庇护所时，他听到了一些关于莎乐美的消息，使得他的思绪再次转向了她。后来取得医生执业资格的维克托·埃里克·冯·格布萨特尔，当时对弗洛伊德的学说非常感兴趣，并且已经尝试着去做一个精神分析学家（就是他曾对克拉拉施以治疗），刚从魏玛返回。在魏玛他和莎乐美都作为业外人士参加了第三届国际精神分析学大会。里尔克第一次见他是在巴黎，在1908—1909年的冬天，那个酝酿《马尔特手记》的“黑暗而艰苦的时期”[12]，当时里尔克经常与他一起讨论这些新理论，或许，甚至有这种可能，分析解决了困扰着他的问题——心神不宁，精神和身体上都是如此，随后，他曾与来到瓦雷纳路的莎乐美进行讨论，时值1909年5月。如今，在将精神分析理论应用于实践的道路上，魏玛大会是一个重要的里程碑式事件。很自然，格布萨特尔和莎乐美会考虑用它来治疗他们朋友的抑郁，在完成《马尔特手记》之后，他变得更抑郁了，两人都怀疑精神分析对他是否适用。[13]就在里尔克在僻静的杜伊诺城堡再次考虑这个想法时，他的直觉——正如它总是克服他身体的疾病，不管是真实的还是想象中的——让他觉得他必须做自己的医生。另一方面，他极度需要某个人帮他找到道路：而莎乐美也曾涉足这个领域的消息，似乎不言自明地鼓励他向她求助。

在他结婚前，他们分离的时候，留下的痛苦——她塑造了他，随后又让他失望，“赐予我祝福的顶峰，变成了吞没我的深渊”——早就消散了。在现在写给她的诗歌中——除一首写给露特生日的“黄昏之歌”外，这是他在1912年最后几个月中唯一完成的诗歌——他回顾这段曾给他们双方都带来成就的关系：

201 如同一个人在聚集呼吸前
握着一块手帕——不，正如一个人把它
紧捂在伤口上，生命正奋力从那
伤口中逃亡，我紧抓着你，眼见
你被我染红。谁能说清我们之间
发生了什么？我们已没有时间
去弥补一切。在遗落的青春

每一次的脉动中，我奇异地成熟，
而你，亲爱的，在我的心上，
有了一个最狂野的童年。[14]

露曾是他“通往户外的大门”，[15]他通过她“在遗落的青春每一次的脉动中”变得成熟，同时她依靠他发现并得到了自己的青春（显然是“最后的问候”的回响）。“在此，回忆是远远不够的，”他写道，

那些时光里
必定有一层纯粹的存在
留存在我生命的土地，无限满溢的
溶液的一种沉淀。
因为我并不回忆——我在
围绕着你的意志转动。我并不
在你离去的冷酷生长的伤心之地
寻找你：即便你不在那里
也因你而感到温暖而更真实
而不只是一场丧失。[16]

他对精神分析所知甚少，但也知道这是一种存在的从内到外的转变，一次彻底的倒空：他觉得这种事让人“毛骨悚然”，会让他的生活变得比以往更漫无目的。[17]露在那里的时候，他到底有什么需要呢？

我为何要驱逐自己，
当你的影响，也许是轻轻地
降落在我身上，仿佛月光洒在
一把靠窗的椅子上？[18]

多年以后，他才把这些诗歌给她看。但就在他独自度过圣诞节之

后，他在通信中断一年多之后第一次写信给她，“我的另一份自白”，理所当然地认为她仍然会对“里尔克的话题”感兴趣，愿意听他倾诉。他用巨大的篇幅描述了自从完成《马尔特手记》之后他感受到的绝望无助。“也许，那本书应该在我打开一座矿藏的时候去写作——也许我应该在开始写这本书时就马上跳过它——我冒昧地将自己所有的资本孤注一掷：然而，从另一个方面来说，只有损失才能明显体现出它的价值。”从那时起，差不多两年的时间过去了，其间他虚度光阴，生活得艰难而痛苦：必须要有耐心，他告诉自己，然而当他所看见和接触的一切似乎
202 都在化为灰烬时，他想拥有的耐心也逐渐被消磨，变得日益微薄。他曾眼见古稀之年的罗丹踉踉跄跄，深陷可笑之事的罗网中无法自拔：如果连至高无上的工作大师都无法战胜困难，他对自己可怜的努力怎会有丝毫的期待？

> 这究竟是什么样的工作？倘若你无法从它那里经历和学会一切，倘若你闲坐在它的外围，让自己被推推搡搡，被抓起来又扔下，时而幸福，时而遭受不平的待遇，永远什么都不理解。——亲爱的露，我指望别人、需要别人并四处寻找他们的时候，我就感觉事情不妙：这只会驱使我陷入更深的抑郁中，让我心怀内疚；他们不会知道，我花在他们身上的心思是多么微乎其微，我能够变得多么冷酷无情。因此，这是一个不好的兆头，自从完成《马尔特手记》之后，我经常希望找到某个能随时给予我帮助的人——这怎么可能呢？我有一种无法形容的渴望，渴望某个人庇护我的孤独，将我的孤独置于其保护之下……带着羞愧的心情，我回想起最美妙的巴黎时光，创作《新诗集》的时期，那时我不指望任何事物任何人，我面前的世界不过是一项任务或责任，而我，自知而又自信地用完美的成就予以答复……每天早晨，我醒来时感到肩膀发冷，正是在那儿本来应该有一只手抓着我，把我摇醒。如今，召唤远离了我，我怎么可能做好准备去做纯属多余的表达呢？

他要做什么，他问她。医生毫无帮助，更不用说精神分析医生，后者的治疗是一种一劳永逸的清洗，相比他现在的身心失调，这很可能会让他感到更绝望。难道这一切只是“漫长恢复期”的症状，这就是他的生活？或许，这是某种新的病症？他目前安全地藏进杜伊诺城堡的高墙之内，几乎把自己封闭起来，也许这是一件好事。[19]

露当然不会反对再次拾起关于里尔克的话题。确实，他的“病症”她非常熟悉，是她决心认真研究弗洛伊德理论的决定性因素之一，在她接受这位大师的教导之后的精神分析工作中依然是一个重要的例子。她马上回了信，于是在 1912 年开始的几个月，两人之间的书信往来接连不断。遗憾的是，她的书信都未保存下来，但从他的书信中可以看出，能够向她倾吐内心的苦衷对他大有裨益。1 月期间，他终日倾诉自己全部的感受和恐惧，分析他的思想与行动，以及他的犹豫不决——就像一只鼹鼠，正如他所说的，穿过她的道路爬出黑暗的地穴。

1 月 14 日，他也写信给格布萨特尔，询问精神分析治疗是否有效：但写给医生的信，就像写给露的信一样，表达自己情感时都带有重要的保留。他不愿意经受一种人为的“校正”，就像落在一本练习册纸页上的红墨水。[20] 格布萨特尔在他的回信中显然未予鼓励，不过如果他的朋友坚持的话，他已准备好提供帮助。里尔克给露写信，重复表达了他自己的疑虑，特别是他觉得自己在身体上越来越不舒服，有时候甚至不堪忍受，但最后仍未下定决心。“比如说，肌肉极度敏感，以至任何轻微的运动……都会导致肿胀、疼痛等等，它们仿佛在等着这个结果，随之而来的就是各种担心、解释，以及痛苦；我羞于承认这种致命的循环是如何围困着我，通常好几周才告结束，一种痛苦滋生另一种痛苦。” 203
艺术的巨大成就要求身体的支持，但身体却无法模仿精神的放纵无度，在他的病例中，身体有变成心理历程的拙劣模仿的危险。“亲爱的露，如果对你来说并不过分的话，请寄给我只言片语，帮助我做出决定……你看到它是怎样如影随形地跟着我，上上下下，来来回回：我该怎么办？”[21]

如果我们所能得到的证据就只有这些长篇大论的书信，那在杜伊诺的里尔克会是一副愁眉不展的形象，处于一种病态的自我反省和夸张的抑郁消沉的状态中。然而我们得知，他独自一人住在杜伊诺城堡时，几乎像以往一样度过了他的圣诞节和新年：高兴地给一些朋友寄送他翻译的“半人马”，在信中提醒其他人记得他的存在，尽管对自己没有能力去工作不无抱怨，但信中的语气一如既往，写给每个通信人的信都很协调，没有什么异样。在写给玛蒂尔德·福尔默勒的信中，他表达了对埃尔·格列柯的《拉奥孔》的热爱，以及对她婚姻的祝贺;写给朱莉·冯·诺德克和玛农·楚·佐尔姆斯的信叙说了他对卡普里的怀念之情；给埃丽卡·冯·谢尔的信则回忆了与罗丹一起参观的沙特尔大教堂，希望大师能够找到替代比龙公馆的住所，而他自己，也势必将要搬走。他花费许多时间为玛丽·塔克西斯想要的绘画与罗马内利一家协商，并在圣诞节那天高兴地告诉她，彼得罗·罗马内利最终接受了她的出价：“我对此感到自豪，我第一次做中介人。”[22]伊尔莎·萨迪，住在克雷费尔德的一位年轻的仰慕者，给他寄去自己未婚夫的诗歌，结果收到了一封冗长而充满思考的信，对那些诗歌进行了评论。纪德收到他的来信，请纪德帮助他为一位慕尼黑的医生朋友获取帕斯卡尔的遗容面模；给菲舍尔一家，他寄去了迟来的祝福，祝贺他们的乔迁之喜，还评论了霍夫曼施塔尔的《每个人》，并请菲舍尔给他寄送一本《新评论》。此外，他像往常一样，狼吞虎咽地阅读书籍：圣奥古斯丁的著作、里瓦德内拉的《圣徒传奇》、巴尔扎克的《致韩斯卡夫人的信》，以及丹麦人约翰内斯·延森的作品。

简言之，他在信中向莎乐美有意识地吐露心曲的同时，已经“在工作”了，而且找到办法去做自己的医生。给朋友们写信并非只是一种尽责的履行义务，他在自己小心保存的书信册中对回信作了标注：这也是自我心理分析的基础，最终会让他摆脱烦恼。对莎乐美他可以完全地“坦白”，而以各自不同的方式写给其他人的信，却只是同样内容的一部分。仅仅是为了写作而已，因此，他会突如其来地写信给好几个月未收到他来信的托拉·霍尔姆斯特伦：“我是一块不毛之地，当我觉得自己贫瘠不堪时，无论如何必定也有某种野草能够在我身上茂盛生长”，[23]或写信给玛丽·塔克西斯："我在我生命的丛林中爬行了一整天，像一个野蛮人那样大声呼喊，拍着我的双手，你料想不到冲出来的是何种令人毛骨悚然的生物"，这本身是一种放松，也是向前踏出的一步。在向朋友们倾诉之余，他对自我治疗的有效性也越来越有信心。"每天我都变得 204
更机警一些，任何人来这里都可能有危险，我随时会咬上一口。"[24] 正在他犹豫着是否要冒险尝试精神分析时，潜意识里已经做了决定，因为他正在治疗自己，至少是治疗他的无创造力。

圣诞节过后，海因里希·福格勒提议基彭贝格出版里尔克关于圣母马利亚的诗歌，附上他做的插图——这个计划他们早在沃普斯韦德时就开始考虑了，里尔克以为已经放弃了，尤其是自从他们分道扬镳之后。事实上，他回想起自己曾经写过的关于圣母马利亚的诗歌不足以组成一部完整的"马利亚生平"，于是对此感到犹豫不决：然而，他并未衰减的友情以及对福格勒的尊重使得他开始认真考虑这个主意。1月期间，就在写给莎乐美和格布萨特尔的信中还带有那么明显的绝望之情时，他创作了 13 首诗歌，用以组成《马利亚生平》——后来他认为，这是一组并不合格的素描，组合在一起的是"二手甚至三手的东西，与其说是创造，不如说是采纳别人的观点"。结果这部作品却成为"一个小磨坊"，由一股更汹涌的洪流所驱动，因为他在写作这些诗歌时，《哀歌》的思想突然抓住了他，"也许是我心中最伟大最纯粹的作品"。[25]

在后来写给侯爵夫人的信中，他声称第一首哀歌的萌芽完全是来自神启，一种意想不到的灵感。一天早晨，他收到一封冗长乏味的事务信函，他告诉她说，这封信需要及时处理。外面狂风大作，然而阳光明媚，海水湛蓝，太阳在海面上洒下点点银光。他走到城堡脚下连接东西两座堡垒的窄路上，那儿有一道险峻的陡坡，下面两百英尺处就是大海。他来回踱着步子，寻思如何回复那封信件，突然他停下脚步——因为他似乎在狂风的怒吼中听到一个召唤的声音：

谁，如果我呼喊，会在天使的序列中

听到我？[1]

按照玛丽·塔克西斯的叙述，“他静静地站着，倾听。‘那是什么？’他低声说。‘什么要来了？’他掏出总是随身携带的笔记本，记下那些词语，随后更多的诗句自动来到他脑海中，他没有任何有意识的努力。谁已经到来了？现在他知道了：上帝。于是他镇定自若地回到他的房间，把笔记本放到一边，回复那封信件。但就在同一天晚上，整个第一首哀歌写下来了。”[26] 更重要的是，在接下来的几周里，他写下了第二首哀歌，并且整个作品的结构已经在他的脑海中形成了一个清晰的画面，接着他又写下另外三首哀歌的片段，并且更坚定地写下了他视为最后一首哀歌的前 15 行。

“艺术最可怕的地方在于，一个人越是在其中前进，越会把自己交付给终极，交付给几乎不可能之物，”他写信给露说，当时他仍不确定
205 自己能够经受得住考验。[27]《哀歌》是他对艺术的承诺，也是庆祝，庆祝他承受了其全部恐怖的使命——

因为美无非是
恐怖之物的开端，我们尚能承受，
而我们赞美它，因为它沉静自若，
不屑于毁灭我们。每一个天使都是可怖的——

如果他能够坚持到底的话，《哀歌》会在充满狂喜的赞美中达到高潮：

有朝一日，在严厉的审判的终点，
让我向赞美的天使高声欢呼，高歌荣耀。

---

[1] 以下出自《杜伊诺哀歌》的诗句，均引自林克先生的译本，个别诗句的翻译依照作者本人引用的英译有所改动。参见里尔克、勒塞等著，林克译，《〈杜伊诺哀歌〉中的天使》，华东师范大学出版社，2005 年。

愿心锤明快的敲击无一失误，
紧扣松弛，疑惑或断裂的琴弦。
愿我流泪的脸庞增添我的光彩；
愿暗暗的哭泣如花开放。
哦，那时，你们会何等可爱，黑夜，
历经忧患的黑夜。[28]

他已经能够看到终点，但尚未到达。最初迅速到来的两首哀歌是起点，里尔克的经验——源自诗人的使命与生活需求之间的冲突——经过蒸馏提炼，充满了强烈而晦涩的暗示。

这一切皆是使命。
但你能否完成？你不是始终
分心于期望，仿佛一切
向你预示了一个爱人的来临？

尽管他期待有这样的另一个人，某个“未来的挚爱之人”，愿随时帮助孤独中的他，但他发自内心地认为，不应该有这样的期待：

难道不正是时候，
我们在相爱中相互解放，震颤着经受：
如同上弦的箭，凭借积蓄的张力，
超越自身的存在，因为无处可以停留。[29]

他歌唱天使们——“几乎致人死命的灵魂之鸟”，在歌唱中，他颂扬诗人必须为之奋斗的完美：

本质铸成的空间，欢乐凝结的盾牌，
暴风雨般激奋的情感骚动——顷刻，唯余，

明镜：将自己流逝的美
重新汲回自己的脸庞。

绝不依赖对方的给予和接受才堪称完美，没有损耗；就人类的情况而言，似乎只有那些早夭的人，或者像玛丽安娜·阿尔科福拉多与加斯帕拉·斯坦帕那样伟大的爱者才可以达到，他们的爱不再依赖于爱的对象；但这仍然是他终其一生努力去达到的目标。

206 因为我们感觉时，我们也同时消散；
啊，我们呼出自己，一去不返；
柴火一炉炉相续，我们散发的信息一天天衰竭。
…………
如同清晨小草上的露水
我们从我们之中升起，如同蒸汽腾腾的菜肴
消散的热气。
…………
阿提卡墓碑上的人像那审慎的姿态，
能不让你们为之惊讶？那轻轻搭在肩上的
难道不是爱情与离别，仿佛出自
与我们不同的材料？记住那些手吧，
他们毫无压力地扶着，尽管躯干里储蓄着力量。
这些克制的人知道：我们局限于此，
这就是我们的，如此相互接触，
众神更强力地支撑我们，但那是众神的事。

但愿我们也能找到一种人的存在，
纯粹，隐忍，菲薄，一片自己的沃土
在激流与峭壁之间。因为像古人一样，
我们的心始终在超越我们，我们再也不能

> 目送它化入使他平静的画面，或者化入
> 神的躯体，在那里它更能节制自己。[30]

他立刻将第一首哀歌寄给玛丽·塔克西斯，转抄在一本他们一起在魏玛买的皮革装帧的旧笔记本里，他觉得这个笔记本是特地为“第一首杜伊诺的作品（很长时间以内都是第一首！）”而准备的。[31]

这些自然而然降临到他脑海中的独白是一些不押韵的诗句，主要是长短格的节奏，类同于古代的哀歌，自从克罗卜斯托克起，这种古代的哀歌体裁成为德语文学中的一个传统，他最近在阅读歌德的“欧佛洛绪涅”时才想起这种体裁。他总是宣称，它们仿佛是“口述”给他的。宣称上帝口述了这些诗句是一种说法，我们可以更现实地认为，在长期陷入烦恼之后，这种意外的灵感应归功于他自我治疗的坚定决心。现在，已然到来的“声音”表明诗人已经准备好开始了。几年之后，赫尔曼·黑塞写道，一个诗人，虽然对精神分析的新方法感兴趣，但他所能做的无非是“继续做梦，听从他潜意识的召唤”。[32] 西梅瑙尔评论说，哀歌是一个显著的例子，代表着诗人的潜意识的基本突破：[33] 语词泉涌而出，就像里尔克躺在格布萨特尔的沙发椅上时，口中会涌现出来的话语——尽管是以一种迥然不同的方式。这个（灵感爆发的）开端极有可能是1912年1月20日。那天他确实收到了一封他的律师寄来的事务信件，事关离婚诉讼，但更重要的是，他也在那天收到了格布萨特尔的信，回 207
复了他询问的精神分析治疗是否明智的问题，他还将信转寄给了莎乐美。

露做出的决定很大程度上考虑了他的处境，她后来回忆说，那是她一生中做出的最艰难的决定之一。[34] 在一封电报中——随后又寄了一封信，她最终建议他不要进行精神分析治疗。“亲爱的露，善良的露，”他在 1 月 24 日写道，

> 当你在写这封信时，你就像在与我交谈……我对你所说的早有准备，通过我自己的感觉，我一开始就有的感觉，而你也对此表示赞同，因此我不由得心悦诚服……现在我知道，对我来说精神分析

只在一个时候有意义，亦即当那种决不再写作的奇怪感觉再次袭来之际，当我完成《马尔特手记》时，它经常隐藏在我思想的背后，像是一种安慰，曾经确实很严重地困扰着我。既然这样，一个人可以将这些魔鬼驱赶出去，因为它们在日常生活中只会令人烦恼和不安：但是，如果天使们也和它们一起被驱赶出去，那一个人也会认为这是一种净化，并告诉自己说，在新的职业（哪个职业？）中，它们肯定是多余的。[35]

他寄给她两首《马利亚生平》中的诗歌，未告诉她刚完成哀歌的事；但稍后，就在同一个月，她收到了携带着这个好消息的“欢呼”。“Daj Bog zhisn!”（“愿上帝赐予生命！”）她回了信，听到他已然度过危机让她感到如释重负。至于里尔克，他知道这只是一个起点。“最糟糕的是，”他在 2 月 7 日写道，“纯粹在身体方面，我受到构思的影响，几乎就像我先前受到灵感枯竭的影响那么严重。一辆老马车，唉，曾经是那么轻快有力，而如今——倘若奇迹在我的内部乘坐了一段时间，我想知道它为何不再次下车：我颠簸摇晃，吱吱嘎嘎地前进，就像最破烂的俄国无篷四轮马车（*telega*），几乎已经无法再用了。”[36] 他为这个时刻等了两年多的时间，刻意在杜伊诺的孤独中为其到来铺平道路；然而，正如精神分析医生长沙发上的病人，不能指望一次治疗就能痊愈，因此，即便他现在能够感觉到哀歌交响曲最终的形态，他也要找到终极表达的方式，去表达内心中冗长而艰难的思考。

灵感持续到来之时，他每天按部就班地工作，不愿中断这种生活。3 月，玛尔特的生日时，他不是顺道去的里雅斯特为她买一个礼物，而是请在维也纳的玛丽侯爵夫人帮忙，当她发现收到的古银色的盒式吊坠与他在信中详细描述的一模一样时，他感到很高兴。就像雅各与天使角力一样，他仍在竭尽全力对付自己的孤独，他写信给西蒂 · 纳德赫尔尼说：“毫无疑问，它比我强大，但这不会给我造成任何伤害。”[37] 此时，侯爵夫人已经给他寄来她对第一首哀歌的赞扬，他的才能深深打动了她，她与霍夫曼施塔尔和卡斯纳一起分享了哀歌。“我完全同意夜莺是一种不可思议的鸟，”他告诉她，“天哪，我所有的荆棘之林对它而言，都是适合栖居的灌木丛。”对哀歌的一切赞美都应该恰如其分地送给她，他补充说，“因为，没有你，没有我们的谈话，没有特雷西娜，没有杜 208
伊诺和我在其中的休养——我由此每天都获得更多的勇气——它将会变成什么样呢？”[38]

然而，实际上他的勇气已经离他而去了，变化无常的气候给他带来了麻烦，尽管下雪时，他充满男子气概地赤脚在雪地里踩踏。好不容易过完慢悠悠的 2 月份，他开始考虑迁移到威尼斯，于是请基彭贝格提前将应付的款项支付给他；他渴望将双手再次放在意大利那些“温暖的古墙”上。他回想起 16 年前与拿单 · 苏茨贝格首次游览威尼斯的情景，再次翻阅歌德的书，发现自己读完了整本《意大利游记》，他对这本严肃而又常常充满书生气的书赞不绝口，书中用心记录了旅行的新印象，那次旅行在歌德的一生中似乎是一个转折点。“我发现，万物如何恰如其时地到来让我惊讶不已，你无法强迫它，但当它真正到来时，就是必然的，”他告诉露。[39] 杜伊诺之后，相对于他制定的计划，目前的成果只有一些粗略的笔记，正如他在 1 月时对基彭贝格说的——零散的纸页尚未编号，在适当的时候它们的顺序自然会呈现出来——但无法想象的是，就在意大利的门外住了这么长时间，却不趁此机会进到里面。[40] 然而，情绪像天气一样变化不定的里尔克并没有挪动，直到 3 月底，“帕夏” · 塔克西斯前来带他去威尼斯小住了几天。

他在威尼斯期间，梅 · 克诺普在阿尔杰农 · 布莱克伍德的陪同下，从阿勒旺返回途径威尼斯时短暂停留了一阵，克诺普将布莱克伍德介绍给里尔克，两人一起在一艘贡多拉里度过了几个小时。布莱克伍德曾在德国上学，与里尔克交谈完全没有问题，却没有相应地与对方有更多的交流，后来他对这次偶遇的主要回忆是里尔克不协调的着装——黑色的燕尾服和圆顶硬礼帽。[41] 然而，在写给玛丽侯爵夫人的信中，里尔克感觉他们“在短暂的时间里交谈甚欢，也就是说，我们诚心诚意地彼此钦佩”，[42] 并发现他们有许多共同点。除萧伯纳之外，布莱克伍德是他曾见过面的唯一英语作家。

在这些依然艰难的几周里，他继续经常给露写信，感谢她来信的帮助，并且他说，要是在《马尔特手记》完成之后，他立刻就向她求助就好了。得知莎乐美从格布萨特尔听说克拉拉希望离婚的消息之后，他在写给她的信中平心静气地分析了他与妻子的关系：克拉拉曾经完全服从他，接纳他独特的性格，以他的方式写信，然而，当她不时意识到自己因此接受了多少违背她天性之物时，她对他表现出强烈的反感。“倘若一个人试图在这背后去找寻她，去探究自少女时期之后她变成了怎样一个人，那肯定会一无所获（除了她的母亲角色之外），只会发现这种周期交替的情感——她一再地接受我和排斥我。”他希望，如果精神分析治疗成功地将他完全从她内心中驱逐出去，那她大概能够从他闯入她生活的那一刻起重新开始生活。现在，他可以看出他们的结合为什么不现
209 实。“她要么就**是**我，以她全部的力量，如此一来对我而言太过沉重，她要么是一个**反我**（Contre-Ich），一个魔鬼的拥护者。”甚至她的工作在他看来也是一个谜，因为他无法理解，没有内心的冲动，怎么会有真正的艺术：对她来说工作就在那里，孜孜不倦地追求，稳定地取得进步——“更像是一间悉心照料的、为家人做饭的厨房”——他看不到有内心呼唤的迹象，呼唤她不惜一切代价，一头扎进真正的创造之中。他坦言自己担心她的结局——也许，对她来说与露特一起生活会比追求她的艺术更有益处。

他竟然拐弯抹角地认为自己没有任何的责任。“作为一个女人，她当然应该得到爱，因为被爱让女人完善，但有时候她脸上的表情就像是一种责备，会给我造成伤害”——他想起了罗丹夫人，一个震惊于罗丹夫人这种表情的年轻女孩曾对他这么说：“看在上帝的份上，她非得要摆出这样一张弃妇的脸吗？”[43] 实际上，这成了他们的船搁浅的礁石。无论最初无忧无虑的欣喜有多热烈，在他认识到传统的婚姻并不适合他时，这种喜悦都迅速烟消云散了；她一度试图相信的崇高哲理——“彼此孤独之守护者”，也并不符合她的本性，她不可能永远接受这样一种角色。然而，他是真心实意的，相比以往，现在他更不怀疑自己需要一个同伴：不是妻子，而是一个安静的伙伴，毫无要求，仅仅是为了“保

护他的孤独”。

他似乎觉得，克拉拉会照顾好自己。他更关心露特，她的学校教育仍然没有安排好，他对她的责任显然也更明确。这是一个难题，他能够公开告诉——也确实告诉了——对他的离婚计划尚不知情的许多其他朋友。像往常一样，他从母亲般的和姐妹般的同情者那里得到了许多建议，她们焦急万分地想把她们的诗人从这种世俗的烦恼中解救出来。玛丽侯爵夫人建议让露特上一所天主教修女学校，这没有吸引力，因为他回想起自己的青春就在类似的压抑环境中度过；他希望露特在瑞典的萨姆斯科拉这类学校中学习一些更进步的知识。从这个层面来看，埃娃·卡西雷尔的想法更有吸引力。她现在已经从罗马返回，她的丈夫是一所新成立的寄宿学校的领导人员，这所学校叫作奥登瓦尔德学校（Odenwaldschule）；更重要的是，她在信中写到，他们打算储备 10000 马克，帮助露特在那儿接受教育。对他而言，这似乎是一个理想的解决方案，他开始乐观地计算，如何用自己的收入补足需要的总金额。然而，克拉拉固执地认为露特应该与她一起待在慕尼黑。虽然如此，卡西雷尔夫妇仍坚持提供资金（这种帮助方式，在里尔克的祝福者中几乎已经变成了一种惯例），而不管露特去哪儿上学。“一桩奇迹，”他在 4 月写信给埃娃表示感谢，希望她能够想出某种合适的高明方法去管理这笔资金的支付（“我妻子和我
一样不擅长处理经济事务”），并建议她尽快去看望克拉拉，告诉她这个 210
好消息。[44]“我们的小女孩和她父母在一起没有无忧无虑的时光，我惊讶于她的宽宏和耐性……让她那样成长十年是一个不错的开端，但更为必要的是，接下来的十年应该经过深思熟虑，详尽地做好计划。”[45]

3 月底去威尼斯的短暂游览给他带来了很多好处，他感受到了暖和的天气，而且在孤独中得到了短暂的休息——总是很令人满意，他可能会说：现在露特的未来在一定程度上已安排妥当，他决心返回威尼斯，把那儿作为他的下一个中转站。4 月，侯爵夫人返回杜伊诺，卡斯纳暂时也住在那儿，里尔克给他们朗读了第二首哀歌。她似乎从来不会缺少的宾客开始到来，5 月 9 日，里尔克乐于离开这个喧嚷的社交环境，去威尼斯找了一间安静朴素的房间，在那里他随时可以独处。

三

接下来我无事可做了吗？

我应该就此止步不前吗？

（写于龙达，1913 年 2 月）

一到达威尼斯他就告诉基彭贝格，他尚未制定严格的计划，但至少会住一段时间，看看威尼斯能够给他带来什么，“因为，每一次我们似乎都没有彼此断绝关系，最好看看我们期望从彼此那里得到什么”。在最近的几个月，出版商给他带来一系列的好消息：《旗手》即将出版一个新版本，作为新丛书“岛屿书库”的第一本，这套书很便宜，但装帧优雅；《抹大拉的马利亚之爱》译本终于出版了，装帧设计一如他所愿，用一种非常合适的粗麻布装订封面。[1] 他在威尼斯收到的第一封信中，基彭贝格询问罗丹专著的版权，并提议出一个新版本，配上凯斯勒挑选的插图。基彭贝格最近去维也纳时，玛丽侯爵夫人给他看了第一首哀歌，可以理解他热切地想在下一期《岛屿年鉴》上发表一段哀歌的摘录，让里尔克继续得到公众的关注。基彭贝格竟然会得知这一信息，里尔克感到很高兴，他告诉基彭贝格，现在已经有了第二首，侯爵夫人和卡斯纳觉得更好；但他反对任何过早透露这部作品的想法。他知道，它需要很长一段时间来成长，就像《时辰祈祷书》，这部诗集的第一部分“在组合成书之前，年复一年地留在一位朋友的手中……我应该用同样的方式处置哀歌……我相信你会让我按照自己的方式去做，不会认为这只是我的奇思异想”。[2] 他在滨海大道上租了一个房间，但侯爵夫人说，她外出去波斯尼亚旅行时，随时欢迎他住进她自己的临时住所，瓦尔马

拉纳府邸（Palazzo Valmarana）中一间不大但装饰优雅的夹楼公寓，就 211
在大运河边上。这样做会带来社交方面的束缚，因此他一开始倾向于避开，继续待在自己更简朴的环境中；但在前往瓦尔马拉纳府邸，并在他选定的房间中住了一两个星期之后，他发现自己的房间虽然便宜但相当热，于是决定接受她的提议。（这座府邸中住着瓦尔马拉纳伯爵夫人的女儿阿加皮娅，一位 30 岁的漂亮女人，仍是单身，早已是他作品的仰慕者，也是那些心甘情愿的听众中的一员，他喜欢旁边有这样一位听众。阿加皮娅的存在大概影响他改变了自己的主意。）“我在这里支付的房租的确非常少，”他告诉玛丽侯爵夫人，“但我会用这些房租让那里到处开满玫瑰。”她的一位朋友，沃尔科夫－穆罗姆佐夫亲王，也为他提供了自己的住所，更宽敞，但他拒绝了这个诱惑：“我感觉像是一条狗，饥不择食地吞咽摆在面前的一盘食物，对别人劝说他接受更多的新鲜食物心怀疑虑。”[3]

公寓非常适合他。他 6 月 1 日搬进去之后，花费了一些功夫改变屋子的状况，以适应自己的需要：他增添了一张在犹太人区买到的小写字台，并且已经请当地的木匠做了另一张立式书桌（“我所有的欧式书桌中最漂亮的一张”）；他在阳台摆上绣球花和常春藤，到处都放着玫瑰花瓶。就连孩子们在圣维奥广场上玩耍的喧闹声和麻雀群的叽叽喳喳对他的打扰都越来越小，这些最后都变成了“一种夸张的寂静”的背景乐。[4] 即便这样去为工作做准备，还是收效甚微，只写下了一些伴随着哀歌出现的断片：尽管他在威尼斯只住到 9 月份，但给他的感觉却不像通常的那么短暂。“未来的到来多么缓慢啊——而且，一旦它到来，我就要听从它的安排？我迷失了，徒然等待着，没有准备好做任何事。”[5] 事实上，要摆脱杜伊诺那个独一无二的冬天的影响并不容易，这种感觉首先会让他重新想起，他应该返回城堡，进入“与世隔绝的孤独”中。[6]

6 月的时光缓缓流逝，他开始觉得，威尼斯毕竟没有给予他什么，这时，一件意料之外的幸运之事鼓舞了他的精神，于是他考虑返回德国去。卡洛 · 普拉奇前来威尼斯住了几个星期，他帮助安排了一次会面，将里尔克介绍给埃莉诺·杜塞。长期以来，他都盼望着见到这位伟大的女演员，甚至梦想着有朝一日看到她登台演出题献给她的戏剧诗《白衣侯爵夫人》：然而，虽然可以找机会见她，但他从未敦促自己前进，而是继续远远地仰慕她，更为重要的是，由于她与邓南遮广为人知的情事，他将杜塞视为另一位伟大的女性恋人，写入《马尔特手记》中。现在，他可以在 7 月 1 日去她位于滨海大道的公寓拜访她。“我能告诉你什么呢？”他写信给普拉奇，“它会永远完美——但我无法预见到的是
212 我们会见中无与伦比的温柔……那么多年我都搁置着我这个伟大的心愿是多么正确。我们不应该凭自己的意愿去搜寻彼此，我们必须遵循轨道前进，就像群星那样，那么一切发生的事都符合永恒的法则，符合宇宙的完满。”[7]去见她也许是他生活中最灼热的愿望，他告诉玛丽侯爵夫人：尽管他有一段时间失去了成功的愿望所必需的明确目标（“那就是目标射击，而我正在与一个无形的敌人剧烈地交战”）。他毫不费力地见到了杜塞，在他看来，这进一步证明，他毕竟踏上了正确的道路。[8]

接下来的多个午后，他们互相前往对方的住处，或一起去小岛上短途旅行。他暂时完全被她的魅力征服了，每天按照她的安排去活动，他不再像与安娜·德·诺瓦耶会面时那么腼腆，虽然当他回想起他与罗丹的经历时，还会微微担忧这些充满控制欲的名人会危害他的工作和他自己。杜塞当时 51 岁，3 年前因健康原因离开了舞台。她渴望回到舞台，但未能如愿，她因此变得很情绪化，对她隐居之处的少数朋友而言，她令人烦恼，尤其对西尼奥拉·波莱蒂而言更是如此。波莱蒂是她忠诚的年轻同伴，她雄心勃勃地试图专门为她创作一部戏剧，能让她恢复昔日的荣耀，正如里尔克马上意识到的，这不太可能成功；而且，正当她们要分开的时候，杜塞觉得对波莱蒂有一种责任。“多么奢华而又多么浪费！在她眼里，整个世界没有一个诗人，而她也不过是匆匆过客。”[9]他不顾一切地想帮助他们，与两人一起或分别谈话，但无法找到恰当的言辞，他知道自己在这样一场危机中不过是一根压伤的芦苇[1]。很久以前

[1] 压伤的芦苇（bruised reed），出自《圣经》（马太福音 12:20），后用以喻不可靠的人。

为她写作的《白衣侯爵夫人》太不成熟了，几乎有点不合时宜：尽管她深深地被这个念头所吸引，并催促他翻译这部剧作，但他不得不赞同玛丽侯爵夫人的观点，侯爵夫人很了解这位韶华已逝的女演员，这种梦幻般的空想并非她现在所需要的。“我担心你再次浪费自己的精力，”侯爵夫人警告他说，“你想帮忙——但帮助她可能吗？”[10] 8月初，杜塞和西尼奥拉·波莱蒂从威尼斯分道扬镳，里尔克感到松了一口气。但从那时起，他时不时会想到为她创造某个作品，帮助她回到舞台上。

他有为她做点什么的冲动，这也表明他处在人生中的一个至关重要的转折点上。某种程度上已经可以确定，他的未来没有妻子和孩子的羁绊，他可以自由地走自己的路，第一首哀歌已经隐约闪现出这条通往某种成就的道路。然而他还需要更多的东西：某个人的爱，心甘情愿，不要求回报，支持他去努力工作。在威尼斯完成的几首诗歌和诗句断片中，这种渴望依然是一个重复出现的主题，渴望沿曲线运行到一个轨道上，这个轨道穿过宇宙，“穿过曾经存在的未来”，[11] 期待某个肯定会来到他身边的“未来的挚爱之人”。

珍珠散落。唉，是否其中的绳线断了一根？ 213
再次把它们串起，于我又有何益：因为你，
亲爱的，紧扣着它们的坚实的锁扣，业已丢失。
难道还不是时候？正如黎明等待升起，
我等待着你，因消失的夜而苍白；
…………
仿佛一道荒弃的河床，
渴望来自高山的依旧神圣的雨
…………
正如一个人抛弃
他温热的双拐，将其高悬在一个祭坛上，
就让它躺在那里，没有奇迹无法再站起：
如果你不来，我定会辗转反侧，直到死去。

我只渴望你。石头路上的缝隙绝不，
当它沮丧地感受到小草破土而出的力量时，绝不
渴望整个春天吗？
…………
微渺之物如何出现，倘若未来之完满，
一切一切的时间，不向我们靠近？

你这不可言说的，难道你最终不属于未来之完满吗？
片刻之后，我再无法承受考验。我会老去，或者
被孩子们推到一边……[12]

机遇——或命运，正如他喜欢这么称呼它——无疑会引领他走向她，就像引领他走向杜塞，依照“那些无限正确的，为你完成一切的天命之一，因为从一开始你就认为，它们对你而言太过巨大，以至于你无法朝着它们做丝毫的努力。”[13]然而，它留给他的，是与往常一样的犹豫不决，不知去何处等候启示的降临，尤其是不再有经济压力的情况下——通过提取布拉格的遗产，他弥补了从岛屿出版社所获收入的不足。在基彭贝格手中，他的早期作品获得了新生，尤其是让《旗手》“策马而行”[1]，这在阿克塞尔·容克那里是从未有过的情形；8月时传来消息，容克终于转让了散文故事《最后一个》，以及《影像之书》的版权。对他来说，这是一种真正的快乐，他写信对基彭贝格说，也是他旅程的一个十字路口：“也许，总有一天我必须回到它那里，朝着相反的方向，或无方向地再次出发，追随独角兽的足迹，那永恒的独角兽……”[14]

[1] 尤其是让《旗手》“策马而行”（the Cornet in particular being ‘given a ride’），字面直译当为“《旗手》尤其被‘给予了一次骑行’”，指《旗手》转由岛屿出版社出版后，销量大增，成为当时的畅销书。given a ride 暗指《旗手》开篇的诗句：Reiten，reiten，reiten，durch den Tag，durch die Nacht，durch den Tag.（骑行，骑行，骑行，一整天，一整夜，一整天。）

他的优柔寡断给他增添了一种忧郁的气质，皮娅·瓦尔马拉纳如此评论说。“我习惯了威尼斯，正如我习惯了最近几年来生活的所有环境，”他告诉她说，“向它们过分索求，超过它们所能给予我的……用这支装上期望的手枪直接瞄准诸物（things），试图恐吓它们。”[15] 他在威尼斯生活得很艰难，他写信对西蒂·纳德赫尔尼说，实际上，它更应该是马尔特的，而非他的生活：他必须把它抛在身后，继续前往某个地方。他开始再次考虑去西班牙：有格列柯的托莱多看起来比以往更有吸引力，在那里度过深秋，不是去游览，而是真正地“尽可能像托莱多人那样生活”，这也许能够从视觉上和精神上带给他安慰。[16] 侯爵夫人告知她已返回杜伊诺时，他 9 月 11 日再次去那儿与她会合，并住了将近一个月，颇为享受地外出远足，他去了格拉多、靠近帕多瓦的绍纳拉、阿尔夸的彼特拉克墓，以及维罗那：但他越来越想去西班牙——他的下一个目标，让自己沉浸在格列柯的作品中几乎变成了使命的召唤。 214

也许是由于他已经下意识地做了决定，因此在杜伊诺时，有一次不同寻常的经历呈现出更深刻的意义。“帕夏”·塔克西斯是一位热心于用占卜板扶乩的实验者，里尔克参加了三场降神会，他远离其他人而坐，默默地写下自己的问题，等待着鬼魂通过占卜板这个中介物给出答案。他后来说，尽管他自己没有做灵媒的天赋，但他无疑愿意以自己的方式接受这种可能超越人类感知的力量的影响。至少可以说，这些场合给出的回答是隐晦的预言：但其中有一个愿意被称作“陌生女人”的人——根据另一个给予她名字的“声音”的说法，她的坟墓在巴约讷——她给出的信息似乎肯定他将要去西班牙。“那座桥，那座桥两端都有高塔……你到那儿时，走到桥下有巨大岩石的地方，然后歌唱，歌唱吧……”他确信那儿是托莱多，于是不再踌躇不定。“也许我是在夸大其词，”他写信给基彭贝格，告知他的计划，“但在我看来，这次旅行对我工作的进展而言，与曾经的俄国之旅同样重要……自从最后一次做出巨大的努力以来，我仍然充满期待，这可能也是我渴望尝试这个新方向的一个因素，我猜在这个新方向上，我工作的五花八门的路线将会汇合在一起。”[17]

他的想法是先去慕尼黑短期游访，看望克拉拉和露特，然后尽快离开，但复杂的情况却让他逗留了更长的时间。他有许多需要拜访的朋友，既有旧识，也有新交——安妮特 · 科尔布、埃尔莎 · 布鲁克曼、卡洛 · 普拉奇、已经在慕尼黑待了几天的西蒂 · 纳德赫尔尼、他多年未见的雅各布 · 瓦塞尔曼、霍夫曼施塔尔，甚至还有玛丽侯爵夫人，她正在前往斯图加特的路上，去观看施特劳斯的《阿里阿德涅在纳克索斯岛》的首演。他的母亲也出乎意料地来到慕尼黑，并且延长了逗留的时间；他与基彭贝格有许多通信，尤其是探讨岛屿文库版的《马利亚生平》以及新版《影像之书》的校对。暂时，他还为玛尔特感到担心——她突然离开了巴黎，似乎放弃了他为她寻找到的保障，并且可能会前来找他：他将自己的计划告诉她也于事无补。他花了许多时间陪露特，将埃娃 · 卡西雷尔慷慨的资助做好第一年分期支付的安排，把资金共同分配给露特和克拉拉。[18] 他们一起在慕尼黑度过的日子里，克拉拉显然很开心，在完成德默尔和霍普特曼的半身像之后，她也不缺少工作任务，但金钱还是会让她们的生活更有保障。

215 直到 10 月底，他终于可以离开了：然而他只不过是去钻研关于格列柯的文献，不断地去重复观赏《拉奥孔》，不知疲倦地观看并把它拿给朋友们看，这有助于缓解他的急躁，他从未改变自己的初衷，尽管随时随地都会听到朋友们的忠告，反对他去西班牙。他原本打算将旅程延伸至更远的南方，也许一直到西西里，但现在他觉得必须为工作去寻找独立的住所，刻不容缓。就在离开前，他听说在巴黎有一间空闲的工作室，他决定从新年起将它预订下来。这间工作室位于康帕涅－普勒米埃街的一座房屋里，他回忆起在那里完成《新诗集》的那个“多产的夏天”，相比回到那儿，他无法想象还有更好的去处。[19]

他尽可能直接前往托莱多，仅在巴约讷停留了一天。在马德里——令人讨厌，他认为，就像的里雅斯特一样——他换了火车，匆忙赶路，在万圣节早晨 10 点抵达这座位于塔古斯河岸的城市，立马陶醉在奇妙的景色中。他在那天晚上写信给侯爵夫人说，需要天使的喉舌才能描述它，他终于能够理解那个传说：上帝创造了太阳，径直将它放在托莱多的上空。“我已经到处走了一圈，对一切都有了印象，仿佛从明天起我永远都记得这些景象……两座桥，横跨在这条河流上，河流对岸就是丰富多彩的乡村，看上去就像某种仍在创造中的艺术品。”[20]

他从卡斯蒂利亚宾馆出来，在狭窄的街道上游逛，带着一种难以描述的确定感，仿佛一位看不见的向导用手拉着他，逛了一天，这一天就像上帝创世的一天那么漫长。他之前所有的旅行似乎仅仅是这次旅行的一次预先尝试，阿维尼翁、莱博、开罗，甚至沙漠都只是“我渴望游览托莱多的幻象”。“我曾爱过的多少事物盖因它们与眼前的景象依稀相似，盖因它们的心脏中有一滴托莱多的血液——而现在它本身整个就在我眼前……”[21]

很奇怪，他写信对皮娅·瓦尔马拉纳说，在西班牙语中你不是说［接受］散步（take a walk），而是说［给予］散步（gave it）——“dar un paseo”[1]：“这完全不符合我的情况，因为我什么也没给，只是接受而已，双眼都看了个够。”[22] 晚上，他经常会走出城市，走到荒无人烟之处，郊外山石嶙峋的风景耸立眼前，“就像每扇大门前的狮子”：我在那里徘徊游荡，先知们或许也会在那儿行走，我偶尔会对眼前的景象感到疲倦，于是闭上双眼说：现在让我试着在心里描画它吧，我就这么做了，难以形容，但当我再次睁眼看时，它变得更加丰富，更加美丽非凡了，我对自己一度想记住这些形象的想法感到绝望。这座城市不属于历史，只属于传奇。“一定是一位圣人和一头狮子造就了这片土地，使之拥有生命。”[23]

他几乎是住在大教堂里，他在写给母亲的信中说；[24] 在这片土地上，基督教信仰表现得更为质朴，人们允许狗进入教堂，狗也许是最虔诚的基督徒，虽然它们信仰的对象只是它们的主人。[25] 在这里，基督教、犹

---

[1]　原文为：in Spanish you did not take a walk，but *gave* it— ‘dar un paseo’。dar un paseo 是西班牙语，就是“散步”的意思，一般而言对应的英语是 take a walk，德语则是 einen Spaziergang machen，但是 take 的意思是“拿、取”，machen 的意思是“做”（make），dar 的意思却是“给”（give）。因此里尔克觉得奇怪——原来西班牙人的散步是“给”的。

太教，以及阿拉伯文化紧密地融合在一起，他可以想象，本来应该将列
216 奥纳多·达·芬奇带往阿拉伯半岛的旅行，也许实际上却将他带到了托莱多，去研究阿拉伯人的手迹，以及“其古老的秘密盘根错节的发展过程”。在他看来，这里唯一可能的读物只有《旧约》，打开圣经，然后在风景中读下去吧，这风景本身就是一本预言书。[26]

他来到这里是打算寻找托莱多的埃尔·格列柯，找到的却是埃尔·格列柯的托莱多：艺术家融入其中的托莱多，就像“一颗美丽的宝石嵌入这个庄严而又令人生畏的圣骨箱”，[27] 众多艺术作品，尤其是圣文森特教堂（church of San Vincente）中的《圣母升天》（*Assumption of the Virgin*）在这种气氛中获得了力量。他第一天的口号是希望——希望这些仿佛源自圣经的环境将会恢复他在杜伊诺中断的灵感之流。时机尚未成熟：经验来势凶猛，除了在书信中有所透露之外，他一时无法表达出来。他觉得这是他生活中最关键的经历之一，“我曾经历过的最重大的事件之一”，[28] 但是，在身体上或是精神上，他尚未准备好去理解它。首先，逐渐变冷的天气使他打消了原本打算在托莱多过冬的想法，到 11 月底，他知道自己要去更南的地方寻找温暖的气候；其次，渴望有一位恋人的想法依然困扰着他，这种渴望通过一首不完整的诗歌表达出来，这是几周以来唯一的作品：

> 来吧，是时候了。这一切都会
> 流经我，流经我，对你却是呼吸。
> 我凝视着它，为你之故，无穷无尽地
> 用贫乏之眼凝视，仿佛你已经开始
> 沉浸其中，已然爱着它……[29]

他一路向南，没有任何明确的目的地，他在科尔多瓦停留了两天，然后从 12 月 3 日起，在塞维利亚待了近一个星期。他告诉侯爵夫人说，除太阳之外，他不期望从那座城市得到什么，因此也并不失望。然而，科尔多瓦拥有某些他在托莱多看到的西班牙的本质，尽管大清真寺被可

耻地改造成基督教的教堂：黑暗中有几个纠缠在一起的小礼拜堂，使得他想“把它们清理出来，就像梳理美丽头发中的发结”。“在这巨大的空间（就好像一座大山的沉默）里，听到管风琴和唱诗班轮流吟唱的声音让人难以忍受；他不由自主地想到，基督教不断地把上帝切成块，就像切一张巨大的馅饼，而安拉是完整无缺的……”[30] 在塞维利亚时，一个偶然的建议将他引到龙达，位于直布罗陀与马拉加之间的群山中，12 月 9 日，他住进英国人在那里建造的雷纳 · 维多利亚旅馆——不太适合待在这种“史诗般”环境中，他写信对“帕夏” · 塔克西斯说，但在这个时节，旅馆良好的管理带来的舒适感特别受欢迎。[31]

舒适的环境之所以受欢迎，还因为他一直都感觉身体很不舒服。过去的好几天里，他感觉自己“病了，健康受到了损害，就像学生作业本上的一页纸，纸页上的墨水渍被橡皮擦出了破洞，我甚至无法弄清楚疾 217
病来自身体还是精神：因为我害怕我确实有一个破洞，在那里存在的两个面刚好可以接触”。[32] 他马上就会知道，龙达让他受益良多。托莱多无与伦比的经历还保留在他内心，但在龙达，他一看到那栖息在群山中的古镇，就再次为西班牙而惊叹不已，古镇几乎是“堆叠起来”的，一座不可思议的桥跨过瓜达莱文深谷，连接着两边岩石丛生的山丘，小镇仿佛将自身作为祭品，放置在一个巨大的祭坛上；房屋都刷着白色的石灰，但每座房屋的门户都涂上了彩色，几座微红色的教堂耸立在最高处；整个古镇高耸在清澈的天空下，“接受群山的永恒审判，而这些山，一座比一座古老”，敞开怀抱屹立着的群峰，仿佛一卷随时准备诵读的赞美诗篇。[33] 在这里，他甚至感到比在托莱多更熟悉：不仅因为小镇看起来符合“帕夏” · 塔克西斯在他离开杜伊诺之前，根据自己的梦进行的描述，更重要的是由于它显然是他曾在俄国看到过的一幅无名素描的原型，出现在一个年轻贵族很久以前进行环欧旅行时记录下来的日志中。绕了这样一圈回到起点总是会让他觉得有一种不同寻常的满足感。他觉得这片风景更具有格列柯的风格，在这里“我不知道人类灵魂的何种真理已经步入永恒，已经成为了一种存在，一种可见的存在，不管是牧羊人还是上帝的天使看见它，都肯定会有同样的感觉。”[34]

若不是冬天的话，这儿会是个落脚之处。春天是必要的，首先要能够专心致志地投入工作，进行自我调整，而他仍然无法克服心神不宁的状态。看见龙达就有的那种绕了一圈回到起点的感觉也是一种漫无目标绕圈的感觉；新的方向躲避着他。他碰巧发现，在安杰拉·达·福利尼奥的《教诲》中，有一个他先前做过标注的段落恰好描述了他自己的处境：智者、圣人，乃至上帝本人的一切祝福都毫无用处，如果这在她内心没有引起“一种新的活动”，一种内心的改变的话；没有内心的改变，“智者、圣人，以及上帝只会严重加深我的绝望，我的愤怒，我的悲伤和盲目，而不是给我带来好处”。圣诞节迫近时，他向露求助，自从一年前的危机过去之后，她还没有收到过他的来信。他告诉她，杜伊诺和威尼斯并没有给予他期望得到的帮助，托莱多也许能够激发起那种“新的活动”，但冷得令人无法忍受，再次导致他身体上的旧病复发：甚至龙达“高远清朗的天空”和周围的壮丽景色都无法使他恢复早些日子看到美丽风景时的快乐心情。“四五年前，即使是日出……也能让我变得从头到脚都感受到纯粹的快乐……如今我坐着看着，一直看到双眼疼痛，就像我必须将它熟记于心似的指着它大声念叨它的名字，但我依然无法理解它。”有时候他觉得自己太急于求成了：“我让印象刺穿了我，却没有深入理解它们。”[35]

他感觉到有一种“真正的阅读渴望，双眼所见的景象让他觉得枯燥
218 乏味”，于是基彭贝格给他寄了许多书——其中有里卡达·胡赫和雅各布森，尤其是施蒂夫特，非常切合他的胃口。[36]但他告诉露说，他渴望的是施马尔根多夫那样的环境：“长时间在森林里散步，赤着双脚……夜晚点上一盏灯，有一间温暖的屋子，通常还有月亮和星光，没有的话就坐着听雨，或者倾听暴风雨的声音，仿佛它就是上帝本人。”也许，他会像埃伦·凯那样（但最好不要与任何人“一起”），住到瑞典的一片黑森林旁边；要么住在德国一座小型的大学城里，在那里他能够阅读和学习一些东西。现在，他经常沉浸在古兰经中，对阿拉伯文化非常感兴趣——也许在这方面安德烈亚斯可以帮助他？“你看到，我一直在漫游，没有终点。”[37]

露充满同情的回信——尽管她承认自己无法完全理解他的抱怨——1 月初才寄到他的手中。她去了维也纳，卷入到围绕着弗洛伊德的圈子中，并且计划在那里待几个月，因此她觉得在夏天前他们不可能见面，她希望到夏天时他能够理清自己的想法。她明智地把他的状况比作收割之后的留茬地，毕竟他已经完成了两篇哀歌，两篇都让卡斯纳赞赏不已，她肯定接下来他会写出更多的哀歌。像往常一样，能在写给她的信中倾诉自己的忧虑对他来说就已足够了：等到收到她回信时，他已经开始发现它们是多余的。诗歌开始从他的笔端奔涌而出，这表明他自认为无法理解的西班牙印象实际上已经在他内心起作用了——开花的扁桃树，格列柯画作中的圣母升天，以及那些牧羊人，他在长时间散步时经常安静地与他们站在一起，所有这些都反映在他的诗歌中。哀歌仅仅是“注入我体内的灵感中一片微小的、撕下来的碎片”，[38] 但他认识到，他现在创作的诗歌还不是自己期望的哀歌续篇：

用那片云，看，那狂野地遮蔽了
窥视着这个瞬间的星星的——（也窥视着我），
用那片远方的山地，那拥有
此刻的夜晚和夜晚的风的——（也拥有我），
用那条山谷中的河流，那俘获了
天空撕裂时的微光的——（也俘获了我）；

用我自己，主啊，以及所有这一切，创造
独一无二之物……

可是，让我再次拥有群集的村镇
以及周围车辆纠缠在一起的声响
和混乱之罗网，无人陪伴，——
让我，在铺天盖地的旋转之上，
回忆起天空和溪谷的泥岸，

那里，归家的羊群出现在远方。

219 让我心如顽石，让我
能够承担牧羊人每日的劳作，
他来回走动时，皮肤晒得黝黑，
用抛出的石子，将参差不齐的羊群聚在一起。
他的行走，缓慢而艰难，他的身形令人伤感，
然而他立定时，辉煌无比。[39]

这首“西班牙三部曲”更多的是表达他创造的渴望，而不是创造物本身：但这是重要的一步，让他摆脱了困扰着他的盲目。“圣母升天”，诗歌“拉撒路复活”和“小精灵爱丽儿”（读了莎士比亚的《暴风雨》之后所写）仍然属于《新诗集》的行列，这些都是这段经历的直接结果。

他关于创造和宇宙的观念有三个层次：无意识之物和低级的植物和动物，人类，以及超越人类的、不可见的神秘整体，他称之为天使的领域，在这个领域中生与死合二为一。艺术家与诗人的任务是表达那些更高的领域——要是他读过弥尔顿的话，他可能会说“向人类昭示上帝之道不枉”：正如他曾在《新诗集》里所写的，不因满足于对“这一边”可见之物的观察和实事求是的描述而放松，而是进一步超越，就像他已经开始在哀歌中做的那样，去表达不可见之物，表达那个此世的一切存在都归于其中的领域，对这个领域而言，天使既是真实存在也是灵感的象征，他需要用天使来表达这个领域。他在这段时间的笔记本里写道：“凭借**万物**，我变得如此熟悉这个世界——但要确定它们的本质（而这正是我在过去许多年中感到非常困难的地方），我就必须超越人类，走向（作为一个新手）天使的那一边。”[40] 将他束缚在大地上的是未得到满足的对同伴的需要，以及此间生活与“伟大作品”之间持续不断的冲突，因此天使未能听到他的呼喊。

然而，在龙达时他感觉自己离目标更近。在西班牙，他发现了先知们的土地，一片《旧约》和《古兰经》的荒野；托莱多是一座超越了人

类，抵达群星的城市，“穿过可见之物的一切维度，从动物的凝视上升为天使的冥思的一个幻象”，而龙达则是一片“史诗的”景观，直接与整体发生共鸣。[41] 他想起早些时候的情景，他曾在杜伊诺的花园中感受到这种共鸣，还有一次是在卡普里：那种“穿越到自然的另一面”的感觉，当他对周围的环境依然有着完美而亲切的意识时，回顾它们的感觉仿佛它们就在肩头上。他也在笔记本中以第三人称的方式记录了这些“体验”：“他想起，对他而言它是多么重要……透过橄榄树柔软的枝条观察星罗棋布的天空，宇宙如何在他面前呈现自身，就像一张带着这种枝条面具的脸孔，还有，倘若他忍耐力足够的话，观察万物怎样如此完全地融入他心灵的清澈溶剂中，以至于他的存在中充满一切创造物的味道。”[42]

他开始重新发现哀歌的“本质”，感觉到天使的在场，“强大，还处 220
在存在的边缘”，[43] 灵感之天使。他再次拿起已在杜伊诺草就的诗行，继续写一个当时隐约出现的主题，形成的终稿将会成为第六哀歌的一部分：对英雄的颂扬，英雄之死，就像那些早夭者，并非如我们所认为的，与生命相对立，而是十足的生命之果实，是不可见的唯一整体的黑暗面。

生存

与他无关。他的现身就是他的存在……

而我们，徘徊不定：

哦，我们因我们的花期而欣喜，于是我们抵达
那早已被背叛的最后果实的迟钝之内核。
在少数人的胸中，行动的巨浪如此汹涌，
当绽放的诱惑仿佛温柔的晚风，轻触
年轻人的嘴唇、眼睑之际，
伴以丰满的内心，他们已经直立而起，熠熠闪耀；
也许，唯有英雄，以及那些注定早夭的人，
死亡这位园丁才会别致地扭弯他们的纹理。
他们纵身前跃，笑声留在身后
就像线条柔和鲜明的浮雕上，

卡纳克国王凯旋的马队。[44]

这些有所进展的轻微迹象，使得他延长在龙达的停留时间，比原计划晚一些返回巴黎看起来是值得的。他依然在经历一个过程，即“彻底翻耕存在的土壤”，他在1月初写信给基彭贝格说：“去年，哀歌的出现给了我一点信心，我觉得灵感可能会在这种不惜一切代价的努力之后无比迟缓地到来。”[45] 他必须经历这个过程，他告诉普拉奇：“我觉得这些只是在我身上发生的巨大转折中那冗长的转变，身体和灵魂都彻底发生变化，一个分子接一个分子……如果我能坚持下去的话，永恒会随之到来，无论我身在何处。”[46] 然而，他慢慢想起自己没怎么考虑到资金的问题。在西班牙的时候，他已经提取了布拉格遗产的余额，利用这笔钱预付了巴黎工作室第一季度的房租：但雷纳·维多利亚相当昂贵的住宿费加上来回的路费，显然已经让他两手空空，回到康帕涅－普勒米埃街之后，他缺少在所难免的装置房间的费用。基彭贝格再次伸出了援手，1月份500马克的生活费双倍支付给他，并且承诺在3月份的时候支付同样的金额。[47]

既然目前的经济压力得到了缓解，他也就不急于回到巴黎了。直到2月19日，他才离开龙达，途中在马德里度过了一周——这依然是一座不讨人喜欢的城市，“就像牙医正在医治的一个口腔，龇牙咧嘴，让人感觉非常不舒服”，[48] 但在普拉多博物馆里可以欣赏埃尔·格列柯和戈雅的
221 绘画。他度过了很糟糕的几周，他从王宫酒店（Palace Hotel）写信对西蒂·纳德赫尔尼说：“在那之前，有望进行短暂的工作，我的内心开始活动，但我很快就被抛弃了，后来只有糟糕的时光，身体和心灵都备受折磨……我总是觉得对这次旅行而言，这不是一个令人满意的结局……我渴望工作和宁静，很幸运，在巴黎有一个令人期待的工作室，但它空空如也，住进去前需要安置妥当（可怕的想法）。”[49]

第六章

战火中的世界

1913—1919

为了按照自己的意愿问心无愧地生活，我付出了代价。

（鲁德亚德·吉卜林）

一

当我内心涌起一股强劲的灵感之流时……我错误地离开，让自己陷入危险中。

（致皮娅·瓦尔马拉纳，1914年6月15日）

1913年2月25日，他抵达巴黎，在拉斯帕耶大道上的卢泰西亚酒店（Hotel Lutetia）住了几天，直到他从店里买来家具，将工作室安排得适合居住。像往常一样，巴黎是一处和谐的休养之地，给予他的“时光有着难以言表的希望”：尽管他模模糊糊地觉得，他在西班牙错过了某些至关重要之物，但离开的18个月仿佛只是一层薄膜，覆盖在未破裂的表面上，这个新的起点刚好能够接上他中断的生活状态，这座城市的影响力如此强大，甚至掩盖了杜伊诺和托莱多的经历。[1] 从西班牙这片异国土地回来之后，他写信给母亲说，他再次感到“无限地亲近”。[2] 这是一次“无与伦比的重聚”，再次穿过街道散步，一路都是熟悉的人物，也许有点老了，但其他方面毫无变化，乞丐们仍在同样的地点乞讨。“再次看到某个多年前的路人多么快乐啊，他因日常的忧虑而显得颓丧，我远远地认出了他，发现他胖了一些，穿着一件干净的外套，也许是去买一束花——确实，我知道他坚持活下来了。”[3]

第二天是大斋节的第四个星期天（mid-Lent），在这个节日，他不能收拾自己的房间，于是决定去索镇（Sceaux）找玛尔特，他知道她现在与一个俄国雕刻家住在那里。在一间乱七八糟的工作室里，她从一张门帘后面走出来，一听到他的名字，就像被惊呆的小鹿那样睁大双眼，她额头上绕着一条金发带，裹在一件白色的长袍中，就像一尊塔纳格拉陶俑（Tanagra figurine）。她花了一天时间准备去巴黎跳舞，但却有一种会有事情发生的预感——现在，不用说里尔克必须护送她。他没有
223 拒绝，因为他想听听关于她生活的一切；然而结果表明，这是一个令人沮丧的夜晚。他们错过了返回索镇的末班火车，他别无选择，只能和她在街头漫游到早晨，从一家咖啡馆晃荡到另一家，穿行在寻欢作乐的人群中，真是一对不般配的情侣。穿着长袍式束腰外衣和凉鞋的她，在名声可疑的女孩们中间，看起来就像“一个快要死去的小家伙，几年之后将会被封为圣徒”。她并没有跳多少舞，这似乎并不让她感到烦恼，只要能说话和吃东西就够了，因为她已经饿极了，带着迫切的渴望狼吞虎咽，“宛如饿鬼显形”。[4]

看到她过着这种可怜的流浪生活，而不是他曾经希望提供给她的有保障的生活，他感到难以言表的悲伤。她像一个姐妹一样与雕刻家叶尔齐亚生活在一起，并不是恋爱关系，这让里尔克松了一口气，她让他确信，这个好心肠的巨人，这位莫尔多维亚人（Mordvinian）对任何恋人而言，都会像一个穴居人那样令人难以忍受。他挣的钱很快就花出去了，他们杂乱无章的生活中，总是吃不饱饭，里尔克意识到她正在艰难地“穿过自由的泥淖”寻找自己的道路。叶尔齐亚提到要去意大利，她不会跟他一起去。她才 20 岁，前途一片茫然。里尔克将这一切详述给玛丽侯爵夫人听，说他感觉无能为力，只能顺其自然。“我既没有超然事外帮助别人的经验，也无法用爱去鼓舞别人的内心。我永远无法成为一个爱人者，这只会从外面触动我，也许是因为从没有人曾真正地征服我，也许是因为我不爱我的母亲……对我来说，一切爱都只是一种努力，一种任务，一种过度的劳累，只有对上帝，我才有一点确定的爱……”[5]事实上，几周之后，出于一时的冲动，玛尔特离开了叶尔齐亚，她接下来该做什么，他一点主意都没有。“也许她和我都需要你的帮助，”他写信给西蒂·纳德赫尔尼，她在北非旅行之后计划前来巴黎。[6]

返回巴黎的最初几天，玛尔特是压在他肩头的一个烦恼。他像往常

一样缺钱。重新安置家具，搬运和购买独自生活的必需品很快就花光了他手头的钱，他只得再次去试探基彭贝格的耐心，这次他给对方发了一封电报，“就像从海上的一艘船发出的雾中求助信号”。[7] 所幸的是出版社给他汇来了更多的款项；到 3 月中旬时，他安顿下来，期待着恢复“稳定规律的生活”，[8] 就在那座位于康帕涅－普勒米埃街的房子里，他曾经享受过这种生活。再次回到这个住处感觉妙不可言，离卢森堡公园只有几步之遥，公园里已经春意盎然：“我前所未有地认识到，在我的习惯中，瓦雷纳路是一个多么巨大的陌生之物啊。”[9] 他正在巴黎重新开始生活，他告诉朵拉·赫克斯海默：从《马尔特手记》起就开始的过渡期拖延日久，远比他所能预见的长得多，唯一的答案似乎是“再次给予我的内心一个简单的、开放的起点，待在巴黎比去别的任何地方都更合适，看看涌动的春潮能否载我一程”。[10] 尚在西班牙的时候，他就 224
向基彭贝格承诺说，一返回巴黎，他就会认真地安顿下来，翻译玛丽安娜·阿尔科福拉多[1] 的书信。他很早就找了个机会写信给纪德，他认为后者的建议非常值得珍视。翻译工作可以算作是分期偿还欠基彭贝格的债务，而且他自己也非常重视这项工作，紧随《抹大拉的马利亚之爱》和“半人马”之后，这会为他自己作品的到来铺平道路。在西班牙时，他也联系了罗丹，这是为了接着完成一项先前的提议，为曼海姆博物馆争取一件罗丹的作品，更重要的是，表达他的感激之情，感谢罗丹同意做模特，让克拉拉为同一家博物馆做一尊他的半身像。因此，罗丹也在他要拜访的名单之列，尽管直到 3 月底，大师的身体状况才允许他们在瓦雷纳路会面，当时他已经重新安置好在那儿的住所。（克拉拉的希望最终还是破灭了，她 5 月份来到巴黎时，罗丹诚心诚意地接待了她，并让她自由地使用自己在大学街的工作室，在那里她创作出自己最讨人喜欢的作品之一，西蒂·纳德赫尔尼的一尊半身像；但是，鉴于当时法国都还没有他的塑像，罗丹最终还是不愿意让她为一家德国的博物馆制作自己的塑像。）

---

[1] Maria Alcoforado，疑此处英文有误，前文及索引均写作 Marianna Alcoforado。

除了纪德和罗丹，里尔克现在唯一想见的人是埃米尔·维尔哈伦。他的目标是回到从前那种孤独的日常工作和简朴的生活习惯中去，留在书桌前，尽可能少出门，“像一个刚起步的年轻学生”，正如他在写给罗丹的信中所言。[11] 但日常工作几乎无法确定下来，罗丹的写字台和立式书桌刚安置好，他就已经被迫打破了自己的决定。斯特凡·茨威格也刚来到巴黎，他带来消息说 3 月 15 日起维尔哈伦会离开几天。他马上出门去了圣克鲁，与这位比利时诗人一起度过了下午和晚上，尽管他们经常见面，但像往常一样，对方宁静善良的品质和双方精神上的深厚吸引力还是让里尔克增强了信心。他也毫不犹豫地接受了茨威格的邀请，在 3 月 17 日去与他们一起午餐，同席的人有罗曼·罗兰和莱昂·巴泽尔杰特，后者是沃尔特·惠特曼的译者，他一改平时去素食餐厅的朴素环境就餐的习惯，前往格调优雅的餐厅去吃时髦的牛肉大餐。维尔哈伦的即将离开让他伤感不已，他回信给茨威格说：“我内心深处一直依靠着他，他的帮助如此重要而又自然，当我终于返回巴黎时，就想着经常去探望他。”[12]

这是一个例外，但他不会感到后悔。维尔哈伦像以往一样出色：但他对罗兰的印象最深刻，长期以来他们都是近邻，罗兰就住在蒙帕纳斯大街，但之前两人从未见过面。他还没有读过《约翰·克利斯朵夫》（后来，他费力地阅读这部有助于理解法国和德国的不朽之作，发现它的冗长乏味令人沮丧）：然而其作者马上表示谅解，他的容貌像一位不知疲倦的学者，病弱而憔悴，面前翻开的书页折射的光线让他看起来脸色苍白，但凭借某种天赐，他那疲倦的双眼总能恢复“童年时期的纯蓝色”。
225 “镇定自若，经验丰富，成熟稳重，宽厚仁慈……一切意图都纯洁无邪，所有这些气质都从他身上散发出来，就像一个婴儿的身体散发出芬芳的气味，刚好带着这种发自内在的天真无邪。”[13] 没有艺术家，也没有诗人是这样的，他后来想到，但是这种气质是如此坚实可靠，通过一种意志的行动有意识地建立起来，远胜于去遭受艺术家的魔鬼或天使那周期性的袭击。

至于茨威格，能够将这三位他最钦佩的人聚在一起，他感到非常满足，从他们发表的迥然不同的见解中，他感受到一种近乎感官的愉悦，在他可以远眺巴黎皇家宫殿的旅馆房间里，他们畅谈了一整个下午：罗兰，脸色苍白，让他想起一幅廷斯·彼得·雅各布森的画像，他那语调平静的法语完全不会给人矫揉造作之感；里尔克，皮肤被南方的阳光晒成古铜色，身材修长，充满孩子气，栩栩如生地描述与托尔斯泰的会面中见到的每一个人；维尔哈伦，身材宽大，精力充沛，满肚子都是生动的奇闻轶事，口若悬河地谈论法国艺术的发展。所有人都分享了里尔克对西班牙的热情，罗兰的统一欧洲思想和道德的理想，不过里尔克和茨威格都觉得，要达到这个目标，法国人比德国人更需要教育。对主人而言，这是“令人难忘的时光，触及生活的方方面面”。[14]

对里尔克来说也是如此，他在写给玛丽侯爵夫人的信中说，那是一段欢乐的时光，他很乐于继那次会面之后与罗兰交换书籍，相互拜访。罗兰的书房坐落在蒙帕纳斯大街，狭窄的空间摆满书籍，里尔克觉得略微有点沉闷，与他那光线充足、空气流通的工作室形成对比。罗兰的衣着非常考究，扣子扣得紧紧的，“仿佛这个地区冬天的隐喻，严严实实地裹在大衣里”：但他们很快就相互理解了。[15]罗兰听里尔克详尽地谈论他抑郁不乐的童年，谈论纪德和《马尔特手记》的翻译、罗丹和大教堂以及他们对埃尔·格列柯所持的对立观点，或者看里尔克安静地坐着，欣赏他从格里高利圣歌或古希腊音乐转录的钢琴谱，他觉得里尔克是一位孤独的隐士，这与他先前从茨威格的描述中得来的印象一致。从此之后，他们很少见面，但里尔克觉得他得到了一个宽厚仁慈的朋友。

茨威格住在巴黎的剩余几个星期里，里尔克一反常态，花了很多时间与他见面，回请他吃午餐，与他一起穿过这座他们热爱的城市散步，甚至把一些最近的诗句拿给他看，将自己珍藏的《旗手》第二版（1904）的手稿赠送给他。茨威格觉得自己的确很荣幸，有机会一窥诗人的工作室，在他心目中，这位诗人甚至远远超过了格奥尔格和霍夫曼施塔尔。他得知，对里尔克而言，他的写作多么像一种祈祷行为，恰当的奉献未必会有收获：“大作”在杜伊诺已经初露端倪，而他现在正为可能不会到来的续篇而努力奋斗。[16]

在他们范围广阔的交谈中，茨威格觉得对方举止沉着，态度谦虚，
226 不会让人联想到他深陷麻烦之中。3 月 30 日，在写给西蒂·纳德赫尔尼的一封信中，里尔克将自己的内心生活比作纠缠不清的线团——人们也许能够不时从中找到一些惊喜，但他只渴望找到“单独的绳线，日复一日地在固定的织布机上工作”。

> 人们对我没有好处……我感到他们都心怀善意，但这没有用，正相反，最后的结果都是我给予，给予，而不是始终占有……我说这一切只是……因为你会来看我，否则你不会理解是什么让我感到无限的悲伤、抑郁和恐惧。你看：玛尔特，她（我两年前就这么幻想）接受了教育，成为一个完整无缺的人，保护我的存在——现在对我来说，只有一个令人绝望的担忧和苦恼，即她没有向前迈进，深入生活的沙土之中……我再次陷入新起点的压力中，我想尽量有一个好的开端（但它很容易就被摧毁），我想要的只是纯粹的精神生活，每天都一样，没有烦恼，没有对我的要求，一切期望都转向内心，从中我的下一项任务肯定会浮现出来。[17]

“无论我如何努力隐藏起来，人们都能找到我，而我一旦被找到，我就像一个热奶油蛋糕那样被吃掉，”他在同一天写信对罗丹抱怨说。[18]

然而不单是“人们”的要求，本来应该留给工作的精力，在社交上浪费掉了，这才是他麻烦的根源所在。拜访罗兰，邀请茨威格来访，在玛尔特出乎意料地前来拜访时读一本书逗她开心，甚至在米米·罗马内利抵达巴黎时前去接她——事实上，这些无一不让他不合时宜地离开自己的书桌：虽然他对茨威格说，有一些工作正在收尾，甚至有一些关于哀歌主题的草稿，而且在 4 月期间，无论如何他已经感觉到“内在的转变”即将到来。让他感到不安的是，他逐渐意识到，其他人的要求与其说占用了他的时间，不如说积压在他的关心与爱的内心仓库里。他需要的是，如果他最终能完成那“伟大的作品”，找到某个他能够不求回报

去爱的人，努力获取那种完美的爱情，在其中葡萄牙修女和《马尔特手记》中的浪子找到了他们的幸福。他已经将“伟大的爱者们”自我克制的经验提升到哲学的高度，现在甚至将它延伸到上帝之爱，在一篇也许是为演讲而起草的稿件中，他主张上帝的真实之爱无须相互作用。而且，当他继续翻译阿尔科福拉多的书信，并接着翻译路易丝·拉贝的十四行诗时，他越来越清楚地认识到他必须将这种哲学应用到自己的生活中。

米米·罗马内利暂住巴黎期间，看上去他大概是努力避免见到她：但她如此渴望他的爱情，她只要在周围就不可能不给他带来影响，在他大约这个时候写下的一条值得注意的日记条目里，可以看到米米对他心绪的影响。就像在杜伊诺记录下那次“体验”一样，他用第三人称写下了一些文字，分析了他“陈年旧月的致命错误”，那种轻易就回应其他人的爱的做法：

> 难道他毫无困难就度过了人生中的所有岁月吗？他决心变成这样，就在他 38 岁的时候——去改变，他告诉自己，去改变。当他整个人都感觉到一种无限的渴望，渴望去爱的时候，他得出一个痛苦的结论：他永远无法找到自己爱的对象，因为他只会接受，屈服于那些自认为爱他的人。众多脸庞蜂拥而来，面对着他，遮住了他的视线，让他无法看到那张羞涩的、忧郁的脸——那是他遥远的爱人[1]的脸。在那些清晰的轮廓——那是爱过他的人——变得模糊之前，她隐约可见的形象就消逝了。19 227

从不索取的“未来的爱人”的幻象仍然高悬在空中，仿佛他面前的一片海市蜃楼。在找到她之前，他无法改变自己；与此同时他的抑郁得不到缓解。“多少幽灵纠缠着我啊，它们以为我就是它们的家……我的天使出现了，但我逆路而行，已经远远地落在它后面……其他所有人都为他

[1] 爱人（beloved），指里尔克爱的人，与主动爱他的人（lover）相区别。

们的生活而工作，似乎只有我，耗费时间竭尽所能啃噬自己的生活……当我见到善良的维尔哈伦时，他纯朴的心拥有的信念会让我为自己的处境而感到羞愧。”[20]

随着5月的到来，访客带来的压力逐渐增加，他关门拒客的决心悄无声息地消失了。“那么多的人，无数的见面，各种要求和问题，或真诚或充满敌意的影响”：[21]他似乎只能谈话，无法做别的任何事情。克拉拉前来巴黎时是否与他待在一起尚不清楚，但他们肯定经常见面，一起去默东探望罗丹，并在5月底前往桑利斯和弗勒里内短途旅行。西格弗里德·特雷比奇待在巴黎的时间幸好很短暂，里尔克设法和他保持距离；而其他人，事实上远不是那么不受欢迎。他花了很多时间陪伴西蒂·纳德赫尔尼，在她从突尼斯旅行回来后，他急切地盼着她来巴黎；在许多场合，他也乐于将奥托·冯·陶贝及其表兄弟罗尔夫·冯·温格恩-施泰恩贝格当作他的客人，他早就期待着与他们见面。基彭贝格在5月时来了几天，主要是为了从罗丹那里得到一系列新的插图，插入他正在筹划的新版《罗丹论》，里尔克也乐于去见见他。出版商离去时，随身带上已翻译好的阿尔科福拉多和路易丝·拉贝，随后里尔克很快收到了岛屿书库版的《马利亚生平》的样书，这本书题献给福格勒，而《影像之书》，在岛屿出版的第一个版本是特别限量版。

即将出版的这些诗集、译本、新版《罗丹论》，以及《最初的诗》，让基彭贝格有充分的理由对他的作者感到满意。现在，买下早期戏剧《日常生活》的版权之后，基彭贝格终于将里尔克所有的作品集合在一起，放在岛屿出版；而里尔克已经在巴黎安顿下来，有着源源不断的收入，其中有出版社支付的稿酬，其他朋友们的资助，很可能还有一笔来自布拉格的额外津贴，未来看上去似乎一片光明。显然，基彭贝格是带着愉快的心情和里尔克道别的，根本想不到对后者来说，这个新的起点
228 多么艰难，经常的人来人往又是多么令人烦恼。因此，当他返回莱比锡之后，听到里尔克的生活出现了危机让他深感震惊。前来拜访的人变少之后，里尔克在6月3日写信给基彭贝格，说他感觉自己精疲力竭，离崩溃不远。巴黎突然变得像8月份一样酷热难当；一个邻居的钢琴声日

益让他感到精神紧张；而罗丹，突然性情大变，就像 8 年前解雇里尔克时一样出人意料，不仅撤回了他与基彭贝格商定的使用照片的许可，显然还下定决心与里尔克老死不相往来。紧随这些事情而来的是西蒂的哥哥约翰内斯·纳德赫尔尼自杀的消息，这是一个里尔克觉得非常亲近的人，一切看起来都超出了他忍耐的限度。他需要独自隐退到某个地方休养，于是考虑再次去森林中的巴特里波尔曹疗养几个星期——假如，他希望，基彭贝格能够理解他的想法，出资让他前往的话。

基彭贝格拍来一封令他安心的电报，于是他在 6 月 6 日去了里波尔曹，整个人沉浸在他渴望的宁静中，在经历巴黎生活带来的心理压力之后，他尽情地享受着易地疗养带来的身体上的放松，他在松林里散步，安静地阅读歌德或马丁·布伯。“我必须屈服，暂时像一棵树那样生活——它不能写作，但它无疑能不受打扰地穿过整个空间沉思，直到接近上帝。”这当然很好，但在那儿度过的几个星期并没有减轻他内心的彷徨。“我在这里休息着，每天无忧无虑，但多少会感到有一些心神不宁。”[22]

旅馆里的客人相对而言并不多，其中有一位叫黑德维希·伯恩哈德的年轻女演员，她深深地吸引了里尔克，成了他的知心女友，他花了许多时间陪她待在阳台上，或一起去散步。他去俄国、西班牙、威尼斯、卡普里和杜伊诺旅行的经历让她着迷，他温柔的声音“娓娓道来，就像美妙的音乐”，意大利的地名从他口中说出来，就拥有一种“无与伦比的魔力”。[23]“我多么想念你，”7 月初，就在她离去的第二天他写信对她说，“我们真的是在散步吗？难道不是在飞翔、流动和奔跑吗？我们不是用你内心的力量填满了整个空间吗？……愿我对最伟大的渴望在你对我的渴望中生长壮大……今天我愿什么都不做，只是想你，工作会因此而开始——在这工作中，我将我挚爱的孤独奉献给你，我的爱人，你带着所有的美和完善来到了我身边。”[24]

尽管他言语中充满自信，但这场爱情短暂的花期并不足以将他带向“工作”，他依然感到彷徨。他选择去里波尔曹是因为那儿离巴黎不远，但他现在还无法让自己返回到书桌旁。他觉得自己需要继续改变环境，因此，当他在德国四处寻找进一步的临时避风港时——去弗里德豪森，如果“诺娜夫人”可以收留他的话，或去莱比锡与基彭贝格一家待在一
229 起——哥廷根和莎乐美会再次吸引他并不让人感到惊讶。寻求她的帮助有一个实际的理由，因为基彭贝格正焦急地想让他完成《最初的诗》的定稿，关于此，没有比莎乐美更好的顾问；但最重要的是，她总是能给他提出明智的建议，他期望得到这种建议带来的安慰。他一拿到7月份的生活费就出发了，去靠近莎乐美的地方住了差不多两个星期。

他事先告诉黑德维希他会去哥廷根探望“老朋友们”，当他7月21日离开时，他再次写信给她，信中说这段时间几乎像是回家：时间飞逝，“就像只过了一天”，他与最了解他的人在一起，他们“从一开始就了解他，当他尚在黑暗中独自摸索时……差不多可以说，确实，仿佛是他们带上他，一起前进，而他只是悄悄地走进他们在身旁为他这个浪子保留的地方……这就是我所经历的，亲爱的，让自己走进那在质朴的生活中围绕着他们绽放的一切荣耀，就像走进一个收获的季节。”[25] 又一次，露的出场似乎给他——即便只是模模糊糊地——指出了道路。“我时常觉得，你知道一切，你就是一切，带着这种想法，我慢慢地开始过一种新的生活，”他在离开的第二天写信给她：尽管他无法复述她曾告诉他的话，或者去解释它看起来是多么正确无误，但他感觉到它“日夜在我的血液中”循环。[26]

在刚向弗洛伊德学习过的莎乐美看来，他们的谈话既是一个病例研究，也恢复了两人旧日的亲密关系。他们4年没有见面了，在与《马尔特手记》拼搏期间，他一直陷在抑郁的情绪中：如今，正如她在日记中透露的，她再次看到了真实的莱纳，他不再是那个精神分裂的人，那个曾经被内心的“另一个人”不断烦扰的人。[27] 通过诗歌“那喀索斯”，她将会深切地认识到他持续的自我反省呈现出的危险，这首诗是他最近在巴黎写成的，现在他将它转抄给她：

当我凝视着，直到我消失在
我自己的凝视中时，我似乎携来了死亡。[28]

然而她觉得，对他来说，在某个地方有一种安静的成长，通往完善，“即便他的生活中充满苦难，而且肯定会深受怀疑的折磨。每天我都感到高兴，相比以前，我几乎很少为莱纳感到担忧。”她认为，他将要经历的生活源自这种人格的重新统一，对此身体似乎采取了它的报复措施，“像往常一样，不再以孤立进攻的方式，或者以单独的特殊症状的形式，而是作为一个整体——一个能够预见到疾病的身体，而且没有衰老的迹象，仿佛为了跟上时间的变化和发展，一种意志薄弱的犹豫和无能取代了老化的进程……对他来说，身体本身变成了‘另一个人’。”[29]

这是一份敏锐的观察报告。她可能，也可能没有将这些话告诉里尔克：但是，他在后来写给玛丽侯爵夫人的信中说，没有人有这样的洞察力，没有人“如此坚定地生活在她旁边”。他离开哥廷根之后的 8 年 230
中，似乎一切都没有变，甚至可以说一切都进一步增强了，他告诉埃伦 · 凯：“露陪伴我的时候，我和她有过那么多的谈话，而这些谈话又带来了多少灵感和快乐啊。”[30]

在那儿，他认真地考虑接受露的建议，遵循在里波尔曹取得的良好开端，去位于里森山克鲁姆许贝尔的著名疗养院做进一步的疗养。无论如何，他都无法与基彭贝格一家住在一起，因为卡塔琳娜外出了。然而，还有一个有诱惑力的替代方案：海伦妮 · 冯 · 诺斯蒂茨从海利根达姆写来热情洋溢的信，邀请他去那儿度假，这个安静的度假胜地空气清新，坐落在波罗的海海岸的山毛榉林中，她 7 月份会在那里度假，而他在决定去那里追随他们时，刚刚踏上莱比锡的土地。他打算稍后再去疗养院，因为现在他突然感觉自己需要大海。因此，他在莱比锡只住了几天，但每天都很有意思——再次与基彭贝格去魏玛游览，会见岛屿出版社的专家施泰因多夫，他是一位埃及学家，里尔克可以和他谈论尼罗河和艾斯尤特，而且还发现了他的年轻同乡弗朗茨 · 韦费尔的作品，“伟大的诗人，我只能这么称呼他”。[31] 在莱比锡期间有一件事让他大吃一惊，基彭贝格透露了其他朋友们为他的月生活费捐资这件事，对此他深感自责，因为针对这种慷慨之举，他只能做出微不足道的回报——他

“四处散布这个消息，鹦鹉学舌似的不断复述”。（基彭贝格披露这个消息，可能是为了激励他无所收获的诗人；事实上，里尔克写信给露，请她仔细查看他留给她照管的《基督幻象》手稿，也许认为这组被长期遗忘的诗歌现在找到了出版的机会。当然，她发现它们的基调与哀歌大相径庭，但他“在这些过去的基督幻象和即将到来的天使幻象之间”创作的一切，在本质上显现出一致的发展进程，这让她深感震惊。）[32]

7月28日，他去了海利根达姆——他在写给玛丽侯爵夫人的信中说，这是为了看看他的直觉是否正确，看看海边的空气是否能带给他所需之物，以及他是否确实可以完全放弃在克鲁姆许贝尔进行疗养的念头，或者至少缩短一些疗养的时间。“毕竟，医生只能帮你找到身体上的疾病。”[33]当他去拜访海伦妮·冯·诺斯蒂茨时，她觉得他看上去变老了，“黯然无神”，仿佛他给自己披上了一件隐形的斗篷，以此在格格不入的环境中保护自己。[34]起初他犹豫不决，但林间的静谧征服了他，并且罗斯伯爵夫人恰好也在那里，他上次见到她是在卡普里，与她交谈能让他重新回忆起阿莉塞·芬德里希，以及他们在那段遥远岁月中的其他朋友。诺斯蒂茨一家离开之后，他继续住到8月中旬：毫无疑问，他开始逐渐摆脱了精神上的抑郁。他越来越少地沉浸在自我之中，他的书信也显示出更轻松的心情和一种崭新的智慧。“看来，出人意料恰好是我生活的规律，因此在这里，我相当意外地再次找到了自我，”他写信对黑德维希·伯恩哈德说；[35]在给皮娅·瓦尔马拉纳的信中，他写道：“也许，我开始获得一种新的生活，在许多方面都是如此，这一方面是由于
231 我彻底理解了自己的弱点，在过去几年中它一直沉重地压在我的心头，至少我认为情况如此；另一方面是由于精神分析方面的某些非常意外的启发，而这归功于一位学识渊博的朋友……一个奇迹，皮娅，希望，快乐，我已经瞥见了一种全新的治疗方法，生命与死亡的艺术将会让我们成为……真实价值的拥有者……”[36]

自从5月份离开巴黎以来，他第一次能够拿起笔写诗——尚未恢复写作哀歌的“神圣的灵感”，但却以一种新的基调，开始努力去表达可表达的极限：

在无辜的树后面
古老的命运慢慢显现出
她沉默的脸。
皱纹蔓延到远方……
这里，一只鸟尖叫，那里
一道痛苦的沟纹
从艰难诉说真相的口中绽放。

哦，这些几近于恋人的，
带着他们非告别的微笑！——
他们星座的命运
超越并征服了他们，
陶醉的夜晚。
它尚未把它自身奉献给他们的经验，
它仍然保留着，
在天空的道路上徘徊，
一种虚幻的形式。[37]

现在，他几乎只读韦费尔，无限赞赏韦费尔的作品。“我以前从未这样去体会，去凝视诗人的形象”，他写信对韦费尔说，“那些在我们之前的，以及我们同时代的诗人，可以说总是在那里，而我们自己看上去像是在一片云中慌乱地奋力向前，走向试图对我们施以援手的神——如今，这多么美妙啊，那些早已成熟的诗人眼见您如此纯粹地崛起，您上升的光芒笼罩着世界，将它带向黎明。”[38]他的热情导致他稍后草就了一篇文章“论青年诗人”——通过韦费尔，他对完成自己的使命重新充满了信心，在哀歌的写作看似陷入困境之后，他原本已经丧失了这种信心。“说到底，什么才能够改变一个人的处境，他从早年起就注定要在内心深处唤醒那种其他人在心中压抑和控制着的终极情感？”[39]

他重新对埃及的事物感兴趣，这是另一个恢复的征兆。在莱比锡

时，施泰因多夫曾给他看自己的收藏品，其中有一件是新发现的阿蒙霍
232 特普四世头像的复制品，他在途经柏林时看了原物，并且立刻在袖珍笔
记本中记录了他对这件卓越之作的印象：

> 就像橡子位于其杯状的外壳里，王冠也躺卧在杯状的能容纳的头像中：它是头像的一部分，二者一起构成了王权的独一无二的标志，天堂结出的芬芳甜蜜的王之果实。（一张脸如此轻巧地躺在头像的中心，几乎就像日晷在巨大的倾斜石板上所处的位置。脸，无声地垂下来，哦葡萄园，来自骸骨的斜面……携有灵魂之葡萄酒的巴克科斯。这张脸结构上的诸多特征互相结合，浑然一体，因此，在没有任何附加物的情况下，它们自身得到了最纯粹的表达……）

这些印象经过浓缩，不久之后从经验中迸发出来，形成一首短小的诗歌，标志着他持续不断的进步：

> 如同年轻而绚丽的草地穿过一片
> 轻轻伸展的生长之毯，在季节的感觉中，
> 会顺带覆盖一道斜坡
> 风一样智慧，敏感而温柔，几乎是快乐地
> 沿着山峰危险的峭壁前行：
> 如此，鲜花盛开、温柔易逝的脸
> 栖息在颅骨的前方，仿佛携着
> 铺在斜坡上的葡萄园一路下降，
> 延伸进宇宙万物，面对光的闪耀。[40]

他写信对玛丽侯爵夫人说，阿蒙霍特普和韦费尔“是我那不无悲哀地拉长的精神椭圆的两个焦点”。[41]

当时，海利根达姆给他带来了宁静的快乐。在他的计划里，去克鲁

姆许贝尔的疗养仍然未确定下来，而且正如他在写给露的信中所言，他感觉自己尚未完全恢复：但他将一切都归功于他的直觉将自己带到了海边。他恢复了信心，但在返回巴黎这件事上他还不够坚定，有越来越多的理由使得他长时间待在德国。9 月 7 日是第四届国际精神分析学大会，预计在慕尼黑召开，露将会出席，就在那个月克拉拉打算带着露特搬进一间新公寓，因此，这两个理由让他觉得自己应该去慕尼黑；稍后的秋天，克洛代尔的《给圣母马利亚报信》将会在靠近德累斯顿的赫勒劳首演，在那里或在莱比锡他可能有机会与韦费尔会面。

然而，显然这一切——还有克鲁姆许贝尔，如果他去的话——将会花费很多钱，有朋友们的慷慨资助他也负担不起。因此，就在离开海边之前，他带着焦虑写信给基彭贝格，详细地列举这些计划，问他是否能从其他渠道争取到额外的资金，比如说从席勒基金会——就在这封信寄出的当天，他又紧接着写了一封信，为他明显的软弱而悔恨地道歉："过去几年不规律的生活如今得到报应了，一种迟来的报应——无论何时，当我试图依靠我的每月生活费生活时，都发现只有不足、赤字和 233
亏空，永远没有尽头。如果有朝一日，你觉得必须告诉我，我已经危险地超支了预算的费用，那我就会坐下来，写一些能够直接换算成钱用于偿付的文字——要不，如果什么都不给我的话，我就接受别人的殷勤好客来度过冬天，在没有生活费的情况下工作，以此让我的账户情况好转……"[42]

基彭贝格回信说，去年确实有大量的超支，他开始对未来的情况感到担忧。其他人的资助将在 1914 年底终止，此后里尔克的生活费将会回到每月 250 马克的状况，这样的话，即便考虑到可从《罗丹论》和阿尔科福拉多书信集的出版中得到一些版税，他也很有必要更严格地预算生活开支。但基彭贝格在里尔克文雅的勒索面前屈服了——因为他知道，仅仅为了收支平衡迫使诗人去做苦工会是一种灾难——他在发出警告之后告诉诗人，9 月份将会有额外的 750 马克，这笔钱即将到账。[43]当然，他的警告无济于事。里尔克无法改变他的生活方式，以预防他在经济上必然会出现的"赤字和亏空"：在几周之内，甚至在拿到这笔慷慨的额外津贴后，他还请埃娃卡西雷尔预支 2000 马克给他——这自然算作是一笔贷款，但偿还的前景堪忧——这 2000 马克是从原本为露特的教育而保留的基金中支付的（露特的教育基金实际上以生活费的方式按季度支付给克拉拉）。[44]

就在 6 个月前的巴黎，他清楚地认识到忙碌的社交生活有害无益，因此他渴望在彻底的孤独中按部就班地工作。然而，现在他在柏林已经住了差不多 3 个星期，然后又前往慕尼黑，他似乎在故意延期返回那个能找到孤独的地方，表面看来，他尽情享受着计划中的和意外的会面，它们蜂拥而来，“每天，时间都从我身边走过，超过我匆匆前行……我旅行——周围的环境不断变化，而我随它们而改变，我多年未见的人们不期而至，向我描述尚未褪色的往昔时光……”[45]

他从海利根达姆起程，穿过汉堡——克拉拉和露特在这里待了几天——顺便拜访了就在附近的韦尔曼一家，接着拜访了伊沃 · 霍普特曼和埃丽卡 · 霍普特曼，他们现在住在布兰肯尼塞（Blankenese）。在柏林，他高兴地与黑德维希 · 伯恩哈德和玛丽侯爵夫人重聚，他自然立马带后者去观赏了阿蒙霍特普的头像；下午的时光与女演员莉娅 · 罗森一起度过；夜晚则去剧院。他抵达慕尼黑时，恰好赶上与露一起出席精神分析学大会的几次会议，她积极地把他介绍给诸多杰出的参会者，包括弗洛伊德——他们一起度过了一个晚上，还有瑞典的医生波尔 · 比耶勒，“对我来说，他们是一些卓越的重要人物，他们所代表的整个潮流和疗法确实是最重要的医学运动的一部分，是尚未形成的人类科学的一部分”。[46] 他们再次与格布萨特尔见面，还见了荷兰作家弗雷德里克 · 范
234
埃登。

他帮克拉拉搬了家，花了一些时间陪她和露特，终于拥有自己的房间让露特感到很开心。然而，他还有许多人要见——“仿佛在一支游行的队伍中，旁边经过的人我几乎全都认识”。[47] 实际上，他的日程安排得满满当当，他在写给西蒂 · 纳德赫尔尼的信中说，他抵达那里一周之后，他甚至没有时间再次去观看埃尔 · 格列柯的《拉奥孔》。霍夫曼施塔尔和去年一样，住在同一家旅馆，他们不期而遇，谈论彼此对韦费尔

的印象，霍夫曼施塔尔已经在布拉格见过他，在韦费尔的赞美声中，他比里尔克更加谨慎。他尤其期待与雷吉娜·乌尔曼见面。1909 年，她曾给他寄过自己处女作的手稿，那是一首以散文形式写作的戏剧诗，他意识到这部作品中包含着不同寻常的天赋，曾热情地把它推荐给基彭贝格；在那之后，他为她的另一部作品写了序言，这部作品在她的祖国瑞士出版了。现在，他们第一次见面时，他带来了希望：岛屿出版社将会出版她的处女作。她奇怪而又孤僻的个性，以及她给他看的处女作，让他感觉到一股几乎是神秘的力量，正如莎乐美所注意到的，现在这种力量再次征服了他（以至于他向一位女巫师咨询，并且再次用占卜板进行占卜——他很快认识到这两次尝试都很荒唐。“然而，我希望未知之物对我说话”）。[48] 在这种心境中，他能够在多少有些恐怖的蜡人身上发现美，在洛特·普里策尔在慕尼黑举办的展览上，他看到过那些蜡人——“成熟的”玩偶，不像孩童的普通玩具娃娃，它们看上去显然拥有自己的灵魂。[49]

克洛代尔的首演安排在 10 月 5 日，他打算前往德累斯顿与莎乐美一起观看。阅读克洛代尔的戏剧时，他毫无兴致：但在这个场合，他有望与许多朋友重聚——西蒂·纳德赫尔尼，海伦妮·冯·诺斯蒂茨，安妮特·科尔布，莎乐美年轻的门徒、女演员埃伦·德尔普，以及基彭贝格一家，更不必说他急切盼望着见到的韦费尔——因此他不会错过这次机会。结果证明这次首演给他带来的更多是社交上的乐趣，而非审美上的享受，演出结束后与克洛代尔待在一起时，他觉得很尴尬，因为克洛代尔对他的作品恭维有加，而他却无法对克洛代尔的戏剧报以真诚的赞美。

韦费尔也令人失望。“我准备好对这位青年诗人敞开怀抱——但我没有这样做，而是像一位冷漠的散步者那样将双手背在身后。”他一直告诉自己这位作者写出的杰作曾让他赞赏不已，但与韦费尔面对面时，他感到局促不安。并不是这位年轻人过于犹太化的面孔令人反感，而是因为在对他诗歌的看法上，他似乎太过聪明了，这可能会被看作是矫揉造作，“真正反映出一个犹太人的精明，他的头脑太了解商品了”。[50] 就

他所知，霍夫曼施塔尔对韦费尔也有同样的印象，于是他读了韦费尔在
235 下一年1月出版的更多诗歌，将它们与韦费尔热情赞美的作品对比之后，他很快就承认他对这个人的评价没有充足理由，但他继续期待他能取得最高的成就。至于韦费尔本人，据他多年之后的回忆，他第一次与他们这一代人的偶像，他眼中的伟大诗人会面的情形也颇令人失望。他赞赏《马利亚生平》和《时辰祈祷书》，却发现里尔克毫不认同，而《旗手》则被认为是一部不成熟的作品。他觉得自己无法亲近里尔克："在他内心和外界生活之间，似乎有一种张力"，他有"一张木然呆滞的、盲人的脸"，整洁的衣服拙劣地套在一具轻飘飘的躯体上，就像那些穿在商店橱窗模特身上的服装，仿佛是其他人的手给他穿的衣服。"我不知道还有谁在精神生活和日常生活之间会有一种更令人同情的分裂。"后来，在德累斯顿，当他作为里尔克的客人，耐着性子吃完一顿令人毫无胃口的素餐，谈起他们的出生地之后，他才觉得自己开始了解里尔克。[51]

里尔克在德累斯顿多住了几天，然后在10月10日与露一起出发前往里森山，在那里度过了近一周。他在克鲁姆许贝尔疗养院中甚至去了医生的诊疗室，但照露的说法，医生未能向他解释问题出在什么地方，于是他坚决反对留下来做任何治疗。他在露那里找到他依然需要的帮助。在返回德累斯顿的旅途中，她试着分析他现在的以及记忆中的梦，为了让自己从中受益，继续对这位她所熟知的人做案例研究；我们不需要详述她记录在日记中的多少有些玄奥的解释，也能看出这个过程无疑让他很好地迈出了前进的步伐。他决定不再去拜访基彭贝格一家，立刻返回巴黎，再次从中断的地方开始，10月18日，他回到自己位于康帕涅－普勒米埃大街的房间。"你让我看到，不管怎样我仍然是同一个人，"他写信对她说，"实际上，我从前的优点都没有消失，也许它们仍然都在那里，我仅仅是暂时不知道如何去运用它们……不管怎样，你对我的帮助是无限的，现在，另一个人就在那里，等待着我和天使，只要我们团结一致：他和我，而你在远方。"[52]

是时候了，他要放弃忙碌的社交生活，再次沉浸在孤独中。"我经

历过那么多的人生阶段，抵达、出发、会见、分离、感觉、情绪、帮助、热诚，遇到过那么多的房间和过道、旅馆门房和女仆，我突然发现，我无法再接受更多，只能匆匆去到那个我可以进去后使劲摔上门的地方；那个地方……对我来说，与其说是一个祝福，不如说是一种责备，但在某种意义上，那里依旧是一个让我有归家之感的地方。”“只要巴黎能再次成为过去几年中的那种庇护所，我就仍然对它感到满意，并且知道我为何要待在这里。”[53]

然而，这是另一个新的起点，而且像往常一样艰难。他的房间，
“充满了刚过去的六月的气息”，期待着在这里开始工作看上去几乎是凶 236
多吉少，他第一反应是离开一两天，去鲁昂或者博韦，带着轻松的心情去看看法国风情的乡村生活，在鲁昂，有一“整座大教堂”可以为他排忧解闷。在巴黎强大的影响下，他感觉自己就像一张曝光过度的底片，只有在认为自己不过是顺便游览这座城市，毫无负担的情况下，他才能面对严峻的考验。[54]

他强烈地想要返回巴黎，回到属于他的物品中间，这本身似乎就是一种治疗，他一抵达巴黎就给埃娃·卡西雷尔写信：“我能为自己做点什么，以及进入冬季之后我能坚持多久，目前这些都不是我担心的事情，我只想每天都努力创造点什么，安顿下来完成日常的定量工作，慢慢地朝着未来前进。”他写给她的信不只是通常写给朋友们的那种生活概况的描述，因为他还有必要再次讨论埃娃及其丈夫设立的“露特基金”这个微妙的问题。他已经为了自己从中借用了一笔钱——但是，现在他告诉她，“有一件事情影响了克拉拉和我，这件原本已经变得不那么紧迫的事情，在过去的几周中再次出现了”。原来，他从慕尼黑离开之后，克拉拉写信给他，再次催促他办完离婚的手续；而且，巧合的是，维也纳的律师同时也给他写来一封信，解释了情况并请他给出进一步的指示——如果他有什么指示的话。看到克拉拉和露特住进新家，他觉得自己此刻需要继续前进，这是激励她真正过上独立生活的唯一方式。目前的问题无疑是如何支付离婚法律诉讼的开销，他希望能够使用卡西雷尔夫妇的那笔基金。因此，他在 10 月 29 日给埃娃——如今，埃娃提议将

借贷给他的金钱视作一份礼物，与基金无关——写了一封信，紧随上封信发出的警示信号之后，他进一步透露了他和克拉拉希望离婚的消息，并且详细地陈述他与克拉拉的关系，几乎与他先前对露说的一样：他们早年一起生活时就发现，他的工作与成家立业完全不相容，但她竭尽全力去仿效她的丈夫，这与她的真实个性有着深刻的冲突，她这个软弱无力的门徒在奉献中耗尽了自己的力量。[55]

他确信离婚会驱使她过上自己的生活。他向埃娃提议，整个1914年期间，那笔基金应该继续以生活费的形式按季度支付给克拉拉，一共是3600马克，但余下的钱，不管有多少都应该给他，用来支付离婚法律诉讼的费用。根据离婚协议，他要承担她的生活费，这笔钱来自他期望会得到提高的在岛屿出版社的收入，提供生活费的时间仅限于1915年：此后她必须学会独自应付她自己和露特的生活。假定2000马克属于从这笔基金中借贷的款项，正如他所明言的，那这项提议事实上只给他留下500马克，用于支付律师费。但埃娃同情这对夫妇，渴望尽其所能地帮助他们一家，因此她坚持将全部的2500马克转交给了他。就像基彭贝格和其他的朋友们一样，她对帮助一个天才生存下来感到满意，
237 觉得非常值得——即便结果是里尔克夫妇放弃了离婚，而钱都进了里尔克的腰包；而卡西雷尔一家并不是最后一次显示出这种慷慨大度。毋庸置疑，他很感激，但后来的事情表明，他滥用了这笔资金，并且从未感到后悔。对他而言，这不过是为他和他的使命而准备的又一笔资金。然而，尽管他总是优先考虑最重要的工作，但只要有能力，他也会心甘情愿地去帮助克拉拉。

如此一来，他不再担心离婚事务的花销，他的经济情况比过去很长一段时间以来的状况都要好，他可以试着“将自己裹在茧中”，[56]除了纪德之外谁都不见，他现在想翻译纪德的《浪子回家》。玛丽侯爵夫人邀请他与她和侯爵一起，再次沿尼罗河旅游，他态度坚决地拒绝了：这种“宏伟的计划”让他收获甚微，只会浪费掉许多重要的机会，留下痛苦的回味，他不敢再次冒险。[57]冬季没有浪费他时间的访客，基彭贝格除外，他在11月底会来几天——但即便是他，也被告知必须适应

这位隐士的生活习惯。晚上，他偶尔会去新建的维厄－科隆比耶剧院(Théâtre du Vieux–Colombier)，在那里可以见到一些新出现的法国作家，其中有雅克·里维埃、瓦莱里·拉尔博以及儒勒·罗曼。很奇怪的是，似乎是音乐——比如说莫扎特的《安魂曲》，或巴黎圣母院礼拜天的大弥撒——最能让他得到恢复，“将我存在中飞散出来的一些浓缩的碎片放回原位”。[58]

“在这种毫无庇护的状态下，尽可能地去模仿那些在杜伊诺的日子”，这样，他逐渐找到方法接近过去创造力旺盛的状态。从若干诗歌和断片中，仍然可以看出他在试着寻找一种全新的形式和风格；但值得注意的是他再次开始写作并完成了萌芽于杜伊诺的第三首哀歌。因为，就像在杜伊诺时那样，他决心“再次成为自己最严厉的医生：独自一人待在安静的环境中”。[59] 露让他深信这个观念：他要得到救赎，就必须依靠自我分析的工作，而不是接受治疗或躺在精神分析师的沙发上（即便是她的也不行）。她几乎专门从性的角度对他的梦做了阐释，尤其是那些童年时期的恐惧中做的梦，这些阐释加上那些他从弗洛伊德的理论中获得的更严谨的知识，使得早已存在于他脑海中的第三首哀歌的主题立刻变得近在眼前。

歌唱某个你爱的人是一回事；但是，唉，
血液中隐藏的罪悔的河神是另一回事。
她只是从远处了解他，关于激情之主宰，她的爱人
又能说点什么呢，祂时常走出孤独，
在她能够安慰他之前，仿佛
她并不存在，抬起祂神的头颅，啊，谁知道
从怎样的深处，传来尖叫，煽动黑夜纵情骚乱。
哦那血液之尼普顿，哦祂那可怕的三叉戟！
…………
　　躺在那里，安然躺着，你纤弱的身体的甜蜜 238
融进他沉重眼睑下迫近的睡眠的

第一抹味道，
他似乎受到庇护……但内心：谁能在他内心
抵挡或改变源始之洪流？
…………

　　看，我们的爱不像花朵
只有一季便告结束；当我们爱的时候
一股比记忆更古老的汁液从我们双臂中升起。
哦少女，就像这样：在内心，我们不是爱某个
未来之物，而是爱一个喧腾的族群；不是只爱一个
孩子，也爱如群山的遗迹般
养育我们的父辈们，爱从前母辈们
形成的干枯的河床，是的，爱所有
无声的风景，在它们或暗云密布
或晴空万里的命运之下——少女，这一切都先于你的存在。[60]

他还写下了以英雄为主题的第六首哀歌收尾的诗行——

因为英雄穿越爱的羁绊，呼啸而去，
每次心跳都将他带到更远处：
回头顾盼之际，他已站在微笑的终点，
　　　　　　　　　——已然是另一个。[61]

12月，他写出了最后一首哀歌，也即第十哀歌的一个版本，续写了杜伊诺写就的开头部分（当整个系列的哀歌作为一个整体开始成形时，他彻底地换掉了这个版本）。

日复一日，他表面上过着正常的文学生活，无系统地阅读许多书籍，对克莱斯特倾注了巨大的热情，他还阅读了纪德翻译的泰戈尔的诗歌；与朋友们保持通信；写作了少量完整的诗歌，大量的碎片，以及做了一些翻译；将他的文章“论青年诗人”寄给西蒂，并建议把它发表

在卡尔·克劳斯的杂志《火炬》上，还给罗曼·罗兰寄了一本带有献词的新版《罗丹论》。翻译的阿尔科福拉多书信集在 11 月出版，紧接着在 12 月又出版了《最初的诗》。随着这一年的结束，他不得不承认按照自己的处方进行的治疗并没有取得他所期待的效果。他几乎开始盼望“某种程度的茫然无措，以便让他彻底转向内心”；让他变成“一只蜷成一团的刺猬，只有在晚上，才会在沟渠中活动，谨慎地探出头来，抬起自己灰色的鼻子，朝向星空”——但他无法进入这种幸福的状态。

> 我不考虑工作，只想着通过阅读、重读和沉思逐渐恢复我的健
> 康……没有什么比这个夏天频繁的社交活动对我更有害的了，我在
> 与别人交往时必须平心静气，准备充分，适应与他们面对面。但我
> 不是一道菜，对被端上餐桌完全没有准备，我就像一幅塞尚的静物
> 写生——三两个不能吃的苹果和一个瓶子，随意地搁在一张旧桌布
> 上，随时都有掉落下来的危险。而现在，这里的人们对我不闻不
> 问，我就像一只蚂蚁，扛着一根过长的稻草，丢失了它，又意外找 239
> 到了它，然后又再次丢失，我惊恐地东奔西跑，惊奇地发现在一片
> 混乱中，竟然没有人踩到我。可是——这不就是生活吗？[62]

他考虑改变这种漫无目的的生活，去某个大学修几门课程，也许就在莱比锡，但是，就像他以前常遇到的那样，他被拒绝了。他告诉玛丽侯爵夫人，他在自己的蝶蛹中，而她必须等他变成蝴蝶：“你在柏林看到过毛毛虫是多么可悲而又可憎。”[63]他对巴黎的不满越来越强烈，就像不是他自己无法找到道路，而是巴黎的错——他不但找不到通往天使的道路，而且还找不到他在生活中极为需要的同伴。

> 你这从未抵达
> 我怀抱的，从一开始
> 就失去的爱人，
> 我甚至不知道什么样的歌

会让你高兴。我放弃了，不再试着
在下一刻汹涌的波浪中
找寻你。我心中所有巨大的
形象——遥远的，深有感触的风景，
城市，塔楼和桥梁，以及道路
出乎意料的转弯，
还有那些强有力的土地，那曾经
与诸神的生命一起搏动的土地——
我心底升起的这一切都是
你，永远躲避着我的你。

你，亲爱的，你是我曾
凝视和憧憬的所有花园。
一座乡村的屋子
打开的窗户——，而你几乎
走到了我身旁，带着哀愁。我偶然路过的街道——
你刚从上面走过，消失无踪。
有时候，在一家商店，镜子
仍因你的存在而眩晕，而震惊，仓促地
反射出我的形象。谁知道？也许，同一只鸟的歌声
昨日曾分别在我们耳边回响，在傍晚时分。[64]

“如果上帝理解，祂就会让我在乡村找到两三间屋子，在那里以自己的方式胡言乱语，我的哀歌能够对月长嗥，因为它们将会……长时间孤独地行走，然后恰好有一个姐妹般的人（唉，唉！），她照料屋子，完全不爱我——要不就非常爱我，以至于除了获允待在那里之外，她别无所求，性情活跃而又能给予我保护，几乎让人察觉不到她的存在。这就是我1914年、1915年、1916年、1917年等等未来时光的全部愿望。”[65]在这样一种天赐的恩典按照他的想法到来之前，他必须住在巴黎，埋首

于孤独中，“因为童年时无限丰富的痛苦给予了我最伟大的一切”。他必 240
须“翻寻内心的所有土地”，翻耕“那里已经生长的一切”下面的土地，不再努力寻求爱情——因为那确实超出了他的能力，要求过多会阻碍他真正的工作。也许，他将永远也无法体验他渴望和需要的爱情，这感觉很奇怪，而能够支持他的工作，让他的工作变得“更纯粹，更清晰，更澄澈”的爱情无须他努力去争取。[66]

1914 年 1 月期间，他刚刚将这些想法记录在笔记本中，正努力在内心“翻寻”时，他收到了一封信，这封信迅速鼓舞了他。信来自维也纳一位叫作玛格达 · 冯 · 哈廷贝格的人，她最近才通过一本《亲爱的上帝的故事》了解他，就情不自禁地给这位“亲爱的朋友”写信，感谢他给予她的音乐上的灵感。要是她能成为埃伦 · 凯，哪怕是片刻，那该有多好，她写道，这本书就会题献给她，那他也许就会知道，“迄今为止无人比她”更热爱那些故事。一封这样的信尚不足以表达她的谢意：“也许，如果生活是充满善意的，那它就容许我某个时候在某处找到你”，她可以借助贝多芬，或“我们的塞巴斯蒂安 · 巴赫某些伟大的音乐”来传达她对他的感情——因为她肯定他也热爱音乐。[67]

常用的信纸用完了，他抓起一叠工作用的方格纸，立刻给她回了信，信中的语气与她的一般无二，表示很高兴收到她的来信。他说，深感欣慰的是她尚未变成埃伦 · 凯，在《亲爱的上帝的故事》之后，后者就与他分道扬镳了；而她来信中的话，他就不再转述给写下那些寓言故事的年轻作者，而是留给他自己。“至少我比他更有优势……他永远不会听到您的音乐，而我则会抱着希望。”当他在西班牙龙达的时候，要是她也凑巧去了那里该多好，她的音乐将会给他带来怎样的满足，当时他体会到纯粹视觉上的极限。“我坐在那里，在视线的尽头，仿佛因我双目所见的形象而失明”：只有耳朵带来的截然不同的另一种感觉才能让他更上一层楼。在旅馆中，他曾听到有人演奏，当时他体会到，“在那美妙的音乐（我对它知之甚少，而它对我来说，总是拥有强大的力量）中，世界如何提升到一种更超然的形式，当我进入其中时，它给予我一种轻松自在的快乐，这种快乐几乎溢出了我的身体，因为我的耳朵就像襁褓中婴儿的脚掌那样，从未使用过……您的音乐在我的前方，仿佛某个有朝一日会到来的季节……别了，亲爱的朋友……请不要让这新的可爱的火焰熄灭，即便我只能偶尔往其中投入一小块内心的松香，把香味带给您。我对你充满热爱和感激。”[68]

对这种亲近的表示，他向来有求必应，分担这位陌生通信者的希望和麻烦，但通常是从诗人哲学家的角度。玛格达的信本质上没有什么与众不同之处，但它正好在里尔克尤其消沉的时刻出现。在这封信送达的前一天，他刚写信给卡洛·普拉奇，谈及那似乎依旧在他前方延伸的黑
241 暗和“无尽的悲哀”：“在我前面的道路上有过很多这样的高山，但我翻越了它们……有时候……遥远的期盼为我照亮了未来的清晰图景。这一次，我觉得自己就像在岩石中穿行。”[69]现在，玛格达的信突然给了他希望：他本能地感觉到，她提到的音乐带来了那种遥远的期盼，在他面前展现出一个清晰的、崭新的世界，而且她无疑是那位他苦苦寻觅、已经开始失去寻找信心的姐妹般的人。

玛格达·里克林，出生在维也纳，比他小8岁，是一个钢琴演奏家，费鲁乔·布索尼的弟子，业已拥有不错的声誉。她早年与冯·哈廷贝格的婚姻以离异告终，因此，就像里尔克一样，她孑然一身，正在寻找某个能让她实现她需要的生活价值的人。她以为这封信会石沉大海，根本没想到会收到回信，更不必说回信居然是这样的措辞，这给她带来了莫大的快乐。她立刻告诉他，她现在打算去柏林待几个星期，然后去慕尼黑：她希望他们因此能够在德国的某个地方，或者就在巴黎见面，长期以来她都想去巴黎游览。

里尔克似乎打开了感情的闸门。他源源不断地给她写信，几乎每天都写，极少等待她的回信，在信中他开始向她吐露心曲，以前除了露之外，他从未向任何人这样倾诉自己的内心情感。他热切地接受她提出的关于这个“美妙未来”的看法，这个未来“充满力量，按照它美妙的愿望，给我携来了雷雨风暴和清新的空气，以及最纯粹的宇宙震颤”。“朋友，姐妹”，“神圣、快乐而亮丽的人”——他渴望她来到身边，虽然他仍感到犹豫不决，因为他对音乐缺乏了解，也没有才能，他的犹豫还

因为她不知道现在的他与《上帝的故事》的年轻作者已判若两人。写作《马尔特手记》就像走进一座山的深处，进入得如此深，以至于他自己似乎变成了纯粹的岩石：于是，他大声呼救，希望有人来解救他，“把他从岩石中凿出来”，但每一次尝试都徒劳无功。“我不习惯与人交往……我的精神超越了他们，我想待在我所在的地方，或者顶多被天使解救出来，与天使一起我无疑会觉得亲密无间。”[70]

“我会夜以继日地写信给你，述说在这些矛盾中涌现出来又沉没下去的一切，上帝才知道，如果连我都完全不理解它的话，我能否让自己得到理解。”他对她说，几个月以来他一直在玩捉迷藏：现在，当她明亮的快乐突然找到他时，他就像一个小男孩，大喊着“还没藏好呢！”并想找到一个更好的藏身处，以此拖延他被找到时的惊慌和快乐——或者就像祈求太阳不要升起的乡村。“你是谁，亲爱的朋友？——我的这片花园害怕太阳，它被挖开，泥土翻了过来，以至于看起来不再像一个花园……处在接待你的状态，光芒四射的你，与你同行的是神或者英雄。”巴黎这座城市，“我曾如此绝望地生活在其中，熬了过来”，他不能在这个地方聆听她的音乐——因为，“你的音乐（我允许自己这么梦想）不仅会给我的内心世界带来一种崭新的秩序，也会促使外在的环境 242
发生彻底的改变”。[71]

并不让人惊奇的是，那些长信——“明亮而美丽，发自内心，”他后来回忆，“我简直想不起来曾经写过这样的信”[72]——让玛格达觉得她自己注定是他寻找的爱人，那个将岩石中的囚犯解救出来的人。她让他相信，她确实了解《马尔特手记》和现在的他：他无须害怕她为他带来的新世界，而要相信他们有着光明的未来。对他而言，这些“无穷无尽的自白”似乎让他的身心完全得到了恢复，他自信地认为自己终于找到了渴望已久的灵魂伴侣。以前，他觉得自己总是被动地开始一段关系，结果只会陷入徒劳的感情纠葛：这一次肯定有所不同。她是“本韦努塔”[1]，令他满意的人，“亲爱的甜心”，“忠诚的姐妹”，他可以对她倾诉，“就

[1] “本韦努塔”译自 Benvenuta，这是一个意大利词，意为“欢迎”。

像对我天空中的云彩和深渊倾诉”。[73]

他把自己唯一的照片（够讽刺的是，照片是黑德维希·伯恩哈德在里波尔曹拍的）送给她，并恳求她也给他寄一张自己的照片，这样他就可以试着描绘她“可爱的，遥远而又遥远的形象”。别人也由于他的作品而爱上他，但对她们而言，他的作品就像一个望远镜，在其中她们可以看到各种各样的东西，也许在她们看来是一个美丽的万花筒：只有她能够看到他的内心。“紧贴着那个定向的望远镜去看——在那里，那些微小的光点——你看到了吗？——那就是我的内心，几乎难以辨认。啊，我的姐妹，它是一个家吗？或者只是岩石中明亮而坚固的一个地点，盲目地闪烁着，环绕着它的是忙忙碌碌的自然那快乐的绿色？”[74]他用一种日记的形式漫无边际地写下去——正如马尔特开心的时候就会这样写作——有时候连续写几天才将写得密密麻麻的纸页寄出去，这样他一点点地对她复述了自己的整个人生——勒内那似乎没有爱的童年，军事学院的生活；《旗手》，巴黎，罗马，卡普里，威尼斯，杜塞；“千不该，万不该缔结的”婚姻，[75]露特，正在筹划中的离婚——但现在，这一切都集中到他“亲爱的女孩”身上，“一本不可思议的日记，记录了我想生活在你内心的意愿”。“在我看来，这仿佛是我的工作，我最后的任务，以此让我真诚地对待你——仿佛在你的心中，我能够破天荒地让上帝认出我。”[76]

2月的几周里，这些不寻常的倾诉的确可算作是工作，这是源源不断的诗意散文，自从在施马尔根多夫完成《旗手》的那个夜晚之后，他再也没有体验过这种一气呵成的感觉。这些文字几乎是一股意识的溪流，但具有原创性，与他的诗歌和笔记本上的内容有交叠和重复之处，偶尔他甚至会从笔记本上的短文中挑选和摘抄一些文字纳入这些书信。甚至当新的信纸送到他手上之后，他还是选择继续用工作纸张写信，这并非偶然为之。在日益欢快的心情中，他的生活似乎开始有了新的转折：他觉得，这些信件中集中的自我分析正是他为自己的疾病寻找的治疗方法，在这种“纯粹而坦率的”交流行为中，先前为了寻找恰当的爱
243 情关系而导致的失败被遗忘了。露从笔迹中看出了他的变化，尽管她

尚不知道原因：他笔下的字母“s”的线条突然变得轻松自在，就像一面飘扬的旗帜，一股涌向天空的巨浪。[77] 新的生活在他以前的“作品”中呼吸，此时他翻译完纪德的《浪子回家》并寄给了基彭贝格，就洛特·普里策尔的玩偶写了文章，开始翻译米开朗琪罗的十四行诗。通常随着旧岁消退的热情——韦费尔最新的诗歌，普鲁斯特的《在斯万家那边》——重新被唤醒了，新的兴趣奔涌而来。他扩大了阅读的范围；对岛屿的新书提出很多建议，并高兴地从基彭贝格那里得知，有人正在将《旗手》译成其他语言；纪德尝试将《旗手》翻译成法文的提议令他感到满意；此外，他热情地试图说服一个潜在的赞助人，让杜塞回归舞台。

本韦努塔经常给他写信，像他眼中姐妹般的爱人一样越来越多地回复他的信件。他们对两人盼望的会面地点交流看法——维也纳、慕尼黑或维尔茨堡、日内瓦——任何地方都行，他说，但最好是一个他尚不了解的城市，“第一次见你时，我只想在一个新的地方，就像这一切那样崭新，过去熟悉的地方逐渐消融在我们不再回首往事的光辉中，仿佛重新复活了”。[78] 巴黎变得越来越难以忍受，他开始考虑去佩鲁贾或阿西西[1]，于是询问皮娅·瓦尔马拉纳能否推荐一个地方，不是旅馆，而是一间装修完毕的小屋——他自信地补充说，房屋不是只为他自己而准备，他还有一位朋友，“她愿意全身心地跟随我”，他会说服她前来，为他演奏音乐。[79] 然而，当玛格达后来提到也许可以在巴黎约会时，甚至巴黎在他眼里也发生了变化，他立马问纪德哪儿能为他“最亲爱的朋友”提供舒适的房间。“你在信中告诉我两三个计划的约会日期，崭新的墨迹闪闪发光，亲爱的甜心，所有红字标明的日期——复活节，圣灵降临节，诸如此类——都无法……与一张辉煌的日程表相比，远比格里高利教皇的日历更合理，心潮澎湃的一年……”但他们迫不及待了，当她催促他去柏林时，他的心急不可耐地飞到了她身边。他于 2 月 25 日动身，在能够出发之前的几天，他仍在写啊写，“一封信接一封信，没有一封

[1]　佩鲁贾（Perugia）和阿西西（Assisi）均为意大利中部的城市，两地相隔不远。

能在我的抽屉里待上哪怕一个小时，我最亲爱的，所有信都匆匆寄给了你。”在火车上，他继续给她写诗——

你能想象多年以来
我是如何这样旅行，陌生地置身于陌生人中间？
现在你终于收留了我，带我回家——

当她叩响他的房门时，他还在写。[80]

短短的几周内，他的所有希望都实现了。抵达之后的第二天，他在格鲁内瓦尔德找了一间挨近她的屋子住下，她立刻安排人送来了一架钢琴，为了向里尔克引介她的音乐世界——这是一种文雅的引介，可以克
244 服他的担忧，她为他弹奏了韩德尔的音乐，巴赫的咏叹调以及斯卡拉蒂的田园曲。格鲁内瓦尔德与过去别无二致，“仿佛我还年轻，”他在 3 月 9 日热情洋溢地写信给露：“这儿奇异非凡的摆设，以及音乐——因布索尼而变得宏伟壮丽。还有埃及博物馆。各种各样的美妙之物将我带到了这里……”[81] 他欣赏了一场布索尼的音乐会，后来布索尼邀请他们去了他的住所，随后有许多其他的社交活动：但玛格达的工作——练习，排练和演出——给他留下了许多自行安排的时间，这确实是他一直以来所寻找的。在这里，他自由地梦想、工作、漫步和写作，其间穿插着与他的本韦努塔一起度过的下午或夜晚：终于，他得到了梦寐以求的不要求回报的爱情，这种爱情能够支持和保护他的工作：

哦你是怎样剥掉我内心那不幸的外壳。
是什么向你袒露包裹在忧郁之壳中的果核？
果核甜蜜如星辰，世界之甜，在我内心。
啊，当我身处痛苦时，昏昏欲睡的成长战胜了它，
当痛苦默默地毁坏了我的肢体，
在我的心中有一颗心在沉睡，一颗未来的无罪的心。
一颗心，哦看吧：我尚不了解，也无法臆测，

这颗猜疑不定的心。那曾是群星的
我给了另一个更忧郁的人。哦穿过我焦虑的存在
靠近它。要理解。了解它
并呼唤。令人惊骇的人，呼唤。首先，
微微一笑，也许光线会拨动它；
低下你美丽的脸，朝向它：成长的空间，
它或许对你感到好奇，习惯于黎明。[82]

只要她能够与他在一起，他的未来似乎就没有烦恼。他们会一起旅行一段时间，延长他们曾在书信中热情构想的田园生活——先去慕尼黑，取道她的家乡蒂罗尔，前往苏黎世和巴塞尔，那些他尚未去过的城市，然后去巴黎，在她的支持下，他能够看到工作的新希望。

除了皮娅·瓦尔马拉纳，无人听说他的新恋情。即便对露，他也只提及那些让他忙个不停的“美丽的通信，充满了希望”，[83]而在基彭贝格看来，埃及博物馆就足以成为里尔克突然动身前往柏林的理由。然而，他觉得需要向玛丽侯爵夫人坦白，他从慕尼黑写信给她，说他可能会带一个人去杜伊诺，“一个可爱的人……我知道她会与你有共鸣，音乐以伟大而奇妙的方式存在于她身上，我永远都不敢相信这是可能的：我觉得，她的音乐能够帮助我成长，帮我提升自己，正如罗丹的雕塑曾经给了我帮助。”虽然他希望在去巴黎之前，能够先去杜伊诺，但侯爵夫人那边并没有回信，于是，正如他对基彭贝格所说的，在“稍微绕道”穿过瑞士之后，他们于3月26日抵达巴黎。[84]

玛格达已经意识到——在那些通信之后，谁不会意识到呢？——她遇到了一位与众不同的诗人；但是，尽管她的情人在书信中热情澎湃， 245
但两人相处时他表现出来的那种微妙的含蓄依然令她感到惊讶。在柏林的最初几天，她觉得他确实是“来自另一个世界的人”：他结了婚，有一个孩子，这与一位大天使屈从于人类的命运一样不可思议。[85]他们待在慕尼黑的一周中，无论如何也要谨慎地考虑到克拉拉也在那里，于是她与姐妹一起住在纽芬堡，而他住在通常住的马里恩巴特酒店（Hotel

Marienbad)，所以他们只能偶尔见面；在余下的前往巴黎的迂回旅程中，他们更像是兄妹，而不是情人——要么像是病人和护士，在因斯布鲁克时，热燥风的影响让他痛苦不堪，她悉心地照顾着他。实际上，她扮演的是他在书信中为她安排的角色，由于她对他充满仰慕之情，她愿意接受这个角色。在巴黎，他领着她游览那些他极为熟悉的风景，而她牺牲了每一个下午的时间，听他在伏尔泰月台酒店（Hôtel du Quai Voltaire）她的房间中朗诵诗歌，在这之后，很明显他需要不只是姐妹般的挚爱。他问她是否愿意“永远”分享他的生活——然而又坚持说她不必立刻给出回答。她要遵循本性的命令，如果她觉得承担和分享他的生活这个任务超过了她的能力，那她就必须“坦率而勇敢地”回头，回到她自己的生活中，无须承诺，也无须考虑他。

她写信给姐妹谈到这件事，在信中她思考自己是否像一个女人爱一个男人那样爱他，“她想将自己的一生奉献给这个男人——我是这样爱他的吗，我想成为他孩子的母亲吗？但我必须对自己说，不。对我来说，他是上帝的代言人、永恒的灵魂、弗拉·安杰利科[1]，所有这一切都是非世俗的、高尚的、崇高而神圣的——然而不是一个凡人！”而且她不可避免地会考虑到他离开的妻子和孩子：不管他在多大程度上摆脱了这些束缚，她们都应该得到尊重。86

她还没告诉他答案，但他已经感觉到她会做出怎样的回答，伴随着他的悲观主义，他的健康变得更糟糕了。他给她朗读一篇包含七首诗歌的组诗，这些诗显然刚写成，但她最初无法相信他写下了它们，因为风格与以往的诗歌迥然不同；87 她的反应显然令他沮丧，他想自己也许失去了所有的能力，无法再取得新的成就。当她建议他们暂时各自回到自己的工作中时，他同意了：然而他发现这个决定无法坚持下去，他会走到她身边，坐下来听她练习钢琴，一坐就是几个小时。玛丽侯爵夫人终于寄来了回信，信中说欢迎他们在 4 月 18 日之后前往杜伊诺，这让他

[1] 弗拉·安杰利科（Fra Angelico，1395—1455）是意大利文艺复兴早期的画家，他原名叫 Guido di Pietro，弗拉·安杰利科是后人对他的称呼，意为“天使修士”。

们俩都松了一口气，里尔克觉得前方充满了希望，然而这次拜访表明他的希望不过是幻觉而已。

宴会一如既往地进行着，客人中有卡斯纳和霍拉肖·布朗，以及“帕夏”和他的家人。对玛格达来说，这是一个令人激动的新场面，他们的女主人置身于城堡充满浪漫色彩的环境中，俨然是一位文艺复兴时期的公主，热切地想听她在李斯特曾演奏过的钢琴上弹奏，有一次甚至请来的里雅斯特四重奏演出小组，与她一起演奏（正如卡斯纳后来提到的，玛丽·塔克西斯对音乐有着“贪得无厌的”胃口[88]）。里尔克逐渐恢 246
复了健康，但他日益感到沮丧。向侯爵夫人吐露心事之后，他意识到自己的梦想是无望的；他并不真的需要她告诉他这一点，如果他曾经找到过恰当的“孤独之守护者”的话，那个人也不是玛格达而是克拉拉。玛格达自己心里清楚，如果她像他所要求的与他在一起的话，她永远也无法满足他的需要。她这么想是有原因的，她曾听他引用过卡斯纳的格言，“牺牲是从内心通往伟大的必经之路”：她可以看到，他的目标需要牺牲他们的梦想，但她必须寻找某个足够坚强的人，引导她“进入一个完整的世界，安全而又有保障”——而不是一个非世俗的弗拉·安杰利科，他无非是一缕充满安慰的遥远的声音。[89]他们计划在5月初陪侯爵夫人去威尼斯，在离开杜伊诺之前，结局已定：在威尼斯他们将会永远分道扬镳。

令人苦恼的时光被抛在了后面，而前方还有更多的苦恼等着他，4月27日，他“从令人难忘的杜伊诺哀歌的海岸”写信给基彭贝格，坦言他再次需要他朋友的帮助（事实上，在他销声匿迹的那几个月中，基彭贝格已经询问过他是否需要帮助）。“整个3月和4月，意料之外的花费接二连三地出现……无论我是现在返回巴黎，还是暂时留在这儿的乡村（我考虑去阿西西，我还没去过那儿呢），没有一点帮助我都无法坚持下去，我已经身无分文。”[90]他要求的金钱差不多是他月生活费的两倍，基彭贝格——原本希望里尔克能更仔细地预算生活费用，但他的希望不断地遭受挫折，他已经逆来顺受了——以一贯的慷慨态度回了信。在威尼斯与玛格达分开令人痛苦，但他们俩依然态度坚决。玛丽侯爵夫人对此充满理解，客观地认为这是最好的结局，她让里尔克随意使用他在瓦尔马拉纳宫的公寓——在她返回杜伊诺，玛格达动身前往蒂罗尔去找她的姐妹之后，如果他愿意继续留在威尼斯的话。但他“非常渴望孤独”，决定躲到阿西西，一个完全陌生的地方会带给他安慰，“就像一张洁白的纸不会带来丝毫的回忆”。[91]

“从一开始就失去的爱人……”——也许，他一直都知道，本韦努塔不会是他不求回报的爱人。即便在那些写给她的“发自内心”的信中，他也不忘自己有责任警告西蒂·纳德赫尔尼不要与卡尔·克劳斯有过多的感情纠葛——当时西蒂告诉他说那位讽刺作家正热情地追求她。“说到这里，我想到一种令人痛苦的经验，在我的生活中曾出现过几次，虽然我本来能够防止这种事情，但它却一而再再而三地发生：有三四次，以一种理智的方式（或者说，借理智的名义，如果你喜欢这么说的话），我不知不觉地将一个人拉进我的生活，使得我们的关系变得比我真正预想的要更亲密——就像一个人全神贯注于别人的精神生活时，忘记了他也在不断地吸收那些可能违背他本性的东西——最终会清醒过来，并且觉得他的四肢百骸中好像有异物存在。”[92] 现在，他意识到自己再次犯
247 下了同样的错误，即便情况不尽相同。他开始克服玛格达的离开带来的无聊的空虚感，在阿西西度过两周之后，他再次回到巴黎，决心与这次经历一刀两断。

“不要认为这是另一种突然的转变，”5 月 26 日，他从那里写信给基彭贝格：“相反，我希望它让一切都恢复原状。……出乎意料而又不平静的这几个月，也许会带来难以描述的好处，但事实并非如此，是时候了，该诚实地面对事实并化弊为利，最终它会带来不折不扣的好处，远比一切愚蠢的希望带来的好处多。”他怀念巴黎，感受到一种真正的乡愁，但他希望去莱比锡一趟，无论他的朋友何时有空见他，是时候尝试规划一下他的事情了。“回顾过去令人悲伤，展望未来也远不让人快乐，”他写信对侯爵夫人说。“我依然待在原地，想用一百双眼睑一层接一层地遮上我的双眼。”[93]6 月初，玛格达收到了一封信，“为了告诉你我回到了哪里，待在哪里”，信中还有一些共同的朋友们的消息，信中

的语气更正常了——而且，值得注意的是，信写在普通的信纸上。他正在给她寄弗朗西斯·雅姆的诗——但他们现在的口号肯定是“安静，让时间来安排吧”。[94]

他对露不带感情色彩地详述了这几个月的生活，在这几个月中，他再次经历了“某种未来”。他曾将自己以前的失败归因于别人的不理解：这次他终于认识到，他告诉她，没有人，没有任何人能够帮助他，无论这个人对他有多理解。

> 一个人最终会从中学到许多东西——但目前我只能领会这一点：当善意而宽容的生活向我呈现自身时，我再次意识到自己无法胜任一项纯粹而欢乐的任务。……现在，这次我的考试显然不及格，我没有升级，只好伤心地留级一年，从头开始学习写在黑板上的同样的单词，我原以为我已经记住了那些单词单调乏味的元音变化。……你知道我向你描述的事情现在早已成过去，我已经失去了它；三个月的现实（我无法直面的现实）仿佛罩上了一个冰冷结实的玻璃罩子，变得不再属于我，就像处在博物馆中的玻璃橱中。玻璃反射着光线，我能看见的只有自己的脸，过去的、早年的脸，那张你非常熟悉的很久以前的脸。

他从意大利返回，希望一头扎进工作，却目瞪口呆地发现，他除了睡觉什么都做不了。他只能设想自己在未来从事另一种不同的工作，某种遵循外在世界法则的工作，没有什么创造性。“因为我对此不再有任何的怀疑——我病了，我的疾病日益变得严重，而且还侵入了我的工作，因此那里再也没有避难所……”

他的信让露泪流满面，她写道，2 月时他的笔迹显现出抒情诗般的特征，她本以为这预示着他在一段新恋情的激励下恢复了创造力。然而，玻璃橱中不再属于他的展品仍然“是一个证据，见证了属于你的伟 248
大”，仍然“无可置疑地将各个侧面转向你，也许隔在你视线中间的，只是一块甚至比玻璃还薄的隔板”。不管怎样，这次她感到有点不知所措："现在，你唯一感觉到的就是某种东西——不管是稀薄的还是厚重的——将你和生活隔开了，在这种情况下，一切言语都显得贫乏无力。"[95]

里尔克仍旧很感谢露对他的安慰。但他确信自己的"疾病"需要接受医疗，并计划在拜访基彭贝格的时候去慕尼黑见他的医生朋友威廉·冯·施陶芬贝格。他开始为生活中出现的问题寻找诗意的表达，以此重新振作起来。海伦妮·冯·诺斯蒂茨在写给里尔克的信中提及了她将于6月重游海利根达姆的计划，去年他们曾一起散步到森林中的水塘的回忆使他突然想到一个形象，可以很好地描述他目前的困境——森林中的水塘波澜不惊的平静与森林外大海巨浪翻滚的骚动形成了鲜明的对比，俨然是两个世界，

　　　　而我，了解这二者的我，
返回沉闷的房间
…………
只有一件事能完全拥有我！
我颤抖着低下头，
因为我知道：爱情会过度地压迫我。

谁能胜任爱之为爱？
…………
难道我不曾鲁莽而贪婪地，
将那些广阔之物
圈在我狭窄的内心？
难道我不曾像这间屋子，
这间与我无关的屋子拥抱
我的灵魂和我那样拥抱他们？
　　　　哦，难道我的胸膛没有地方
容纳温柔低语的树林，没有空间

留给沉默，像呼吸一般轻柔，像五月那样温和？

影像，象征，急切地被拾起，
你会后悔吗，为曾在我之中？
…………
哦，世界与我的存在没有联系，
除非在那边有灿烂的美景，
仿佛带着轻而易举的决定，
从远方带着快乐直照进我心底。[96]

他觉得自己处在早先曾对卡斯纳说过的转折点上。他曾觉得与外在世界没有联系，尤其是在爱情中，他一切的努力都只为了抓住它，这一切都“从我自身向外凝视”，“将他啃食殆尽”，必须由“能够实现内 249
心激情的专注努力”所取代。[97] 他写下这些关于森林水塘的诗句之后的第二天，也就是 6 月 20 日，他给露寄去“一首出色的诗，今天早晨写完的……我本能地将它命名为‘转折点’，因为它描绘了必将到来的转折——只要我还活着，你会明白它意味着什么”：

很久以来，他在观看中得到了它。
群星因他引人注目的视线
而坠落到他们的膝下。
或者，当他跪地观看时，
他迫切的芬芳
让神疲惫不堪，直至
祂在睡眠中对他露出微笑。

他如此凝视的高塔
也深感恐惧：
再次建高它们，突然，在一瞬间！

然而，风景多么频繁地
承担白昼施加的重负，
在夜幕降临之际，来到他安静的意识中休息。
…………
凝望了多久？
究竟有多久，深受剥夺的，
在他目光的深渊中哀求？

当他，注定等待者，坐在远离家乡的地方——
旅馆令人烦扰、无人留意的房间
情绪低落地围绕着他，在避过脸去的镜子中
再次映射出房间，随后
又一次，在折磨人的床上
出现：
空气中各种声音
争吵不休，无法理解，
他，仍然能感觉到他的心；
争论着，争论通过那被痛苦埋葬的躯体
能感觉到点什么——他的心；
争论并传达它们的判断：
它没有爱。

（而且拒绝他进一步交流。）

因为，观看有一个边界。
而被如此深深地观看的世界
渴望在爱情中绽放。

双眼的劳作已完成，现在

去做心的工作，
思考囚禁在你之中的一切形象；因为你
征服了它们：但直到现在你也不了解它们。

学习吧，内心的男人，去看看你内心的女人， 250
那从万千禀性中
得到的，那只是得到，但
尚未被爱的形式。[98]

里尔克未留意到欧洲即将来临的更激烈的转折，继续沉浸在他的个人问题中。几天之后他再次给露写信（就在萨拉热窝刺杀事件的前两天），说在他的诗歌中预示着的改变，他依然没有看到，只有上帝知道他究竟能否实现这种改变。“这就是为什么当我最终与另一个人建立恰当的关系时，我能从中获得这种莫名其妙的希望，因为这样的话一切距离都会得到校正：对世界而言等于无限，对我的身体而言等于零，在这中间是所有其他数字，处在无害的秩序中”。他的旅行，环境的改换无非是“面孔和身体的持续不断而又令人绝望的展示，令人精疲力竭，无法承受，而心灵躲到一边，心不在焉而又沉默寡言，无法缓解我的紧张”。“我的精神是制造钟的金属，而上帝赋予它时间，又赐予它高热，为一锤定音的庄严时刻而做准备：而我，依然是先前那个钟的老形状，因它的成就而冥顽不化，不愿意被重新铸造——于是它依然保持原样。是否有可能了解这一切，而仍然不自我救助呢？这么多年了。”

此时他的门依然紧锁，他极度需要睡眠，“工作”不会到来：面对着一张纸或一本书时，他感觉自己就像一头被拴着的山羊那样不自在。他非常需要和露交谈，当基彭贝格说欢迎他在 7 月底去莱比锡做客时，他决定试着先去哥廷根见她。在去完莱比锡之后，他必须去看医生，即便他能解决身体和精神之间令人瘫痪的冲突：“不是去见精神分析医生，他的治疗只会从原罪开始（因为创造一种破除精神分析的反魔法是我最重要的、最内在的愿望，是艺术家人生观的整个基础），而是去看普通的医生，他会从身体开始，紧接着深入到心灵”——施陶芬贝格曾说 8 月期间有空在慕尼黑接待他。[99] 再三犹豫之后——他的犹豫与欧洲事态的进展毫无关系，他依然不知道欧洲发生了什么事——他于 1914 年 7 月 19 日离开巴黎，前往哥廷根。

二

现在，对我这个苦恼的幽灵而言，战争早已变得无关紧要了。

（致卡尔和伊丽莎白·冯·德尔·海特，1914 年 11 月 6 日）

他打算与莎乐美促膝长谈的希望落空了，因为在他抵达之后，她必须离开哥廷根几天，去慕尼黑与格布萨特尔赴约。但他心急火燎地要去莱比锡，刻不容缓，因为基彭贝格在来信中暗示，出现了一些“最令人痛苦的”突发事件；他感到坐立不安，因为这只可能与钱相关，而且也 251
正是向对方阐述自身处境的时候（他本来根本无法外出旅行，是基彭贝格又给他汇了一笔钱，付清了他在巴黎的房租）。

事实上，他猜到了出版商正在担忧的事情。梅希蒂尔德·利赫诺夫斯基侯爵夫人是德国驻伦敦大使的妻子，她写了一本关于埃及的书，在 1912 年出版，里尔克是这本书的热心读者，自那时起，她和里尔克偶尔有通信，不仅在信中得知他与施泰因多夫一起讨论埃及学，以及他对阿蒙霍特普头像的狂热，而且也了解他生活中的精神和物质两方面的困难。6 月时，她想到了一个慷慨的主意，打算筹集资金援助里尔克，她写了一封供传阅的通函，交给她的出版商库尔特·沃尔夫，请他以她的名义在德国操办这件事情：这个计划她告诉过里尔克。他能够清楚地料想到，对基彭贝格而言这种出于好意的行为会是一个“令人痛苦的惊喜”，[1] 这完全是在他的地盘上偷猎，尤其是此事还牵涉一位敌对的出版商，他的这位对手推崇激进的表现主义的先锋派文学，包括韦费尔和卡夫卡的作品，对更保守的岛屿出版社社长几乎没有好感（由于里尔克将他的散文“玩偶”发表在 3 月号的《白叶》——这是一本沃尔夫主办的期刊[2]——上，基彭贝格已经严厉地责备过里尔克“危及他的名誉”）。7 月 23 日，他到达莱比锡，发现的确是这件事让他的出版商感到烦恼。在里尔克迫切的请求下，侯爵夫人表示愿意与基彭贝格合作——她现在知道基彭贝格多年以来都有类似的为其作者寻找资助的行动——共同呼吁潜在的赞助人资助这位诗人，这才稍微平息了基彭贝格的怒气。不久之后，战争的爆发给他们的计划造成了巨大的困难，但后来基彭贝格还是能从这些新的源头给里尔克的账户带来一些收益，虽然这种“笨拙的行为”——他依旧这么认为——最终陷入了困境。[3]

从今天的角度来看，就在第一次世界大战的前夕，还没有任何明显的迹象表明这些人认识到了战争在迫近，这简直令人震惊。利赫诺夫斯基侯爵夫人——其丈夫利赫诺夫斯基侯爵在伦敦大使馆任职期间，为争取和平而付出的努力以徒劳告终，英国外交部长后来充满感激地回忆了这件事——也差点没有意识到这场危机：然而，在她处理里尔克事务的信件中，她对此事表现出的关注并不比两位出版商的更多。至于里尔克，他仍然沉浸在自己的问题中，与往常一样，坚决不看新闻报纸，只会浏览一下专栏文章，因此并不让人意外的是，直到 8 月 1 日他才了解到当时的形势——3 天之前，奥匈帝国就已向塞尔维亚宣战，俄国和德国也开始调动军队参战——就在当天，德国对比利时下了最后通牒。他中断了与基彭贝格的关于他未来的平静讨论，当天就赶往慕尼黑，希望能在那里找到露——但她就在同一时间返回了哥廷根，以为他现在不会外出旅行。

他住进往常光顾的旅馆，打算按照原定的计划，去咨询施陶芬贝
252 格——尽管在兵荒马乱中，将来的事情会变得比以往任何时候都更不确定。现在，经历多年的漂泊之后，他唯一可称之为家的地方被隔在了另一边，除了前来德国时他认为必需的少量行李之外，他所有的家当都留在了巴黎。因此，由于德国奥地利与俄法之间的战争，他第一次真正地无家可归，他对德国和奥地利从来都没有丝毫爱国之情，但俄国和

法国，一个是他精神上的祖国，另一个是他寄居的国家；也许，你认为他会在抑郁的深渊中屈服，或者至少对周围沙文主义狂热的叫嚣充耳不闻。但事实并非如此：8 月的最初几天中，即便他精神上感到“难以言表的孤独”，但他的想法依然未能免俗。[4]在这些可怕事件耀眼的光芒中，他自己的问题似乎突然变得微不足道了，他觉得自己现在的责任是参与共同的事业，也许可以去做一个书记员或卫生员。他的兴奋之情与日俱增，头脑中充满了荷尔德林幻想中对希腊众神的呼唤，当时他正“带着特别的感情和热忱”阅读荷尔德林的诗歌，[5]他开始写作“五首颂歌”献给战神，“传说中远古的、不可思议的战神”，祂那可怕的形象突然拔地而起，“最后一个神”。

三天了，是真的吗？难道我真的歌颂这恐怖者，
真的歌颂那个太古的诸神之一，
只余下记忆的，遥远的，我常常相信和赞美的神？
像耸立的火山，祂躺朝西方。有时
燃起烈火。有时硝烟弥漫。悲伤，神一般的。
也许，只有靠近祂国度的区域
颤抖不已。但我们，将未损坏的诗琴举起
递给他者：递给哪一个未来的神？
如今祂崛起。祂屹立。比
耸立的高塔更高。高过
我们度过的时日吸入的空气。
祂屹立。祂超越。而我们呢？我们融为一体，
融入新型的存在，由祂致命地赋予了生命。
如此我不再存在。从整体的心中
我的心协调一致地跳动；而整体之口
也在迫使我的嘴唇张开。
…………
因为，我们已被改变，变得彼此相似。

突然之间，每个人在不再属于他的胸膛中，
接纳一颗心，流星般的一颗心，
炽热的，铁一般的心，源自铁一般的宇宙……

他觉得自己是崇高景象的一部分，这是第一次，这位极度个人化的诗人表达了一种深刻的共同情感——尽管诗中还没有纯粹爱国主义精神的痕迹，这种爱国主义精神在他同时代人的“战争诗”中随处可见。但陶醉的时间实在很短暂。正当他写这些赞美诗的时候，灵感好像就逐渐
253 消失了，于是第五首的调子听起来就不那么狂热。

起来，恐吓这个令人恐惧的战神
…………
现在，你再次被限制在自身之中。尽管现在
它成长得更加巨大。尽管它远离世界，
接受它，如同接受世界！利用它，如同利用一面镜子，
捕捉阳光，并将它捕到的阳光洒向
那些迷失在歧路上的人。（愿你自己的错误
在痛苦煎熬的内心燃烧殆尽）[6]

他知道自己的心并非与普通人“协调一致地跳动”，无法与别人一起屈服于业已攫住人类的巨大力量：他开始羡慕那些响应战争召唤的人，对他们来说应征入伍是最重要的事情。在战争爆发的第一个月，他就听说许多朋友已经奔赴战场，而他坐观其变，看看“无法预测的未来”会如何发展，恐惧已经取代了喜悦，他开始把自己“封存起来”，抵御巨大的外界力量，这些力量最初看上去是如此的光荣伟大。[7]

施陶芬贝格在百忙之中花很多时间给他做了彻底的检查。他正确地认识到里尔克抑郁的身心方面的根源，但后者坚决抵制任何超过纯粹身体性的检查尝试，一想起任何与精神分析相关的检查，里尔克就感到一种“精神上的恶心”：“吐出童年的残羹剩饭会很恐怖，尤其对这样一个

人来说更是如此——其要求不是要在自身之中解决这些问题，而是从根本上去开发利用它们，凭借事物、动物——凭借一切，事实上，如果必要的话凭借超自然之物，将它们转化为想象和情感。”[8]施陶芬贝格终于发现他的肺有轻微问题，虽然早就恢复了，并且并不那么有害，但他如释重负地紧紧抓住这个无关紧要但毕竟是具体的症状，高兴地采纳了施陶芬贝格的建议，在 8 月底离开慕尼黑，暂时躲到巴伐利亚阿尔卑斯山麓的伊尔申豪森去休养，享受那里清新的空气。

当“无数的人们在可怕的土地上卷入战争”之时，在那些平静的环境中安静地享受夏末时光并不容易。他试图与外界隔离，沉浸在荷尔德林的“夜晚风光”中，重读荷尔德林晚期的颂歌和《许佩里翁》，思考那个如今让外界变成一片幻景的“转折点”：

> 哦屋宇，哦坡地，哦西沉的落日！
> 你的轮廓化为一张脸，你奔跑，
> 你依靠我们，送还我们的拥抱。
>
> 一片空间平等地蔓延穿过一切生灵——
> 内心世界的空间。群鸟默默地飞起，穿过
> 我们飞起。哦，渴望生长的我，
> 我在窗外看到的树在我之中生长！
> 我依旧找寻的屋宇，矗立在我心上，
> 在我心上，是那我从未拥有过的避风港。 254
> 我曾是那被爱者：如今美丽的世界影像
> 紧贴在我的胸膛，悲伤泪流。[9]

他踌躇不定，一两周之后，他已经准备返回慕尼黑，此时来了一个新客人，就住在他下榻的膳宿旅馆——忽然间，这位已得到自我拯救的探索者再次面对来自外界的诱惑，他原以为已随着本韦努塔而永远弃绝的希望如今又被重新点燃了。午餐桌上，坐在他对面的是一个他在巴黎

时就曾远远仰慕的人，一位美丽动人的年轻女子，伊迪丝·冯·博宁的艺术家朋友们中间的一员。他们从未晤面，但在他看来，此时此刻与一位来自巴黎的人相逢正是天意，于是他立马决定继续留下来。

露露·拉扎尔，1891 年出生在洛林，法国和德国长期以来争夺的省份，与年长得多的欧仁·阿尔贝结婚已有 4 年，阿尔贝是一个化学研究人员，在慕尼黑与别人一起经营一家化工企业，他们有一个 3 岁的女儿。尽管她的丈夫阿尔贝很善良，但他只会埋头于工作，很少有时间陪她。就在战争爆发前的一年，她解脱了家庭的束缚，他自愿让她移居到巴黎从事绘画，在梅茨和慕尼黑，她已经是个小有名气的画家。7 月时，她设法从布列塔尼乘坐最后的几趟火车之一返回了德国，在巴黎目睹的战争狂热，以及向比利时进军的德国军人脸上充满献身精神的扭曲神态，都让她感到恐惧。她同样视为祖国的两个国家之间发生了一场愚蠢的战争，战争中没有艺术的容身之地，这对她而言简直就是折磨，于是她前往伊尔申豪森寻找庇护所，设法从这个令人震惊的打击中走出来，恢复对未来的希望。她了解并热爱他的作品，在巴黎时曾听伊迪丝·冯·博宁谈起过他，但从未想到会以这种方式遇到他，在她只想沉浸在孤独中的时候。

同是天涯沦落人，当她在外面的草地上休息时，他问是否可以默默地坐在她旁边。接下来的几天，他的魅力战胜了她的缄默，他们很快像老朋友一样开始交谈。他们一起散步时，如同在她之前的本韦努塔，她倾听了里尔克成长的故事，生活和爱情的需求与他的工作之间冲突，这种冲突她自己深有体会。他让她相信，他们的会面是命中注定的——“很久以来，我不是就在走向你的路上吗？”[10] 随着 9 月的流逝，他开始追求他的爱情——情况与以往一模一样，不管他过去经历过多少失望——写了一连串的诗，一些作为他的书的题词出现，另一些写在一个他为此目的特地买的小册子里，然而全都表达了他们俩发现自己身处其中的进退两难的困境：

255 别让我在你的唇边啜饮，

自众口中我曾痛饮消沉。
别让我埋首在你的怀中，
因为怀抱无法将我收容。[11]

就像她一样，他既渴望又害怕“在心之群峰上”[1] 袒露心迹，他们的关系吸引着他们坦白彼此的爱情：

看，那下面多么渺小，
看：语词最后的村落，往上，
（依旧那么渺小）是最后一间
感情的农舍。你能看到吗？
暴露在心之悬崖上。石头的地面
在你双手下。即便是这里，
也有鲜花开放；在沉默的峭壁上
一朵无名的鲜花绽放；歌唱，融入空气中。
但谁了解这一个？啊，他开始了解
并沉默，暴露在心之悬崖上。
然而，带着饱满的意识，
许多脚步稳健的山林动物走过
或徘徊。有庇护的巨鸟飞起，缓缓
回旋，围绕峰顶的纯粹拒绝。——然而
没有一个避风港，在这心之悬崖上……[12]

然而，当他在 9 月的最后一周返回慕尼黑之后，他的第一想法是想办法让露露进入他的生活：在他下榻的芬肯大街（Finkenstrasse）的膳宿旅

[1] “在心之群峰上”（“on the mountains of the heart”），就在下面的诗歌中作者却英译成“在心之悬崖上”（on the cliffs of the heart），德语原诗为 auf den Bergen des Herzens（在心之群峰上）。

馆里，他提议她住进他的邻屋。

在这里，他们发现几乎一整层楼都属于他们，有一个女佣照顾他们，帮他们打点生活，旁边还有个饭店为他们提供伙食。她的丈夫没有提出异议：战争的到来使得他比以往更专注于自己的事业，而且他意识到，这种有违传统的安排会给她空间和自由，让她在平静中重新开始自己的工作。他本人非常钦佩里尔克，显然并不指望真的与里尔克争夺她的感情——尽管他无法忽视他们选择的住宿旅馆所拥有的含义，因为在他们结婚前，她就住在这家膳宿旅馆。对她而言，这就是里尔克经常说的生活那神秘的循环之一，恰好象征着一个新的开端。这儿的生活——尽管临近市中心，但格外安静——似乎突然“摆脱了一切世俗的束缚”，完全离开了战争的阴沉背景。[13] 她又开始画画，发现她的色彩感与里尔克《新诗集》中的色彩表达非常相似。她听他谈起他的朋友们——侯爵夫人、卡斯纳、基彭贝格一家、纪德、罗兰——他说得那么生动，以至于她觉得自己已经了解了他。对她来说，10 月份的日子是一段无忧无虑的田园生活。

里尔克显然觉得，寻找终于到头了，他找到了一直躲避着他的
256 “未来的爱人”。现在，这位善解人意的情人不会束缚他，她会给他带来“保护”他工作的感觉，在此之前他一直都在徒劳地寻找这种关系。他可以在她的房间里摆满鲜花，给她读自己或别人的诗，谈论他的想法——但还是常常在需要的时候，退回到自己的孤独中。他从日记中将早些时候写下的字句抄录给她，这些字句充满绝望，因为他永远无法满足自己“对爱的无限渴求……只要他仍来者不拒，接受那些自认为爱他的人”：“这就是在遇到你之前的我，”他告诉她，“但现在我遇到了你，一切都会变得不一样，都会重新开始。”[14]（这些字句是 18 个月前写下的，他更愿意加以掩饰；她虽然知道玛格达 · 冯 · 哈廷贝格，但从未听说她曾是他的“本韦努塔”。）“你不觉得，像我们俩的这种奇迹，这种快乐，一生中只会发生一次，只有一次？”[15]

他喜欢赐予，并且精通这门艺术。日常散步回来，他经常会给她带来一些惊喜：花瓶、小雕像、从古董店淘来的一串旧首饰，或者书

籍——蒙田、福楼拜、陀思妥耶夫斯基——最让她高兴的，是一首他刚写成的诗。

如同巢居的小鸟
栖息在悬挂于钟楼上的
笨重的大钟里，由于
轰鸣的感觉
突然撞进早晨的天空
并在你拥我挤的飞翔中
围绕钟塔写下它们美丽的
恐惧之签名：
难道我们不能，在这样的音调里
留在我们的内心……[16]

他曾写信给如今在军队服役的基彭贝格，说他住朴素的旅馆，一直在节省开支，请对方放心；但在那之后，他获得一笔意外之财，使得自己更不用担心金钱。9 月底时，位于因斯布鲁克的早期表现主义杂志《火炉》的编辑路德维希 · 冯 · 菲克尔给他寄来一封信，告诉他说有一位匿名的捐赠人，在应征入伍之前，交给他 20000 奥地利克朗。他简直不敢相信这笔意外的慷慨捐赠，直到他几天之后去莱比锡时，基彭贝格向他确认了这件事，并提议代他将全部的钱用于投资金边股票，只把股票的收益交给他支配。他同意这个谨慎的办法，但附带条件是应该留下一部分资金——2000 或 3000 克朗——给他，作为一小笔存款以备不时之需，而且，正如他所说的，他还需要偿还眼下的债务，并且添置几件新衣服，他的衣服大多都留在了巴黎。

这位里尔克和基彭贝格都不知道身份的捐赠者不是别人，正是路德 257
维希 · 维特根斯坦。7 月时，这位奥地利哲学家在挪威南部的一个小村庄致力于写作他的《逻辑哲学论》，他从那里写信请菲克尔——他曾通过卡尔 · 克劳斯对菲克尔有所了解——在贫困的作家和艺术家中推荐几位合适的人选，接受他刚继承的一大笔钱，他觉得自己有责任将这些钱用于慈善事业。其中，菲克尔推荐的诗人里尔克和格奥尔格·特拉克尔符合他的想法，得到了他的热烈赞同，于是他请菲舍尔具体执行这件事，因为他即将入伍。1915 年 2 月，他在克拉科夫的要塞服役时，收到了经由菲克尔转交的里尔克的感谢信，信中抄录了一些未发表的诗歌以表谢意。他觉得自己得到了过多的回报，在给菲舍尔的回信中，他写道："在我生活的危险的平衡中，每个高贵之人的感情都是一种帮助。我完全不配享有这件奇妙的礼物，我会把它放在心里，当作这种感情的标志和回忆。"[17]

里尔克对基彭贝格说，对他而言这笔意外之财就像独角兽的存在一样令人难以置信，而且这笔及时到来的钱刚好可以派作另一个用途。战争爆发时，克拉拉和露特在德国北部度假，她也遇到了一些困难，由于战争，在英国的克诺普一家支付给她的工作酬劳自然就中断了，而她还有其他未还的借款。西蒂·纳德赫尔尼在他的要求下，立刻给克拉拉支付了制作她的大理石半身像的酬劳。但从现在开始，他必须将自己收入的一部分转给克拉拉，以补充卡西雷尔一家提供的定期津贴的不足，卡西雷尔一家似乎也发现这笔津贴很难继续提供下去，无论如何在年底会停止这项资助。但是，现在他比较富裕了，而且有露露的陪伴，当他在战争越来越压抑的氛围中期待进展时，这些给他带来了他需要的生活稳定的希望。然而，他不能长期松懈下去。"一切似乎形成了一种奇怪的幸福安宁，"他后来写信对玛丽侯爵夫人说，"以至于将我与这段难以形容的时期分隔开来，我发现有两个很适合的好房间，还有一个亲爱的同伴，她的陪伴给这处临时的寄居所增添了家一般的温馨感——但在最后一刻，就在我经历了各种艰难险阻，把这一切抓在手中时，它在来自外界的障碍和困难面前崩塌了。"[18]

这是露露的丈夫表示反对的委婉说法。里尔克在他们的楼层发现另一间不错的屋子，他不假思索地认为可以将这间屋子布置成一间理想的工作室供她使用，于是她请阿尔贝同意她租下房间。正当阿尔贝还在仔细寻思这件事时，里尔克寄来了一封信，信中强调这对他们一起从事工作来说是至关重要的:“我知道我的要求有些不寻常，但我也从露露那里了解到我这封信是写给一位与众不同的人；虽然她对您的爱是孩子气的，但那就像人们把上帝看作父亲一样。因此我们带着最完全的信任，将整个决定权交到您手中。”[19] 几乎无法指望阿尔贝会接受这种纯洁无辜的表象:现在，他很清楚她与里尔克的关系比他最初想象的要更亲密，而他还不至于与众不同到在这件事情中继续保持彬彬有礼的态度。他在 258
11 月时宣布，他有意与她离婚，此时即便是里尔克也意识到他们最好分开，至少暂时分开，尽管他仍然希望可以找到一种妥协的办法。

11 月 16 日，他出发了，对如何寻找、去哪里寻找避难所没有任何明确的想法。他先去法兰克福，拜访了菲利普 · 冯 · 沙伊 – 罗斯柴尔德，此人是一个奥地利军官，从加利西亚调到了德国西部的总司令部任职，里尔克知道他是艺术的赞助人，先前曾与他通过信，试图从他这里争取支持，让杜塞重返舞台。从沙伊 – 罗斯柴尔德以及在那里遇到的其他军官口中，他了解到更多外界的事件，远比他在慕尼黑与世隔绝的膳宿旅馆中听到的情况多。他还趁此机会去威斯巴登拜访了露露的父亲，银行家利奥波德 · 拉扎尔，随后前往维尔茨堡，希望可以见到诗人马克西米利安 · 道滕代，却发现对方因战争的爆发被困在了东印度群岛。沙伊 – 罗斯柴尔德那边传来消息，说阿尔弗雷德 · 海默尔已被从西部前线的装甲部队遣返回家，待在柏林，因染上肺结核而奄奄一息，他决定接下来前往首都，去告别这位自岛屿出版社建立伊始就令他钦佩的诗人和朋友。海默尔英年早逝，特拉克尔在东部前线服役时自杀，尽管并不是战死，但这些都加深了他对这段“难以形容的时期”的恐惧，朋友们发现他仿佛“被众多事件击倒了”。[20]“究竟谁能够表达我们正在经历的，”他曾写信对海伦妮 · 冯 · 诺斯蒂茨说，“或者告诉我们这几年的幸存者以后会变成怎样的人。对我来说这是无法言喻的痛苦……我理解并且羡慕那些在这之前死去，不必经历这一切的人”；在给皮娅 · 瓦尔马拉纳的信中，他说:“写了这么多，我沉默了……我一无所知，我什么都无法预见到，我信仰从这么多战争中幸免于难的上帝。”他曾经歌颂的战神早已变成了“一个苦难之幽灵，不再是一个神，而是一个随心所欲折磨各个民族的魔鬼”。[21]

从来不乏有人为他提供避难所。在劳钦的玛丽侯爵夫人和雅诺维茨的西蒂·纳德赫尔尼都对他表示欢迎，而前往柏林参加海默尔葬礼的基彭贝格一家，也重新邀请他去莱比锡，住在他们家的角楼里。然而，如果无法与露露待在一起的话，他更愿意独自一人生活。当时，柏林看起来是最理想的地方，他住在广场酒店（Hotel Esplanade），正当他四处寻找比他的房间更适合的住所时，上帝再次介入了，自不待言，是借助于另一个美丽的年轻女人。“想象一下，”他在 12 月 8 日写信给露露，“我拥有一间雅致的公寓……在本德勒大街……一个迷人的朋友（米特福德夫人，弗里德兰德－富尔德的女儿）给我提供了这次机会，并坚持让我不要透露此事。因此，我决定待在柏林，至少可以尝试一下。”[22]

如果说露露对米特福德夫人这个名字感到陌生的话，那她应该熟悉她父亲的名字。弗里德兰德－富尔德是著名的煤业巨头，是德国重工业
259 的缔造者中少数几位犹太企业家之一，他在巴黎广场[1]上的豪华住宅是柏林社交活动的主要中心之一。在海默尔的葬礼上，里尔克首次见到他的妻子及其 22 岁的女儿玛丽安娜，接着她们邀请他去喝茶，很快他就成了一位常客，而他的许多熟人，如哈里·凯斯勒和安妮特·科尔布，早已是这所住宅的熟客。玛丽安娜，其朋友们喜欢叫她“弗里德兰德宝贝”，当时的确是米特福德夫人；1914 年初，她嫁给了尊敬的约翰·弗里曼－米特福德，里兹代尔男爵一世的四子，他们的婚姻只持续了几个月（其原因至今依旧不明），现在她回到家里与父母住在一起，而作为近卫骑兵团预备军官的米特福德，正在法国的英国远征军中服役。（这段婚姻似乎是在 1915 年宣告无效。[23]）本德勒大街的这座小房子原本是为这对夫妇筹备的，后来用来收容那些来自东普鲁士的避难者。当她了解到里尔克的处境之后，她的第一反应是在那里留出房间供他居住，他在 12 月中旬搬了进去。“她是个奇美无比的尤物，”不久之后他写信对玛

[1] 巴黎广场（Pariser Platz）是德国柏林市中心的一个广场，为纪念 1814 年反法同盟占领巴黎而建造，也因此而得名。

丽·塔克西斯说，“她从仍记忆犹新的黑暗童年中挣脱出来，由于命运的驱使，突然转变为一个性格开朗而又独立的人，为人无比坦诚……”[24]这位被宠坏的年轻女人对现代艺术，尤其是对毕加索的喜爱打动了他，他刚在慕尼黑看过一些毕加索的作品。战争中的这几年，她成了他的另一个知心女友，他在写给她的长信中表达自己的看法，这总是让她高兴，即便是色情的模糊暗示也通常被他的说教、自我反省以及他对持续不断的战争的日益反感给掩盖了。

他发现自己的新住处很舒适，有他需要的所有书写纸，玛丽安娜甚至还特地为他定做了一个新的立式书桌：但与露露分开让他心神不宁，因为他仍希望在她身边寻找自己的幸福。至少在经济上，他可以无忧无虑了，有一笔丰厚的“遗赠”随时可以取用，这让他感觉很惬意，尽管忧心忡忡的基彭贝格会将大部分的资金存储起来；这位出版商的军事任务并没有让他从这些事情中完全脱身，里尔克请他在圣诞节前给他汇一大笔钱。他发了一封电报，让“莱”——他这么称呼露露——在 12 月 23 日来柏林，对她而言他们在一起的几天是她一生中最美好的圣诞节，更不用说他送给她的礼物：一个设计古怪的蓝玻璃花瓶；一个带金搭扣的皮质手提包，搭扣上有他亲手刻的“1914 年圣诞节”几个字；一本纪念版的《旗手》；还有另一本皮质封面的小册子，里面是他誊写的散文“论青年诗人”。里尔克说服埃及博物馆的馆长将阿蒙霍特普的头像从展览柜中拿出来，好让她画下来送给他。她送给他的礼物是自己刚完成的雷吉娜·乌尔曼的画像，他们在慕尼黑时，雷吉娜是最初的几个访 260
客之一，在这之后成了他们坚定的朋友。

他们只能短暂重聚：目前他们必须分开，她觉得，如果他能摆脱不愉快的心情，他们的梦想总有一天就会实现。“一次又一次地，”她还在他身边时，他写道，

> 无论我们多么熟悉：爱的风景，
> 写满悲伤名字的小教堂墓地，
> 以及沉默无言的山谷，余下的一切在那里

死去：一次又一次地，我们并肩出去，
走到老树下，一次
又一次地，躺在花丛中，与天空面对面。[25]

新年前，她返回了慕尼黑，他陷入比以往更深的抑郁中：外在的环境无可挑剔，他对玛丽侯爵夫人说，但他的内心如此沉重，以至于他必须寻找彻底的孤独，设法重新振作起来。“杜伊诺的时光，那就是我所需要的。”[26]

他担心在巴黎的物件。离开的时候，他的房租已经付到了9月底，而现在，听说“敌国公民”的财产尚未受损害之后，他急于保护自己的财产，打算支付当年余下的月份以及1915年第一季度的房租，别人告诉他可以通过在荷兰的中介人完成支付。基彭贝格再次受到打扰，他在新年期间收到了另一个请求，这次是要2000马克——部分用来支付房租，余下的作为“储备金，以保证我在一些无法预料的紧急情况下有一定的活动自由”。[27] 投入的资本已经减少到10000马克，基彭贝格有着谨慎的商业意识，这种变本加厉的消耗令他担忧，这笔钱无疑需要确保里尔克度过战时艰难的几年，尤其是在其他的朋友和资助者无法提供更多帮助的情况下，而且在这种时候是否还有稳定的版税收入是有疑问的。他恳求他的朋友设法按他的要求办，除租金之外，每个月给他和克拉拉800马克的生活费，这对他想要的“活动自由”而言应该足够了。双方都在发电报和写信，然而，里尔克坚持现在就要2000马克——由于“那么多的个人原因”——在此之后，他保证自己会严格遵守预算，只花“那些对得起自己最严厉的良心的钱”。他看不到危险，因为以当时的月利率，10000马克支付这一年的费用绰绰有余，而这是最艰难的一年。[28]（对这种糊涂的看法感到绝望的基彭贝格，肯定是同意了里尔克的要求，因为到1915年11月时，这笔“遗赠”已经用得一干二净——当然，还包括一笔相应的岛屿账户中的存款。）

自然，所谓的“个人原因”与露露相关，因为，尽管越来越没有信心，但他仍然希望他们能够设法再次一起生活。出于一时的冲动，他

在 1 月 7 日回到慕尼黑，打算只待几天时间。露露暂时离开去了伊尔申
豪森，将她的小女儿和保姆留在芬肯大街的房间里，在失去津贴之后她 261
还保留着这些房间，以便他稍后搬回那里时不用大费周折。一旦离开柏林，尽管他的多数东西都留在那里并且经常说起要回去，他再次被慕尼黑迷住了，原本只打算待几天，结果却几乎住到了年底。

这不仅是因为他在这里觉得更自由，受到的社会压力更小，而且也由于在慕尼黑开始变得高涨的反战声音——安妮特·科尔布、和平主义期刊《论坛》的编辑威廉·赫尔佐克以及其他人——回应了他的感情。和平之鸽消失在云层中，他在从柏林寄出的信中写道："我无法鼓起勇气去读报纸上的各种遁词，而人们告诉我的一切，不管说话的语气如何，都让我感到痛苦。"[29] 尤其让人高兴的是听安妮特·科尔布本人谈起她打算办一份评论刊物，致力于促进国家间的理解，罗兰、萧伯纳和范埃登已经承诺给予支持，这份刊物计划 5 月份在苏黎世开始发行。如同《白叶》的编辑勒内·席克勒，她也是法德混合的血统：正如里尔克在给玛丽安娜的信中所言，"她在血脉上属于多个民族，正如我们的精神构成也是如此——这种精神态度永远不会被磨灭，必定会征服战争的狂热，必定会一直存在下去。"[30]

他先去拜访了几个人，其中之一是住在维登迈尔大街的赫塔·柯尼希：因为那里挂着毕加索的《杂耍艺人一家》(*La famille des Saltimbanques*)，这幅画"突然"向他揭示了艺术家的境界。9 月，他曾在慕尼黑见过她——上一次见她是在菲舍尔一家 1910 年在柏林举办的晚会上——后来他才听说她已经得到了一幅毕加索的绘画，11 月时他在慕尼黑的一家画廊发现了《杂耍艺人一家》，于是立刻写信给她："这无疑是我们的艺术中最重要的画作之一，你能不解救它，将它据为己有吗？"[31] 现在，看这幅画很方便，他反复去她家观赏。赫塔回忆他如何带雷吉娜·乌尔曼去观赏它，像孩子一样领着她，每一次他都能找到一些新的快乐："孩子身上的黑丝绒马褂罩在褪色的粉红衣裙上，她的手轻轻放在花篮上，在这些巨大的形象背后，是西班牙沙漠那无限荒凉而又生动多变的灰色，一个陶罐放在坐着的年轻女人身旁。"[32] "你必须看

看它，”他写信对玛丽安娜说，“它不适合你的房间，因为它是一位无礼的客人，一个自足的世界，不愿意待在任何环境中。”[33]

整个1月，他都在孤独中度过，避开各种邀请，大量阅读——斯特林堡、陀思妥耶夫斯基——但更像是一个酒鬼借酒消愁，逃避自我，他越来越深地陷入“沮丧的观望和等待”中。[34]他答应菲克尔为他的期刊写稿，却无法写出任何新东西，于是给菲克尔寄了一些早先在巴黎写的
262 诗歌。他抑郁的原因并非是他与露露的境况。她丈夫已经声明会推迟到战后再离婚；然而，尽管里尔克2月份时花了许多时间在伊尔申豪森陪她，并且他们也经常一起待在慕尼黑（除了做别的事情外，还听托马斯·曼做了一场爱国主义的演讲），但两人似乎都打消了长期共同生活的念头。他对玛丽侯爵夫人坦言，他已经认识到这次重新尝试与另一个人共同生活的努力，结果并不比其他的更好。“上帝知道未来会怎么样……我只好再次逃之夭夭，但我不想在身后留下一道毁灭和灾难的痕迹。”[35]

她像母亲一样劈头盖脸给她的“撒拉弗博士”一顿责骂——纯属活该，他承认。“每个人都是孤独的，而且必须保持孤独，并坚持下去……为什么你总是想着去拯救一些傻瓜呢，她们应该自我拯救——要不就让魔鬼带走她吧，他肯定会把她带回来的（别生气，我不知道她们任何人的名字……）。在我看来，撒拉弗博士，与你相比，已作古的唐璜就是个痴情种子——你总是一直在找这种眼泪汪汪的垂柳，相信我，她们在现实中绝不是那么眼泪汪汪的——你在她们眼睛中发现的无非是你自己的影像而已……”他能做什么——“像我这么不可救药的人”——除了表示同意？“这件事一了结，就不会再有这样的事情了，”他向她保证，“接下来我永远不会向别人敞开自己的内心——倘若我因此变得极度抑郁，也要心甘情愿地承受，并坚持下去。”[36]

目前，他必须待在慕尼黑。有报告称奥地利将会征召所有42岁以下的成年男丁入伍，因此，他在接到征召令之前，做任何计划都毫无意义。鉴于他早年在军事学院的经历，应征入伍的前景绝不诱人，但是（他肯定会想到）这会让他方便而体面地结束与“莱”的关系。此

时，他更希望直接从莎乐美那里得到帮助和建议，她过去从未让他失望过。现在她应该在柏林待了一段时间，在 1 月底的一封信中，他把自己进退两难的处境告诉了她，并且说他非常想在柏林见她，详细谈谈他的处境。3 月初，她在信中提到，拖延日久之后，她总算有时间前来慕尼黑，他立刻发电报为她在芬肯大街预定了房间。结果她又要延期才能到达，但他写信说他和露露都非常期待她前来做客。

> 如果你能够慢慢喜欢她，那她的生活就会再次经历一个幸福的季节。我基本上没给她带来什么好处，在幸福的、充满付出和希望的最初几个星期之后，我逐渐收回了多数的幸福……如今显而易见的是，在我们之间，我无法给予帮助，我自己也得不到帮助。但他暂时仍然需要我，你很快就会明白……4 月 6 号到 5 月 6 号期间会征召我这个年龄段的人——而他们似乎会带走所有人，我可能会被强行应征入伍。因此，我们应该在那之前见见面。[37]

然而，不能错误地认为里尔克——在等待中的这几个月——被他的个人问题给压垮了，并在一个对如此敏感的心灵而言变得越来越令人厌恶的世界中寻找安静的隐居所。当时第一次见到他的画家和作家赫尔曼·比尔特，后来回忆说里尔克远比人们通常描述的更现实、理性和有条不紊。[38] 当然，他的工作中断了。除了一首为西蒂·纳德赫尔尼在佛罗伦萨的婚礼准备的诗歌之外，他没有写别的诗，甚至听不到“一片沉默之碎片从我内心巨大的缄默中脱落下来时发出的声音”；[39] 通常是必要的自我表达形式的书信也不可避免地减少了，而且信中反映出他的绝望——他觉得自己被迫遭受“战火与屠杀之夜”那“恐怖的失眠”。[40] 但他并没有与外界断绝来往，他享受着露露和许多其他朋友的陪伴——雷吉娜·乌尔曼、艺术史学家和外交家威廉·豪森施泰因，舞蹈家克洛蒂尔德·冯·德普、医生和诗人汉斯·卡罗萨、赫塔·柯尼希、布鲁克曼一家、天文学家埃尔万·冯·阿雷廷、保罗·克莱。他出现在慕尼黑战 263

时的一些文化生活集会中：诺贝特·冯·黑林拉特[1]关于荷尔德林的讲座，阿尔弗雷德·舒勒对古罗马社会异想天开的推测。他还继续劝说朋友们支持《国际评论》（尽管他意识到，目前这最多只能探查“欧洲巨大的伤口，从一侧到另一侧，同时检查一下伤口的深度”41）。露·莎乐美在3月19日抵达时，他已经更积极地参与到这座城市的社会文化生活中。“她安排的活动把我们每天的时间都排得满满的，”露露后来写道，“每天早上是一个巫师降神会，下午是历史学家和天文学家，晚上则与精神分析学家、作家或医生交谈”——每个人本身都很有趣，但这样一种旋风般的一连串事让她头晕，没过多久她就觉得自己必须再次逃到伊尔申豪森的宁静中去。她发现露是一个洞察人心的女人，性格强势，但太过于理智了，尽管露也热爱感官享受。42

很不寻常的是，里尔克简直可以说很喜欢这一连串的折腾。近二十年来，这位朋友关注着他人生的悲欢离合，他终于见到了她，这无疑是一种“独特的慰藉”，他写信对杜伊诺的玛丽侯爵夫人说，他泰然自若地等待着入伍前的体检，并于5月6日在慕尼黑检查完毕（尽管他也写信向侯爵咨询，如果军队接受他入伍的话，他如何能设法谋取一个职位，最好在维也纳，使得自己不胜任军旅生涯的体质和性格能够适应43）。结果，奥地利对兵力的需求看来还没有紧迫到要征召他入伍的地步，于是允许他延期入伍。

莎乐美差不多待到了5月底。她见了许多人，其中包括她觉得自己应该去拜访的克拉拉。她从格布萨特尔那里听说，克拉拉最近去找他做心理分析，于是莎乐美担心，正当里尔克与露露感情暧昧时，克拉拉出现在慕尼黑是否会影响里尔克：但是他告诉她说，在进一步的治疗之后，
264 克拉拉已经变得平和友好，“完全改变了”。44 事实上，莎乐美也发现克拉拉确实变了；她清楚地认识到，倘若能以一种开诚布公的方式让他们

[1] 诺贝特·冯·黑林拉特（Norbert von Hellingath，1888—1916），德国学者，主要的学术贡献是编辑整理了第一版《荷尔德林全集》，重新发掘了荷尔德林的文学价值，促进了对荷尔德林的研究。

团结在一起的话，对几方面来说都只有好处，尤其对莱纳来说这样做能够让他摆脱目前的困境。如果没有她强有力的影响力，他不大可能会想到与克拉拉、露特和“莱”聚在一起，在圣灵降临节去基姆湖游览——那是快乐的一天，13 岁的露特后来最清晰的回忆恰恰是一次关于教育的讨论，起因是莎乐美的小猎狗“德鲁笑客”(Druschok)，它对着所有路过的人不停地吠叫：她父亲宣称，而她郑重其事地表示同意，偶尔的惩罚对小孩和狗都有好处，露和“莱”都不认同这种看法。[45]

露离开慕尼黑的时候，显然赢得了这位年轻女人的喜爱，她让后者相信，莱纳必须在孤独中前行。“连言语都从我的双唇间消失的时候，坐下来写作是毫无意义的，”露露在 6 月 9 日写信对露说。“我这么做只是为了告诉您，您的建议对我有好处，谢谢您。我非常希望有一天站在您面前的我不再那么贫乏，不再只给您留下消极的印象。”在一段简短的附言中，里尔克补充说，他以后会写得多一些，只要他得到“休息”，“找到孤独。要是现在就好了！”[46]

他在这个夏天只写了一首诗，是为露露而写的，温柔地怀念“爱情的开端”：

哦微笑，最初的微笑，我们的微笑！
曾是怎样的一个微笑啊！——呼吸着欧椴树的气味，
倾听公园的宁静，突然间抬起眼帘，
彼此映入对方眼中，惊奇对视，直到我们开始微笑。

那微笑里有彼此的回忆：
一只年幼的野兔，我们正好看见
它在外面的草地上玩耍；这就是
我们微笑的童年。
…………
　　　　——还有树梢，轮廓
映衬在纯净自然、已经布满

未来夜晚的天空下，勾勒出
微笑的轮廓，映衬着我们脸上
心醉神迷的未来。[47]

虽然回忆起在伊尔申豪森初次见面的时光让人心情沉重，但她像玛格达·冯·哈廷贝格一样坚强，也像玛格达那样，退回到她的艺术中，决心过自己的生活。最终与丈夫分开后，她开始装修芬肯大街的公寓，以安置她自己其余的家具；里尔克决定一找到其他的住处就搬走。她为他找到的一处合适的住所是阿默尔湖边的一座郊区住宅，离慕尼黑不远，
265 但这个提议结果行不通。最后，他向赫塔·柯尼希求助，后者正要动身前往威斯特法利亚的家族庄园，他问赫塔——“恐怕是一个非常荒唐的想法”——能否允许他在她离开期间，在维登迈尔大街的公寓中住一阵，他和一个女管家只占用极少数几个房间，如果她允许的话，也许他还可以用用她的书桌，并偶尔去“伟大的毕加索”面前坐坐。[48]“如果他无处可去，为什么不让他住呢？”赫塔的母亲如是想，于是事情就这么定了。6月14日，他搬了进去，住在这栋公寓的三楼，房间很安静，俯瞰着河流，他一直住到了10月份。

“围绕着我的平静堪称完美，”他写信给赫塔：“我无一日不在心里祝福和感谢您，因为您为我提供了这处美丽的避风港。”他旁边有她写的一组十四行诗的手稿，这些诗句让他深有感触，作为感谢，他将它们推荐给卡塔琳娜·基彭贝格——现在她为丈夫处理很多工作上的事情——在岛屿出版。这是他一直以来喜欢的那种待客之道，在杜伊诺之后他再也没享受过这种待遇：做一个没有主人的客人，待在优雅的环境中，生活有必要的保障，按照自己的意愿自由地选择是否独处，不需要考虑未来，至少暂时不需要。无可否认，女管家罗莎·阿诺德始终都无法真正地掌握适合他素食口味的烹饪艺术：最初几天，她端上来的菜看起来“有点可怕”，芦笋的样子像是“正在唉声叹气，萎靡不振（尝起来它就像已经完全死心了似的）”，结果他多数时候只能去附近的素食餐馆用餐。[49]

克拉拉和露特是第一批受邀前来品尝罗莎最初的烹饪实验结果的人，事实上接下来的几个月，他的生活完全说不上是离群索居。因为他寻找的与其说是孤独，不如说是能够单独居住，选择自己的同伴而非受迫与别人待在一起。人际交往，尽管很随意，但的确“让他感到疲惫”，因为对任何事情他都无法淡然处之。“只有接连几个月不把时间花在人际交往上，我的内心才会出现那种张力，不可阻挡地将我带向工作。”[50]赫尔曼·比尔特正确地指出，在里尔克的整个人生中，他力图让自己适应他的诗歌使命，保存力量，等待关键时刻的到来。[51]他现在感到很满意，因为一般的熟人会很长时间都不知道他躲在哪里，而他可以挑选那些他觉得有助于他工作的同伴：诺贝特·冯·黑林拉特，正从前线回来疗养休假的坦克马尔·冯·明希豪森，雷吉娜·乌尔曼；受邀前来欣赏《杂耍艺人一家》的克洛蒂尔德·冯·德普，施陶芬贝格，埃尔万·冯·阿雷廷，洛特·普里策尔；前来慕尼黑的冯·德尔·海特和卡塔琳娜·基彭贝格；还有没少见的露露、克拉拉和露特。矛盾的是，这些社交活动使得他比和露露在一起的时候更忙了，更不用说还有一些晚上的活动，例如海因里希·曼关于左拉的讲座，因加·容汉斯演奏贝尔曼[1]的歌曲，剧院里 266
还会上演毕希纳的《沃伊采克》、斯特林堡的《鬼魂奏鸣曲》和《死亡之舞》。在他 7 月到 10 月的日记中，只有一天的记录是“独自一人——写信”。[52]这种浪子般的“自我消耗”肯定让他无法做任何工作。他甚至打算接替黑林拉特和舒勒做讲座，在埃尔莎·布鲁克曼的战争慈善宣传晚会上朗诵《时辰祈祷书》，但再三考虑之后还是放弃了，因为他意识到他的讲座导言肯定要受到审查——尽管这种想法完全不符合现实。

5 月末，意大利加入反对同盟国的战争，这让他更加觉得自己被熟悉的世界关在了门外。“从现在开始，那些以前从未见过世界的人居住的世界将会只有一间屋子，上帝，饶了我吧，那就是德国前厅：我们这些习惯旅游的人会面临难以形容的贫乏。”[53]复活节前，埃伦·凯寄来一

[1]　贝尔曼（Bellman），作者所指不详，疑指瑞典诗人、作曲家和歌曲作者卡尔·米凯尔·贝尔曼（Carl Michael Bellman，1740—1795）。

封信，带来了吉布森一家的问候，这封信激起了他对斯堪的纳维亚的渴望，使得他非常怀念那儿的自由，以至于一想起来就受不了，好几个月都无法给对方回信。[54] 有时候，他甚至考虑加入罗兰的红十字会，去日内瓦工作，因为这样做有机会服务普罗大众，而不仅仅只是服务于爱国的事业。他通过玛丽侯爵夫人，尽职尽责地投稿给一本在维也纳出版的诗歌选集，这本集子的出版是为了给战时的慈善机构募集资金。他投稿的诗歌是先前写完的，是一首非常奇怪的关于英格兰守护神的诗，尽管他很可能没注意到这一点，但他的真实感情绝不是“德国人的”。

> 尽管我对德国精神不可能觉得陌生，我深深地扎根在德语中，然而它现今的表现，它目前咄咄逼人的信仰只会让我感到厌恶和屈辱；更何况还有奥地利……我本该觉得那是我的家，但对我来说，把奥地利当作祖国几乎是不可想象的……我该怎么办，我的心由俄国，法国，意大利，西班牙，沙漠和《圣经》构成，我怎么能同情这儿的那些人，他们自命不凡的话语萦绕在我耳边？[55]

他对报刊越来越反感，包括他偶尔看一眼的法国和丹麦报纸：“过度热切的谎言制造了崭新的事实，现在新闻报纸的发展蒸蒸日上，摆脱了一切束缚，人们会觉得，战争一旦开始就永远没个尽头，因为这些卑鄙无耻的小报不断地预报战争的实际进程。”[56]

7月初，当有机会通过瑞士联系法国境内的人时，他最先想到的是写信给玛尔特：“这一年来，我一直在遍布混乱和痛苦的沙漠中前进，一步一个脚印……最微小的安慰也离我而去，因为我只能为一切而战，却谁都无法反对。”[57] 毕加索的画似乎让巴黎变得可触可摸了，有时候他会忘了现在，再次感觉到这座城市如何——当他从西班牙返回时——让生活变得协调一致。[58]

在这些重要的时期，其他人也许觉得精神振奋，但对他来说，一切最伟大的、最激动人心的事物都被埋葬了，丢失在昨日的另一个世界里。他回忆起巴黎（不像现在的慕尼黑），那个巴黎曾给他带来“一种

生命的存在，仿佛充满了我的每一次呼吸，甚至满溢出来，却丝毫没有 267
将我卷入到它的现实生活中。我几乎可以把自己当作是隐形的，在需要帮助的时候，我就从孤独中走出来，去寻找友谊的帮助和安慰。”[59]

随后，在 9 月初，他大概受到了一次沉重的打击。他获悉巴黎的工作室已被征用，他留在那儿的一切都在 4 月份被拍卖了，借口是用于偿付他拖欠的房租。他的书籍、笔记、众多手稿和收到的信件，包括那些罗丹和杜塞的来信，以及一些家中的纪念品，全都荡然无存。他已经放弃了那些财产，权当是丢失了，也曾告诉自己它们不过是马尔特·劳里茨·布里格的遗作和遗物：现在，他试着把它们的消失看作是根除了一种他长期以来希望摆脱的迷恋之情。可是，如今他知道一切都真的失去了，他有一种强烈的失落感：那里的某些东西，一张纸或一封信，看上去可能突然变得不可或缺，那些东西通过一条纤细的线连接着他生活的中心，如今这条线断了。他觉得自己被剥夺了，“秋天那些日子吹来的风尤其凛冽，直扑我的灵魂”。“对一个稍微勤奋些的人而言，这会是重新开始的绝佳理由，甚至会变得更勇敢也更自豪——我同意，但我具备这样做所需的力量、青春和决心吗？”“自从《马尔特手记》在我身后关上了大门，我就像一个新手那般站在这里，一个还没有开始行动的新手……”[60]

他先前曾打算汇寄至少 4 月份之前的房租给房东，这个计划最后是否成功并不清楚。不管怎样，他在 10 月写信给基彭贝格，把这件不幸的事告诉了对方，第一次责怪他的朋友处理“遗赠”的方式过于小心翼翼了，也责怪自己居然赞同对方的谨慎。他曾获允自由处置这些钱吗，他振振有词地说，他无疑能够设法支付房租，保住自己的财物，而且，在过去一年的生活中，他也许还会做出其他的完全不同的决定。对他来说，这是一项重大的错误，完全听信于他的顾问和朋友，允许这样一笔“特别的天赐之财，一个奇迹，像夜晚的梦一样到来，却消失在谨慎务实的深思熟虑和因循守旧的精打细算中……你错了，我亲爱的朋友，凭那种内在的感觉，那种莽撞而不切实际的感觉——也许你更愿意这么说——我就知道你这样做错了，凭借那种感觉，我整个一生都在接受那些意想不到的不可思议之物，相信我，这类事情无法仅仅用商业的方式进行衡量和安排。”这笔财富，就像他生活中的其他许多财富一样，原本能够激励他，让他重新焕发精神，重获新生，他本来可以按照自己认为合适的方式去花这些钱，而不是将这些钱仅仅看作是一笔捐赠的月生活费。虽然他听说他的书正在大卖——尤其是《旗手》，已经卖出了 85000 多本——但他发现难以置信的是，如果没有这笔额外的意外之财，岛屿就无法继续正常地为他提供生活费。[61]

站在里尔克的立场来看，他的责备并非不公正，但对基彭贝格来
268 说，面对这位诗人日益增加的需求，他无疑会决定用这笔新的资金支付诗人的生活费，而将诗人在岛屿的版税储存起来，留待日后的不时之需。基彭贝格很了解里尔克，在风云变幻的战争时期，在里尔克不可能出版任何新书来增加他的版税收入的情况下，出版商的决定实际上并没有错：让里尔克完全自由地处理这笔钱只会很快耗尽来自两方面的资金。他显然被来信的语气伤到了，收到信时他正在比利时，负责编辑一份军队的报纸，此外他还有其他的急务要处理，于是他没有马上回信。直到 11 月份，里尔克接受现状，写了一封措辞礼貌的信，为自己的幼稚而道歉之后，他们这才和好如初——当然，里尔克再次开始习惯性地索要额外的金钱。

一年过去了，他在慕尼黑一无所获。他试图在这里独自生活，结果却证明这不会比生活在露露身边更好，若不是现在应征入伍的阴影再次森然逼近的话，他很乐意搬走，只要能想到什么好去处。他母亲前来看望他——这会是他们最后一次见面——也无助于驱散他内心的阴霾。赫塔·柯尼希暂时返回慕尼黑，受邀去见了菲亚，一起吃了午餐，她发现，在有点令人生畏的菲亚面前，里尔克变了一个人：他不再是那个态度谦逊、优雅迷人的男人，而“只是这位阴郁的母亲的儿子”，他就像一个刚受到责骂的孩子，看起来既伤心又气馁。[62]10 月 11 日，他该搬出柯尼希的公寓了；在找到另一个合适的住处之前，他先返回到芬肯大街，露露外出了，在那里他写了一首出色的诗送给她，他知道她和她父亲的关系与他和他母亲的关系并无不同：

唉，我母亲会毁掉我！
石头压石头，我把它们压在自己身上，
早已堆得像一座小屋，周围
时日无止尽地流逝。
如今，母亲前来毁掉我：

毁掉我，只需待在那里。
石头一直往上堆砌，她浑然不觉。
…………
环绕着我的鸟儿有更轻松的飞翔。
陌生的狗已经知道：这就是他。
只有我母亲的目光，才会让它隐藏
…………
她那里从未向我吹来温暖的风。
她缺席之处，才有微风拂动。
她躲藏在内心的顶室，
基督每天去给她施洗。[63]

他对战争感到痛苦绝望，这种感觉日甚一日。他曾以为自己看到祂出现的那位令人恐惧的神——在1914年8月初的那些日子——很快就变成了一个怪物，有着“众多头颅、爪子，还有一个吞噬一切的躯体”， 269
而现在他看到的只是“人性沼泽中流出来的肮脏的污水”。[64]“为什么没有一些人，”他呼喊，“三个、五个或十个，一起站在广场上大喊‘够了！’，然后被击毙，他们付出的生命至少会让人们觉得自己受够了战争，而广场外其他那些人的死只会让恐怖持续下去……”[65]慕尼黑的生活是一场持续不断的谈话，围绕着一个主题，无穷无尽而且总是含糊不清，然而却带着暴力的腔调：“对一个接受过艺术作品原则训练的人而言，还有什么折磨会比含糊不清和暴力的结合更残酷呢？”[66]

没过多久他就找到了新的住处，这次他选中的地方可以说是一处乡间住宅，位于克费尔大街（Keferstrasse）英国花园的边上。房主是一位外交官，当时在海牙，从 10 月 21 日起，房主的妻子租给里尔克一套舒适的有三个房间的公寓，就在一楼，随后的日子里，他发现女主人很有魅力。在这里，他决心找到遗失已久的孤独，恳求埃尔莎 · 布鲁克曼不要把他的地址告诉任何人，尤其不要透露他的房间安装了电话（“电话这种联系方式令我感到不安，即便我躲在屋子里”）。[67] 他会长时间避开外界的打扰，直到他摸索并找到语词表达所有的经验，“从莫斯科到托莱多”，“通过我的工作去理解一切事物及其尺度，进入到事物的最深处”。[68]

有利于工作的决定并不容易坚持下去。下一次军队的体检预定于 11 月 24 日进行，就在最后期限日益迫近之时，他终于找到了接下来的道路：上帝，爱和死亡是他长期以来思考的主题，体现在他的书信和诗歌中，出人意料的是，对这些主题的思考再次促发了他的灵感，使得那几周成为他一生中最多产的时期之一。他写道，大自然不知道人类渴望理解与生命分离的上帝和死亡这些抽象观念：在大自然中，死亡无处不在，“在家中死亡也包围着我们，从事物的裂缝中窥视我们，就像厚木板上凸出来的一颗锈钉子，每个昼夜都无事可做，只期盼着死亡”。恋人们没有这种分离：“对他们而言上帝是真实的，死亡并不伤害他们，他们满有生命，因此也满有死亡。”托尔斯泰了解这种统一，他也了解“纯粹死亡”的恐惧；然而他的恐惧本身形成了一座真正的高塔，他在恐惧中获取的力量突然将高塔转变为“坚实的地基、大地和天堂，微风和飞翔的鸟群环绕着他……”[69]

他回忆起在托莱多的桥上看到的一颗流星，对他而言，这似乎象征着死亡是生命的一部分这个观念：

死亡站在那里，没有托盘的杯中
一滴淡蓝的精华。在如此奇怪的地方
发现一个杯子：位于
一只手的背面。有人清楚地辨认出

光滑曲面上的线条，那是手柄
断裂的地方。布满灰尘。褪色的哥特字体
沿着杯子的一侧，写着：希望。

那位喝下这一杯的男人 270
在早餐时高声念出这个词语，很久以前。

它们究竟是何种存在，
那最终定会被毒药吓跑的？
否则它们会待在这里吗？难道他们会
一直愚蠢可笑地咀嚼自己的挫折？
必须把艰难的当下从它们口中
拉出来，就像摘下一副假牙。于是
他们低声咕哝。他们一直咕哝，咕哝……
…………
哦流星
坠入我的双眼，穿过我的身体——：
不要忘记你。去忍耐。[70]

“正如休息并非只是活动的中止……死亡也不是生命的衰弱和丧失；我觉得，似乎能确定的是，对我们来说这个独一的名字意味着生命是一个整体，意味着生命的完整性，一切生命都合为一体。”[71]

然而，并非要放弃或拒绝在世间的生活。相反，死亡要求我们“去理解我们尘世的生活，这生活只是存在的一面，我们要热情地饮完人生的苦酒”。[72]他的笔记本中穿插着关于死亡的诗歌，还有从自己书信中摘选出来的令他难忘的片段，以及其他的诗歌断片，这些最后形成了一组包含七个片段的不加掩饰的色情诗，从柯尼希的公寓搬走之前，他就已经开始写这组诗了，诗歌颂扬了生殖崇拜和作为一种重生的性行为：爱、生殖、上帝、死亡合而为一。

1

完全出乎意料，采集玫瑰时，
她紧握他生命体丰满的蓓蕾，
由于那意外的差异，突然
让她围绕的温柔的花园消失。
…………

4

神魂颠倒的人，你不知道高塔如何能竖起。
而今你正感觉到一座高塔
由于你体内
空间的力量而竖立。闭上你的双眼。
它已被你举起，
无法预料，带着扫视、点头致意和甜蜜。
忽然之间，它完全挺立，幸福的我会迈步进去。
…………

6

我们靠近什么？死亡，还是谁
那尚未破晓的时日？因为本是泥土的
要归于泥土，除非神怀着感情塑造
自己的形象，在我们之间成长？看吧：
271 这是我，死而复生的躯体。
现在，请帮它从燃烧的墓穴走进
天国，那个我在你之中拥有的天国……[73]

这些诗歌的观念要追溯到 1913 年 10 月他与莎乐美进行的谈话。那时莎乐美刚接受了弗洛伊德的教导，一心对他的梦做性方面的阐释，并且诊断说他本质上是双性恋，曾认为他想写作“阳物崇拜的赞美诗”这个想法很“精彩”。“他当然正尝试以此来弥补他与性对象之间性爱关系的不足，”她在当时的日记中写道，那时里尔克还没写下这些诗歌，随后她又补充说，“像往常一样”，诗歌是他的“自我美化”——对诗人里尔克的这个评价有点离谱，而且在当前例子中更是如此。[74] 正如雅各布·施泰纳的评论所言，这“七首诗”完全是延续和强化里尔克在第三首哀歌中对“血液中隐藏的罪悔的河神”的歌颂，直接将神话引入身体的范畴，“血液之尼普顿”那“可怕的三叉戟”，“煽动黑夜纵情骚乱”，这些意象现在只不过以精确的解剖学术语表达出来而已。[75] 不是自我美化；毋宁说是不断通过作品进行自我分析之后的升华，因为他知道他的救赎必定存在于自己的作品中。

西格弗里德·翁泽尔德提到，同样值得注意的是穿插在这“七首诗”中间的那五行诗[1]：

> 现在我想说话，不再做一个
> 面对考官的毕恭毕敬的小学生。
> 现在我想说“蓝天”，我想说“草地”，
> 愿精神从我的唇间接受它，
> 将它转化为永恒的描述。[76]

在人类境况的诗意表达中，他获得了一种新的自由，将天空、草地、桥梁、树木、塔楼、玩偶、飞鸟和野兽转化为“永恒的描述”；最终，继续这种“强健有力的工作之流”，能够让他再次开始写作伟大的一系列哀歌。[77] 并不令人奇怪的是，现在，战争和“陷入人们手中”的世界让第四首哀歌的主题变得更痛苦也更消极：人类心灵的分裂，以及

[1] 检《里尔克全集》（*Rainer Maria Rilke Sämtliche Werke*）的第二卷第438页，发现在上述的那七首诗歌后面有一段文字，标明诗歌写作的地点和时间是：慕尼黑，1915 年 11 月 1 日左右；在这段文字之后，是文中提到的这五行诗，诗后面也标明了地点和时间：慕尼黑，1915 年 10 月 27 日至 11 月 1 日。《里尔克全集》第二卷收入的是里尔克生前未结集出版的诗歌，这些诗歌又分为几类，而上述的这些诗句则属于从里尔克的笔记本中整理出来的诗歌草稿（Entwürfe），由此推断，既然全集编者在那五行诗歌后面标注的时期有一个跨度，可见这五行诗歌原本不是写在一处的，而是如本书作者所言，“穿插”（interspersed）在那七首诗歌之间，想见编者将它们放在一处，不过是权宜之计。

对生命短暂的认识，这阻止他屈服于不可见的力量，尽管他是这种力量的工具，而且只有这种力量的意志能够让他的生活有意义。

哦生命之树，你的冬季何时到来？
我们并不和睦，我们的血液并不像候鸟的那样
会预告冬日的来临。迟了，落后了，
我们骤然迫使自己迎风飞起
落在冰封的湖面上。
我们绽放，旋即凋谢。
…………
272 冲突
是我们的第二天性。恋人们
不总是抵达彼此的边界吗？——
虽然他们曾允诺广阔，狩猎，家园……
我们永远不了解
自身情感的真实轮廓——
只看到外界赋予它们的形式。

一个木偶也好过“那些人半虚半实的面具”：“至少它是完满的”。

我会忍受塞得满满的皮囊，绳线，只有
外表的脸。在这里，我等待着。
纵使灯光熄灭了……
我仍然会坐在这里。人们可以永远观看下去。

难道我不对吗？你，在品尝过我
意志那最初的、含沙的浆液之后，
你自己的生命也变得那么苦涩，
父亲——你，在我成长时，一直在品尝

并且，困惑于一个如此陌生的
未来之回味，搜寻着我目光茫然的凝视……
……而你，亲爱的女人，
你们一直爱我，肯定是因为我
爱的微小开端朝向你们，我总是逃避……
……我不对吗
觉得我应当一直坐着，应当
在木偶的舞台前等待，或者，不如说，
如此紧张地凝视它，以至于最后，
为了补偿我的凝视，一个天使不得不降临
并让塞得满满的皮囊焕发生命的活力。
天使与木偶，一场真正的、最终的游戏。
正是我们的在场，将那些我们分离的
合为一体。直到那时，转化的整个
循环才会形成……

结尾是对童年的赞扬：如果我们能够重获儿童敞开的、未分离的意识，我们就能够扮演我们的角色

在无限中，在世界与玩具之间的至福空间中。
…………
……凶手们是容易
得到理解的。但这：那在生命开始之前
就能够容纳死亡，
整个死亡，能够温柔地将它
留存在心中，也不拒绝继续生活的，
无法言传。[78]

他被从思想的翱翔中突然拽到地面上，投入“荣耀的工作”，继续 273

翻译米开朗琪罗的十四行诗。在 11 月 24 日的体检中，检方认为他适合参军入伍，两天后给他做了第二次体检，随后命令他在 1916 年 1 月 4 日前往波希米亚北部的图尔瑙报到，去战时后备部队服役。他曾希望施陶芬贝格的信能够证明，他先前肺部的疾病恶化了，引发了神经衰弱，这即便不能让他离开军队，至少也可以保证他服役时从事非战斗的工作；但第二次体检时，检方甚至没有打开这封信，他仍然要前往军队报到。他立刻向那些能够改变他工作职位的朋友求助——在柏林的菲利普 · 沙伊，以及在维也纳的亚历山大 · 塔克西斯——并且，12 月初的前十天他去柏林找沙伊，探讨在军队内部进行调解的各种可能性。

办法之一是求助于一条协议：居住在德国的奥地利公民可以申请免服兵役，关于此他求助于冯 · 德尔 · 海特和巴伐利亚的路德维希 · 斐迪南亲王的副官；如果无法免服兵役的话，另一个办法是像其他作家如茨威格、安东 · 维尔德甘斯和鲁道夫 · 汉斯 · 巴尔奇那样，在维也纳的军事档案馆谋求一个职位。12 月 12 日，他返回慕尼黑为露特庆祝生日——他没有忘记给她买一本她想要的书，随后他匆匆赶往维也纳，在那里，在亚历山大 · 塔克西斯的帮助下，他的情况得到部长级的关注。然而，所有这些努力结果只改变了他服役的地点，从图尔瑙转到维也纳：1 月 4 日，大兵里尔克遵命前往靠近许特尔多夫的一个兵营报到，再次受到军队的蹂躏，他深感压抑，在他看来，这次入伍给他带来的痛苦“不亚于他还是一个孩子时在军校中经历的困惑和恐惧”。[79]

三

自维也纳的断裂以来，宁静和工作尚未返回我身边。

（致露·安德烈亚斯－莎乐美，1917 年 1 月 5 日）

“由于同志和军官们的理解，我们中‘年长的先生’（我把自己算在内，因为我所在的排中有十八九岁的小伙子）得到了最大限度的体谅”，他在 1 月的晚些时候写信对母亲说，“这种对我的笨拙的同情真是令人感动。这儿有互相帮助的优良精神——当然，有许多令人很不愉快的事情，但其中夹杂着一些让人心暖的经历。”[1] 事实上，对他来说，这是一段痛苦不堪的插曲，只是为了减轻菲亚的担忧，他隐瞒了一些不快的经历。“我的生活已经被这毁灭过一次了，”他在一个周日早晨去拜访斯特凡·茨威格时说，“我以为我已经恢复了，但现在我再次落进了它的魔掌。”他在精神和身体两方面都不适应军队任务的要求，在茨威格看来， 274
他完全被这些任务压垮了[2]（的确，在一次操练中，他真的倒下了）。人们知道他受到上层的保护，并且还在设法寻找更多的庇护，这在部队中只起到相反的作用，并未让他得到任何宽容的对待。他穿着在前线服役时变得破败不堪的不合身的军服，留下一副可怜的形象；许多意识到他处境的朋友决定设法营救他。他们的努力最终成功了，他转到了军事档案馆工作，此时他在步兵团只经历了三周的“折磨”。

如果去军队服役的是一个作家或诗人，那就不会有合适的职位可以安置他们。但是，文学在奥匈帝国享受崇高的地位，不管当局在战争执行过程中有怎样的过错，它们至少会照顾那些文人，把他们安排在最适合的地方服役，也就是说为鼓舞士气做宣传。里尔克发现自己所在的部门只有一项工作，就是把战场上的报道写成一系列关于勇气和英雄主义的奇闻轶事，或者写一些涉及军旅生活方面的长文章，然后将这些文章汇集成册出版，用于教育和鼓励战争大后方的群众。“为了应付差事，”负责人陆军上校韦尔泽微笑着说，“我们只得给他找点事做——但不能过于繁重。”他的直接上级是弗朗茨·卡尔·金茨凯，一位诗人和正规的中尉，他把里尔克带到一个偏僻的房间，里面堆满玛丽亚·特蕾西娅（Maria Theresia）和拿破仑战争时代留下来的皮革装订的档案，里尔克差不多是独自待在那里。[3] 他的工作时间是从早晨9点到下午3点，非常轻松，几乎过着正常的生活，与此同时他的大多数同事都强忍着厌恶从事艰苦的工作：对里尔克来说，像他们那样按命令去写作是完全不可能的，他很快就被安排去做简单的日常工作，管理登记簿和有卡片索引的报告。更糟糕的是，被迫进入他一直厌恶的军队服役，以及压抑的战争背景，足以让他无法创作任何自己的作品，不管在办公室里，还是在外面的宾馆房间中。这家宾馆在席津（Hietzing），靠近舍恩布伦（Schönbrunn），他在塔克西斯位于维克托大街（Victorgasse）的公寓暂住之后，找了这家宾馆。

斯特凡·茨威格带来消息说，里尔克留在巴黎的物品中，至少书信和手稿是有望保住的，但即便是这个好消息似乎也无法稍微减轻他的痛苦。12月末，里尔克刚抵达维也纳，茨威格就从他口中得知他的物件都落在了巴黎，于是立刻写信给身在中立国瑞士的罗兰，希望他可以请在巴黎的朋友尝试从惨遭破坏的物品中拯救一些出来。1月期间，纪德与雅克·科波响应了罗兰对友情和“法国的荣誉”[4] 的迫切呼吁，立即投入到拯救行动中。他俩发现，这次对里尔克巴黎物品的扣押尽管完全合法，但实际上是一次偷偷摸摸的活动。并且，所谓的“拍卖”也无非是直接将这些物品卖给某些身份不明、行踪不定的交易商，只为了
275 得到那可笑的538法郎。房屋看守人双眼含泪地讲述了这次事情，她为里尔克保留了两箱文件，纪德希望把它们转移到一个安全的地方。经过一番

努力，他最终成功地把它们交给伽利马出版社保管，战争结束很长时间之后，里尔克重新取回了它们，但无法肯定其中包括了他遗留下来的所有手稿和书信。当时，里尔克太过抑郁，以至于除了在 1 月末罗兰 50 岁生日的时候，给他发了一封语调忧郁的感谢电报之外，什么都没有做。

他发现住在维也纳本身就是一种“折磨，对任何有条不紊、一丝不苟的人来说都必定如此：它是散漫随意的化身，在这种不可救药的懒散中，每个人都漫不经心地享受着生活，使得这座城市拥有一种独特的令人伤感的繁华”。[5] 他觉得无论如何都要重新得到自由，在新岗位上仅仅工作了两周，他就计划前往慕尼黑进行短暂的“事务性访问”。他希望在那里找机会重新递交先前的免服兵役的申请，这项申请本已得到批准，但免役令未及时送达维也纳，所以无法改变他原来的职位。他需要社会名流的帮助，越多越好。此时，他得知基彭贝格在家休假，于是请对方帮助他安排这件事情。这位能干的出版商像以往一样可靠，他在一周之内将一封拟好的通函寄送给所有愿意在新申请上签字表示赞同的人：“如果申请能得到德国和奥匈帝国知识界名流们的支持，那么这位身体孱弱的诗人也许就能够免服兵役。”递交的申请上指出，如果他继续在军队中服役，就无法完成期待中的作品，并且还强调他和他的家人只能依靠他的作品维持生计，此外申请上还补充说：“我们无须说明，如果这些作品被这个残酷的时期扼杀了，这对人类来说会是一种怎样的损失。”[6]

考虑到奥地利人“轻率随意，丢三落四而又奇慢无比的”办事态度，里尔克充分地预料到这次行动要花几个月才会有结果；[7] 事实果然如此。2 月 17 日，里尔克从慕尼黑返回之后，他就开始努力争取别人对这件事情的关注，这是他的典型作风。这些人包括工业家里夏德 · 魏宁格及其夫人玛丽安娜（“米策”），他和他们建立了牢固的友谊，此外还有霍夫曼施塔尔，西蒂 · 纳德赫尔尼，以及卡尔 · 克劳斯；幸好所有这些尝试都没有让本已很复杂的程序陷入更混乱的局面。上校韦尔泽非常纵容他，承诺申请一得到批准就准许他离开军队。军队终于在 6 月 9 日签署了他的复员令（“经历了一段无限长的时期”），6 月 27 日，他正式离开了军事档案馆。

在等待那一天到来的这几个月中，他仿佛被活埋了，在自己的工作方面一事无成。工作之后，他在镇里早早吃完晚饭，乘电车回到席津的宾馆，只剩下阅读的力气，而且感到非常疲倦，以至于 8 点以后就连阅读都不可能。“幸好我一辈子都是个老练而专注的睡眠者。”[8] 在慕尼黑
276 短暂逗留时，他看到窗外的树木散发出春日的气息，这让他深切地感到自己目前的境况多么令人难以忍受，使得他比以往更急于逃脱束缚。“这不是巴黎，但相比之下，这儿的疯狂有过之而无不及，”他写信给仍待在维也纳的玛丽侯爵夫人，描述她送的手镯给露特带来的快乐。“我什么也没有带回来，没有哀歌，在这里我什么都没有，正如列奥纳多所言，‘既没有眼泪，也没有欢笑’。”[9]

然而，他绝没有从社交活动中销声匿迹，虽然他的工作处于“停顿阶段”。[10] 他不喜欢维也纳的气质，并为此感到遗憾，但这座城市还是让他获益良多，而且在这里可以见到很多朋友。他去听了一场勋伯格的音乐会，参加了卡尔 · 克劳斯的朗诵会，尤其值得一提的是，他开始与科科施卡[1] 交往，在这段时期经常去见对方，科科施卡的作品——尽管迄今为止他只读了其中很少的一部分——对他有很大的吸引力。一天晚上，他甚至为科科施卡和一些年轻的朋友高声朗诵了《新诗集》中的诗歌，他已经很久没有打开这本书了：如今它就像是一部别人的作品，仿佛拥有自己的生命，让他和他的听众都从中得到同样多的欢乐。[11]

4 月期间，他接受了玛丽侯爵夫人殷勤的邀请，住在维克托大街的公寓，但这所公寓将会在 5 月份改建，于是她打算去的里雅斯特，“帕夏”刚从塞尔维亚前线转到那儿服役。露露刚到维也纳，住在位于罗道恩的施特尔策的旅馆中，霍夫曼施塔尔家就在附近，于是里尔克也

[1] 奥斯卡·科科施卡（Oskar Kokoschka,1886—1980），奥地利剧作家、诗人和画家，表现主义戏剧的先驱。他的戏剧在 19 世纪末 20 世纪初有较大的影响力，主要的戏剧代表作有《燃烧的荆棘》（*Der brennende Dornbusch*，1911）、《斯芬克斯与稻草人，一个怪物》（*Sphinx und Strohmann, Ein Curiosum*，1913）、《俄耳甫斯与欧律狄刻》（*Orpheus und Eurydike*，1919）等。

于 5 月 22 日在那里住了下来。露露的陪伴使得他的社交生活变得更繁忙，尽管多数时候他都是接待来罗道恩拜访的客人，而不是去城市里参加社交活动。他还坐下来让露露为他画像，为此霍夫曼施塔尔把自己屋子对面的亭阁交给他使用，霍夫曼施塔尔夫人格蒂找了一些黄色的和淡紫色的织锦挂在后面当作背景。亭阁的花园以及霍夫曼施塔尔一家的陪伴，减轻了他宅居的沉闷感——改换环境已经让他感到疲倦，成天昏昏欲睡，宅居不动更是加重了这种感觉。“要是我更活泼一些就好了，”他写信给正要前来维也纳游览的海伦妮 · 冯 · 诺斯蒂茨说：“恐怕我的表情就像一个去年的苹果那样，毫无光泽，如果露露 · 阿尔贝无法回忆起更热情活泼的我，那这幅画像就会变成一幅静物写生，至少是一幅不伦不类的静物画……”[12] 事实上，结果并不完全让他失望，虽然它看起来“更像是对我的考察，一幅供参考的研究作品”，后来他提到这幅画作时，带着轻蔑的口吻，认为它“充其量是一幅即兴之作”。[13] 一天晚上，他邀请诗人布劳恩 · 费利克斯和档案馆的同事弗朗茨 · 特奥多尔 · 乔科尔去看这幅画作，他将它放在施特尔策花园墙上的一个壁龛里，两侧摆着蜡烛，让他们印象深刻的是，他们对这幅画的认可让里尔克感到很高兴。科科施卡告诉露露，里尔克拒绝他之后，却又让她画像，这让他感到不太高兴，但现在他看到了结果，就不再生她的气了。[14]

画像完成的时候，他感到如释重负。7 月初，露露动身前往慕尼黑去了，他在维也纳继续住了两周，之后才乘火车去慕尼黑。他的经济再次处于捉襟见肘的窘境。基彭贝格继续每个月给他付生活费，但他必须 277
请对方给一笔额外的钱，支付旅行的费用，此外，这趟旅行他还需要魏宁格一家施以援手；而且，幸亏西蒂 · 纳德赫尔尼认识里尔克的女房东勒妮 · 阿尔贝蒂，这样他才能保住克费尔大街的公寓。“我发现自己现在大概真的回到了书桌旁，回到我 7 个月前匆匆离开的环境中——这全都要感谢你，”他在 7 月 20 日写信给她。他仍然“躲在内心深处”，但他现在希望能在这个熟悉的环境中重新获得一些平衡，“接触外在的环境，让外部努力转化为内心感受，我对此充满了难以形容的渴望”。[15]

他发现，还有些微维也纳的气息包围着他，抹除这些气息，再次在自由中呼吸，并不困难：回归内在自我的路却很漫长，“尤其是对我来说，这个过程必定会比以往更缓慢”。[16] 他希望再次会见的朋友们都已人去楼空；勒妮·阿尔贝蒂前往瑞典她丈夫的任职所在地去看望她丈夫之后，他更是独自一人待在房子里；他想去旅行，无奈身上的资金不允许。“我就像一个虫子，住在一片荒芜的草地上，爬上每一根草茎，又一次次地掉下来，四脚朝天。”[17] 8 月时有几星期，仿佛是为了反映他的精神状况，他的右手患了顽固的炎症，几乎让他完全无法动笔——但是，等待回复的书信堆积如山，仿佛它们在他 2 月份来慕尼黑的时候就一直堆在那里，而在书桌清理干净之前，他无法前进。

在他看来，通常吸引人们给他写信的是另一个里尔克，是他宁愿忘掉的那个里尔克。会有人写信给他询问他早年的戏剧作品，或者是热情地赞美《亲爱的上帝的故事》（尽管当这些赞美来自一位亲王时，他就乐于承认这部作品并未“丧失它的往昔和它的青春”，尽管他自己已经成熟了，超越了这个阶段）。[18] 他听说每一个士兵的背包里都有一本岛屿出版的“战场版”《旗手》，因为它“恰好在我们时代的这场战争中产生了虚假的共鸣”[19]，为此他还是很满意——即便仅仅因为这给他增加了收入，并且让出版商感到高兴。但是，人们在帕斯托里的音乐伴奏中朗诵这首诗让他感到非常苦恼，因为玛格达·冯·哈廷贝格恰好是朗诵者之一，在战争开始的第一年，她在慕尼黑、莱比锡和维也纳四处朗诵这首诗歌；而且，正如他在维也纳的宣传海报上带着苦涩写下的，“为了回应大众的需要”，这种朗诵可能会像一种表演那样一直继续下去。卡塔琳娜·基彭贝格带着遗憾告诉他，他和岛屿出版社都没有合法的途径可以阻止这种行为（或者阻止演出的版税全部落入作曲家的囊中）。10 月，他听说岛屿不仅计划出版插图版的《旗手》，而且对帕斯托里单独出版文字和乐谱混合的版本也不持异议，此时他本能的反应是拒绝，但到最后还是妥协了。“蛀虫已经钻进了《旗手》，艺术的蛀虫和音乐的
278 蛀虫，《旗手》就要改头换面了。……出于礼节，我曾经同意冯·哈廷贝格夫人举行一次试验性的演出，但蛀虫群从这个裂缝中挤了进来，现在我尝到了苦果。它们比我们强大。”[20] 在他看来，诗歌自有其音乐性，

不需要作曲家的帮助。

他们在威尼斯告别后，他继续友好地偶尔与玛格达通信，感谢她照顾雷吉娜·乌尔曼，从伊尔申豪森给她寄去一份献给战神的“颂歌”的抄本，并与她分享完成这些颂歌之后紧随而来的忧伤。自那时起，他们的道路经常也会有交叉，在慕尼黑、柏林，以及维也纳。她很清楚他与露露的关系：在慕尼黑，他入伍前，在两人——更不必提克拉拉——都在那里的情况下，他也能够控制事态，让大家都相安无事。当他重新回到孤独中生活时，也不会在身后留下一道“毁灭的痕迹”，这一事实足以说明他能够唤起她们的同情，而他对她们的“爱的微小开端”则会迅速消逝。然而，在她坚持进行《旗手》的朗诵演出之后，他就不愿再与她联系了，两人的关系似乎就此结束了。

基彭贝格 9 月份时再次回家休假，刚一回来就得面对里尔克长篇累牍的求助信，他对这种情况已经习以为常了，但这次他的回复不同于往常。首先是因为里尔克索要相当多的一笔钱作为“储备金”，而他从未成功地将它作为储备（像往常一样，他保证寻找更便宜的住所）；其次他还询问是否——既然岛屿出版他的作品，因此应该为他负责——能够安排他去国外旅游一段时间，去瑞典或者瑞士，如果不行的话，雇佣他在莱比锡工作。[21] 这超出了基彭贝格的忍耐极限。他简明扼要地回复说，在过去两年中，里尔克已经花了 25000 多马克，此外他的岛屿账户还透支了 2000 马克。没有一家德国出版社会帮助他这个奥地利人在战争时期去国外旅游。他承诺，战争结束之后，他会试着重建一个小型的资助者团体，就像战前一样，但眼下里尔克应该满足于自己的生活费。[22] 收到回信的里尔克镇定自若，他像以往一样，问心无愧地专心为他的艺术寻找可靠的物质基础。他开始寻找其他的帮助，直接写信给菲利普·沙伊，请对方借钱给他，他承诺在战后“逐步”偿还这笔借款，同时他还将自己的困境告诉其他的朋友，如凯斯勒和西蒂·纳德赫尔尼。到年底，他已经从沙伊那里总共收到了 5500 马克，而且是赠送给他的，不算作贷款，这笔钱是他在维也纳的一些朋友匿名捐赠的。西蒂也捐了钱，此外还帮助他解决了房租的问题。[23]

在写给沙伊的感谢信中，他谈到他们的慷慨会促进他的工作——他的翻译（米开朗琪罗的十四行诗仍然躺在他的书桌上），特别是他准
279 备出版葆拉 · 莫德松 - 贝克尔的遗稿，葆拉的母亲已经把书稿寄给了他（但是，最后他觉得自己不适合编辑这本书）。事实上，他仍然没有找到能让他真正开始工作的合适环境，而且，正如在写给基彭贝格的信中所言，他的确在寻找新的住处，以便从克费尔大街的房子中搬走，因为现在他听说这所房子将要被出售。雷吉娜 · 乌尔曼与她母亲一起住在萨尔察赫河（Salzach）畔的布格豪森，位于与奥地利接壤的慕尼黑东部；11月时他去那里拜访她们，他像她们一样，想在那里找一个古老的城堡，住在城堡的塔楼中，房租便宜到荒谬的程度——在这个避难所中，“断线”也许能够重续。他犹豫了很长时间，最后还是放弃了这个想法；虽然他一直抱怨人们的“要求”，抱怨他缺少一处专门为工作而设计的住所，但他还是留在原地，度过了整个冬季。12月，西蒂生日那天，他在信中对她说，也许有一天他会找到它，还有个合适的女人帮助他“衡量自己的工作”，安排好“只为工作准备的空间、环境和食物，别无其他——没有多余的人或书信，只有那个规律、善意、简朴、与环境融合无间的工作日”。[24]

当时，他有许多人需要会见，有大量书信等着他回复，慕尼黑的文艺界对他有很大的吸引力。坦克马尔 · 冯 · 明希豪森安然从前线返回休假，魏宁格一家也从维也纳回来了，还有范 · 德费尔德和里夏德 · 冯 · 屈尔曼也来拜访他。此外，还有阿尔弗雷德 · 沃尔芬斯泰因和特奥多尔 · 多伊布勒的朗诵会；9月期间有一场弗朗茨 · 马克的遗作展，他与卡尔 · 沃尔夫斯凯尔和卡斯纳一起去看了这个展览，他看完之后很高兴，（徒劳地）怂恿在柏林的玛丽安娜 · 米特福德前来一起欣赏：“最终的毕生之作，终生的奋斗完成的作品。”[25] 对他来说是一个重大事件，他写信对当时在瑞士的露露说：“与塞尚一样，我要承认这个人很可能是独一无二的，符合我在艺术欣赏方面的独特要求。”[26] 他经常去看克拉拉，还有露特，她很快就15岁了。

早些时候，瓦尔特 · 拉特瑙前来慕尼黑短期游览，里尔克与他进行

了交谈，此外，他还见了安妮特·科尔布和威廉·赫尔佐克，在此期间战争一直在进行，见面的结果无非是得知更多的人员伤亡情况而已。11月，维尔哈伦死在鲁昂的战场上，这个悲剧让里尔克痛苦地回想起他的巴黎时光。这位比利时诗人是少数几个他觉得亲近的人，维尔哈伦理解和欣赏他的志向，他写信对西蒂说，他的离世使得“这个世界变成了荒漠”。[27] 他试着往好的方面想，现在由于沙伊安排的考虑周到的捐赠，他暂时摆脱了经济上的烦恼，但时事艰难，一切都往好处想也不那么容易。“幸福是一种难以言表的假象，转瞬即逝，什么都解决不了：真正的快乐在忍耐的道路上。”[28] 在 12 月和 1 月期间，他找到了短暂的幸福，像往常一样，是由于一次“出人意料的经历（不是工作，唉）”——他邂逅了一位美丽绝伦的年轻女孩米娅·马陶赫，她的陪伴带给他的“几乎是一种新生活”，虽然不是他想要的“新生活”。“青春就是真理，即 280
使到现在也是如此，青春有着令人难以置信的丰富和精彩。”[29] 他尚未从“维也纳的断裂”中恢复过来，他在 1 月时告诉露，但由于米娅的陪伴，至少“最近几个月的焦虑不安变得缓和多了”。他在布格豪森种了两棵椴树，它们会成为活的纪念碑，记录这段短暂而又令人振奋的人生插曲。他变成了“沉默寡言的怪物”，也许这对他内心的平静而言是幸运的，他没有对玛丽侯爵夫人说起这件事，他在写给她的信中说，他希望新的一年不要变成“第三糟糕的一年，而是美好时光的新开端”。[30]

在他看来，美好时光在战争结束之后才会到来，因此 1917 年又将是徒劳无功的一年，他无法重新开始中断的工作。在他的世界里，有一种“巨大的沉默”，慕尼黑“就像是一张病榻”：[31] 他工作中参差不齐的断裂面已经“变得又硬又冷，没有单纯的快乐带来的热量将它们再次焊接在一起”。

看不到尽头的战争给他带来了更沉重的压力，尤其是在听说黑林拉特牺牲在战场上，以及美国在 4 月份对德国宣战之后。即便是爱国人士，他写道，现在也必须承认这桩“世界性的灾难”——只有亨利·巴比斯的《火线》（*Le Feu*）公正地评价了这场战争——与人们 1914 年 8

月所期待的截然不同，战争并不是骑士风度的公平竞赛。[32] 战前，他到处旅游，参与各种活动，他的生活献身于一项特殊的使命，并不只是活着，如今却了无踪迹地迷失在眼前“腐蚀人心的悲伤”中。“人们出于什么目的去了解托莱多、伏尔加河和沙漠呢？如今只为了在最严酷的世界大战中占据优势，在人们看来，我对这些地方的回忆突然间变得毫无用处。”[33] 岛屿出版社终于出版了他翻译的路易丝 · 拉贝的十四行诗集，翻译工作是在托莱多开始的，诗集的出版只会加重他的忧伤。

年初，他偶尔会想到换个环境放松心情——去莱比锡见卡塔琳娜 · 基彭贝格，住一段时间，抑或接受里夏德 · 冯 · 屈尔曼的邀请前往君士坦丁堡——但最终都行不通。他让自己远离慕尼黑的社交和艺术生活的努力并非是全心全意的，因为他在孤独中无法找到工作的动力，尽管他依旧拒绝别人邀请他去公共场合朗诵诗歌。他继续翻译米开朗琪罗的诗歌，其中的一些发表在 1917 年的岛屿年鉴和其他地方，此外他还忙着与其他人通信，不仅投入很多时间帮克拉拉寻找工作任务或教职来获取额外的收入，还向出版商推荐一些他认为值得出版其作品的诗人，如马克斯 · 普尔弗和赫塔 · 柯尼希。卡塔琳娜 · 基彭贝格采纳了他的建议，正式任命他做岛屿出版社的顾问，因为这大概有助于帮助他继续免服兵役，卡塔琳娜写给他的信能够证明他积极地从事岛屿出版社的工作，一丝不苟地执行任务。但这一切都只是表面工作而已。真实的书信中，他
281 可以倾诉自己的情感，在那段“仿佛在他周围浇铸了铅”的时期，他写这些信时笔端变得日益沉重。4 月，因加 · 容汉斯——现在与她的艺术家丈夫一起住在瑞士——写信告诉他，她正在将《马尔特手记》翻译成丹麦文，但一个月后他才能够对这桩事件表达自己的喜悦之情，“对这本书来说，这是一件大事，你把它带到了它虚构的祖国”。[34]

4 月期间，克拉拉在特拉维明德工作时，他安排露特寄宿在达豪的一户人家。圣灵降临节的假期，克拉拉返回之后，他们再次出发去基姆湖游览，但车站拥挤的人群阻止了他，他只能让她们独自前往那里，他自己一两天之后与再次从维也纳前来的魏宁格一家同去。周围的环境似乎让他得到了放松，拥挤的人潮离开之后，他再次回到了那里，一直住

到6月底，这次他住在男人岛[1]上。在当时也在那里的豪森施泰因看来，里尔克似乎在这座岛上留下了某种痕迹，他坐在像柱子一样排列在古老城堡前的梧桐树下，或者漫步到位于泽恩（Seeon）的女修道院前："世界在这个男人的头周围洒下一圈柔和的光辉，但更美丽的是，他内在的精神在世界的面容中温柔地闪耀着。"[35]里尔克最大的收获是认识了索菲（索尼娅）· 李卜克内西，她出生在俄国，是社会主义领袖卡尔 · 李卜克内西的妻子，她丈夫由于进行反战的示威游行而被判了4年监禁。他觉得她的友谊让他重获新生："在那些日子里，我再次变得自由，"在她离开之后他写道，"我知道这是您的力量，索菲 · 鲍里索夫娜，依靠您纯粹的活力和快乐的力量，我才能重新恢复精神，同样我才能再次拥有自我，拥有精彩的回忆和内心的情感，我的内心本已被这个时代所囚禁和抛弃。我生活在一种凝固的状态中，知道处在这种状态下的一切依然存在，我觉得很安心。"这次不期而遇至少暂时将他从迷迷糊糊的状态中唤醒。"我逐渐意识到，我能够与其他人共同拥有的最多只是短暂的时刻，例如与人会面，但是，同意这么做的人们可能会抱怨说他们并没有真正地接触对方……"他朗诵给她听的诗歌深深感动了她；但是，她在后来写给他的信中说，她相信他不是通过孤独，而是通过与外在的世界建立更多的联系，才能回到充满创造力的状态，即便他可能对此感到厌恶，"这样您就不再一直凝望自己在镜子中的形象，而是站在坚实的地基上"，她的意见并没有触动他的情感，他依然无动于衷，这完全符合他的天性。[36]表面上，他的确采纳了她的建议，至少在书信中关注外在的事件；但是，正如他对基彭贝格所说的，外界发生的事情继续压迫着他的精神，扭曲他的心灵。[37]

"在基姆湖，我注意到环境的改变对我非常有益，"他在7月2日写给赫塔 · 柯尼希的信中说，后者一直催促他去她在比克尔的庄园住一段时间，"我8月1日从这里出发。"[38]他开始收拾东西，把它们存在克拉拉的公寓里，当时克拉拉和露特去了沃普斯韦德附近的菲舍尔胡德，在 282

[1] 男人岛（Herreninsel），基姆湖上的一个岛屿，有与之相对的女人岛（Fraueninsel）。

那里度过余下的夏天。他向奥地利领事馆进一步提交了申请，争取能够继续免服兵役，但领事馆那边还没有结果（虽然他听说“乐队指挥勒哈尔”和二流的维也纳作家汉斯·米勒都由于他们的“艺术工作”，得以在整个非常时期内免服兵役，这让他充满了信心[39]），因此他可能不得不在预定的时间内返回慕尼黑。7 月 18 日他出发去了柏林，把那里作为他前往比克尔的第一站。

四

每个城市里，每片土地上，你都会听见
丧钟敲响；
每一颗心中，都有一声孤独的悲叹，
每一天，这些声音听起来都会更加清晰。

（伊万·戈尔）

他原打算在柏林只待两三天，但最后却逗留了整整一周，只为了不错过伊丽莎白·陶布曼的来访，1906 年他曾在默东第一次见到这位艺术家。玛丽安娜·米特福德的父亲在一周前突然离世，他和她在她父亲的追悼会上匆匆见了一面。他等着与伊丽莎白·陶布曼再次见面是值得的，他们共同分享了对巴黎的乡愁，在此期间，他还见到了老朋友埃米尔·奥尔利克，以及索菲·李卜克内西。他与索菲一起去腓特烈大帝博物馆[1]游览，几个小时都在“专心致志地感受和观察（由于我现在很麻木，无法指望我的观察会有什么结果）”。[1]在此期间，在柏林还举行了马克斯·利伯曼的作品展，他与格哈特·霍普特曼参加了这位艺术家 60 岁的生日庆典；他在“自由分离派”展区看到了一些出色的作品，出自格奥尔格·科尔布和勒妮·辛特尼斯之手。总而言之，他在 7 月 24 日出发去比克尔时写信对米策·魏宁格说，那是几天美好的时光。

---

[1] 腓特烈大帝博物馆（Kaiser-Friedrich Museum），柏林的一座博物馆，1904 年正式开馆。后为了纪念博物馆的首任馆长、现代博物馆学的创始人之一威廉·冯·博德（Wilhelm von Bode，1845—1929），于 1960 年更名为博德博物馆。

他乐意地接受了赫塔·柯尼希的邀请，即便他对她来信中提到的深沟围护的田庄——低洼、潮湿、长满参天大树——并不是很有热情。当时那片地区正下着雨，给他的第一印象的确不会让人心情畅快，而且，尽管赫塔安排他住在17世纪留下来的舒适的厢房中，但人们在农场中劳动的噪音并不比他慕尼黑的公寓外面孩子们吵闹的声音小。随着天气的改善，他在外面的庭园中找到了安静；他写信给因加·容汉斯，回答了她关于马尔特手记翻译问题的冗长问卷，信中提到，他偶尔会觉得自己回到了北欧的环境中，仿佛感受到了海边吹来的风。他在肥沃的果菜园中采摘树莓和醋栗，它们还带着露水，温暖而潮湿，这让他觉得很快乐，他刚好有足够的活力能够感受到这种快乐。

283 他等待着，等待"世界清醒过来"，[2] 他把时间花在书信上，许多书信很长时间没回复了，他还经常抄录诗歌送给朋友，如埃娃·卡西雷尔、索菲·李卜克内西。他还订阅了《慕尼黑邮报》，他告诉索菲，这是为了不变成一个"彻底的时事文盲"——但这并不能让他恢复已经失去的创造力。"我一生都在与文字打交道，人们能够相信这些文字，但是……如果我从大众那些可疑的文字中选择写作主题的话，恐怕我那可靠、精确、灼热发光的文字会遭遇令人困惑的挫折。"同那些活跃的、知识渊博的人士打交道也许会让他更接近现实，甚至会激发他痛苦的创造力，但阅读那些报刊绝对做不到这一点。"也许，我无法创作的难言痛苦就是我对现状的准确回应，我宁愿屈服于那种痛苦，也不愿有任何实质性的妥协。"他同意世界和生活有可能是美丽的，但是，"唉，人性并不美丽……它的疯狂是我们的监狱，作为人类，我们置身于整个自然统一体之外"。[3] 现在，对现实事件的关注越多，他就觉得自己对这场战争有更清晰的理解。8月底，他写信给卡塔琳娜·基彭贝格，信中的观点显然受到二月革命之后俄国产生的变化的影响，他把这场冲突看作是两个主要竞争对手之间的终极斗争：一方目光短浅，追逐蝇头微利，另一方是一个"人性的党派"，致力于无法阻挡的社会改造。"在这个最可怕的熔炉中，人类可能会得到迄今为止最彻底的改造——要是有一位纯粹的雕刻家的话，它在他的双手中会变得像蜡一样容易塑形。”[4]

他住在比克尔期间的当务之急是解决露特的学校教育问题。克拉拉希望让露特继续待在德国北部的外祖父母身边，相比慕尼黑，那里的食物更好也更丰富，这有利于露特的健康。她谈到要在那里请家庭教师，让露特在一年内学完最后两年的学校课程——当然，她和莱纳都不会未雨绸缪，无法承担这笔费用。他像往常一样向朋友们求助，先是给黑德维希 · 耶尼兴－韦尔曼写了一封信，黑德维希过去在巴黎、如今在德累斯顿都在尽力帮助玛尔特；接着他又向玛丽安娜 · 弗里德兰德－富尔德（她现在喜欢别人这么称呼她）求助。黑德维希立刻回了信，承诺给他 2000 马克，这足以让他从 10 月起雇佣一位家庭教师，但这笔钱只够支付一半多的总费用。“弗里德兰德宝贝”显然还没有立刻给予资助的意思，他必须去其他地方寻找其余的资金。幸运的是，埃娃 · 卡西雷尔似乎并不介意里尔克再次求助于她，在年底时捐助了额外的 500 马克。其余的钱是如何找到的，并不清楚。人们只能对里尔克朋友们的乐于助人叹为观止，面对他无辜却又相当无情的态度，他们不仅提供帮助，还高兴地认为帮助他是理所当然的。

更让人惊讶的是，这样的求助在当时竟然是迫不得已的。毕竟，他和克拉拉每个月都能从岛屿出版社得到一笔还过得去的收入，1916 年 284
的前 6 个月，他在军队的工资还能补贴家用，即便他军衔很低，这笔钱也并非微不足道，克拉拉也能从一些委托任务中赚取费用。他们需要支付房租，但是两人有时候都会长期享受免费的款待——克拉拉的暑假在菲舍尔胡德度过，而他现在已经在赫塔 · 柯尼希那里住了两个多月。因此，看上去他们两人不仅负担得起少量的家用开支，还能够应付额外的费用，例如露特的教育花销。然而，夫妻俩都不是谨慎度日的人。里尔克只会以自己的方式过一种流浪的生活——总是穿得完美无缺，品味挑剔，整洁得近乎迂腐——他在身体的需求方面非常适度：但是特别重视适合的环境，只住最好的旅馆，甚至连租住的房间也要有令他满意的装潢，所有的信件都寄挂号，购买喜欢的书——即便是价格昂贵的版本——赠送礼物给朋友时，也绝不吝啬。这一切使得他花钱如流水；手头开始拮据时，他只会要求朋友们资助更多的钱，仿佛由于他肩负使命，他就拥有这样一项权利——总之，他肯定会得到需要的钱，就像有幸运之神一直眷顾他。

目前，多亏赫塔·柯尼希的殷勤好客，他手里才有足够的钱前往柏林，延期返回慕尼黑并且重新在那里寻找住处——他尚未准备好应对接下来的“难以想象的冬天”。[5]到了9月底，慕尼黑的领事馆给他寄来的正式通知上说，“在另行通知之前”，他可以继续免服兵役，因此并不要求他待在慕尼黑。他原想观看葆拉·莫德松－贝克尔在汉诺威的作品展，去菲舍尔胡德看望克拉拉和露特，但在10月3日抵达柏林之后，他放弃了这些打算：因为，一旦回到首都，他仿佛就想起了索菲·李卜克内西的建议，主动制定计划，与积极参与时事的人们联系和讨论，这一切让他晕头转向，对别的事情都变得漠不关心。

他尝试着了解这场战争，让自己更清楚地认识“纠缠不清的战争，人类无数善意的努力反复卷入其中，并且纠缠得越紧，就越是渴望获得自由”。[6]他参加了一场德意志帝国国会的会议，与冯·屈尔曼一同用餐，屈尔曼刚从君士坦丁堡大使馆回来，受命为德国外交大臣，正努力寻求和平。他经常在俱乐部露面，与“持各种观点，来自各个阵营”的人们交谈:卡尔·冯·德尔·海特，威廉·赫尔佐克;皇帝的副官冯·莫尔特克;雅各布·冯·于克斯屈尔，瓦尔特·拉特瑙；以及冯·屈尔曼的现任秘书弗里茨·维克特。“我非常想学习，但这会是一门很长的课程，让学生感到沮丧”——他发现自己不可能产生任何清晰的观点。

> 在这里，大多数人认为和平的保证不过是空话。我赞赏法国人的天性，他们远不像德国人那么严肃古板。这里的人们基本上持一
> 285 种古怪的观点：既然知道政治就其本质而言，无法始终开诚布公，他们就马上得出苛刻的结论——欺诈是最好的政治方针。如果我们认识到和平只能扎根于一个彻底改变过的世界，一个观念焕然一新的世界，那么，我的上帝，现在显然还不是和平的时候。柏林给我的印象是，没有人准备好改变，也没有人愿意改变。[7]

一个安静的早晨，他偶然去博物馆逛了逛，却难以从 10 月份近乎狂热的活动中放松下来。整个月他都匆匆忙忙，一个约会接一个约会，通常到深夜才回到住处，徒劳地付出努力去理解各种政治事件。他并不适应这种生活节奏，感到精疲力竭、身体不适也就不足为奇了。“我大概不会比大多数蜂拥着挤进地铁的人更累，但我不像他们那样善于制造持续不断的刺激来对付自己的疲劳。上帝啊，这是怎样的一种混乱，而且……人们中间布满了新闻报纸，仿佛一切都被打包装好，准备用轮船运送到遥远的地方。去哪儿？走向什么样的未来？”[8] 然而他继续留下来，远比最初打算停留的时间更久，靠近公共事件的中心让他着迷，“就在德国轴心的边上”，[9] 虽然他感觉到自己越来越无法抓住任何“确定方向的线头”。[10] 11 月初，他在写给克拉拉的信中说，人们仿佛都吓呆了，因为所有人应该都会同意，为了摆脱眼前的困境，付出任何代价都是值得的。“胜利”，虽然很重要，但不会有什么结果，我们需要巨大的变化来拯救这个世界，却没有内在的意志去促成这种变化。“屈尔曼……无疑是‘统治者’中唯一有远见的人……但即便是他，也很难迈出决定性的一步。”[11]

11 月的上半月，他与哈里 · 凯斯勒进行了漫长的交谈，谈话的结果最终让他觉得有望在这场社会巨变中找到自己的归属。凯斯勒在前线待了两年之后，在伯尔尼的大使馆谋到了一个职位，他比任何其他朋友都更了解“我们早年的生活（我是说巴黎以及整个精彩的外在世界）”，[12] 某种程度上，他在积极参加战争之后又回到了生活中，这也许能够告诉里尔克怎样去调和显而易见的矛盾，如何在混乱不堪的世界中保持自我。里尔克现在能够读到他从战场上寄来的信，这些信是“最可靠有力的文字，描述了我曾面对的难以想象的生活，可与托尔斯泰的巨著《战争与和平》比肩，而且，在如此可怕的环境中写下的文字，落笔镇定自若，叙述从容，让人觉得不可思议”。[13] 让里尔克深感震动的是，凯斯勒说他在战场上经历了许多令人感动的时刻，比他早年经历的任何事情都让人感动得多：人们可能会谴责这样的战争愚蠢而残忍，但他在战争复杂的表现中发现了精神上的美和启示，只有爱带来的美和启示才能与之相比。数百万人学会了自我牺牲，这是令人感动的事实。

286 里尔克认为在和平时期已经将自己的生命献给了工作，他难以想象有什么会比面对罗丹的雕像、崇高而匀称的米开朗琪罗的作品，以及杜伊诺的夜景更令人震撼。他认为在这场巨大冲突中表现出的赤裸裸的人类本性实际上是反常的，与人类真实的存在无关，缺少“神圣”之火花：他认识到这场浩劫很可能是必要的，它的种子也许早已种在了我们的内心，然而他还是无法适应这场战争。倘若它的确是一个自然的进程，“那我写下的每一行字都是错误的”。读给凯斯勒听的两首哀歌是他的“自白”，他说，他曾以为这两首哀歌的主题已经表现在《马尔特手记》中，但在战争爆发之际才以令他惊讶的方式开始成形：只要他能完成它们，他就死而无憾了。凯斯勒在自己的日记中犀利地评价了他，把他看作是一个唯美主义者，随时准备好进行精神或形式的冒险，但他缺少相应的在残酷现实中冒险的能力，其他诗人如但丁、莎士比亚和拜伦在风云突变的时代中则不乏这种能力。“要是他能够将战争转化为一种纯粹的精神历险”，他就能获得他唯一的救赎。[14]

由于持续不断的战争，里尔克无法找到这条救赎之路。他无法像弗里茨·冯·翁鲁那样，把“混合着黑暗的无数材料”转化为一件作品——“从恐惧中创造出物”，正如他曾经对莎乐美抱怨的那样。凯斯勒曾在瑞士见过冯·翁鲁，后者的双手在凡尔登感染了令人痛苦的疾病，正在接受治疗——他握紧巨大的缠满白色绷带的拳头，情绪激昂地说，“所有的革命者和军官……英勇的热忱和信念，以及内心深处的反叛都反抗人类的野蛮残暴”——里尔克能够领会他的表现主义戏剧《一个家庭》的重要意义，这部戏剧刚在柏林出版，“一本可怕的书，像这个时代一样可怕”。当重要事件在俄国和意大利此起彼伏之际，他继续保持无知的状态，只知道多数“最激烈的情况”（没有人会抱怨说缺乏进展——但谁能够……看到它们的真面目呢？）。他继续过唯美主义者的生活，无法理解周围的现实。[15]

实际上，在繁忙的计划中，他不时会远离对政治和战争的关注，暂时放松心情。在“狂飙”画廊[1]中，他站在夏加尔的《我和村庄》(*Moi et le village*) 面前（并仔细查看它，瓦尔特 · 梅林认为，这时候的里尔克活像洛可可风格小说中的一位侯爵[16])，发现自己“开始赞赏”这位现代主义艺术家的作品，其作品与其他展览品的“野蛮”形成了鲜明的对比。他参加了格哈特 · 霍普特曼的戏剧《冬日歌谣》(*Winterballade*) 的彩排，11 月期间，他很多个晚上都与霍普特曼一家待在一起。他对当时默默无闻的雕刻家勒妮 · 辛特尼斯的作品充满热情，经常带一些朋友如赫塔 · 柯尼希去她在万湖（Wannsee）的工作室。柏林确实到处是朋友，既有常住的也有来访的，错过与这些朋友见面会让他感到遗憾，他可以把刚出版的路易丝 · 拉贝的十四行诗送给他们。坦克马尔 · 冯 · 明 287
希豪森成了里尔克忠诚的“副官”，为他做好规划，带他去见各类社会名流，整个过程就像一个授勋仪式。

10 月一个难忘的夜晚，奥托 · 冯 · 陶贝带他去勃兰登堡州州长约阿希姆 · 冯 · 温特费尔特的豪宅参加聚会，这位州长颇为自豪地在提议上添加了里尔克的名字，让他免服兵役。话题集中在 1914 年阵亡的艺术家格茨 · 冯 · 泽肯多夫身上，里尔克当时第一次看到他的作品，认为他深受埃尔 · 格列柯的影响，觉得他的作品与自己的诗歌关系极为密切。客人中间还有泽肯多夫年轻的朋友伯恩哈德 · 冯 · 德尔 · 马维茨，他在下一年将会遭遇同样的命运，里尔克朗诵了自己的“拉撒路”、“基督下地狱”、“牧羊人”以及“更夫颂”，给马维茨留下了深刻的印象。午夜过后很久，冯 · 德尔 · 马维茨在日记中写道，里尔克谈起史诗《吉尔伽美什》，“用精彩的语言回忆那首古诗的意象……它就像一阵风，从大地的上空吹过。几乎没有感觉到它，因为他们只看见树的绿叶，看不到在高处的树枝间吹动绿叶的精神。”[17] 他们只见过这一次，冯 · 德尔 · 马维茨在 1918 年 9 月战死之前，他们只通过几封信，但对里尔克来说，他的去世是战争带来的最严重的打击之一：在这位青年诗人身上，正如他

[1] “狂飙”画廊（‘Sturm’ gallery)，当时德国文艺杂志《狂飙》(*Der Sturm*, 1910—1932）创办的画廊，1912 年起开始展出现代艺术作品。

在当时写给冯·温特费尔特的信中所言，他认为自己找到了一种真正亲密的友谊，但他失去了这个特殊的荣幸，这个他越发期待的荣幸，“因为我的知心朋友少之又少……如果德国青年有未来的话，他的观点已经为他们指明了道路”。[18]

他偶尔有时间去拜访在巴黎认识的羽管键琴名家万达·兰多夫斯卡，觉得她的音乐让他回忆起那个“先前的另一个世界”，他“所有作品的根基和成长”都还留在那里。[19] 更会让他想起巴黎的是罗丹于 11 月 17 日去世的消息。他不知道这件事在正常情况下会对他造成什么影响，他写信对克拉拉说，也许这就像一场和解：“现在我主要的感觉是一种不知所措的困惑……在冷酷而恐怖的战争之墙后面，那些我们了解其纯粹性的人们会消失在视野中，谁知道他们去了哪里——维尔哈伦、罗丹，那些智慧非凡的朋友们……我只能感觉到，当可怕的硝烟散去之际，他们将不再在那里，不再能够帮助那些重建世界的人……”[20] 西蒂在月底给他写了一封信，怀着共鸣回忆起他们 1906 年 4 月第一次在默东见面的场景，他回信说：“像你这样的人才理解这个消息对我来说意味着什么……现在，这位亲爱的、睿智的朋友死去了，他的离世让我沉默，一种更深沉的沉默——我紧紧地闭上双眼，为了不失去那个内在的中心，它的存在让一切都拥有真实美妙的理由。”[21]

288 在信中，西蒂还很关心里尔克的物质福利问题，正确地判断出他像以往一样手头拮据。里尔克给她回信说他很快要返回慕尼黑，打算离开柏林压力重重的生活环境之后，在慕尼黑寻找一处僻静的住所。如果西蒂能够设法让他每月得到一笔资助的话，会帮助他渡过最难熬的冬季。他还告诉她，自己正在寻找逃往瑞士的机会。目前，奥地利外交部发起了一次由著名作家参加的巡回演讲旅行，目的是为了在中立国家陈述其观点：霍夫曼施塔尔被派往瑞典和瑞士两国，斯特凡·茨威格刚刚出发去了伯尔尼，至于里尔克本人，正如他在 9 月对茨威格所言，虽然也能做同样的工作，但他明白，由于还“处于现在的位置上”（也就是说，还在等待他最终的免役令），最好不要“提出任何旅行的申请”。[22] 既然在柏林是自由的，他便可以重新考虑去瑞士，并且向凯斯勒和霍夫曼施塔尔询问了瑞士的情况。如果他愿意妥协，参加到这种国家需要的宣传活动中，那么他无疑会成为一名受欢迎的新成员。但里尔克不愿意为了自由付出这样的代价，虽然他渴望离开死气沉沉的德国“前厅”，去他熟悉的大千世界走走。12 月 3 日，他给一位赞赏《时辰祈祷书》的读者回信，语气悲伤：“我没有过我自己的生活……我感觉自己受到这个世界的驳斥和限制，最重要的是还受到了它的威胁，它情愿完全陷入一种愚蠢的混乱：因为相比早年的日子，这些年本来更应该，也必定会是我取得成就的岁月……”他说，1914 年时他曾想重返阔别十年的瑞典：“要是当时我去了，我就能在那里躲过这个令人伤心的世界中最糟糕的时光。”[23]

当时，他肯定要去慕尼黑，但如果他无法在那里找到他需要的环境，那他也不排除去瑞士的可能，实际上，为了去瑞士，他一直都在进行非正式的咨询。住在广场酒店的几周，他通过赫塔 · 柯尼希得到的资助几乎都花完了，但他的钱包里还是有足够的钱，并不妨碍他在 12 月 9 日坐上卧铺车厢，以及在到达之后选择住进欧陆酒店（Hotel Continental），把那里当作寻找住处的暂时落脚点。幸运的是，再次回家休假的基彭贝格给他带来了好消息，他的书销售情况很好，出版商不仅会在圣诞节给他一笔额外津贴，还提议从 1 月起，每个月给他增加 100 马克的生活费。赫塔 · 柯尼希聪明地把给的钱当作他的生日礼物，而且热情地想要进一步帮助他，说（经过一番犹豫之后）欢迎他分享她最近在利奥波德大街租下的公寓：但他说，他需要的是一个安静的小地方。虽然慕尼黑很拥挤，但他觉得肯定能找到这样的住处。他大胆地提议说，她目前不用款待他，她的帮助也许可以换成月津贴的形式，此外，到他需要的时候再帮助他购置一些家具。他让她相信，他选择待在欧陆酒店，而不是住便宜的小旅馆，这并不是因为他过于挑剔，放纵自己，他只是害怕寒冷和不舒适的环境，以及会妨碍他的新邻居，289
“而且我的情绪非常消沉，一点点的不愉快都会让我彻底崩溃……做最糟糕的设想，倘若我最终不可能去瑞士，那我会请你再次让我住进比克尔的庄园。”[24]

他花了四个月的时间，才找到一个临时的解决方案，几个月的时间里，他的消沉丝毫没有得到缓解。他曾在柏林竭尽全力理解政治和战争，但他认为这最终没有给他带来什么，他仍然像以往一样无知：[25] 但实际上，他一直通过报纸密切关注战争的进展，虽然他得出的结论依赖的是直觉和对和平的盲目渴望，而非冷静合理的客观评价。

报纸上报道了俄国十月革命的消息，他把这场革命看作是黑暗中的一束光。"俄国，随着无数人的牺牲，也许会成为唯一真正达到人类目标的国家，而其他国家的牺牲只是为了实现它们疯狂的计划和野心。俄国是唯一准备彻底改变自身的国家，这正是人类所需要的……这样的一个民族，必定能战胜尚不承认人性是生命之原则的世界。"[26] 他告诉卡塔琳娜·基彭贝格，在宾馆房间中度过的圣诞节无庆祝可言，它不是为"辉煌灿烂的俄国"准备的，[27] 现在，通过托洛茨基对"疲惫的、受压迫的、正在流血的欧洲诸民族"发表的宣言，他再次认识了这片土地。在布列斯特－立托夫斯克和平谈判中，尽管他对冯·屈尔曼很有信心，但由于德国方面"连续不断的错误"，他开始怀疑和平的希望会落空。令人鼓舞的是，他有时会看到像亚历山大·霍恩洛厄侯爵这类"经验丰富的评论家"在《新苏黎世报》上发表的深思熟虑的意见，"恰好符合我盲目感觉到的信念"——然而这类声音似乎并没有影响力。[28]

他非常愿意做一些人道主义的工作，努力贡献自己的力量。赫尔曼·黑塞呼吁人们为法国监狱中的德国囚犯捐献一些书籍，他通过岛屿出版社响应了黑塞的呼吁。他还积极支持赫塔·柯尼希的想法，把她和其他人田庄中的食物赈济给慕尼黑的穷人。然而，他觉得未来会"屈服于人们的双手，就像一口完全融化的钟，再也无法在清晨的高空中发出快乐的钟声"，这加重了他的悲观主义。[29] 2 月底，冯·施陶芬贝格的去世让他想起了未完成的、朋友们赞赏不已的哀歌：他越来越想寻找一处与世隔绝的隐居所，这样他才能够完成这一系列诗歌。

3 月 10 日，布列斯特－立托夫斯克合约签订后的一周，他心血来潮，写信给瓦尔特·拉特瑙，单刀直入地问能否在其位于勃兰登堡的弗赖恩瓦尔德城堡为他寻找一处这样的地方，"让我在几个月的时间里远离人群、报纸和日常琐事，沉浸在乡村的孤独中，消失在人们的视野之外”。换句话说，类似他曾经在杜伊诺享有的环境，“结果将证明这会非 290
常有益于我的创作”。正如他在稍后的书信中所言，对他来说这是至关重要的——返回到过去的状态，“跨越如此消极的四年时光，重新找到早先令人愉快的安全感……因为一个人无法有效地参与到无限的事务中，他的任务应该是为精神的延续而奋斗，每个人最终都会再次寻求这种精神的延续”。[30] 拉特瑙很同情他，但无法满足他的这种要求。里尔克需要花一段很长的时间才能找到符合他要求的庇护所，他的要求在理论上很简单，但在实践中不是一般的困难。

4月，无论如何，他至少在慕尼黑找到了一片属于自己的地方。机缘巧合，里尔克得知，有一位奥地利领事新近结了婚，正在从艾因米勒大街（Ainmillerstrasse）的三居室公寓中搬走，而且公寓里会留下一位会烹饪的奥地利女管家。公寓位于四楼，凭窗瞭望，可以越过众多屋顶看到圣乌尔苏拉教堂，有一些意大利风格的氛围，“与旅行者经常从佛罗伦萨带回来的大理石镶嵌艺术品不无相似之处”，[31] 而且，虽然比克费尔大街更靠近市中心，但却更安静一些。不管怎样，他终于有一个比较稳定的住处了，即便他只有少数几件家具。此时赫塔·柯尼希的帮助显得非常宝贵，不仅为里尔克花钱买下了领事离开时留下来的物品，还提供了其他一些自己的家具。4月期间，期待已久的卡塔琳娜·基彭贝格来访，让他一直忙个不停，她也对房间的布置等提供了建议，随后她还将自己多余的亚麻制品和厨具寄给了他，但他在5月7日才最终住进新居。

新的住所即便不符合他隐居的理想，也仍然“在外在世界中前进了一小步”，他对卡塔琳娜说，他充满“令人欣慰的决心”：书桌摆上了米开朗琪罗的诗歌，他已经准备好翻译。[32] 整个漫长的冬季，他一直抱怨自己无家可归，这下他终于安顿下来了，基彭贝格夫妇觉得如释重负，希望他能够尽快恢复创造力，他们很乐意继续提供物质上的支持。7月初，基彭贝格给他寄去了一袋米、面粉以及其他一些物资，这些商品在当时的德国越来越稀缺，此外这位出版商还额外给他拨了1000马克作为安家费用。但是，卡塔琳娜后来回忆说，在与朋友们进行的表面上活跃的交谈中，他表情沮丧，因此她比她丈夫更清楚地意识到，他诗歌生活“破裂的表面”尚未融合，他还需要时间来恢复自己的创造力。他待在德国，远离了他曾经拥有的更广阔的世界，即便新公寓会带来一些好处，但也不太可能让他恢复过来。他的生活仍然像在动脉上绑着止血带，他在 5 月底写信给朋友，解释他长期没有音信的原因：“一切消息都在流通，但（很长时间以来）没有什么东西流经我的内心，我什么都无法创作”。没有钟的圣乌尔苏拉教堂——钟被熔掉了，用于制造军械——折射出他空虚透顶的心灵。[33]

对他而言变化不算小，他 5 月时写信给菲亚说，但变化来得正是时
291 候。[34] 正如他往常的习惯，他在选择和安排家具时烦恼不已，并向朋友们炫耀房屋装修的结果（虽然这对他宣称的隐居而言有害无益），从中获得一种幼稚的快乐。在战时的慕尼黑，他交游广阔，认识来自各个领域的朋友，主要是出于这个原因，赫塔 · 柯尼希不太愿意与他分享她安静的公寓。当他带着对她慈善计划的热情，在 1 月时介绍她认识无党派的社会主义者库尔特 · 艾斯纳时，她颇感惊讶，艾斯纳是热情的革命者，稍后不久就入狱了，因为参加了为“没有兼并的和平”而举行的罢工。“在里尔克看来，每个人都有很重要的一面，至少有一些不同寻常的特点。他们全都是人，在他眼里每个人都是平等的。”[35]

无论谁向他求助，他似乎都很愿意提供帮助：连续几个小时为一位生病的朋友朗读作品；给米娅 · 马陶赫介绍工作，把她推荐给自己的书商；给选定的一群人朗诵一些鲜为人知的诗歌，如阿尔弗雷德 · 沃尔芬施泰因和里夏德 · 谢德的作品，对此赫塔 · 柯尼希乐于提供她的“毕加索房间”。他与艾斯纳和索菲 · 李卜克内西交往，就像他也与那些自由主义派别的人士如安妮特 · 科尔布、威廉 · 赫尔佐克和弗里德里希 · 威廉 · 弗尔斯特打交道，他还接受表现主义的诗歌，这些也许反映了他出自本能的情感，即现在的世界无疑需要一种彻底的社会改革。但是，正如他对拉特瑙所言，社会活动没有为他安排角色：他等待世界恢复正常的环境，好继续完成自己的使命，在此过程中，他只能做一位旁观者。

5月末，菲亚从维也纳发来一封电报，恭喜他获得“勋章”，这让他大惑不解，直到奥地利驻慕尼黑大使馆的哈特瑙伯爵凑巧在理发店遇到他，解释说他被授予了弗朗茨·约瑟夫骑士团骑士十字勋章。“我不知道我脸上是何种表情，”他在回复露特兴高采烈的询问时说，“理发师把我的表情连同肥皂泡一起刮掉了……根据你奶奶菲亚激动的情绪，你会认为是她自己获得了这枚勋章。”[36] 对奥地利的处事方式而言，并不出人意料的是，直到战争结束一个月之后（在目前的情况下完全可以理解，考虑到有大量迫在眉睫的要务需要处理），他才收到官方的消息和勋章本身。他小心翼翼地起草了一封回信，信中说他对这个消息的第一反应是拒绝接受勋章，因为“他一直决心回避任何形式的勋章”，但从严格意义上来说，他当时仍听命于军队，没有拒绝的权利：既然现在他可以自由地按照自己的信念行事，他希望正式拒绝这枚勋章。“签名者”强调，他的决定绝没有任何不尊重的意思：“他的拒绝仅仅出于对个人隐居生活的维护，由于他特殊的艺术工作，保证个人隐居生活对他而言是一种不可逃避的责任”。[37] 毫无疑问，这种观点极为真诚；但潜在的原因还是他长期以来对作为国家机构的奥地利，以及奥地利生活方式的反感，尤其是由于他童年的经历，还有就是 1916 年，他们再次让他进 292
入军队短期服役。

整个夏天，他的生活表面上很忙碌，但实际上完全无法进行真正的工作，即便是写信，他也需要付出巨大的努力才能让文字付诸笔端。他时常对慕尼黑的环境感到厌倦，渴望改变环境，因为，正如他对玛丽安娜所说的，对他这种“耽于感官的天性”而言，环境总能最有效地帮助他摆脱内心的障碍。[38] 对家庭琐事的观念会进一步让他变得“麻木”，他仍然梦想着退隐到某处的乡村。即便不可能有另一个杜伊诺，要寻找某个安静的郊区住宅想必不成问题。秋天来了，这个季节以往通常能促进他的工作，现在却无法给他带来什么改变。“我的磨坊处于停滞状态，”9 月 6 日，他写信对玛丽侯爵夫人说：“流经磨坊的美丽的河流已经结冰了。”[39]

倘若他不再是一个诗人的话，他至少能够在社会中扮演其他角色。

9月底，他收到一封匿名信，信来自埃尔泽·霍托普，一位年轻学生和崭露头角的女演员，她很久以前就远远地仰慕他。由于她父母也住在克费尔大街，于是她发现他现在的住处之后，冒昧地写信给《时辰祈祷书》的神圣作者，吐露她的忧伤。她只在信的落款写了“埃尔雅”（Elya）这个名字，但他非常清楚她是谁，早些时候的夏天，他曾看见她在一出关于圣乔治的中世纪戏剧中扮演一位名字就叫作埃尔雅的公主。在一周之内，她就完全克服了自己的羞怯，接受了他的邀请，他们很快就一起去参加音乐会，定期在他的公寓中见面，在公寓里，她只要求能够坐在他的脚边，听他说话，偶尔也会陪他吃一顿朴素的晚餐。埃尔雅·内瓦尔——她采用这个名字作为她舞台生涯的艺名——性格纯朴，不求回报，虽然在信中显得有点多愁善感；在里尔克一生遇到的所有女人中，她也许给他带来了最大的安慰，她就像一只顺从的小鸟，让一个囚犯的日子变得充满快乐。“每当我想到你，”他在10月4日写信给她说，“我就看到我们，仿佛在一场梦中，彼此依靠着，跪地而坐。”[40]

他一直想着逃出监狱一样的环境。虽然维也纳那边尚未传来官方的消息，但很可能政府已经批准他前往瑞士，他有望“进行一次真正的旅行，待在不同的环境中，感受别样的乡村风光，建立一些全新的人际关系”，这让他看到了拯救的曙光。[41] 现在，基彭贝格彻底离开了被占领的比利时，他要求在8月底他前往瑞士短期游览的途中见里尔克，从瑞士返回后，他催促一拿到护照就尽快出发去乌契或者日内瓦湖畔的莫尔日：他为这趟旅行提供每月1000马克的资金。虽然里尔克宁愿将这笔意外之财用于安排一处“能住更长时间的庇护所”，他在给基彭贝格的
293 信中坦言，但他承认前往瑞士可能的确是目前最好的选择，他承诺尽快想办法克服官僚主义的障碍。[42]

他需要的无非只是一个手续而已。苏黎世附近的霍廷根有一个知名的文学协会邀请他去做一场朗诵；只要他愿意，仍在瑞士的西蒂·纳德赫尔尼能够一直款待他；基彭贝格方面在9月底就将第一笔1000马克给了他。但有一些细枝末节很麻烦，比如说在战争的压力下，政府会滞后处理旅行许可证的申请，在等待期间，他变得犹豫不决。阿克塞

尔·容克在他柏林书店的旁边新开了一个艺术画廊，邀请他去那里开一场朗诵会，他在 10 月 13 日回信说:“这个秋冬，一切都悬而未决，令人担忧……我大概根本不考虑去旅行，至少不会去柏林。”[43]

战争到了紧要关头，德国在夏天发动的猛烈攻势并未奏效，只得转攻为守；协约国军队在西部前线向前推进；9 月份，保加利亚王国在连年交战之后，国内的经济崩溃了；而意大利正在皮亚韦河畔向奥地利施压。巴登亲王就任总理之后，德国于 10 月 3 日请求停战，但并没有公开宣布这个消息，社会上谣言四起，里尔克敏感地感觉到，越来越多的证据表明，德国和奥地利的后方都已开始动摇。虽然他仍然是那个无法“有效参与”社会事件的人，但在慕尼黑，人们的兴奋情绪日益高涨，对此他决不会无动于衷。10 月的最后几天，随着德国到处都变得动荡不安，以及奥匈帝国的逐渐解体，他会看到许多集会和游行，一个接一个地在酒吧、宾馆，以及特蕾西娅草坪（Theresienwiese）——通常是一年一度啤酒节的场地——举行，尽管人们观点混乱不清，但这些活动显然有转变为革命的趋势。参与游行的人来自各个阵营，其中有最近才从监狱中出来的无党派的社会主义者艾斯纳，以及里尔克私下里认识的埃德加·雅费；无政府主义者埃里克·米扎姆；来自海德堡的哲学家和社会学家马克斯·韦伯教授；追随弗里德里希·埃伯特温和路线的社会主义者埃哈德·奥尔，埃伯特很快就会接替巴登亲王任德国总理。

里尔克独立而自由的立场吸引了许多不同党派的人士去他的公寓造访，倾听这位众所周知的反战主义者发表言论。在起初那些动荡的日子里，他无疑是同情革命的，虽然他对粗野的巴伐利亚气质对这样一个理想造成的影响持保留态度。在世界大战的夺目火光中待了四年之后，他写道，“所有的光亮都显得那么暗淡，以至于战争的结束会让我们陷入最可怕的黑暗中，除非危难中的人们擎起另一簇熊熊燃烧的火焰，它的火星会将火种散发到人群的边缘”。[44] 11 月 4 日，在瓦格纳酒店的会议上，他听到雅费、韦伯和米扎姆面向广大听众的演讲，其中包括退伍军人和学生。

> 294 尽管人群紧紧地挤在桌子的周围，几乎没有空隙，服务员必须像木蛀虫那样啃出一条道路来，但气氛绝不压抑：人们几乎察觉不到烟酒和周围人身上散发出来的气味。终于，演讲者明确地说出了那些最重要的事情，巨大的人群抓住了演讲中最简单有效的内容，开始热烈地鼓掌。突然一位脸色苍白的年轻工人爬上了讲坛，简单明了地说："你，你，还有你，要求停战了吗？……让我们去占领一个无线电台吧，让我们这些平民百姓对另一方的平民百姓直接发话吧——马上就会有和平。"我无法完美重复他的话——他刚讲完，突然又想到一个问题，于是对着韦伯、奎德和其他讲台上的学者做了一个动人的手势之后，就接着说："这儿的这些教授，他们会法语！他们会帮我们翻译。"这些时刻是庄严的——德国怎么能缺这样的人呢！[45]

对里尔克来说，那些日子是"观看、倾听的日子，更是希望的日子"[46]，希望战争年代的习惯性谎言最终消失，让人们看到真相。这个理想也鼓舞着艾斯纳：当里尔克正写信给菲舍尔胡德的克拉拉，告诉她瓦格纳酒店的会议情况时，规模巨大的和平游行队伍于 11 月 7 日聚集在特蕾西娅草坪，当时奥尔的社会民主党团体刚离开，人群聚集在艾斯纳周围，敦促他采取直接行动。到了晚上，人群在攻击了马克西米利安二世兵营之后，涌进城市里，政府机构的官员被废黜。多少还有些诧异的艾斯纳，发现自己在国会大厦中被任命为巴伐利亚共和国临时政府的首脑，这是工人委员会、军人委员会以及农民委员会共同决定的，与此同时群众占领了其他公共建筑和报社，红旗在圣母教堂的双塔上飘扬，路德维希三世和其他维特尔斯巴赫皇族在夜幕的掩护下轻装逃出慕尼黑。

到目前为止，一切似乎都很平静，里尔克在第二天清晨写给克拉拉的信的附言中补充说，"人们不得不承认这正是一个尝试着大步前进的时代……现在我们只能期盼这种不寻常的反抗是有意义的，而不是一种毁灭性的狂欢"。"我们中的每一个人，"他在前一天曾写信给一位演员

朋友安妮·梅韦斯说，

> 当然与那些渴望进行最正当、最彻底改革的人站在同一战线：但我怀疑，改革无法温和地达到目标，无法对抗如此顽固的阻力，毕竟现在进行改革为时已晚——如果诉诸武力，那其他一切都会遭受更严重的破坏，尤其对我们来说，有更多东西会被毁灭。艺术总是遥不可及的希望，至少是后天的希望，因此乌合之众不会相信艺术，他们总是急于打破传统的偶像。[47]

就他而言，这些怀疑稍后就会得到证实；但目前它们比他的希望更有价
值，人性也许能够“翻开未来的崭新篇章，在未来，人类可以抛弃过去 295
毁灭性改革中出现的所有弊端”。[48]

就在风暴来临之前，他收到了来自奥地利领事馆的消息，政府已经批准了他的出境许可证，他随时都可以出国。尽管现在局势不稳定，但他无疑是能够前往瑞士的。然而他专注于各种事件，一周周地推迟行程。在各类事件中，他依然是旁观者，但开始与“那些活跃的人无休无止地交谈”，[49] 并且与革命政府的成员保持紧密联系，雅费在这个政府中担任财政部长。

他对新政权下的教育改革很感兴趣，同时积极地讨论如何接受返回的军队并为他们安排福利。他回想起战前自己在国外时，不时对德国政府咄咄逼人的观点感到担忧，经历“那个伟大的革命之夜”后，他的担忧减轻了：他现在与年轻人们站在一起，“他们对这个崭新的开端充满信心”。[50] 11 月 17 日，在国家剧院举行了形式独特的“革命庆祝会”——半是音乐会，半是聚会，在会上，艾斯纳将贝多芬的《列奥诺拉》序曲看作是一个信号，标志着“新的地球，新的人类和崭新的未来”，当里尔克与众人一起高唱艾斯纳特地为这个场合谱写的“人民颂歌”时，他的面貌似乎焕然一新了。[51]

11 月期间，他仍然会抽空陪伴仰慕他的埃尔雅，通过不时拜访她的父母，他们纯洁的交往得到了认可。在庆祝会的前一天，他收到了一

张便笺，这张便笺使他迅速卷入了一桩风流韵事，与他当前父女般的微妙关系截然不同。这次的女主角是克莱尔·施图德，一位美丽热情的巴伐利亚人，1911 年在德国匆匆结婚之后没几年，20 出头的她就与来自瑞士的丈夫离婚了，她襁褓中的女儿由前夫的父母照顾；战争期间，她发表了一些反对战争的文章，并于 1916 年离开德国去了瑞士，在瑞士反战的流亡者，尤其是左翼人士中，她是一个积极分子；1917 年起，她与诗人伊万·戈尔一起住在洛桑和阿斯科纳。战争刚结束，她就拒绝了戈尔的求婚，决定再次前往德国，亲自看看革命的结果。她最近刚出版了她的第一本书，是一卷诗集，她把它寄给了里尔克。慕尼黑——新共和国的首都和里尔克的临时居所——是她的第一个目的地，她抵达慕尼黑之后的第一件事就是给他寄去那张便条。他礼貌地回了信，解释他对那些诗歌不发表意见的原因，他说自己很欣赏她的诗，期待着见她，第二天下午他就带她去了自己的公寓。

里尔克的工作室看起来“就像一个多彩的气泡，漂浮在”骚动不安的慕尼黑上空，公寓里没几件家具，如同一个隐士的房间，里尔克在一个立式书桌前写作，书桌看起来更适合档案保管员而不是诗人。[52] 她后来回忆说，他很瘦弱，看起来轻飘飘的：“远远看去，你会把他当作是一个穿便装的候补军官，但隔得越近，他的面容看起来越高贵，他的双
296 眼充满一种不属于这个世界的光亮，散发出天才之光。”她意识到他们的年龄相差 16 岁，因此“对这位身穿短外套的大天使不无敬畏。但他的嘴唇丰满而性感，唇边温柔的微笑缓和了我澎湃的情感……看起来在我面前的是一个里尔克的影像，而不是有血有肉的里尔克。”[53] 她离开之后才意识到刚才的经历并不是梦，因为她手中拿着两个礼物：一小幅俄国圣像画和一首诗。第二天，她回赠他一尊黑色的圣母雕像，里尔克再次邀请了他，随后她在自己宾馆的房间中接待他，几天之后他们就成了恋人。

克莱尔·施图德在性方面放纵不羁，虽然不至于像她在 85 岁时出版的回忆录中描述的那样夸张，但她的确是一个喜欢诱惑男性的女人，尤其偏爱作家和诗人。在与伊万·戈尔相爱时，她仍然要求有自己的自

由，而在“解放的”巴伐利亚令人陶醉的氛围中，公认的最伟大的诗人之一、因其反战情绪而闻名的里尔克，对她来说是一个难以抗拒的目标。至于里尔克，自从与露露分开之后，他过了很长一段时间的禁欲生活，因此只需要一点点的鼓励就足够了，特别是当他知道这无非是一段短暂的风流韵事之后就更是如此。“昨天，”他在 11 月 25 日写信给她，“昨天我付出了不寻常的努力去忍耐——然而当你的声音（听起来近在耳旁，在电话中并没有失真）打破寂静时，我非常高兴。明天让我们整天都属于彼此吧，从 11:30 起你要在这里吃午饭——是吗？……我会送给你什么样的花呢！可惜这里别无选择。——那个你还没有给他起名的人。”[54] 她暂时在沃尔芬施泰因家落脚，但离开慕尼黑前往柏林的前几天，她住进了里尔克的公寓。他叫她“莉莉安娜”，她给他带来了持续不断的快乐，他专心地满足她的要求：在她看来，他们的爱情之夜就像山鲁佐德的故事，当他朗诵自己的诗歌时，她可以一连听几个小时。在他的一生中，他只有这次体验到没有痛苦的肉体之爱的激情——但即便是这时候，在他抄送给她的一首诗（在战前写成的，因为他没有灵感创作新的诗歌）中，还是有一种忧郁的底调：

> 在黑暗，甜蜜的销魂中，别让我们
> 区分我们眼泪的方位。
> 你确定我们经受的是快乐，
> 而不是让我们闪耀的苦杯？[55]

12 月底，她出发去柏林，打算与年轻的演员伊丽莎白 · 伯格纳住在一起，他给她写信，信中说他无法坐在一张没有“她的火光”照耀的白纸面前。

> 当时我在你的内心点燃这种火焰了吗？这样一把内心的熊熊大火？亲爱的孩子，现在……你与你美丽得无法形容的朋友在一起，如同你拥有我时一样完整。我感觉到一种神圣的敬畏，我应该在那

里陪着你；只为了告诉她，我在你身上点燃了自己，当你拥抱她时，
297 她也触及我神圣的本质……每个晚上，在黑暗中，当我展开双臂，摊开双手之际，我的双手能够感觉到你的西班牙风格的披肩。我越来越相信，这幅披肩无非是一个符咒，凭借这个符咒，魔法突然间保存了你的身体与一个夜晚之间的联系，把它们化为一条温柔而令人悲伤的织物。56 [1]

就莉莉安娜而言，她似乎从未见他做任何工作，然而当她不在他身边时，他仍然像以往一样忙碌，忙着写信以及接待来访的朋友们，如坦克马尔·冯·明希豪森和忠诚的埃尔雅。他还怀着与以往同样强烈的兴趣关注政治事件，不过他每天的约会一个接一个，几乎没有休息的时间，这使得他焦躁不安，无法重新开始自己的工作。如今，菲亚定居在新成立的国家捷克斯洛伐克，显然对此感到心满意足，他在 12 月初写信给她，信中说即将到来的圣诞节带来了更有希望的前景："尽管人们的观点和努力的方向可能会截然不同，但他们都获得了自由；要不是人们精疲力竭到了最极端的地步，他们会看到决心屹立在一百万颗心中，就像冬天的小麦等待着第一场雪……在接下来的对人类而言更好的季节里，纯粹的善意总有一天会破土而出。" 57

然而，围绕艾斯纳的理想主义形成的联盟在 12 月开始解体，就在国会选举开始之前，一方面左翼人士越来越激进，要求组建一支"红军"，另一方面，形势有转向右翼的迹象，准许冯·埃普领导下的皇家

[1] "莉莉安娜"在她（由人代笔）的回忆录中，宣称在里尔克和伊万·戈尔双方的坚持下，里尔克与她断绝了关系，在此之后，她发现自己怀孕了。而戈尔出于谨慎，销毁了所有关于这段情事的书信［克莱尔·戈尔，《捕风》（*La poursuite du vent*），巴黎，1976 年，第 104 页］。由于缺少任何其他的证据，加上这本书整体上充满耸人听闻、哗众取宠的内容，我们肯定倾向于不相信这件事。伊丽莎白·伯格纳在写给（代笔）作者的一封信（1983 年 5 月 26 日）中说，克莱尔确实从未告诉她有怀孕这回事。"我猜她写的东西没有多少是真的，因为……她说的东西也没有多少是真的。"——原注

近卫骑兵团[1]返回。里尔克感到越来越灰心，不是对政治上的巨大分歧，而是对“个体和委员会”表现出来的“学识浅薄”感到失望。他觉得，想要有一个新的开端，“除非每个人都愉快地去做他擅长的、能够胜任的工作，让最有能力的人做管理者，而高层人士则是经验丰富的聪明人。但我们离这还远之又远”。[58]他比以往更想回到自己真正能做的工作上，“与时代的召唤截然相反，这个时代召唤人们离开他擅长的工作，让每个人都无法发挥他独有的能力”。[59]每个人都应该坚持自己的底线：“如果您对选举问题感到烦恼，”他写信对卡塔琳娜·基彭贝格说，“那我会提出这样的口号：投票给岛屿，别投给别的任何人！”莉莉安娜在瑞士，而他的工作毫无进展，这让他再次渴望逃离慕尼黑，前往瑞士。因此，当霍廷根的文学协会给他拍来一封电报，确认他们的邀请之后，他再次考虑进行这场迟迟未动身的旅行。他积攒了许多书和家具，朋友们在圣诞节又寄来了许多礼物，这让他觉得自己应该继续租用艾因 298
米勒大街的公寓：然而他总会想，这一切都要“搬到别的地方，远离慕尼黑，去一个能够给予我保护和支持的地方……唯一的问题是：搬到哪儿？”他亟需离开，“从来没有我完全能够适应、百分之百让我满意的环境”。[60]

他踌躇不定，暂时留在原处：新年期间他决心不与人来往，只见了卡斯纳和另外两三个朋友，设法让灵感的“洪流”出现，他原本期待战争的结束会让他的灵感再次迸发。[61]他重新安放了自己的家具，把桌子都放在工作室的正中央，移开“壁炉角”的沙发和椅子，有许多访客都曾经在这些椅子上舒舒服服地坐过。“有属于自己的家具感觉真好，”他写信给玛丽侯爵夫人，遗憾地婉拒了她邀请他去劳钦暂住：“我了解自己，离开这里……与其说是暂时的中断，不如说是彻底的中止——我认为（请勿告诉别人）我离开之后永远都不会再返回慕尼黑。”他必须留

[1]　皇家近卫骑兵团（Life Guards），此处作者用这个词来称呼冯·埃普领导的准军事部队，可能是为了强调冯·埃普的右翼身份。事实上，冯·埃普手下的士兵基本上是战场归来的老兵，多半都有民族主义情结，但与皇室恐怕没有什么关联。

下来：在等待那个难以捉摸的最终住所——无论它在哪儿——期间，他要给自己制定一个严格的时间表，让自己“有几周安静的时间，每天都有规律地完成一些工作”。[62]

他经济上的情况从来都不太好。基彭贝格在圣诞节给他寄去了1000马克的额外津贴，还带来了一个鼓舞人心的消息：岛屿打算出版他作品的新版，此外还坦白地告诉他，他的岛屿账户已经负债6000多马克。“不过别担心！”出版商在信中高兴地说，“你的书的销售从来没这么好过”。2月份，基彭贝格将每月的生活费提高到了1000马克，同时，如果里尔克需要，他还可以提供额外的1000马克津贴。里尔克欣然接受了基彭贝格的提议，要求将其中的一半寄给克拉拉，帮助她在菲舍尔胡德建立一个新家，同时还可以给露特买一些东西。[63] 从春天起，露特打算暂时去一所位于达豪的农学院上学，并决定在此期间跟随菲舍尔胡德附近的一位农民学一些实践经验——这是革命和阅读克努特·汉姆生[1]的“精彩的《大地的成长》”共同造成的结果，他在写给露特的信中赞赏了她的勇气。[64]

这一年的头几个月，他都在“最严格的隐居”中度过，果断地拒绝了各种邀请，[65] 来他公寓拜访的也只有那些性格温和而知足的人（也许卡斯纳除外）——雷吉娜·乌尔曼，要不就是埃尔雅·内瓦尔。正如他对西蒂·纳德赫尔尼所言，他的目的是“处理迫在眉睫的那些事情”：“这里有许多好书等着我去读，几百封信需要回复，至于我的工作，一想起来就觉得心痛欲裂，我想至少先将手头上的一些翻译做完。”[66] 1919年的《岛屿年鉴》为发表许多迟来的文字提供了方便，上面不仅刊登了他的诗歌“死亡”和“那喀索斯”，还选摘了他在龙达写下的笔记，即关于那次在杜伊诺经历的独特“体验”——当时，他依靠在树杈
299 上，感觉自己被移送到了生命的“另一面”。所有这些以各自的方式，

[1] 克努特·汉姆生（Knut Hamsun，1859—1952），又译作“克努特·哈姆逊”，挪威作家、诗人，1920年诺贝尔文学奖得主，后因支持纳粹而声名扫地，代表作有《神秘》（*Mysterier*）、《维多利亚》（*Victoria*）、《大地的成长》（*Growth of the Soil*）等。

“几乎感受到了最极限的存在”，正如他将《岛屿年鉴》寄给施陶芬贝格遗孀时所言，这些体验引发了他的反思：“人类处在普遍的困惑中，行动漫无目的……倘若我看到面前有一个任务，清晰地摆在那里，一目了然，那它肯定就是我的目的：出自最深沉的快乐和生命的光辉本身，让我们更深刻地理解死亡。”[67] 这个任务，换句话说，就是完成他业已开始写作的哀歌——要是他能够再次找到灵感的话。

他继续翻译米开朗琪罗的十四行诗，重拾一首多年前就抄在笔记本里的莱蒙托夫的诗歌，他还试着译介其他意大利诗人的作品，后来还打算翻译马拉美——这些事情与写信一起构成了他的日常工作，他希望通过这种方式获得一个新起点。最有助益的是晚上的阅读，在众多书籍中，维尔哈伦的最后一本诗集《熊熊的火焰》(*Les Flammes hautes*)还等着他去读：这些诗歌他读了又读，让他再次回忆起“这位伟大的朋友”，使得他渴望回到“这位 1914 年夏天离世的朋友的思考和希望中”。[68] 他写信对伯恩哈德·冯·德尔·马维茨的妹妹说，维尔哈伦的去世让他失去了一位鼓励他工作的朋友：“虽然他未能朗读一行我的作品，但他信任它，怀着压倒一切的信心，我知道他希望我做的，正是将内心深处的欢乐形诸文字。”[69]

在将近一年的不通音信之后，他在 1 月写信给露，信中显然觉得自己离目标还非常遥远。他给她寄去《岛屿年鉴》，还将记录在龙达的笔记本中的第二次“体验”也抄送给她——在卡普里的花园中，他曾感觉“他的存在中充满一切创造物的味道”[70]——并且还提到了他在托莱多的桥上看到的流星，“从容不迫地划过夜空，穿过我最内在的生命”：这一切合起来“就像精神存在的第一幅素描”，但一切都属于过去，他无法跨越战争的深渊去重新体验它们。“现在，我再次坐在这里，检视自己的生活，在阴沉的背景前沉思，筹划，重新把生活拾起来。而我曾拥有的一切，都留在……六年多之前的过去。这场灾难让我们耗蚀殆尽。”他亟需再次见她，与她谈话：当她在信中说她在 3 月可能会来慕尼黑时，他又一次把去瑞士的计划抛在一边，虽然他之前努力把自己关在屋里休养，但前往瑞士的想法仍不时在他脑海中徘徊。他坚持，她住在慕尼黑期间的费用必须由他支付：来自岛屿出版社的天赐之财，这样去花费再好不过了。[71]

2 月 21 日，暗杀艾斯纳的事件引发了社会骚动和政治混乱，他仍然把自己关在屋里，不参与其中。这桩暴力事件让他感到“尤其痛苦”，[72] 加深了他对十一月革命的幻灭感，这场革命最初曾给了他希望。他的朋友，另一位无党派的社会主义者，诗人和戏剧家恩斯特 · 托勒
300 成为 4 月 7 日宣告成立的“苏维埃”共和国（其中没有共产党员）的主席，尽管如此，他还是避免卷入那些导致巴伐利亚自由州越来越混乱的事件。

莎乐美在 3 月底到达，住在附近的一个旅馆。在他们看来，慕尼黑的文化艺术生活似乎仍然未受到周围混乱环境的影响，他们与卡斯纳谈话，接待了弗洛伊德的儿子恩斯特，还去变性的艺术家沃尔布加（瓦尔特）· 劳伦特的工作室拜访了他。露发现里尔克确实平静多了，他看起来再次变得和他们早年在一起时一样。“另一个人”仍存在于他的内心，她认为，但现在已经成为他性格中协调的一部分，不会再威胁他的身心健康。[73] 4 月和 5 月她都待在慕尼黑，对眼前发生的一系列狂热的事件，他们采取冷眼旁观的态度：第二个“苏维埃”共和国，这次是共产党员掌权，于 4 月 13 日取代了第一个政权；反革命武装力量自由军团和德国国防军（Freikorps and Reichsmehr）的集结；慕尼黑射杀人质事件；5 月 1 日，慕尼黑被占领，紧随而来的是更血腥的“白色”恐怖。[1] 作为一位被认为同情革命的知识分子，苏维埃共和国为他提供了一块匾，钉在公寓的门头，证明它受苏维埃政权的“保护”：“白军”到来的时候，他没想到要把这块匾取下来，因此他的住处被搜查了两次，搜查人员在他的文件中发现了托勒的照片，更加怀疑他同情左翼人士。然而，不像其他类似的被怀疑者，如作家奥斯卡 · 马利亚 · 格拉夫，他没有被逮捕。事实上，他勇气可嘉，还让出逃的托勒在他的屋里躲了一晚上，后来托

---

[1] 以上事件指当时的魏玛政权派遣军队和准军事组织（即所谓的德国国防军和自由军团）镇压新成立不久的巴伐利亚苏维埃共和国。

勒在 5 月份被捕入狱。他还在托马斯 · 曼 5 月 8 日发表的文章“反对傲慢之吁求”（“Aufruf gegen Übermut”）上签了名，这篇文章力劝资产阶级和工人阶级停止相互指责谩骂，在社会重建工作中尽快开始真诚的合作；[74] 但回顾这个月底之前发生的各类事件的“弊端和矫正方法”，他觉得任何地方都找不到“真正的、更有效的救世良药”。[75]

如今，逃往瑞士——暂且抛开对莎乐美来访的期待 [1]——看起来比以往更有吸引力，但安排这件事也变得尤为艰难；针对那些从深受革命和内战折磨的国家中来的人，瑞士当局在授予入境许可证时变得更为谨慎。现在，霍廷根的文学协会坚定地邀请他前往，西蒂 · 纳德赫尔尼也为他做了安排，邀请他去日内瓦湖边的尼翁居住，有她的朋友玛丽 · 多布仁斯基伯爵夫人陪伴。基彭贝格告诉他，书的销售良好，足以让他按照自己的意愿长期旅行，并立马可以给他额外的 6000 马克。虽然当时德国马克在兑换成外币时很疲软，但里尔克还是信心百倍地请他将这笔金额的三分之一寄给克拉拉，因为现在克拉拉正在菲舍尔胡德附近的布雷德瑙建造新居，打算和露特在那里长住。经过长时间的等待和通信，他终于解决了护照和签证手续，打算在 6 月的第二周出发去瑞士。 301

许多对这些事件感到厌恶的人也离开了慕尼黑，其中有些人甚至移居国外。对他来说，这座城市早已没有任何意义，“就像一本我在监狱中从头到尾读了 20 遍的书”。[76] 然而，他的逃离绝不是移民到国外，有些人后来错误地认为是“白色恐怖”迫使他逃往瑞士。他在写给莎乐美和基彭贝格的信中说，在瑞士度过夏天之后，他就返回德国，虽然可能是去莱比锡而非慕尼黑。在埃尔雅尽心尽力的帮助下，他仔细将自己所有的书、笔记和书信打包装好，把钥匙交给她保管。这个公寓依然属于

[1]　译者认为这个段落放在上一段落前面更为合适，原因有二：首先，里尔克最终还是见到了来访的莎乐美，并一起待了两个月（见上一段），因此这一段落涉及的时间点应该是从 2 月艾斯纳被暗杀到 3 月初莎乐美来访之前，否则也谈不上“期待莎乐美来访”；其次，段落中还提到去瑞士的签证花了很长时间，倘若接上段的时间，也即 5 月初之后里尔克才开始真正筹划去瑞士，那么，从当时的情况看，1 个月左右的时间就解决了签证并不算长。

他：露在6月2日就离开了慕尼黑，在他离开之后又回到公寓住了一阵，之后公寓从7月起转租给她的一位远亲。他终于坐上火车前往林道，6月11日从那里乘船前往罗马角，此时他还满脑子打算在适当的时候返回德国。

第七章

定居瑞士的前奏

1919—1921

302

有一些人，即使情不自禁地接受爱情，也能把它摆在适当的位置，把它与人生中重要的事务和活动完全分开，这类人做得最好：因为，一旦爱情影响事业，它……就会让人无法忠于自己的目标。

（弗朗西斯·培根）

一

我歌颂，歌颂指引我前来这里的直觉。

（致鲁道夫·容汉斯，1919年8月11日）

当他进入瑞士，前往苏黎世之际，最初的自由感慢慢消失了，取而代之的是一种寄居他乡的不确定感。因为，他竭尽全力也未能获得长期居住的许可，他在瑞士逗留的时间不能超过十天。他与霍廷根的文学协会约定的时间在8月份，因此第一要务是设法延长在瑞士停留的时间。因此，在苏黎世待了几天之后，他在6月16日去了尼翁，在玛丽·多布仁斯基和西蒂的建议下，他设法弄到了一份适合的诊断书，证明他在着手进行护照上标明的“巡回演讲”之前，需要两三个月的休息。他的申请和诊断书一起寄到了伯尔尼。对这种欺骗，他全然没有罪恶感，因为环境的改变确实出乎意料地让他感到疲倦，住在玛丽的湖边小屋里也不舒服：小屋很偏僻，空间狭窄，却挤满了人，还经常有访客。即将返家的西蒂，通过自己的社会关系尽力帮他铺平道路，虽然再次见到她让他觉得很高兴，但他还是在几天之后就搬到了附近的日内瓦。这种突如其来的离开颇有点对不住女主人的殷勤接待，但他总算达到了目的，也不枉她的一片好心。

他在日内瓦待了一周，这座城市很快让他想起了巴黎，“由于这里的氛围，街道的景象，房屋的排列”，[1] 更不用说还会遇到战前的熟人，艺术家巴拉迪娜·克洛索夫斯卡。在他与罗丹决裂之后的巴黎时期，他曾与克洛索夫斯卡及其丈夫埃里克·克洛索夫斯基互相拜访，几年之后又再次与她偶遇，但并未进一步深交。现在，她住在日内瓦，与丈夫分 303

居，带着两个年幼的儿子皮埃尔和巴尔图斯。在他前往下一个停靠港伯尔尼之前，他们见过几次，巴拉迪娜的地址是他在瑞士开始用的新地址簿上的第一条记录，仿佛是为了记录偶然的命运再次将他与他生命中的一个关键人物联系在一起。

伯尔尼当局将会决定是否允许他继续待在瑞士，对此他已经发电报给伊冯娜·冯·瓦滕维尔，请她从中斡旋。他先前是通过一个朋友认识伊冯娜的，她倾慕他的作品，其社会关系对他无疑会有所帮助。结果证明的确如此。他很乐意由最古老的贵族家庭之一的成员——与四海为家的玛丽·多布仁斯基形成对比——引领他进入一个全新的社交圈。当然，这部分是出于势利，但也是由于他感觉到，这是了解一座城市历史沿革和隐藏在外表下的核心本质的方法。瑞士以往通常是他嘲笑的对象，去意大利途中经过瑞士时，他总是拉下车厢的窗帘，不去看过于不自然的湖光山色，作为舞台导演的上帝“将日落的光辉聚焦到群峰之上”。现在，在伊冯娜的引导下，他幸运地逃脱了这种“普遍的被驱逐出境的命运”，感觉自己正在进入这个国家的核心。[1] 他在伯尔尼住到 7 月 9 日，去到任何地方都被当作《罗丹论》的著名作者，人们用一些关于《新诗集》的问题来烦扰他。他告诉基彭贝格，人们过分关注他的书，这让他感到不知所措。[2]

他的活动无拘无束，又返回了苏黎世。鉴于伯尔尼的安静，这座城市的喧嚷令人厌烦；但再次在这里听到布索尼的音乐让他很高兴。他还去看了舞蹈家克洛蒂尔德·冯·德普的演出，他在慕尼黑时就已经知道并且很钦慕克洛蒂尔德和她的搭档亚历山大·萨哈罗夫。他曾给玛尔特寄过信，但她没有收到，现在他也听到了一些关于她的消息：有一位在苏黎世的法国青年艺术家让·吕尔萨认识她，吕尔萨告诉里尔克

---

[1] 在瑞士，还有一点让他感到很高兴的是，他在战时德国错过的许多物质享受都得到了满足。伯尔尼贝尔维酒店（Hotel Bellevue）的理发师——他后来开了自己的美容院和香水店——制造了一种特别的香水，此后里尔克成了他的长期顾客，在保留下来的里尔克的信件中，有一些信的内容颇为古怪，那是一系列写给舍瑙尔先生的订货信，共 21 封。——原注

说，她很快就会来瑞士。因加·容汉斯给他写来一封信，说她仍然住在西尔斯－巴塞尔吉亚，于是他考虑去那儿拜访她，看看她将《马尔特手记》翻译成丹麦文的工作进展如何，这会是下一步最好的选择，因为他还希望顺便在格劳宾登地区找一个安静的住处。一位刚从那里回来的旅行者向他描述了美丽而又与世隔绝的索里奥，坐落在布勒加利亚山谷（Bregaglia valley）中，靠近温暖的意大利，听到这些之后，他下定了决心。他知道克莱尔·施图德就在苏黎世，但由于她再次和伊万·戈尔住在一起，他就识趣地在离开的前一天才迟迟去拜访她。与他们 12 月份在慕尼黑分开的时候相比，这次重聚时两人都更寡言少语。

容汉斯夫妇在西尔斯的一家旅馆为他预定了 7 月 24 日的房间，但对邀请他去他们简朴的阁楼里用餐感到有点紧张，他们以为他习惯了 304
奢华的享受：得知战争让他变得抑郁之后，他们也想知道他内心会抱着怎样的想法。“你认为里尔克还会笑吗？”因加问她丈夫。“我很怀疑，”鲁道夫回答说，“但他的笑容那么迷人，他只要对我们笑笑，我们就没什么可抱怨的了。”他们过虑了。虽然前往圣莫里茨的路上一直下雨——抵达之后，鲁道夫用马车去那里接他——但他精神抖擞，身体上的不适似乎都消失了：因加觉得她餐桌上的客人从来没有谁像他这样，立马就能恰如其分地把握当前的氛围并融入其中。

> 我知道他喜欢清淡的食物：但他竟然那么喜欢我自己做的配有煎蛋、抹上马德拉酱的吐司，我还发现这马上让他想起了哥本哈根，真是机缘巧合。我刚从西尔斯－玛丽亚的商店里买来的橄榄还剩下最后一罐，它竟然激起他孩子般的食欲，还让他回想起巴黎的一切美好回忆，这让我这个家庭主妇感受到一种意外的惊喜。“我可以用手抓着吃吗？我们在巴黎的时候就经常这样，在街上买一些，直接从袋里面抓着吃！”他开始说起战前的巴黎，说起他在那儿的朋友们：罗丹、安德烈·纪德、特洛别茨科伊等等。

当话题转到斯堪的纳维亚和大海，容汉斯夫妇开始谈论弗里西亚群岛的奇闻轶事时，里尔克参与进来，说起他在德国北部听说的关于渔民的故事，他们很快就试着用低地德语谈话，那天晚上在西尔斯，他们笑声不断，比这几年黑暗的战争时期的加起来笑得还多。前往希望之乡索里奥的旅途有这样的开头，他感到非常高兴，在西尔斯住了四天，而不是待一晚上就上路，他在阳光下散步，欣赏阿尔卑斯山麓的花朵，还参观了尼采纪念馆。一天晚上，他说起寄居杜伊诺的时光，给他们读了《杜伊诺哀歌》。在因加看来，他纤瘦的身材在烛光下变得高大了，朗读的时候，他变成了“他自己的精神形象”。这是一个庄严的、令人振奋的时刻，随之而来的是巨大的快乐；但两者都是她当时看到的里尔克的基本特点。“他本身就是最灵敏的乐器：他觉得有共鸣的地方，就全身心地投入其中，总是宽宏大量，不断敞开情感去接受新的刺激，不断吸收其他人的想法。”[3] 7 月 29 日，他终于坐上邮车，穿过马洛亚山口（Maloja pass）去索里奥，他觉得心情变得比之前几年轻松多了。

他曾听人说，索里奥是“一个门槛”，是通往天堂的入口：他确实对这个偏僻的山村抱有很高的期望，特别是由于他听说卡萨巴蒂斯塔（Casa Battista），也即德萨利斯宫（de Salis palazzo），作为当地唯一的旅馆，被冠以奇怪的名字“维利膳宿旅馆”。对他来说，壮丽的景色微不足道：这些过于高大的、“乏味的”山峰不过是“壮观的障碍，像上了门闩的门一样可笑”，终年积雪的山峰下，是绿草茵茵的斜坡，也是平庸无奇的景观。[4] 他只对眼前景色情有独钟——枝繁叶茂的栗树，屋
305 后法国风格的梯台式花园，里面的植物都是半野生的，经过修剪，并用篱笆围了起来——他脑海中想的完全是 17 世纪的宫殿。旅馆尽管已经有 30 多年了，但仍然拥有古老的韵味:窗户上镶着木板，墙上涂有灰泥，四根帷柱的床，古老的桌椅。德萨利斯图书馆通常不对客人开放，但随和的主人却允许他进去，他急切地开始翻找这个著名家族的历史，他们的后裔散布到广阔的土地上（当时卡萨巴蒂斯塔的拥有者约翰伯爵，是英国驻罗马教廷的特使）。他曾说，让自己置身于古老的物件中不仅仅是审美上的要求：在它们带来的往昔的氛围中，他能够与人类的生活建立联系，而同时代的事物是令人厌恶的。“无论身在何处，我都必须

要……想象，在这里或那里的古老事物，只要我能获知它们的秘密，无限的过去就会在我面前展开，至少会有一些片段出现在我的内心深处，仿佛它们曾属于我，或属于我的家族。”[5]他仍然认为瑞士没有适合他居住的地方；但在这里，就像在伯尔尼一样，他能够沉浸在当地的历史中，这对他的工作有所助益——自从离开杜伊诺之后，他的工作一直没有明显的进展。“总有一天，我会完全拥有这样的一所房子，住上整整一年，周围看不到任何人，只有那些古老之物散发出来的气息……唯有这样我才能得到恢复。”[6]

不过，这只是他暂时的、不切实际的想法。即便他真的能在瑞士长期居住，在海拔很高的索里奥待一个冬天也是不可想象的。现在，他期望在10月底去苏黎世，参加霍廷根文学协会秋季举办的第一个晚会，因此他非常希望瑞士当局允许他逗留下去，直到这一切结束。他越来越依赖德国方面给他汇来的钱，但这些钱经过兑换之后越来越少，这意味着他必须求助于朋友们的款待，而他并没有多少选择，唯一的希望是尼翁的玛丽·多布仁斯基。她说随时欢迎他前往，请他放心，甚至还准备好在合适的时候借款给他，帮他渡过难关。然而，他继续待在索里奥的群山中，就像维纳斯山中的坦豪泽[1]，“身边堆满了书，这些书就像黑色煤块中诱人的宝石那样闪闪发光”，绝妙的是他并不为明天操心，在八九月份才慢慢开始阅读和写作，他逐渐恢复了创造力，这至少体现在大量书信的写作中。“我坐在这里，思考我的一生——这总能抵达它最纯粹的本质，在那里它能够真正地得到祖辈遗留下来的传统环境的帮助。”[7]在这种帮助下，他似乎从战争带给他的巨大“沉默”中恢复过来了——要是再往诗歌创造的内在沉思方面再前进一步多好——至少重新获得了交流的能力，现在，在僻静的图书馆中，书信从他的笔端汩汩流出。

在这种环境中，他的想象力再次自由自在地翱翔，虽然尚未以诗歌的形式呈现出来，但也探索了人类感知领域的极限，在西班牙时，他看

[1] 坦豪泽（Tannhauser），又译唐豪瑟，瓦格纳同名歌剧中的人物。

306 上去曾接近了这种极限，记录了杜伊诺和卡普里的“体验”。现在，他在一篇文章中提出一个实验，去探索他想象中的“原始声音”：倘若人能够将头盖骨的冠状缝当作原始留声机——在孩童时期的一节物理课上，他曾经在老师的帮助下制作过它——之字形的声轨，难道不能揭示那些未知的声音、那些能让我们更靠近生命秘密的陌生音乐？难道大自然以类似的方式谱写的那些表面上随机的线条，不能引导我们进入某个充满未知感觉的领域吗？某个地方应该存在一种“内心深处的语言”，他后来写道，“言语核心”的语言，不是我们从大地上采摘的花朵，而是土地深处的种子。“我文章中的‘实验建议’有更深的含义，比《马尔特手记》更靠近存在的基础，但人们只能最低限度地深入其中，触及基础之下的下一层，而在濒临沉默之处，我们只能想象自己会怎样去表达。”[8]

暂时，他假装能够一直避居在索里奥，这“很像一条狗学着装死”：可是，外在的现实是无法否认的，他必须再次提交居留许可的申请，并返回尼翁附近他登记的地方。“这就像你还是一个孩子时，在一张干净的纸上开始列一份你想要的东西的清单，”他在 9 月 9 日写信对伊冯娜 · 冯 · 瓦滕维尔说，“忽然间你发现纸永远不够大，清单上的字变得越来越密——因此，我现在每天都把字写得更小，但也没有用，纸写满了。我没有得到太多自己内心想要的东西。”[9] 他得到了一张新的诊断书，以此来支持他的申请，把它寄往尼翁之后，他于 9 月 21 日出发，朝着尼翁的方向返回。

再次前往玛丽 · 多布仁斯基那里之前，他决心与来到瑞士的玛尔特重聚一次，也算作是再次接触巴黎，“我的工作和希望的巴黎”。[10] 她在月底去找他，陪他在离尼翁不远的贝尼安的一个小旅馆待了几天。她现在从事织毯工作，他夸奖她在这方面学到的艺术技巧。从某种程度上来说，这次见面是一次令人伤感的经历，就像“一块边缘有些褪色的织毯”。尽管她充满活力，并且显然依旧热爱着他，但他无法找回他们曾经拥有的亲密关系。[11]

当他在 10 月 2 日抵达尼翁时，收到了两个好消息。他的居留许可

延长到年底，此外，玛丽伯爵夫人劝说他接受一笔每月 700 到 900 法郎
的生活费，就当作是一笔借款，倘若德国马克恢复合理的汇率，他经济
上方便的话再偿还。这两个消息让他深感安心，他与玛尔特一起愉快地
度过了两周，尽管他住的房间就像楼梯下的小橱柜那么狭窄，外面一直
都有来来往往的客人。他知道在苏黎世露面之后，接下来会有进一步的
前往其他城市的朗诵计划，这正是他所期望的，他写信对基彭贝格说，
这种巡回演讲如果成功的话，得到的收入加上玛丽给的资金，他就足以
熬到年底，不需要岛屿再给他汇款。在那之后，他也许会返回德国，尽 307
管他承认自己仍然很想知道在瑞士能否找到环境类似索里奥的其他地
方。“那里的一切都许诺了未来，就像制作衣服的样板，按照它就能做
出一件完整的衣服，一个能够让人隐身的带头巾的斗篷。”[12] 这无法进
行筹划，他只能像往常一样，期待上天的再次眷顾。然而，冬天即将到
来，如果他想得到自己需要的东西，那他真得催促一下上帝了。

他去了日内瓦，再次拜访巴拉迪娜·克洛索夫斯卡，在演员和剧院经理乔治斯·皮托伊夫的剧院里度过了一个非常愉快的夜晚，皮托伊夫是“一个有天赋的年轻俄国人……他上演符合他想象的一切，演出的戏剧不分国家和语言，每一出戏剧都按照他的想象来演，而不是去取悦观众……这是我理想中的剧院”。[13] 玛丽伯爵夫人带他去尼翁附近看了许多住宅，但整个日内瓦地区已经寒风刺骨，让他觉得住在那里毫无希望。在按时于 10 月 25 日前往苏黎世赴约之前，他在提契诺的布里萨戈待了几天，这里至少比较温暖，但他认为住在这里也没有前途。

二

安静，我需要的特殊照顾，自然，孤独，无人打扰，要有半年这样的时光就好了！这什么时候会到来？哪里会有这样的地方？

（致玛丽·塔克西斯，1920 年 1 月 18 日）

要是里尔克有任何其他选择的话，他最不愿意的就是在公共场合抛头露面。恰恰相反，他需要的是“安静的沉思，在索里奥的几周只是一个小小的开端”。[1] 他相信，要完整地理解一首诗，就必须高声朗诵它：但是，他最后一次站在公共讲台前已经是十年前的事情了，他曾经限制自己在亲密的朋友圈子里做这种朗诵，并且越来越反对以这种方式将自己的作品推向陌生的广大读者。不管怎样，他这一次可谓尽职尽责，在旅途中一直为环境强加给他的这项严酷的考验做准备。他觉得眼前有双重的鸿沟，这种鸿沟既存在于他与陌生的听众之间，也存在于有着战争体验的人们与依旧生活在和平之岛上的人们之间。10 月 27 日，他在苏黎世第一次公开朗诵，竟然有六百名听众出席，让他印象深刻。在开场白中，他解释了他感受到的困境，不管怎样，他决定朗诵那些看起来与现实无关的作品，或者说一些“华丽的诗作”。

无须这些战争的“可怕岁月”，他说，去考验他作品存在的理由。
308 20 年前，当他与托尔斯泰一起在亚斯纳亚－博利尔纳长满勿忘我的草地上散步时，他就面临了那种挑战；自那时以来，在他道路的每一个转折点上，他都要审视自己的良心——“可靠的内心的声音总是对我表示赞同”。他现在要朗诵的作品出自一种信念：他的使命在于“为世界的广度和丰富多样提供一种纯粹的见证”。

> 正是由于这种见证我才想创作诗歌，在其中我努力以抒情的形式理解一切现象——不仅仅是感觉的现象——在诗歌的特殊情境中呈现动物、植物、一切事件和事物。我的诗歌中通常包含过去的形象，不要被这引入歧途。因为那曾经存在的，现在仍然存在于丰富的事件中，只有根据它的强度，而不是它的内容，人们才能理解它：倘若我们想通过隐喻去描绘今天仍包围着我们的壮美，那我们……就应该专注于过去那至高的可见之物。[2]

不管在私下里还是在这种公共场合听过里尔克说话的人都同意一个看法，那就是他能出色地阐释自己的诗歌，他那“热情的、充满阳刚之气的男中音”，以“强有力的强调和立体的清晰”讲解自己的诗句。[3] 描绘事物的天赋和彬彬有礼的态度使得他能够迷住面前的听众——不管是一个人还是像现在这样的几百人。但是，第一个夜晚获得的非凡成功，在很大程度上是由于他用简短的评论留心介绍每一首诗歌和每一段翻译：朗诵“豹”时他提到了罗丹的影响，在朗诵他翻译的《死者》之前，用几句话回忆了他“伟大的朋友”维尔哈伦。朗诵会结束时，听众报以持久的热烈掌声，这表明他确实达到了想要的交流作用。他有许多朋友都在大厅里，他觉得自己是在私下里单独给他们朗诵，他们帮助他抓住“那些更难去感动的顽固群众”的注意力。[4] 接下来，《新苏黎世报》上发表了表示高度赞同的评论，这无疑表明他取得了巨大的成功。

有人说服他 11 月 1 日去苏黎世做第二次朗诵，这次听众只有霍廷根文学协会的成员，在这场朗诵会上，他朗读的内容包括关于“原始声音”的文章片段。紧接着，他在讲德语的瑞士城市做了一系列成功的巡回朗诵，先去了圣加伦，然后是卢塞恩、巴塞尔、伯尔尼，最后在 11 月 28 日去了温特图尔。虽然一开始前景看起来令人怯步，但随着事情的发展，他越来越有信心，而且这一次，他往常避之不及的声誉显然让他感到很满意。每一场朗诵会他都像苏黎世的那场一样如法炮制，只不过选择朗诵的诗歌有所不同，并即兴介绍这些诗歌以适应当地的情况：在雷吉娜·乌尔曼的故乡圣加伦，他表达了对她的赞赏；在巴塞尔他提到了巴霍芬；而在富裕的艺术爱好者和收藏家赖因哈特家族的家乡温特图尔，他集中谈论了塞尚。因此，每次他都与听众产生了共鸣，他对基彭贝格说，即便那些高度个人化的、“难以理解的”诗歌也都产生了比
309 平常更深刻的共鸣，这是一种真正的交流，听众多数都会多种语言，在他朗诵自己的翻译之前，他们就已经读过法语或意大利语的原作。当这种“奇妙的公开表演”结束时，他颇感失望。[5]

瑞士人是“一种坚实致密的物质”，他想，对自己能够成功地渗透其中感到非常自豪。[6]然而，在排得满满的那几周里，他最大的快乐——就像他曾经在伯尔尼经历的——源自瑞士的名门望族对他的接纳，他在他们中间交了许多新朋友，其中一些对他来说有持久的价值。在巴塞尔，尤其重要的是他得到了布克哈特家族的欢迎，在这座城市 19 世纪的建筑氛围中，他仿佛回到了熟悉的巴黎。在演讲之前，他与卡尔·布克哈特的妹妹特奥多拉·冯·德尔·米尔一起饮茶，她的壁炉架让他想起他在比龙公馆的房间，他开始说起巴黎，偶尔出现的让他感到失落的苦难之阴影总是被他有感染力的笑声和快活的幽默掩盖了，她后来回忆，给那些有幸了解他的人都留下了难忘的记忆。[7]在温特图尔，里尔克与剧作家汉斯·赖因哈特住在一起，后者所在的文学协会组织了他那天晚上的朗诵会，其弟弟维尔纳·赖因哈特是音乐家的赞助人，本身也是一位著名的演奏家。他拜访了赖因哈特兄弟中最年长的格奥尔格，一位艺术鉴赏家，拥有的艺术收藏品令人叹为观止。赖因哈特一家是资本家，是福尔卡特大型纺织品进口公司的股东，其贸易扩展到了远东地区：在他看来，他们每个人都不仅仅是业余的艺术爱好者，是另一类梅塞纳斯[1]，与里尔克迄今为止遇到的其他贵族都有所不同。

---

[1] 梅塞纳斯（Maecenas），罗马帝国皇帝奥古斯都的谋臣，著名的外交家，诗人艺术家的保护人，后用这个词指代文学艺术事业的慷慨资助者。

就在他刚巡游演讲到苏黎世的时候，有一个人很快就吸引了他，“我和她立马就变得真正亲近起来，她有一个已经成年的儿子……但她身材娇小，很有吸引力，看起来很年轻”。[8] 南妮·文德尔利事实上只比里尔克小三岁，其丈夫在苏黎世附近的迈伦拥有一家制革厂，她的祖父是福尔卡特公司创建者之一，赖因哈特兄弟与她是表亲关系。她是一位精力旺盛、性格活泼的家庭主妇和母亲，身材娇小，在体型上几乎是个小矮人。她并不是才女，但对她喜欢的文学艺术作品有明确的观点。她的主要精力都放在打理花园和家庭上，在迈伦的家中，她显示出室内装饰的非凡天赋，此外她在家中还有一个业余爱好，那就是装订书籍。11月4日，里尔克第一次去她家里拜访，在日记中他把这一天当作是一个值得纪念的日子，“永恒的好日子”，[9] 他在她开朗而又乐于助人的性格中找到了自己需要的支持。他觉得，在这里他终于找到了梦想中完全无私的保护：一个保持一定距离的“有神奇作用的”朋友，总是愿意施以援手，但几乎从不向他索求——非占有之爱的象征。“整个人生中，我从未觉得有谁这么亲近，”他在那年的圣诞节写信给她说，“而且我觉得，亲爱的，这种亲近让人非常轻松。”[10]

他写给她的几百封信——每一行她都小心翼翼地保存着——显示出一种独特的自然而然的特点。在南妮·文德尔利那里，他是一个不拘礼 310
节的里尔克，在写给她的信中，日常生活的琐事穿插着他对所读书籍的思考和见解，还有些关于其他人的无拘无束的闲聊，信中很少见到那种风格化的文字——这本来是他的老习惯，即便之前写给情人如本韦努塔的书信也是如此。不过他仍然是自我剖析的里尔克，虽说没有他写给莎乐美的书信中那种仔细的、几乎不带感情的“症状”分析，但是仿佛他的确躺在了精神分析医生的沙发上，倾诉自己的回忆和联想，以及童年的恐惧和成人的希望。她极有耐心地阅读和回复他的所有书信，同时给予他从未有过的物质资助，满足他的每一个要求，甚至不需要他开口索取，从睡袜、套鞋、亚麻织物到特制的肥皂和化妆品，她都为他准备好，不知疲倦地为他买衣服，如果有必要的话还经常更换，只为了满足他挑剔的要求。他凭借可靠的直觉，一开始就把她称作他的“小尼姬”[1]，因为他的终极胜利将归功于她，这种胜利不仅要克服威胁他诗歌创作的阻力，还要克服一种潜移默化的无身份感，这种无身份感源于他早年对故乡，以及后来对德国环境的反感，这造就了他漂泊无根的一生。如今，随着奥匈帝国的解体，他的无家可归之感变得更为强烈。

此时此刻，他真的只是个没有国家的难民，除非他决定在新成立的捷克斯洛伐克取得国籍；甚至返回慕尼黑看起来也成问题，因为现在他在那里会被当作一个外国人。虽然他对瑞士及其乡村不自然的美颇为轻视，但他正学着欣赏稳定而规律的中产阶级生活的优点，这种生活是他从未了解过的；他渐渐明白，这个多民族的多语社会可以提供他需要的生活保障，也许他还能在类似索里奥的环境中找到一个长期居住的家。在巡游演讲期间，他对所有愿意听的人说起这个想法，在巴塞尔时，多里·冯·德尔·米尔当他的向导，带着他看了若干可能的房子，结果还是没找到他需要的住所。现在，走投无路的他至少要找一个临时的避风港，度过漫长的冬天，他“怂恿，几乎是要求”一个多年来就仰慕他的富人邀请他，他知道对方在阿斯科纳有一处庄园。[11] 他很快就意识到这个盲目的计划失败了：12 月初，他去看了女主人为他安排的住处，地方狭小简陋，而且不够暖和，女主人很愿意提供帮助，但完全不知道她的客人要求很苛刻。适合的住处是无法强求的，他总算明白了，这次尝试完全是个错误。

手头的资金所剩无几，出于谨慎他先去了洛迦诺的格兰德酒店（Grand Hotel），他坦率而巧妙地向朋友们求助，摆脱目前的困境之后，他才决定在附近的穆拉尔托膳宿旅馆（Pension Muralto）找两个房间——实际上不比之前的房间大多少，但至少很暖和，而且旅馆的主人热心地满足他的一切要求。这并不是他期望中的住处——“虽然这里空气清新，阳光明媚，但我在这里感受到的一切都令人失望，不安和忧
311 虑，”他搬进去之后写信对维尔纳·赖因哈特说。[12] 南妮·文德尔利陆续

[1] “小尼姬”（“little Nîke”）。Nîke 是希腊神话中的胜利女神，也即罗马神话中的 Victoria（维多利亚）。

给他寄来包裹和箱子，里面装着烛台、陶器、茶壶、毛毯等，使得这个地方变得勉强符合他居住的要求了。“我将不得不永远住在这个令人厌恶的旅馆！”就在圣诞节前，他写信给她，“因为，谁能将我刚拆开的包裹再次包装好呢？”[13]想到她在精神上与他同在，他才能在孤独和内省中度过这个冬季，为表感激他将第三哀歌抄送给了她。

多里·冯·德尔·米尔写来一封信，信中说她母亲邀请他前往自己的乡间住宅居住，住宅位于普拉特恩附近的舍嫩贝格，就在巴塞尔南面，这个消息让里尔克稍感轻松。那里保证有他需要的孤独和足够大的房间（这是他对多里强调的一个必要条件），让他在工作时能够来回走动。他会带着感激将这个机会留给未来，他告诉她说，暂时看看他目前的住处能够给他带来什么，但前途并不是那么乐观：“在那里我要闭门不出，就像在杜伊诺的那些时光，与世隔绝，在安静中无言地工作，转向内心。”[14]

另一方面，令人烦恼的是钱的问题。他巡游演讲的报酬——除了苏黎世之外，其他的文学协会给的钱都少得可怜——勉强够他从一个地方到下一个地方；玛丽·多布仁斯基去了英国；马克对瑞士法郎的汇率已经贬值到十比一，基彭贝格觉得应他的要求给他汇款不是明智之举，甚至力劝他返回德国。结果，虽然他的岛屿账户有不少余额，但圣诞节时在瑞士的他几乎身无分文。玛丽在年底回到了瑞士，总算让他松了一口气。“一切都缓和了，”他写信对伊冯娜·冯·瓦滕维尔说，“我要继续借款（尽管这样继续下去可能很愚蠢），我已经习惯了这家小旅馆……最好的事情是，不久之后，我就有机会得到朋友的款待，也许这次的款待……适合我，会让我满意。”[15]

一旦感到生活有所保障，他就像以往一样花钱如流水：购买新年礼物、喜欢的各类书籍——儒勒·罗曼、马德鲁斯的《示巴女王的传说》、皮埃尔·洛蒂、一本 18 世纪巴黎日志的重印本——买了很多其他物件，装饰他那过度拥挤的房间，其中包括一张让人难以抗拒的路易十五的写字台，他在信中不厌其烦地向南妮·文德尔利描述了它。他后来搬走时，这张桌子被搬到她在迈伦的家中。然而，在心神不宁的情况下，努力营造工作氛围是徒劳的：他依旧觉得自己处境艰难，时刻都有危险，就像站在“一根枯瘦的树枝上”。[16] 1月10日，他接到通知说最多允许他在瑞士住到3月底，因此，他一直期待的布克哈特家在舍嫩贝格为他提供的住所也无法长久住下去，结束无家可归的状态似乎还是遥遥无期。

在这样的环境中，他无法期待绝对的孤独，只能责备自己卷入与工
312 作不相干的事务中，在1月和2月期间，这些事务耗费了他大量的时间，并且——与在巴黎时收留玛尔特的情况不无相似之处——有耗尽他情感资源的危险。安格拉·古特曼，一个年轻的奥地利女人，她的第一次婚姻很不幸，在俄国的生活贫困交加，后来与第二任丈夫一起生活在柏林。她现在独自一人抱病住在洛迦诺，完全依靠寄自德国的贬值马克生活，邂逅里尔克之后，她热切地期待着他的同情和帮助。他发现她的愿望是做一个作家和诗人，因此他更有兴趣去了解她令人悲伤的往事，尤其在发现她的性格中有那么多俄国气质之后更是如此：当他得知她改信犹太教时，她可能进一步激发了他的兴趣，因为在他看来，犹太教就像伊斯兰教，总是比基督教离上帝更近，犹太教徒的《旧约》“创造了一个全能的神……一个神的开端”。[17]

起初，他意识到再次让自己去迎合其他人的要求是危险的。他们自愿向他吐露心声，他对南妮·文德尔利说，对他们处境的理解使他不禁产生一种神圣的优越感，但他同时也知道自己出于人之常情的优越感无非只是一种假象。但几乎具有明察秋毫的能力，让他能够领会其他人的命运，这让他产生一种不可遏制的冲动，促使他施以援手。这类事情的结果往往会让他陷入困境：但他总是希望能够不带感情地去帮助别人，他的帮助仅仅是“一个路过的旁观者的帮助，不无爱意，但并非玩弄”。[18] 即便是专业的顾问如精神分析师和医生，有时候也很难保持恰当的距离：对里尔克来说则完全不可能。不久之后，他就陷入其中了，一连几个小时倾听安格拉说话，为她安排新的医生，当她病重到无法下床时，他整个下午和晚上都陪在她旁边。这一方面是由于她早年的贫困，他所了解的，以及在《马尔特手记》中描绘的贫困都无法与之相比，另一方面是由于他真诚地赞赏她的作品，他竭力将它们推荐给杂志

和出版商。他是那么热情，以至于格奥尔格·赖因哈特在他的推荐下同意给她寄钱，南妮·文德尔利也在朋友们中间为她募集资金。

他能否将那样浪费的时间和精力派作更好的用途是大有疑问的。来到瑞士之后，除了在索里奥，其他时间他一直在和人们进行纯粹的口头交流，他渴望摆脱这种现状，独自坐下来开始写作：但是，一张书桌和南妮·文德尔利装订的漂亮笔记本现在还不足以帮助他越过挡路的山冈，1 月初的时候，他日复一日地陷入自我怀疑的情绪中。他开始写日记，记下一些感想，他紧紧抓住迈伦的生活保障，写信给在迈伦的“亲爱的人”，有时候一天还不止写一封信，信中叙述他经历的和想到的一切事情——但没有一件是他的“工作”。他的书桌上堆满了未回复的书信，起初他连回信都觉得很困难。“上帝知道我为何与那么多人联系，有时候我以为这是对故乡的一种替代，仿佛这种广泛的联系网提供了一个非 313
常广阔的存在空间，他告诉南妮；但他意识到他的书信更多地是为自己而写，而非写给别人。它们是为了“这个‘原因’而写，因为它们是我的工作，最终我所有的书信会成为我工作的回应和线索”。[19]

到 1 月中旬时，他打起精神开始为工作做基本的准备。他给尼姬寄了一份仔细保存的清单，记录了他这个月的活动，想让她夸奖自己的勤奋，这份清单显示他写了 80 来封信（不包括写给她的 17 封日记形式的信，以及那些纯粹事务性质的信函）：多数书信至少有 4 页，有些还更长，他仔细回复那些年轻女子的书信也不少，这些女子写信给自己仰慕的诗人，希望她们的作品能得到他的鼓励，或者盼望他能够安慰她们的不幸。[20] 这些活动加起来，也许比他每天对安格拉·古特曼的帮助更累人，但有一个优点，那就是他可以保持距离，做一个“路过的旁观者”。

他给露特写了几次信，露特现在正在慕尼黑短期游览，住在他的公寓里，他还让岛屿出版社给她汇了一笔钱；但这张清单显示他没有给克拉拉写信。他们的关系一如既往地友好，随着在布雷德瑙的建房计划开始实施，他完全希望她能得到进一步地独立，尽管他怀疑这个计划是否有足够的资金支持。10 月底，他得到一个让他深感不安的消息，克拉拉不但需要一笔3000马克左右的津贴——这他很乐于同意从他的岛屿账户中支付——而且还想让他接管用房屋抵押贷款的事情。这超出了他的底线，他拒绝了这个要求。“一旦超出商定的生活费让我给予任何帮助，我就把自己纯粹当作克拉拉·里尔克的‘朋友’，绝没有‘责任的束缚’，”他告诉基彭贝格，给他寄去了她的信，“我觉得以我和她多年以来严格分居的关系，这个看法并非不公正。但从最近这封信中，我觉得立刻就有必要更清楚地划定友谊的界线。”[21] 圣诞节时，他在洛迦诺决定解决这个困难的任务，他对南妮·文德尔利说，在写给克拉拉的信中，他清除了“早已消失的纽带”的最后一丝痕迹，这对保证他自己的孤独生活而言是必要的。[22] 克拉拉现在的生活有保障多了，开始了独立的生活，因此他觉得她也愿意进一步正式分开。然而，同时他请基彭贝格从1920年2月起，将寄给她的月生活费提高到600马克。

多里·冯·德尔·米尔给他寄去一张舍嫩贝格的素描，2月时他一直期待着去那里，待在孤独的环境中，即便这只是暂时的。然而，他对安格拉·古特曼肩负的责任并不容易放弃，因为她依赖他，把他当作唯一的朋友。他一天天地推迟出发的时间，费尽心力为她寻找最适合的疗养
314 院，直到他觉得她已经做好了准备，才开始收拾行李，把南妮·文德尔利提供的许多物品都转送给她。直到2月27日，他才终于下定决心出发，前往巴塞尔和舍嫩贝格。

三

难道我注定要给你带来那么多的痛苦？

（致巴拉迪娜·克洛索夫斯卡，

1920 年 9 月 17 日）

他的新家是一处大小适中的乡间住宅，18 世纪时建造，旁边就是布克哈特家族的农场，现在主要是家族的避暑地。里尔克的住处位于住宅的一侧，那是一个很长的厅堂，面向北方，其中分为几个部分，分别布置成音乐室、餐厅、书房和客厅，此外还有一间穿过走廊就到的拐角处的卧室——他刚进去就高兴地发现，整个住处的长度有 19 步。从巴塞尔到这里很方便，先乘火车到普拉特恩，然后徒步走过去，前后还不到一小时。周围山峦起伏的乡村环境，虽然不是特别美丽，而且已经有了工业化的景象，但还是有着类似莱茵河谷的景色，在瑞士他第一次感受到视野开阔的风景，群山看起来不再那么“咄咄逼人”。[1] 仆人们随时候命，只要他愿意，随时都能处在孤独中，只有冯·德尔·米尔有时会来看看他。他的住处有古老的家具、书籍和绘画，还有一张写作用的祖传书桌，散步时有一条驯服的老阿尔萨斯狗跟在他身后，唯一的花费就是少量的零花钱——他无法要求更好的环境了。正如他在搬进去之后写信对维尔纳·赖因哈特所说的，如果他在舍嫩贝格仍然无法创作，那就只能是他自己的错了。[2]

然而，他仍然想换地方，这并非不切实际的想法。他的居留许可还有不到一个月就到期了，在此之后返回德国显然是不可避免的事情，眼前的环境虽然不错，但终究是临时，在这种环境中寻找灵感是不太可能的。几天之后，未来的不确定让他觉得非常疲倦，寒冬突然袭来了，屋子里的小火炉还是为夏天而准备的，根本无法御寒。身体上的不适使得他甚至无法写信，这个他一开始觉得很理想的环境越来越让他感到不满（不可思议，他觉得，在一所屋子里住了几十年，却没有在周围建造任何花园[3]）。

3 月中旬，在冯 · 德尔 · 米尔的帮助下，州当局允许他住到 5 月 17 日，也即他的奥地利护照到期的那天。可是，延期离开瑞士和春天的到来并没有让他感到轻松：因为慕尼黑方面传来消息，1914 年 8 月前不住在那里的所有外国人，都不能再居住下去，甚至连他的公寓都有被收回
315 的风险。打破僵局的唯一办法似乎只有用他的新国籍申请一个护照，这样的话他很有机会能在瑞士住上一整年，也许还能旧地重游，前往威尼斯或巴黎。为了这件事，他通过一位乐于助人的记者联系捷克公使馆，在 4 月和 5 月期间花了大量时间与恼人的官僚主义程序打交道，公使为此写了一封充满奉承的信，也丝毫避免不了这些繁琐的程序（“奥地利死了，但她的迂腐似乎还活在新的国家里，”他对南妮 · 文德尔利说）。[4]

这件事情让他忧心忡忡，此外他还对离弃安格拉 · 古特曼感到自责，也害怕他离得不够远，无法摆脱她的纠缠。他给她寄去南妮筹备的资金，替她会见了一位巴塞尔的出版商，他希望那些内容短小、语气冷漠的书信会让她不再纠缠不休，但她可没有那么容易被抛弃。她 4 月时去了巴塞尔，就像他所担心的那样，他成天都只能陪着她，为她请医生，她计划研究黑人的艺术，为此他还得带她去见博物馆和图书馆的主管，此外，他还必须试着温和地说服她给他独处的空间。“我那生病的女门徒给了我巨大的快乐，但也让我非常烦恼，”他在离开洛迦诺之前，曾写信对冯 · 德尔 · 米尔说。[5] 虽然他最后还是成功地离开了，但她的麻烦让他久久无法忘怀。从某些方面来说，这是他最难摆脱的感情束缚——他经常让自己陷入其中——之一。他曾离开了克拉拉，甚至斩断了与本韦努塔和露露 · 阿尔贝－拉扎尔之间深厚感情的纽带，丝毫不感到内疚，因为他确定为了完成使命，他需要一种孤独的生活。然而，虽然这次他依然很确定，但抛弃一个“女门徒”还是让他第一次感到内疚；因为需

要孤独无非是一种借口，实际上，离开她前往舍嫩贝格时，他可以说是欺骗了她。（安格拉两年后死在达沃斯。）

巴塞尔很容易让人融入其中，当他还没有由于这样那样的原因被吸引到那里之前，会有一些人去拜访他，他没法拒绝。他陪冯·德尔·米尔在巴塞尔待了一段时间，5 月时去迈伦拜访南妮时也经过了巴塞尔，在这里，他似乎很渴望进入他原计划避免的社交生活，舍嫩贝格越来越像是通往未知终点站的一个中途站点。5 月底，冯·德尔·米尔一家要搬进来度夏，并且开始接待他们的访客，因此里尔克不得不换到这栋住宅的其他房间居住。来访的人中有霍夫曼施塔尔兄弟，还有一些老朋友，主人争取把一些艺术品卖给他们（里尔克自己成功地让维尔纳·赖因哈特购买了一尊小型的罗丹青铜雕像——他还特别对霍夫曼施塔尔隐瞒了自己的中介身份）。

他对未来犹豫不决，于是采取了从本质上来说消极的态度。他认为这种最低限度的保障让他能够有选择的余地——申请新的护照，安排作家汉斯·法伊斯特住进他在慕尼黑的公寓，防止它被政府接管，随后向 316
慕尼黑当局递交了一份正式的申请，证明他有权利回到那里，最后他成功了——但他仍然坚信上帝总会伸出援手，这是他得救的机会，不需要事先进行筹划。现在与伊万·戈尔一起住在巴黎的克莱尔·施图德，给他写了一封热情洋溢的信，信中谈到他去那里居住的可能性，即便德国货币的汇率很糟糕：但他回信说，虽然他渴望返回巴黎，但这并非只取决于我的意志——“这件事还完全无法预料”。[6]

无论如何，舍嫩贝格显然不再是久居之地。冯·德尔·米尔短期前往威尼斯游览，于 4 月底返回，里尔克从他那里得知做一次这样的旅行并不困难，他突然想到可以去那里见见玛丽·塔克西斯。6 月期间她还待在那里，催促他尽快前往，她在瓦尔马拉那宫的夹楼公寓在她离开之后，可以给他居住。“它并不真的符合你的理想，但目前我真的认为这是最实际的办法。”[7]5 月初，他的捷克护照终于寄来了。有了这个护照，他可以暂时在瑞士待到 6 月 11 日，于是他立刻又申请了一年的居留许可，在这之后拿到去意大利的签证没有问题，事实上在月底之前他都能够进入意大利。这是他踏上真正的自由之路的第一步，他觉得，瑞士看起来只是一间等候室——最重要的是，踏出这一步意味着他有望恢复生活失去的连续性。

6 月 10 日，他到达威尼斯，几乎感到难以置信，8 年过去了，那里毫无变化——仿佛在梦中，或者就像童话中一个凡人的愿望恰好实现了。侯爵夫人，瓦尔马拉纳一家，熟悉的夹楼中还有他留下来的、业已遗忘的路易十六的书桌；这座城市（战时少量的轰炸几乎没有毁坏它）与他回忆中的一模一样，也许甚至由于交通汽艇工人的罢工而得到了改善，那次罢工使得安静的贡多拉变成了唯一的交通工具；“威尼斯桥梁温暖的大理石”摸起来像以往一样，给人带来安慰。[8] 他与皮娅 · 瓦尔马拉纳和她母亲谈话，发现自己谈起他们 1912 年一起度过的时光时，仿佛一切都发生在去年。一个相当明显的变化是生活费用大幅增加了，但不多的瑞士法郎和基彭贝格的汇款足以让他住一段时间，比他最初预想的时间要长。

然而，让他感到不安的是，他发现自己一点都没变，返回威尼斯与其说是生活的延续，不如说是一种重复，他先前在其他地方没有体验过类似的感觉，在这种情况下，他完全没有创作的可能性。[9] 他可谓战战兢兢地度过了战争岁月，幸存下来，但却毫无变化，没有任何内心的进步，仅仅是这种内心的进步，原本就能够赋予忠实再现往昔的威尼斯一
317 种节奏。他几乎是带着厌恶之情认识到了这一点；而最终让他不堪忍受的是得知杜塞正在返回威尼斯的路上。“想到这也是一种重复，我觉得恐惧不已，以至于我很快就决定动身返回瑞士。”[10]

他试图恢复与过去的联系，但失败了。“这场旅行也没有给我带来任何益处，”他后来写信对玛尔特说，不比待在瑞士更有益处，事实上，瑞士多少有一些迷人之处，只是与“我的过去和未来都毫不相关，仍然充满神秘，由于我无法看到我期待的地方，待在瑞士看起来更加前途未卜”。[11] 向来包容他的朋友们给他出了许多主意：玛丽侯爵夫人在劳钦的庄园里为他准备了一座小屋，瓦尔马拉纳家建议他住在帕多瓦附近的庄园，还提到位于陶尔米纳的一所改建的修道院——但没有一个不

是临时的庇护所，他比以往更确定的是，只有稳定的生活才能让他找回灵感。7 月 13 日，他离开了威尼斯，继续待在瑞士看起来是不可能了，即使仅仅由于现在玛丽 · 多布仁斯基结束了对他的资助，因为她必须返回波希米亚的家；也许他只能妥协，去德国度过夏天，然后去劳钦，他已经部分接受了玛丽侯爵夫人的提议。

尽管这看起来在所难免，但他最后还是无法让自己离开瑞士的稳定生活，前往德国和他的故乡，因为他听说那里的环境动荡不安。在迈伦游览之后，他返回舍嫩贝格，度过 7 月余下的时光：然而他没有像打算的那样，打点行李永远离开瑞士，而是情不自禁地去了日内瓦和伯尔尼，做一次短暂的告别旅行——但几天的旅行变成了几周，因为他再三推迟“艰难的回程”。日内瓦看起来从未如此美丽过，“阳光如此灿烂，空气清新，视野开阔”，他后悔之前去了洛迦诺过冬，而没有去日内瓦，尽管冬天那里寒风凛冽。[12] 他住在贝尔格酒店（Hotel des Bergues），从房间的窗口可以看到整个卢梭岛；城市、湖泊，萨雷布山（Salève）以及远方的萨瓦阿尔卑斯山脉（Savoy Alps）构成了“层层叠叠的冠冕”，沐浴在明媚的阳光中，巴黎和法国似乎展现在他眼前；他问心无愧地享受着“专横地、有些愚蠢地从不确定的未来夺来的时光”。[13] 乔治斯 · 皮托伊夫刚从巴黎顺利旅行回来，里尔克几乎每天都见他，当他听皮托伊夫将一个剧本从头到尾说一遍，用语言和生动的手势将整部戏剧的场景呈现出来之后，他第一次发现这位演员是一位真正的艺术家，像罗丹那样，拥有自己独立的见解。“那就是**戏剧**，”他写信对玛丽侯爵夫人说。“如果我可以安排的话，我会在皮托伊夫身边工作一整年，参加他所有的排练——因为天才是唯一真正能吸引我们，引发我们关注的事物。”[14]

他依旧等待着，希望能够出现“奇迹”。有一阵，他的新朋友、建筑师圭多 · 冯 · 萨利斯的提议让他颇感动心。他邀请里尔克在他外出期间，去他位于佩蒂特－萨康尼克斯的乡间小屋居住，屋子周围是公园般的环境，让他回想起亚历山大 · 伯努瓦在圣彼得堡附近的乡村房屋，那 318
已经是 20 年前的事了。这还不足以成为奇迹，因为在那里只能住几周时间，他只好带着遗憾拒绝了萨利斯的邀请。他仍待在原处，喜欢去逛逛卡鲁日大街的书店和小咖啡馆，回忆在巴黎的时光。“当我看到一所房子上挂着‘针织品’的牌子时，总会觉得很高兴，”他写信对南妮·文德尔利说，“更让我高兴的是，我一看见大大的法语铭文，德语就在我内心苏醒了。哦，亲爱的，真的只有在巴黎，我才能够继续我的生活，但你必须要有耐心……”[15]

抵达日内瓦之后，最先去的地方中就有普雷热罗姆街（rue du Pré–Jérôme），这条街是卡鲁日大街的分支，来自巴黎的流亡者巴拉迪娜·克洛索夫斯卡与她两个年幼的儿子住在那里。从上一年起，他们就不定期地通信，他曾送她一本自己翻译的路易丝·拉贝的十四行诗集，10月份去拜访她的时候还送了一束玫瑰。他在日内瓦几乎没有其他朋友，而这座城市又老是让他回想起巴黎，因此，他需要一位艺术家——就像那些他在战前巴黎认识的艺术家——的陪伴是自然而然的事情。他们经常见面，但没几天她就不得不离开日内瓦，前往朋友们为她安排的图恩湖附近的贝阿滕贝格居住。

他诗人的身份曾经吸引了众多钦慕他的女子，但她几乎不了解他的作品，因此他们的关系并非由于她对诗人的钦佩，毋宁说是源于对巴黎的共同回忆，以及流亡者间共同的纽带——他们都渴望返回巴黎。她离开前的那个下午，当他们待在她的阳台上时，他们的关系似乎有了一些变化：虽然什么都没有说，但她目光中的温柔透露了一种比友情更深的情感，让他感到惊讶，那饱含情感的一瞬间唤醒了他们的激情，他们都将会带着感情回忆起这次经历。没有她的日内瓦看起来空荡荡的，尽管她没有将在贝阿滕贝格的地址告诉他，但他还是给她写了一封信，希望她能够收到。她第一次阅读《时辰祈祷书》，满脑子都想着他。当他发电报说他会在8月21日去伯尔尼时，她立马过去陪他待了两天，月底时他们又在那里重聚——在田园般的短暂时光中，他们像恋人一样，在古老的城市中漫步。

她喜欢他叫她“梅琳娜”，有时也叫她“穆基”（“Mouky”），她比他小11岁，身材高大，深色的头发，体型与其说漂亮，不如说引人注目，丝毫不像露露和本韦努塔那样有直接的吸引力，也没有克莱尔·施图德性感的诱惑力——不如说，更像克拉拉，尽管性格更为开朗和热情。他并没有这样去做比较：她之所以吸引他，最重要的因素大概是她成了巴黎的化身，在她身边他感觉恢复了一直在生活中寻找的连续性。虽然两人的母语都是德语，但他们几乎全用法语交谈和通信。他们在伯尔尼见面，一起去游览弗里堡时，他用法语给她写了第一首诗：

谁告诉我们一切都消失了？ 319
鸟儿，你伤害过的，
谁知道，是否只留下飞翔，
也许花朵的爱抚
让我们存活，在它们的土地上。[16]

对她而言，这意味着他应该再次变成“勒内”：有了她的爱情，他似乎离巴黎更近了一步，现在他甚至开始考虑在遵循命令返回德国之前，去巴黎游览，多亏有南妮·文德尔利和其他朋友们的资助，他目前还能尽力避免返回德国。

最终分手的阴影从一开始起就横在他们的道路上：即使他能如愿待在瑞士，他也非常清楚只有在孤独中，才能完成哀歌。她写信对他说，他给了她“鲜为人知的幸福”，这种幸福与她生活的原貌格格不入。他设法说服她，当他们在一起时，即便只有一瞬间，他们也是生活在现实外的另一个维度，不论发生什么，她的内心必须因这种认识而感到平静——这是委婉地暗示他必须保持恰当的距离。尽管他热情洋溢的书信和外在对她的关心掩盖了这一点——他给她送花，给她寄自己的书，9月初还在日内瓦与她重聚——但她勇敢地坚持说，对彼此之爱的认识就足以让她感到满足了：“我爱你，所以我能让你离开！”在送给她的《马尔特手记》中，他写道：

完满不是去侵蚀我们，

一切都只是暗示，无人占有。
让我们不要害怕痛苦，而是
依靠过度锤炼纯粹的心。[17]

对她而言，很难坚持这个决定；而他也不会比她更容易坚持下去，他只好通过一些方式减轻分离的痛苦：他在信中谈到他们走到一起这个“奇迹”，当他在 8 月底前往苏黎世时，描述了他在伯尔尼的旅馆房间，把它当作他的“爱之花园——除了在孤独中陶醉于工作时，其他任何时候我的心都不会感到满足！”[18] 到苏黎世之后，他在 24 小时之内就去了日内瓦，与她在那里待了一周。以往的经历本来会告诫他，屈服于“这个梦”就是为将来增添烦恼。但是，正如他对南妮·文德尔利吐露的，他感觉到一种崇高的自由：“我相信有一颗向我敞开的心需要我，但我这次离开时，决不会留下一丝遗憾，不会由于未满足我内心认为值得的一切而感到遗憾。”[19]

他横穿瑞士的旅行曲折前进，去了日内瓦、拉格斯、迈伦和苏黎世，仍然把这当作是告别之旅，可惜没有出现他期望的奇迹。在伯尔尼郊外，他满怀渴望的目光曾穿过公园的大门凝视一条庄严的栗树大道，这条大道通往霍利根小城堡：“有一条林荫大道，在一所那样的房子里住一年，我就得救了，”他那晚写信对尼姬说。“我觉得如果我能沿着路
320 走进一间等待着我的高大安静的书房，在当晚我就会开始工作！（我是在找借口吗？我无疑是在骗自己，即便那样我也发现有缺点、障碍、打扰和困难……）但是，这样的林荫大道为什么会让我感动呢……充满保护、深沉、庄严……在老树上，一只鸟儿在傍晚歌唱，只有一只，仿佛在问环境是否安静到足以感受它的歌声……是的——”[20]

他 9 月份去日内瓦见了梅琳娜，分开之后她觉得再次分离令人难以忍受，恳求他至少要待在瑞士。“难道我就注定要让你承受这么多痛苦吗？”他 9 月 17 日从苏黎世写信对她说，试图给予她力量。“我仍然随身带着那块你眼泪浸湿过的小手帕——象征着你的眼泪永远会在我的心上干涸，你所有的眼泪——让我相信，我亲爱的，我日日夜夜都给予

你力量，我不会抛弃你，哪怕是片刻。”“但我们是凡人，勒内，”她哭道——无法相信与他在一起会威胁到他的工作：如果他真那么想，就必须告诉她，那她就会坚强地离开他。当然，他的确这么想；但是，无论付出多大的代价，他都不愿意放弃他们的爱情，即便他找到了在孤独中工作的地方。

> 我们爱情的基本承诺之一是决不强求……可以说，将这种幸福的开端握在自己手中也许会让我们一开始就毁掉它；它必须留在其创造者的铁砧上，让这位伟大的工匠捶打着它……让我们在祂身上倾注我们少得可怜的信心，梅琳娜：真的，我们会一直感觉到锤子的敲击……但我们也会时不时被唤过去，欣赏祂的这件得意之作，祂会把它打造得完美无瑕……

他知道她作为一个女人，要比他做出更多的牺牲，但他恳求她拿出勇气，支持这场“延后的爱情，因为它似乎横在了这项工作中间”，正如他所说的。[21]

他在苏黎世的书店中搜寻贝蒂娜与歌德的通信集——“我经常阅读的那个版本，我读了多少遍啊！”——并将它寄给了她，书页中夹着玫瑰花瓣做标记，她将会发现那是些“壮丽的段落”：

> 马尔特
> 把它送给 M——
> 他充满仰慕的心
> 无限
> 肯定贝蒂娜的
> 荣耀。[22]

但对梅琳娜来说，她无法接受这种崇高的分手方式，在她面对面的绝望请求下，他自己的决心也动摇了，恰好就在此时，他似乎有机会在瑞士找到一处完全符合他要求的避风港。

321 南妮·文德尔利的朋友里夏德和莉莉·齐格勒说准备安排他去他们伊尔舍尔的伯格城堡过冬，这座城堡是17世纪一位庄园主的住宅，其领土从苏黎世北部一直延伸到莱茵河畔，齐格勒夫妇只在夏天的时候去那里居住。如果他的生计和居留许可的问题能够得到解决（瑞士当局只同意他待6个月，11月到期），他无疑会认为这座城堡就是他需要的，事实上，8月初他就与南妮一起去那里游览过：但现在，他对离开梅琳娜感到痛苦。“你的信，你的信——就像大海，我从最高的悬崖上，从我内心的顶峰（在此之上唯有无限）一头扎入其中……如果你能成功地从我身上抹除爱之恐惧的最后一丝痕迹——也许我会慢慢理解为何上帝想要我让可怜的马尔特活下来……”[23] 由于无法拒绝梅琳娜的召唤，10月3日，他悄无声息地返回了日内瓦：暂时，在她的陪伴下，他说服自己生活和工作并不一定会有冲突。日内瓦非常像巴黎，总能给他提供一处休养的地方。圭多·冯·萨利斯在这座古老的城市中为他推荐了一所小小的公寓，他冲动地预订了这个公寓，打算从11月1起搬进去（即便租金很便宜，但他如何支付还是个问题，只好听天由命），梅琳娜的爱当然会是一种支持，而不是打扰。

就在他开始计划重访巴黎之际，他们放下心头的担忧，旅行去瓦莱——前往锡永和谢尔，他们沿着罗纳河谷前进，这条河让他联想到法国。梅琳娜的丈夫埃里克·克洛索夫斯基住在苏黎世，正在谢尔与朋友——动物学教授让·施特罗尔及其妻子弗里达一起度假：长期和梅琳娜分开的克洛索夫斯基，并不反对他们加入自己的队伍，于是五个人组成了一支和谐的旅游团队，里尔克与克洛索夫斯基和施特罗尔夫妇都相处得非常好。他发现瓦莱的风光美丽非凡，那里的乡村让他莫名其妙地回忆起普罗旺斯和西班牙，但是“少了一点热情，多了一些温柔”。[24] 他在重新开始工作之前，必须让生活恢复正常，他觉得只有巴黎能够做到这一点，但现在看起来瓦莱正是新生活的开端：他已经开始觉得去日内瓦过冬的决定太过于仓促。

10月16日，他在伯尔尼领取捷克公使馆派发的批准他前往法国的

护照时，收到了一封尼姬的信，信中附有伯格城堡的照片和详细资料，
这可以说是齐格勒夫妇的最后一次邀请：他们想让他立刻下定决心，因
为他们很快就会把它腾出来。他显然会接受邀请，因为那儿的环境完全
符合他的理想，尼姬还准备安排一个管家照顾他，此外，这是他唯一负
担得起的解决方案。“我预见到待在巴黎会让我更渴望长久而彻底的孤
独，”他写信对梅琳娜说，同时宣布他已经取消了在日内瓦预订的公寓。
“每当我想起自己以前的生活被残忍地中断了，我就决心努力恢复生活
的连续性，而我相信，这所老房子孤独的环境比任何地方都更符合我的
要求。”他们在一起的那些日子令她难以忘怀，事到如今仍然觉得幸福， 322
但她已经准备好做出牺牲，第二天，他在巴塞尔收到她的回信，信中说
她“心甘情愿而又幸福”。[25]

如果说他做出这个决定比往常显得更犹豫不决的话，那是由于与情人分离从来没有让他这么痛苦过。然而，他目标坚定，不屈不挠。他需要的孤独环境近在咫尺，就在伯格城堡等着他，他明白，想要弥合生活的裂痕，让自己准备好有效地利用这次幸运的转折，必要的第一步就是再次去巴黎看看，即便只能做一次短期的游览。有迹象表明他的直觉是正确的，就在他离开巴塞尔之前，收到了纪德寄来的《田园交响曲》，附有热情的题词——这一年的早些时候，纪德还给他寄了一本夏尔·维尔德拉克的书，除此之外，这是他自战争以来第一次与法国有真正的联系。然而，他在巴黎寻找的并不是人，而是巴黎的东西和地方——重新接触那些对他的内心生活而言不可替代的环境，也许能够让他恢复创造力。对他来说，这就足够了：再次去熟悉的街道上走一走，去卢森堡公园逛逛，看看“同样的丰富生活，同样的热情，同样确切的痛苦”。“如果我能待在这里，我会重拾我的生活，重拾它的一切危险，它的一切幸福：我的整个生命……”他在商店里买了一本新笔记本，在里面写了几个词：“在这里开始记录那些不可言传的”——其他什么都没有写，让自己完全卷入巴黎的“生活联系”中，漫无目的地游荡，“因为每一步都是一个终点”。他只待了 6 天，但对他的心灵而言，这是“一次难以形容的治疗”。[26]他认出了店老板，报刊亭里的人，旧书商的展品；甚

至认出了那个他在1902年时念念不忘的盲人，仍然站在卡鲁塞尔桥的同一个位置。这是马尔特的巴黎，但现在，它似乎第一次补偿了他在其中遭受的痛苦。

“我给你带回来的这颗心，因巴黎秋日的光辉而变得自由了，”他在10月29日写信对梅琳娜说，通知对方他在第二天抵达日内瓦：“这不是一个梦，而是深刻的现实，我属于它，但也一直都属于你，我亲爱的。”[27] 不像在威尼斯，这不再是一种贫乏的重复，而是完成了一次不可思议的循环：“破裂的表面”已经融合了，他从日内瓦写信对格奥尔格·赖因哈特说，他已经准备好“不假思索地一头扎入工作的冬日”。[28] 他给基彭贝格写了一封信——自8月份以来，基彭贝格就没有收到过他的来信，以为他早已返回了慕尼黑——告知对方他的生活有了幸运的转变，他期待着去伯格城堡隐居：很像在杜伊诺城堡的款待，伯格城堡“不那么豪华，但同样安静和有保障……有了它，我在瑞士延长居住的时光将会有个完美的结局……现在，这个冬季的开始还缺少一件重要的事情，我的好朋友，那就是你的赞同”。[29]

四 323

如果说我倾向于我的荣誉，
请相信，那是因为征服爱情让我耗尽心力，
在爱情的战斗中，我的心为之流血已不止一天。

（拉辛，《蓓蕾尼丝》）

从来不曾有哪位诗人通往理想工作环境的道路像里尔克去伯格城堡那样顺利。就在他在日内瓦徘徊，一心想着即将与梅琳娜分离时，齐格勒夫妇，尤其是南妮 · 文德尔利为他的到来费尽心力地做了许多准备工作。他们从附近的弗拉赫村及时雇来了一位女管家，11 月初的几天，尼姬经常过去，帮助他布置房间。日常生活的每个细节都已安排妥当，无须他费一分力气，甚至为他准备了酒、雪茄和香烟——因为齐格勒是一位性格豪爽的陆军上校，负责联邦补给站的工作，他显然认为这些东西对任何客人的生活而言都是必需品，同时还保证帮助他申请延长居留许可证，他的证件 11 月 17 日就到期了。尼姬无私的奉献精神还使得她给梅琳娜写了一封“鼓舞人心的”信，为此里尔克发自内心地表示感谢。[1] 他要做的就是前往苏黎世，与她一起乘车去伯格城堡。在他看来，一切都进展得很顺利，就像一台运转良好的机器中的齿轮。

11 月 12 日，他住进了新住所。自从离开索里奥以来，这是唯一完全符合他理想的工作环境，他觉得这确实是一个奇迹：独自待在古色古香的物件之间，手边有一些书籍（歌德、莫里哀、司汤达），周围的环境很安静，平和的钟声以及他窗外公园中喷泉的水花落入小湖中的沙沙声，都进一步加强了这种安静的气氛；女管家莱妮·吉斯莱照料他的生活，就像“怡人的气候”一样令人舒心。“一切都做得很好，哪怕是最小的细节。”[2] 仿佛是为了让他的隐居变得更彻底，当地爆发了一场口蹄疫，限制了他的活动范围，他最多去公园走走，因此，除了莱妮之外，他唯一接触的人是牧师鲁道夫·齐默尔曼，在活动受限期间，齐默尔曼担当起村庄信差的任务，甚至还给里尔克供应适量的牛奶。他觉得，他的门上应该挂着托马斯·厄·肯培的话“独居陋室心自静”（‘Cella continuata dulcescit’）：如果有可能的话，就是在这里，他才能够找到返回自身的道路，“通往工作核心的杂草丛生的小径”。[3]

他很清楚，工作的进展肯定缓慢得令人痛苦。自从参军阻塞了哀歌的灵感之后，5 年的时光过去了，年复一年，他专注于外在的事务，其间只会偶尔写几首题献诗。长期休耕的土地需要艰苦的耕作才能再次变得肥沃；像往常一样，对他来说，在准备深耕之前，第一铲土肯定是重
324 新开始通信。虽然他隐居起来了，但绝非与外界完全隔绝，小村的邮递员及其妻子在他们的一生中，从未这样辛苦工作过，因为他们要处理来自伯格城堡的大量挂号信。他给散布各地的许多朋友写信，如赫塔·柯尼希和埃娃·卡西雷尔，对她们而言，他长期不通音信的做法似乎有点对不住她们曾给予的帮助。朋友们听到了他充满希望的欢呼，与战争年代连篇累牍的绝望倾诉形成鲜明的对比，他终于找到了需要的环境，得到了自由。

对他的朋友们来说，这个消息也是一种非凡的安慰。玛丽侯爵夫人和基彭贝格夫妇听说他开始过隐士般的生活，有望重新开始创作时，很快就原谅了他先前没完没了的优柔寡断。他经常强调他需要“把自己裹在茧蛹中”，坚定地拒绝一切邀请：让·施特罗尔邀请他去苏黎世，在那里他会见到阿尔贝特·施魏策尔；汉斯·赖因哈特邀请他去日内瓦参加他与皮托伊夫一起创作的戏剧的首演；南妮·文德尔利邀请他去温特图尔听克洛索夫斯基关于杜米埃的讲座，他曾推荐格奥尔格·赖因哈特去听这个讲座。“与其期望我稍微活动活动，不如叫茧蛹中的幼虫偶尔出来走走。”[4] 虽然他希望基彭贝格夫妇前来做客——因为他现在离边境

非常近，但他明确表示只欢迎他们住一小段时间。露特想与基彭贝格夫妇一起来看望他，被他劝阻了，这可能会让他感到有一些内疚，然而，圣诞节时，露特给他寄了一张长长的清单，列出自己需要的物品，同时要求他提供一小笔定期的零花钱，他慷慨地同意用他在岛屿出版社的资金支付，这减轻了他可能会有的内疚之情。他很少如此小心翼翼地保护自己的孤独。

11 月到 12 月期间，他确实写了几百页信，在信中他滔滔不绝地大谈隐居以来各种各样的期待，措辞小心地给许多在生活或工作方面寻求他建议的人回信——正如他对莉莉·齐格勒所言，这些信起到了“清理心灵深处”的效果，让他重拾“长期搁置的笔”，有“一种过渡的作用，使得口头交谈转变为文字作品，不是为了寄给任何人而写”。[5] 这个过渡时期会很漫长和艰难。“自从孤独包围了我（从第一天起就完全包围着我）以来，”他写信对梅琳娜说，“我再次感觉到生活和至高使命之间那可怕而又不可思议的对立。那项使命是那么遥远，天使们也遥不可及。我会有所进展，但很缓慢，每天只能前进半步，经常倒退。”但他必须不惜一切代价维持这种“忠诚而顺从”的状态，他告诉她说，抵挡住诱惑，不要让自己悄悄溜走，去与她一起过圣诞节。他必须退回到内心深处，努力重新体验 8 年前的情感，完成摆在面前的任务——她尚不知道的《哀歌》。[6]

除了书信以外，他在伯格城堡的第一件“作品”——“如果在严格意义上可以将它称作作品的话”[7]——仿佛是为了报答梅琳娜的耐心。与她一起在日内瓦时，她小儿子巴尔图斯的一系列绘画曾让他深为着 325
迷，这些画是巴尔图斯上一年的作品，那时他才 11 岁，但已经表现出后来将会给他带来世界性声誉的创造天赋。他画的是“米楚”，一只被遗弃的猫咪——用连环画的形式讲述了与他和他家人生活在一起的猫咪的故事，直到有一天它再次走失，他们感到伤心不已。里尔克开始觉得自己是这个家庭的一员，巴尔图斯和他哥哥皮埃尔都非常喜欢他。他对这些绘画如此热心，以至于在苏黎世找了一家出版社，打算出版这部作品，并且计划为之写一篇简短的序言。11 月 26 日，他去公园散步，在走完 120 步距离的时间里，他在脑海中完成了这篇序言，并在晚上把它写下来，他感到很高兴，因为他构思这篇序言时，自始至终都用法语思考，没有一个词经过翻译。

梅琳娜，尤其是巴尔图斯感到很高兴：里尔克也非常乐于将自己作序的这本书寄给其他朋友们。谁真的了解猫呢？他写道。他坦白说，对他而言“它们的存在无非是一种相当可疑的假设”。动物们要成为我们生活的一部分，就必须要进入我们的生活：狗似乎放弃了它们犬类的习性，“去崇拜我们的习惯，乃至我们的错误”，生活在它们本性的边缘，就它们“通人情的目光和忧郁的口鼻”而言，它们经常跨越了自己的本性。但是猫就生活在它们自己的世界里。“如果它们屈尊在一瞬间将我们微不足道的形象留在它们视网膜的深处，我们可曾知道？……人们可曾与它们同时生活过？我表示怀疑。请相信我，有时，邻居家的猫在黄昏时分跳过我的身旁，对我视而不见，仿佛是为了向茫然无知的物质世界证明我并不存在。”但是，在看过巴尔图斯的故事之后，读者也许会感到安心：“我存在。巴尔图斯存在。世界上没有猫。”[8]

这是一种迷人的尝试，但从任何意义上来说都是一种消遣，几乎无法让他“长期搁置的笔”得到练习。但是，完成这篇序言之后的一两天，一次独特的体验似乎强调了一个事实，曾经引发他创作哀歌的情感仍然处于休眠状态，尚未开始恢复。一天晚上，一些奇怪的诗歌“来到”他脑海中，他觉得它们并不属于他：

那些山峰，静卧在更高的璀璨群星附近——
时间也在它们之间闪耀。
哦，在我狂野的内心，
无家可归的永恒度过了一夜。[9]

他后来告诉基彭贝格说，他听到了这些诗句，而不是想到了它们，他还在信中描述说，当他随后坐在火炉旁时，似乎突然有一位绅士坐在对面的椅子里，穿着 18 世纪的服装，从一本古老的、褪色的手稿中选读了一系列诗歌，其中也包含了这些诗句，里尔克把它们抄录下来。

十首诗歌几乎全都具有相似的形式，四行构成一节，每一节押韵。这一系列诗歌，他取名为“C.W. 伯爵的文学遗稿”——因为他总是宣称它们不是他自己的作品，并用一份临时写的“抄写员笔记”来支撑这 326
种虚构的说法，这很像他处理《马尔特手记》的方式。

他并不奢望虚构的亡魂的这种“口述”——尽管故事编得很好——能够与他在杜伊诺时那种不由自主的灵感相提并论。在写给南妮·文德尔利的信中，他用轻松的笔调谈到这次“刺激的游戏”，由此可以清楚地看到他对待这件事的态度。完成这些诗歌的当晚，他就承诺给她抄录一份，就像“米楚”的序言一样，抄录在她用特种纸装订的一本小册子中，她一直都在为他提供这种小册子。

> 我渴望寻找住在伯格城堡的前辈的足迹，也许某天晚上，我会在一个书柜里找到一本手稿……我开始大致在心里描绘这样一本手稿……但我没有找到，除了自己写之外，我还能怎么办呢？……（整个写完这些诗歌花了差不多三天，我感觉更像是在织东西）——到现在我才认识到……我的准备多不充分，看起来无法开始自己的创作，我必须将这个形象当作是一个托词，找一个人为我心不在焉的这个时期创作的诗歌负责：这个人就是 C.W. 伯爵。[10]

非常奇怪的是，这件事并没有到此为止。几个月之后，他仍然居住在伯格城堡，“伯爵”又一次向他“口述”了一系列诗歌，共有 11 首。里尔克将写好的第一组诗寄给了基彭贝格夫妇和尼姬，后来，当整个系列都创作完成时，他给玛丽侯爵夫人寄去了一份完整的手抄本，但坚持认为，他无须对这些不符合他严格标准的诗歌承担责任。这组诗歌流畅的韵律和精巧的意象的确与哀歌厚重的风格截然不同，而哀歌才是他追求的目标。他虚构了一位来自过去的人物，但其形象比马尔特更为模糊，只与他生活中的零星体验相关。这些诗歌中，他唯一同意发表（而且是匿名）在 1923 年《岛屿年鉴》上的诗，是追忆他在 1911 年游览过的卡纳克神庙，诗中写到了巨大的圆柱和狮身人面像前的大道——“伯爵”和他的“海伦妮”就像他自己和燕妮·奥尔特斯多夫：

> 它为何不能更有助益地帮助我们？
> 我们对它的忍耐，的确已经足够：
> 你穿着你无用的旅行装，
> 而我这个隐居者自行其是。[11]

然而，以一种奇怪的方式，他总算开始了创作，这是通往专注的第一步。12月，他快回复完清单上的书信时，他决心开始写作，“用于写信的笔”开始用来进行真正的工作。虽然他喜欢对许多通信人谈起这两支笔的区别——目的在于让他们长时间不打扰他，但这两支笔事实上是同一支。他会小心翼翼地誊抄整封信，以及那些他觉得肯定能够从中提炼出诗歌的散文摘录，还有对他的思想发展而言很重要的其他文字。在伯格城堡，他终于拥有真正稳定的生活环境，远离一切言语交谈，觉得自己正处在通往普遍的交流（universal communication）的过渡时期，他认为通过诗歌完成这种普遍的交流是自己的使命。他自我记录的冲动比
327 以往更为强烈，他不得不开始以巧妙的方式，有系统地去做这件事，把另一本尼姬装订的小册子变成了摘录簿。

这也是工作，在一种相互作用的过程中，开始出现他渴望见到的结果。在他清单上等待回复的书信中，有一封他很长时间以来都没有回复，那是来自遥远过去的声音——也即他在圣珀尔滕军事学院的德语老师写来的信，如今这位老师已经是一位少将，在写给里尔克的信中，他说自己有幸“在黄金般的青年时代”遇到这位“高贵的诗人，赠予我们如此丰富的诗歌财富”，对此他表达了自己真诚的快乐。[12] 这种真挚的感情流露让里尔克再次回忆起那个时期的一切“恐惧”，他一直努力忘记它们；12月初，当他还在考虑究竟是否回复这封信时，一首关于童年主题的哀歌成形了，也许在他的脑海中，他将这个主题与他在1915年完成的最终片段联系起来：

别让命运召回你曾有过的童年，
那天堂与我们之间无名的纽带。
即便是囚犯，在阴暗的地牢中奄奄一息之际，
它也守护在一旁，暗中照顾到底，永恒地
支撑心灵。即便是病人，
当他目瞪口呆地明白，病房不再收留他，
因为，就像包围着他的一切其他财物，
发热的，同样患病的，是可以治愈的，——即便对他，
童年也有益处，因为在衰败的自然中，
它温暖的花园也有鲜花开放。

它并非毫无害处。
……
它不会比我们更可靠，也不会更受庇护；
没有神能够抵消它的重量。毫无防护
一如我们自身，毫无防护一如冬日的野兽。
……毫无防护
一如火焰、巨人、毒药，一如夜晚的幽灵，
在可疑的、上了锁的房屋周围游荡……[13]

“孩子是一个多么可信赖的人啊，”他在 12 月 2 日写信对米策·魏宁格说：“他慢慢成长，离开家庭那令人忧虑的、危险的环境，在自身价值之外为自己……建立新的地基——可是，在他最活跃的岁月里，一切想得到的不幸击倒了他，把他拽入苦难的深渊，拽入尚可忍受的标准之下一千里格的深处——如果深渊并非无底的话！”[14]

因为，谁会看不出守护之手
说谎，它们试图给予保护的时候，——自身就处在危险中？那么，谁会呢？

“我！”

——哪个我？

“我，母亲，我会。我曾是先前的世界……”

…………

328 但是忧虑！——在我们制造的分离中，立马
学会了一切，通过不可靠的人性：穿堂风般的
震动穿过裂缝：在它游戏的上空，俯冲到
孩童的身后，嘶叫着
把纷争渗入血液——迅速的猜疑，随后，
永远，只有一部分会得到理解，永远
只有一些单独的存在碎片，五块，也许，但绝不会
融在一起，所有碎片都脆弱不堪。
立刻在脊柱中撕下意志的嫩枝，
因为它会成长为疑虑重重的枝桠，
嫁接到犹大选择的树上。[15]

12月9日，他还在致力于写作这首诗歌的草稿，并把它完整誊抄到摘录簿上，就在同一天，他给少将写了一封长长的回信——因为，他对尼姬说，这是他第一次对“我生活中那些遥远而压抑的时光”发表看法，对他而言有着重要的意义。[16] 他之前的老师了解到，军事学院的五年中没有黄金般的青年时代：对那个男孩勒内来说，他们所代表的，只不过是冷酷的巡视，是“冤枉的痛苦深渊”，也是“难以理解的灾难”，他无法理解，正如他不明白“最终降临到他身上的奇迹”。如果他不抵制和压抑这次经历（对一个十岁的孩子而言，军事学院不啻陀思妥耶夫斯基在西伯利亚的监狱）的全部记忆，他就无法过自己的生活。后来在俄国，他意识到，就像陀思妥耶夫斯基经受了无法忍受的考验，他在经历痛苦的军校生活之后，让自己的灵魂得到了自由，“虽然外在的环境很压抑，但在存在的第四个维度中能够找到真正的自由”——随着时光的流逝，他与早年的命运取得了“某种和解”。它没有摧毁他，因此必

须将它当作他生命天平上的一个砝码，只有“最纯粹的成就”能够与之平衡；自从去俄国旅行之后，他就下定了决心。[17]

过去，虽然他经常对别人透露他在军事学院经历的“折磨”，但这确实是他第一次尝试完整地去理解那几年的真正意义。曾经阻碍他写作“军事小说”的压抑感，最终在这种冷静的自我分析中烟消云散，他终于开始正面地描述这段经历。现在，他甚至觉得自己能够更公平地对待在布拉格度过的压抑的童年，并希望那座“神秘而高贵的城市”像莫斯科、托莱多，或者“无与伦比的巴黎”一样，能够融入他的经历。[18]书信与诗歌的相互作用是显而易见的，即使我们不知道它们酝酿于同一时期。显然，他觉得自己找到了继续创作哀歌的起点；在新年之际，他抄录了一份已经校改完毕的第四哀歌，寄送给玛丽侯爵夫人。

如果他能像他希望的那样，把自己和外界完全隔离开来，工作上有所突破是必然的：但年底的几个星期，出现了让他分心的事，新的哀歌依旧还是一些片段。从慕尼黑打包寄来的信让他重新开始回信；他还得 329
准备圣诞礼物，虽然有尼姬和莉莉·齐格勒的帮助，他无须外出购物；虽然他能够指望在节日期间独处，但他不可理喻地担心新年期间会有访客。尼姬当然是受欢迎的，但齐格勒上校也将来访，而基彭贝格夫妇现在预计会在1月初来看望他。他无法想象他安静的家如何能够应付这“两位活力充沛的人，他们有自己的想法、情感和习惯，而我的，似乎已经充满了这儿的每一个角落”。他们虽然是忠诚的好朋友，但他一想到谈论的一切都就感到胆怯，真希望自己从来没有邀请过他们。[19]

这还是小事，即便累积起来，最多也就对工作造成一些影响：真正的问题是梅琳娜。在她身边，他第一次觉得自己解决了爱情与工作之间的冲突：他完全臣服于她的爱情，她已经表现出勇气，尊重他在伯格城堡独居的需要。走出他自己的房间去看望她的诱惑是巨大的，实际上他已经请尼姬给他汇去旅行所需的资金，并收到了这笔钱。但他抵制住了这个诱惑：当他等待新灵感到来之际，体验到了一种罕有的心灵自由，在写给她的信中自由地宣泄自己的感情，相信她能理解自己的决定。

“这不是文字，这是通过笔进行的呼吸”：即便在写给本韦努塔的信中，他也没有这样赞美爱情——超越时光的爱情，在这种爱情的力量中，他自信能够取得成功。

> 梅琳娜，是的，我亲爱的，用这种高尚的方式帮助我，来这个安静的乡村，来这些宁静的高墙里面保护我，与它们一起保护我……假如我进入工作的深处，就像一个黝黑的矿工消失在黑暗中，我只会给你寄去一封话语寥寥的信，如同一位狩猎中的猎人通过信号而不是言语交流，因为害怕惊动正在接近的猎物——别伤心，我温柔的爱人，别觉得自己被抛弃、忽视和遗忘。不如想着，在我沉迷的工作中，我默默地靠近你心灵的另一面——因为，我们兴高采烈的时刻多么接近这个崇高的核心啊，而在这个核心的旁边，我工作的热情熊熊燃烧！
>
> 我最亲爱的，最亲爱的爱人，我如此渴望拥抱你，不知不觉地，我的怀抱经常为你敞开，当我和你在一起时，如果说你就是爱情化身的话……我发誓，我的爱定会填满我们之间的所有距离，你周围目力所及的一切，你呼吸的一切，梅琳娜，都是我的爱，请相信这一点吧。[20]

她是个配得上这种赞美的通信人——“我把你装在心中，我是供奉你的神殿，因为你是神圣的……你是我的创造者”[21]——然而，随着圣诞节的迫近，越来越显而易见的是，虽然她言语中显得很勇敢，但来自远方的狂热赞美诗并不足以让她心甘情愿地与他分居两地。她仍然宣称自己唯一的愿望就是让他“消失”在他的工作中，但也不讳言自己渴望他的
330 陪伴。圣诞节时，她深受剧烈腰痛的折磨，同时巴尔图斯因发烧卧病在床，听到这个消息，他的内心动摇了。

他怂恿她从德国请她姐妹过去照顾她，他自己仍然决定待在原处，在许多年终寄给别人的信件中，他对即将到来的工作突破满怀期待。但目前，在基彭贝格来访之前，他的工作至少会处于停顿状态。1 月 4 日，他听说卡塔琳娜生病了，无法出门旅行，她丈夫的行程也被耽误了，听

到这个消息，他感到稍微松了一口气。与此同时，他也得知梅琳娜的病况恶化了，他再也无法忍耐，两夜之后，他返回了日内瓦的贝尔格酒店。显然，梅琳娜必须立马得到护理，在她姐妹到来之前，这个工作由伯尔尼的一位朋友承担。在里尔克急迫的请求下，格奥尔格·赖因哈特给了他一笔急需的借款，梅琳娜才在酒店找了个房间，住了几天，把孩子们留给她的姐妹照顾，随后她与里尔克一起去了伯格城堡，在那里休养一个星期。

他们于 1 月 23 日抵达，正好赶上基彭贝格来访，善解人意的基彭贝格只待到第二天就离开了。基彭贝格对“穆基”的在场做何感想不得而知：但他发现里尔克居住的环境显然很适合，而且还听说了“C.W. 伯爵”的故事，这让他不再坚持让里尔克返回德国，并且开始安排岛屿出版社保管他的书籍，更重要的是，保管好他仍留在慕尼黑公寓的其他财物，以待他在瑞士找到可以永久居住的“伯格城堡”。里尔克请求基彭贝格每个月给雷吉娜·乌尔曼——她近来出版的新作似乎得到了很高的赞誉——一笔生活费，最重要的是给他汇 2000 瑞士法郎，基彭贝格也慷慨地同意了。虽然基彭贝格前来探望的时间很短暂，但这次探望第一次让伯格城堡变得完美了，里尔克在朋友离去之后写道，在各个方面，这里都为他进一步的发展提供了完备的条件。

他的希望都化为了泡影，他曾以为分心的状态只是暂时的，没想到在接下来的几个月中，他还是无法集中精力。梅琳娜住在伯格城堡期间，身体有所恢复，但在 2 月 1 日，当他陪她前往苏黎世，乘坐返回日内瓦的火车时，发生了一件让他们深感担忧的事。像他一样，克洛索夫斯基在战争爆发之后，只得把多数财物都留在巴黎。在瑞士，货币兑换问题让梅琳娜和她丈夫到了不得不返回德国的地步，尽管他们非常不愿意这么做，主要是因为皮埃尔和巴尔图斯一直以来接受的教育完全是法国式的，返回德国会影响到他们的学习。其实，克洛索夫斯基已经在慕尼黑了，暂时在国家剧院工作，如果能够找到居住和工作的地方，他就计划继续住下去；梅琳娜虽然还没有计划要搬迁，但她考虑在 2 月份返回柏林时，将两个孩子交给姐妹照管，等自己完全康复之后再与他们会

331 合。里尔克无法让自己逃到工作中去，让他们自己寻找出路，而是不辞辛劳地为他们寻求帮助——由于他孤身一人住在伯格城堡，这意味着他要与外界进行没完没了的通信。

里尔克最先想到让他们住进他在慕尼黑的公寓，但行不通。由于房管局的干扰，将公寓转租给法伊斯特也出现了困难，最后，里尔克安排岛屿出版社取走他遗留在公寓里的私人物件之后，法伊斯特才得以合法接管它。一想到即将离开，梅琳娜变得越来越绝望，她的姐妹离开之后，两个孩子留在了她身边，她对奇迹还抱有一线希望——然而，同样让她感到绝望的是，她不知能否让勒内永远留在自己身边。里尔克为她四处寻求金钱上的帮助——自己出钱帮她将两幅画作运回柏林，其中有一幅是她流亡时从巴黎带过来的德拉克洛瓦的作品，他们希望她的兄弟可以在柏林帮她出售这幅画。里尔克还写信请玛丽·多布仁斯基伯爵夫人购买她的几幅水彩画，但这些热情的爱情声明也没有动摇他必须保持独处的坚定决心，并且尝试在伯格城堡余下的几个月中重新让自己的生活变得有条不紊。他恳求她在谈起哀歌时，不要认为他仅仅是在继续一项已经中断的工作。因为，这样一种工作（或有朝一日“赐予”他的其他诸如此类的工作）只会源自一个人的内心深处，对一颗被战争撕碎和埋葬的心灵来说，完成这项工作是一种内在的进步。“在一些特定的时刻，你的爱对我来说是无穷无尽的力量源泉……但孤独才是起决定作用的因素。”她明白了这个令她感到痛苦的事实，即对里尔克来说，他们的爱情——不论它有多么“光彩夺目”——与孤独相比总是处于次要地位。“你的生活并不需要我，”她写道，“这是事实，然而对我来说，你是我的生活。”他爱她，却与她保持一定的距离，就像手里拿着一束花那样。“我必须永远离开你吗？我的灵魂不会让你感到压抑，而我的身体，我亲爱的，上帝知道那是微不足道的，难道我必须将它带到别的地方去吗？”[22] 4 月初，梅琳娜最终与皮埃尔和巴尔图斯一起返回柏林，当他们途经伯格城堡时，里尔克坚持不与他们见面。他们在夏天有可能会重聚，但这个希望并没有给她多少安慰。

对里尔克来说，命运对他的工作似乎有一种“秘密的敌意”。他曾希望待在伯格城堡的冬天能有所收获，结果却虚度了时光：他帮助梅琳娜解决困难时，正处于挖掘自己内在“宝藏”的关键时刻，因此，这就像 1915 年的入伍让他不得不中断工作一样，给他带来了灾难性的影响。“最后总会出现一种（以我的经验来看，不可调和的）冲突——生活和工作之间的冲突，”他在 2 月份写信对玛丽侯爵夫人说。“一次又一次地，我想方设法应对这种冲突，但几乎没有成功过。”[23] 尽管他希望能在伯格城堡继续住到 6 月份，但齐格勒夫妇告诉里尔克 5 月份会有新房客，所以他的离开已不容拖延。不管怎样，对里尔克来说，伯格城堡的宁静生活早在 4 月份就被附近新建造的锯木厂毁掉了，那“巨大而愚蠢的吉列牌伐木机”整天像一只大苍蝇和牙医的电钻一样嗡嗡直响。[24] 自 12 月以来，除了完成“C.W. 伯爵”的第二本“手稿”，写了更多回信之外，他几乎没有做其他工作。“每一封信都是一次推动，一次 332
威胁着要颠覆一切的攻击，一次改变血液的入侵——日复一日，每一次它会让我得到最纯粹的平静。”[25] 他拿起了回信的笔，却失去了准备工作的感觉。

2 月，他碰巧读到保尔·瓦莱里的《海滨墓园》，对他的工作而言，这是唯一的希望之光。只有对罗丹的仰慕可与他对这位诗人作品的热情相提并论，他立马为自己和梅琳娜翻译了这首诗。瓦莱里像他一样，在将诗歌公之于众之前，“长期与他的诗作生活在一起”，[26]《海滨墓园》这首形式完美之作庆祝了灵感的再生以及对生命的欢乐肯定，似乎给了他希望，让他觉得自己也有可能解决生活与工作之间的冲突，并学会驯服生活的危险，“就像圣哲罗姆让狮子睡在他的书桌旁”。[27]

“我独自一人，等待着：我的整个工作等待着，”他后来写道，“有一天，我读了瓦莱里，我知道我的等待结束了。”[28] 然而，当时情况看起来并非如此。恰恰相反，随着在伯格城堡最后几周时光的慢慢流逝，他开始感到绝望，觉得自己无法找到长期以来等待的灵感。从外在表现来看，他像以往一样，面对早已习以为常的情况——另一次不知道目的地的搬迁时，显示出心平气和的忍耐精神，而且同样相信上帝会拯救他。玛丽侯爵夫人很快就会来瑞士，他现在虽然无法在隐居的地方迎接她，但还是希望听听她的意见，也许她知道他该去哪里。目前，他仍然宣称自己已经准备好让一切顺其自然。正在西西里度假的南妮·文德尔利收到了一封语气欢快的信，住在伯格城堡的这位客人显然很满意——信中生动地描写了在小湖中演奏小夜曲的青蛙，C.W 伯爵大概对这些新房客很感兴趣，莱妮照顾得真好！他毫不遮掩，第一次直截了当地承认他无法进行最重要的工作。

他到底有多沮丧，从他 4 月末留下的文字记录中可见一斑，这是出自他笔端的最奇怪也最动人的见证文字之一。那是一些零散的反思，外加书信草稿的摘录，用第三人称写了一篇导言，丝毫不提及具体的人物和地点。这篇文字写道，上帝赐予了“作者”一切可能的恩惠，让他在完美的避风港中修复战争年代带来的创伤，事前还让他有机会重游了两个地方，这两个地方“是他往昔经历不可分割的组成部分”，最重要的是，“当一颗心灵再次处在爱情的影响之下，决定去爱的时候”，那种“磅礴的情感”给了他“无穷尽的恩赐”，让他有力量去战胜对爱情的渴望。得到如此“幸运恩赐”的他，在孤独中本来肯定能够有丰富的收获。但是，这段不带感情色彩的导言继续写道，他的思考见证了“失败，一种可怕的、令人困惑的失败”。

333 作者……将这些散乱的文字片段放在一起，冠以《遗言》（*The Testament*）之名——大概是由于在这些深入其非凡命运的洞见中，作者表达了一种意愿，这是他的遗愿，即便对他的心灵而言，多年的任务仍在摆在面前。[29]

《遗言》本身的责任是认识到孤独必须成为他唯一的爱情——从他的早年起，这种孤独就对他微笑，考验他，把他“像一支标枪”那样投掷出去。受选去经历这样一种投掷，在狂喜中颤抖着命中目标的快乐，是任何平凡之爱都无法比拟的。然而，考验艺术家的不是命中目标的时刻，而是日常生活让他分心，平凡之爱诱惑他的时候。他一直希望找到一个能够理解他的人，接受他对这种自由的需要，结果已经证明这种希望是徒劳的。“只要这种希望站在我们中间，我就不知道怎样去生活”——当他得知她因他的离开而悒悒不乐时，他觉得生活变得不堪忍受，正如他陪在她身边，让她感到幸福时，他也觉得难以继续这样生活下去。[30]

在一封书信草稿的最后几页中，他最终还是屈服了，命运已经挫败了他的努力——不是责备梅琳娜，而是认识到这完全是他们两人共同的失败。12 月起开始写作的哀歌“流产”了，他的工作也因此而告终，当时，他觉得创作哀歌的“强烈情感是无穷尽的，你无法阻止它们”；从那时起，直到现在他都无法重新体验孤独的生活，“但只有离开这种生活，我才能控制我自己。我的心被迫离开了孤独生活的中心，走到最靠近你的边缘地带——那里也许很不错，容易受到外界的影响，充满欢乐，同时也会受到打扰——但这样的生活偏离了轨道，并不是我真正需要的生活。”她曾向他保证，为了他，她能够接受任何形式的爱情。他在信中写道：

> 现在，下定决心去爱吧，无论是什么样的爱，它能将我的生活赐予我……因为，如果我放弃属于我的一切，并且像我经常渴望去做的那样，盲目地投入你的怀抱，在其中迷失自己，那你拥抱的将会是一个牺牲了自我的人：不是我，不是我……我无法掩饰，也无法改变我自己……我跪着恳求那些爱我的人宽恕我。愿她们宽恕我！不是利用我让她们得到幸福，而是帮助我得到那种孤独的幸福，倘若没有这种幸福的痕迹，她们根本不会去爱我。[31]

这是他写给梅琳娜的书信中常见的主题，尽管从未如此直接地表达过，这类书信中总是混杂着对他们爱情的狂热赞美，以及对她幸福的关注，因此并不奇怪的是，她无法让自己完全相信书信的内容。5 月，离开伯格城堡之后，他在写给她的信中说，他们唯一的安慰——如果可算作安慰的话——是他们曾共同对抗某些对他们而言“过于强大的”力量。“我无法分享它，也无法谈论它——总有一天，我在伯格城堡的倒数第二个星期中写的日记会告诉你一些情况，但其中甚至没有最关键的语词，上帝禁止我将它付诸言语，我无法承受它。”[32]

334 《遗言》以这样一种客观的方式呈现出来，尝试着与经历保持距离，深入分析了爱情在他生活和工作中的地位。“坚决地服从支配我的使命，这是我工作的指导原则，换句话说，我的爱情也属于它”，即便我自己也是身不由己，灵感会突然驱使我投入“创造性的活动”中。“对一个能在这种环境中取得成就的人而言，爱情往往会是一种不幸”——因为，创造性的活动会在那种互相给予的爱情中消耗自身，失去它真正的使命。“因此，相比创作体验而言，爱情体验就像是一种发育不良的、不合时宜的从属形式，几乎是一种退化——总是无法成功，无法掌控，而且，相比更高层次的成功的创作活动，爱情是可耻的。”[33]

当然，他早就知道这一点。现在，他忏悔的是他甚至辜负了伯格城堡提供的良好环境，没有准备好接受“投标枪者的孤独”，并且认识到终极的冲突并不是由于爱情与工作之间的矛盾，而是源于工作本身内部的分裂——“因为，我的工作就是爱”。[34] 在《遗言》中，他无法写下最关键的语词，是因为他不愿意承认自己无法抗拒爱情的召唤，照此看来，他写的确实是一份遗言，恐惧之遗言——害怕自己永远无法完成创作哀歌的至高使命。

这份文件太过于私密，透露了过多的信息，因此不能放在摘录簿中，他把唯一的抄本寄给了基彭贝格，以便让它得到安全的保护，原件则交给了南妮·文德尔利，任由她处置。如果他的恐惧变为现实，那至少会给后人留下一份文件，文件完整地描述了他经历的一切，无情地描述和展示了他“无果而终的工作”。他创造了一件作品（即便不是独一无二的），一件从恐惧中创造出来的作品，如同《马尔特手记》，这件作品以超然的态度成功地描绘了一次痛苦的体验。

这似乎释放了他的痛苦，从他的心灵中清除所有的疑虑。夏天即将到来，必须找到另一个伯格城堡，他在写给梅琳娜的信中说，不是“开始下一个冬天，而是带着更坚定的决心，重新开始我在痛苦和幸福中度过的那个冬天”[35]。同时，他还要想办法协调他的工作和对她的爱情。

在这种新情况下，即将前来瑞士的玛丽侯爵夫人显得重要起来。她是来看望她的孙子，也即帕夏的儿子，他们正在位于洛桑和日内瓦之间的湖畔小镇罗勒上学。5 月 10 日，离开伯格城堡时，他在离罗勒不远的埃托瓦的旅馆找了一个房间，旅馆是古老的小修道院改建而成的。[36] 他能猜到她会像母亲一样给予他什么样的劝告，但他觉得自己需要与她商量一些事情，即使他无意采纳她的忠告。

分离让梅琳娜感到痛苦，严重的坐骨神经痛又开始了，听说他就在日内瓦湖边，她非常想去他身边，唯一的想法就是想办法在夏天与他重聚，也许在提契诺，在那里她有可能从一位朋友手里租到一座乡村别墅。就里尔克而言，他似乎非常想让她待在自己身边，即便待在提契诺 335
也无所谓，虽然他更想去瓦莱寻找适合的工作地点——他不会忽略最重要的事情——因为返回到法语氛围的埃托瓦给他带来了快乐，而且他们一起游览谢尔时也留下了美好的记忆。

当然，钱是一个问题，他只好再次向基彭贝格求助。他在 5 月底写道，所有的朋友都忙着帮他寻找“下一个伯格城堡”——波希米亚、符腾堡，甚至克恩滕，“里尔克家族古老的故乡”，都成了备选的地方。但“为了与某些人保持联系”，他觉得有必要继续在瑞士待到 7 月底：他请朋友们直言不讳地告诉他，他们究竟能提供多少帮助，他最多能走到哪一步。但他说，他很明智地“意识到我必须不惜一切代价去找到第二个伯格城堡，确保明年我的整个生活走上一条有益于工作的道路”。[37]

6 月 7 日，玛丽侯爵夫人终于到达罗勒，虽然尚未得到回复，但他非常希望她赞同他的想法；玛丽侯爵夫人发现，里尔克与她 1914 年 4 月在杜伊诺城堡款待的那个忧郁的诗人判若两人。在经历本韦努塔的事情之后，现在她没少为梅琳娜的事担忧，但她清楚，这次他不会轻易放弃。他迫不及待地想让她相信，他已经找到了真正能够守护他孤独的人，当他需要投入工作时，这位可爱的人随时愿意给予他孤独。“可怜的撒拉弗博士”，她后来写道，“难道他永远得不到安宁，永远找不到足够爱她的女人，能够理解他的需要——并且只为他而活，丝毫不考虑她自己无关紧要的渺小生活？……如果有这样一个女人，那他怎样才能找到她？……我看不到出路。”

然而，她极力反对的是他放弃了哀歌的写作。她没有听说他想要发表已经写好的哀歌片段：他必须完成它们，她对他说，“而且你会写完的，等待吧，我知道它们会在等待中到来。”[38] 他对她的信心感到震惊，这给予他新的勇气去寻找“第二个伯格城堡”，更重要的是，几乎就在同时，他收到了基彭贝格令人鼓舞的来信。基彭贝格完全同意他的计划，答应提供资金，帮助里尔克实现这些计划：他岛屿账户的余额前所未有的充裕，而且基彭贝格马上就会给他寄 2000 瑞士法郎。梅琳娜已经决定租下提契诺的乡村别墅，而里尔克大致已经决定去那儿与她会合，虽然他更想去谢尔；但既然资金有了保障，他就发电报让她直接来埃托瓦找他。她求之不得，6 月 17 日，他们在那里重聚了。

“无尽的渴望”让她形容憔悴，与他重聚之后，她身体上的疾病奇
336 迹般地消失了，沉浸在激情中的她，根本不考虑长远的未来。一起住在铺满玫瑰的小修道院里非常快乐，他们重游了一些老地方：但她很快就发现，对他而言，这只是一个暑假，他一直想着寻找另一个伯格城堡——那里不会留给她一处永久居住的地方。他向来认为，他要寻找的地方可遇而不可求，现在，他一反先前的这个信念，不再满足于把事情交给朋友们处理，而是积极地以传统的方式寻找住所，在洛桑找了一个房产经纪人帮他寻找。梅琳娜发现自己外出时，再也没时间拿出随身携带的画笔写生，而是陪着他到处去查看为数不多的看起来符合他苛刻要求的住所。在沃州找不到任何适合的地方，他再次寄希望于瓦莱，6 月 28 日，他们到达谢尔，同样下榻在 10 月份热烈欢迎过他们的贝尔维酒店（Hotel Bellevue），正如他在写给南妮 · 文德尔利的信中所言，对他们来说，“这个不同寻常的瓦莱”与他们第一次发现它的时候一样美妙和重要。[39]

屡次失望之后，他们准备放弃寻找，转身返回——但接下来出现了“奇迹”。在决定返程的最后一个傍晚，他们在外面闲逛时，发现住在附近的理发师的窗户上有一张照片，上面是一栋 13 世纪的塔楼，一座小型的城堡，照片的旁边写着“出售或出租”。结果他们发现城堡的主人

是理发师的母亲，城堡离谢尔大概一两公里远，位于通往蒙大拿的路上。第二天他们看过这座城堡之后发现，虽然有一些缺点——只能从外面的井里面打水，没有电，卫生设备也很简陋——但看起来拥有他所需的一切。把协商租金的工作交给经纪人之后，他们出发去了洛桑和日内瓦，因为里尔克确信，或者说基本确信他的寻找结束了。“亲爱的，”他写信对尼姬说，“这也许就是我在瑞士的城堡，也许！”[40]

第八章

穆佐与瓦尔蒙

1921—1926

……生命正如死亡和光，
正如黑暗，其唯一的本质是美，是命运之轮的韵律，
掌握它的人，也就掌握了幸福，并且会向人们
称颂它。

罗宾逊·杰弗斯，《皮诺斯角和罗伯斯角》

一

这是可言说之物的时刻。此处是它的故乡。说吧，见证吧。

《第九哀歌》

穆佐小城堡（Chateau de Muzot，里尔克指出单词中最后一个字母'‘t’需要发音）是矗立在一个小花园之中的一座塔楼，它四面都是正方形，屋顶砌有阶梯状的山形墙。城堡久远的历史立即吸引了里尔克——他马上开始追寻城堡领主的家族史，他们自 13 世纪以来便拥有这座城堡，据传有一位先前的女主人的幽灵还会不时在城堡中出没，他知道这一点之后感到很高兴。此外，“贵族区”（人们这么称呼瓦莱的这部分地区）的环境优美，一眼望去美丽非凡的景色也让他深为着迷。他再次清晰地回忆起普罗旺斯和西班牙，当他得知某些种类的花卉、鸟类和蝴蝶只有在这里和那两个地方才能找到时，这里似乎与他的过去联系得更紧密了。附近有一所无人照管的小教堂，是为了纪念圣安妮的；花园里有盛开的玫瑰形成的两道拱门，还有一个小果园，为花园增添了魅力；沿着斜坡往下走几步就是葡萄园，在三岔路口立着一棵高大的白杨树，“就像一个标志和一个感叹号，仿佛在肯定地说：这就是它！”他的整个直觉回答说，它就是！虽然他感到有些畏缩，因为在让它变得适合居住之前，显然要克服许多实际的困难。如果经纪人能够争取到合理的租金，他也许就会和梅琳娜一起在那里度过剩余的夏天，他也将会知道穆佐城堡是否适合他独自度过“严冬”——倘若他能找到合适的女管家，关于此，贝尔维酒店的接待员认为没有什么困难。[1]

接下来几周，他犹豫不决，忧心忡忡。正巧，他们必须搬出埃托瓦
338 的小修道院，于是 7 月 8 日，他们搬到了贝尔维酒店，打算继续待在谢尔，如果关于穆佐城堡的谈判失败，他们也许会住进另一个旅馆。在写给南妮·文德尔利的长信中，里尔克吐露了自己的心事，不断地改变选择，始终无法下定决心，没有她的建议，他不愿意做任何决定。他觉得内疚的是，他改变了梅琳娜去提契诺乡村别墅的想法，在那儿他们的生活费用会更少，相比在瓦莱居无定所的生活，在提契诺她会度过一个安稳的夏天。接着有消息说，他们也许可以去克恩滕的沃特湖畔居住，他觉得应该去那里看看；穆佐城堡依然有巨大的吸引力，但城堡的主人劳尼尔夫人病了，经纪人提议先短期出租一段时间，却始终得不到肯定的答复。里尔克急不可耐地想从南妮那里得知维尔纳·赖因哈特的想法，原来，其实赖因哈特几年前看过穆佐城堡的照片，里尔克认为赖因哈特也许会考虑把城堡租下来给他住。“这个绝妙的西班牙－普罗旺斯风情的瓦莱可能是我在冬天写作哀歌的理想环境，穆佐城堡将来也许会给我提供庇护——我不清楚……”[2]

所幸他的朋友们比他更有决断。7 月 17 日，南妮写来一封信，信中明确说赖因哈特提议租用穆佐城堡半年，里尔克还可以选择续租。一天晚上，他们与劳尼尔夫人面谈，发现她当时思维清楚，欣然同意出租，条件合适的话她还决定出售；接下来的几天，朋友们开始积极为他的入住做准备，几乎不与他商量，也不管他始终带有疑虑。梅琳娜用她艺术家的眼光和一些安排古老住宅的经验，从一开始就看出应该如何布置穆佐城堡，并且很快就跪在清洁女工旁边帮着擦洗。城堡需要一些装修，但不需要彻底改头换面；家具很适合，其中还有一些 17 世纪留下来的古董，很有吸引力；那个周末梅琳娜就已经搬了进去，当时里尔克还待在酒店，让自己打起精神面对即将到来的考验。

他写信对赖因哈特说，他对赖因哈特充满信任地安排他做“城堡的管家”深表感谢；但希望对方能够理解这仍然只是一种尝试，他未必会一直住下去。“我的处境非常艰难，很不稳定，因此我不知道我是否能够长期避居于此，我仍然可能会被迫搬走……目前，尚不清楚我在这座

结实的老屋中住的时间是否会比伯格城堡更久，也还不知道它是否会像伯格城堡一样有利于我的工作。”无论如何，这次实验的机会是一个巨大的恩惠，即便他并没有十足的信心：“我内心的声音敦促我住在瓦莱，其强烈程度就像我渴望在瑞士多过一个冬天，在此期间我等着我生活中的干扰逐渐减少（也许是为了有朝一日返回巴黎）——也许，谁知道，还为了在这个庇护所完成那些因战乱而中断的工作……如果取得成功的话，我会怎样赞美我们的古堡啊！”[3]赖因哈特愿意承担他的“管家”搬走的风险，因为他对这座古堡也很感兴趣：他劝里尔克继续装饰和修 339
葺穆佐城堡，只要后者认为有必要，无须担心费用，他会提供任何需要的地毯、餐具等等。[4]“这让我异常感动，”里尔克写信对南妮说，“维尔纳，我们在伯格城堡随时都表示欢迎的这个人，现在接替了齐格勒的角色，而你，我亲爱的，仍然扮演着你的角色：让这座新的伯格城堡变得适合我居住。”[5]

虽然依旧坚持认为它是一次实验，但他还是请她给他寄来一些印有穆佐城堡地址的信纸，最终在 7 月 27 日搬去了那里。当时骄阳似火（“确实有助于把葡萄酿成‘地狱烈酒’——这个夏日乡村的骄傲”），他坦言，梅琳娜比他勇敢得多：现在，穆佐城堡变得更清洁也更敞亮了，从城堡下方路边的白杨树那里看过去，整个环境非常迷人，令人愉快——但走进屋里，感觉“还是很难受，就像一个人穿着一套沉重的盔甲”。[6]

他决定把房屋的修葺、装修以及额外的家具配备工作减少到最低限度，先看看他的实验能否顺利进行下去；他请南妮购买的东西都只是一些必需品——几个烛台和枕头，一个防风灯（当然，她体贴入微，额外给他寄去了许多同样必要他却没有想到的物件）。8 月初，维尔纳·赖因哈特和他的兄弟汉斯来到城堡，对自己的新产业感到很满意，回去之后寄来了更多的物件，并打算为他的“管家”安排一笔基金，以备将来使用。梅琳娜的精力和创造力都是惊人的，她擅长处理迫在眉睫的事情。在当地人的建议和帮助下，这座老屋的氛围逐渐变得适合人居住，里尔克简直不敢相信。她坚信这次实验会取得成功，几周之后，他开始变得和她一样有信心，虽然在他的心目中，穆佐城堡的形象通常还是一副盔甲——而且是锈迹斑斑的。只有当他与南妮一起去察看了另外一处可能的住所——位于凯泽斯图尔的一座宅邸——感到不满意，并进一步自我检讨之后，他才终于在9月底下定决心，继续留在“这些坚固的老墙”中间，静下心来开始冬天的工作。[7]

这座四四方方的塔楼内部的布置事实上已经相当令人满意。在房屋的一楼，穿过走廊就是宽敞的餐厅，里面有一个瓦莱地区传统的石火炉，一张精美的17世纪的橡木桌；餐厅的旁边是一个小小的客厅，客厅通往阳台，从那里可以看到罗纳河谷的景色；一楼还有一个小卧室，以及一个新近才修建的厨房，位置就在原来的地下室厨房上方。在找到女管家之前，这儿暂时由梅琳娜照管。二楼上有一个正方形的房间，他把它当作书房；天花梁上刻着一个日期：1617年（MDCXVII），虽然对他的习惯来说，这个房间还不算特别宽敞——因为他工作时习惯于来
340 回走动，但房间有一种舒适的氛围，让他想起南妮·文德尔利在迈伦的“客厅”。房间的窗户朝向南面和西面，可以看见遥远而雄伟的阿尔卑斯山脉。紧靠书房的是卧室，很小，有一道拱门通往一个小阳台，旁边是一个刷上白灰的小屋，也就是所谓的“小礼拜堂”，从楼梯平台穿过一个低矮的中世纪门廊就能走到里面，门廊上面刻有浮雕，但不是十字架，而是一个卍字（swastika）。此外还有一些阁楼房间，没有窗户，只有一些透光孔。因此他的孤独能够得到保证，“不用来来去去，为家庭琐事奔波”。[8]

他的要求很简单，但还不至于对粗陋的环境也感到满意；而穆佐城堡的生活环境，“还是颇为简陋”，[9]远不如配备良好的伯格城堡。家具尚可忍受，蜡烛和灯具也还算充足；但严重的缺陷是没有自来水和基本的卫生设备。他对在这里独自过冬感到踌躇，主要是因为他害怕——即便这里的条件已经有所改善，而且假定能找到一个有莱妮一半能干的女管家——既有的设施无法自行运转，如果他真的开始工作的话，这里会需要他进行更多的照管，占用他过多的时间和精力，尽管南妮·文德尔利已经承诺支付家务管理费用。10月初，他写信给赖因哈特，确认整

个冬天都住在穆佐城堡，并提议使用他的“君主”计划给他的流动资金：买一个新的花砖火炉，放在书房里；找人堵住房间里的许多老鼠洞；用木料对阳台和窗户稍作修缮。[10] 其时，劳尼尔夫人已经因病死亡，她的女儿提议把穆佐城堡卖给赖因哈特，里尔克答应为他精确考察一下城堡的情况，根据自己的看法给出估价。

也许到现在他才把在伯格城堡写的《遗言》给梅琳娜看。不管怎样，她一心想让他在穆佐城堡安顿下来，在孤独中度过冬天。从这点来看，显然她已经接受了他的条件，并且决心不再因自己的过错而重蹈覆辙，再次遭遇在伯格城堡经历过的彻底失败。她不知疲倦地寻找适合的女管家，这绝不是件轻松的任务。她决定把里尔克安顿好之后，尽快返回柏林。当时，虽然一直在为厨灶的事费心，但她还是雇到了一个当地的女孩来做家务，这样他们才能充分地享受在一起的最后几周。夏季最炎热的几十天过去，秋天到来之际，她画了许多穆佐城堡的素描，以及“贵族区”的水彩画。有一张素描勾勒了里尔克在沙发上熟睡的画面，他在这张素描上为她写下了下面的诗句：

> 忧伤是一片厚重的土壤，
> 幸福的含义会在其中暗暗地
> 赢得一次花期；
> 如今，然而，在你——我沉默的胸中，
> 一切依然不可名状，无法言传：
> 物只有在外在世界才被命名。 341
> 但就像怀疑和时间的法令被命名那样，
> 直到我们突然在名字与名字之间
> 置入幸福。
> 于是，在明亮的星空下，
> 白色的雌鹿纯粹地步入
> 满足的画框。[11]

最终，南妮·文德尔利帮助里尔克找到了一位合适的女管家，她叫弗里达·鲍姆加特纳，是一位农夫的女儿，现年 26 岁，来自靠近索洛图恩的巴尔斯塔。10 月 15 日她来到了穆佐城堡，梅琳娜向她交代了日常工作。很明显，让弗里达适应这里的工作需要花费的时间比他们预想的两三天要长得多，不过里尔克并没有因此耽搁，立刻投入到计划好的工作和生活中。“今天我应该开始我的孤独生活，”他在 10 月 17 日给尼姬的信中写道，“某种程度上我的确这样去做了；从今天清晨开始我就坐在书桌旁，开始回复一张长长的清单上的书信，对我来说，这一直是使我恢复工作灵感的方法”。‘穆基’还要继续在穆佐城堡居住一段时间，但这并不会动摇他孤独生活的决心。[12] 事实上，她的存在是一件很好的事，免得他刚在新住所安顿下来就得为诸多事务操心——而弗里达，虽然很乐意，但慢吞吞的，比他们料想的更没有经验，显然需要一段时间才能独立管理家务。“希望我和穆佐城堡能够让她绽放，”他对赖因哈特说，“目前她还只是一颗光秃秃的花梗，能看到上面冒出一小片绿叶就算不错了。”[13]

梅琳娜好几次推迟离开的时间，直到 11 月 8 日她才离开，他也没有去谢尔送她。事后他从贝尔维尤写信给她，“在前往我们美好而忠诚的穆佐城堡之前，我要写信给你，它从现在起就属于我一个人了，你唤起了我对它的感情”，他继续善意地劝慰她：“愿上帝保证我们做正确的事情，不要错过祂慷慨赐予我们的任何财富……”[14]“并不是穆基不理解，”他写信对朋友西蒙娜·布鲁斯特莱恩说，他们在日内瓦经历感情危机时，西蒙娜曾一直支持他们，“只是对她的内心而言，要坚持下去是一种难以形容的负担。”[15]

现在，他的书房里安上了新的火炉，而新的厨房炉灶也在购买中。加上其他正在筹办的用具，以及从赖因哈特那里送来的舒适的靠背椅，穆佐城堡有望很快变得“完善”。在安置穆佐城堡时，里尔克想到不仅要在经费预算上依靠尼姬，而且为了让它变得像伯格城堡一样适合居住，在诸多杂务上也得靠尼姬帮忙，于是他力劝她前来看看。她从赖因哈特那里带来了好消息，在考虑买下穆佐城堡（他拥有优先购买权）期间——他准备再续租半年，随后不久里尔克从劳尼尔家族年轻的管理者苏韦朗上校那里得知，他们很高兴暂且搁置售卖的问题，里尔克回信说："住在您的城堡里非常开心和平静……能够创作美好的作品，并且 342
充满甜蜜的期待，希望它们多少有助于改善我们可怜的人性。"[16] 尼姬来访的那一天刚好是他一年前住进伯格城堡的同一天，她的到来使得穆佐城堡变得完善了，能够让他开始度过一个"理想的冬天"。这套盔甲已经变成了一件斗篷，"有点紧绷绷的，但柔软多了"，[17] 她给他寄去了一堆包裹，那是许多他需要的小物件，这让他的生活变得更为舒适。有一阵，他突然觉得有点怀念伯格城堡，尤其怀念那里舒适的开放式壁炉，但他想到这次在穆佐不会再有那种毁灭性的干扰，就很快克服了这种思念。他在 11 月和 12 月期间写给梅琳娜的信，虽然依旧温柔，但信越来越少，带着轻松的心情，他开始转而与其他人通信。

他最先要处理的是来自德国的家书。9 月，露特宣布与年轻的律师卡尔 · 西贝尔订婚，西贝尔是约翰娜 · 韦斯特霍夫的甥孙，因而也是露特的远房表兄。她已经来信说，他们急于尽快结婚，接下来他们打算靠西贝尔在利堡的庄园生活，这个庄园位于萨克森的福格兰（Vogtland），在莱比锡南面。西贝尔已经给他未来的岳父写了一封信，于是他给露特准备什么样的嫁妆已经成为迫在眉睫的事。与此同时，克拉拉也写来一封求助信：露特先前曾与一位朋友的儿子订婚（现在婚约已经解除了），这位朋友是克拉拉在布雷德瑙房屋工程建设的顾问和支持者，长期以来都盼望着他们的孩子结合，因此露特的变心导致了一种令人痛苦的疏远。因此，克拉拉不仅面临着双重孤独的生活，而且还需要一笔借款，为此她在给丈夫写信的同时，还直接给基彭贝格写了一封信。里尔克像以往一样，已经准备好尽力履行自己的义务，并且对露特未来的婚姻生活采取一种有保留的和善态度，坦率无遗地向出版商陈述了这个问题，因为他的要求能否得到应有的满足，只有出版商有权发表意见。

他自己给克拉拉汇去了她需要的总金额的一半，当然，是作为一份礼物，而不是借款（这一次，汇率有利于德国马克），让他的朋友给她汇去剩余的款项，并决定露特的嫁妆。但他还是明确表示，他坚持两年前表达的观点，也即与克拉拉的分居，不论是否正式离婚，都是永久的，因此他给予她的任何帮助都应被视作是来自朋友，而不是来自丈夫。“为了让我能够独自一人生活（并不容易，但很有必要），我们迟早要创造完全适合的条件，为我毕生的工作着想，并防止我的生活卷入其他人的命运中。”露特的要求在他自身利益允许的情况下，必须尽可能谨慎——但毫无疑问的是，他留在慕尼黑的任何家具都可以送给她，期望有一天能够重新取回它们。[18]

露特将于12月12日在利堡举办订婚晚会，庆祝她的生日，里尔克
343 请卡塔琳娜订了一个精美的蛋糕送给她。基彭贝格很明智，他邀请露特去莱比锡，商量嫁妆事宜，提议给她5万马克，这是里尔克岛屿账户余额中的一半，相当于当时的1500瑞士法郎。里尔克发电报表示赞同，随后，又不太情愿地答应把嫁妆提高到6万马克——但不能再多了。这样安排之后，他还给露特寄去了一份迟来的生日礼物——他父母订婚的照片，到此他似乎觉得对女儿的责任一笔勾销了（虽然在露特5月份的婚礼之后，他又每月给她一小笔生活费）。他写信对卡尔·西贝尔说，看起来被忽视的实际上是家庭为工作做出的牺牲：如果要责备他没有力量二者兼顾的话，他只能默默地指出“那些我全力以赴的领域”，并等待最终的判决。[19]“一道门关上了，”他对尼姬感叹道：“也许其他门会打开，毕竟是她的生活，而我不论对现在，还是对过去都毫无深刻的见解，我的看法离现实过于遥远，完全偏离了现实。”[20]

里尔克发出的露特的订婚通告让许多老朋友获知他的居住地址，因此他的通信单变得比以前更长了。“书信制造工厂正在全力以赴地生产”，他于12月1日给尼姬的信中写道：一周之内我寄出的信有180多页，“它们的长度即便不用千米，也要用米来衡量。”这必须完成：因为只有在另一边才有真实的孤独之山谷，越过这片山谷，才能攀登工作的山脉。”[21]里尔克模仿先前在杜伊诺的情况调整状态，他写信给亚历山大·塔克西斯，庆贺他70岁生日，信中写道，“在杜伊诺的那个冬天多么美妙啊！我隐居在那里，将自己裹在壳中，勤勉地工作。”[22]他对穆佐城堡的希望——尽管在书信中表达这种希望时，显得比在伯格城堡时

更为委婉——更为坚定，因为他知道这里更能保证他过一种孤独的生活。而且，他觉得自己终于在瓦莱发现了瑞士的真正伟大之处——“这片丰饶的处女地”，让·施特罗尔的描述恰如其分：“刚刚来自创世”，仿佛仍然散发着阵阵雾气。[23]

对里尔克来说这里的法语环境也是一个有利的条件——这种看似矛盾的说法其实并不矛盾，因为他向来觉得他最好的作品是在非德语的环境中完成的。最重要的是，瓦莱里给了他灵感，这位法国诗人的作品散置各处，并不容易得到，纪德曾帮他收集这些作品，他热情地把瓦莱里推荐给所有的朋友。

> 大约 25 年前，瓦莱里写了一篇出色的随笔［《列奥纳多·达芬奇的方法导论》（*L'Introduction à la méthode de Léonard de Vinci*）］，他现在，也即 1919 年再版了这部作品，并且附有一篇非常优美的序言。但他遵循马拉美的观点，认为寻找自我是最重要的，在踏出接下来的一小步之前，保持沉默，“处于一种非常纯粹的艺术之沉默中”。这就是真实的情况。瓦莱里突然销声匿迹，去研究数学了。但就在最近……这位五十来岁的人才再次感觉到进行审美表达（中断一段时间之后，一切都更纯粹了）的必要性。自那时起，他创作的一切都极为独特和重要。[24]

别人在沉寂如此长的时间之后，还能够创作，那他肯定有望重新找 344
到灵感。他写信对玛丽侯爵夫人说，在瓦莱里的诗歌“棕榈”中，有这样的诗句：

> 忍耐，忍耐
> 于苍天下忍耐，
> 每一分沉默，
> 都是果实成熟的机会！——

“要是我对自己的沉默抱着那样的希望就好了。”[25]

他写信感谢基彭贝格的理财规划，告诉后者找到可让他长期居住下去的穆佐城堡真是幸运。基彭贝格会给他一小笔零花钱，但最好是等到马克的汇率升高时再寄给他，也许他没有能力离开穆佐城堡（哪怕只有一天也不行）倒也无妨，这座塔楼刚好可以满足他工作的需要。但他无法预言在穆佐城堡能否完成那项“最重要的任务”；其时，出版商提议出版一个作品全集，他表示赞同，但建议等他翻译完米开朗琪罗的诗歌再说，也许，这也是这个冬天的一项任务。他说他希望对方来访——“即便我凑巧进入工作矿井的深处，我也欢迎你来看看我，在第某某号矿井，我们可以在矿灯的光下聊聊！”[26]——但实际上，他很高兴基彭贝格一段时间之内不太可能去拜访他。

他最终获得了他的孤独，几乎完全不与任何人联系，甚至与动物也保持一定的距离。有一只流浪猫进入了他的生活，它能够帮助他赶走老鼠，由于猫非常有独立性，因此是一位可接受的同伴，但他拒绝养狗。弗里达的工作逐渐令人满意，能力日渐提高，但并不出人意料的是，她鸡毛蒜皮的事也想找里尔克闲聊，即使里尔克设法阻止，强调他希望独处时也是如此，他怀念莱妮完美的、与生俱来的谨慎。南妮·文德尔利通过书信远程指导弗里达的工作，在给南妮的信中，他恳求南妮温和地暗示这位热心的女孩，因为他最担心伤害到她：不要大惊小怪，稍作暗示即可，现在“通信时期”接近尾声，主人无疑要开始真正的工作了，最好在非说话不可的时候再说话。当然，他不是抱怨；但有时任何谈话都会打扰他，“通常更令人不安的是，我害怕任何时候她都有可能找我说话（比如说，莱妮做管家就绝没有这样的事！）”。[27]让他颇感轻松的是，好心的苏韦朗上校取消了新年邀请他做客的打算，因此他不必违背他独处的誓言：“我把这看作是上帝赞成我继续留在孤独中，即便是友善的邀请最终也没有让我中断工作。”[28]

实际上，“通信时期”一直持续到 1 月份。不论是不是南妮的暗示起到了作用，弗里达学会了如何对待她不寻常的主人，他始终如一的宽容获得了她的尊重和钦佩。对他来说，他认识到自己很幸运，有一个能

够满足于在孤独中生活的人陪伴，她在晚上做手工的时候，他会陪她坐 345
一会儿，或者在工作之余给她朗诵诗歌。在平安夜，他们一起去圣安妮小教堂点燃了烛台，接着她和邻居一起去谢尔参加了子夜弥撒，在此之前，他给她送了一些礼物，包括一本他翻译的纪德的《浪子回家》，当然还有《米楚》，以及施蒂夫特的《小阳春》（*Indian Summer*），题献给"我在穆佐安静、忠诚的帮手和好同伴，为她在这个冬天度过的孤独夜晚向她致敬"。[29] 他的《米楚》的样书早就收到了，它无疑是随圣诞节信件一起寄送的好礼物，尤其对那些长时间没有他音信的许多朋友来说更是如此。莎乐美就是其中一个：这次他的年终汇报，虽然没有在伯格城堡时的乐观精神，也没有轻视他试图专注工作时碰到的困难，但还是对穆佐城堡"这种实实在在的孤独生活"带来的治疗充满了安定的信心。[30]

由于露特的订婚，他收到了一封信，这封信深深地打动了他的情感，比事件本身给他的情感冲击更为强烈。这是格特鲁德·欧卡马·克诺普写来的信，她的女儿维拉在战前是露特在慕尼黑的玩伴，容貌美丽，身形优美，有望成为一位舞蹈家，但在战争结束一年后就去世了，年仅19岁。1909年起，里尔克就在巴黎认识了她的父亲格哈德·克诺普，也很喜欢他，因此曾经决定一去慕尼黑，就去拜访这个家庭。格哈德在1913年突然离世之后，他给格哈德的遗孀写了一封感人的信，并且替她与岛屿出版社针对她丈夫未出版的作品进行协商；维拉和她妹妹曾与他一起喝过茶。因此，露特订婚，格特鲁德写信给他是很自然的：她感到惊讶的是，她会收到16页写得密密麻麻的回信，因为虽然她钦佩他，并且曾经与克拉拉和露特也很亲近，但他们只是偶尔通信。在11月底，他在写给她的信中袒露了自己内心的想法，当时他没有把这些想法告诉过其他任何人，甚至包括莎乐美和玛丽·塔克西斯。她得知了他以下的想法：他顺从地，几乎是漠不关心地接受了露特的婚姻；他迫切地需要彻底的孤独，人际交往对他的创作力有毁灭性的影响；战争年代带来的精神创伤，以及他怀疑他的作品是否配得上朋友们的慷慨帮助；在瓦莱，他已经打开了新的人生篇章，现在他所寻找的，与其说是艺术表达，不如说是他自身存在的内核；来自瓦莱里的启示——而在最后，几乎是在作为附言出现的文字里，他提到了写作这封冗长书信的真正原因：年纪轻轻就去世的维拉，对他来说似乎还存在着，他希望有一天，她的母亲会告诉他更多关于她的事。[31]

元旦节，他收到格特鲁德的信，信中叙述了这位他所知甚少的年轻女孩患病和去世的情况：当她还是个孩子时，“身心中与生俱来的运动和变形的艺术”就曾让所有看过她跳舞的人震惊，她成长到青春期的时候，出人意料地告诉母亲说她不能，或者说不愿再跳舞了。莫名其妙的
346 腺体疾病的发作很快导致了她的死亡，其间她开始学音乐，最终又放弃了音乐去画画，“仿佛那被拒绝的舞蹈仍然在她身上显现自身，但越来越温柔和谨慎”。[32] 这是个感人的故事，似乎让他担负了一项义务，“给了我内心深处一种压倒一切的责任感”，[33] 舞蹈之为变形的思想，现在他在瓦莱里的《灵魂与舞蹈》中也遇到了，虽然他未能看到这种思想的实现，但它激发了他的想象力。

到 1 月中旬时，他决心让自己过一个“书信大斋节”。他已经写了几百封信，这项惊人的任务只有在他开始“攀爬工作的山脉”之后才告结束。像往常一样，翻译也许能够让他爬上半坡。瓦莱里的《列奥纳多·达·芬奇的方法导论》序言，《欧帕里诺斯》对话录和《灵魂与舞蹈》都是很吸引人的任务，但他觉得必须等待，等到他自己有所进展再开始做这些翻译。重新拾起在巴黎开始，后来不得不中断的彼特拉克的拉丁文书信也会是一项不错的准备工作，从某种角度看，这也延续了以往的工作。苏黎世的施特罗尔一直以来都在给他提供书籍，他迅速地要求施特罗尔给他寄去彼特拉克书信的原文和一本字典，这项“小任务”似乎很有吸引力。[34] 现在，当地的木匠终于送来了先前定做的立式书桌，这是真正的工作所必需的设备，但他还需要有写信的笔。他似乎生来就有信必回，无法忽视一封别人写来的信：1 月 31 日，他才下定决心把这些“莫名其妙的沉重任务”抛在一边，宣布他决定整个 2 月份都把它们搁置起来。因为时光飞逝：“日复一日，我从未意识到我现在能如此迅速地处理完那一大堆书信。”[35]（写给南妮·文德尔利的信当然不算在内：

对他来说，把自己的想法告诉她已经变得像呼吸一样自然。）

山脉之巅和矿井深处都是有表现力的隐喻，传达了他工作所要求的与世隔绝的环境：但坚持不懈地走向目标的看法则远不是那么恰当。在杜伊诺城堡时暴风骤雨似的灵感爆发中，哀歌的写作已经开始，整个系列也有了大概的构想，而如今，整整十年过去了；在巴黎和慕尼黑时，他曾暂时找回灵感；要完成哀歌，必须再次获得灵感。对这种“把囚禁在你之中的一切形象释放出来的内心工作”而言，罗丹的“一直工作”不再是箴言，长期一点一滴地在矿层中寻找黄金，或奋力攀爬山峰之巅，所起的作用似乎都不如突然爆发的“内心的声音”。他能做的一切就是寻找合适的条件，依靠日常的文字工作——书信、阅读笔记、翻译——和希望让自己做好准备。“专心致志非常之难，”他在 2 月 1 日写给尼姬的信中抱怨道，“即便吃饭也是一种干扰，三餐之间的时间似乎太短了，无法完整地做完任何事情……如果有人能用半年的时间吃饭，剩下的半年沉思冥想的话，那就没有注意力经常转移这码事了……”[36]

就在第二天，像在杜伊诺时一样，情况出人意料地发生了转变。灵 347
感突然降临了，但让他感到惊讶的是，他开始写作的不是哀歌的续篇，而是一系列“致俄耳甫斯的十四行诗”，写作过程中，他发现这些诗歌是纪念维拉 · 克诺普的。在三天的时间里，他自由运用传统十四行诗的形式，完成了 25 首的一组诗歌，并在 2 月 7 日给格特鲁德 · 克诺普寄去这些“天赐的”作品的一份誊抄稿。他说，她立刻会明白，为什么她必定会是第一个拥有这组诗的人：因为，虽然只有一首诗是直接为维拉而作的祈祷，但她的灵魂“掌控和驱动”着整个系列的诗歌，已经“越来越多地渗入——即便过程如此神秘，以至于我只是渐渐地才认识到这一点——这种不可抵抗的，于我而言激动万分的创造活动中”。[37] 同一天，他把原稿寄给了施特罗尔，“余温尚在”，“完全不由自主受命记录下来的内心声音”，让他暂时将他的朋友曾给予他许多帮助的翻译工作丢在一旁。[38]

这些十四行诗是在立式书桌前完成的。现在，当他誊写完毕之后，仿佛是为了回应灵感的迫切召唤，第二个书桌送来了，这是知道第一个书桌会延期送达的尼姬预订的。在这个书桌旁，他再次开始写作哀歌。

当天晚上和第二天，第七、第八哀歌完成了——“我在写作时浑然忘我”，他在写给尼姬的一张便笺中说，终于，写下来的不再是书信的材料了。[39] 哀歌和十四行诗来自“同一个源头”[40]，他在 2 月 9 日意识到，另一首十四行诗差不多已经在他脑海中完成了，献给春天的赞美诗，他立马写下来给格特鲁德寄过去，用于替代先前的系列中一首他觉得有点空洞的诗歌。然后，他立刻着手续写 1912 年夏天开始写作的“对立诗节”(Antistrophes)，想用它来组成第五哀歌。下午，他步行去邮局，给尼姬拍了封电报——“第七哀歌大体完成……快乐，奇迹”[41]——返回的路上，第六和第九首的剩余部分奔涌而来，早在杜伊诺和龙达时他就写了这两首哀歌的片断。工作到深夜时，这两首哀歌也完成了。“我亲爱的朋友，”他写信给基彭贝格，

> 许多天以来，我的精神不由自主地服从于灵感的驱使，现在我几乎握不住笔，但在尝试入睡之前，我必须告诉你一些消息：
>
> 我越过了峰顶！
>
> 终于！哀歌有了。今年（或你觉得合适的时候）就能出版。九首长诗，长度和你已知的那些差不多；还有第二部分，我会把它们叫作“片断”……这一切如梦似幻——这些日子我高声叹息，就像我在杜伊诺的那次一样——但即便在那种奋斗之后，我也决不知道这种精神和心灵的风暴会突然降临到我头上！它们会留存下去！……我走出去，就像一头巨兽，在清冷的月光下，轻抚我小小的穆佐城堡，——这些古老的墙壁赐予了我这一切。而杜伊诺城堡，已经被毁坏了。
>
> 整体叫作：
>
> 《杜伊诺哀歌》。
>
> 348 ……而且，我亲爱的朋友，这，是你让我完成了这一切，一直对我如此耐心：十年了！谢谢！你一直信赖我！谢谢！[42]

一个多月前，梅琳娜在写给里尔克的最近一封信中，回忆了一年前他们在日内瓦经历的危机，当时他匆匆忙忙地跑到她身边去。信中她没

有向他透露她又生病了。如果她还心怀渺茫的希望，认为他的反应会和以前一样的话，她就要失望了，因为他甚至没有回信；但现在，他总算给她寄来了他得到救赎的好消息，为此她曾创造诸多条件，没有她的牺牲，这一天就不会到来。席卷他的灵感风暴还在让他颤抖不已，他告诉她："但现在，我得胜了……那压在我肩上最沉重的、最让我感到痛苦的任务完成了，依我看来，是辉煌壮丽地完成了"。[43]

他似乎觉得，"至高的使命"已经完成了——收尾的第十哀歌，他在杜伊诺时就有了最初的灵感，战前他已经写好了一个版本。"哦，尼姬，娇小的胜利女神，永远骄傲地展翅飞翔，你多么平稳地向前飞翔啊，镇定自若，一直如此……胜利！胜利！"现在，他在信中期待风暴之后的平静，期待一些更寻常的事情，"平静的、凡人的任务"：[44]但他的风暴还没结束。2 月 11 日，他几乎完全重写了第十哀歌，除了开头的几句来自杜伊诺时的灵感，于是一封封更欢乐的信寄给了尼姬、玛丽·塔克西斯和莎乐美。

> 终于，侯爵夫人，在这个幸福的、无比幸福的日子里，我可以告诉你——据我所知——哀歌的结果！十首！由于最后这首伟大的诗歌……一直打算将它作为最后一首……我的手还在颤抖！……全部在几天内完成，一场不可思议的风暴，精神上的一场飓风……我体内的每一根纤维，每一个组织都哗啦啦地响。但现在它存在了。是的。它存在。阿门……
>
> 有一首（第八首）我题献给卡斯纳。整个哀歌都是您的，侯爵夫人，怎能不是您的呢！我会把它称作：
>
> 《杜伊诺哀歌》。
>
> 书中（因为我无法将一开始就属于您的东西赠给您）会有这样的话：
>
> ……的财产

他还没有给她寄去新哀歌的抄本，因为他想让她听他第一次朗读它们——“我希望尽快”。[45]

然而，他给尼姬寄去了全部的抄本，补全他先前已经从索里奥寄给她的四首抄在小羊皮纸上的哀歌，这样她那里就应该存有另一份完整的哀歌复本。在寄给露的信中，附有第六、第八和第十哀歌的抄本，可与她已经拥有的那些哀歌放在一起。“想想看！”他写道：[46]

> 总算让我活到了这一天。凭借一切。奇迹。神恩……猜猜看，还有一首诗，靠的另一种联系，就在写哀歌前（在“致俄耳甫斯的十四行诗”中……在风暴之初突然写就……）我写出来了，完成了，那匹马，你知道的，那匹自由而快乐的白色种马，脚上还套着马桩，有一天傍晚，在伏尔加河畔的草地上，向我们飞奔而来——
>
> 如何
>
> 349 我是如何把它写进诗歌，当作献给俄耳甫斯的“还愿物”的！——时间是什么？现在是什么时候？穿过这么多岁月，它带着全然的幸福，朝我飞奔而来，进入我完全敞开的情感……[1]

---

[1] 我该拿什么供奉你，主人，说吧
你这教一切生灵倾听的？——
记忆中一个春日的傍晚，
在俄国：一匹马在靠近……

白色的，从村庄独自跑来，
一只蹄上挂着马桩，
独自度过夜晚，依靠自己：
它多么快乐地甩动鬃毛

在那受阻的猛烈奔跑中，
鬃毛的颤动与高昂的心情多么合拍！
那是怎样的奔涌啊，骏马的血液之泉！

它听从空间的召唤。
它歌唱，聆听——你的循环
在它身上不间断地迅速掠过。
它的形象：接受。

（《致俄耳甫斯的十四行诗》，第一部第 20 首）——原注[47]

> 如今我再次认识了自己。哀歌未完成时，我的心仿佛被截去了一段。如今它们存在。它们存在着……

那几天他就像着了魔，废寝忘食——然而，弗里达后来回忆说，他吃了正常的简单饭食，即便有些不规律。“当穆佐在精神的滔天巨浪中航行时，”他对她温和性情起到的稳定平衡作用心怀感激，因为浪潮还没有消退。2 月 13 日，另一首十四行诗也完成了，加入到整个系列中；接下来的第二天，在“一阵闪光的风暴余波”中，他完成了另一首哀歌，“杂耍艺人一家”，灵感来自赫塔 · 柯尼希的毕加索绘画以及他多年前在巴黎见过的杂耍艺人佩雷 · 罗林一家人。这一天充满“神圣而原始的骚动”。然而，他坚持原先对作品框架的构想，强有力的第十哀歌必须作为最后一首，因此他决定将这首题献给赫塔 · 柯尼希的哀歌插入中间，作为第五哀歌，代替先前的、他觉得不太适合哀歌形式的“对立诗节”。施特罗尔把“俄耳甫斯”组诗的手稿给他寄回来了，于是他开始“进一步组织线索”：在 9 天的时间里，靠着最后爆发的灵感，写作了一组十四行诗，构成《致俄耳甫斯的十四行诗》第二部。现在，他的创造力是那么丰富，允许他在创作出来的作品中精挑细选，他非常高兴地对尼姬说。“我们生活在一个多么有魅力的世界里！……我们真正拥有的唯一事物，就是耐心，但那是怎样的一种资本啊——到了预定的期限，它能产生那么多的利息！”[48] 2 月 23 日，他完成了《致俄耳甫斯的十四行诗》第二部的手稿，总共有 29 首诗歌。

他生活中的裂痕终于得到了修补，“破裂的表面”重新融合在一起。在多年的失意之后，他感觉他再次与自己，与自己的同时代人“步调一
致”了。[49] 哀歌的伟大计划一直困扰着他，对他来说，现在是他毕生工 350
作的颠覆：在伯格城堡的失败已经得到了辉煌的补救，难怪他会对取得的成就感到极度自豪。自从哀歌在杜伊诺城堡初露端倪起，他脑海中就已经有了整个系列的清晰轮廓，从人类状况的局限性开始，以最终肯定人类的地位，尤其是诗人的地位而告终，在“整体”（按照他选择的这个象征）中，经历从赞美“可怕的”天使到颂扬“赞同的”天使的发展

历程。从战争年代起，他一直无法为这个转折点找到合适的表达，哀歌基调发展经历了漫长的阶段，从第二哀歌中本质上负面的重负，尤其是写于 1915 年的第四哀歌中的苦涩语调，到他在杜伊诺完成的第十哀歌开篇诗句中预见到的欢呼——在歌唱中“欣喜地颂扬赞同的天使”。他反复哀悼战争切断的线索，反映出他没有能力让自己的心境返回 1912 年 1 月时的状况。发端于伯格城堡的“童年”哀歌曾让他靠近目标，但这首哀歌缺少他寻找的积极肯定的调子。

只有在穆佐城堡的彻底孤独中，远离一切的干扰，最重要的是远离爱情的干扰，灵感才让他妙笔生花，将他的诗歌基调从哀叹转向赞美——最初不是表现在无处可寻的哀歌中，而是表现在十四行诗意想不到的形式中，在十四行诗中，自足的存在取代了天使，超越了转瞬即逝的人类世界，随处可见的是俄耳甫斯的形象，这位诗歌的至尊神，所有诗人都只是他短暂的变形，正如里尔克很久之前在他关于罗丹的演讲中所言。[50]

无须竖立纪念碑。让玫瑰
每年开放，使我们想起他。
因为那是俄耳甫斯。他的变形
在这里，也在那里。其他名字

不会扰动我们的心绪。永远，
有歌唱时，就有俄耳甫斯。他来来去去。
若他偶尔比玫瑰之碗
多活几日，岂不过分？……

（第一部，第 5 首）

去赞美，仅此而已！受命赞美，
他像矿砂出自石头的沉默。
哦，他的心是人类永恒的葡萄酒

那易朽的驱力……

（第一部，第 7 首）[51]

在伯格城堡里，里尔克曾读过奥维德的《变形记》；现在，在他穆佐城堡的书桌上固定着一张梅琳娜找到的奇马·达科内利亚诺画的俄耳甫斯绘画的复本；俄耳甫斯的神话——他对动物和植物的控制，他下到地狱——尤其适合象征化地表达里尔克关于生死一体，特别是诗人使命 351
的观念。因此，他的十四行诗会从舞蹈和音乐中汲取素材是很自然的，当他写作时，维拉·克诺普的形象会出现在脑海中就更为自然了：

你这消逝者，那无法平息的呼喊
美丽的玩伴。

舞者之初，她的身体，满是犹豫，忽地
停顿，仿佛青铜浇铸了她的青春；
哀悼，倾听。然后，从伟大的造物主那里
音乐注入她转变后的内心。——[52]

十四行诗诉诸感官和高度浓缩的形象，沉思了许多盘踞在他内心的主题和疑问：爱，死亡，童年，植物、动物和无生命之物与人类意识之间的关系，短暂的尘世存在的快乐和不足。不管怎样，俄耳甫斯和诗人使命的主题占有支配地位：赞美创造，赞美千变万化的世界，甚至在悲伤中赞美。一个月前，在一本《马尔特手记》的题献诗中，他写道：

哦，告诉我们，诗人，你是做什么的？
——我赞美。
但那黑暗、致命和毁灭的路途，
你如何承担，如何忍受？
——我赞美。

那无名的，猜不出看不到的，
你如何还能召唤它？
——我赞美……[53]

现在，在十四行诗中：

超越流逝和变化之物，
更自由，更敞阔，
你的序曲余音袅袅，
怀抱诗琴的神。

苦痛超过我们的领悟，
爱情尚未学会，
那用死亡

抹除我们的，也还是秘密。
只有大地上的歌声
在赞美和颂扬。[54]

这种赞美是打开系列哀歌封闭大门的钥匙。他最初构思哀歌时，曾说“超越人类的存在，走向……天使”[55]——“当我从对事物和动物的沉思中回过神来……你瞧！下一个摆在我面前的，就是天使：因此我略
352 过了人类……”[56]但此时，人类并没有就这样被忽略。在“春天”十四行诗欢快的语气中，诗人回忆起在龙达小教堂里的孩子，伴着手鼓和三角铁歌唱——

大地，幸运的休假中的大地，
正在与孩子玩耍。我们渴望
抓住你，幸福的大地。最幸福者将会获胜——[57]

这产生了第七哀歌：歌颂人类的存在——“在此间是荣耀的”——通过他最伟大的艺术作品，诗人坚信人类有可能获得天使的存在强度。

　　碑柱，塔门，狮身人面像，大教堂坚韧不屈的
灰色在日渐破败的陌生城市中高耸而出。

这不是往昔的奇迹吗？哦，天使，奇迹。那就是我们，
我们，哦，伟大的人。告诉他们那就是我们所能做的。
我的呼吸不足以赞美。[58]

现在，通往其他哀歌的大门也敞开了：以一种赋格曲般作曲的方式展开前四首哀歌的主题，但从哀叹人类的局限性和昙花一现——似乎只有早夭者，英雄或者伟大的爱者超越了——进而发展到为他（也即诗人）有能力抵达整体，把“外在性”提升到“绝对”而感到欣喜。与肯定人类存在的第六哀歌相对应的第八哀歌，再次强调了那些局限性：

一切其他的造物用它们纯粹的眼睛
望向开放的领域。但我们的目光，
转向内心，周围是重重陷阱
…………
而我们是旁观者，随时随地，
看着万物，从未摆脱。[59]

而最后写完的第五哀歌，描述了流浪杂耍艺人更为无常的人生，他们是某些未知的“贪得无厌的意志”的玩物，在他们“破烂不堪的毡毯”上聚在一起，暗示人类的终极孤独。[60] 但在第九哀歌中，他回答了这样的问题：“为什么非得有人的存在，既逃避命运，又渴望命运？”我们的存在，“每个人一次，只有一次。一次而已”。但去表达这个大地上的诸物是我们的能耐，也是诗人的使命，

去言说它们，让事物本身
永远想不到它们会有如此致密的存在，

使得物质世界能够转化为不可见的整体：

大地，这不就是你渴望的：无形之中
在我们的内心复活？这不就是你的梦想，
有朝一日化为无形？大地！无形的！
难道，你最迫切的使命不是转化？
大地，我亲爱的，我愿意。

353 服从于这个使命，“去言说和作证”时，诗人 / 人类就摆脱了对死亡的恐惧，而死亡，是大地“神圣的观念”，“那位亲密的朋友”。

看吧，我活着。依靠什么？既非童年，也不是未来，
二者都未损耗……无穷的存在
从我心中喷涌而出——

一个无限的领域，超越时空，在其中存在与非存在合一。[61]

从早年起，里尔克就持有一个观念，即死亡仅仅是生命未被照亮的另一面。现在，同样是出于直觉，他领悟了佛教的观念：外在世界和内心世界只是“同一块布的两面，在这块布上，一切力量、事件、意识形式及其客体的丝线都相互关联，共同编织成一块不可分割的无限之网”[62](现在，原子物理学的量子理论似乎确实表达了这样的观念)。这导致他排斥早期不完整的第十哀歌，那首诗只是哀叹“悲苦之夜”和人类深沉的痛苦，但他摆脱了“可怕的幻觉”，重新写作第十哀歌，在超越浮华世界不完善的生活方式，走向“无穷的存在”的过程中，展现出悲伤和快乐的互补性。

但倘若无尽的死者在我们心中唤醒一个象征，

也许他们会指着裸露的榛子树枝上
悬挂下来的柔荑花序，或者
会唤来春季落在黑暗大地上的雨滴。

而我们，在上升时总是
想着幸福的，每当
有幸福之物坠落，会体验到
几乎压垮我们的情感。[63]

在他的事物体系中，没有给基督教留下位置，“我始终激烈地让自己远离它”。他后来解释说，他的“天使”与基督教天国的天使形象毫无共同之处——不如说与伊斯兰教的天使更有共性：在诗歌中，天使只是象征着将有形之物彻底转化为无形的“现实的更高形式”。[64] 实际上，就在刚写完第十哀歌之际，他就把对基督的拒绝态度付诸笔端，他认为基督是上帝与人之间多余的中间人，从早年起，这就已经成为他的信念，当他在西班牙了解伊斯兰教之后，这种看法变得更为强烈了。他的阐述并非为了出版（因为他从未想过别人把他的个人观点当作榜样和箴言[65]），采用的形式是虚构了一封青年工作者写给维尔哈伦的信，[66] 信中请求这位“此时此地”的诗人以其直接的方式，从现世和感觉的角度让他坚定对上帝的信念，以及他否认基督教鄙视我们尘世的存在，尤其是把性视为罪恶的观点。里尔克反对包括基督教在内的一切现代宗教，
他后来在一封真实的书信中写道，它们只是为死亡提供了安慰，而不是 354
设法与死亡和解，理解死亡。我们需要的是要“不带否定地看待‘死亡’；生命就像月亮，必定有一面永远背向我们，那不是它的对立面，而是它的补充，以让它变得完美无缺，变成真正完整的球体和圆满的存在……生命的话语永远是同时表示肯定和否定的。但死亡……是最终的肯定，只表示肯定……”[67]

值得注意的是，在紧随哀歌完成之后写作的《致俄耳甫斯的十四行诗》第二部中，里尔克最喜欢的是位于中间的第 13 首：

领先于一切离别，仿佛它们
在你身后，恰如刚离去的冬天。
…………
在此，在熵之国度的
消逝者中，
做一只鸣响的杯子，在鸣响时破碎。
去存在——与此同时洞悉
非存在的暗示，
以及你内心感应的无限根基，
于是你能圆满完成它们，仅此一次……[68]

还有，他应该将2月23日最后写的那首诗放在这一系列的最前面：

呼吸，你这无形的诗！
宇宙和我们存在之间
稳定而纯粹的交换。平衡，
在其中我有节奏地生成。

独一无二的波浪，
我是它渐变的海；
一切可能的海中最质朴者——
赢得了时空。

空间中已有多少领域
在我体内。许多风
就像我的孩子。

你，天空，依旧装满曾属于我的领地，
你认识我吗？你，曾经是

我言语的球体，树叶，光滑的外皮。[69]

十四行诗和哀歌具有"同样的本质"，3 年后他在写给他的波兰译者的信中说。"既没有此间也没有彼岸，只有伟大的统一体，其中居住着超越我们的存在者——'诸天使'。"十四行诗自然而然的开端，以及它们与维拉·克诺普早夭之间的关系，把他拽向"那个领域的中心，我们与死者和那些即将到来者，不受缚于任何一边，都分享着它的深度和影响……在那个至高无上的'开放的'世界中，一切都**存在**——不能说 355
是'同时'存在，因为恰恰是时间的终止确定了它们的存在。无论何处的易逝之物都跃入一种深刻的存在。"因此，人不应该将他尘世存在的一切形式视为受时间限制的，因而是转瞬即逝的，而应该视之为通往更高领域的踏脚石。

哀歌显示了我们正在做的工作，将我们珍视的可触可摸之物，持续转化为我们本性的无形振动，这会把新的振动频率引入宇宙的振动领域。(因为宇宙中各种各样的物质只是不同的振动指数，我们以这种方式调制的，不仅仅是精神性质的强度，而是——谁知道呢？——新的物质、金属、星云和恒星。)[70]

在这里，里尔克的话惊人地预见到了物理学的现代观念，即宇宙是"不可分割的能量模式构成的动态网络"，[71] 他关于过去、现在和未来的诗性观念接近了相对论的时空观。也许并非偶然的是，1922 年 4 月初他读了爱因斯坦在巴黎所做的演讲文本，对爱因斯坦的理论没有任何真正理解的他，竟然本能地觉得这些正在起作用的观念有至关重要的价值，可防止我们的时代被后代仅仅谴责为一个消极的、灾难性的时代。他对不懂这些科学发现深感遗憾："也许，对数学和自然科学领域发生的事件一无所知，会让一个人永远无法嗅到在这个世纪变幻无常的气候下成熟的果实那固有的香味。"[72]

这是纯粹的直觉。他在或真实或虚构的书信中，以及后来向译者解释哀歌的“含义”时阐述的理智化观念，都是通过感觉而不是通过逻辑思考或哲学反思获得的。他把2月那了不起的几周的体验描述为一场风暴、一次对精神的服从并非毫无来由。在穆佐城堡的静谧中，灵感简直像突然发作的疾病一样降临到他头上，将他从1915年起就开始寻找的“内心工作”释放出来。

十四行诗和哀歌在一场来自他的回忆和联想的意象洪流中喷涌而出，当时他只是部分意识到它们揭示的哲学观念，仅仅觉得“歌唱就是存在”，以及“这是可言说之物的时刻”。[73]

鸟儿的啼叫多让我们感动……
所有曾经受造者的啼哭。
但即使正在野外玩耍的孩子，
他们的呼喊也超越了真正的呼喊。[1]

呼喊偶然。他们驱使尖叫的楔子
嵌入宇宙空间的
缝隙（鸟儿的啼叫
在其中不受伤害，正如人进入梦境）。

356 哦我们在何处？越来越自由，
宛如挣脱线的风筝，被风扯碎，
我们飞奔到半空，以笑声为界。

歌唱神，命令呼喊者，
如是他们轰然苏醒，恰如气流
承载着头颅和诗琴。[74]

---

[1] 此段中的“啼叫”，“啼哭”，以及“呼喊”，里尔克用的词都是“Schreien”，英文则都是“cry”。

二

烦恼的根源拒绝现身。

（致安东·基彭贝格，1924 年元旦）

收到他的重要消息，莎乐美喜极而泣，她写道：“不仅仅是喜悦，而是某种更强有力的情感，仿佛幕布拉开，突然一切都安静了、确定了，观众满场，演出精彩”。在这项成就之后，她能够在内心描画他了，“仿佛你还在从前的日子里，就像一个神采焕发、心情愉快的男孩：然后希望驱使你向前，你不屈不挠向生活索取的唯一必需之物，如今似乎已经得到了”。他说，他深知她的警示作用会带来这样一种成就：“像这样被抛出去之后，我肯定会落在某个地方——但……倘若能给予我这种耐心，这种持久的忍耐，让我做到这一点，那我就应该能够稍微耐着性子度过那些不太顺利的日子。”[1] 然而目前，在早春的阳光中，二月即将结束，他只觉得精神欢快，过度放松的危险似乎很遥远，因为他忙于抄写刚完成的作品，或完整或部分地抄写，寄给他觉得应该拥有它们的朋友们。

他理所当然应该优先给暂时还无法来看望他的基彭贝格寄一份，2 月 23 日，他给后者寄去了最近的六首哀歌，后者觉得合适的时候可以出版。《致俄耳甫斯的十四行诗》的手稿，他用一个单独的信封寄给了卡塔琳娜，他觉得这一系列诗就像《马利亚生平》一样，是较为次要的作品，交给她判断它是否值得全部或摘录出版。6 月 7 日是一个“伟大的日子”，那天侯爵夫人终于来到了谢尔，他带她去了穆佐城堡，把全部哀歌读给她听，接着，第二天在她贝尔维尤的房间里，他为她完整朗读了《致俄耳甫斯的十四行诗》，这时，他才意识到这两部作品之间的联系多么紧密，“每一部都以其方式拥有和表达了同样的主题”。[2]

对玛丽侯爵夫人而言，这个时刻是难以忘怀的。“隐秘的、狭小低矮的房间，摆着古老的家具，还有鲜花，到处都是鲜花，中间是五朵花瓣的、火焰般的玫瑰……我们走进书房——一间摆满书籍的屋子，让人感觉能够在此专心工作。书房旁边是一个小卧室，以及小礼拜堂……一切看起来都好像是特别为这位诗人设计的。终于，他像往常一样，站在
357 他的书桌前，开始朗读……当他开始朗读（只有他能读得这么精彩）时，我感觉到心跳加速，泪流满面。无法形容这次体验。第二天……他朗读了《致俄耳甫斯的十四行诗》。总共 57 首，没有一首是多余的。每个词语都是珍宝。有些诗句简直会让人的心脏停止跳动……”[3]

在她来访前，他对长期“隐居”之后重新开始与人联系几乎感到焦虑不安：“穆佐式的与世隔绝”，他尚未准备好忍受社交礼仪所要求的礼貌交谈，于是他觉得自己必须小心翼翼地从“工作的乳房上”断奶。[4]他对能够继续待在孤独中深感欣慰，甚至决定拒绝露特在结婚前来看望他，婚礼安排在 5 月 18 日，他尚未打算参加。3 月底，他在苏黎世待了几天，找机会去探望了南妮 · 文德尔利和让 · 施特罗尔，但即便如此，他还是迫不及待地返回了他的避居所。

由于酷爱鲜花，他渴望改善花园的状况，在租赁条款中，花园归劳尼尔一家所有，但他们同意与里尔克分享；于是他开始专注于与弗里达进行具体的讨论——讨论的内容更多是花园，而非厨房，他也和当地的园丁以及南妮 · 文德尔利讨论如何在花园的前面种满直立的灌木玫瑰（standard and bush roses），并找一些攀缘植物种在墙边。关于花园的事，赖因哈特让他放手去做，于是他开始对园丁的工作感到强烈的兴趣。穆佐回响着“是的，但它太嫩了”的叫嚷声，他对南妮说：原来，玫瑰花坛的粪肥成了一个问题——“我不知道为什么，看来我们需要年深日久的粪肥”。[5]多年前，在卢森堡公园见过“法兰西”的花坛之后，他就渴望某天能拥有这样一个属于自己的花坛，“当我老了，坐在它前面，将它转化为言语，这些言语包含有我那时将会知道的一切”。[6]现在他觉

得快乐无比，因为他即将会有“一大片玫瑰，整个地方都是玫瑰，玫瑰奇迹！”

自从 20 年前的韦斯特韦德时期以来，这是他第一次觉得拥有属于自己的四面墙壁，有权打理属于自己的花园。尽管穆佐城堡的未来尚不确定，但他享受着一种居有定所的感觉，以前他从未体验过这种感觉，即便与克拉拉在一起的最初几周也是如此。接二连三的失望之后，他不再梦想有一位安静的爱人，作为他的孤独之保护者，与他一起居住在这样的地方。现在，他 47 岁了，满足于独自一人安顿下来，在弗里达不怎么烦扰人的照顾下生活——即便她的照顾不总是令人满意，远离爱情不可避免地会带来的干扰。梅琳娜回应了他完成哀歌的好消息，但她艰难的生活给她的回应蒙上了一层浓重的阴影，许多星期之后，他才给她回信。她曾写信给南妮 · 文德尔利，谈到她想设法返回瑞士，也许可以给里尔克做同伴，但他在给南妮的信中，相当冷静地评论了梅琳娜这种不切实际的想法。他准备夏天的时候让“穆基”在穆佐——这座亏欠她很多的城堡里住一阵，并且为她孩子们未来的教育竭尽所能，他写信给纪德，请对方帮他安排皮埃尔在巴黎上学；但他对爱情持拒绝态度， 358
显然不打算让它主宰他的生活。慢慢地，梅琳娜几乎变成了来自往昔的一个声音，就像露露 · 阿尔贝－拉扎尔一样。3 月时，露露预感到他身上发生了重要的事情，在 4 年不通音信之后，冒昧写信给他，寄去了她的一些作品的复制品，他以艺术家同道的亲切语气给她回了信。

现在，穆佐城堡已经有其他潜在的买主出现了，虽然苏韦朗上校正在拖延时间，等赖因哈特做出决定，但显然不能拖延太久。4 月，里尔克向赖因哈特汇报了这个消息，审慎地主张他的恩主无须考虑他的意愿，尽管他会很乐于继续住在城堡:“在穆佐城堡庇护下的伟大作品已经完成了，完完整整。”[7] 里尔克期待赖因哈特和南妮一起在复活节来访，但她生病了，延误了时间。直到 4 月 27 日，他们才来到穆佐，在她先前为他预备的留言簿上，他为赖因哈特的到来写了一首合适的诗，献给他的“君主，在 1921—1922 年收获颇丰的冬天结束之际”。[8] 显然，他们鼓动赖因哈特买下穆佐城堡，他返回温特图尔之后，给苏韦朗的最终报价是37500法郎，包括穆佐城堡几乎所有的附属地盘，5月12日，对方接受了这个报价，里尔克一周之后代表赖因哈特在合同上签了字。“现在是你的家了！”上校在信中写道，他一直关心里尔克的利益；[9]而赖因哈特，乐于把穆佐城堡留给里尔克处理，只要他愿意，多长时间都没问题。

整个一生中，诗人都幸运地得到了朋友和保护人们的慷慨帮助，但这次帮助是最重要的，同时也是最恰当的。借款或更常见的资助经常帮助他渡过难关，尤其是来自菲舍尔和卡西雷尔夫妇的资助，但他在处理金钱方面一点都不明智；家族遗产，以及维特根斯坦的捐赠，都已经像风中的糠壳一样消失无踪了；倘若没有基彭贝格谨慎地按月分配他现有的和预期的版税收入，他在经济方面早就垮掉了。经常会有人暂时款待他，但几乎没有合意的，他居住的环境（即便他在巴黎独居时也是如此）最多给他带来相对而言的短暂吸引力，在这类适宜的环境中，他才能创造作品。在慕尼黑艾因米勒大街的公寓看上去曾是通往稳定生活的一步，当时他已经把自己的东西都搬了过去，但那里缺少孤独的环境，而且，与生俱来的对德国的反感加上战争带来的抑郁情绪，扼杀了他住在那里的快乐。穆佐城堡让他第一次有机会拥有一个真正的家和稳定的生活状态，是一件比金钱更好的礼物，因为他无法明智地使用金钱：通货膨胀迅速侵蚀掉他在德国的可观存款之后，他很少有现款在身，但他能够依靠南妮·文德尔利和赖因哈特兄弟的支持，满足日常的需要。而且不可否认的是，城堡主的角色有很大的吸引力——他用租来的轻便马
359 车载着玛丽侯爵夫人，不无自豪地带她参观这片他的哀歌得以在其中完成的领地。

然而，从某种意义上来说，这种转运来得太晚了。无论他之前十年捉襟见肘的生活有多少沉浮，但有一项伟大的任务始终摆在他面前：现在，在任务完成之后的平静中，他丧失了任务给予他的明确目标，无法摆脱一种感觉，即他接受这次稳定生活的机会就像是遭到了欺骗。在极度紧张的2月之后，这种感觉就不可避免地袭来了，身体方面的表现尤为明显，他需要过度的睡眠，而且一直隐约觉得身体不舒服。他再次

深刻地认识到，在一心一意追求艺术的过程中，他拒绝寻找有些诗人在别的职业活动中找到的有益的平衡：马拉美是老师，卡罗萨是医生，这些职业能够缓解取得艺术成就之后的脱瘾症状（withdrawal symptoms）。他开始做一些不怎么费力的工作，3 月和 4 月期间，他翻译了瓦莱里的《蛇之草图》（*Ebauche d'un serpent*），但效法罗丹的榜样不再可能，他带着沮丧的心情迎接即将到来的夏天。

他后来说，他的生活漂泊不定部分是由于他在这种紧张时期之后，乐于接受环境的改变，因为这是休整和为全新的起点做准备的最好方式。[10] 然而，现在他无法让自己离开。侯爵夫人告辞之后，余下的 6 月他在贝尔维尤度过，当时弗里达在休假，因此必须在那里监督花园（起步较晚的花园在炎热的天气中开始变得繁茂）的灌溉是一个合理的借口，可以回绝任何来自更远地方的邀请——哪怕去迈伦也不行。他确实收到了许多邀请——意大利的皮娅 · 瓦尔马拉纳；波希米亚的玛丽 · 多布仁斯基和侯爵夫人；纪德想让他参加“蓬蒂尼会谈”（Entretiens de Pontigny）；尤其诱人的是，普尔彻 - 怀登布鲁克邀请他前往他认为的故乡克恩滕——但他知道在这些地方都不太可能找到他需要的休憩环境，而且他决不能错过基彭贝格夫妇的来访，两人终于安排好在 7 月底前来看望他。有一度他似乎需要前往维也纳，因为他的堂姐伊雷妮的儿子奥斯瓦尔德 · 冯 · 库切拉去世了，后者指定他为遗产继承人。奥斯瓦尔德算是一位朋友，也是里尔克在布拉格的家族中所剩无几的成员之一，虽然他对奥斯瓦尔德的过早离世深感震动，但最终得知不必重回奥地利时，他感到松了一口气。至于德国，罢工事件，动荡的局面，以及越来越多的犯罪，在那里没有一样会让他感到轻松。6 月 24 日，瓦尔特 · 拉特瑙遇刺，这让他内心充满了恐惧：他觉得暗杀毁掉了能够控制德国局面的“最后一个有才智的人”。[11] 这让他更加急于帮助梅琳娜离开柏林去度假，在穆佐城堡她无异于是“回娘家”，在赖因哈特的赞同下，她准备 7 月份来穆佐，把皮埃尔留在柏林，但安排巴尔图斯住在贝 360
阿滕贝格的度假居所里。她没有忘记带上她的画笔，他写道：“你必须成为瓦莱的画家……多么辉煌啊！——那温柔的阴影，这个国度纯净的

‘特质’……但我说给谁听呢！”[12]

7月21日，基彭贝格夫妇到达贝尔维尤时，梅琳娜刚在楼上匆匆装修好的客房安顿下来。里尔克在给南妮的信中说，基彭贝格夫妇每天都来穆佐城堡，在他们短暂停留的时间里，大家相处得很和睦，基彭贝格非常喜欢她（在他的迫切请求下）寄来的上好雪茄，其程度几乎超过了他对哀歌朗诵的享受。他们商定了六卷《文集》的内容；只要德国日渐困难的情况允许，他们就会尽快出版哀歌和十四行诗；他单独给卡塔琳娜朗诵了十四行诗，他们在谢尔上火车的时候，他把写上献词的十四行诗手稿塞到她手中；他们还随身带走了“C.W. 伯爵的文学遗稿”第二部分的手稿。基彭贝格夫妇的这次来访，里尔克觉得再满意不过了。

他原打算让梅琳娜至少在夏季的一段时间中住在穆佐城堡：然而，一旦她住进来，再搬走就显得特别困难了，他再次为她的麻烦感到担忧。自从在日内瓦度过的那段更快乐的时光以来，她发生了巨大的变化，让他感到震惊。柏林越来越混乱，物价飙升，她想依靠艺术生活的努力付诸流水，最重要的是看上去她不可能实现自己的梦想，返回巴黎或某个法语的环境生活，这些都让她濒临绝望。维尔纳·赖因哈特出人意料地给里尔克寄来了一大笔钱，这将他从昏睡中唤醒了：从捷克公使馆那里听说他的财物也许最终会交还给他时，他开始考虑稍后去巴黎游访，目前他决定与梅琳娜一起外出短暂休假，与在贝阿滕贝格的巴尔图斯会合。9月初，他们返回穆佐城堡时，梅琳娜看起来轻松多了，但他还尚未完全摆脱身体不适的感觉——而且，现在又有新的麻烦等着他了。长期独立打理穆佐城堡的弗里达开始同意另一个女人住在这里，但后来她觉得梅琳娜总是不公正地批评她，因此请求告假一个月，借口巴尔斯塔的家中需要她。[13]10月期间聘用的替代人选并不令人满意，还没待满弗里达一个月的考验期就被解聘了。因此，正当他下定决心时，对另一个多产之冬的期待看来是要化为泡影了。

梅琳娜继续待在穆佐期间，日常运转能够得到保证，但现在他最不愿意的，就是与她分享穆佐城堡。“对我来说，**孤独**是**唯一**合适之物，”他写信对南妮说，“其他一切我都无法接受，几小时或几天没问题，但绝不能再持续这么长时间……要是穆佐仅仅是另一个住处——比如说像伯格城堡那样——就好了，在那里人们能够互不来往，也不会对它抱有太强的目的；穆佐就像只为一个人准备的模具，有两个人就太多了，于 361
是（尤其是不再可能去户外活动时）结果形成的当然是一件不像样的铸件！”[14] 虽然他同情和理解梅琳娜的处境，但他发现与她一起生活让人神经紧张，难以忍受。11 月期间，他开始劝弗里达回来，同时竭尽全力为梅琳娜寻找资助，好让她离开穆佐城堡。他成功地让格奥尔格·赖因哈特关注梅琳娜孩子们的未来，11 月 29 日，当梅琳娜不情愿地离开，与巴尔图斯一起去柏林时，赖因哈特坚定地承诺会给予她帮助。最后，赖因哈特为接下来的 12 个月给了里尔克 3000 瑞士法郎，请他以恰当的分期交付方式转交给她，用以帮助梅琳娜的整个家庭，但主要还是为孩子们的教育着想。现在，由于德国急剧的通货膨胀，对她而言这个安排可谓是恩赐，而里尔克的良心相应地也感到释然，他终于能够独自度过冬天，“我的孤独那美丽的道路”。[15]

10 月期间，看起来处境不妙时，他立刻后悔自己和梅琳娜没有想着将维尔纳·赖因哈特慷慨的礼物用作更好的目的。既然他的“主要工作已经完成”，这不是他们俩赌赌运气，立刻返回法国的时机吗？无论如何，她会找到立足的方法；在纪德也许还有瓦莱里的帮助下，他能够查探一下再次定居巴黎的可能性。现在说这些都已太迟了，但他从未有一天放弃去巴黎的想法，奥斯瓦尔德·冯·库切拉遗产结算完毕之后，也许能够提供他去巴黎的资金。与此同时，他为穆佐城堡的花费担忧，南妮一直在为他支付家用开支，而维尔纳，必要的修缮工作已经花了他不少钱，但他们都认为他的担忧没有必要，向他保证没有什么会妨碍他在穆佐城堡过冬。

与之前灵感爆发时相比，他现在的工作无非是在原地踏步，是“两段工作时期之间不可避免的停顿”。[16] 除了处理通信与哀歌和十四行诗的校样——他已经收到了哀歌的校样，充满大量令人沮丧的错误——之外，他打算集中精力翻译，这些翻译作品将会构成文集最终内容的一部分。现在虽然没有工作的群峰摆在面前，但还是有一座山峰等待他去征服，不那么高，但对他来说也许同样很重要，那就是翻译瓦莱里的作品。12 月初，穆佐下雪了，日常生活进程恢复了“平稳和安静”，他立马着手工作，到 2 月份，他已经差不多翻译完了《幻魅集》——“所有的诗都令人感到惊奇，我想我可以说我的工作很成功，令人满意”。[17] 正如他先前的翻译——《葡萄牙十四行诗集》，纪德的《浪子回家》，介朗的“半人马”，米开朗琪罗的十四行诗集，他的瓦莱里译本是里尔克式的再创造，而不是忠实地将原文翻译成德文。就这些“辉煌的顶点”而言，他觉得自己从未掌握如此精确的一种转化方式，为自己保持了同
362 样的诗歌的外在形式感到自豪：然而他选用的意象通常有微妙的差别，有时思想也有巧妙的变化，结果形成的是一首有其自身优点的德语诗，而不是严格意义上的翻译——“仿佛用管风琴演奏为羽管键琴谱的曲”。[18] 也许这就是相比创作自己的作品，他在这种翻译工作中也能找到同样多乐趣的原因，与此同时他觉得自己完成了一件可与原作媲美的杰作，并继续认为瓦莱里——他更重理智的诗歌实际上与里尔克的诗迥然不同——是“我同时代诗人中风格与我最接近的人”。[19]

这确实是一项任务，帮助他度过了一个糟糕的、心神不宁的冬天。接下来，他过着安静而稳定的日子，每天的工作就是写信、翻译和阅读。他并没有真的生病，但仍觉得莫名其妙地不舒服，圣诞节之后的几天，他只靠喝汤来维持生命。有时他需要睡十个小时，甚至十二个小时，其他时候则深受失眠之苦。任何额外的努力似乎都会让腹腔神经丛变得极度敏感，腹腔神经丛位于心口，他几乎赋予它神秘的意义——“我们通往可见世界和无形世界的中心点”。他在给朋友们的信中，抱怨和猜测他那莫名其妙的身体不适，他和朋友们都认为这是去年精疲力竭的努力的延迟反应，他努力去无视这种身体上的不适感。完成这件“伟大的作品”之后，正如当初完成《马尔特手记》之后，他告诉卡塔琳娜·基彭贝格，他站在一个崭新的起点上：“新的勇气，新的绝望……哦，无止境的见习！”[20]

在圣诞节寄出首批《哀歌》样书的希望落空了：新年前夕午夜，他发现自己的桌子上仍然摆满第二校的校样，可能要到夏天才能出首个

限量版。然而，12 月这一期的《岛船》(*Inselschiff*) 附有他的第四哀歌手稿的传真图片，而 1923 年的《岛屿年鉴》则刊登了几首他早前的诗，包括“在心之悬崖上”和 C.W. 伯爵的“卡纳克神庙”。他在购买书籍方面用度很大，尽管这意味着要厚颜求助于穆佐城堡的资金或依靠南妮·文德尔利的慷慨：在他广泛的阅读中，他逐渐转向阅读法语书籍。先前在《法兰西墨丘利》任职的保尔·莫里斯如今在苏黎世开了一家法语书店，他与里尔克建立了牢固的友谊，这尤其是因为他与瓦莱里的关系。他持续不断地收到里尔克的订单，订购最新的出版物——罗曼、拉尔博、科莱特、雅卢的作品，都是刚出版的“绿皮丛书”，还有文学杂志和新译的屠格涅夫、陀思妥耶夫斯基，甚至切斯特顿。《新法兰西评论》1 月专号刊载了普鲁斯特，从普鲁斯特的作品首次出现时起，他就怀着倾慕之情密切关注，甚至一直阅读到凌晨两点，带着同时代人的成就给他带来的启示，他坚定不移地献身于内心的召唤。

> 在社交世界的这种自我消耗，毫无抱负可言，近于势利，但对
> 此做出了挽救的，是这种处处寻找纯粹有力之物的追求——接下来
> 这种带有单一目标的追求逐渐占据了他的一生，掌控了一切，甚至
> 掌控了疾病。最终他迎来了死亡，拒绝一切药物，即便是在他临死 363
> 的痛苦中，他还改进了对临死之痛苦的描述，“完”（“Fin”）字已
> 经写在了最后一页上。

“这是在莱茵河的一边，”他写信对南妮说，“在另一边，对霍普特曼的吹捧持续了几个月……一个人需要做出选择。”这种对比强调了他长期以来对德国的反感，现在，当他在报纸上看到德国的政治和经济正在发展，而欧洲陷入危机时，他的反感几乎变成了憎恨。他并不为法国占领鲁尔区和莱茵兰辩护，但将最初的过错归咎于德国人——不是一个民族，而是一群乌合之众，心甘情愿地受妄自尊大的“思想”驱使；“充满邪恶本能的一个联盟”，在他们涉及真正的理智的价值观念时情况更为糟糕；没有尊严和镇定的品质，只有在受利益吸引时，才表现出

共同的感情。“德国人的上帝”：过去是威廉二世手下的军官，而现在，似乎也比埃伯特矮半截。1919 年德国错过了做出改变的恰当时机：现在似乎是没有希望了。“实际上，我无比强烈地反对这个‘帝国’……希望瑞士能够保护我，直到我在遥远的他乡找到一处避难所，或者以个人隐居的方式消失在巴黎，做一个捷克公民，能在码头上和卢森堡公园里漫步，永远不会撞到政治的警钟。”[21]

他对德国的反感使得他几乎因不得不使用德语而感到羞愧——“我的语言在名义上源自那里，看起来属于那里，如果我不知道语言的生命和律动离这一切多么遥远，这几乎会击垮我，让我缄口无言”——他不无严肃地谈到要重新开始学他在北非之旅时沉迷其中的阿拉伯语。“如果在十年后，我完成了一本书，那岛屿就要考虑采用阿拉伯语来印刷了……”[22] 德语不够精确，他的所有作品一直在与这种不精确性对抗，因为“他是一个诗人，厌恶不精确的语言”。[23] 不仅如此，他还发现相比法语，德语的词汇很贫乏。纪德回忆起 1914 年里尔克如何向他谈起在德语中没有“手掌”（palm of the hand）的贴切表达：德语最多能表达“手面”（hand surface），或其背面，也即手背（der Handrücken），仿佛德语偏爱粗糙的、冷冰冰的外部，而不是“温暖的、亲切的、温柔的内部，手掌（la paume），人全部的神秘都蕴藏在其中！”在纪德的格林词典副本中，他找到了 Handteller 这个词，也即“手板”（plate of the hand）——“但伸出去接受施舍的正是手掌，它起到了碗的作用！我们语言的缺陷揭露了怎样的秘密啊！”[24] 他从埃托瓦联系维尔德拉克，讨论如何修正《米楚》序言时，他把法语比作“一棵几个世纪以来成熟的美丽的葡萄藤”，根据明确的法则向前发展：一种清晰可靠的语言，他自己的语言远没有达到这一点。[25]

法国及其语言和文学，如今在他关于欧洲的阴郁印象中投下了一线
364 光明。1 月，他写信给莎乐美，说他在这里安居下来了，看看政治之外的领域是否会有潜在的发展迹象，尤其是在法国。“我不知道你是否关注普鲁斯特，他有巨大的影响力——但不只是他的影响力会带来改变，其他人，更年轻的人们，正在发挥同样的作用。”[26] 其时，他很高兴地

听说，有一位年轻的法国阿尔萨斯地区的作家贝茨·莫里斯，正在节译《马尔特手记》，打算在巴黎出版，于是他请梅琳娜给他画一张素描，放在他第一部翻译成法语以书的形式出现的作品中。凑巧的是，贝茨认识克莱尔·戈尔，前者关于里尔克的消息促使她写信给他，打破了他们之间三年的沉默，并给他寄去她最近的作品。重要的是这封信让他想起了那段短暂但热烈的情事，竟然激发了他的灵感，但他写下的诗歌并不是德语，而是法语，匆匆写在她的信封背面：

啊我，轮到我了
如果我读懂了你，莉莉安娜，
那无疑是依靠爱，
我的存在日夜
自我欺骗的爱，
而我，因一滴透明的水滴
感到不安。[27]

3 月初，他告诉基彭贝格他的翻译书稿完成了。他还准备好改变一下他与世隔绝的隐居生活，发现许多即将来访的客人比平时受欢迎多了。穆佐城堡的客房满足不了需要，他多半安排来客住在谢尔，与客人一起饮茶或偶尔共进晚餐（对此弗里达现在比以前有信心多了）时，南妮·文德尔利过去几个月中提供的银器、玻璃制品和瓷器的摆放都经过他的仔细监督，给烛光摇曳的桌子增光添彩。他感到特别高兴的是，能够用几个瑞士法郎给雷吉娜·乌尔曼和埃伦·德尔普买火车票，让他们来日内瓦游览，当时由于通货膨胀，他们的德国马克不够支付这段额外旅程的费用。对他来说，复活节是一个真正的节日，不仅由于《致俄尔甫斯的十四行诗》的第一批样书到了，还因为有维尔纳·赖因哈特和两位朋友——艺术家冯·弗赖霍尔德和一位年轻的澳大利亚小提琴艺术名家阿尔玛·穆迪——前来拜访他。这次维尔纳看来“真正地住进来了，很关注穆佐城堡（它完全经得住考验）的状况”，里尔克写信对南妮说。

阿尔玛·穆迪演奏的巴赫给这座古屋施了“音乐的伟大洗礼”——“它和《致俄尔甫斯的十四行诗》就像演奏同一声部的两根弦”。[28]

复活节后将会返家的弗里达，已经在训练她的替代者了，里尔克在节日里没有忘记她。复活节那天，她收到复活节兔子寄来的一张小卡片，宣布他打算把蛋产在“一顶新的夏日遮阳帽”中：“因为他落伍了，
365 无法跟上现今的潮流，署名者恳求立即帮助他挑选这个产蛋篮”。[29]她的告别礼物是一瓶昂贵的香水，非常吸引人，以至于她说不能给妹妹罗莎看到，后者肯定会垂涎于它——4月6日，他送她离开时，她发现他为罗莎买了一瓶一模一样的香水。[30]

5月，玛丽·多布仁斯基在谢尔待了两周，经常来穆佐作客，里尔克与她一起去看了附近的一座小城堡，她考虑租下来长期居住。这座城堡属于谢尔的一位医生，其夫人让娜·德·塞皮布斯带他们参观了城堡，随后他们在贝尔维尤请她喝茶。她不了解德国，对里尔克的声誉一无所知，但为他的殷勤和魅力深为着迷。他们结下了坚固的友谊，里尔克经常给她带去玫瑰，在她花园中的胡桃树下安静地待几个小时，离开穆佐的时候会写信给她。两年后，她鼓起勇气问他——因为她曾听说他是一个伟大的诗人——是否能用法语给她写一首诗，或许能够以她的胡桃树为题。他微笑道，他通常并不奉命作诗，但会尽力而为：不久后，他邀请她去穆佐用餐，她发现她的餐碟旁有认真手书的一首诗“胡桃树”，餐巾上还放有一枝玫瑰：

……树也许
从内部思考：
古老的树主
在众树仆之间！

树自我控制
慢慢赋予自身
形式，以消除

风的危险：

满是质朴的力量
你淡淡的阴影给了我们
一片解暑的树叶
和持久的果实。

她活到高龄，晚年时回忆说，认识里尔克是“我生命中最美妙的事”。[31]

5月末，侯爵夫人抵达谢尔，这次住一周时间，用汽车载着里尔克逛了逛。令人失望的是《哀歌》还未出版，尚不能赠送给她，但至少他可以给她朗读翻译的瓦莱里，这本译作他已经做好了第一个校正本，送给了瓦莱里，他给她的版本带有她向维尔纳·赖因哈特索要的引言。此时，基彭贝格找到一个办法，通过一个瑞士账户给他提供了一些法郎。稍微增多的零用钱让里尔克在夏季能够不时离开穆佐城堡，前往苏黎世、格里芬湖、图恩湖、韦威和维伦纽夫，以及伯尔尼，期间不总是依靠朋友们的殷勤和汽车。尤其让人高兴的是能够逃离弗里达的替代者那难以下咽的饭菜，她做的调制品他通常一点都不吃，秋天时他解雇了 366
她，尽管当时弗里达的回归还不确定。先前他在巴黎的文件终于“物归原主”了，目前前往巴黎依然是他的梦想。7月，他再次邀请梅琳娜前来，这次他决心让她独自在穆佐城堡长时间居住：现在他们能够一起平静地谈论她的烦恼了，“我们现在就像老朋友”，[32] 他还像以往一样努力争取她的利益，但得到了他需要的距离。

尽管访客和外出游览给他带来消遣，但他身体上的不适持久未消，还变严重了。显然腹部有哪里出了问题，他体重降得很快，虽然他总认为自己的身体应该能够自行痊愈，但现在他显然必须寻求医生的帮助。8月底，他去了舍内克的一家疗养院，在卢塞恩湖畔，那里的主治医师（“显然是由于他的儿媳妇是我的忠诚读者”）坚持要做检查，并亲自给他按摩治疗。他发现相当滑稽的是“让一个老先生每天早晨一脸凝重地用双手跑遍我的身体，就像一场马戏表演”：[33] 但听说有肠痉挛的一些明显迹象时，他颇感安慰，即便还不清楚病因，即便在他逗留的一个月期间进行的热水浴、按摩和电疗似乎都没有起到治疗效果。

他在卢塞恩待了几天，随后与圭多·冯·萨利斯待在一起，后者现在定居在格劳宾登的马兰斯。他原希望这会起到后续的治疗效果，但并没有作用。他想到去更远的地方旅行——也许去巴黎，或意大利——但很快就放弃了：在他目前的状况下，唯一的可能性似乎是返回穆佐城堡过冬。但他不急着回去，等到梅琳娜监督工人把城堡重新装修完毕，并且得知弗里达是否返回（他再次提出了请求）穆佐时再说，虽然她有一些缺点，但比找一个新的女管家好得多。11 月，有南妮·文德尔利的迈伦是一处庇护所，他与她一起待了 3 周，接着在伯尔尼暂住了几天，月底返回穆佐城堡时，一切都安排好了。南妮在烹饪方面对弗里达进行了短期培训，让她能够做一些他需要的病号伙食，之后她在 11 月初回到了穆佐城堡。梅琳娜已经拟定了计划：多亏纪德的努力，以及格奥尔格·赖因哈特提供的资金帮助，皮埃尔终于能去巴黎了，他希望在那里闯出一片天地，而她在 11 月 20 日离开穆佐，前往比阿滕贝格，与巴尔图斯一起过冬。

她打算留给他孤独，接受自己扮演的新角色，但是，当弗里达在某个清晨给一位着装优雅、浓妆艳抹、要求见里尔克的女人应门时，她的想法严重动摇了。这是露露·阿尔贝－拉扎尔，她在法国到意大利的途中在谢尔暂作停留。梅琳娜的答复是他不能见她，但弗里达警告说，
367 在门口站着等待的访客看起来快要晕过去了。梅琳娜心软了，叫来了里尔克，自己与弗里达一起去了厨房。他尽力应付了这次意外的、幸好很短暂的来访——给露露选读了哀歌，当然，还送了她一份有签名的副本。[34]

他稳定的生活环境——相比之下，德国一片混乱，那里的通货膨胀现在到了闻所未闻的程度——让他对家人更为同情。6 月，得知露特怀了第一个孩子时，他用 48 瑞士法郎兑换成 100 万马克（尽管他无法设想这笔数额夸张的钱究竟有多大的实际价值）给她寄了过去；11 月，克里斯蒂娜出生之后，他给她和露特每人准备了一份礼物，类似于圣诞礼

物。他早先对克拉拉的苛刻态度已经缓和了。他赞同基彭贝格的提议，用自己账户中的存款增加对她的帮助，并因她对哀歌的赞赏而深受感动。他们之间依旧有隔阂，但相比多年以来的情况，他们的关系亲切多了。

他感谢穆佐城堡在又一个冬天里给予他庇护，希望熟悉的环境会让他恢复过来。但他仍然把穆佐视作临时的居所，期待有朝一日能够返回法国居住，在巴黎，或在普罗旺斯。他在里昂信贷银行的账户畅通，即便其中只剩下 100 法郎，但似乎是未来定居法国的象征，捷克斯洛伐克的公民已经不再需要签证——“如果我某天心血来潮，需要做的就是跳上一辆火车！”然而目前，在瑞士舒心地漫游几个月之后，他只能回顾那已经完全“失去的夏天”，并期待另一个敷衍度日的冬天。[35] 这种潜伏的不适继续困扰着他，他甚至没有心情重新拾起习惯的、预备性质的日常通信工作。尽管他很高兴能在圣诞节时将《哀歌》和《十四行诗》的样书分送给朋友们，但他心神不宁，觉得自己的身体出了问题，将会阻碍他希望接下来去做的工作。他设法相信哀歌的辉煌成就对他而言是一种复原，[36] 但那种巨大成就在身体方面付出的代价逐渐让成就本身带来的满足感黯然失色。

12 月时，他感觉非常糟糕，圣诞节后他绝望地给格奥尔格 · 赖因哈特拍了电报，请赖因哈特给他写一封推荐信，去蒙特勒上方的格里昂的瓦尔蒙诊所找一位医生诊治。12 月 28 日，他获准进入那里，花了 3 周时间接受观察，像在舍内克一样，医生给他做了一些无须诊断就可以进行的例行治疗，1 月，X 光诊断未发现任何明显的问题。瓦尔蒙是一个奢华的医疗机构，给予每个人最大限度的关注，相应地，费用也不菲。里尔克对基彭贝格能够为他提供瑞士法郎资金感到高兴，觉得自己得到了最好的待遇，赖因哈特的医生埃梅利在他令人困惑的病症上投入了大量时间。他的体重增加了一些，身体状况“客观地”得到了改善。然 368
而，情况依旧，1 月 20 日回到穆佐城堡时，他觉得自己的健康并没有真的好转，唯一的益处是他坚信埃梅利是一位有同情心的、可靠的健康顾问，他肯定自己还会需要他的帮助。

可以理解，医生早已习惯了富有的忧郁症患者的抱怨，在没有发现确实的身体症状时，还无法意识到他在12月份经历的危机有多严重。在一次突然的发作中，迄今的不适感变成了一种深入骨髓的残酷打击，如此强有力，以至于让他深感恐惧。他无法解释这种隐秘的猛然袭击：但它以某种方式损害了他内在的信心。以前，即便在他经历的最糟糕时刻，这种信心也总是不可动摇的，它与身体共同构成绝对的、永远完整的统一体，这是他艺术的源泉。当时，他感受到一种无名的恐惧，害怕身体的缺点会摧毁这个统一体，他本性中已经有了裂缝，也许永远无法修复。“我的身体在我心灵和精神的快乐中占有很大的分量，与热情、狂喜和我存在的激情联系在一起，对我来说，继续保持‘自我’，就要保证那奇异的乐器不会突然走调……”埃梅利也许是“他本性的阐释者”（他以前从未想过自己需要这样一位阐释者）——但变成“病人”的前景令人无法忍受。躺在疗养院，他觉得仿佛变换到“生命的另一个层面”，他写信对南妮·文德尔利说，“也许变成了患不治之症的一分子，那些不再到场的人”。[37] 屈服于现状将会让他的生活完全变样，非常像他在1915年被迫穿上军装时的情况。虽然他知道身体的某个地方在根本上出了问题——的确如此——但他还是决定战胜它，保持自我，绝不退缩。除了南妮以外，他没有向任何人透露那重创他的恐惧。其他人只听说“他生活中不怎么好的篇章”已经打开了，但他必须“阅读和理解”它们[38]——他如何觉得自己就像一粒落在石头地面上的种子，他如何试图重获身体和心灵的必要统一[39]——没有特别提及他又一次发作的周期性抑郁症。

埃梅利赞同他去巴黎游览的想法，事实上建议他彻底改变一下环境；但他觉得目前这对他的饮食而言太冒险了，医生大概没有意识到穆佐城堡“极端的孤独”对他而言有多重要，“即便现在它主要的目标已经达到了”。[40] 冬天剩下的日子，不管怎样，他会继续熟悉的日常工作：意外的是，结果颇有成效。整个2月和3月，几乎每天他都有诗歌出自笔端——通常是应景的诗歌，或者是他寄出的《哀歌》和《十四行诗》的题献诗，但在其中也有颇为重要的作品，如在2月份完成的

“厄洛斯”：

面具！面具！炫目的爱神！ 369
谁能忍受他闪耀的脸，
当他像夏至一样
打破春日的序曲？

交谈多么微妙地
发生了变化，严肃的……一声呼喊……
他抛出那无名的震颤
就像昏暗的神庙，环绕着他们。

失去了，失去了！哦瞬间的毁灭！
在短暂的神性中，他们紧贴对方。
生活转变，而命运开始了她的使命。
在内心一眼泉水在哭泣。[41]

然而，他更强烈的冲动是运用他的第二语言进行创作，笔记本中的大部分内容都是法语诗。他越来越喜欢用法语截然不同的表达方式，去表达他已经用德语抒写过的主题，喜欢用法语的暗示力量去表达他在穆佐的环境中想到的主题。有一些词语让他着迷——例如“果园”（“verger”），德语中没有哪个词语会让人产生同样的联想，再如瓦莱里的“缺席”（“absence”）——他发现这门简明清晰的语言带他走上了其他的道路。他用法语写了一首“厄洛斯”——就在德语的同名诗歌完成的同时——这首法语诗更具体，在读者心中唤起的形象也截然不同：

那儿，葡萄藤下，树叶中间
轮到我们猜测：
它乡野孩子般纯朴的前额，

和古老残缺的嘴……

它前面的葡萄串变得沉重
像是因其重负而疲累，
有一瞬间我们轻轻触及
这个迷惑人的幸福夏日的恐惧。
………………
……你，冷漠而骄傲，
侮辱口舌，又颂扬言语，
对着一片未知的天空……
你毁伤生命，靠的是将生命
置入它们只是碎片的终极的无。[42]

也许，他只付出一半的努力在工作，正如他在3月份写给多里·冯·德尔·米尔的信中所言，但结果仍然让他很满意。[43]他已经给瓦莱里寄去翻译的誊清稿，听说可能有机会在瓦莱里去意大利的途中与他见面时，他冒昧在稿子的后面附上了一首他的法语诗歌，“就在收到你的信时得到的灵感”，[44]这是以“果园”为主题的一系列诗歌的第一首：

370 如果我冒昧地写信给你，
借用的语言，是为了运用
这个质朴的名字，那多年来
折磨着我的唯一帝国：果园。
…………
光亮的名字隐藏着古老的春天，
丰富而又透明
它对称的音节
让一切加倍并变得丰富。[45]

瓦莱里称赞说这些诗歌有着“奇异的优雅”，“让我对你纯粹而深刻的诗歌有了直接的、极为深刻的印象”，[46] 里尔克相信他的诗歌天赋能够以不同的形式和韵律，在法语中得到表达，瓦莱里的赞扬对他来说是一个巨大的鼓励。

“根本上而言，人应该用所有语言去写作，”战争期间他曾说——这与他的“非爱国主义”是相辅相成的，非爱国主义者应该“欢快而肯定地承认自己属于全世界”[47]——他曾多次亲自尝试用法语、俄语，甚至意大利语去写作，虽然并不幻想结果能够比得上他用母语写作的作品。他以往只在转瞬即逝的灵感的刺激下，偶尔尝试用法语写作，即便在巴黎也是。现在，他第一次觉得有一种“主动去服从这门可敬的语言”的冲动，[48] 法语诗歌源源不断地创作出来，他发现自己的诗歌创作恢复了活力，在他的余生中，他的法语诗与德语诗通常齐头并进。他很可能是觉得，正如鲍里斯 · 帕斯捷尔纳克后来猜测的，他在德语中已经到达了抽象的极限，无法返回那些“起步的细节，缺少这些，艺术家的语词无法浮现出来——在法语中，他能够再次成为一个初学者”。[49]

他把这些法语诗歌称作伟大作品的“过剩物”，它们帮助他度过了那些仍然不时折磨着他的糟糕的时光。4 月 6 日，瓦莱里来到穆佐城堡，待了几个小时——古老的塔楼上升起了法国国旗，后来还种了一棵柳树，为了纪念这个对里尔克来说意义重大的时刻——他想到在这种孤独中，在令人伤感的景色之间，在“过度的安静”中度过冗长的冬季，就感到震惊。他本能地感觉到这种“骇人的平静”会多么有益于里尔克的艺术：但他为里尔克感到担心，他在下一年写道，“在这种过于单调的透明中日复一日过着完全相同的日子，让人清晰地瞥见了死亡的影子。”[50]

然而，这个冬季和春季，里尔克根本算不上是彻底的隐居。现在，穆佐城堡的主人经常去邻居让娜 · 德 · 塞皮布斯那里，与她一起喝茶；在瑞士的更远处的朋友们也会前来拜访；晚春入夏之际，瓦莱里的来访成了其他人前来拜访的前奏。当时还是学生的让 · 鲁道夫 · 冯 · 萨利斯，后来回忆起他的东道主那“自然的笑声”，当他朗诵翻译的瓦莱里诗歌时，周围回响着他洪亮的男中音——给人的印象是他具有“崇高的艺术 371

风范”。“这儿站着的，不只是一个诗人，还是一个男人……带有男性的严格。”[51] 复活节，瑞士国旗升起来了，标志着维尔纳·赖因哈特的到来，他再次带来了阿尔玛·穆迪，以及奥地利作曲家恩斯特·克热内克；4 月底，基彭贝格夫妇再次来谢尔小住几天，讨论出版翻译作品的可能性。5 月期间，克拉拉和她的弟弟赫尔穆特在穆佐城堡住了一周。这是里尔克在战争结束后第一次与妻子见面，也是他们最后一次见面——他们各自道路的一次短暂交汇，然而他现在奇妙地感到满意，带她看他选择的生活环境，玫瑰绽放的花园，听她谈论露特和小克里斯蒂娜，“做外祖父的艺术中所谓的初级课程。但我几乎没有天赋”。[52] 他安排他们在回程的旅途中与南妮·文德尔利住在一起，他为此支付了费用，两个女人都告诉他说她们很快就成了朋友，他感到很满意。

对他而言，这是一次不带感情的见面，相互交流老朋友们之间的消息和回忆而已。他在与梅琳娜的关系中也获得了类似的超然态度。南妮·文德尔利曾担心，如果梅琳娜返回穆佐城堡，会对他造成影响，但他让她放心，说他们谁都没有考虑任何诸如此类的返回。“梅琳娜是这类人中的一员：他们曾经在某个柜台收到一笔款项，就会不停地返回那里，即便柜台人员保证说，没有任何东西存入他们的名下。”现在，他竭尽全力帮助她，她终于在 5 月份出发去了巴黎，巴尔图斯已经先去了那里，他只能希望她在漂泊日久之后，能够在那里找到平静。[53] 虽然她的书信仍不时泄露她的绝望情绪，但现在他们的通信逐渐建立在更安全的文学和艺术的地基上。讽刺的是，在获得稳定的孤独生活，以及他先前难得拥有的情感独立之后，他竟然发现它们被顽固的疾病破坏殆尽。

玛丽侯爵夫人这一年的旅行计划不包括穆佐城堡：如今她 70 岁了，有人劝她去巴特拉格斯休养治疗。里尔克当年从索里奥返程时，路过的考究的老式温泉疗养地吸引了他，因此他打算去那里与她会合，希望环境的变化能给他带来好处。不管怎样，他手头还算宽裕，这多亏了马克的升值和基彭贝格进一步的汇款，此外，赖因哈特慷慨解囊，在“这位忠诚的管家的旅行和度假账户”中存入了一笔资金。这给了他“行动的自由，无须照管城堡，几个世纪以来，一位管家很少能够享受到这种待遇”，他心怀感激地写道，尽管他坦承自己离开穆佐城堡清新的夏日环境时，会带着一丝遗憾。[54] 他先与南妮·文德尔利一起乘着汽车悠闲地旅行，穿过沃州、纳沙泰尔和伯尔尼，借此机会在瓦尔蒙找埃梅利医生诊治，最后于 6 月 18 日抵达拉格斯。

第一次世界大战以来，随着汽车和大量盎格鲁－撒克逊客户的出现 372
（里尔克逗留期间，玛丽·皮克福德和道格拉斯·费尔班克斯也在那里），温泉疗养地呈现出新的面貌，但他和侯爵及侯爵夫人寄宿的霍夫－拉格斯旅馆（Hotel Hof Ragaz）仍然保留了某种 19 世纪的氛围，保留着帝国时期的家具和往返于车站和旅馆的公共马车。他能够尽情地满足自己对一个逝去的时代的怀旧之情，即便传统的温泉疗养客人已经所剩无几：“现今的客人已经不再是真正的参与者，林荫道和草地的高贵景色，不再因他们的到来而变得生气勃勃。（什么样的公众啊！）[55] 不管怎样，旅馆还有很好的四轮马车，他高兴地发现，“我终于有机会再次坐着马车去乡间驰骋（从孩提时起，这就是我最大的乐趣之一）”，[56] 去马兰斯的博特马尔城堡重访萨利斯家族。

他在散步中平静地度过时光，每天听几次管弦乐队的演奏，减少通信，躲开人群，在玛丽侯爵夫人的私人休息室中给她朗读诗歌。她发现他的法语诗很吸引人，但“不是伟大的天使们的声音，不是他在卡普里感受到的大海远古的呼吸”，并且觉得对他来说，它们无非是一种刺激的游戏。[57] 在拉格斯轻松的环境中，这种游戏偶尔也在继续，但返回到德语的氛围中，他在母语方面有了更多的灵感，完成了一组诗歌，名为“在拉格斯的教堂墓地中”，其中的一些诗可与他最优秀的作品相媲美。此外，他还用德语继续进行 5 月份时开始的诗歌通信，当时，维也纳年轻的埃丽卡·米特雷尔给他寄去了一封用诗歌写的书信。[58]

7 月 10 日，侯爵夫人离开了，他发现这儿的环境非常有益，于是继续又待了两周，在月底时大着胆子试着去洗了温泉浴，起初他认为这可能会让人精疲力竭，但现在他对此赞不绝口。温泉的辐射和化学成分，特别是其与体温相同的温度，给了他不同寻常的幸福感，似乎恢复了他缺少的身体的和谐。他与前来短暂访问的南妮·文德尔利一起，去巴特普法费尔斯游览，穿过塔米纳溪谷，一直走到泉水的源头。“治疗性的古老泉水”无声地从一个洞穴中流出，让他想起基辅的佩切尔斯卡娅修道院[1]：“多么相似啊，我想，也许这些力量从大地深处喷薄而出，在那里创造了死亡之奇迹，又以无限的仁慈，在这里创造了生命的希望！”溪谷中，水流在狭窄的水道之间咆哮，让他想到存在于身体表现中的“原始声音”：也许开凿了这个巨大裂缝的，不仅仅是泉水的冲刷，还有它历经千年的声响，溪谷两岸“在声音方面变得和谐了”，正如教堂内部会受到管风琴发出的声波的影响。他坚信，总有一天实验会证明，世界多半就是这类相互作用的游戏，我们的感官接受的不同刺激是某一点上的正切线，“在某个至今仍未发现的圆周上”汇合。59

373 月底，他终于离开了，与南妮在迈伦度过了一周，决心有朝一日再来这些温泉，他稍后写道，

> 一股地球的力量把［它们］加热到我们血管
> 中血液的温度。可曾有这般纯净的祝福，
> 就像这，大自然本身赐予的丰富？
>
> 看上去，她常常敌意而陌生，在沉思中
> 把我们留在平静与动荡之间；
> 然而，当她认可我们时，她是怎样地使我们完满：
> 纯粹地，出自深渊，击败我们的疑虑。60

其间，他把晚上的时光认真地投入到为基彭贝格准备瓦莱里的译本打字稿中，雇用了一位优秀的秘书，把他从草稿口述的内容记下来，唯

[1] 佩切尔斯卡娅修道院（Pecherskaya Monastery），乌克兰东正教主要的圣殿，始建于 1051 年。这是一个洞窟修道院，建在一个深达几千米的人工洞穴中，因此里尔克会有此联想。

一的誊清稿他已经寄给了瓦莱里。他从迈伦寄出了打字稿，这本为岛屿出版社准备的书，在 1925 年由克拉纳赫出版社发行了一个精致的限量版，每章节的词首大写字母由埃里克·吉尔[1]设计，题献给维尔纳·赖因哈特，“最热情好客的朋友”。61

8 月 2 日返回穆佐城堡之后，他发现要为这段时间疏于打理书信付出代价。尽管书信堆积如山，但他的“第二把诗琴”再次开始鸣响——用法语写了一整个系列的诗歌，“献给瓦莱，真正的‘瓦莱四行体’（‘Quatrains valaisans’）”，他在给南妮·文德尔利的信中说，他将用这些诗“帮助我以后申请瑞士国籍，这再好不过地证明了我的心中拥有这个国家”：

故国，停留在半途，
在大地与天空之间，
有流水和青铜的声音；
温柔而坚硬，年轻而又古老，

如同拿起一件礼物，
交到一双受欢迎的手中，
理想的美丽国度，
如面包般火热。

（《瓦莱四行体》，第 2 首）

两片草地之间的小路
通往乌有之乡
看似凭借艺术
抵达它们迂回的终点。

[1] 埃里克·吉尔（Eric Gill，1882—1940），英国雕刻家，字体设计师和印刷商，他与当时倡导艺术设计的工艺美术运动关系密切。

小路的前方
常常面对的只有
纯粹的空间
和季节。

（《瓦莱四行体》，第 31 首）[62]

374 自从他完成关于自己真正故乡的《宅神祭品》以后，近 30 年来他还是第一次写作这种“地区性的诗歌”——这就是他在写作法语诗歌时灵感的重现——自离开起，他记忆中的布拉格是一幅严酷的画面，如今这幅画面也变得柔和多了。他给正要去布拉格游览的施特罗尔描述了这座老城，说他的朋友会很容易体会到，它往昔的宏伟建筑对他的童年来说意味着什么。[63] 他对自己遥远的记忆充满感恩之情，也对新成立的捷克斯洛伐克的未来充满期待，这个新国家由具有政治家风度的马萨里克领导，他在 1921 年时就已经向马萨里克表达过敬意。阻止他返回故土的，并不是忘恩负义，而是他在那里不幸的家庭生活的回忆。这种回忆由于他唯一在世的堂姐（雅罗斯拉夫的女儿葆拉）在 2 月份的去世，重新变得历历在目，他收到了从葆拉的庄园中给他寄来的文件和家族的备忘录。在他对那儿的回忆中，他告诉南妮 · 文德尔利，充满了极度怪诞的景象，“迟钝麻木的省份”；至于他母亲这边，年老的外祖母和菲亚自己都在变老，非言语所能形容——“一出完美的木偶戏，由支离破碎而又坚不可摧的木偶们悲哀地上演。上帝保佑，使我不必过于靠近地去观看”。[64] 对他来说，即使不可能取得瑞士国籍，将捷克斯洛伐克当作庇护所的打算也不比去德国定居更可行：他宁愿继续“充分远离我的故乡，以便在它受到自身命运的驱使，发生不寻常的改变时，保持对它的忠诚”。[65] 无论他是否严肃地抱有取得瑞士国籍的想法，《瓦莱四行体》——“当它们以法语（这个我亏欠良多的国度的语言）涌现出来时，我感到非常振奋”[66]——都是一种表示忠诚的肯定，这种忠诚如今看起来使得他对法国的热爱相形见绌。虽然他仍经常想起巴黎，希望在年内去重访那里，但这只是一次怀旧之旅，而不是为了最终定居那里而去事先调查。

克莱尔·戈尔是最先收到他早期“果园”诗的人之一。“与哀歌风格迥异”，她在 2 月时写道，“但它们在内行人，更确切地说在女内行人（connoisseur-ess）的眼里具有价值……来自你的一切都能直接打动我的心……”[67] 夏季期间她在瑞士时，曾期望与里尔克见一面：但他对她提及的“命定之事”怀有疑虑。“我很孤独，我的莉莉安娜，”他在 6 月 2 日写道，“很想带你去看我那古老的塔楼和成百上千的玫瑰——“但我认为，只有在你不认为这是我（不管现在的我是怎样的）强加给你的‘命定之事’时，你才应该来。否则再次见面就只会令人悲伤，而不是给人快乐，而且如果你来的话，我恳求你只给我那种快乐，越多越好！……再见，美臂的莉莉安娜，心中住满歌鸟（songbirds）的莉莉安娜。”[68] 她立刻回信，排解他的担忧，说她不是想要以某种方式束缚他：“就像我想带给你的根本不是快乐似的！如果‘命定之事’这个词让你感到不安，那我收回它。现在我知道我会再次听到你的消息，一切的痛苦都烟消云散了。”[69] 但在 8 月份，就在她抵达苏黎世，他期待她到来时，375
他听说她到头来还是直接返回了巴黎。

这个消息让他感到有些不安，自从离开拉格斯以来，这是他第一次受到这种情绪的干扰。考虑返回拉格斯太迟了，即便只是短暂地回去，于是在 9 月份时，他高兴地接受了正在乌契和洛桑度假的里夏德和玛丽安娜·魏宁格夫妇的邀请，与他们最后一次见面还是在 1916 年的维也纳。他们在萨瓦酒店为他预订了最好的房间，从房间窗户能够看到美丽的湖景：从塔楼中走出来，住进奢华的环境中之后，环境的改变激发了他的灵感，他毫无困难地完成了一系列的法语诗，这是二十多首温柔而美丽的变奏曲，主要以四行体的形式写就，内容写的是他最珍爱的主题：“玫瑰”。

倚靠着你，清新明亮的
玫瑰，贴着我闭上的双眼——，
仿佛千百双眼睑

重叠在一起。

温暖的那枝朝向我。
一千层睡意面对我的伪装，
在伪装下，我徘徊在
香气的迷宫中。[70]

当时埃德蒙·雅卢恰好也在洛桑，他遇见里尔克时，后者的态度既温文尔雅，又局促不安，二者奇怪地结合在一起，仿佛本能地害怕与任何陌生人打交道，这给他留下了深刻的印象。实际上，里尔克很高兴认识这位他向来倾慕其作品的作者，而且雅卢对贝茨翻译的《马尔特手记》片段的评论，他一开始就读到了："25 年来，我始终不理睬那些对我作品的评论，但……你的文章，我总是如饥似渴地阅读，无法让自己止步不前，只阅读这一篇评价我作品的文章。"[71] 他觉得与雅卢一起度过的几个小时很"精彩"，希望他们将会很快再次见面：因为，现在他已经严肃地计划 10 月份前往巴黎。

在那以前，他计划住在穆佐城堡，花时间整理文件，与南妮·文德尔利为他雇的秘书一起，准备大量诗作的誊清稿，其中既有德语诗也有法语诗，它们已经累积了一大堆。他竟然再次觉得自己需要一位抄写员，这是掌握他的疾病已经到了何种程度的一个标准。除了《马尔特手记》的口述之外，他从未逃避其职业所需的手工劳动，更不会厌恶为朋友誊写自己的作品，以及大量的书信工作："毕竟，写作是我的手艺，但一个人不仅要爱工作本身，也即伟大的脑力劳动成果，而且也要爱与之相随的手工劳动，"他在做《新诗集》繁重的整理工作时曾这么说。[72] 还有一个标准是现在他有喜好一切消遣活动的倾向，尤其喜欢沉浸在无休止的回忆和奇闻逸事中，喜欢与众多的来访者进
376 行讨论。甚至秘书来了之后，他带她散步或短途旅行的时间也和她从事工作的时间一样多，她肯定已经注意到他有时会因痛苦而剧烈地呕吐。

就在他努力无视身体的不适时，瓦莱里写来一封信，请他给新办的季刊《商业》用法语投稿，瓦莱里正在编辑这份刊物。这对他来说是一个令人高兴的激励，也算是预先品尝巴黎的滋味："也许你会考虑亲自把稿件带过来，这个主意会给这里的人带来巨大的快乐，你在这里比你想象的要有名得多。"[73]（里尔克的 3 首法语诗最终出现在 12 月发行的这一期上，这也是他最先发表的法语诗歌。）也许是受到这件事的激励，他利用速记员在场的机会进行口述，直接从他翻译的瓦莱里的对话录《欧帕里诺斯》的初稿口述，他认为自己抓住了这部作品"崇高的美"，仿佛它就是他自己的作品。[74]

这延误了他的出发时间，他在 10 月 3 日写信对卡塔琳娜·基彭贝格说，"但至少得到了一些令人喜悦的永恒之物。"实际上，正如他在写给南妮·文德尔利的信中所坦言的，他的精神状态很糟糕，通过旅行得到解救的打算似乎比他目前遭受的"迫害"更令人畏惧。他觉得"仿佛处在一个垃圾袋的底部，只有通过小小的缝隙才能看见外面无害的开阔世界"。对此他无能为力，如果说有什么能够帮助他的话，这项帮助肯定"与一首伟大诗作的恩赐有着同样的来源"。[75]虽然基彭贝格已经给他寄去了巴黎之旅的资金，但他还在犹豫。他的抑郁由于葡萄的歉收而加剧了，对瓦莱的这个地区的人而言，在几个月的劳作之后，葡萄的收成至关重要，他去年还在诗歌中颂扬了当地人的劳作——葡萄藤在梯田里"与太阳巨人角力"，梯田就像管风琴的键盘，在丰收的月份里为人们的耳朵奏响它那"更为洪亮的音乐"。[76]这次葡萄的产量少得可怜，酒神节的狂欢通常是对一整年劳作的奖赏，但这年也不见踪影了。"今年的夏季和秋季就像两面巨大的镜子，突然裂开了一个裂缝：这就是那损毁宇宙图像的力量吗？或者它是在现实中异乎寻常地变形了？"[77]

播撒种子的绿瓮里，罂粟花开放，——
哦，脆弱的红色花瓣，
无知的风会夺走它……

多么迅速，子孙的子孙们出现了，
整体常常超越，
每一个却都是如此的不确定。

而时间与它们共同扎入深渊；
坠落者留下何物？
一幅褪色的画和一堆泛黄的信，
以及一些留存下来的生命中，某些无人能够描述之物……[78]

377 一天早晨，他醒来晚了，发现穆佐下面十字路口的白杨倒下了，这似乎是他觉得正在向他袭来的“厄运”的征兆。当他第一次看见这个家时，那棵树竖立着，就像一个感叹号，对他喊道“就是它了！”“我的留言簿上记录了这个忧伤的日子，它创造了一种令人悲伤的对应物，与瓦莱里来时种下的柳树相对应，”他对南妮说。“你无法想象，自从失去这个巨大的垂直标尺之后，风景发生了怎样的变化——它看起来扁平多了……那深深刻在脑海中之物突然就再也看不到了！”[79]

10 月底，他振作起精神：要么寻求埃梅利医生的帮助，试着从巴黎之旅中获取信心，要么尝试去弗莱堡找一位精神分析医生会诊，这位医生是多里 · 冯 · 德尔 · 米尔先前给他推荐的。[80] 他觉得，相比“尝试拽着自己的辫子把自己从沼泽中拉出来（哪怕是对明希豪森而言，也只有在安全地抵达坚实的地面，讲述故事的时候，这才有意义），”两种方法中的任何一种都更有意义。结果，他去见了埃梅利医生，从后者那里得到了一些鼓舞，但他随后去蒙特勒游览时度过了几天“糟糕透顶的日子”，[81] 显然在做任何可能的长途旅行之前，他必须返回瓦尔蒙疗养一段时间。11 月 24 日，他再次进了疗养院，逗留的时间超过了 6 个星期。有当时也在那里疗养的南妮 · 文德尔利的陪伴，加上想到很快就会再次看见巴黎，看见“卢森堡的林荫大道和塞夫勒塞纳河上美丽的波纹”，他就觉得日子过得适意多了；[82] 基彭贝格同意支付疗养院的高额账单，同时保证从 1 月份起，每个月给他 500 法郎的生活费；然而，像以往一样，他的身体状况没有得到明显的改善。1 月 6 日，他几近绝望地决定离开疗养院，直接去巴黎，“试着让我的注意力不再集中在疾病上，在瓦尔蒙得到的照料似乎只会让我的病变得更严重”。[83]

三

在我自己的血液里，我陷入了困境，在我血液的酷刑室中，沉睡的敌意被唤醒了，有着那么多并不属于我的混乱与骚动。

（致埃丽卡·米特雷尔）

他迫不及待地来到巴黎，就像抓住一件护身符，巴黎的魔力也许会再次证明它的治愈力量。4 年前，熟悉的环境足以恢复他失去的连续感，他那时觉得自己几乎不需要朋友们的陪伴，就像在战前的那些日子里一样。然而，这次的情况相反，摆脱他尚不理解的疾病，突然逃离病床的牢狱，他几乎狂热地渴望与人们交往——确实也有很多这样的交往机会等着他。如今，他在法国也出名了，即便他的身份还不是写了《哀歌》和《新诗集》的伟大抒情诗人，至少也是《马尔特手记》和发表在《商
378 业》上的法语诗的作者，纪德、瓦莱里和雅卢的称赞让他引起了人们的关注；巴黎的文学界前所未有地向他敞开了大门。

他落住在卢森堡公园附近的富瓦约酒店（Hotel Foyot），安静地度过了最初的几天，感觉像一位“积习难改的乡下孩子”，初来乍到，还不习惯大城市的喧嚷：[1] 但他很快就让朋友们知道他到了巴黎。有人送来了一大束花，附有一张写着“任何时候均可”的便条，这是梅琳娜给他送去的惊喜，她的公寓就在附近，他在巴黎逗留期间，他们一起度过了许多时光。正在完整翻译《马尔特手记》的贝茨，很高兴得到他到了巴黎的消息，他们每天早晨例行讨论他的译作，里尔克一针见血的评论和建议对他来说弥足珍贵。瓦莱里是最初的访客之一，但令人失望的是

他太忙了，没法经常见里尔克。纪德也没什么空闲，主要待在乡村，难得与他见一次面。但他们的介绍——把他介绍给《商业》的赞助人，在美国出生的巴夏诺公主，以及介绍给夏尔·杜博，他和纪德都是少数几个能够直接理解里尔克作品的人——是一连串让人越来越忙不过来的邀请的前奏。“每天我都能见到一整套演员阵容，足够演五幕剧了，”他写信对玛丽·塔克西斯说，请她把手里的两本卡斯纳作品的法语版本寄过来，杜博有兴趣出版它们。2

他拜访了雅卢和比贝斯科公主；再次见到了安娜·德·诺瓦耶，以及《一千零一夜》的译者马德鲁斯；他还见到了让·季洛杜、让·卡苏、朱尔·苏佩维埃尔和马丁·杜·加尔，一直从远处赞赏他们的作品，此外他还见了许多人，如他还不熟悉的圣琼·佩斯和伊万·布宁。那儿的许多老朋友出现在他记得密密麻麻的日记中：玛丽安娜·米特福德，现在已第三次结婚，夫姓是冯·戈尔德施密特－罗斯柴尔德，与此形成对比的，是悲剧的流亡者海伦妮·沃罗宁，自从圣彼得堡一别之后，他这是第一次见到她；克莱尔·戈尔更多的是听别人说起他的消息，她常去的聚会就像是旋转门，她转进去的时候，他刚好转出来，但她还是抽几个小时与他见了面；还有萨哈罗夫夫妇，如今已定居巴黎。对其他匆匆见上一面的人，他还像以前一样，乐于帮助他们。2月，他与瓦莱里和保尔·克洛代尔一起在巴夏诺公主的府上做客时，遇到了也在那里做客的霍夫曼施塔尔，后者正要去摩洛哥旅行，里尔克给他找了一位旅伴，这位旅伴会把他介绍给利奥泰元帅[1]。坦克马尔·冯·明希豪森想要办理去法国的签证，里尔克为此给驻柏林大使馆的秘书罗兰·德·马尔热里写了推荐信，他曾有幸见到马尔热里美丽的妻子热尼，当时他正与她的兄弟阿尔弗雷德·法布雷－卢切共进午餐。玛尔特现在已经嫁给了让·吕尔萨，过着幸福的婚姻生活，里尔克到巴黎后，好几个星期都没与她联系，而且直到待在巴黎的时间行将结束之际，他才去蒙马特看望了夫妇俩。

---

[1]　利奥泰元帅（Marshal Lyautey），应该指的是当时驻摩洛哥的第一任法国总督于贝尔·利奥泰（Hubert Lyautey，1854—1934）。

实际上，待在巴黎的时间比他预想的长得多。如果环境的改变与休息一样有益的话，他早些时候曾写信对南妮·文德尔利这么说，那么与
379 穆佐城堡截然相反的环境应该能够完全让他恢复活力。长时间的交谈让他精疲力竭，他常常想要回到安静的塔楼中，身处巴黎，他感觉自己仿佛被社交界吞没了，就像约拿被鲸鱼吞到了肚子里：但他那么相信环境的改变带来的治疗价值，因此无法让自己离开，即便在4月份患上了严重的流感，不得不卧床休息时他还不想就此离开巴黎。他需要额外的金钱，基彭贝格和南妮都伸出了援手，这些钱不仅是为了购买必需品，以及偶尔在富瓦约酒店回请别人吃午餐，也为了打车（与他以前的巴黎生活相比，这是最大的变化）去赴约。

他常常觉得，这座城市不再是他的巴黎，那个塑造了他的巴黎——也许，他本身的过错是让自己卷入了盲目的社交生活中。但是，每当鲸鱼“把他吐出来”时，他“震惊于壮丽的海浪……和怪物专横地将我抛入其中的这个世界的伟大与力量”，震惊于“无法形容的完整性，它用它那无穷无尽的、能够建造精神景观的一切形象，在最甜美的天空下的大地上创造了这座城市”。[3]对一个习惯了孤独平静的人而言，他度过的是一段近乎疯狂的日子，但这些日子仍然给他带来了悠闲的乐趣：每天早晨在卢森堡公园里散步，与贝茨一起斟酌文字，常给贝茨带来一些刚从一家古董店听来的笑话，在圣朱利安·勒波夫勒（St.Julien le Pauvre）小教堂暂作歇息，造访朱莉·萨佐诺瓦的木偶剧场，与朱莉交流对圣彼得堡的回忆，要不就与伊丽莎白·伯格纳一起安静地待一个小时。偶尔他甚至有时间和灵感去写点东西。2月，在他给保罗·图恩的《新欧洲评论》的投稿中，有一首前一年的11月写就的德语诗，叫作“手掌”（Handinneres），

底面[1]不再用于

[1] 底面（德语Sohle，英语sole），意为脚底、底面，此处其实指的是手掌面，动物的前脚掌用于行走，人的手用于感觉。

行走，只去感觉……
那出现在其他手中的，
把它自己的同类
转变为一片风景：
在它们中漫游，抵达，
用抵达填满它们——[4]

想到这个词语在德语和法语词汇中的差别之后，他用法语写了一首对应的“手掌”（“La paume”）：

手掌，起皱的柔软的床，
沉睡的星星在这里
升向天空时，
留下了褶纹，
…………
哦我手掌这两张床，
被抛弃了，变得冰凉，
轻飘飘的，如同这些青铜星星
失去了重量。[5]

这首与当时写作的其他几首法语诗，完善了他在 5 月份时整理的法语诗歌选集的手稿，这部名叫《果园》（*Vergers*）的选集，与题献给让娜·德·塞皮布斯的《瓦莱四行体》一起，在第二年由伽利马出版社出版。6 月底，里尔克逐字逐句检查过的《马尔特手记》的翻译大功告成，他对这项成果感到非常高兴。贝茨和他的妻子受邀去参加他和梅琳娜在“牛肉风尚”（Bœuf à la mode）餐厅的庆祝午餐会，在餐厅里，他们的主人滔滔不绝，品尝了他自己选的酒，表现出生气勃勃的快乐，贝茨先前从未见过他这么开心，他们一直在那里坐到傍晚时分。雅卢承诺将这部作品作为他向埃米尔－保尔出版社提议的外国散文作品系列的第一本 380

出版，他在那里做文学编辑，《马尔特手记》也在下一年出版了。

里尔克在巴黎给人的印象是多种多样的。对许多沙龙的女主人（甚至包括美国的“女斗士”娜塔莉·克利福德·巴里[1]）而言，他具有珍贵的价值，但按照雅卢的说法，也有人拒绝接受这位“德国诗人”。瓦莱里对他是如此推崇，以至于建议提名他做荣誉勋位（Legion of Honour）的候选人（里尔克明智地拒绝了这个提议），对他的一些同道，如杜博和马丁·杜·加尔来说，他似乎就是诗歌的化身：然而，他奇怪的举止和刚从深渊中冒出来的气息将其他人拒之门外。雷蒙德·施瓦布回忆起在一次聚会上，他作为里尔克唯一的听众留了下来，当时这位诗人歪着脑袋，眼神显得心不在焉，仿佛在自言自语，描述他在写作诗歌时听到的“口述”，他的其他听众对这种独白感到厌倦，渐渐地散了。后来，他们无疑成了里尔克的热烈支持者，施瓦布说，但那时候他们只觉得他令人厌烦。6 在雅卢看来，里尔克牺牲自己的时间与社交和文学圈子中众多无趣味的小人物打交道是毫无必要的，忽视了那些真正欣赏他的人。

他自己也开始意识到这一点，也意识到通过改变环境来治愈疾病的尝试失败了。他在 6 月 26 日写信对南妮·文德尔利（她耐心地照管着穆佐城堡，筛选他的信件）说，之所以不断推迟离开巴黎的时间，是希望“纠正我在巴黎生活时犯下的一些错误，希望从某天起，以一种更自由的方式，重新开始生活。我似乎被一种恶习控制了，而且……我内心的不幸并没有改变……显然，我正为多年孤独和工作的时光中体验到和得到的过于伟大、过于辉煌的自由赎罪。”他唯一的安慰是穆佐城堡还是老样子，他很快就能返回那里，“整理缴获的无数乱七八糟的纪念品，又或许，谁知道呢，将它们埋在一处肥沃的遗忘之地”。7

在这些纪念品中，有他最终从伽利马出版社领来的两箱文件，粗粗

[1] 娜塔莉·克利福德·巴里（Natalie Clifford Barney，1876—1972），美国剧作家、诗人和小说家，长期居住在巴黎。她在巴黎左岸的家中举办的沙龙延续了 60 多年，聚集了来自世界各地的作家和艺术家。她也是有名的女性主义者，针对全是男性的“法兰西学院”，他创建了“女性学院”（L’Académie des Femmes）。

一瞥就看见其中不仅有家族印章和褪色的他父亲的银版照片，还有一捆来自罗丹、杜塞以及许多其他人的书信。关于《马尔特手记》的工作也复苏了他的记忆——他回忆起普罗旺斯、莱博、阿里斯冈和奥朗日的 381
风景，他曾将他笔下的浪子的生活背景设定在普罗旺斯——他对贝茨说，也许可以把这些简短的回忆进一步写成一部散文作品，与哀歌形成对应，就像《马尔特手记》对应于《新诗集》和《影像之书》。7 月时，他开始考虑在回程时重游南方——瓦莱里的故乡，也是浪子流浪的地方。他看起来仍然不愿离开，尽管巴黎变得越来越冷清。身体也不太好的克莱尔 · 戈尔 8 月份与他再次见面时，发现他看上去很虚弱，病快快的：“我多么难过啊，”她后来写道，“我们再次见面之际，身体的疲倦恰好也传染了灵魂。精神上变得瘦弱不堪。”[8] 8 月 18 日，他突然决定与梅琳娜一起乘火车前往南方时，只与克莱尔和玛尔特作别。

他们并不是去普罗旺斯，而是横跨勃艮第旅行；在谢尔住了一晚，然后继续前行去米兰。尽管里尔克后来说在那里有一个“时间紧迫的约会”在等着他，但他们的旅行多半是顺便给梅琳娜提供一个暑假，抵达目的地之后她独自返回巴黎。在他长期居留巴黎期间，她的陪伴让他感到高兴，他继续努力帮助她，里夏德 · 魏宁格按照他的建议，给皮埃尔和巴尔图斯提供了一笔津贴：她非常清楚，他们继续共同生活是没有任何问题的。8 月底，他们在马焦雷湖度过了几天，但表面上看来他在那里似乎是食物中毒了，因此明智的做法是返回谢尔，9 月 1 日，他们再次住在贝尔维尤，她在那里照顾他，直到十天之后返回巴黎，看到站在月台上的他身形消瘦，她心碎了。

因为她比任何人都清楚，他迎接即将到来的下一个冬天时，感情上是多么的迷茫，他持久不愈的神秘疾病又会给他带来多么强烈的困扰。总而言之，他在她离去之后对基彭贝格坦言，自充满痛苦的童年时期以来，他认为 1925 年是他能够回忆起来的最糟糕的年份之一——就像当时那样，他对自己的身体基础产生了怀疑，伴随着同样的无法逃避的感觉，“但这种感觉更为强烈，因为前方已不再有生活”。[9] 拉格斯给人安慰的泉水也许能够缓解他的痛苦，让他恢复过来，于是他决定在回到穆佐城堡居住之前，在季末去那里疗养一段时间。但他在9月16日到达那里之后，发现温泉疗养地已过早地进入了冬眠期，严寒的气候正将绝大多数游客早早地赶走。霍夫－拉格斯酒店看上去在月底就会关门谢客，而且当时那里的工作人员似乎已经比游客还多。他来得太晚了，没有见到玛丽侯爵夫人；让娜·德·塞皮布斯在那里，但几天后就离开了，稍后南妮·文德尔利也前来短期游览。但他在那里的生活是孤独的，阅读，在雨中散步，独自听泉水无休止地喧哗。“我并不希望与她单独面对面，”他写信对让娜·德·塞皮布斯说，“但幸运的是，她像德·诺瓦耶夫人一样喋喋不休地说，并不等可怜的我做出丝毫的回应。”[10]

382 第二个星期时，一种与以往迥然不同的症状让他深感忧虑，他的口腔内部肿胀，几乎使得他没法说话，他开始认为这可能是癌症。在迈伦度过10月的第一个星期之后，他接着去苏黎世咨询了两位医生，而且还有机会与刚好也在那里的埃梅利简短地说了几句话。谁都没有看出任何癌症的迹象：但他依旧觉得埃梅利客观的检查结果完全不符合他实际的个人情况。埃梅利并不重视他的口腔肿胀，认为仅仅是囊肿，而且也许觉得他病人的担心太过主观了，竟然建议里尔克去看苏黎世的神经科专家梅德医生，尽管梅德并没有精神分析的观念。[11] 然而，里尔克无疑认为他的疾病有其身体的原因，即使还不能确定这些原因；他返回了穆佐城堡，觉得自己仍被困在同样的莫名其妙的陷阱中，一个魔鬼般的“有着邪恶魔力的怪圈包围了我，我就像置身于一幅勃鲁盖尔[1]的地狱画中”，由于同样的恐惧，他的疾病正在把他变成截然不同的另一个人。

> 医生们，寻来觅去，还是
> 不确定他们的医书中是否载有
> 我的疾病……而我仍然避免把自己

---

[1] 此处的勃鲁盖尔应该是指小彼得·勃鲁盖尔（Pieter Brueghel the Younger, 1564/65—1636），佛兰德斯画家，老勃鲁盖尔的长子，俗称“地狱勃鲁盖尔”，盖因其画作中多有地狱般的景象。

从生命的手中转入他们的手中。[12]

他向来习惯于大声朗读，并在自己的作品完成之后朗读一番，因此口腔肿胀导致的口吃让他感到尤其痛苦。“肉体的痛苦使得我像一个动物那样，渴望爬进藏身的地方，”他第一次待在瓦尔蒙期间写道，[13] 现在他对能够躲进他的塔楼深感欣慰。弗里达即将离开，这次离开就再也不回来了，但代替她的伊达·瓦尔特尔特应该能够照顾好他，在安静的穆佐城堡，他重新开始了日常工作。他决心努力与疾病做斗争，通过处理积压的书信和更广泛地阅读法语作品的方式放松心情，经常从莫里斯那里订购图书，进一步扩增他从巴黎带回来的大量书籍。阅读的时间很长，书信却很短，在给朋友们的，甚至最初写给尼姬的书信中，他都倾向于掩饰自己的健康状况，他们原来不会不清楚他健康的详细情况——这个迹象表明，他是多么深刻地意识到自己正在走下坡路。

10 月底，他甚至起草了一份遗嘱，密封好寄给了南妮·文德尔利，如有需要就请她打开。“也许，这有点幼稚，但不久前的一天晚上，在一种无意识的命令下，我写下了一些说明，以防严重的疾病使得我无法做出某些安排。在这些极其痛苦和艰难的日子里，知道这份文件在你的手中，我亲爱的，在你那比别的任何人都更忠诚的手中，这是我能给自己的少数几个安慰之一。”[14] 他几乎没有财产，无须任何特别的遗嘱处置。他关心的是，确保到时候能够让他死于他自己的死亡 [1]，

这死亡，来自每个人自己的生命， 383
在其中他曾拥有爱、意识和苦难。[15]

---

[1]　死于他自己的死亡（die his own death），拥有属于自己的死亡，里尔克的这个观念大概是来自丹麦诗人雅各布森（Jens Peter Jacosen），在雅各布森的小说《尼尔·律内》的第 9 章，主人公律内说了一段话：“你难道不明白，当人们自由地过他们的生活，死于他们的死亡（live their life and die their death），既不害怕地狱，也不期待天堂，只害怕自己，期待自己时，人会变得多么高贵吗？”该书的其他许多地方也表述了类似的观念。

无论在生命的另一边有什么在等着他，他都会走过去，“走向开放的领域”，摆脱来自基督教会的干涉。从早年起，他就认为基督教会是一个多余的中介，在“来自青年工作者的书信”中，他指责教会，认为它完全是有害无益的。他在遗嘱中写道：

> 1. 倘若我突然碰上严重的疾病，最终我的心智完全失去控制，我恳求，的确是恳求我的朋友们保证，让我远离任何可能会有的牧师的帮助。在我处在肉体的痛苦中时，我不得不容许医生充当谈判者和调解人，这已经够糟糕的了；任何神职人员都会危害和阻碍我的灵魂朝向敞开领域的运动。
>
> 2. 我可能会死在穆佐城堡，或瑞士的其他地方，我不愿意葬在谢尔，也不愿葬在米耶热……
>
> 3. 但我希望葬在紧挨着拉隆老教堂的小山顶的教堂墓地中。它的围墙是我最初感受到这片乡村的微风和光亮的几个地点之一，与此同时我还感受到了满满的希望，这种希望，与穆佐城堡一起，在穆佐城堡中，随后帮助我实现了愿望。

他接着指定他想要的墓碑：有可能的话就找一块老旧的，也许可以找一块帝国时期的石头，“就像在维也纳为我堂姐的墓做的那块墓碑”，碑石上只刻盾形纹章，名字，在下面刻上下述的墓志铭：

> 玫瑰，哦纯粹的矛盾，乐于
> 在如此多的眼睑下作无人之眠。[16]

至于财产，他只提到了在穆佐城堡的那些。除了所有的家人照片之外，他认为那儿的一切都不属于他，照片将会留给露特；剩下的不属于那座屋子的东西，将由文德尔利夫人和他的堂兄——“穆佐城堡的主人，我慷慨的朋友和恩主”——共同处置。文件以下面的话结尾：

6. 到了一定的年纪之后，我习惯于有时候把我部分的创造力释放在书信中，我不反对出版那些可能会保存在我的收信人手中的书信（岛屿出版社应该有此打算）。

7. 至于我自己的照片，我认为本来就无关紧要，保存那些可能暂时还留在我朋友们的感情和记忆中的照片即可。[17]

他并不害怕死亡。自从两年前经历那次沉重的打击，让他第一次不得不去瓦尔蒙之后，困扰着他的是那种注定要在疾病中生活下去的恐惧 384
感，永远无法恢复身体和精神的统一，只有身体和精神的统一才能够让他继续工作下去。

因为我们只是树叶，只是表皮。
而每个人体内那伟大的死亡，
才是果实，一切都围绕着它转动。[18]

如果无法恢复那种必要的统一，死亡来临之际，死亡就不会是他"自己的死亡"——他的生命应该结出的那个果实。他已经觉得他不再是他自己——"我像一片虚空，我不存在，我甚至与我的苦难格格不入"[19]——他所说的"恐惧症"（phobia）滋养着这种异化的恐惧，而这种"恐惧症"源于一种忧虑，即身体日益痛苦的症状意味着癌症。

寄出遗嘱两天之后，他转而向露·莎乐美求助，开始给她写一封长信，信中试图尽可能真实地描述他的疾病在身体上，尤其是在精神上表现出来的证据：两年多来他生活在巨大的恐惧中，这逐渐损害了他"可靠的本性"，他的恐惧强迫症似乎又进一步滋生了恐惧，"一种自己造成的苦恼"，有导致他精神失常的危险。"我不知道继续这样生活下去会怎样。"这是一次"挫败"，他觉得她能够理解，并帮助他克服困难，也许她甚至可以来穆佐做客几天，去年他就想提议她来穆佐城堡了。"要是我早点呼唤你该多好。要不，倘若我去找你，穿上我结实的旧拖鞋"[露弗里德的楼梯上仍然为他保留着那双拖鞋]，"我可能就会再次变得

‘坚定’了，就像锡兵重新焊接在平坦的底座上。至于我，现在是歪歪斜斜地站着，扫一眼这封信，你就会知道我处在怎样一种角度上。”然而，信躺在他的书桌上，没有封口也没有寄送，似乎他已经对别人的帮助失去信心了，即便莎乐美拥有“那么多我的抱怨语言的老词典”，她的帮助也无济于事。[20]

那些日子完成的少量诗歌中，显示出一种新的发展方向，更进一步“在不可言说的边缘”探索，力图表达他关于“原始声音”的观念，表达“在某些尚未发现的边缘上”汇合的感觉：[21]

锣

并非为耳朵而生……鸣响
如同一只更深邃的耳朵
倾听我们，看似在倾听。
空间的反转。内心世界
在外界的草图……
…………
385 运动中榨出的音延，
星辰重铸……：锣！
…………
葡萄酒在无形的唇边，
大风在支撑的圆柱里，
漫游者踏上道路，
我们的背叛，针对一切……：锣！[22]

伴随着这个主题，以及关于“偶像”的主题——夏季期间，他也曾尝试用法语写作这两个主题——他冒险走向共同感觉的终极，真正处在“感官知觉的边界”上：

猫睡眠中的神或女神，

毁灭了神性，在黑暗的
嘴巴中碾碎了成熟的眼之浆果，
视觉的葡萄汁成长得甜蜜，
味觉的地窖中有永恒的光……[23]

在伯尔尼的艺术家索菲·吉奥克的作品中，他发现了类似的“浓缩意象”，他暂时借用了其中的一些：罕有人能够把这些意象的细节置入“一个完全内在和虚构的空间，并不依赖现实的空间，一切绘画（其实，一切诗歌也是如此）都模仿这个现实空间，无法创造出这种变形的、深刻的本质空间”。他认为，在诗歌的对等形式中，可与她取得的成就相提并论的是俳句，这门艺术就像是制作“一粒药丸，它迥然不同的要素由它激起的效果和情感结合在一起，但总是依靠朴实贴切的意象，从属于这种情感完全的同化作用。以一种可靠的技巧处理有形之物，就像摘下一颗成熟的果实，但没有重量，因为一旦确定下来，它就不得不传达无形之物”。[24] 伴随着一首类似于“幻象”主题的诗的出现，他发现自己找到了通往这个方向的道路，但身体顽固的疾病似乎阻碍了他的前进。

现在，“工作”实际上更多地变成了对过去的关注，正如他在认真详尽地回复他的波兰译者关于《马尔特手记》《哀歌》和《十四行诗》的问卷时所言，他开始钻研从巴黎带回来的文件，“我死去的生活的回忆录”，他在写给尼姬的信中引用乔治·摩尔[1]的话这么称呼它们。重读和整理那些旧笔记本和信件真是一种悲哀的日常工作——一切都触手冰凉，“然而比现在的我温暖——非常奇怪的是，仍然是‘我’，即便死了，也比我最后待在巴黎时留下的书信和文件中的一切含有更多的意义”。[25] 他似乎已经浏览过他未发表的遗作，在遗嘱中，他并没有提及

[1]　乔治·摩尔（George Moore，1852—1933），爱尔兰小说家、诗人、剧作家和艺术评论家。里尔克的引用来自摩尔的同名作品《我死去的生活的回忆录》（*Memoirs of My Dead Life*）。

这些遗作：除了喜欢把文件整理得井井有条之外，他还产生了一种冲动，挑选那些他认为值得保留的作品，整理成形。在一本皮质封面的册子中，他开始抄录零散的诗作和散文断片，精选了一本集子，名为“录自笔记本和便条，排序任意，1925”，其中一些诗歌的写作时间早至1906年，但多数都写于哀歌之后。

他在书信中几乎不谈自己的疾病，即便是在写给越来越关心他的尼姬的信中也是如此。当伊达猜想他患的疾病有多严重时，提出没有恶意
386 的忠告时，他觉得非常反感。他的口腔肿胀持久不消，他开始觉得喉咙和舌头也有同样的症状——如此严重，以至于11月底他决定返回瓦尔蒙：“确诊为任何疾病都好过这种长期的折磨。”[26] 值得额外庆幸的是，去瓦尔蒙静养能够逃避他的50岁生日，“这个可怕的12月4日”，他恳求尼姬帮助他避开这一天。然而，令他感到沮丧的是，他得知埃梅利外出了，12月中才返回。他考虑过埃梅利不在的时候去咨询其他医生，但看起来最好还是等他回瓦尔蒙再说，尽管他感到有些恼火，因为他想到埃梅利至少可以在离开之前先见见他，告诉他是否要等他回来。

他在错误中，面朝生命
站得疲倦了，面朝死亡更为疲倦。

我，带着对二者的肯定，一度做好了准备，
如今却害怕这场战斗，它的名字是疾病；
突然，为了对抗它的迫切，那里未赋予我
心灵的空间和精神的尺度。[27]

在这样一种状态下，他根本无法接受生日带来的折磨，正如他所害怕的，远近的朋友们在他生日时给他发来了电报，寄来了大量的书信和礼物。数量多得连一个大型的摘苹果的篮子都几乎盛不下，他至少得回复其中的一些书信。“怎样的一件苦差事，多么没有价值，”他对尼姬说：“当然这符合礼节，其中包含着爱，但哪里有那种不引起麻烦的爱

呢？你的爱，我亲爱的，几乎是唯一的例外。”[28] 要是能够不引人注意地悄悄度过这一天，那该多让人高兴啊，他告诉玛丽侯爵夫人，同时感谢她的来信，并为长时间未通信而道歉：他的生活是一种“中断的存在”，很快他就要走出孤独的自由，再次前往瓦尔蒙，“过去的两年，那里似乎已经变成了穆佐城堡的附属建筑。”[29]

他什么都无法做，只能写一些必要的书信——给基彭贝格夫妇，他们不仅从贝尔维尤准备好鲜花寄给他，还给他寄来纪念这个日子的《岛船》的增刊；给露特，她寄来了他外孙女克里斯蒂娜可爱的照片，克里斯蒂娜也快过生日了；给维尔纳 · 赖因哈特；给汉斯 · 文德尔利，当然也给南妮写了信，南妮给他寄来的礼物很体贴，那是一件暖和的晨衣，还附有 1000 法郎的钞票。在他写给让 · 施特罗尔——他给里尔克寄来了一棵银杏树——的感谢信中，他描述了自己在种下它的过程中感受到的短暂而温暖的迷醉状态，因为它在瓦莱的土壤中重新找回了它“远古的植物意识”，召回了那些沉睡的原子，“其中一些原子曾是母亲大树的一部分，被教堂的锣声唤醒了”。[30] 还有一封奇特的信，他忍不住要回复：那是一封爱丁堡大学德语系全体员工和学生签名的信件，信中表达了他们对他的“诗人品格”的仰慕和尊敬，感谢他献给这个世界的作品。[31]

过完生日之后几天，他在一时冲动之下，决定以自己的方式记录这 387
个生日。他一直为圣安妮小教堂的朽坏而担忧，这座教堂 18 世纪的创建者的后裔太穷了，无法进行维修。因此，当他收到维也纳来的消息，听说库切拉的遗产能够给他带来一笔收入时，他捐赠了 1000 法郎，用于修复教堂的屋顶和窗户。“不是每个人都能做圣安妮的邻居，她绝不能患上风湿。”[32] 这无疑是一种针对往昔的虔诚行为，同时缅怀创建者，而不是对天主教会表示支持，但这个举动让他觉得非常快乐。

值得注意的是，他还是在 12 月 8 日给露寄去了一个月前写完的信：信中所说的一切依然存在，他补充说，他的“恐惧症”甚至比以前更明显了，虽然他不会建议她在现在这种寒冷的冬季气候中来看他，但他恳求她至少给他几条忠告。几天之后，她寄来了长长的回信，几乎没给他带来他期待的帮助。他自己觉得，即便医生不这么认为，他肉体的痛苦远不只是精神状态的反映，但他还是把自己的病症告诉了她，用的是他们彼此习惯的术语——在她拥有的“他的抱怨语言的词典”中，词汇通常是心理学的，而不是医学的。她近来做精神分析执业医生的经验不免让她进一步依靠这种方法，在里尔克的病例中，她关于体征的知识必然是不恰当的。她将他“自己造成的苦恼”与童年的负罪情结相比较，将他喉咙疼痛的病情与早些时候发作的痔疮相比较；虽然他当时害怕是肿瘤，但痔疮的发作只是“神经质的过度条件反射”，当他的精神恢复稳定之后，痔疮就消退了。他的作品向来赋予他升华的力量：她认为他现在所体验到的，是那种神圣恩赐的对立面，但也只是一小部分。要体会和了解那种神圣恩赐，他只需阅读他自己的哀歌。“没有什么需要抱怨的”：他所需要的一切就是恢复对自己的信心，他过去这样做时总是会取得成功。[33]

无论他是否从这种完全弗洛伊德式的分析中得到精神的安慰，这对他的身体状况都没有影响，他仍然迫切地寻求医生的帮助。12 月 20 日，埃梅利一回来，他就再次住进了疗养院。首次检查发现口腔的肿胀比他认为的还要严重，尽管埃梅利仍然找不到他的“恐惧症”的原因，但终于认真地关注这个情况了。然而，明摆着的事实是找不到解释，甚至无法有效地缓解他的疼痛。他准备好在瓦尔蒙过另一个圣诞节和新年，比以往更为沮丧。

四

388

凡人在他们的痛苦中沉默不语时，

有一位神让我诉说我的苦难。

（歌德，《塔索》）

1926年1月8日，他写信给基彭贝格，这离他突然离开瓦尔蒙的同一个房间，冒险前往巴黎刚好一年。这次瓦尔蒙不太可能提供这样一个跳板——除非是为了“潜入内心”，为“变得非常不稳定的”生理机能寻找一个全新的坚实基础。他谈到对这次“决战”的希望；[1]但第一周没有任何鼓舞人的消息。埃梅利对他再关注不过了，像以往一样准备与他的病人进行漫长的讨论，让他一直做例行的治疗，包括按摩和特殊的洗浴，并尽其所能用他声称察觉到的“客观的”改善来让他安心。就像所有困惑不解的医生一样，他选择相信时间、休息，最后再换换环境——比如说，去罗马，玛丽侯爵夫人正催促里尔克去那里与她会合。然而，对病人来说，这种乐观主义看起来和以往一样毫无意义。在他带着好奇的超然态度倾听医生的论据时，他显然清楚他们并没有发现疾病的原因，疾病仍然用它“致命的循环”控制着他；而他在巴黎的经历使得他完全不想再尝试改换环境。不过，既然已经把自己交到现有最好的医生手中，他就准备耐心地等待，看看结果如何，只是不免带着一种“被监禁和流放，被生活拒之门外”的抑郁之情，但从未放弃疾病减轻或痊愈的希望。“我不会逃避这种麻烦，直至我找到方法依靠自己的力量去治愈自己的疾病——说到底，除了自己，没有人能做到这一点。”[2]

他用“无数的图书”环绕着自己，几乎没有一个星期不从莫里斯那里下单，因为他还是继续热切地关注着法国出现的新作品。他不满足于仅仅向朋友们推荐那些激发了他个人热情的图书，他还会给他们把样书寄过去——季洛杜的《贝拉》，茹夫的《保利娜 1880》（*Paulina 1880*）或《盲船》（*Le navire aveugle*），他还觉得自己首先发现了让·巴雷尔的小说的重要性。每天都是巴黎时期的纪念日，他在 2 月写信对赖因哈特说；[3] 面对瓦尔蒙生活“空荡荡的屏幕”，他回想起的形象出自那些他在巴黎最钦佩的同道的笔下——让·卡苏、苏佩维埃尔，以及雅卢，他与他们都有热情的书信往来。他尤其担心错过出自瓦莱里笔下的任何文字，并鼓励基彭贝格在德国独家出版瓦莱里的作品。

法语文学看来为他提供了一笔闻所未闻的财富，让他倾慕不已。他用法语情不自禁写下的诗句，他认为是一位谦逊的初学者的献礼，不仅献给收留他的国度，也献给“法兰西，献给无与伦比的巴黎，对我的成长而言，以及在我的记忆中，巴黎意味着整个世界”。[4] 3 月，收到《果
389 园》的校样之后，他完全赞同这个最终的选本，这是梅琳娜从他留给她的篇幅漫长的手稿中挑选出来的，一些已经不太记得的诗歌就像是一份惊喜，他还高兴地同意在《日内瓦评论》上发表一些“瓦莱四行体”。《马尔特手记》的译本在巴黎也到了校对的阶段；当他听说贝茨正在准备《月志》的特刊“认识里尔克”时，他非常热心地帮助贝茨，给贝茨提供了传记材料和其他详细资料，甚至从他的袖珍笔记本中进一步挑选了一些法语诗寄了过去，同时让对方联系岛屿出版社，取得岛屿档案馆中关于他作品的评论资料——这显然违背他一贯的做法，他过去一直让自己远离这种宣传，而且他肯定会拒绝与德国的任何一家类似的出版机构进行这样的合作。

然而，身处瓦尔蒙炼狱的他并非只关注法国的情况。他也想了解在意大利取得的新成就：不仅关注文学，如翁加雷蒂的抒情诗，而且还关注政治生活，他举了墨索里尼“令人钦佩的演讲”作为例子。他向一位意大利女士表达了这种相当令人意外的观点之后，对方抗议说，对她而言，领袖远不令人钦佩，她痛恨体制的暴力，自由是一个文明国度的必

要条件。他给她回了很长的信件，在信中辩称，无节制的自由是这个世界的疾病：人类，就像自然本身，需要由一定的暴力来执行规则。他对政治几乎一无所知，他承认：但在他看来在那里，就像在诗歌中，人道主义的目的用处不大。也许这是因为他现在是一个病人，所以他鼓吹体制和补救措施，这在一定程度上需要权威和暴力，需要缩减自由。无论如何，1926 年的意大利显示了她的活力和善意，与她邻居们的混乱形成了对照。当然，从 1870 年起，德国就显现出国家主义的可怕危险；但对欧洲的健康而言，“国际主义”和“人道”的抽象观念几乎同样危险。[5]

比这种离题万里涉足政治话题（在这方面他还从贡扎盖·德·雷诺和瓦莱里·拉尔博的文章中列举了一些证据）更让人感兴趣的，是他表述的诗学理论，根据这种诗学理论，他在政治中演绎出颇成问题的相应观点。虽然他会钦佩一位作家，如罗曼·罗兰，他写道，但他不可能在艺术中拥护任何有目的性的思想。“打算去安慰、帮助或支持某些高尚信念的诗歌都会是虚弱无力的……诗歌要达到的，不是一些慈善和怜悯的目的，而是服从于一种专制的命令，它谋求的既非善也非恶（关于它我们所知甚少），只是相当单纯地命令我们理解我们的情感，我们的思想，我们存在的一切交通运输系统，依照的是迄今为止超越我们的，也将永远超出我们理解力的上级的命令。”一直以来他都认为，诗人的任务就是服从于某种神秘的更高法则的命令：现在缺少的是支持这一任务的健康体魄。“我的诸多计划……仍然处在幼虫期，如果有朝一日，有 390
一只蝴蝶从其中的一个蝶蛹中展翅飞出，我真的要跟着它吗？”[6]

由于埃梅利一直在寻找有效的治疗方法，他的治疗持续了整整 3 个月，却没有带来任何明显的改变，只有口腔的状况有了一些改善。在基彭贝格和赖因哈特的援助下，他长时间待在这家“贵得离谱的”疗养院的费用基本结清了，但昂贵的费用曾是他经常担忧的事，尽管在他的书信中，这种担忧经常以幽默的形式表现出来：“坐在安静的浴室中时，你能听见这种魔鬼般的设施正在吱吱嘎嘎地嚼着钱……我经常问自己，这种让敏感的器官变得疲惫，让钱包变得空瘪的设施是否真的能给整个身体带来益处……”[7]治疗明显没有进展，接连三个新年都在瓦尔蒙度过，现在眼看复活节也仍然还要留在那里，他觉得非常抑郁——这部名为瓦尔蒙的“关于我生命的（或者说关于我生命的一个插曲的）漫长小说”，结局仍是个谜。[8]但除了南妮·文德尔利之外，他的其他通信人并不了解他带着抑郁的心情接受了自己漫长而单调的厄运，他在书信中像以往一样对它轻描淡写。

疗养院中的多数人都是“国外的百万富翁”，他向来留意避开他们，但也有一两个与他兴趣相同的病人与他有所往来，他们的陪伴让他感到平静放松。尤其受他欢迎的是在3月时到来的拉莉·霍斯特曼，她是玛丽安娜·米特福德的朋友，年纪尚轻，他最后一次见到她是在战时的柏林。“几个月来我第一次感受到真正的快乐”，他在一张便条上写道，随便条送出的还有一枝玫瑰，“作为一个连续在瑞士生活了七年的人”，他给她提供帮助和建议。他送她书，她的身体一有好转，他就在周日晚上去她的房间消磨时间，她住的是少数几个有壁炉的屋子，自从离开伯格城堡之后，他就很怀念给他带来安慰的壁炉。就像埃尔雅·内瓦尔和在她之前的许多其他人一样，她是一位迷人的观众，心甘情愿地倾听他独自喋喋不休地回忆过去，她在文学方面还是他指导的学生，尤其是在法语文学方面。她留意到了他的抑郁情绪，但他避免提及任何身体方面的痛苦，这让她颇感迷惑：“他笑口常开，总是能看到人物和事件有趣的一面，避开会让他感到烦恼的任何事情。”[9]

复活节期间，他的治疗过程变得轻松了，他能够过一种“多少正常点的生活”。[10]埃梅利还不愿让他离开，但他能够去蒙特勒或韦威短途旅行了。这种改变，伴随着春天的到来，激发了他的灵感，他写了一些四行体的法语诗，“这证明我在法语方面的创造力没有受到损害”，把它们当作“复活节彩蛋”送给拉莉、梅琳娜和其他在巴黎的朋友们，送给南妮·文德尔利的诗歌名为“复活的基督”：

如何与肉体一同留驻，就像一粒种子
受伤是为了重新生长起来，

在那过于急切的小丘上，
在春天的颤动中？

如何让这棵植物的心脱离 391
周围的自然，
它宣称，无人能阻止恶，
除非它让恶发生转变。[11]

人们可能会认为，这是他的疾病在主观方面得到改善的迹象：但在几天之后写给南妮·文德尔利的信中，他自认为没有好转，甚至比到来的时候更糟糕，“我的整个情况不适合生活在自由中”。她即将到来的探访是他的一缕希望之光，是能够帮助他的唯一的决策和支持。自从埃梅利暂时离开之后，他就决定临时住到附近的格里昂的维多利亚酒店中，这个酒店也属于疗养院，但至少在收费上只是正常的酒店价格。“就像一个婴儿蹒跚着走向最近的支撑物，我要看看我是能够靠自己的力量往前走一走呢，还是必须回到爷爷安全的靠背椅上。”[12]

埃梅利大概很乐意让他这么做，因为更多的外界影响会很好地让他从病态的自省中走出来，他向来有自省的倾向，这使得他的身体状况无法得到改善。因此，4 月和 5 月期间，里尔克的名字仍然出现在疗养院的登记簿上，但现在他有外出的自由了：这种有限的自由似乎让他变得快乐了一些。尼姬来格里昂度过的一个星期中，他们去了谢尔和韦威，在那里他为穆佐的书房买了一张桌子和一把路易十四的椅子，还为圣安妮小教堂找了两个上漆的木质烛台，在让娜·德·塞皮布斯的监督下，小教堂现在已经修葺完毕。

穆佐的屋子和花园都需要他照管。与尼姬一起去谢尔时，他开始找人修理烟囱，它出了点毛病，是严重的火灾隐患。5 月，在另一次去谢尔时，他着手整顿长期被忽视的花园，从一位年轻的、对园艺有兴趣的护士安托瓦妮特·德·邦斯泰唐那里得到了一些受欢迎的内行的建议。在他离开慕尼黑之前，瑞士学者古斯塔夫·施内利曾向他提起过邦斯泰唐家族，而且早在1924年，他就听说她对他的作品感兴趣，曾给她寄去哀歌和十四行诗。[13] 那时他们曾通过一段时间的信，但直到他请求对方去看望他这位“瓦尔蒙囚徒”[14] 时，他们才见面。她通常在周五从上班的日内瓦前去看望他，他很乐意听她为他的花园规划提出的建议。多亏有她，他着手在穆佐城堡开始新的生活：“重新整理这几个花坛，像瓦莱里所说的”，它们的新秩序会让塔楼生辉，塔楼由于它主人的抑郁情绪和长时间的离开，已经变得相当冷清了。[15] 在他们交往期间，他用法语给她写的信带有一种魅力，不太符合他德语书信的风格，这些书信显示出这些新的兴趣以及他暂时忘记更深层的忧心之事给他带来的良好影响。

他去了洛桑几次，有一次与雅卢及其夫人共进午餐，席间回忆起巴
392 黎；在蒙特勒，他非常高兴能与“同胞”勒维约夫人一起喝茶，因为她是他敬佩的马萨里克总统的女儿；拉莉·霍斯特曼离开之前，他们一起去韦威玩了一天。与瑞士的神经病学家波尔·比耶勒的偶然相遇唤醒了他更遥远的记忆——他与莎乐美最后一次见到比耶勒是在战前的慕尼黑——比耶勒告诉了他埃伦·凯最近去世的消息。她最后的日子“看来就像罗丹的晚年一样，让人想起巴尔扎克，”他写信对南妮·文德尔利说：“生活充满怎样的危险啊，直到最后一刻还是那么冷酷无情”。[16] 在韦威，他遇到了奥古斯特·冯·德尔·海特夫妇，20年前，在他巡回演讲的途中，曾在埃尔伯费尔德感受过他们的殷勤好客。虽然经过精心的安排，但几次短途旅行还是让他感到疲惫——拉莉注意到在乘车返回时，他是如何倒坐在座位上，紧闭双目——而且在有人陪伴的情况下，他感觉到自己并没有好转，仍然觉得不自在，受到口腔肿胀问题的“威胁”。但他似乎已经决心从瓦尔蒙“不真实的领域”中逃出来，而不是花费巨额金钱坐在那里等待，徒劳地希望有一天“善良的埃梅利会走进来说：现在我知道怎样让你摆脱持久不消的痛苦了”。[17]

实际上，埃梅利无法为他做点什么，他还是靠自己为好。5月的最后一天，他带着他那莫名其妙的疾病，离开了疗养院，走向自由。他似乎浪费了一整个漫长的冬天，他仅有的活动习惯于“在疗养院的房间中进行，那些房间看似属于你，其实从来不属于任何人”；[18] 但是，正如

他在给赖因哈特的信中所言，也许他至少获得了一些力量，能够经受得住他的身体状况必然会出现的痛苦，而且如果可能的话，去忽视这些痛苦。[19] 在穆佐城堡准备好再次接纳他之前，他又一次暂时住在谢尔的贝尔维尤酒店。修复烟囱是势在必行的，他书房的一整面墙也需要加固，他每天都去穆佐城堡，在决定究竟怎样重新装修城堡之前，他需要思考很多问题，进行没完没了的交谈（雇来的“年轻而聪明的油漆工”在工作中经常被谈话和递过来的雪茄打断，要是他能够自己做主的话，肯定会觉得非常感激）。[20] 对这个秋天来说，安托瓦妮特·德·邦斯泰唐重新整顿花园的计划是一个令人满意的前景，在欣赏繁盛的玫瑰的同时，鲜艳的犬蔷薇也将四处绽放，能够弥补为纪念瓦莱里的来访而种植的柳树未成活的缺憾：

美丽的犬蔷薇，
每一对都简单而优美
无人用花瓣填满
为了让她保持与她的先祖
一般无二……[21]

沉浸在房屋和花园的事务中，能够有效地帮助他忽视自己的疾病。亨利·加斯波少年时曾是一个能干的跑差，从里尔克住进穆佐城堡起，就帮助他为房屋的事到处跑腿，他回忆起诗人关心他的未来时，仍怀着感激：多亏里尔克为他周旋，让他认识了维尔纳·赖因哈特和亨利·德 393
特拉，后者在附近的希皮（Chippis）经营铝制品工厂，加斯波受雇去那里做一份他不熟练的工作，为此有机会去进修一门技艺，后来才能够拥有成功的职业生涯，成为公司的工程师。[1] 离开瓦尔蒙之后，他的灵

[1]　退休之后，亨利·加斯波和他的夫人创立了一个基金会，为文艺作品提供一年一度的奖金。第一笔奖颁给了瓦莱的雕刻家维塔利（Vitali），由于他雕刻了一尊里尔克的半身像，加斯波把这尊里尔克的雕像赠给了谢尔镇，以此表达他对诗人的感激之情。1984 年 9 月 28 日，在那里的雅尔丹广场举行了雕像的揭幕式。——原注

感也来了——随着瓦莱夏天的到来，他不仅写了更多的法语诗，还写了另一首哀歌，直接的灵感来自最近几个月建立的一段新关系。

在他 50 岁生日时，列昂尼德·帕斯捷尔纳克从德国给他发来了贺词，在回信中，他赞扬了列昂尼德的儿子鲍里斯写的一些感人的诗句，他在瓦莱里的《商业》上看到过它们的法语译文。在莫斯科的鲍里斯听说里尔克读过并且欣赏他的诗歌之后，感觉“就像灵魂的电流短路”，因为他认为里尔克是欧洲现存的最伟大的诗人。在一封写给里尔克的由他父亲转寄的信中（那时候在瑞士和苏联之间还没有邮政通讯），他说他觉得“仿佛再次诞生了”：似乎是出自命运的设计，就在他听说里尔克赞扬他的作品的同一天，他收到了玛丽娜·茨维塔耶娃寄来的一首诗，“真实而诚恳，如今在苏联，我们谁也写不出这样的诗”，茨维塔耶娃移居到了巴黎，她对里尔克的仰慕与他相比有过之而无不及。他冒昧地请里尔克给她寄去其最新的一部作品，也许可以把哀歌寄过去：让她转交的里尔克的回信能让他确信，他在书信中的要求不算太过分，没有滥用里尔克的好意，对他而言，里尔克曾是，也将永远是一种“启示”。[22] 5 月初，里尔克在瓦尔蒙收到了这封信，深受感动，就像是被“翅膀扇起的风”所触动。他发自内心地向两位年轻的诗人伸出了双手，立刻写信给玛丽娜，遗憾于未能在巴黎见到她，同时附寄了一封热情的回信，请她转寄给鲍里斯，还给他寄去十四行诗和哀歌，附有下面的题词：

> 我们触及彼此。依靠什么？靠着翅膀的扇动，
> 带着距离本身我们接触，相遇。
> 一位诗人独自生活——有时这位
> 背负着他的，走向他先前的背负者。[23]

他在她心目中就是“诗歌的化身”：她从旺代的海边写给他的回信是一首爱的颂歌——“因为你是一股力量，最珍贵的力量”——尊他为“一座给予保护的山峰”。[24] 甚至在收到她寄来的两卷诗作之前，他就觉

得她已经“进入了我内心的地图”，他在 5 月 10 日写道：“在莫斯科和托莱多之间的某处，我已为你那奔涌的海洋留下了一片空间。”[25] 这位陌生的女诗人几乎就像另一个本韦努塔那样吸引了他，但这次他本能地相信她是他的知音，她一无所求，只在书信中诉说她的生活和想法，在 394
玛格达·冯·哈廷贝格那里，他从未见她这样回应他的想法。在谢尔的最初几天，他寄给她的哀歌歌颂了他们诗歌的亲密关系，以及在诗人的（和恋人的）使命中结合在一起的赞美与哀悼：

哦，损失之物坠入整个宇宙，玛丽娜，众星辰正在陨落！
我们无法让它更大，无论我们冲向何处，无论我们
去到哪颗星辰！已编号的永远是整体的一部分。
无论谁坠落，都无法减少这神圣的数字。
每一绝望的跌落都坠入源头并痊愈。
那么，一切居然会是个游戏，同一物的再现，转移，
无处有一个名称，几乎没有任何地方赢得耐久之物？
波浪，玛丽娜，我们是海！深渊，玛丽娜，我们是天空。
大地，玛丽娜，我们是大地，我们是一千次春天，我们是翱翔的
云雀，一阵突然爆发的歌声抛向眼睛无法看到的领域。
…………
赞美吧我最亲爱的，让我们用赞美去挥霍。
无物属于我们。
…………
诸神早已发现
如何去欺骗整体之一半。我们，被卷入循环，
填充自己趋向整体，就像月亮之圆盘。
即便在衰退之时，在逐渐转变的几个星期，
也从来无人能帮我们再次走向完满，除非，
孤独地，我们自己行走在无眠的风景上空。[26]

他们短暂的通信可以恰如其分地比作“同谋共犯之间的通信，他们参与了一桩周围人不知道的密谋”，[27] 两位诗人都认为彼此在精神上相互关联，在力量上势均力敌。“在我们出生的岛上——一切都像我们一样，”玛丽娜在写给鲍里斯·帕斯捷尔纳克的信中说；[28] 而里尔克立刻认可了她的天才，后人的判断足以证明里尔克的看法是合理的。但他现在的情况不允许他过多地与茨维塔耶娃书信往来。他很快就发现很难回复玛丽娜风格过于强烈的书信，她对德语有令人惊讶的掌控能力，书信中不乏一些几乎是超现实主义的文字游戏。灵感突然爆发，写完这首献给玛丽娜的哀歌之后，他需要更平静的工作，于是搬回了穆佐城堡，过着一种他觉得无情地变得缓慢的生活——轻松悠闲地给南妮·文德尔利（然而，她没听他说起茨维塔耶娃的事）写信，告知自己的情况；完成了翻译瓦莱里的“那喀索斯”这项令人满意的工作，还写了一首短诗；与让娜·德·塞皮布斯一起轻松地散步，或者与德特拉一起去参观希皮的工厂。

他已经把早些时候的法语作品收集起来，抄录在一本笔记本中，取
395 名为“缴给法兰西的温柔的税”，其中的一些诗已收入《果园》的最终选本中。稍晚的诗歌他添加到一本名为“练习与证据”（Exercices et évidences）的手稿中，但其中的一些也已收入《玫瑰集》（*Les Roses*），并正准备出版单行本，其他关于窗户主题的变奏，收入《窗》，梅琳娜打算为《窗》配上版画，设法在巴黎出版。此时，《果园》与《瓦莱四行体》终于出版了，他在给朋友们寄送附有精心准备的题献词的样书时，获得了巨大的快乐，收到样书的朋友们有瓦莱里、纪德、让·卡索和朱尔·苏佩维埃尔——“我热爱的令人仰慕的诗人”——以及让娜·德·塞皮布斯，“因为她在这片果园的公有土地上永远拥有一处居所”，而且在《瓦莱四行体》的扉页上，他还为她题写了一些额外的诗句。瓦莱里写信赞美说，“你法语诗歌优雅的陌生感令人惊讶”，还在信中表达了听说“那喀索斯”已翻译完毕的快乐之情——“你我竟然同时生活在这个地狱般的时代，对我而言这是一笔不可思议的财富”；纪德则从里尔克的法语诗中找到了“一种全新的乐趣，它的风格有点与众不

同，也许更为罕见，更优美，也更精致”。[29]

这种文学生活的恢复，尽管令人高兴，但本质上却是表面上的，无非是一个向朋友们隐瞒疾病的门面，但却不足以帮助他忘记自己的疾病。有一个征兆是他竟然再次寻找秘书。他变得越来越焦躁不安，既需要人陪伴，也喜欢到处活动。玛丽侯爵夫人 7 月时会去拉格斯，他打算去那儿与她会合：但他一天天地推迟出发，主要是因为他的身体状况不稳定。但另一方面，随着 7 月的时光慢慢流逝，通过年轻人带来的消遣和更有吸引力的社交活动，他感觉像是待在巴黎——他不想错过人们的拜访，他写信对南妮 · 文德尔利说。

伊丽莎白 · 伯格纳曾为他 50 岁的生日给他拍过电报，但他在寻找她的地址以便感谢她时遇到了一些麻烦。她听说他生病之后，决定把前往穆佐城堡纳入她的暑期旅行计划，并于 7 月 13 日与同伴维奥拉 · 博斯哈德驱车来到穆佐。她们原计划一两个小时的拜访时间变成了一个通宵，整个晚上，她们的主人给她们一首接一首地朗读诗歌，伊丽莎白抗议说他应该去休息了，也被置之不理，她对他的朗诵深为着迷，维奥拉却已疲倦地倒在沙发上酣睡了。早晨，就在她们要离开的时候，他突然问她最喜欢什么水果：“我知道，”当她回答说是樱桃时他说；并把她们领到花园里，给她们看一棵小樱桃树，还有一个挖好的准备用来栽种的坑。樱桃树当场就种好了，用以纪念她的来访。[30] 大约就在同时，他从多里 · 冯 · 德尔 · 米尔那里听说热尼 · 德 · 马尔热里正从柏林带着她的两个小儿子去洛桑度假，他写信说，尽管他正要出发去拉格斯，但如果她能过来与他待一天的话，他可以推迟出发时间。在巴黎，她是他为数不多的崇拜者之一，前一年还完全不了解他早年的作品——因此，他已经准备好一本《时辰祈祷书》，这对她来说会是一件珍贵的礼物——她在 396
7 月 17 日来到穆佐，虽然相比伊丽莎白 · 伯格纳的拜访，这次拜访在性质上更为正式，但仍然让她难以忘怀。他对巴黎的怀念之情非常明显，因此她离开的时候，心里想着稍后可以让他使用他们在巴黎的公寓，在她丈夫去柏林游览期间，公寓是空闲的。[31]

“阴沉的疾病”仍然缠着他，他在谢尔等候热尼 · 德 · 马尔热里的火车时，写信对南妮·文德尔利说，告诉她近两天他在前往拉格斯的途中会经过苏黎世。[32] 当侯爵夫人在拉格斯舒适的环境中焦急地等待着他时，他竟然想方设法去吸引这样的同伴，还为他的感情辩护说，现在他必须抓住生活给予的每一刻，欣赏青春和美。

等到他抵达霍夫-拉格斯酒店时，玛丽侯爵夫人几乎已经打算离开了，她的身体状况并不好，患有严重的支气管炎。他把第一周的时间完全用来陪她，“完美而迷人的时光，其中的每时每刻我们都觉得，我们需要多少这样的时光啊”[33]。7 月 27 日，她离开的时候，与他约定这一年的晚些时候在巴黎见面。他现在开始严肃地对待他先前错过的治疗，每天都认真地去做温泉浴：泉水清澈而且异乎寻常的充沛，看起来有希望起到特殊的功效。他静下心来，打算比最初计划的待更长时间，希望温泉独特的力量能够缓解他的病痛。

他远不是寻找孤独，而是像在巴黎时一样喜欢社交活动；如同前一年，8 月的气候潮湿多雨，游客开始变得稀少，但仍有许多人吸引了他，其中有他已经认识或了解的富裕的瑞士人，还有一些奥地利人、德国人、荷兰人和比利时人。他们多数都有家人陪伴，非常高兴能够结识一位著名的诗人，况且他那么愿意与他们交谈，朗读他自己的作品，用法语或德语技巧娴熟地为他们写诗，还把《果园》或法语版的《马尔特手记》塞到他们手中，书中还题有可爱的献词。他随身带着翻译的“那喀索斯”，在他们待在一起的短暂时间里，这部作品给侯爵夫人带来了快乐，8 月的第一个星期，南妮·文德尔利从早早就下雪的蓬特雷西纳来到气候温暖的拉格斯时，他还会把它读给她听。他们乘坐酒店的马车去附近的格劳宾登，重游了位于马兰斯的博特马尔城堡的花园，首次去迈恩费尔德的萨伦涅格城堡参观了冯·萨利斯家族昔年住过的一座府邸。另一位在拉格斯短期逗留的老朋友是埃娃·卡西雷尔，他最后一次见她已经是战争开始前的事了，她也听他朗读了“那喀索斯”。

南妮·文德尔利发现他有精神多了，非常“有活力”；他后来回顾这段时期时，说“这段节奏缓慢的生活”特别吸引他，尤其是因为有
397 年轻人的存在。25 岁的贝皮·维德是一位有前途的歌手，在巴塞尔学

习，她从荷兰前来与父母一起度假，住在附近的奎伦霍夫酒店，里尔克见到她时，感觉“充满了一种全新的快乐”，忍不住就把刚收到的准备发表在下一期《岛屿年鉴》上的诗歌的校稿给了她。[34] 虽然她无法完全理解它们，“虽然……我内心激情的每一个目标都会让你觉得奇怪，但让那我们乍一见面，尚未开口之前你就放在我手中之物保留下来吧：那是一种对你生命本身的，无限快乐的信任……”在她离开之后他写道，她的存在给那些有幸在拉格斯见过她的人带来了“一种永远可靠的快乐”。[35]

随着你独一无二的手的第一次触碰
你把自己送到我的手中：
仿佛在第一缕颤动的风琴乐音中
人们听见整首雄壮的歌曲激昂人心，

伴有献祭、仪式和狂欢。
我如何去理解已逝去的等待！
它如何以伟大的开端
超越我的听觉和倾听！[36]

在他待在拉格斯期间，南妮·文德尔利尚未到来时，他写信对她说，一位“相当迷人的比利时小女孩，一个非常有趣的小孩”也给他带来了快乐。他从未见过如此完美的人，想到这种美必定很快就会褪色，几乎令人感到恐惧：“那么优美、那么完善的姿态，那么有教养，又那么聪明”。小孩子的在场通常会让他感到不安，但蕾娜（Reine）却完全迷住了他——“能叫她塞蕾娜（Se-reine）[1] 吗？她是一个 6 岁的小孩子，有一天表情古怪地看着他，说“你看起来像一只独角兽”。（这是一种非凡的洞察力，雅卢后来认为，当时他听到这样一种说法：“在身体上和

[1] reine 在法语中意为“王后，女王”，而 Se 含有“自己”之意。

精神上，里尔克都完全是一只独角兽”。而里尔克自己，很可能会想起他20年前在《新诗集》召唤的那只“从来不可信的白兽”，“它的目光，不受限于任何事物，/ 把诸多形象投入空间……”[37])

他一直待到8月底，才不情愿地离开，那里的环境曾暂时帮助他忘记了他的疾病，还激发他创作了数量相当可观的诗作。这些诗歌多半是用法语即兴创作的，但其中有两首长诗显示，他对德语的掌控能力丝毫没有减弱。这两首德语诗是“萨伦涅格的柳树”，以及受兰科龙斯基伯爵的一首诗结尾诗句的启发而写下的诗行。

> “才智和热情绝不是多余的”：
> 凭借他者变得丰富
> 是我们的信念，一些被挑选出来，
> 为了在那场斗争中赢得纯粹的胜利……
> …………
> 398 在沉睡中他们也继续守卫：
> 从梦和存在中，从欢笑和哭泣中
> 获得一个意义……倘若他们能抓住它，
> 在崇拜中向生命和死亡屈膝，
> 宇宙万物都被赋予全新的尺度，
> 凭借那弯成直角[1]的双膝。[38]

那篇关于萨伦涅格的作品赞美了存活了几个世纪之久的柳树，那棵柳树可谓一个奇迹，从它的树冠上沿着腐烂的树干向下伸出了一条新的根，开始了新的生命。这两篇作品中有一种肯定的精神，也许是表达了对身体康复的基本信心，一定程度上抵消了弥漫在他的许多法语四行体诗和断片中的忧郁和离愁别绪：

---

[1] 直角（right-angled，德语为rechter Winkel），在英语和德语中都包含有“正确的角度”之意。

如何让你留步片刻，美丽的夏日……

这是缓慢前行的生活，
这是逆向的心，
这是一个半希望：
有时太多，有时又太少。[39]

魏宁格夫妇正在乌契度假，他们邀请他再次前往那里加入他们，这为他推迟返回穆佐提供了一个好借口：他几乎有点害怕穆佐的孤独氛围，他写信对贝皮·维德说，邀请她去那里看望他——“我就需要这种希望，使得我有勇气返回瓦莱的家”。[40]显然，他并不考虑在他的塔楼里度过另一个“工作的冬天”。他目前告诉基彭贝格的计划，是在穆佐城堡里待一小段时间，在秘书的帮助下完成瓦莱里的翻译工作之后，可能会去法国南部靠海的地方，他请基彭贝格提供一笔额外的资金，支付旅行的费用。此时，他作为魏宁格夫妇的客人，再次住进舒适的萨瓦酒店，从拉格斯疗养院的环境中走出来，享受魏宁格夫妇以及雅卢的陪伴。其间，他接见了一位看起来适合做他的秘书的俄国女孩。最重要的是，他有机会渡过湖，去见瓦莱里，他发现后者正在托农（Thonon）附近的安塞（Anthy）度假。

贝茨的“认识里尔克”出版了，对一位尚在世的诗人而言，这是一份特别的礼物，作为对一位德语诗人的超越国界的赞美，在当时是独一无二的。看到过一些校样的梅琳娜认为，瓦莱里对里尔克的介绍信充满了“铺天盖地的客套话”，出自典型的老于世故的人之口。[41]但里尔克，在写给瓦莱里的提议前往安塞去看望对方的信中，却认为这封信精致优雅，“一封我们彼此心照不宣的公开信，我低下身子，以便让世界越过我的肩头去阅读它”。他说他从未读过任何这类文字，“除了埃伦·凯早期的文章，”来自欧洲各处的赞美聚集在这里，让他头晕目眩，但“因此在某种程度上失去了存在已久的质朴”。[42]

9月13日，他与瓦莱里待在一起，这天是这段洛桑插曲中他状态

399 最好的一天。他已完成了“那喀索斯”的翻译，“那喀索斯”的主题曾模模糊糊地萦绕在他脑海中，他徒劳地继续力劝他的偶像写一篇关于这个主题的文章——创造“通往那喀索斯神庙的几级神圣的大理石台阶”。[43] 那天，照片中的，以及瓦莱里回忆中的里尔克微笑着，看起来很年轻；瓦莱里去维也纳时，他谈到他们或许可以稍后再见见面，字里行间没有表现出任何有病在身的外在迹象。然而，他返回的当晚，因腹部绞痛而彻夜未眠。同样的“可怕而又可笑的强迫症”仍然困扰着他，几天之后他写信对南妮·文德尔利说，“它处处跟着我，还让我带着一个想从外界的奇迹中得到拯救的人怀有的绝望感，留心新的观感和陌生的人。可是，这种奇迹应该来自我的内心……你无法想象我过的是怎样的生活，怎样的一条没有出口的环路，多年以来我一直在上面绕行。”[44]

在洛桑的社交圈里，有来自世界各地的人，绝不会缺少他需要的“新面孔”。后来成为著名钢琴家的哈丽雅特·科恩对他尤其有吸引力，她与他见了许多次面，还陪他去了一趟日内瓦。他把 1913 年写的诗歌“亲爱的，预先失去的”（当时尚未出版）抄送给她，这表明即便在这种疾病缠身的时候，他仍梦想着寻找他理想中的女人。尽管失望地得知这首诗并非如她当时所认为的是写给她的，但她很久之后都对这场邂逅怀有温柔的回忆。

在拜访瓦莱里之前，当他在萨瓦酒店的花园里独自朗读时，正与朋友们坐在别桌的雅卢注意到了他；雅卢的朋友中有一位年轻的埃及女人，也是酒店的客人，身材高挑，美得摄人心魄，她正热情洋溢地对雅卢谈起她最近的发现——法文版的《马尔特·劳里茨·布里格手记》。当雅卢告诉她作者就在附近时，她惊讶不已，逼着他带她去见作者。里尔克自然不会没有注意到在酒店中有这样一位美人：当他听雅卢说她喜欢他的作品时，他马上给她送去一张便条——他说，他害怕朋友们还没来得及安排他们见面，他就离开了酒店。她叫尼梅特，是开罗的官员艾哈迈德·哈伊里·帕夏的女儿，她接受的是法国教育，18 岁就结了婚，在瑞士待了许多年了，她的丈夫阿齐兹·埃尔维·贝在这里生了重病，住进了莱森（Leysin）的一家疗养院。她年幼时，父母和一位姐姐就去世了；雅卢认为正是这段早年的死亡经验，使得生活在洛桑富裕的上流社会浅薄的生活中的她拥有一种超脱的气质。这也可以解释《马尔特手记》在她内心激起的情感，以及她对该书作者的倾慕。

待在萨瓦酒店的剩余时光中，他经常见她，魏宁格夫妇离开之后，他又接着住了将近一个星期。她对这部作品的深刻理解打动了他——“一种本质的理解，‘M.L. 布里格’从未得到过这样的赞同：可这本书已经存在了 17 年！”他花了几乎一整晚把她借给他的那本《马尔特手记》读了一遍，感叹书中的这一切“存在”一瞬间都变得属于她，“你 400
不可言说的存在位于你自身当中”。[45] 乘坐她开得飞快的车也是一种全新的体验，即便多少有点令人担心，稳重的玛丽·塔克西斯和南妮·文德尔利从来不会把车开得这么快。最重要的是她东方式的美貌让他感到陶醉，她的外形就像他在埃及见过的女王的雕像，深金褐色的眼睛，完美无瑕的皮肤和柔软修长的双手。他感谢雅卢在家中请他们两人午餐，怂恿雅卢在桌子上“E. 夫人放手套的位置”竖一小块纪念碑，“在手套执行在它们中装满天使的升天命令之前”。[46] 他在 9 月 20 日离开时，邀请她一有时间就去穆佐玩一天。

他对在萨瓦酒店毛遂自荐的年轻秘书感到很满意。吉尼亚·切尔诺斯维托娃看起来聪明能干，还很有魅力，他让她陪自己回到谢尔，安排她住在贝尔维尤。他们立即开始工作——对他早已译完的瓦莱里的《灵魂与舞蹈》和对话录《欧帕里诺斯》作最后的修订——10 月 9 日，他们完成了这项工作。阳光灿烂的日子，他们会出去散步，此外还有客人来访，这经常打断他们的日常工作。在这期间，南妮·文德尔利与一位朋友一起来到了贝尔维尤，尼梅特·埃尔维也在他返回穆佐几天之后就驱车前来拜访。他的样子让南妮·文德尔利深感震惊，这是自拉格斯以来他们首次见面。她在酒店里远远地看到他，觉得他看起来“很可怜，一副担惊受怕的样子，苍白得如同刚经历一场重病”；但他们一开始交谈，他活泼的举止很快就驱散了这种印象。[47] 10 月 5 日，他送她离开时，双手都扎着绷带：他在给尼梅特·埃尔维摘玫瑰时，一根刺深深地扎入了他的左手，引发了严重的炎症，紧接着在右手的指甲下方出现了令人痛苦的感染。他不想让她走——“我仍然还记得他说‘我以为这只是刚开始’，”她后来写道；[48] 但在劝他暂时待在贝尔维尤之后，她一想到吉尼亚会照顾好他，就感到轻松一些了。

在口述完翻译的瓦莱里之后，他带吉尼亚去了洛桑，老鸽巢（Vieux-Colombier）剧团正在那里演出，莫里亚克也将要在那里发表题为“为小说辩护”的演讲。她回忆说，这次旅行于她而言令人愉快，怀着逃学般的热情：晚上看完戏剧后，他们加入艺术家在沙伊（Chailly）举行的聚会，一直玩到凌晨 3 点，次日在萨瓦酒店奢华的环境中安静地度过，在听完莫里亚克的演讲之后，于 10 月 14 日返回谢尔，回程途中在韦威停下来，吃了一顿美味的烛光晚餐。第二天再次开始工作，进一步翻译瓦莱里的作品，翻译了他关于“姑姑”贝尔特·莫里索[1]的文章；但秋天的景色非常迷人，里尔克坚持要中断工作，与吉尼亚一起去锡永度过夏天余下的日子。

这次短途旅行让他付出了高昂的代价。返回之后，他好像患了胃肠
401 型感冒，不得不卧床休息，虽然高烧很快就减轻了，但差不多两周的时间他都卧床不起。他没有心情在穆佐度过冬天，他告诉基彭贝格，同时汇报他在翻译方面的进展，他下定决心暂时搁下工作，前往法国南方。就近改变环境，住在贝尔维尤也让他觉得不舒服。仿佛是为了准备出发，他开始整理他的书信，趁着吉尼亚还在为他工作。她把成捆的书信放在手提箱里从穆佐带过来，他无比耐心地开始给它们分类，与此同时她为每一个通信人准备一个大信封，书信分类装好之后，她再把它们运回穆佐城堡。他的身体状况始终没有得到改善。11 月时，他一直吃得很少，而且喉咙总是有一种紧缩感，莫名其妙地咳嗽，他开始觉得自己又回到了他长期以来试图忽视的罗网中。南妮·文德尔利来信说克拉拉可能会来瑞士，她已经邀请她前来住几天，这让他莫名地感到烦躁易

[1] 贝尔特·莫里索（Berthe Morisot, 1841—1895），法国印象派著名女画家，代表作有《芭蕾舞女演员》《少女与狗》等。瓦莱里的妻子是莫里索的侄女，因此瓦莱里称她为“姑姑”。

怒：即便这是为他着想，他也肯定会拒绝见她，拒绝“让她对我拿出她那充满怜悯的基督教科学派信徒的好奇心。如果她坚持要见我的话，我只得立马离开，逃到别处去。”[49]

“多么浪费时间啊！”他对南妮抱怨说。“吉尼亚即将离开，在她离开前的为数不多的几天中，我更愿意在她讨人喜欢的帮助下做更多的事情——而不是让她变成我的护理员。”对他而言，不得不在朋友面前，而不是在冷漠的医护人员面前显露出他的软弱是一种折磨；他觉得自己就像一条病了的狗，想要躲起来，任何同情都会让他觉得不高兴。他拒绝去看医生，或者吃任何“闻起来有药味”的东西。他努力让自己的身体恢复过来，尽其所能继续过正常的生活。[50] 他继续与荷兰的出版商亚历山大·施托尔通信，讨论出版增订版《果园》的可能性；费力地给格奥尔格·赖因哈特写了一封长信，请对方资助雷吉娜·乌尔曼——与他对克拉拉的几近残酷的态度形成了鲜明的对比。通信工作日益变得勉强，11 月 14 日，受邀前来看望他的冯·德尔·米尔，看到他消瘦的形体和显而易见的疲倦，感到非常震惊。

玛丽安娜·冯·戈尔德施密特－罗斯柴尔德写信邀请他 12 月去柏林，与此同时，他的其他朋友正背着他给他安排别的庇护所。热尼·德·马尔热里把她在巴黎的打算供他居住的公寓差不多重新装修完毕了；而玛丽·塔克西斯，曾在维也纳从瓦莱里那里听说里尔克的健康状况很好，正想着让他春天时去罗马。然而，里尔克自己还是想去法国南方——或许会去莫尔海滨（Côtedes Maures），他听朋友说这是一个宁静的地方，尚未被游客发现。南妮·文德尔利建议他去提契诺，他毫无兴趣——“那个地方很像意大利，已经逐渐成了德国人的避居地。想想看，赫尔曼·黑塞就在卡斯塔诺拉（Castagnola），说不定明天威廉二世就去蒙特维里塔（Monte Verità）了。”[51] 基彭贝格指出里尔克的账户目前已经过度透支了，但还是保证为他提供旅游的资金。“要想有任何未来，我必须先熬过目前这段极为危险的时期，”他在 11 月 15 日写信给基彭贝格，感谢他的帮助。“我知道你的建议首先是为了利用一切可利用的资源，确保我渡过难关。”[52] 402

他仍然试图相信自己能够不依靠别人的帮助恢复健康，在能够起床之后，经常与吉尼亚一起散步，甚至一路上行，走到穆佐城堡。经历许多个痛苦的不眠之夜后，紧随胃肠型感冒出现的顽固痢疾开始显示出化脓的迹象，除了再次去瓦尔蒙寻求帮助之外，他想不到其他办法，到月底时他再也坚持不住了。在一两天内就要去巴黎的吉尼亚，在 11 月 30 日陪他去了疗养院。他们从谢尔坐火车出发，当他们在火车上交谈时，她觉得他“惊人的内在的青春”战胜了他的痛苦；但坐在从蒙特勒将他们载到疗养院的汽车中时，他再次变成了“极其脆弱的病人，需要无微不至的照顾”。[53]

他到疗养院时，埃梅利外出了，而且预计一周多的时间内都无法返回；但这次他的疾病有了确定无疑的诊断。验血结果表明他患了一种急性髓细胞性白血病——在当时和现在都是不治之症——而且，医生们显然清楚，他的病已经到了晚期。他的疾病格外痛苦，最先的临床症状是手部感染，紧接着由于黑色脓疱的爆发导致内脏继发感染，就像败血症一样，黑色脓疱出现在皮肤上，随后出现在口腔内和鼻子上。在这种“无法形容的折磨”[54]之下，他的体能迅速地衰退。在他的要求下，南妮 · 文德尔利准备了一百多张印刷卡片，寄给了他的通信人，说他病重无法写信，但第一个星期他仍然能够写一些他觉得必要的书信：为前途未定的吉尼亚给巴黎的朋友们写了推荐信，还给施托尔写了信，对无法为计划的“外国作家向保尔 · 瓦莱里致敬”（“Hommage des écrivains étrangers à Paul Valéry”）投稿感到遗憾，他向对方提供了他翻译的“贝尔特姑姑”和《玫瑰集》系列的手稿，希望看到它们出现在“你漂亮的新版本”中。[55] 里夏德 · 魏宁格给他来信，就如何处理库切拉的遗产提出建议，他请南妮给对方回信，把他的委托书寄给魏宁格，让他见机行事。“日日夜夜，夜以继日……地狱！”他在 12 月 8 日写信给她——信中对不得不变成病人，“在医生们的眼皮下学习这门荒诞的职业”充满拒绝无望的感觉，“在这桩交易中我是失败者！……埃梅利医生明天返回。看到我在这里等他，他会多么惊讶啊，可怜的家伙。”他也请她如果可能的话，先把瓦尔蒙的账单寄给维尔纳 · 赖因哈特：“稍后我会与基彭贝格协商此事，但目前我什么都做不了，甚至无法正常地签名。”[56]

通过电话从埃梅利那里得知里尔克病情严重之后，她第二天晚上匆忙赶到了瓦尔蒙。她的到来似乎给了他安慰——“你给我带来了生机，”他告诉她[57]——她留在他身边，吉尼亚离开之后，她是他愿意见的唯一 403
客人。他不会考虑让他们通知他的家人或朋友：按照埃梅利的说法，他唯一的要求就是谁都不见，人们“可能让他想到自己病况严重，他决意向别人，甚至向自己隐瞒病况”，不管他感到多么痛苦，他还是相信自己会康复。[58]唯一的例外是莎乐美，12 月 13 日，他设法用铅笔给她写了一封信。

> 我亲爱的，你看，这就是三年来我警觉的天性让我做好准备的，预先暗示我的：现在，在花费这么长的时间试图自我救助、纠正和调整之后，发现它很难被克服……露，我无法告诉你有多少个地狱——你知道，我总是能够将痛苦，身体上的真正巨大的痛苦融入我的生活方式中，疾病只是一种异常，并且会变成返回自由的方式。但现在，它在让我窒息，在剪断我的生命。日日夜夜！去哪里寻找勇气？亲爱的，亲爱的露，医生正给你写信，文德尔利夫人也在写，几天来她给了我很多帮助。我有一个好心的、善解人意的护士，我也相信医生的方法是正确的，这是 3 年来他第四次为我看病。但是——这地狱般的痛苦……[59]

“你了解关于他的一切，从一开始到现在，”南妮·文德尔利的信中这么写道。“你知道他对你无限信任——他说：露肯定明白一切情况。也许她知道有某种安慰的办法。”埃梅利给莎乐美寄去一份关于他病情的完整详尽的说明，是里尔克请他这么做的，“相信你作为他真正的朋友，能够激励我们不幸的病人，让他不要动摇依旧坚决的求生意志和希望——此时告诉他疾病的预后在我看来很危险”。[60]

莎乐美虽然经常给他写信，但她无法找到安慰他的方法。他自己不再给她写信了，她觉得他知道，肯定知道，大限将至。他从未向埃梅利隐瞒他通常对医生持消极的态度，但就个人而言，他非常信任埃梅利，他可以直率而详尽地向对方谈论他的症状，每天都让自己相信拟定的治疗和专家们的会诊符合他自己的想法。他不想知道疾病的名称，宁愿认为这种疾病是他自己特有的，更愿意把他的状况看作是“不可避免的神秘疾病，不应该受到过于透彻的分析”。[61] 埃梅利注意到，在他们漫长的谈话中，他是如何故意避免提及死亡的可能性。

12 月以来，他日益变得虚弱，对南妮·文德尔利每天下午都来陪他心存感激，她给他朗读文章，处理必要的书信。他以巨大的勇气面对高烧和持续不断的疼痛，决心不接受任何可能会让他失去意识的药物。南妮感到悲伤不已，因为她坐在旁边，却无力帮助他。他的铅笔依然经常握在手里。他给卡斯纳写信，请对方适当地尽量把情况告诉侯爵夫人；
404 在给魏宁格的信中，他提到自己“不幸的、无限痛苦的”疾病，“它绝不只是暂时的”：“血液细胞中鲜为人知的改变导致我的整个身体发生了最可怕的变化。而我正学着习惯这种无可比拟的、无名的痛苦……艰难的一课……我在这里得到了一切可想象的照顾，但实际上做什么都无法减轻我的痛苦。”[62] 在他的笔记本中，一段最后的文字片段诗意地表达了他的痛苦：

来吧，你这最后的，我能认出你，
痛苦，十足的痛苦，身体组织中猛烈的痛苦。
正如我曾在思想中燃烧，你看，现在我
在你之中燃烧；木材一直拒绝接受
你在我身上引燃的火焰，而现在我喂养你，在你之中燃烧。
在这里，我的温暖在你炽热的愤怒中，必须变成
地狱的愤怒，地狱的狂怒，点燃那里。
完全纯洁，无望而自由，我
爬上苦难那纵横交错的火堆，
的确，无处可为这颗心
购买未来，一切库存均已告罄。

什么在那里燃烧，无法辨认，那是我吗？
走进这团大火，我丢开拖在后面的回忆。
去活着，活着：待在外部。
我燃烧着。无人认识我……[63]

收到埃梅利来信的基彭贝格恳求他“挚爱的朋友”不要担心费用——“我的，就是你的！”——并安排了一位莱比锡的专家前去为他诊治。[64] 南妮·文德尔利难过地得知他的病可能没有希望了，于是在 12 月 15 日主动提笔给克拉拉写了一封信，后者两天后赶到了。“太烦人了”，里尔克不愿让她进去看他，她只得在未能见到他的情况下再次离开。[65] 但他在 12 月 20 日给露特寄去了一封信，信中说送“你们所有人——包括克里斯蒂娜，卡尔——一个圣诞节拥抱”：“要幸福，快乐，自信，生活依然同样的美好”；[66] 次日，在回复给他寄来诗歌的苏佩维埃尔的信中，他写道：

> 我常想起你，诗人，朋友，每当这时候，我也想到世界，花瓶可怜的残片还记得大地的存在。（然而，我们是怎样滥用我们的感官及其有着痛苦书页的“词典”啊！）[67]

他经受着不可想象的痛苦，他在写给尼梅特·埃尔维·贝的一张便条中写道；医生们可能会为这种痛苦取一个名称，“但我们，它只教给我们三四声叫喊，在叫喊中我们的声音已难以辨认——我们的声音被训练得有如此细微的差别！不要鲜花，夫人，我恳求你，鲜花的存在会激怒魔鬼们，它们的房间已装得满满的。但那与鲜花一起到来的，会为不可见之物增添光彩。哦，谢谢你！”[68] 他好像还没有放弃希望。在次日，也即 12 月 23 日写给梅琳娜——她有一个月没收到他的信了，甚至不确定他是否还在瓦尔蒙——的一封信中，他说自己被关在那里“很长时间了”。“可悲的疾病，让人低声下气，我只能请你相信我得到了无微不至 405
的照顾……如果你充满爱的心劝你前来看我，那你就太不明智了……我亲爱的梅琳娜！”[69] 这是他所能写的最后一封信。自此以后，听别人朗读似乎都很困难，南妮·文德尔利很清楚，他意识到生命正在枯萎。“帮助我走向我的死亡，”他突然对她说。“我不想要医生给的死亡，我要我的自由。”又说：“生命给予我的够多了——我已登上了生命的峰顶……永远不要忘记，我亲爱的，生命是壮丽的！”[70] 到12月28日，他已经极度虚弱了，整个人迷迷糊糊的，但还请埃梅利不要让他失去意识：“他会用摁我的手来代替回答，说话会让他喘不上气来。”[71] 午夜时分，他陷入昏迷状态，南妮·文德尔利和医生为他守夜，他就这样躺了一段时间，到12月29日凌晨三点，他才抬起头，睁大双眼，然后仰面倒下，死在埃梅利的怀中。

看到他终于从痛苦中解脱出来，南妮·文德尔利感到一种不可言传的安慰。他躺在那里，瘦削的、几乎变成了棕色的脸仍然有皮肤破溃留下的疤痕，深色的胡须长得触到了枕头，在浓密的眉毛下面，沉重的眼睑紧紧地闭上了，在她眼中，他的形象看起来就像某个祭司，“也许来自波斯或者印度，像一位来自远方的圣人，在大地上短暂盘桓，现在躺在那里去世了，他的殉道之旅走到了尽头”。[72] 现在，悲伤的处理后事的责任落到她头上，她要整理电报和书信，与赖因哈特一起前往拉隆，按照里尔克的遗愿在那里安排墓地。为数不多的朋友陆续抵达，其中有基彭贝格夫妇，露露·阿尔贝－拉扎尔，还有雷吉娜·乌尔曼。1927年1月2日，星期日，一个阳光明媚，但严寒刺骨的日子，他被安葬在拉隆，下葬前举行了一场简短的（天主教）葬礼，管风琴和阿尔玛·穆迪的小提琴演奏了巴赫的音乐：背靠小教堂围墙，雄踞着罗纳河谷，这是给他带来乡村的“微风和光亮”的最初几个地点之一，在这里他终于完成了他最伟大的作品，而且，充满象征意味的是，此处位于语言分界线上，一边的居民说德语，另一边的说法语。

爱德华·科罗迪在一段简短的致辞中说，为数不多的每一个前来送葬的人都代表了众多里尔克精神上的同胞，他们来自世界各地，对他的去世，他们必定能从他永恒的作品中找到安慰；接着他引用了第一哀歌中的诗行：

他们终于不再需要我们，这些提早离世的人，
人们轻轻地脱离世间万物，恰如人们温柔地
告别母亲的乳房。然而我们，需要
这些巨大的秘密，对我们而言，悲伤常常是
最神圣的进步之源，没有他们，我们能够存在吗？[73]

冰封的大地覆盖了坟墓，瓦莱剧作家勒内·莫拉代表那些仅仅是通过里尔克的“第二把诗琴”了解他的人说:“永别了，伟大的诗人！”不久之后，玛丽侯爵夫人在他的墓前放了一顶桂冠，“举世无双的诗人，亲爱的、忠诚的朋友”。

407

后记

相信我，没有什么像我生活中那不可思议的、空前的奇迹那样深深地让我感动，从一开始，我的生活就遵循着这种几乎不可能的情节，从一次又一次的拯救中往前发展。

（致埃米尔·冯·格布萨特尔，1912 年 1 月 14 日）

为了哀悼里尔克的逝世，来自德国、奥地利、捷克斯洛伐克、法国、波兰、斯堪的纳维亚、意大利，甚至英国的人们发表了悼念文章、举办了演讲和纪念会。许多写到或谈及他的人对他的了解仅限于依靠他已出版的作品，即便对那些有更多渠道了解他的人，他的生活似乎还是“笼罩在沉默和神秘中”，斯特凡·茨威格写道。[1] 他的作品似乎表明他是一位死亡诗人，他描绘了生命的一切表现形式，他赞美生命，把它当作是为另一个领域所做的准备，只有另一个领域才能揭示生命的真正目的。在维也纳，举办了两场悼念会，有人朗读了里尔克的作品，玛格达·冯·哈廷贝格演奏了音乐，第二场悼念会上，有人穿着绣有克恩滕里尔克家族灵猩纹章的传令官制服，向听众发表了亚历山大·莱尔内特－霍莱尼亚写的开场白：“死亡之于他，并不是退场，死亡是一种永恒的状态，筋疲力尽者和那些怀有伟大计划的人向死亡撤退，是为了继续存在下去……死亡于他而言是圆满的存在。”[2]

在早期称颂他的文章中，他被视为纯粹诗人的典范，矢志不移地驾着“他的生命之舟，对抗资本主义社会的潮流”（卡塔琳娜·基彭贝格语）。[3] 他"英雄般地实现了为抒情诗调的表达而奋斗"，但这只表现在他的作品中，茨威格在慕尼黑的追悼演讲中说："无人完全了解他的内心生活……他是一位虔诚的石匠，致力于建造永远不会完工的语言大教堂"，他从容不迫地辛勤工作，"默然无声，如同一切伟大的作品，远离世俗，如同一切完美之物"。[4] 雅卢写道，他认识的其他诗人，只是由于他们的思想才成其为诗人——在他们的作品之外，他们就和其他人一样：但里尔克带他走进"一个他自己的世界，仿佛只是出于奇迹我才获准进入其中……人们感觉到他对俗世没有兴趣，他的脸总是转向那些永远无法表达出来的真理"。[5] 卡斯纳的态度更为不偏不倚，他指出，里尔克的苦行主义和虔诚实际上与他的作品给人的印象相隔甚远，他回忆并讲述了一些关于里尔克的趣闻轶事，强调他作为人的品性；但他高度赞扬生活和作品"无价的、不可思议的一致性"。"即使在洗手时，里尔克也同时是诗人和个人。"[6]

罕有人去葬礼的赞词中寻找对死者的固定评价。至于生平具有传奇 408
色彩的里尔克，人们在他逝世之际对他的评价在半个世纪之后依然成立，这格外让人惊讶。人们认为他是一个独特的现象，一位只献身于自身使命的诗人，尽管至今仍然几乎没有人意识到这对他而言意味着怎样艰难的奋斗；而且，虽然他的许多作品，甚至他最好的一些作品，当时尚不为人所知，但人们一致承认他在抒情表达方面达到了前所罕见的高度。这些论点，虽然不时受到抨击，并且在围绕着他的形象聚集起来的大量著述中通常被认为是有局限的，但它们仍然是所有里尔克研究的基石。

表面看来，他的人生变幻无常，而本质上他的生活沿着一条恒定的道路前行。他是无根的漫游者，时而寻找孤独，时而寻找社交生活，似乎在利用每一次机遇去改变自己，然而实际上他始终如一地坚持自己的目标：用他天赋的魔力，把对人世和自然世界的个人感受转化为诗意表达之黄金，

仿佛是以翕动的眼睑，

回应蝴蝶向外扇动的翅膀，
并学着去洞悉一朵花的暗示。[7]

时间让青年勒内的傲慢变得缓和，他曾高喊“没有人像我，从来没有”；但这并没有减弱他的使命感，这种使命感就像一条线那样贯穿他的生命，从未断裂，尽管经常变得极度脆弱——作为诗人的使命感也是他用来衡量一切决定的标尺，同时还是他在每一个行动中下意识遵循的准则。

许多见过他的人都觉得他的生活给人一种“形而上的疏离感”。[8]他请求别人给予建议和帮助，在寻求帮助时常常强调他没有处理日常琐事的能力，这似乎表明他生活在属于自己的世界中，给人的感觉完全是不切实际的诗人形象。他在花钱方面无疑不会事先筹划，轻率地相信总会得到生活的必需品。但他非常清楚他需要什么样的环境，在安排住所时表现出一种几近于老处女般的谨慎，多数人既没有时间也没有耐心去关注那些细节。“任何经里尔克之手的东西都变得完美，”斯特凡·茨威格说[9]——倘若是一封书信，那它总是完全适合通信人，而且，如果信上有一点瑕疵，他就会完全重写；他归还给别人的书都包裹得无可挑剔；他亲笔写的诗歌或献词都完美无缺。在他日常生活的习惯中，或为频繁的搬迁而打包行李时，都可以看到同样的完美主义态度。在他临时的住所中，有时是在别人的住宅里，他总是用细心挑选和安排的小物件来装饰房间——由于他要求有精确的尺寸，总是需要新定做的立式书桌；人物肖像或绘画；精美的瓷器；从不会缺少的花瓶或花钵。

409 他热衷于把文件整理得井然有序，一丝不苟地把生活中的小事情处理得有条有理，与此形成鲜明对比的是，他在作重要的决定时显得很被动，经常没完没了地拖延，直到某种天赐的恩典为他做出决定，要不就如他喜欢认为的，直觉会引导他正确地去行动。仿佛他不是在生活（living），而是让自己活着（letting himself be lived）：保持让自己准备好接受那些“无法掌控的、内心体验的可怕张力”到来的时刻，更为艰难的是在间隔时间里保持忍耐，“因为我忽视了我工作之外的一切”。[10]他曾引用卡斯纳的格言，“牺牲是从内心通往伟大的必经之路”，这句话仿佛“既是为我辩护，也是反对我”，既意识到了他的目标，也意识到了他害怕自己可能无法完成的奋斗。

相比许多他的同时代人——如霍夫曼施塔尔、鲁道夫·博尔夏特、斯特凡·茨威格、鲁道夫·亚历山大·施罗德——的背景和生活环境，里尔克的境况根本不适合他选择的生活，倘若没有保护人的支持，他不可能维持这样的生活。他幸运地生活在这样一个时代：仍然能找到众多保护人和一个出版商帮助他，同样幸运的是有许多朋友愿意帮他扫清道路上的障碍。然而，他想寻找这样一位“非占有的保护之手”[11]作为他人生的伴侣，结果却是徒劳的。“没有避风港，这里位于心之悬崖上”，他一再地渴望在一个女人的爱情中寻找保护——“你，几乎是一种保护，在那无人保护的地方”[12]——而他的希望一再受挫。他曾经向莎乐美描述自己，说他永远“站在望远镜前，寄希望于在每一个靠近的女人那里找到幸福，当然，在她们中的任何一个那里，我都没有找到幸福：我自己的幸福，我曾在我最孤独的时光中找到的幸福”[13]。然而，这种判断并不能阻止他在3个月后一头扎进与本韦努塔的爱情冒险中。

他终生都是如此。这种经历不断地重复，既有投入更深的恋爱事件，也有更为短暂的色情诱惑的插曲，他从来抵抗不了这类诱惑。玛丽侯爵夫人认为，他大概永远也找不到心目中理想的女人；“但他无法在身边没有女人的环境中生活……于是就有了逃避，有了逃离一切束缚的时刻，紧随而来的是熟悉的痛苦和悲哀。”[14]（据霍夫曼施塔尔所言，玛丽侯爵夫人甚至说，里尔克“只能感受到友谊或者爱情，无法二者兼得，并且他知道这一点，因此也就陷入无尽的痛苦中。”）[15]他永远带着一颗“逃亡的心”：他知道自己是“感情的叛徒”，“人们对我没有益处”，他在44岁那年发现，“在强烈的感情王国中”，他深感恐惧，“似乎自童年起，我就知道在爱的城堡中只有地牢”。[16]然而，在孤独中他仍然渴望“有时在夜晚看到一个女人的双手，几乎带有精神意味的双手，正忙于做手工”，[17]无须多久，他就渴望再次抓住另一个女人的手，只有

410 这样，他才能再次缩回自己的手。里尔克的马大[1]就是南妮·文德尔利，她对他表现出完全的忠诚和奉献精神，不给他带来任何麻烦，但这只是给了他自由，他试图寻找一个理想女人的打算还是失败了。他在编造甜言蜜语方面无与伦比，能用千万种形象和超常的激情去表达他的爱，这使得梅琳娜和本韦努塔都无法抗拒他的魅力，但他仍然无法给予对方现实的爱情。“爱情生于言语，死于行动”：[18] 玛丽娜·茨维塔耶娃写给她的最后一封信中的这条附带评论，能够很好地说明里尔克没有让爱情和工作相协调的能力。

他曾说，“每当我不得不去生活，或去寻找一条生活的纽带时，我都发现这不可能，于是我只能往后退。”[19] 他拒绝生活赋予凡夫俗子的责任，并由此形成了一种人生观，正如人们正确注意到的，这是他的工作和生活的显著特征。[20]“为什么相爱的人们毫无必要地分开呢？”他在 1909 年写道。“因为在一起并彼此相爱是那么的短暂……我们的存在是一股持续不断的变化之流，也许，一次变化并不比后来的变化更强烈，接着是下一次，再下一次，随后死亡来临。正如我们必定会永远告别……因此我们必须……随时准备好彼此放弃，听任对方，不再彼此束缚。”[21] 把这看作是“我们最有效，最崇高的真理”，就很有可能理性地对待我们根本的弱点，消除面对爱情、婚姻和家庭时的恐惧。不管怎样，重要的事实是，他的创造力似乎正是来自这种靠近和退缩的过程。因此，不管每次情感的破裂给他带来多大的痛苦，他都无法抛弃再次寻找情感寄托的念头，他怀疑他渴望的每一个爱人都是“从一开始就失去的”，但坚信这种情感经历会让他更靠近“未来的完满”。[22]“每一片幸福空间都源自离别。”[23]

他的许多其他观点都只是关于这个主题的变奏——理想化的非占有之爱，以及浪子“恳求他们不要再爱他”；颂扬早逝者的幸福，赞美那种守护彼此孤独的婚姻。在他早年生活中形成的这些观点，他终生都奉

---

[1] 马大（Martha），《新约》中的人物，善于持家（参见《路加福音》第十章第38—42 节，《约翰福音》第十二章第 2 节等处）。

为圭臬，它们全都反映出他作品中根本的自恋情结。他努力通往“内心”，其诗歌本质上是个人化的，以自我为中心，然而却以复杂多变的形式呈现出来。他的书信充满魅力，也不乏幽默的笔调和对通信人的同情，还有许多睿智的思考，但在这一切下面，同样透露出永恒的自我专注：他的艺术，以及他一再出现的生存危机。自然，他必定会把这种强迫性的自我表达看作是“我本性中创造力的一部分”，[24] 设想有朝一日出版它们，既把它们看作是自足的艺术作品，也将它们视为他心向往之的一片精神世界。维持如此巨大的一个通信网络似乎是多余的，他这么做是为了“‘事业’，因为那也是我的工作，最终我所有的书信会描绘出一道它自身强度的轨迹”。[25]

他为语词而活，依靠一系列不同寻常的“救助”来按照自己的方 411
式生活下去，全心全意地去写作，他从他赞美的现实生活中攫取有价值的经验，但经常再次退回到一种本质上不真实的生活中，“领先于一切离别”，把世界和人类情感的“华丽的织锦”转化为属于他自己的独特语言。[26] 在这个过程中，他也改变了自己。从诗歌和书信中浮现出来的那个里尔克是一部艺术作品，一个理想的自我，是“我在外界为自己塑造的形象，更为持久有效……谁知道我是谁？我一直往前走，永远在变化。”[27] 正如菲利普·拉金所言，专门做一个诗人意味着伪装自己。那些爱过他或保护过他的女人，甚至包括莎乐美，以及那些热心帮助他的朋友们，就像今天陶醉于他的诗歌的许多读者，和那些为逐渐增高的里尔克学术研究大厦增砖添瓦的学者们一样，或许都完全不了解他的真实个性。

“转化不是谎言”：[28] 里尔克故事的魅力在于经验的自我与诗人身份之间的相互影响，经验的自我，也即那个实际上度过这段非凡人生的男人，而作为诗人的里尔克，则努力置身于“熵之国度的消逝者中”，成为“一只鸣响的杯子，在鸣响时破碎”：

> 如同上弦的箭，凭借积蓄的张力，
> 超越自身的存在，因为无处可以停留。[29]

412

文献缩写

按：在注释中使用了下列的缩写（完整的文献名称，请查参考文献）。

Benvenuta	[Hattingberg] *Rilke und Benvenuta*, 1943.
Betz	*Rilke in Frankreich*, 1938.
Betz[2]	*Rilke in Paris*, 1948.
BL	British Library, London.
Blätter	*Blätter der Rilke–Gesellschaft.*
Br. 1, 2, etc.	Volume publications of Rilke's letters, serial numbers as in the Bibliography, Section II.
Brutzer	*Rilkes russische Reisen*, 1934.
BStB	Bayerische Staatsbibliothek, Munich.
Butler	*Rilke*, Cambridge, 1941 (reprint 1973).
Byong	*Rilkes Militärschulerlebnis...*, 1973.
Capra	*The Tao of Physics*, 1978.
Cardiff	B. J. Morse papers, University College, Cardiff.
Casellato	La veneziana 'misteriosa'..., 1977.
Clary	Rilke letters to Dorothea von Ledebur, in possession of Gräfin von Clary, Salzburg.
CSR	National Museum Archives, Prague.
Derniere Amitié	*La dernière amitié de Rilke* (Jaloux), 1949.
DLA	Deutsches Literaturarchiv, Marbach a.N.
Drozhzhin	'Der Dichter R. M. Rilke', 1929.
Ekner	'Rilke, Ellen Key och Sverige', 1965.
Ficker	'Rilke und der unbekannte Freund', 1954.
GB	Gothenburg Universitetsbibliotek.
Goll	*La pour suite du vent*, 1976.
Goll[2]	*Rilke et les femmes*, 1955.
Houghton	Houghton Library, Harvard University.
HK	Hertha Koenig, *Rilkes Mutter*, 1963.

Jaloux	*Rilke*, 1927.
JNUL	Jewish National and University Library, Jerusalem.
Jonas, 'Huf'	'Rilke und Fritz Huf', 1974.
Kat.	*Katalog*, Sonderausstellung Rilke, Marbach, 1975.
KB	Kunglige Biblioteket, Stockholm.
KBCop.	Kongelige Biblioteket, Copenhagen.
LAG	Landsarkivet, Gothenburg.
LAL	Loulou Albert–Lasard, *Wege mit Rilke*, 1952.
LAS Lou	Andreas–Salomé, *Lebensrückblick*, 1974.
Leppin	'Der neunzehnjährige Rilke', 1927.
Les Lettres	*Rilke: Inédits, études ...*, 1952.
LUL	Universitetsbibliotek, Lund.
Mason	*Rilke, Leben und Werk*, 1964. 413
Mason[2]	*Rilke, Europe and the English–speaking World*, 1961.
Mauser	'Lettere di Rilke a Carlo Placci', 1956.
Mises	Obermüller et al. (ed.) *Katalog der Rilke–Sammlung Mises*, 1966.
MStB	Stadtbibliothek, Munich.
Mühll	Von der Mühll: 'Erinnerungen an Rilke', 1945.
Pfeiffer	'Rilke und die Psychoanalyse', 1976.
Pfeiffer[2]	'Denn Rilke starb "trostlos",' 1982.
Pittsburgh	German Literature Center, Pittsburgh.
PMB	*Paula Modersohn–Becker, Briefe...*, 1979, ed. Busch/Von Reinken
RA	Rilke–Archiv, Gernsbach.
Reconnaissance	*Reconnaissance à Rilke*, 1926.
Reventlow	*Marbacher Magazin* 8 (1978).
Salis	*Rilkes Schweizer Jahre*, 1975.
Schnack	*Rilke–Chronik*, 1975.
Schnack[2]	*Rilke in Ragaz*, 1981.
Scholz	*Eine Jahrhundertwende*, 1936.
Sieber	*René Rilke*, 1932.
Sieber, RA	MS biography, Rilke–Archiv, Gernsbach.
Sieber[2]	'Rilke und Worpswede', 1941.
Simenauer	*Rilke—Legende und Mythos*, 1953.
SLB	Schweizerische Landesbibliothek, Berne.

Šolle	'Neznámé Dopisy R. M. Rilka', 1975.
Stargardt	Auction catalogues of J. A. Stargardt, Marburg.
StBPKB	Staatsbibliothek (Preussischer Kulturbesitz), Berlin.
StdFr.	Buchheit (ed.), *Stimmen der Freunde*, 1931.
Storck	'Rilkes "Linzer Episode"', 1981.
Storck[2]	'Rilkes Briefe an Marianne Mitford', 1982.
Storck[3]	'Unbekannter Brief an Kippenberg', 1974.
Storck Diss.	'Rilke als Briefschreiber', dissertation, 1957.
Studer–Kiefer	MS album on Rilke, 1963–71, SLB.
Studien	*Rilke–Studien zu Werk* ..., 1976.
S*W*	*Sämtliche Werke*, 1955–66.
Tagebücher	*Tagebücher aus der Frühzeit*, 1973
Taxis	*Erinnerungen an Rilke*, 1966.
Trebitsch	*Chronicle of a Life*, 1953.
Testament	Rilke, *Das Testament*, 1975.
UBr.	Universität Bremen, Bibliothek.
Unseld	*'Das Tagebuch' Goethes* ..., 1978.
Voronin	Stahl *et al*, 'Letters of Rilke to Helene—', 1960.
Weimar	Goethe– und Schiller–Archiv, Weimar.
Werfel	'Begegnungen mit Rilke', 1976.
WNB	Nationalbibjiothek, Vienna.
Wohltmann	*Rilke in Worpswede*, 1952.
WStB	Stadt– und Landesbibliothek, Vienna.
Wydenbruck	*Rilke*, 1949 (reprint 1972).
ZE	Stefan Zweig Estate, London.

注释

第一章 波希米亚的童年 1875—1896

一

Motto:KB.

1 Phia Rilke, 17 Dec. 1922 (quot. Sieber, 63–4).

2 To Jenny Oltersdorf, 28 July 1911, and Nora Goudstikker, 4 Apr. 1897 (DLA).

3 *Br.* 8: 37; *Br.* 8: 332.

4 15 Apr. 1904 *(Br.* 31: 146).

5 *SW.* i. 149.

6 Benvenuta, 22.

7 To Ellen Key, 14 Feb. 1904 (KB).

8 *Br.* 40: 145–6.

二

Motto:KB.

1 6 Aug. 1883 (quot. Sieber, 84).

2 To Werner Reinhart, 28 May 1924 (SLB).

3 17 Mar 1926 (Quot. Schnack, 13).

4 Sieber, 82, 85.

5 *Br.* 27: 78.

6 Byong, 35–62.

7 Ibid. 63–4.

8 Quot. Sieber, 159–60.

9 To Ellen Key, 14 Feb. 1904 (KB).

10 *Br.* 8: 37–8.

11 To Valerie von David–Rhonfeld, 4 Dec. 1894 (quot. Leppin, 632).

12 *SW.* iii. 813.

13 Quot. Sieber, 97.

14 Quot. Leppin, 632.

三

Motto: quot.Sieber, 159—60.

1 Quot. Sieber, 103–4.

2 Quot. Schnack, 20.

3 *SW.* iii. 415.

4 *SW.* iii. 415–16.

5 Byong, 51–4.

6 Sieber, 108.

7 To Helene and Tissa ĕ (quot. Storck, 123–4).

8 Quot. in letter from Maj.–Gen. Sedlakowitz to Rilke, 16 Jan. 1921 (SLB).

9 Arnold Wimholzel's account (quot. Storck, 125–7).

10 Quot. Sieber, 109–10.

11 *Br.* 8: 38.

12 Letters to Kastner, Mar.–June 1892 (auction catalogue 6, Dorotheum, Vienna, 1980).

13 Quot. Schnack, 22.

14 Sieber, 112.

15 Quot. in letter from Sedlakowitz to Rilke, 5 Oct. 1920 (SLB; Sieber, 159–60).

16 To Valerie, 4 Dec. 1894 (quot. Leppin, 631).

17 3 Mar. 1904 (KB).

18 *Br.* 13: 10.

19 Quot. Leppin, 631–3.

20 *SW.* iv. 483.

21 Quot. Sieber, 127.

四

Motto: SW. iv. 533.

1 Quot. Schnack, 36.

2 29 Jan. 1896 (CSR).

3 Quot. Schnack, 40.

4 Richard von Mises, Br. 22: 4–5.

5 Sieber, 129–30.

6 *Br.* 8: 13.

7 *Br.* 22: 14.

8 To Ottilie Malybrock–Stieler, ?Jan. 1896 (CSR).

9 *Br.* 22: 28.

10 Ibid. 21–3.

11 Ibid. 31–2.

12 To Arthur Schnitzler, Apr. 1896 (quot. Schnack, 44).

13 *Br.* 22: 32–3.

14 *Br.* 15, ii: 459.

15 *Br.* 22: 23.

16 *SW.* v. 304–5.

17 *Br.* 24: 22.

18 *Br.* 22: 40.

19 To Hans Olden, Pautumn 1896 (Sieber, RA).

20 To Richard Zoozmann, 10 Aug. 1896 (Copy Houghton; Mises 545).

21 Sieber, 134.

22 *Br.* 8: 23.

23 Trebitsch, 56–63.

24 Schnack, 48.

25 To Richard Zoozmann, 20 Aug. 1896 (Copy Houghton; Mises 545).

26 *Br.* 24: 32.

27 *SW.* iv, 512 ff.

第二章　慕尼黑、俄国与沃普斯韦德 1896—1902

Motto: *Br.* 31: 96.

一

Motto: *SW.* iii. 550.

1 *SW.* iv. 536.

2 *Br.* 22: 59.

3 Sieber, RA.

4 To Phia Rilke, 8 Dec. 1896 (Sieber, RA).

5 Kat., *35*.

6 *Br.* 8: 26–7.

7 Ibid.

8 *Br*. 24: 37–8.

9 *SW.* iii. 823.

10 *SW.* iii. 549–51.

11 *SW.* iii. 551.

12 Letters to F. V. Krejci, Jan. 1897 (Solle).

13 *Br.* 8: 30–1.

14 *SW.* iii. 777.

15 *Br.* 15, ii: 460.

16 *Br.* 8: 35.

17 Ibid. 32.

18 *SW.* iii. 489–92.

19 *SW.* iii. 147–51.

20 *Br.* 30: 245–6.

21 *SW.* iv. 556.

22 *Kat.*, 52; *Br.* 15, ii: 461.

23 Nachwort, *Niels Lyhne* (Leipzig, n.d.), 255.

24 *SW.* vi. 1021–2.

25 Quot. Schnack, 56.

26 To Wilhelm von Scholz, 30 Mar. 1897 (Copy Houghton; Mises 548).

27 *Br.* 8: 35.

28 To Nora Goudstikker, 28/9 Mar. and 4 Apr. 1897 (DLA).

29 To Nora Goudstikker, 2 Apr. and 3 Apr. 1897 (DLA).

30 *Br.* 8: 37–42.

31 Reventlow, 6.

32 18 May 1897 (quot. Sieber, RA).

33 To Franziska zu Reventlow, 6 July 1902 (Copy Houghton; Mises 551).

34 29 Apr. 1897 (DLA).

35 *SW.* i. 103.

36 To Nora Goudstikker, 29 Apr. 1897 (DLA).

37 *SW.* iii. 565.

第 52—65 页注释

二

1 18 May 1897 (quot. Sieber, RA).

2 LAS 43.

3 Curt Paul Janz, *Friedrich Nietzsche* (Munich, 1978), ii. 171.

4 *Br.* 31: 7–8.

5 Cf. Ernst Pfeiffer's summary, *Br.* 31: 488–90.

6 *Br.* 31: 10.

7 *SW.* iii. 572.

8 *Br.* 31: 11—13.

9 LAS 138.

10 *Br.* 31: 22, 16, 18, 20.

11 Ibid. 21.

12 To Phia Rilke, 7 Oct. 1897 (quot. Sieber, RA).

13 LAS 138.

14 *Br.* 31: 26. See Ernst Pfeiffer's note, ibid. 496–7, concerning the slight difference in the final version in *SW.* i. 313.

15 LAS 288.

16 *Br.* 31: 26.

17 To Ludwig Ganghofer, 7 Oct. 1897 (MStB).

18 Ibid., and to Phia Rilke, 7 Oct. 1897 (quot. Sieber, RA).

19 To Bonz, 19 Oct. 1897 (Mises 493) and 25 Oct. 1897 (quot. Schnack 64).

20 *SW.* i. 103.

21 *SW.* iv. 98.

22 To Bonz, 15 Feb. 1898 (Mises 493).

23 8 Mar. 1898 (ibid.).

24 *SW.* iii. 605.

25 To Julius Hart, 26 Mar. 1898 (copy Pittsburgh); to Hugo Salus, 1 Apr. 1898 (quot. Sieber, RA).

26 *Tagebücher*, 21–3.

27 To Hugo Salus, 16 Apr. 1898 (quot. Sieber, RA).

28 *Tagebücher*, 19, 13, 17, 25, 27, 28.

29 *SW.* iii. 615–6.

30 *Tagebücher*, 29.

31 Ibid. 28, 33–4, 46.

32 Ibid. 74.

33 Ibid. 65.

34 To Franziska zu Reventlow, 18 June 1898 (copy Houghton; Mises 551).

35 *Tagebücher*, 115.

36 Ibid. 118–19.

37 11 July 1898 (Houghton; Mises 493).

38 To Alfred Roller, 21 July 1898 (WStB, quot. Schnack 74); to Phia Rilke, 27 July 1898 (quot. Sieber, RA).

39 *Tagebücher*, 126.

40 To Phia Rilke, 7 Sept. 1898 (quot. Sieber, RA).

41 To Phia Rilke, 28 Nov. 1898 (quot. ibid.).

42 *Br.* 8: 60.

43 To Phia Rilke, 29 Dec. 1898 (quot. Sieber[2]).

44 Heinrich Vogeler, *Erinnerungen* (Berlin, 1952), 101.

45 *SW.* iii. 636.

46 29 Dec. 1898 (Voronin, 149).

47 *Br.* 8: 62.

48 Ibid. 64.

49 *Br.* 41: 41.

50 (? 18) Mar. 1899 (quot. Sieber, RA).

51 Letters of 9 Mar., 21 Mar., and 20 Apr. 1899 (Houghton; Mises 493).

52 22 Apr. 1899 (quot. Sieber, RA).

53 *Br.* 1: 8.

三

Motto: Quot. Schnack 93.

1 Schnack, 84.

2 *Br.* 31: 142–3.

3 To Bonz, 10 May 1899(NS) (Houghton; Mises 493); to Phia Rilke, 4 May 1899 (NS) (quot. Schnack, 85) and 29 Apr. 1899(NS) (quot. Brutzer, 29). 里尔克从俄国寄出的信通常是根据旧历（Old Style）来标注日期：这里给出的是新历（New Style）的日期。

4 *Br.* 1: 15.

5 Voronin, 154.

第 77—88 页注释

6 Ibid. 156

7 7 June 1899 (quot. Schnack, 86, and Sieber, RA).

8 To Ilse Sadee, 13 Mar. 1912 (quot. Sieber, RA).

9 To Dr L., 29 Mar. 1902 (quot. ibid.).

10 *Br.* 8: 68–9.

11 To Emil Faktor, 3 June 1899 (DLA, quot. *Kat.y* 74).

12 Voronin, 157, 158, 160.

13 *Br.* 8: 493.

14 *Br.* 31: 37.

15 *Br.* 8: 72, 73.

16 Quot. Schnack, 91.

17 To Emil Faktor, 22 July 1899 (DLA, quot. Schnack, 88).

18 *SW.* iii. 316.

19 *SW.* iii. 334.

20 *Br.* 19, 54.

21 Cf. Walter Simon, 'Philologische Untersuchungen zu R. M. Rilkes "Cornet" ', *Blätter* 2 (1973), 28–31.

22 *SW.* i. 245.

23 *SW.* ii. 265.

24 *Tagebücher*, 134, 166, 172.

25 Ibid. 137–44.

26 *SW.* iv. 288.

27 27 Oct. 1899 (copy Houghton; Mises 551).

28 5 Dec. 1899 (quot. Brutzer, 1).

29 14 July 1899 (Houghton; Mises 493).

30 *Almanach der Insel für içooy* quot. in *Die Insel: eine Ausstellung* (DLA, 1965), 15.

31 10 Dec. 1899 (quot. Schnack, 94).

32 Vogeler, op. cit., 74.

33 *Br.* 8: 76–7.

34 Ibid. 78.

35 27 Mar. 1900 (quot. Sieber, RA).

36 24 Mar. 1900 (Houghton; Mises 551).

37 Lou Andreas-Salomé, unpublished diary (courtesy Ernst Pfeiffer).

38 *Br.* 50: 19.

39 P. D. Ettinger, 'Erinnerungen an Rainer Maria Rilke', *Prager Presse*, no. 215 (7 Aug. 1932).

40 21 May 1900 (quot. Brutzer, 4–5).

41 Ibid.

42 Lou Andreas–Salomé, diary.

43 Quot. Schnack, 101.

44 *Br.* 1: 39–42.

45 Cf. *SW.* vi. 967 ff.

46 6 June 1900 (quot. Brutzer, 6).

47 Lou Andreas–Salomé, diary.

48 Ibid. 19–21 June 1900.

49 Ibid. 24 June 1900.

50 Drozhzhin, 228.

51 *Br.* 8: 100–1.

52 Lou Andreas–Salomé, diary July 1900.

53 Drozhzhin, 230.

54 To Phia Rilke, 30 July 1900 (quot. Sieber, RA).

55 *Br.* 31: 42–3.

56 To Phia Rilke, 18 Aug. 1900 (quot. Brutzer, 29–30).

57 Quot. Brutzer, 7.

58 LAS 146.

59 Quot. *Br.* 31: 49.

四

Motto: *Br.* 1: 141.

1 Clara Rilke, in an interview for an unidentified paper, *c.* 1954 (SLB).

2 Wohltmann, 10.

3 28/29 Aug. 1900 (quot. Sieber[2]).

4 *Tagebücher*, 196–8.

5 Ibid. 198.

6 Wohltmann, 10.

7 *Tagebücher*, 204.

8 *PMB* 245.

9 Ibid. 233.

10 Ibid. 149.

11 *SW.* i. 375.

12 *Tagebücher*, 216, 214, 237, 238.

13 Ibid. 247.

14 Ibid. 250.

15 Ibid. 253, 256, 271–2, 264, 276.

16 Ibid. 282, 283, 296, 289.

17 *Br.* 8: 107.

18 Ibid. 105, no–11.

19 Ibid. 117.

20 5 Nov. 1900 (quot. Sieber[2]).

21 *SW.* iii. 706, 704.

22 *PMB* 245.

23 *Br.* 8: 129, 137.

24 *Tagebücher*, 324.

25 5r. 8: 145.

26 *Tagebücher*, 346–9.

27 B*r*. 31: 51.

28 Ibid. 507.

29 Quot. Sieber, RA.

30 *Br.* 1: 91.

31 Ibid. 92, 97.

32 *SW.* iii. 729.

33 From Schmargendorf, 15 Feb. 1901 (quot. Sieber, RA).

34 *Br.* 31: 55.

35 Ibid. 56.

36 From Netzlers Hotel, Berlin, 16 Feb. 1901 (quot. Sieber, RA).

37 18 Feb. 1901 (quot. ibid.).

38 *Br.* 1: 99.

39 Quot. Schnack, 121.

40 *Br.* 31: 53–5.

41 *SW.* iii. 738.

42 *Br.* 1: 141.

43 Ibid. 108.

44 To Ellen Key, 22 Mar. 1904 (KB).

五

Motto: *Br.* 1: 109.

1 *Br.* 31: 258.

2 Quot. Scholz, 218.

3 *Br.* 1: 109.

4 Ibid. 103–4.

5 这些画像目前下落不明，在 Richard Pettit 的 *Rilke in und nach Worpswede* (Worpswede, 1983) 中有复印本。

6 2 Sept. and 10 Oct. 1901 (quot. Sieber[2]).

7 *Br.* 1: 11o.

8 *SW.* i. 307–8.

9 *SW.* i. 323, 339.

10 13 Dec. and 16 Dec. 1901 (quot. Schnack, 130–1).

11 *Br.* 1: 135.

12 *Br.* 3: 146.

13 *SW.* iii. 755.

14 16 Dec. 1901 *(Br.* 1: 131 ff.) and end Dec. 1901 (StBPKB).

15 *Br.* 1: 137; to P. D. Ettinger, ?Jan. 1902 (quot. Asadowsky, 'Briefe nach Russland', in *Rilke–Studien* (Berlin, 1976), 207.

16 *Br.* 1: 143.

17 PJanuary 1902 (quot. Asadowsky, op. cit.).

18 *SW.* v. 8.

19 *Br.* 1: 154.

20 Ibid. 182.

21 Ibid. 137, 141.

22 24 Aug. 1902 (quot. *SW.* iii. 863).

23 *PMB* 309.

24 26 June 1902 (UBr.).

25 *Br.* 1: 183.

26 *Br.* 16: 1–7.

27 *Br.* 48: 35.

28 *SW.* i. 477.

29 To Arthur Holitscher, 31 July 1902 (quot. Schnack, 147).

30 *Br.* 1: 191.

第三章　巴黎、罗马与瑞典 1902—1905

Motto: *Br.* 2: 43.

一

Motto: *Br.* 2: 57.

1 Ibid. 21–2.

2 *Br.* 8: 246, 247.

3 End Aug. 1902 (quot. Sieber, RA).

4 *Br.* 8: 250–3.

5 *Br.* 42: 18.

6 24 Sept. 1902 (quot. Sieber[2]).

7 6 Sept. 1902 (KB).

8 To Oskar Zwintscher, 18 Oct. 1902 (quot. Schnack, 153).

9 *Br.* 16: 16–18.

10 *Br.* 2: 52; *Br.* 8: 294.

11 *SW.* iii. 757; *SW.* i. 400, 398.

12 *SW.* i. 505.

13 *SW.* v. 145.

14 *SW.* v. *200.*

15 To Verlag Greiner & Pfeifer, Stuttgart, 27 Jan. 1903 (Stargardt 620, 88).

16 *Br.* 48: 89.

17 *Br.* 8: 304.

18 *PMB* 334, 309.

19 *SW.* iii. 769, 768.

20 *Br.* 13: 12.

21 *Br.* 8: 344.

22 *SW.* i. 343–66 (last two stanzas trans. Leishman).

23 *Br.* 8: 436.

24 Lou Andreas–Salomé to Eva Cassirer, 5 Mar. 1933 (SLB).

25 *Br.* 8: 321.

26 To Gerhart Hauptmann, 17 June 1903 (StBPKB).

27 *Br.* 31: 56–7.

28 Ibid. 58–9.

29 Ibid. 62–4.

30 *SW.* v. 145.

31 *Br.* 31: 65–74.

32 Ibid. 76–8.

33 Ibid. 79.

34 Ibid. 96–8.

35 Ibid. 105, 103.

36 To Ellen Key, 25 July 1903 (KB).

37 *Br.* 31: 118.

二

Motto: KB.

1 *Br.* 13: 28.

2 To Ellen Key, 3 Nov. 1903 (KB).

3 *Br.* 2: 131.

4 *Br.* 31: 121.

5 *Br.* 48: 257.

6 16 Jan 1904 (quot. Schnack, 175–6).

7 14 Feb. 1904 (KB).

8 *SW.* i. 542, 549, 540.

9 *Br.* 31: 139.

10 Ibid. 145, 160.

11 Ibid. 139, 146, 145.

12 Ibid. 154, 157, 158.

13 Ibid. 160, 162.

14 Ibid. 174.

15 10 May 1904 (KB).

16 30 May 1904 (KB).

17 *Br.* 31: 177.

18 To Ernst Norlind, 14 and 20 June 1904 (LUL).

19 *Br.* 31: 177.

20 Ibid. 177–8; *Br.* 2: 170.

三

Motto: KB.

1 *Br.* 9: 11.

2 Ibid. 14.

3 27 June 1904 (KB).

4 July 1904 (quot. Sieber, RA).

5 *Br.* 9: 21.

6 Ernst Norlind's diary (unpublished typescript in German, LUL).

7 26 June 1904 (KB, quot. Reidar Ekner, 'Rainer Maria Rilke, Ernst Norlind och Hans Larsson', *Nordisk Tidskrift for vetenskap, konst och industri*, 3 (1965), 128).

8 *Br.* 9: 11.

9 *Br.* 31: 178.

10 *Br.* 9: 38, 39.

11 Ibid. 39, 40, 47.

12 *Br.* 13: 50, 47.

13 *Br.* 16: 41.

14 *Br.* 31: 180.

15 Ernst Norlind's diary (LUL).

16 Quot. Wydenbruck, m–12.

17 23 Sept. 1904 (LAG).

18 *Br.* 31: 186.

19 *Br.* 9: 54; to the Gibsons, 6 Oct. 1904 (LAG).

20 *Br.* 31: 183–5.

21 Ibid. 185–7.

22 Ibid. 187–9.

23 *Br.* 2: 224.

24 Ibid. 225.

25 Quot. Ekner, 28.

26 To Ellen Key, 2 Nov. 1904 (KB).

27 *Br.* 2: 227, 229–30.

28 Ibid. 226.

29 *Br*. 31: 192.

30 Ibid. 194.

31 29 Nov. 1904 (KB).

32 *Br.* 48: 281.

四

Motto: *Br.* 9: 78.

1 To Jimmy Gibson, 18 Dec. 1904 (LAG).

2 *Br.* 31: 196.

3 To Jimmy Gibson, 18 Dec. 1904 (LAG).

4 6 Jan. 1905 to Ellen Key (KB) and Jimmy Gibson (LAG); to Jimmy Gibson, 26 Feb. 1905 (LAG).

5 To Ellen Key, 15 Feb. 1905 (KB).

6 *Br.* 31: 196–8.

7 19 Jan. 1905 (LAG).

8 2 Mar. 1905 (KB).

9 To Ellen Key, 9 Mar. 1905 (KB).

10 To Eva Solmitz, 18 Mar. 1905 (SLB).

11 Quot. Schnack, 208.

12 To Ellen Key, 30 Mar. 1905 (KB); to Luise von Schwerin, undated (quot. Sieber, RA).

13 *Br.* 31: 201.

14 To Anna Schewitz–Hellmann, 24 Apr. 1905 (DLA).

15 *Br.* 31: 204, 203, 200.

16 Ibid. 203–6.

17 To Ellen Key, 7 June 1905 (KB).

18 *Br.* 31: 206.

19 *Br.* 9: 75, 71.

20 Ibid. 75–6.

21 Ibid. 81–2.

22 *Br.* 16: 45.

23 *Br.* 9: 86.

24 *Br.* 2: 250.

25 Ibid. 251.

第四章　法国、意大利与北非 1905—1911

Motto: *SW.* vi. 728.

一

Motto: *Br.* 31: 209.

1 *Br.* 2: 255.

2 Ibid. 257–8.

3 Ibid. 258, 259.

4 To Gudrun von Uexküll, 25 Sept. 1905 (Stargardt 620, 90).

5 Ibid.; *Br.* 2: 262–3.

6 To Marie Herzfeld, 10 Nov. 1905 (BL).

7 *Br.* 16: 50–1.

8 To Lizzie Gibson, 4 Nov. 1905 (LAG).

9 6 Nov. 1905 (KB)

10 To Lizzie Gibson, 4 Nov. 1905 (LAG).

11 To Marie Herzfeld, 10 Nov. 1905 (BL).

12 *Br.* 2: 274.

13 *Br.* 31: 209, 214.

14 *SW.* i. 496.

15 Stefan Zweig to Ellen Key, 9 Feb. 1906 (KB).

16 8 Nov. 1905 (quot. Schnack, 224).

17 *Br.* 48: 167.

18 Quot. Ingeborg Schnack/Renate Scharffenberg, 'Ein Brief Rilkes an Karl von der Heydt (1905)', *Blätter* 7/8 (1980/1), 53.

19 *Br.* 3: 156.

20 To Marie Herzfeld, 22 Feb. 1906 (BL).

21 Quot. *Kat.,* 123.

22 *Br.* 9: 117.

23 20 Dec. 1905 (quot. Sieber, RA).

24 *Br.* 2: 291.

25 To Paula Modersohn–Becker, 23 Feb. 1906 (RA).

26 *Br.* 2: 296–8.

27 7 Feb. 1906 (quot. Sieber, RA).

28 *Br.* 2: 290, 294, 295, 300.

29 *Br.* 9: 119–20.

30 Ibid. 122.

31 Ibid. 121–2.

32 To Ellen Key, undated (early Apr. 1906) (KB).

33 *Br.* 9: 123–5.

34 Ibid. 130.

35 *Br.* 2: 316.

36 To Gerhart Hauptmann, 19 Apr. 1906 (StBPKB).

37 *Br.* 2: 315.

38 To Gerhart Hauptmann, 19 Apr. 1906 (StBPKB).

39 *Br.* 2: 319.

40 *Br.* 16: 67–8.

41 *Br.* 9: 132–3.

二

Motto: *Br.* 3: 305.

1 *Br.* 9: 137, 138.

2 *Br.* 16: 68–9.

3 *Br. 2:* 325.

4 21 May 1906 (BL).

5 *Br.* 9: 141.

6 *Br.* 35: 21.

7 *Br.* 3: 19, 32, 33.

8 Ibid. 37, 38.

9 *Br.* 48: 186.

10 *Br.* 3: 17.

11 13 June 1906 (Houghton; Mises 554).

12 *Br.* 3: 42, 43.

13 Ibid. 46.

14 *StdFr.* 92.

15 31 July 1906 (Houghton; Mises 554).

16 28 July 1906 (KBCop.).

17 To Dora Herxheimer (Houghton; Mises 554); undated, probably 10 Aug. 1906.

18 To Mathilde Vollmoeller, 20 Aug. 1906 (quot. Schnack, 249).

19 Sieber, RA.

20 *Br.* 3: 78.

21 *Br.* 42: 44.

22 S. Fischer to Rilke, 2 Nov. 1906 (SLB).

23 *Br.* 3: 94–5.

24 *Br.* 7: 15–16.

25 *Br.* 3: 104; to Dora Herxheimer, 29 Nov. 1906 (Houghton; Mises 554).

26 *Br.* 3: 107.

27 6 Dec. 1906 (quot. Sieber, RA).

28 *Br.* 3: 121; *Br.* 31: 221; *Br.* 3: 119.

29 *Br.* 3: 121; *Br.* 25: 20.

30 *Br.* 3: 118, 117.

31 To Gustaf af Geijerstam, 16 Dec. 1906 (GB).

32 *Br.* 31: 221.

33 *Br.* 3: 132, 133, 136.

34 Ibid. 146–7.

35 To Geijerstam, 7 Feb. 1907 (GB).

36 *Br.* 3: 136.

37 Ibid. 144, 150.

38 *SW.* ii. 332 (trans. Leishman).

39 *Br.* 3: 186.

40 *SW.* ii. 11 (trans. Leishman).

41 *Br.* 3: 155.

42 3 Jan. 1907 (SLB).

43 *SW.i.* 552, 546, 600, 518.

44 *Br.* 3: 164–6.

45 Ibid. 213, 214, 216, 215, 213.

46 Ibid. 221.

47 9 Feb. 1907 (KB).

48 *Br.* 3: 211, 212.

49 Ibid. 183, 186.

50 Ibid. 226.

51 Cf. B. J. Morse, 'Rainer Maria Rilke and English Literature' (privately reprinted from

German Life and Letters, 1948), 5.

52 *Br.* 7: 22.

53 *Br.* 3: 252.

54 To Ellen Key, 18 Apr. 1907 (KB).

55 To Geijerstam, 12 Apr. and 25 May 1907 (GB).

56 *Br.* 3: 263.

57 Ibid. 237.

58 Ibid. 273, 265, 271, 272, 276.

59 *SW.* i. 530 (trans. Mason).

60 *Br.* 31: 94.

61 *Br.* 3: 279–80.

62 5 July 1907 (quot. Sieber, RA).

63 To Clara, 4 Aug. 1907 (quot. Sieber, RA); *Br.* 3: 301.

64 14 July 1907 (Houghton; Mises 554).

65 *Br.* 3: 295.

66 Ibid. 371, 369.

67 Ibid. 390.

三

Motto: *Br.* 16: 125.

1 *Br.* 3: 339

2 *Br.* 47: 19.

3 *Br.* 4: 11, 10.

4 Ibid. 16, 15.

5 5 Nov. 1907 (Houghton; Mises 505).

6 *Br.* 4: 17.

7 Felix Braun: *Das Licht der Welt* (Vienna, 1949), 557.

8 To Mathilde Vollmoeller, 22 Nov. 1907 (SLB).

9 *Br.* 4: 23.

10 *Br.* 16: 76.

11 *Br.* 40: 48; *Br.* 4: 26; to Lili Schalk, 23 Nov. 1907 (quot. Sieber, RA).

12 *Br.* 4: 26–7.

13 25 Nov. 1907 (quot. Sieber, RA).

14 Casellato, 40–1.

15 *Br.* 19: 7–8.

16 *Br.* 40: 53.

17 *Br.* 15, i: 229.

18 *Br.* 19: 82.

19 To Emma von Ehrenfels, 30 Dec. 1907 (quot. Sieber, RA).

20 *Br.* 40: 59.

21 *Br.* 16: 83.

22 30 Dec. 1907, *Br.* 35: 29 (also *Br.* 4: 27, wrongly dated 30 Nov. 1907).

23 *Br.* 25: 25.

24 14 Mar. 1908 (quot. Schnack, 301).

25 3 Apr. 1908 (SLB).

26 11 Mar. 1908 (quot. Sieber, RA).

27 *Br.* 7: 44–5.

28 To Clara, 11 Mar. 1908 (quot. Sieber, RA).

29 To Clara, 14 Apr. 1908 (quot. ibid.).

30 *Br.* 16: 90–1.

31 To Eva Solmitz, 19 May 1908 (SLB).

32 To Gudrun von Uexküll, 1 June 1908 (quot. Sieber, RA).

33 2 July 1908 (quot. ibid.).

34 *Br.* 40: 69.

35 To Clara, 3 July 1908 (quot. Sieber, RA).

36 To Eva Solmitz, 11 Aug. 1908 (SLB).

37 *Br.* 7: 47.

38 20 Aug. 1908 (quot. Schnack, 309).

39 *Br.* 16: 99.

40 *Br.* 4: 42.

41 *Br.* 16: 100.

42 *Br.* 25: 45.

43 3 Sept. 1908 (Houghton; Mises 554).

44 *SW.* v. 657–8.

45 *Br.* 4: 95.

46 Ibid. 54, 55.

47 *Br.* 19: 34–5.

48 *Br.* 4: 47.

49 *Br.* 40: 79, 80, 82.

50 *SW.* vi. 924, 937, 941, 946.

51 *Br.* 40: 89.

52 *SW.* i. 654 (trans. Leishman).

53 *SW.* i. 662–4 (trans. Leishman).

54 9 June 1909 (BStB).

55 *Br.* 10: 57.

56 To Ellen Key, 9 Oct. 1908 (KB).

57 5 Oct. 1908 (KB, quot. Ekner, 42).

58 9 Oct. 1908 (KB).

59 *Br.* 40: 90.

60 *Br.* 19: 40; *Br.* 16: 125.

61 *Br.* 16: 127–8.

62 21 Dec. 1908 (quot. Sieber, RA).

63 31 Dec. 1908 and 2 Jan. 1909 (DLA, incomplete in *Br.* 7: 58–63).

64 *Br.* 7: 63.

65 *Br.* 25: 45.

66 Lou Andreas-Salomé, *Rainer Maria Rilke* (Leipzig, 1928), 43. Cf. Pfeiffer, 262.

67 *Br.* 7: 72.

68 *Br.* 19: 46.

69 *Br.* 4: 69.

70 *Br.* 31: 226.

71 2 Sept. 1909 (SLB).

72 5 Sept. 1909 (SLB).

73 *Br. 31:* 230.

74 To Madeleine de Broglie, 11 Oct. 1909 (quot. Schnack, 335).

75 *Br.* 31: 230–1, 233.

76 *SW.* vi. 943.

77 *Br.* 7: 85.

78 To Heime Magdalene Kawerau, 17 Nov. 1909 (SLB).

79 16 Oct. 1909 (quot. Sieber, RA).

80 *SW.* vi. 1026–7.

81 *Br.* 40: 109.

82 25 Oct. 1909 (LAG).

83 *Br.* 40: 109.

84 Taxis, 7.

85 Ibid.

86 *Br.* 30: 8.

四

Motto: *Br.* 7: 98.

1 To Mathilde Vollmoeller, 10 Jan. 1910 (SLB copy extract).

2 *Br.* 16: 145.

3 *SW.* vi. 946.

4 Butler, 211, 205.

5 Mason, 73.

6 *Br.* 30: 10.

7 Ibid. 12.

8 *Br.* 10: 93.

9 *Br.* 43: 20.

10 *Blätter* 5 (1978), 21.

11 *Br.* 30: 12.

12 *Br.* 7: 98; to Mathilde Vollmoeller, 3 Apr. 1910 (quot. Schnack, 347–8).

13 *Br.* 4: 112–13

14 *Br.* 40: 79.

15 *Br.* 31: 240.

16 To Mathilde Vollmoeller, 3 Apr. 1910 (SLB).

17 *Br.* 4: 101.

18 *Br.* 30: 15.

19 *Br.* 4: 101.

20 *Br.* 19: 58–60.

21 *Br.* 4: 100.

22 *Br.* 7: 103.

23 To Anton Kippenberg, 25 May 1910 (DLA).

24 8 Aug. 1910 (DLA).

25 *Br.* 34: 14; *Br.* 40: 125.

26 *Br.* 30: 26; *SW.* ii. 377.

27 To Phia Rilke, 6 Sept. 1910 (quot. Sieber, RA).

第 254—265 页注释

28 *Br.* 4: 113.

29 *Br.* 40: 126–7.

30 To Clara, 30 Sept. 1910 (quot. Sieber, RA); *Br.* 16: 157.

31 To Anton Kippenberg, 20 Oct. 1910 (DLA, quot. Schnack, 356); Kippenberg's reply, 22 Oct. 1910 (Weimar).

32 *Br.* 7: 108–9; *Br.* 30: 29.

33 *Br.* 4: 114.

34 Ibid. 115.

35 Ibid. 116.

36 To Clara, early Dec. 1910 (quot. Sieber, RA).

37 *Br.* 4: 117–18.

38 19 Dec. 1910 (quot. Sieber, RA).

39 *Br.* 118–19; to Clara, 1 Jan. 1911 (quot. Sieber, RA).

40 *Br.* 25: 62 (the reading 'am unendlich Überlegenen' from Sieber, RA).

41 To Mary Dobrženský, 19 Feb. 1922 (SLB).

42 *Br.* 34: 15–16.

43 *Br.* 4: 119–20.

44 To Phia Rilke, 13 Jan. 1911 (quot. Sieber, RA); *Br.* 40: 325.

45 *Br.* 4: 121.

46 To Clara, 29 Jan. 1911 (quot. Sieber, RA).

47 *Br.* 7: 112.

48 4 Apr. 1911 (DLA).

49 *Br.* 44: 1074.

50 28 July 1911 (DLA, quot. Schnack, 378).

51 Cf. *Br.* 30: 901.

52 *Br.* 10: 125.

53 *Br.* 7: 113—15, 118.

54 Quot. Schnack, 366.

第五章　杜伊诺与西班牙 1911—1913

一

Motto: *Br.* 10: 141.

第 265—273 页注释

1 29 Mar. 1911 (quot. Sieber, RA).

2 *Br.* 43: 26–7.

3 *SW.* ii. 119.

4 *Br.* 4: 128–9.

5 To Mathilde Vollmoeller, 25 Apr. 1911 (quot. Schnack, 368).

6 To Clara, 3 May 1911 (quot. Sieber, RA).

7 *Br.* 43: 27; to Ivo Hauptmann, 14 May 1911 (DLA).

8 *Br.* 30: 37.

9 Katharina Kippenberg, *Rainer Maria Rilke—Ein Beitrag* (Zurich/Wiesbaden, 1948, 4th edn.), 155.

10 22 May 1911 (DLA).

11 To Clara, *c.* 20 June 1911 (quot. Sieber, RA).

12 To Erica von Scheel, 4 June 1911 (DLA, quot. Kat., 156).

13 *Br.* 30: 44.

14 *Br.* 10: 141–2; Kassner, *Rilke: Gesammelte Erinnerungen,* ed. Klaus Bohnenkamp (Pfullingen, 1976), 7.

15 *Br.* 32: 56, 62.

16 To Mathilde Vollmoeller, 3 June 1911 (quot. Schnack, 372); to Erica von Scheel, 4 June 1911 (DLA).

17 *Br.* 30: 46, 50.

18 *SW.* ii. 379.

19 *Br.* 40: 84.

20 *SW.* ii. 382–3.

21 *Br.* 40: 132, 182.

22 28 June 1911 (DLA, abridged in *Br.* 7: 129–31).

23 8 July 1911 (quot. Schnack, 376).

24 *Br.* 43: 133–4.

25 14 July 1911 (DLA).

26 *Br.* 30: 69.

27 Ibid. 52; Taxis, 23.

28 To Clara, 23 July 1911 (quot. Sieber, RA).

29 To Jenny Oltersdorf, 28 July 1911 (DLA).

30 *Br.* 7: 132, 133; *Br.* 30: 55.

31 Quot. Sieber, RA.

32 *Br.* 40: 133.

33 *Br.* 30: 59.

34 *Br.* 15, i: 314.

35 *Br.* 40: 136; *Br.* 30: 68.

36 *Br.* 30: 63–6.

37 *Br.* 40: 201.

38 To Josef Stark, 9 Dec. 1911 (DLA).

39 Ibid.

40 *Br.* 7: 146.

41 Ibid. 149–50.

二

Motto: *Br.* 34: 35.

1 *Br.* 25: 66.

2 Taxis, 35–6.

3 *Br.* 40: 137.

4 To Wilhelm von Scholz, 31 Jan. 1898 *(SW.* vi, 1158–9).

5 *Br.* 19: 62.

6 To Erica von Scheel, end Nov. and *c.* 13 Dec. 1911 (DLA).

7 *Br.* 4: 142.

8 *Br.* 30: 75–6.

9 *Br.* 40: 138.

10 20 Dec. 1911 (Weimar).

11 *Br.* 7: 152.

12 *Br.* 31: 250.

13 Cf. Pfeiffer, 267.

14 *SW.* ii. 39 (trans. Leishman).

15 *Br.* 31: 242.

16 *SW.* ii. 39–40 (trans. Leishman).

17 *Br.* 31: 240, 250.

18 *SW.* ii. 40 (trans. Leishman).

19 *Br.* 31: 238–41.

20 *Br.* 4: 169.

21 *Br.* 31: 250–1.

22 *Br.* 30: 82.

23 9 Jan 1912 (SLB).

24 *Br.* 30: 85, *go.*

25 *Br.* 18: 17, 16.

26 Taxis, 48–9; *SW.* i. 685 (trans. Poulin).

27 *Br.* 31: 241.

28 *SW.* i. 685, 721 (trans. Poulin).

29 *SW.* i. 686, 687 (trans. Poulin).

30 *SW.* i. 689–92 (trans. Poulin).

31 *Br.* 30: 97.

32 *Almanack der Psychoanalyse* (Vienna, 1926), 35.

33 Simenauer, 136.

34 Pfeiffer, 266.

35 *Br.* 31: 252–3.

36 Ibid. 255–6.

37 *Br.* 40: 144.

38 *Br.* 30: 100–1.

39 *Br.* 4: 200; *Br.* 31: 263–4.

40 *Br.* 7: 163, 174.

41 Algernon Blackwood to B. J. Morse, 28 Sept. 1949 and 7 Mar. 1950 (Cardiff).

42 *Br.* 30: 131.

43 *Br.* 31: 259–61.

44 13 and 17 Apr. 1912 (SLB).

45 *Br.* 4: 226.

三

Motto: *SW.* ii. 51.

1 *Br.* 7: 174; to Anton Kippenberg, 14 Mar. 1912 (Weimar).

2 *Br.* 7: 173.

3 *Br.* 30: 149, 158.

4 Ibid. 162, 163.

5 To Pia Valmarana, June 1912 (SLB).

6 *Br.* 40: 154.

7 1 July 1912 (Mauser, 221; quot. Schnack, 406).

第 300—310 页注释

8 *Br.* 30: 171.

9 Ibid. 181.

10 Taxis, 63.

11 *SW.* ii. 387 (trans. Leishman).

12 *SW.* ii. 42–3 (trans. Morse).

13 *Br.* 40: 156.

14 *Br.* 7: 178.

15 4 Sept. 1912 (SLB).

16 *Br.* 40: 158, 161.

17 *Br.* 6: 282; Taxis, 74; *Br.* 7: 179–80.

18 To Eva Cassirer, 18 Oct. 1912 (SLB).

19 *Br.* 7: 186.

20 *Br.* 30: 218.

21 To Pia Valmarana, 3 Nov. 1912 (SLB); *Br.* 30: 219.

22 15 Nov. 1912 (SLB).

23 *Br.* 40: 165–6; *Br.* 10: 267.

24 7 Nov. 1912 (quot. Sieber, RA).

25 To Gerhard Ouckama Knoop, 9 Nov. 1912 (DLA).

26 To Mathilde Vollmoeller, 14 Nov. 1912 (quot. Schnack, 414); *Br.* 10: 266.

27 *Br.* 30: 229.

28 To Frl. von Schenk, 12 Jan 1913 (DLA).

29 *SW.* ii. 388 (trans. Leishman, adapted).

30 *Br.* 30: 239–40.

31 10 and 23 Dec. 1912 (Houghton; Mises 511).

32 Ibid. 10 Dec. 1912.

33 *Br.* 30: 246; to Pascha Taxis, 10 Dec. 1912 (Houghton; Mises 511); to Pia Valmarana, 16 Dec. 1912 (SLB).

34 *Br.* 43: 38.

35 *Br.* 31: 273–5.

36 *Br.* 7: 198.

37 *Br.* 31: 275.

38 Ibid. 279.

39 *SW.* ii. 43–6 (trans. Leishman, adapted).

40 Quot. Storck Diss., App. 129.

41 To Eva Cassirer, 11 Jan. 1913 (SLB).

42 *SW.* vi. 1038, 1040–1.

43 *SW.* ii. 48 (trans. Leishman).

44 *SW.* i. 706–7 (trans. Poulin).

45 *Br.*7: 193_4.

46 16 Jan. 1913 (Mauser, 218).

47 Anton Kippenberg to Rilke, 16 Jan. 1913 (Weimar).

48 To Clara, 23 Feb. 1913 (quot. Sieber, RA).

49 *Br.* 40: 175–6.

第六章　战火中的世界 1913—1919

一

Motto: *Br.* 4: 363.

1 *Br.* 30: 271, 275.

2 27 Feb. 1913 (quot. Sieber, RA).

3 *Br.* 7: 202; to Pia Valmarana, 22 Mar. 1913 (SLB).

4 *Br.* 30: 277, 278.

5 Ibid. 2, 280.

6 *Br.* 40: 177.

7 *Br.* 7: 202.

8 To Stefan Zweig, 15 Mar. 1913 (JNUL).

9 *Br.* 7: 204.

10 20 Mar. 1913 (Houghton; Mises 554).

11 *Br.* 16: 177.

12 15 Mar. 1913 (JNUL).

13 *Br.* 30: 281; to Ellen Key, 5 Apr. 1913 (KB).

14 Stefan Zweig's diary, 17 Mar. 1913 (ZE; Frankfurt a.M. 1984, 51–2).

15 *Br.* 30: 281, 290, 285.

16 Stefan Zweig's diary, 5 Apr. 1913 (ZE; op. cit. 63).

17 *Br.* 40: 181–2.

18 *Br.* 16: 178.

19 Quot. LAL, 51–2.

20 To Pia Valmarana, 14 Apr. 1913 (SLB).

21 *Br.* 30: 294.

22 *Br.* 40: 192; to Pia Valmarana, 19 June 1913 (SLB).

23 Hedwig Bernhard's diary, 28 June 1913 (quot. *Kat.*, 180).

24 6 July 1913 (DLA).

25 21 July 1913 (DLA).

26 *Br.* 31: 288.

27 Quot. Pfeiffer, 281.

28 *SW.* ii. 57 (trans. Leishman).

29 Quot. Pfeiffer, 281.

30 *Br.* 30: 303; to Ellen Key, 21 July 1913 (KB, quot. Schnack, 433).

31 *Br.* 34: 60.

32 *Br.* 31: 289, 290.

33 *Br.* 30: 303.

34 *Br.* 43: 43.

35 8 Aug. 1913 (DLA).

36 7 Aug. 1913 (SLB).

37 *SW.* ii. 61–2 (trans. Leishman, adapted).

38 14 Aug. 1913 (quot. Schnack, 437).

39 *SW.* vi. 1055.

40 *SW.* ii. 396–7 (trans. Leishman).

41 *Br.* 30: 309.

42 14 Aug. 1913 (Weimar).

43 16 Aug. 1913 (quot. Schnack, 438).

44 1 and 2 Sept. 1913 (SLB).

45 To Pia Valmarana, 17 Sept. 1913 (SLB).

46 *Br.* 27: 127.

47 *Br.* 30: 322.

48 Ibid. 323.

49 *SW.* vi. 1064.

50 *Br.* 30: 323, 324.

51 Werfel, 242.

52 *Br.* 31: 304, 305.

53 *Br.* 43: 50; to Leopold von Kalckreuth, 27 Oct. 1913 (Houghton; Mises 555).

54 *Br.* 31: 304.

55 24 and 29 Oct. 1913 (SLB).

56 *Br.* 40: 202.

57 *Br.* 30: 329.

58 To Pia Valmarana, 16 Nov. 1913 (SLB).

59 Letter (possibly to May Knoop), 29 Dec. 1913 (Houghton; Mises 514); to Eva Cassirer, 29 Oct. 1913 (SLB).

60 *SW.* i. 693–6 (trans. Poulin).

61 *SW.* i. 708 (trans. Poulin, first two lines; trans. Leishman/Spender, third line).

62 *Br.* 40: 205–7.

63 *Br.* 30: 341.

64 *SW.* ii. 79 (trans. Mitchell, adapted). 这首诗很有可能写于遇到本韦努塔之前。

65 *Br.* 30: 345.

66 *Br.* 43: 63; Rilke's notebook, Jan. 1914 (quot. Storck Diss., 133).

67 *Br.* 27: 16.

68 Ibid. 17–19.

69 25 Jan. 1914 (Mauser, 220–1).

70 *Br.* 27: 22, 27, 28.

71 Ibid. 30, 31, 32.

72 *Br.* 31: 322.

73 Ibid. 323; *Br.* 27: 39–44.

74 Ibid. 47, 48.

75 15 Feb. 1914 (unpublished portion, DLA).

76 *Br.* 27: 90–1.

77 *Br.* 31: 323, 313.

78 *Br.* 27: 118.

79 13 Feb. 1914 (SLB).

80 *Br.* 27: 133, 140, 147.

81 *Br.* 31: 321.

82 *SW.* vi. 1235–6.

83 *Br.* 31: 310.

84 *Br.* 30: 369; to Anton Kippenberg, 18 Mar. 1914 (DLA).

85 Benvenuta, 77.

86 Ibid. 144–5.

87 Benvenuta, 154. 这些诗没有留存下来（cf. *SW.* vi. 1538）。

88 Kassner to Rilke, 25 Aug. 1919 (*Modern Austrian Literature*, vol. 15, nos. 3/4 (1982), 228).

89 Benvenuta, 238.

90 27 Apr. 1914 (DLA).

91 To Pia Valmarana, 8 May 1914 (SLB).

92 *Br.* 40: 215–16.

93 *Br.* 7: 277; *Br.* 30: 382.

94 7 June 1914 (DLA).

95 *Br.* 31: 321–8.

96 *SW.* ii. 80–1 (trans. Leishman, adapted).

97 *SW.* ii. 417.

98 *Br.* 31: 329; *SW.* ii. 82–4 (trans. Mitchell).

99 *Br.* 31: 336, 340, 347.

二

Motto: *Br.* 5: 25.

1 *Br.* 7: 279.

2 Ibid. 270.

3 Quot. Storck[3], 28.

4 *Br.* 5: 10.

5 *Br.* 4: 372.

6 *SW.* ii. 86–92 (last six lines trans. Leishman).

7 *Br.* 5: 9–10.

8 *Br.* 31: 353.

9 *Br.* 40: 223; *SW.* ii. 92–3.

10 LAL 14.

11 *SW.* ii. 219 (trans. Leishman).

12 *SW. ii.* 94–5 (trans. Mitchell).

13 LAL 27.

14 Ibid. 52–3.

15 Ibid. 45.

16 *SW.* ii. 224 (trans. Leishman).

17 Ficker, 206–7.

18 *Br.* 30: 391.

19 LAL 42.

20 Harry Graf Kessler, 25 Nov. 1914 (quot. Schnack, 487).

21 *Br.* 43: 83; to Pia Valmarana, 21 Oct. 1914 (SLB); *Br.* 5: 25.

22 DLA (extr. quot. Storck[2], 51).

23 玛丽安娜 · 弗里德兰德－富尔德短时间内成了 6 位米特福德姐妹（里兹代尔伯爵二世的女儿）的婶母——这种关系无疑会引起南希的兴趣，但对尤妮蒂和戴安娜就没那么大的吸引力。

24 *Br.* 30: 397.

25 *SW.* ii. 95 (trans. Leishman).

26 *Br.* 30: 397.

27 28 Dec. 1914 (DLA, quot. Storck[3], 30).

28 4 Jan. 1915 (ibid. 31).

29 To Hertha Koenig, 4 Jan. 1915 *(Blätter* 5 (1978), 11).

30 18 Jan. 1915 (DLA, quot. Storck[2], 63).

31 4 Nov. 1914 (DLA).

32 Hertha Koenig *(Blätter* (1978), 11).

33 15 Jan. 1915 (DLA, quot. Storck[2], 62).

34 *Br.* 40: 231.

35 *Br.* 30: 400.

36 Ibid. 408, 404, 409.

37 *Br.* 31: 369, 371.

38 Burte, Autobiographisches Fragment (copy SLB).

39 *Br.* 5: 33.

40 To Pia Valmarana, 19 Feb. 1915 (SLB).

41 *Br.* 30: 425.

42 LAL 55–6.

43 *Br.* 30: 418; to Alexander Taxis, 30 Apr. 1915 (Houghton; Mises 511).

44 *Br.* 31: 366.

45 Sieber, RA.

46 *Br.* 31: 374–5.

47 *SW.* ii. 99–100 (trans. Leishman).

48 *Br.* 5: 47.

49 26 June 1915 *(Blätter* 5 (1978), 13).

50 To Ellen Delp, 6 Sept. 1915 (MStB).

51 Burte, Autobiographisches Fragment (copy SLB).

52 Sieber, RA.

53 To Marianne Mitford, 28 May 1915 (quot. Storck[2], 72).

54 To Lizzie Gibson, 28 Oct. 1915 (LAG).

55 To Ilse Erdmann, 11 Sept. 1915 (quot. Schnack, 511).

56 To Erica Hauptmann, 18 Aug. 1915 (DLA, quot. *Kat.,* 205–6).

57 Quot. Schnack, 504 (wrongly dated 'early June').

58 To Erica Hauptmann, 10 Aug. 1915 (DLA, quot. *Kat.,* 201).

59 To Ellen Delp, 6 Sept. 1915 (MStB).

60 To Marianne Mitford, 6 Sept. 1915 (DLA, quot. Storck[2], 80); *Br.* 30: 438.

61 5 Oct. 1915 (DLA, quot. Storck[3], 33–6).

62 HK 7.

63 *SW.* ii. 101–2 (trans. Leishman).

64 To Marianne Mitford, 15 Oct. 1915 (quot. Schnack, 514).

65 *Br.* 5: 78.

66 To Marianne Mitford, 15 Oct. 1915 *(Br.* 38: 50).

67 *c. 20* Oct. 1915 (BStB).

68 To Ellen Delp, 3 Nov. 1915 (MStB) and Jomar Förste, 1 Nov. 1915 (Unseld, Plate viii).

69 *Br.* 5: 90–1, 93.

70 *SW.* ii. 103–4 (trans. Mitchell). 翁泽尔德的书中，第四幅插图展示了一部分里尔克笔记本原稿的复印件，第七行写的是："在它的圆周上用过去的字体写着"（an ihrer *Rundung* in *vergangner* Schrift）。译者按：此处作者似乎是指出里尔克的手稿与《里尔克全集》（*SW.*）中的文字有不符之处，该诗的第七行在《里尔克全集》中写作"an ihrem Bug in Aufgebrauchter Schrift"（直译"在它的弧形上用耗尽的字体写着"），本书作者引用了 Mitchell 的译本，这一行译作"across the side, in faded Gothic letters"。

71 To Else Jaffé, 14 Nov. 1915 (DLA).

72 *Br.* 15, ii: 47.

73 *SW.* ii. 435–8 (trans. Leishman).

74 Quot. Pfeiffer, 285.

75 Jacob Steiner, *Rilkes Duineser Elegien* (Berne/Munich, 2nd edn., 1969), 54; *SW.* i, 693 (trans. Poulin).

76 *SW.* ii. 438 (trans. Leishman, adapted).

77 Unseld, 159–60; to Else Jaffé, 14 Nov. 1915 (DLA, quot. Schnack, 517).

78 *SW.* i. 697–700 (trans. Mitchell).

79 To Philipp Schey–Rothschild, 25 Nov. 1915 (quot. Schnack, 518).

三

Motto: *Br.* 31: 376.

1 Quot. Sieber, R.A.

2 Stefan Zweig's diary, 16 Jan. 1916 (ZE; op. cit., 245–6).

3 Ginzkey, 'Rainer Maria Rilke der Infanterist', *Zeit und Menschen meiner jftigend,* 1943.

4 *Br.* 32 (German edn.), 97.

5 *Br.* 7: 298.

6 26 Feb. 1916 (DLA, quot. *Kat.,* 211–12).

7 *Br.* 7: 301.

8 *Br.* 40: 257.

9 *Br.* 30: 472.

10 To Loulou Albert–Lazard, 4 Mar. 1916 (quot. Schnack, 530).

11 To Richard Weininger, 28 Mar. 1916 (WNB).

12 *Br.* 43: 96.

13 *Br.* 31: 379; *Br.* 44: 166.

14 LAL 148.

15 *Br.* 40: 261.

16 Ibid. 262.

17 *Br.* 34: 170.

18 To Prince Wilhelm von Stolberg–Wernigerode, 9 Aug. 1916 (quot. Sieber, RA).

19 To Magda von Hattingberg, 2 Oct. 1914 (DLA).

20 *Br.* 34: 162, 177.

21 18 Sept. 1916 (DLA).

22 27 Sept. 1916 (quot. Schnack, 541).

23 To Philipp Schey–Rothschild, 25 Dec. 1916 (copy DLA); to Mieze Weininger, 31 Dec. 1916 (WNB); *Br.* 40: 268–9.

24 *Br.* 40: 266.

25 28 Sept. 1916 (copy Pittsburgh; quot. Schnack, 541).

26 LAL 123.

27 *Br.* 40: 267–8.

28 To Adrienne Sachs, 1 Dec. 1916 (quot. Storck Diss., App. 100).

29 To Mieze Weininger, 31 Dec igi6 (WNB) and Marianne Mitford, 24 Jan. 1917 (copy Pittsburgh; quot. Schnack, 552).

30 *Br.* 31: 376; to Mieze Weininger, 9 Dec. 1916 (WNB); *Br.* 30: 501.

31 Quot. Sieber, RA.

32 *Br.* 7: 311–12; *Br.* 34: 229.

33 To Kurt Wolff, 28 Mar. 1917 (Wolff, *Briefmechsel eines Verlegers 1911–1936*, Frankfurt a.M., 1966, 145–6).

34 *Br.* 5: 137; *Br.* 37: 31.

35 Hausenstein, *StdFr.*, 89.

36 To Sophie Liebknecht, 22 June 1917 (RA) and from her, 18 Aug. 1917 (DLA, quot. *Kat*231).

37 *Br.* 7: 313.

38 2 July 1917 (DLA).

39 To Anton Kippenberg, 5 July 1917 (DLA).

四

Motto: 'Requiem für die Gefallenen Europas—Rezitativ I'

1 To Mieze Weininger, 24 July 1917 (WNB, quot. Schnack, 564).

2 To Hedwig Jaenichen–Woermann, 18 Aug. 1917 (DLA).

3 To Sophie Liebknecht, 3 and 23 Aug. 1917 (RA).

4 *Br.* 34: 244.

5 To Mieze Weininger, 5 Oct. 1917 (WNB, quot. Schnack, 572).

6 *Br.* 34: 250.

7 To Dorothea von Ledebur, 5 Oct. 1917 (Clary).

8 To Dorothea von Ledebur, 29 Oct. 1917 (Clary).

9 To Clara, 15 Nov. 1917 (quot. Sieber, RA).

10 To Dorothea von Ledebur, 29 Oct. 1917 (Clary).

11 *Br.* 5: 165.

12 Ibid. 166.

13 To Dorothea von Ledebur, 14 Nov. 1917 (Clary).

14 Kessler's diary (Bernhard Zeller,*Jfahrbuch der dt. Schiller–Gesellschaft,* xii (1968), 82–4).

15 To Dorothea von Ledebur, 14 Nov. 1917 (Clary).

16 Mehring, 'Einige Erinnerungen an Rilke' (*Literarische Welt* (1927), no. 2), 2.

17 Quot. Bassermann, *Der späte Rilke* (Munich, 1947), 263. Cf. William L. Moran, 'Rilke and the Gilgamesh Epic', *Journal of Cuneiform Studies*, vol. 32, no. 4 (Oct. 1980), 208–10.

18 *Br.* 5: 192, 191.

19 *Br.* 40: 277; *Br.* 34: 268.

20 *Br.* 5: 169–70.

21 *Br.* 40: 278–9.

22 To Stefan Zweig, 20 Sept. 1917 (JNUL).

23 To Elisabeth von Schmidt-Pauli, 3 Dec. 1917 *(Neue Rundschau*, vol. 38, no. 9, Sept. 1927).

24 27 Dec. 1917 (DLA).

25 To Dorothea von Ledebur, 24 Jan. 1918 (Clary).

26 To Clara, 8 Dec. 1917 (quot. Sieber, RA).

27 *Br.* 34: 257.

28 To Dorothea von Ledebur, 24 Jan. 1918 (Clary).

29 To Marianne Mitford, 12 Mar. 1918 (Copy Pittsburgh; quot. Schnack, 593).

30 To Walther Rathenau, 10 and 18 Mar. 1918 (RA).

31 *Br.* 31: 388.

32 *Br.* 7: 323; *Br.* 34: 291–2.

33 To Adrienne Sachs, 29 May 1918 (DLA); to Gräfin von Courten, 11 Oct. 1918 (quot. Sieber, RA).

34 10 May 1918 (quot. Sieber, RA).

35 Hertha Koenig, *Blätter* 5 (1978), 27–8.

36 2 July 1918 (quot. Sieber, RA).

37 *Br.* 5: 212–13.

38 10 Aug. 1918 (copy Pittsburgh; quot. Schnack, 601).

39 *Br.* 30: 557.

40 *Br.* 23: 21, 27.

41 To Hertha Koenig, 16 Sept. 1918 (DLA).

42 *Br.* 7: 328.

43 *Br.* 48: 201.

44 To Anni Mewes, 6 Nov. 1918 (BStB, quot. Schnack, 608–9).

45 *Br.* 5: 207–8.

第 414—423 页注释

46 Ibid. 206.

47 Ibid. 209; to Anni Mewes, 6 Nov. 1918 (BStB; quot. Storck Diss., App. 131).

48 *Br.* 5: 214.

49 *Br.* 23: 40.

50 To Dr Erich Katzenstein–Erler, 15 Nov. 1918 (quot. Schnack, 612).

51 Alfred Wolfenstein, 'Erinnerungen an Rilke', *Basler National–Zeitung*, 15 Feb. 1942 (quot. *Kat.*, 235).

52 Goll, 88.

53 Goll[2], 22–3.

54 *Br.* 20: 6.

55 *SW.* ii. 69.

56 *Br.* 20: 8–9.

57 To Phia Rilke, 8 Dec. 1918 (quot. Sieber, RA).

58 To Clara, 15 Dec. 1918 (quot. ibid.).

59 *Br.* 5: 215.

60 *Br.* 34: 322, 323; *Br.* 31: 383.

61 *Br.* 31: 381.

62 *Br.* 30: 570, 572.

63 From Anton Kippenberg, 20 Jan. 1919 (DLA, quot. Schnack, 622); to Kippen– berg, 9 Feb. 1919 (DLA).

64 *Br.* 34: 328.

65 To Ludwig Landshoff, 5 Mar. 1919 (MStB).

66 *Br.* 40: 285.

67 *Br.* 5: 226, 227.

68 致一位身份不明的女人的信，未标注日期（Houghton; Mises 523）。考虑到 1919 年 2 月 5 日写给 Gräfin Stauffenberg 的信（*Br.* 5: 228），这封信的日期很可能是 1919 年 1 月，而不是 Mises 523 中认为的 6 月。

69 *Br.* 15, ii: 118.

70 *SW.* vi. 1041–2.

71 *Br.* 31: 382–3, 394.

72 *Br.* 34: 332–3.

73 Pfeiffer, 301.

74 Thomas Mann, *Tagebücher 1918–1921* (Frankfurt a.M., 1979), 668.

75 *Br.* 7: 338.

76 To Annette Kolb, 21 Mar. 1919 (MStB; quot. Schnack, 634).

第七章 定居瑞士的前奏 1919—1921

一

Motto: *Br.* 21: 13.

1 To Clara, 20 June 1919 (quot. Sieber, RA).

2 *Br.* 5: 270; *Br.* 7: 344, 345; to Phia Rilke, 6 July 1919 (quot. Sieber, RA).

3 Inga Junghanns, *StdFr.*, 105–9.

4 *Br.* 34: 357.

5 *Br.* 5: 284, 259.

6 To Elisabeth von Schmidt–Pauli, 14 Aug. 1919 *(Neue Rundschau*, vol. 38, no. 9, Sept. 1927). Not included in *Br.* 5: 261 ff.

7 *Br.* 5: 261, 255.

8 *SW.* vi. 1085 ff.; *Br.*44: 143

9 9 Sept. 1919 (Rilke Collection, Sierre).

10 To Yvonne von Wattenwyl, 26 Sept. 1919 (quot. Schnack, 660).

11 *Br.* 30: 587.

12 *Br.* 7: 347.

13 *Br.* 33: 15–16.

二

Motto: *Br.* 30: 588.

1 *Br.* 26: 103.

2 *SW.* vi. 1096–8.

3 Salis, 49.

4 To Anton Kippenberg, 31 Oct. 1919 (DLA).

5 *Br.* 44: 20.

6 *Br.* 5: 278.

7 Mühll.

8 *Br.* 33: 22.

9 *Br.* 44: 1203.

10 Ibid. 59.

11 To Fritz Huf, 12 Nov. 1919 (Jonas, ‘Huf’; quot. Schnack, 665).

12 16 Dec. 1919 (SLB).

13 *Br.* 44: 44, 46.

14 *Br.* 15, ii: 167.

15 30 Dec. 1919 (Rilke Collection, Sierre; quot. Schnack, 674).

16 *Br.* 14: 16.

17 To Eva Cassirer, 20 Aug. 1908 (SLB).

18 *Br.* 44: 81.

19 Ibid. 105–6.

20 Ibid. 139, 1176–8.

21 31 Oct. 1919 (DLA).

22 *Br.* 44: 71.

三

Motto: *Br.* 28: 41.

1 *Br.* 33: 44.

2 4 Mar. 1920 (SLB).

3 *Br.* 44: 218.

4 Letters to Hans Buchli, 23 Mar–13 May 1920 (SLB); *Br.* 44: 223.

5 22 Feb 1920 (SLB).

6 *Br.* 20: 19.

7 *Br.* 30: 597.

8 To Resi Hardy, 24 June 1920 (DLA).

9 *Br.* 30: 611.

10 *Br.* 31: 421–2.

11 1 Aug. 1920 (SLB).

12 To Pia Valmarana, 28 July 1920, and Mary Dobržensky, 16 Aug. 1920 (SLB).

13 *Br.* 44: 296.

14 *Br.* 30: 620.

15 *Br.* 44: 306.

16 *SW.* ii. 637.

17 *Br.* 28: 18, 30; *SW.* ii. 243 (trans. Leishman).

18 *Br.* 28: 35, 32.

19 *Br.* 44: 320, 321–2.

第450—466页注释

20 Ibid. 311

21 *Br.* 28: 41, 42, 45, 59.

22 Ibid. 53, 54.

23 Ibid. 69–70.

24 *Br.* 44: 330.

25 *Br. 28:* 77, 80.

26 *Br.* 5: 323; *Br.* 44, 332–3; to Mieze Weininger, 21 Nov. 1920 (WNB).

27 *Br.* 28: 85–6.

28 8 Nov. 1920 (SLB).

29 *Br.* 7: 364–5.

四

1 *Br.* 44: 338.

2 To Lily Ziegler, 2 Dec. 1920, and Mary Dobrženský, 19 Nov. 1920 (SLB).

3 To Fanette Clavel, 1 Dec. 1920 (SLB).

4 To Hans Reinhart, 29 Nov. 1920 (SLB).

5 25 Nov. 1920 (SLB).

6 *Br.* 28: 91, 124.

7 *Br.* 44: 347.

8 *SW.* vi. 1099–1103.

9 *SW.* ii. 123 (trans. Hamburger).

10 *Br.* 44: 349.

11 *SW.* ii. 119 (trans. Leishman).

12 Sieber, 160.

13 *SW.* ii. 130 (trans. Leishman, adapted).

14 WNB.

15 *SW.* ii. 130–2 (trans. Leishman, adapted).

16 *Br.* 44: 353.

17 *Br.* 5: 351–5.

18 To Paul Adler, 3 June 1921 (Stargardt 630, 107).

19 *Br.* 44: 370.

20 *Br.* 28: 125–6.

21 Ibid. 136.

22 Ibid. 213–19.

23 *Br.* 30: 639.

24 *Br.* 44: 406.

25 *Testament*, 27.

26 Valéry, 'Préface à l'essai duplication du Cimetière marin par G. Cohen' *(Variété III,* Paris, 1946), 56.

27 *Br.* 30: 639.

28 Quot. Bassermann, *Der späte Rilke*, 360.

29 *Testament*, 7–12.

30 Ibid. 18, 22, 35.

31 Ibid. 51, 52.

32 *Br.* 28: 343.

33 *Testament*, 39.

34 *Testament*, 31.

35 *Br.* 28: 335.

36 埃托瓦的这座修道院现在属私人所有，在其门口有一块匾，标明里尔克曾在那里暂住。

37 31 May 1921 (DLA, part only in *Br.* 7: 387).

38 Taxis, 106–7.

39 *Br.* 44: 493.

40 Ibid. 496.

第八章　穆佐与瓦尔蒙 1921—1926

一

Motto: *SW.* i. 718 (trans. Poulin).

1 *Br.* 44: 499, 500.

2 Ibid. 509.

3 20 July 1921 (SLB).

4 From Werner Reinhart, 29 July 1921 (SLB).

5 *Br.* 44: 513.

6 Ibid. 522, 521.

7 To Werner Reinhart, 7 Oct. 1921 (SLB).

8 *Br.* 44: 516.

9 To Frida Strohl, 13 Sept. 1921 (Pittsburgh).

第 481—491 页注释

10 7 Oct. 1921 (SLB).

11 *SW.* ii. 247 (trans. Leishman).

12 *Br.* 44: 567.

13 19 Oct. 1921 (SLB).

14 *Br.* 28: 368.

15 28 Nov. 1921 (SLB).

16 To Werner Reinhart, 11 Dec. 1921 (SLB).

17 Quot. Salis, 123.

18 To Anton Kippenberg, 25 Nov. 1921 (DLA, unpublished portion).

19 *Br.* 15, ii: 256.

20 *Br.* 44: 596.

21 Ibid. 585.

22 26 Nov. 1921 (Houghton; Mises 511).

23 To Louis Gauchat, 1 Dec. 1921 (SLB).

24 *Br.* 31: 438–9

25 *Br.* 30: 686.

26 *Br.* 7: 404, 407.

27 *Br.* 44: 594–5.

28 To Souvairan, 1 Jan. 1922 (SLB).

29 *Br.* 44: 1265–6.

30 *Br.* 31: 438.

31 *Br.* 6: 41 ff.

32 *Br.* 18: 60–1.

33 *Br.* 6: 84.

34 To Jean Strohl, 6 Jan. 1922 (Pittsburgh).

35 *Br.* 37: 202; *Br.* 6: 93.

36 *Br.* 44: 658–9.

37 *Br.* 6: 98.

38 7 Feb. 1922 (Pittsburgh).

30 *Br.* 44: 667.

40 *Br.* 6: 333.

41 *Br.* 44: 668.

42 *Br.* 7: 409–10.

43 *Br.* 28: 393.

44 *Br.* 44: 668, 669.

45 *Br.* 30: 697–9.

46 *Br.* 31: 444–5.

47 *SW.* i. 743–4 (trans. Leishman).

48 *Br.* 44: 673, 672, 675.

49 To Werner Reinhart, 14 Feb. 1922 (SLB).

50 *SW.* v. 215.

51 *SW.* i. 733, 735 (trans. Poulin).

52 *SW.* i. 747 (trans. Poulin).

53 *SW.* ii. 249 (trans. Leishman, adapted).

54 *SW.* i. 743 (trans. Poulin).

55 Quot. Storck Diss., App. 129.

56 *Br.* 4: 275.

57 *SW.* i. 744 (trans. Poulin).

58 *SW.* i. 710, 712 (trans. Poulin).

59 *SW.* i. 714, 716 (trans. Poulin).

60 *SW.* i. 701.

61 *SW.* i. 717–20 (trans. Poulin; third quotation trans. Leishman/Spender).

62 Lama Govinda, quot. Capra, 147.

63 *SW.* i. 721 (trans. Poulin), 726 (trans. Mitchell).

64 *Br.* 6: 334, 337.

65 *Br.* 21: 60.

66 *SW.* vi. iii 1–27.

67 *Br.* 18: 53, 55.

68 *SW.* i. 759 (trans. Poulin).

69 *SW.* i. 751 (trans. Poulin).

70 *Br.* 6: 333, 334, 335.

71 Capra, 85.

72 To Jean Strohl, 13 Apr. 1922 (Pittsburgh).

73 *SW.* i. 732, 718.

74 *SW.* i. 768 (trans. Poulin).

二

Motto: *Br.* 7: 444.

第 503—516 页注释

1 *Br.* 31: 446–8.

2 *Br.* 44: 755, 756.

3 Taxis, 112.

4 *Br.* 44: 697, 739, 733.

5 Ibid.–715.

6 *Br.* 3: 293.

7 19 Apr. 1922 (SLB).

8 *SW.* ii. 251.

9 12 May 1922 (SLB).

10 *Br.* 18: 47–8.

11 *Br.* 44: 770.

12 *Br.* 28: 407.

13 Frieda Baumgartner to the author, Mar. 1979.

14 *Br.* 44: 798–9.

15 To Antoine Contat, 8 Nov. 1922 (quot. Schnack, 819).

16 To Jean Strohl, 10 Jan. 1923 (Pittsburgh).

17 *Br.* 44: 822; to Paul Morisse, 10 Feb. 1923 (SLB).

18 Br. 6: 178; Salis, 183.

19 Br. 33: 111.

20 Br. 30: 740; Br. 34: 484.

21 *Br.* 44: 851, 855, 850.

22 Ibid. 849.

23 *SW.* vi. 863.

24 Quot. Salis, 177.

25 *Br.* 44: 448.

26 *Br.* 31: 455.

27 *Br.* 19: 3.

28 *Br.* 44: 886.

29 Studer–Kiefer, iii (SLB).

30 Frieda Baumgartner to the author, Apr. 1979.

31 Jeanne de Sépibus to the author, 23 Apr. 1977; Studer–Kiefer, iv. 266–72 (SLB); *SW.* ii. 658–9.

32 *Br.* 44: 905.

33 Ibid. 907.

34 Frieda Baumgartner to the author, Mar. 1979.

35 *Br.* 44: 932; Salis, 187.

36 To Renée Alberti, 4 Sept. 1923 (quot. Sieber, RA).

37 *Br.* 44: 962.

38 Quot. Salis, 188.

39 To Alma Moodie, 31 Mar. 1924 (letter auctioned Berlin, Nov. 1980).

40 *Br.* 44: 963.

41 *SW.* ii. 158 (trans. Leishman).

42 *SW.* ii. 526, 527.

43 11 Mar. 1924 (SLB).

44 22 Feb. 1924 *(Mesa,* No. 4, Spring 1952, 34).

45 *SW.* ii. 531, 532.

46 20 Mar. 1924 (quot. Schnack, 908).

47 To Marie von Mutius, 15 Jan. 1918 (quot. Betz, 53–4).

48 *Br.* 32 (German edn.): 182.

49 *Br.* 50: 209.

50 *Reconnaissance*, 9–10.

51 Quot. Schnack, 913.

52 *Br.* 30: 806; to Werner Reinhart, 22 May 1924 (SLB).

53 *Br.* 44: 977, 980.

54 From Werner Reinhart, 17 June 1924 and Rilke's reply, 18 June 1924 (SLB).

55 *Br.* 18: 95.

56 To Dorothea von Ledebur, 9 Aug. 1924 (Clary).

57 Taxis, 115.

58 *SW.* ii. 168–74; 279 ff.

59 Schnack[2], 85–7.

60 *SW.* ii. 274 (trans. Leishman).

61 Schnack, 1003.

62 *Br.* 44, 1o11; *SW.* ii. 557, 569.

63 4 Sept. 1924 (Pittsburgh).

64 *Br.* 44: 874.

65 *Br.* 6: 346.

66 *Br.* 44: 1021.

67 15 Feb. 1924 (DLA).

68 *Br.* 20: 28.

69 15 June 1924 (DLA).

70 *SW.* ii. 577.

71 To Edmond Jaloux, 12 Sept. 1924 (SLB).

72 To Dora Herxheimer, 14 July 1907 (Houghton; Mises 554).

73 27 Sept. 1924 (quot. Schnack, 944).

74 *Br.* 44: 1025.

75 *Br.* 34: 545; *Br.* 44: 1022–3.

76 *SW.* ii. 146–7.

77 *Br.* 44: 1023.

78 *SW.* ii. 502 (trans. Leishman).

79 *Br.* 44: 1022, 1032.

80 上述的精神分析医生是阿图尔·穆特曼医生（Athur Muthmann, 1875–1957），他是弗洛伊德疗法的追随者，当时在布列斯高的弗莱堡（Freiburg i. Br.）开业。根据海因里希·孟医生（Dr Heinrich Meng, 1887–1972）在 1952 年 3 月的陈述（Simenauer, 688），里尔克在“他的最后几年中”确实接受了穆特曼的精神分析治疗。稍后，在 1970 年 3 月 3 日的通信中（Pfeiffer, 311），孟说这次治疗持续了一个星期，但中断了，里尔克中断治疗的理由是露认为，这种治疗对作为诗人的他而言太危险了，虽然他起初说是采纳露的建议去接受治疗的。普法伊费尔认为孟在 1933 年 1 月 2 日和 3 日去拜访露（在露的日记中有记录，但没有评论）就是告诉她最近的这次运用精神分析疗法的尝试，里尔克向她隐瞒了这次精神分析治疗，要不她就会发现这与他早年的态度截然相反（Pfeiffer[2], 300–1）。如果事情真是这样，那我们对里尔克 1925 年 10 月 31 日至 12 月 8 日写给露，而露在 1925 年 12 月 12 日回复的信件（参见本书第384和387页），就会有不同的解读方式。然而，根据里尔克与多里·冯·德尔·米尔之间的通信（SLB），他在 1924 年 4 月 14 日第一次提到她建议他去咨询穆特曼，但直到 1925 年 1 月 17 日，他都没有按照她的建议行事。他 1925 年 8 月从巴黎返回，一直到当年的 12 月 20 日再次住进瓦尔蒙疗养院，在此期间，他有可能去见穆特曼的仅有的几个大概时间段是：10 月 9—13 日（从苏黎世出发），10 月 15—18 日以及 10 月 21—23 日（从穆佐出发）。考虑到旅途上花的时间，这些情况下里尔克每次最多能与穆特曼进行两三次谈话，而他几乎不可能用这么短的时间去处理如此重大的事情。无论如何，他向南妮·文德尔利（她是他当时的知心女友，尽管他和南妮的关系与他和露的关系性质有所不同）隐瞒去布列斯高的弗莱堡或巴塞尔的旅行是难以想象的，在巴塞尔，多里早些时候曾提议驾车载着他从那里出发去见穆特曼，虽然他不愿透露他的目的是尝试接受精神分析治疗。诚然，孟条理清楚的说法似乎没有怀疑的余地。但鉴于上述的考虑，我对此事持保留意见，这次“秘密的精神分析治疗”仍未得到证实，除非发现进一步的证据。

81 *Br.* 44: 1031, 1036.

82 Quot. Salis, 199–200.

83 *Br.* 36: 66–7.

三

Motto: *SW.* ii. 314.

1 To Yvonne von Wattenwyl, 16 Jan. 1925 (Rilke Collection, Sierre).

2 *Br.* 30: 819.

3 20 Feb. 1925, to Mieze Weininger (WNB, quot. Schnack, 971) and Ellen Delp (MStB).

4 *SW.* ii. 178 (trans. Hamburger).

5 *SW.* ii. 519–20.

6 Betz[2], 95–6.

7 *Br.* 44: 1058–9.

8 Betz[2], 151; letter from Claire Goll, 2 Sept. 1925 (DLA).

9 *Br.* 7: 495.

10 *Br.* 15, ii: 473.

11 Cf. Note 80 above.

12 *Br.* 31: 476; *SW.* ii. 314.

13 To Mary Dobrženský, 17 Jan. 1924 (SLB).

14 *Br.* 44: 1062.

15 *SW.* i. 347 (trans. Leishman, adapted).

16 *Br.* 44: 1192; *SW.* ii. 185 (trans. Hamburger).

17 *Br.* 44: 1193.

18 *SW.* i. 347 (trans. Leishman).

19 *Br.* 44: 1074.

20 *Br.* 31: 475–8.

21 Quot. Schnack[2], 86.

22 *SW.* ii. 186 (trans. Hamburger).

23 *SW.* ii. 185–6 (trans. Hamburger).

24 *Br.* 15, ii: 488–90.

25 *Br.* 44: 1073, 1074.

26 Ibid. 1080.

27 *SW.* ii. 317.

28 *Br.* 44: 1087.

29 *Br.* 30: 841.

30 17 Dec. 1925 (Pittsburgh).

31 Quot. Schnack, 1017.

32 *Br.* 44: 1089.

33 *Br.* 31: 478–82.

四

1 *Br.* 7: 509; to Dory von der Mühll, 7 Feb. 1926 (SLB).

2 To Werner Reinhart, 19 Feb. 1926 (SLB); *Br.* 28: 562.

3 19 Feb. 1926 (SLB).

4 *Br.* 6: 378.

5 *Br.* 36: 77, 82–98.

6 Ibid. 84, 108.

7 To Werner Reinhart, 24 Feb. 1926 (SLB); *Br.* 37: 244.

8 *Br.* 44: 1135.

9 *Lettres*, 205–6, 209.

10 *Br.* 44: 1120.

11 *Les Lettres*, 208; *SW.* ii. 676–7.

12 *Br.* 44: 1122, 1123.

13 With letter of 29 Feb. 1924 (courtesy Mme A. Vincens–de Bonstetten).

14 *Br.* 45: 29.

15 Ibid. 43.

16 *Br.* 44: 1130.

17 Ibid. 1122; to Edmond Jaloux, 5 May 1926 (SLB); *Br.* 44: 1130.

18 *Br.* 32 (German edn.): 181 (retranslated from French original).

19 3 June 1926 (SLB).

20 To Léonie Contat, 8 July 1926 (*Rilke en Valais*, 187); Studer–Kiefer, ii. 146 ff. (SLB).

21 *SW.* ii. 626.

22 *Br.* 50: 76–8.

23 Ibid. 128, 105.

24 Ibid. 105, 108.

25 Ibid. 112.

第 555—567 页注释

26 *SW.* ii. 271–3 (trans. Leishman).

27 Konstantin Asadovsky, *Br.* 50: 53.

28 *Br.* 50: 147.

29 Quot. Schnack, 1055, 1058, 1059.

30 Elisabeth Bergner to the author, 30 Sept. 1978.

31 Jenny de Margerie to the author, 15 Sept. 1983. 瓦莱里稍后在 1926 年去柏林时，她安排了一场朗诵会，请伊丽莎白 · 伯格纳朗诵里尔克翻译的作品；但她期待里尔克出席的愿望落空了。

32 *Br.* 44: 1150.

33 Ibid. 1151.

34 Schnack[2], 137, 124; *Br.* 44: 1155.

35 *Br.* 6: 393.

36 *SW.* ii. 509–10 (trans. Leishman).

37 *Br.* 44: 1152; Schnack[2], 122–3; *8W.* i. 507 (trans. Leishman).

38 *SW.* ii. 276–7 (trans. Leishman).

39 *SW.* ii. 742, 684.

40 Quot. Schnack[2], 127.

41 *Br.* 28: 591.

42 To Valéry, 5 Sept. 1926 (quot. Schnack, 1072–3).

43 Quot. Schnack, 1060.

44 *Br.* 44: 1158–9.

45 *Dernière Amitié*, 197, 204.

46 To Jaloux, 20 Sept. 1926 (SLB; *Dernière Amitié*, 132–3).

47 *Br.* 33: 132.

48 Nanny Wunderly to Mieze Weininger, 16 Jan. 1927 (WNB).

49 *Br.* 44: 1167.

50 Ibid. 1166.

51 Ibid. 1170.

52 DLA.

53 Quot. Schnack, 1087.

54 Quot. ibid. 1088.

55 Ibid.

56 *Br.* 44: 1171–2.

57 Nanny Wunderly to Mieze Weininger, 16 Jan. 1927 (WNB).

58 *Br.* 30: 955.

59 *Br.* 31: 482–3.

60 Ibid. 618, 619.

61 *Br.* 30: 956.

62 Ibid. 884; to Richard Weininger, 19 Dec. 1926 (WNB).

63 *SW.* ii. 511 (trans. Hamburger).

64 Quot. Schnack, 1090.

65 Nanny Wunderly to Mieze Weininger, 16 Jan. 1927 (WNB).

66 Quot. Sieber, RA.

67 Quot. Schnack, 1091.

68 *Dernière Amitié*, 211–12.

69 *Br.* 28: 601–2.

70 *Br.* 33: 135; quot. Salis, 277.

71 *Br.* 30: 957.

72 Salis, 283.

73 *SW.* i. 688 (trans. Leishman/Spender).

后记

Motto: *Br.* 4: 170.

1 Stefan Zweig to André Suarès, 4 Jan. 1927 (courtesy Mme Roland de Margerie).

2 *Philobiblon*, vol. viii, no. 10 (1935) (8).

3 *Inselschiff,* vol. viii, no. 2, 82.

4 Stefan Zweig, *Abschied von Rilke* (Tübingen, 1927), 25, 30.

5 Jaloux, 41–2, 58.

6 *Inselschiff* vol. viii, no. 2, 125.

7 *SW.* ii. 277 (trans. Leishman).

8 Wilhelm Hausenstein, *StdFr.*, 90.

9 *Die Welt von gestern* (London and Stockholm, n.d.), 153.

10 To Manon zu Solms–Laubach, 12 Jan. 1912 (*Br.* 4: 166, 165).

11 *SW.* ii. 463.

12 *SW.* ii. 95, 137.

13 21 Oct. 1913 (*Br.* 31: 305).

14 Taxis, 107.

15 Hugo von Hofmannsthal to Dory von der Mühll, 1929 (*Neue Zürcher Zeitung*, 6 Oct. 1982).

16 To Nanny Wunderly, 26 Dec. 1919 (*Br.* 44: 63); to Sidie Nâdherny, 30 Mar. 1913 (*Br.* 40: 181).

17 To Julie von Nordeck zu Rabenau, 2 Jan. 1912 (*Br.* 4: 154).

18 22 May 1926 (*Br.* 50: 238).

19 Benvenuta, 236.

20 Mason[2], 176.

21 To Elisabeth Schenk zu Schweinsberg, 4 Nov. 1909 (*Br.* 4: 80–1).

22 *SW.* ii. 42.

23 *SW.* i. 759.

24 *Br.* 44: 1193.

25 Ibid. 105–6.

26 *SW.* i. 759, 765.

27 To Ilse Jahr, 2 Dec. 1922 (*Br.* 6: 154).

28 *SW.* ii. 266.

29 *SW.* i. 759, 687 (trans. Poulin).

参考书目

第一部分　里尔克的作品

Sämtliche Werke, vols i–vi, ed. Ernst Zinn, Frankfurt a.M., 1955–66.

Tagebücher aus der Frühzeit, ed. Ernst Zinn, Frankfurt a.M., 1973.

Übertragungen, ed. Ernst Zinn and Karin Wais, Frankfurt a.M., 1975.

Das Testament, ed. Ernst Zinn, Frankfurt a.M., 1975.

第二部分　里尔克的书信

里尔克书信接连出版的过程有时显得很混乱，最实际的做法似乎是按照其出版的大致顺序列出主要的书信集，注释中提及的书信缩写，使用的是下面的编号（Br.1，2，等等）。如无其他说明，出版商都是岛屿出版社，括号中是所使用的版本的出版日期。

1 *Briefe und Tagebücher aus der Frühzeit 1899–1902*(1931).

2 *Briefe 1902–1906* (1929).

3 *Briefe 1906–1907* (1930).

4 *Briefe 1907–1914* (1933).

5 *Briefe 1914–1921* (1937).

6 *Briefe aus Muzot 1921–1926* (1935).

7 *Briefe an seinen Verleger* (enlarged 2 vol. ed. 1949).

8 *Briefe 1892–1904* (1939).

9 *Briefe 1904–1907* (1939).

10 *Briefe 1907–1914* (1939).

11 *Briefe 1914–1921* (1938—identical with 5 above).

12 *Briefe aus Muzot 1921–1926* (1937).

13 *Briefe an einen jungen Dichter* (Insel–Bücherei no. 406, n.d.).

14 *Briefe an eine junge Frau* (Insel–Bücherei no. 409, n.d.).

15 *Briefe*: vol. i 1897–1914, vol. ii 1914–1926 (1950).

16 *Lettres à Rodin* (Paris, 1931).

17 *Dreizehn Briefe an Oskar Zwintscher* (Gesellschaft der Bücherfreunde zu Chemnitz, 1931).

18 *Briefe an Gräfin Sizzo* (1977).

19 *Lettres à une amie venitienne* (to Mimi Romanelli) (Milan, 1941).

20 *Briefe an eine Freundin* (to Claire Goll) (Aurora, NY, 1944).

21 *Briefe an R. R. Junghanns und Rudolf Zimmermann* (Olten, 1945).

22 *Briefe an Baronesse von Oe.* (New York, 1945).

23 *Freundschaft mit R. M. Rilke* (Briefe an Elya Nevar) (Berne–Bümpliz, 1946).

24 *Briefe, Verse und Prosa aus dem Jahre 1896* (New York, 1946).

25 *Briefe an das Ehepaar S. Fischer* (Zurich, 1952).

26 *Briefe an eine Reisegefährtin* (to Albertina Casani) (Vienna, 1947).

27 *Briefwechsel mit Benvenuta* (Esslingen, 1954).

28 *Rainer Maria Rilke et Merline: Correspondance* (Zurich, 1954).

29 *Briefwechsel in Gedichten mit Erika Mitterer 1924–1926* (Werkausgabe vol.3,1975).

30 *Briefwechsel Rainer Maria Rilke und Marie von Thurn und Taxis* (joint edition with Niehans & Rokitansky, Zürich, 1951).

31 *Briefwechsel Rainer Maria Rilke und Lou Andreas–Salomé* (1975).

32 *Rainer Maria Rilke/André Gide: Correspondance 1909–1926* (Paris, 1952; German edn. Stuttgart/Wiesbaden, 1957).

33 *Briefe an Gudi Nölke* (1953).

34 *Briefwechsel Rainer Maria Rilke und Katharina Kippenberg* (1954).

35 *Correspondance Rilke/André Gide/Emile Verhaeren* (Paris, 1955).

36 *Lettres milanaises 1921–1926* (to Duchesa Aurelia Gallarati–Scotti) (Paris, 1956).

37 *Briefwechsel Rainer Maria Rilke und Inga Junghanns* (1959).

38 *Marianne Gilbert: Le tiroir entrouvert* (including 31 lettres to Marianne Mitford, in often inaccurate French translation) (Paris, 1956).

39 'Briefwechsel Rilke/Arthur Schnitzler' *(Wort und Wahrheit*, vol. 13, no. 1 (1958), 232–98).

40 *Briefe an Sidonie Nâdherny von Borutin* (1973).

41 *Briefwechsel Rilke/Hof mannsthal 1899—1925* (1978)

42 *Briefe an Ernst Hardt* (Marbach a.N., 1975).

43 *Briefwechsel Rilke/Helene von Nostitz* (1976).

44 *Briefe an Nanny Wunderly–Volkart*, vols. i. and ii (1977).

45 *Lettres autour d'un jar din* (to Antoinette de Bonstetten) (Paris, 1977).

46 'Briefe an Rolf Ungern–Sternberg' *(Sinn und Form*, vol. 29, no. 2 (1977), 300–42).

47 'Lettres à Madonna' (Madeleine de Broglie) *(Journal de Genève*, 21–2 Jan. 1961).

48 *Briefe an Axel Juncker* (1979).

49 *Briefwechsel Rilke/Anita Forrer* (1982).

50 *Briefwechsel Rilke/Marina ZwetajewajBoris Pasternak* (1983).

按：下面第四部分中包含里尔克其他书信的著作标注了星号（*）。

第三部分　英文译本

Hamburger, Michael, *An Unofficial Rilke*, London, 1981.

Hull, R. F. C, *Selected Letters 1902–1926,* London, 1946.

Leishman, J. B., *From the Remains of Count C. W.*, London, 1952.

——*Selected Works*, vol. ii: *Poetry*, London, 1976.

——*Poems 1906–1926*, London, 1976.

Leishman, J. B., and Spender, Stephen, *Duino Elegies*, London, 1975.

Linton, John, *The Notebook of Malte Laurids Brigge,* London, 1972.

Mason, Eudo C, in *Rilke,* Edinburgh/London, 1963.

Mitchell, Stephen, *The Selected Poetry,* New York, 1982.

Morse, B. J., *Six Poems done into English,* Cardiff, 1945.

——*Duino Elegies done into English,* South Wales, 1941.

Poulin, A., Jr., *Duino Elegies and the Sonnets to Orpheus,* Boston, 1977.

第四部分　二手文献

*Albert–Lasard, Lou, *Wege mit Rilke,* Frankfurt a.M., 1952.

Andreas–Salomé, Lou, *Rainer Maria Rilke,* Leipzig, 1928.

——*Lebensrückblick,* ed. Ernst Pfeiffer, Frankfurt a.M. 1974 (Insel–Taschenbuch 54).

Angelloz, J.–F., *Rilke,* Paris, 1952.

Bassermann, Dieter, *Der andere Rilke,* Bad Homburg, 1961.

——*Der spate Rilke,* Munich, 1947.

Bauer, Marga, *Rainer Maria Rilke und Frankreich,* Berne, 1931.

*Baumgartner, Frieda, 'Wie ich den grossen Dichter Rainer Maria Rilke erleben durfte', offprint, 'Lueg nit verby', Derendingen, 1967.

Bergman, Marianne, *Rilkes kontakt med Ellen Key och hennes betydelse for honom och hans verk*, Stockholm, dissertation, n.d.

*Betz, Maurice, *Rilke in Frankreich,* Vienna, 1938.

*——*Rilke in Paris*, Zurich, 1948.

*Blüher, Hans, *Werke und Tage,* Munich, 1953.

Braun, Felix, *Das Licht der Welt,* Vienna, 1949.

*——*Zeitgefährten*, Munich, 1963.

*Brutzer, Sophie, *Rilkes russische Reisen,* Stallüpönen, 1934.

Buchheit, Gerd (ed.), *Rainer Maria Rilke: Stimmen der Freunde,* Freiburg i.Br., 1931.

Buddeberg, Else, *Rainer Maria Rilke: eine innere Biographie,* Stuttgart, 1955.

Busch, Günter, and Von Reinken, Liselotte (eds.), *Paula Modersohn–Becker in Brtefen und Tagebüchern,* Frankfurt a.M., 1979.

Butler, E. M., *Rainer Maria Rilke,* Cambridge, 1941; reprint New York, 1973.

Byong–Ock Kim, *Rilkes Militärschulerlebnis und das Problem des verlorenen Sohnes,* Bonn, 1973.

Capra, Fritjof, *The Tao of Physics,* London, 1978.

Carossa, Hans, *Führung und Geleit*, Leipzig, 1933.

Casellato, Pietro, *La veneziana 'misteriosa' di Rainer Maria Rilke*, Venice, 1977.

Casey, Timothy J., *Rainer Maria Rilke: A Centenary Essay*, London, 1976.

Centro Studi 'Rainer Maria Rilke e il suo tempo', Duino/Trieste, *Atti degli Convegni* 1–9 (1972–80).

Cerny, Vaclav, *Rilke, Prag, Böhmen und die Tschechen*, Prague, 1966.

*Delp, Ellen, *Regina Ullmann: eine Biographie dêr Dichterin*, Einsiedeln/Zurich, 1960.

——'Erinnerung', *Philobiblon*, vol. 8, no. 10 (1935), 483–7.

Demetz, Peter, *René Rilkes Prager Jahre,* Düsseldorf, 1953.

**Die Insel*, Eine Ausstellung zur Geschichte des Verlags unter Anton und Katharina Kippenberg, Marbach a.N., Deutsches Literaturarchiv, 1965.

Drozhzhin, S. D., 'Der deutsche Dichter Rainer Maria Rilke— Erinnerungen'. *Inselschijf* vol. x, no. 3 (1929), 225–33.

Ekner, Reidar, 'Rilke, Ellen Key och Sverige', *Samlaren*, Tidskrift for svensk literaturhistorisk forskning (1965), 5–43.

——'Rainer Maria Rilke, Ernst Norlind och Hans Larsson', *Nordisk tidskrift for vetenskapy konst och industri* 3 (1965), 127–41.

——'Rilke och Gustaf af Geijerstam: en vänskap', *Svensk Litteraturtidskrift* 2 (1965) 76–85.

Faesi, Robert, *Rainer Maria Rilke*, Zurich/Leipzig/Vienna, 2nd edn., 1921.

*Ficker, Ludwig von, 'Rilke und der unbekannte Freund', *Der Brenner,* no. 18 (1954), 234–48.

Fischer, Brigitte B., *Sie schrieben mir,* Zurich, 1978.

Fleischmann, Joseph, 'Zur Geschichte der Familie Rilke in Türmitz'. *Inselschiff,* vol. xvii, no. 1 (1935), 8–14.

*Gebser, J., *Rilke und Spanien,* Zurich, 1945.

*Glauert, Barbara, 'Wie auf eine Goldwaage gelegt—zu einem unveröffentlichten Briefwechsel zwischen Rilke und Mathilde Vollmoeller', *Frankfurter Zeitung,* 22 Aug. 1970, and *Stimme der Pfalz,* vol. 23, nos. 5/6 (1972), 6–9.

*—— ' "Liliane" : Rainer Maria Rilke und Claire Studer in ihren Briefen 1918–1925', *Börsenblatt für den dt. Buchhandel,* 23 Jan. 1976 (Aus dem Antiquariat, A1–11).

*Goldstücker, Eduard, 'Rainer Maria Rilke und Franz Werfel: zur Geschichte ihrer Beziehungen', *Acta Univ. Carolinae,* Philolog. 3 (1960), Germanistica Pragensia I, 37–71.

Goll, Claire, *La Pour suite du vent,* Paris, 1976.

*——*Rilke et les femmes,* Paris, 1955.

*Hauptmann, Erica, 'Unbekannte Briefe von Rainer Maria Rilke', *Die Welt,* 11 Sept. 1948.

Hamburger, Käthe, 'Rilkes svenska resa', *Bonniers Lit. Magasin*, vol. 13, no. 7 (Sept. 1944).

*[Hattingberg, Magda von], *Rilke und Benvenuta. Ein Buck des Dankes*, Vienna, 1943.

Herzog, Wilhelm, *Menschen, denen ich begegnet bin.* Berne/Munich, 1959.

*Hirschfeld, C, 'Rilke–Erinnerungen Valéry von David–Rhonfelds', *Die Horen*, vol. 5, no. viii (1928/9).

*Hoefert, Siegfried, 'Rilkes Briefe an Max Halbe', *Euphorion* 61 (1967), 187–95.

Holthusen, Hans–Egon, *Rainer Maria Rilke in Selbstzeugnissen und Dokumenten*, Hamburg, 1967.

**Insel–Almanack auf das Jahr 1977,* 'Rainer Maria Rilke 1875–1975: eine Dokumentation', Frankfurt a.M., 1976.

*Italiaander, Rolf, 'Rainer Maria Rilke: aus den Briefen an Ivo Hauptmann und seine Frau Erica', '... *und liess eine Taube fliegen : Almanack für Kunst und Dichtung*, Reinbek/Hamburg, 1948.

Jaloux, Edmond, *Rainer Maria Rilke*, Paris, 1927.

**La Dernière amitié de Rainer Maria Rilke*, Paris, 1949.

Jonas, Klaus W., 'Rainer Maria Rilkes Handschriften', *Philobiblon*, vol. xv, nos. 1/2 (1971), 1–100.

*——'Rilke und Clotilde Sakharoff', *Börsenblatt für den dt. Buchhandel* 69 (31 Aug. 1973), A313–21.

*——'Rilke und Fritz Huf, *Die Tat*, Zurich, no. 115 (18 May 1974).

*——'Rilke und Paul Thun–Hohenstein', *fb. des Wiener Goethe–Vereins*, vol.79 (1975), 78–99.

*——'Richard Beer–Hofmann und Rilke', *Modern Austrian Literature*, vol. 8, nos. 3/4 (1975).

*——'Rilke und Mechtilde Lichnowsky', *Neue Zürcher Zeitung*, 9–10 Aug. 1980.

Kassner, Rudolf, *Rilke: Gesammelte Erinnerungen*, ed. Klaus Bohnenkamp, Pfullingen, 1976.

Kippenberg, Katharina, *Rainer Maria Rilke: ein Beitrag*, Zurich/Wiesbaden, 1948 (4th edn.).

Koenig, Hertha, *Rilkes Mutter*, Pfullingen, 1963.

Kohlschmidt, Werner, *Rainer Maria Rilke*, Lübeck, 1948.

*Leppin, Paul, 'Der neunzehnjährige Rilke', *Die Literatur*, vol. 29, no. 11 (1927), 630–4.

Leppmann, Wolfgang, *Rilke: sein Leben, seine Welt, sein Werk*, Berne, 1981.

*Luck, Rätus, ' "Winterthur, dieses berühmte Winterthur ..." : Rainer Maria Rilke und die Eulachstadt', *Winterthurer jfahrbuch* (1979), 7–38.

Mar backer Magazin 8 (1978), 'Franziska zu Reventlow—Schwabing um die Jahrhundertwende', Deutsches Literaturarchiv, Marbach a.N.

Mark, Paul J. (ed.), *Die Familie Pasternak: Erinnerungen, Berichte*, Geneva, 1975.

Mason, Eudo C., *Rainer Maria Rilke: sein Leben und sein Werk*, Göttingen, 1964.

——*Rilke, Europe and the English–speaking World*, Cambridge, 1961.

*Mauser, Wolfram, 'Lettere di Rilke a Carlo Placci', *Rivista de Letterature Moderne e Comparate*, vol. ix, no. 3 (July–Sept. 1956), 217–23.

*Milne, H. J. M., 'The Letters of Rilke, Hofmannsthal, Malwida von Meysenbug and others to Marie Herzfeld', *British Museum Quarterly* xiii (1938/9).

Modern Austrian Literature, vol. 15, nos. 3/4 (1982) (special Rilke issue).

Modersohn–Becker, Paula, see Busch, Günter.

Morse, B. J., 'Rainer Maria Rilke and English Literature' and 'Contemporary English Poets and Rilke', Privately reprinted from *German Life and Letters*, NS i (1947/48).

——'Rainer Maria Rilke and the Occult', *Journal of Experimental Metaphysics*, July 1945, Oct. 1945, and Jan. 1946.

Naville–Wertheimer, Marga, *Arbeitsstunden mit Rainer Maria Rilke*, Zurich, 1962.

Obermüller, Paul, Steiner, Herbert and Zinn, Ernst (eds.), *Katalog der Rilke–Sammlung von Richard von Mises*, Frankfurt a.M., 1966.

Osann, Christiane, *Rainer Maria Rilke: der Weg eines Dichters*, Zurich, 1941.

Parry, Idris, *Hand to Mouth and other essays*, Manchester, 1981.

Pettit, Richard, *Rainer Maria Rilke in und nach Worpswede*, Worpswede, 1983.

Petzet, H. W., *Das Bildnis des Dichters*, Frankfurt a.M., 1976.

——*Von Worpswede nach Moskau: Heinrich Vogeler*, Cologne, 1977 (4th edn.).

Pfeiffer, Ernst, 'Rilke und die Psychoanalyse', *Literaturwiss. Jb. der Görresgesellschaft*, NS, vol. 17 (1976), 247–320.

—— 'Zugang zu Rilke', ibid., vol. 18 (1977), 204–18.

—— 'Denn Rainer starb "trostlos" —eine Betrachtung', ibid., vol. 23 (1982), 297–304.

—— (ed.) *Lou Andreas–Salomé: Eintragungen, letzte Jahre*, Frankfurt a.M. 1982.

**Rainer Maria Rilke: Inédits, études et notes*, ed. André Silvaire, Paris, 1952.

**Rainer Maria Rilke 1875–1975,* Katalog der Ausstellung des Deutschen Literaturarchivs, Marbach a.N., ed. Joachim W. Storck, Stuttgart,1975.

Razumovsky, Maria, *Marina Zwetajewa—Mythos und Wahrheit*, Vienna, 1981.

Reconnaissance à Rilke. Les Cahiers du mois 23/24, Paris, August 1926.

*Rie, Robert, 'Drei unveröffentlichte Briefe Rilkes', *Wort in der Zeit* (1958), 4.

**Rilke en Valais. Suisse Romande*, vol. 3, no. 4 (15 Sept. 1939), 148–206.

Rilke et la France, Hommages et souvenirs, Paris, 1943.

*Rilke–Gesellschaft, *Blätter* 1–10 (1972–83).

Rilke heute: Beziehungen und Wirkungen, vol. i. (ed. Ingeborg Solbrig and Joachim W. Storck), vol. ii, Frankfurt a. M., 1975, 1976.

*'Rilkes Briefe an seine Haushälterin' (Ida Walthert; ed. anon.), *Annahelle,* vol. 8, no. 94, Christmas 1945.

Rilke–Studien zu Werk und Wirkungsgeschichte, Berlin/Weimar, 1976.

Ritzer, Walter, *Rainer Maria Rilke: Bibliographie*, Vienna, 1951.

Salis, Jean Rudolf von, *Rilkes Schweizer Jahre*, Frankfurt a.M, 1975 (Suhrkamp Taschenbuch 289).

—— 'Zu Rilkes Lebensgeschichte—ein biographischer Essay', *Im Lauf der Jahre*, 319–77, Zurich, 1962.

—— *Grenzüberschreitungen: ein Lebensbericht*, pt. 1, Zurich, 1975.

—— 'Rainer Maria Rilke im Wallis', *Raron—Burg und Kirche*, 177–94, Basle, 1972.

*Schmidt-Pauli, Elisabeth, *Rainer Maria Rilke: ein Gedenkbuch*, Basle, 1940.

Schnack, Ingeborg (ed.), *Rilkes Leben und Werk im Bild*, Wiesbaden, 1956.

—— *Rainer Maria Rilkes Erinnerungen an Marburg und das hessische Land,* Marburg: N. G. Elwert, 2nd. edn., 1963.

*—— *Rainer Maria Rilke: Chronik seines Lebens und seines Werkes*, 2 vols., Frankfurt a.M. 1975.

*—— *Rilke in Ragaz*, Bad Ragaz, 2nd edn., 1981.

Scholz, Wilhelm von, *Eine Jahrhundertwende,* Leipzig, 1936.

Schwarz, Egon, *Das verschluckte Schluchzen*: Poesie und Politik bei Rainer Maria Rilke, Frankfurt a.M., 1972.

*Sieber, Carl, *René Rilke*, Leipzig, 1932.

—— Biographical sequel to *René Rilke*, unpublished manuscript, Rilke-Archiv.

—— 'Die Ahnen Rilkes', *Inselschiff,* vol. xii, no. 4 (1931).

—— 'Rainer Maria Rilkes Briefwerk', *Inselschiff,* vol. xiv, no. 4 (1933).

—— 'Rilke und Worpswede', *Stader Archiv,* NS (1941), bk. no. 31.

Simenauer, Erich, *Rainer Maria Rilke: Legende und Mythos,* Berne, 1953.

*Šolle, Zdeněk, 'Neznámé Dopisy R. M. Rilka v Československých Archivech', *Studie O Rukopisech* xiv (1975), Prague.

*Stahl, E. L., Boutchik, Vladimir, and Mitchell, Stanley, 'Letters of Rainer Maria Rilke to Helene ***', *Oxford Slavonic Papers,* vol. ix (1960), 129–64.

Steiner, Jacob, *Rilkes Duineser Elegien,* Berne/Munich, 2nd edn., 1969.

*Storck, Joachim W., *Rainer Maria Rilke als Briefschreiber,* Dissertation, Freiburg i.Br., 1957.

* 'Ein unbekannter Brief Rilkes an Anton Kippenberg', *Jb. der dt. Schillergesellschaft* xviii (1974), 23–36.

—— 'Politisches Bewusstsein beim späten Rilke', *Recherches Germaniques*, 8 (1978).

*—— ' "Die Rose von Locarno" : ein Kapitel aus dem Briefwechsel Rainer Maria Rilkes mit Wilhelm Hausenstein', *Jb. der dt. Schillergesellschaft* xxiii (1979), 94–116.

*—— 'René Rilkes "Linzer Episode" ', *Blätter der Rilke–Gesellschaft* 7–8 (1980/1), 111–34.

*—— ' "Zeitgenosse dieser Weltschande" , Briefe Rilkes an Marianne Mitford...aus dem Kriegsjahr 1915',*Jb.der dt. Schiller gesellschaft,* xxvi (1982), 40–80.

*—— 'Rainer Maria Rilkes Begegnung mit Wilhelm Muehlon', *Recherches Germaniques*, 12 (1982), 221–35.

Studer–Kiefer, Ella, Illustrated scrapbook/manuscript on Rilke's years in Switzerland, 1963–1971 (SLB).

Thurn und Taxis, Marie von, *Erinnerungen an Rainer Maria Rilke,* trans. Georg Blokesch, Frankfurt a.M., 1966 (Insel–Bücherei no. 888).

Trebitsch, Siegfried, *Chronicle of a Life*, London, 1953.

*Ullmann, Regina, *Erinnerungen an Rilke*, St. Gallen, n.d.

Unseld, Siegfried, *Der Autor und sein Verleger*, Frankfurt a.M., 1978.

—— *'Das Tagebuch' Goethes und Rilkes 'Sieben Gedichte'*, Frankfurt a.M., 1978 (Insel–Bücherei no. 1000).

Van Heerikhuizen, F. W., *Rainer Maria Rilke: his Life and Work*, trans. F. G. Renier and Anne Cliff, London, 1951.

Vogeler, Heinrich, *Erinnerungen*, ed. Erich Weinert, Berlin, 1952.

Von der Mühll, Theodora (Dory), 'Erinnerungen an Rilke', Radio talk, 10 June 1945 (unpublished, SLB).

Werfel, Franz, 'Begegnungen mit Rilke', *Sudetenland* xviii (1976).

Wocke, Helmut, *Rilke und It alien,* Giessen, 1940.

*Wohltmann, Heinrich, *Otto Modersohn,* Stade, 1941.

*—— *Rainer Maria Rilke in Worpswede,* Hamburg, 2nd edn., 1952.

*Wolff, Kurt, *Briefwechsel eines Verlegers 1911—1963*, Frankfurt a.M., 1966.

Wydenbruck, Nora, *Rilke, Man and Poet,* London, 1949 (reprint Westport, Conn., 1972).

Zech, Paul, *Rainer Maria Rilke,* Dresden, 1930.

*Zermatten, Maurice, *Les Années valaisannes de Rilke,* Sierre, 1951.

*—— *Der Ruf der Stille: Rilkes Walliser Jahre,* Zurich, 1954.

*—— *Les Dernieres années de Rainer Maria Rilke,* Fribourg, 1975.

Zweig, Stefan, *Abschied von Rilke,* Tübingen, 1927.

——*Die Welt von gestern,* London/Stockholm, n.d. (1945).

里尔克作品索引

按：条目后的数字指原书页码，也即本书边码。斜体标注的数字请查相应页码的注释。

索 引

按：条目后的数字指原书页码，也即本书边码。斜体标注的数字请查相应页码的注释。

索 引

译后记

1926年，莱纳·马利亚·里尔克，一位毕生歌颂生命与爱，赞美死亡与奇诡的诗人在瑞士一家疗养院去世，时隔90年之后，中文世界完整介绍诗人生平的作品不过两三种，有分量的研究作品同样寥寥无几。最初有翻译此书的想法，即有感于诗人在中国所遭受的这种“冷遇”。译者从2013年初开始翻译此书，历时近两年译完，其间诸多杂务缠身，耽误了翻译的进度，校对工作更是一再拖延，直到2016年年初才告完毕。

本书作者是一名外交官，精通英、法、德等多门外语，先后在联邦德国、维也纳和斯德哥尔摩等地任职，有机会接触关于里尔克的诸多材料和证人，因此在叙述里尔克的生平时游刃有余，全书以里尔克的行踪和书信为线索，完整呈现了这位诗人自我塑形的一生。书中提及的里尔克的德语诗，有些作者自己翻译成英文，有些引用了利什曼（J. B. Leishman）、米切尔（Stephen Mitchell）等人的英译本；法语诗则保留了原文。

多数德语诗歌的翻译，译者均在参照德文原文的情况下，根据作者的英译或作者引用的英译本来翻译，盖因作者在前言里自承，书中涉及的诗歌英译，是为了呈现诗人的生活历程，而非为了做学术上的研究和批评，因此其间掺杂了作者对里尔克诗歌的独特理解，英译文和德文的含义有时会有不少差距。另外，翻译德语诗歌时，译者也参考了既有的诸多中译本，有些翻译难度很大的诗歌（如哀歌），译者并没有信心翻译得更好，因此有时会直接引用某位前辈的译本，读者诸君可通过脚注获知详情。至于法语诗歌的翻译，译者则是求助于几位谙熟法语的友人，其中我要特别感谢我的好友董子云，他逐一校正了我翻译的法语诗歌初稿并提出很有价值的修改意见。

我还要感谢贡献里尔克诗歌中译本的各位前辈，如冯至、钱春绮、绿原、林克、林笳、臧棣等诸位先生，多年来我常读他们的译文，在翻译里尔克诗歌的过程中或多或少必然会受到影响。关于此，我更要感谢何家炜先生和已故的陈宁先生，何家炜先生的译本第一次将里尔克的法文诗完整引入中文世界，而与我曾有过不少通信的陈宁先生，多次给予我热情而无私的帮助；此外，他们共同翻译，由何家炜先生居中筹划出版的《里尔克诗全集》出版后，译者及时购置一套，依据二位先生的译本又重新校阅了一遍拙译的诗歌译文，并据之做了一些修订。我还要感谢我的妻子，她在我翻译此书期间付出最多，她不仅根据此书的德译本逐句校对了中译文，修改了诸多错误，同时还要操持家务。最后，请让我感谢本书的编辑赵波，他尽职尽责的编辑工作减少了许多错误。我要感谢的学界前辈和朋友有很多，我无法一一提及他们的姓名，敬请各位曾给我各种形式帮助和激励的师友们海涵。

尽管本书的翻译得到诸多朋友的帮助，但译事艰难、译者水平有限，错误在所难免，书中的一切错误都应归咎于译者，还请各位方家和读者不吝指正。译者邮箱：xingwen1111@163.com。

张兴文

2016 年 10 月

图书在版编目（CIP）数据

里尔克传：鸣响的杯子 /（英）唐纳德·普拉特（Donald Prater）著；张兴文译 . —杭州：浙江大学出版社，2016. 12

书名原文：A RINGING GLASS: The Life of Rainer Maria Rilke

ISBN 978-7-308-16313-2

Ⅰ.①里… Ⅱ.①唐… ②张… Ⅲ.①里尔克（Rilke, Rainer Maria 1875－1926）—传记 Ⅳ.①K835. 215. 6

中国版本图书馆CIP数据核字（2016）第246380号

里尔克传：鸣响的杯子

[英]唐纳德·普拉特 著　张兴文 译

责任编辑　王志毅
文字编辑　赵　波
装帧设计　周伟伟
出版发行　浙江大学出版社
（杭州天目山路148号 邮政编码310007）
（网址：http:// www.zjupress.com）
制　　作　北京大观世纪文化传媒有限公司
印　　刷　河北华商印刷有限公司
开　　本　635mm×965mm　1/16
印　　张　44
字　　数　635千
版 印 次　2016年12月第1版　2021年6月第2次印刷
书　　号　ISBN 978-7-308-16313-2
定　　价　108.00元

浙江省版权局著作权合同登记图字：11-2016-423 号